2023

행정사
행정절차론

박문각 행정사연구소 편_ 이정민

KB193091

2차

동영상강의 | 박문각행정사 www.pmg.co.kr

행정사
베스트셀러
1위

* 2022 교보문고 판매량 기준

PMG 박문각

2023 2차

행정사
행정절차론

먼저 본인의 편저서인 『**행정사 행정절차론**』을 출판하게 도와주신 종로박문각학원, 박문각 출판의 많은 분들께 감사드립니다. 이 수험서가 행정사 시험을 준비하는 많은 수험생들에게 조금이나마 도움이 되었으면 하는 간절한 바람입니다.

저 또한 먼저 행정사 시험에 적합한 행정절차론을 구성할 수 있도록 노력하였습니다. 행정절차법 및 사시, 행시기출 문제와 사례까지 한 권으로 마스터할 수 있도록 책을 구성하였습니다.

그리고 행정절차론의 주제별 논점정리에서 관련문제와 관련판례를 통해 이해의 폭을 넓히고자 했으며, 전체와 부분을 모두 볼 수 있도록 노력했습니다.

『**행정사 행정절차론**』을 출간하면서 행정사를 준비하는 분들께 어떻게 하면 더 많은 도움이 될까 하는 고민을 하던 중 다음과 같은 내용을 담아 좀 더 쉽게 행정절차론을 공부할 수 있도록 하였습니다.

첫째, 각 장의 구성을 **행정법 총론, 행정절차론(이론+응용+사례), 부록편(기출, 법조문)** 으로 나누어 쉽게 접근할 수 있도록 하였습니다.

둘째, **기출문제 및 예상문제**를 쉽게 볼 수 있도록 실전처럼 정리하였습니다.

셋째, 각 주제, 논점을 문제별로 정리하면서 특히 **CASE에 대비**할 수 있도록 하였습니다.

이 책을 통해 행정사를 준비하는 많은 분들에게 합격의 영광이 꼭 함께하길 간절히 바랍니다. 출판까지 도와주신 많은 분들께 감사함을 전합니다.

편저자 이정민

1. 시험 일정: 매년 1회 실시

원서 접수	시험 일정	합격자 발표
2023년 8월경	2023년 10월경	2023년 11월경

2. 시험 과목 및 시간

▶2차 시험

교시	입실	시험 시간	시험 과목	문항 수	시험 방법
1교시	09:00	09:30~11:10 (100분)	**[공통]** ① 민법(계약) ② 행정절차론(행정절차법 포함)	과목당 4문항 (논술 1, 약술 3) ※ 논술 40점, 약술 20점	논술형 및 약술형 혼합
2교시	11:30	•일반/기술 행정사 11:40~13:20 (100분) •외국어번역 행정사 11:40~12:30 (50분)	**[공통]** ③ 사무관리론 (민원처리에 관한 법률 및 행정효율과 협업 촉진에 관한 규정 포함) **[일반행정사]** ④ 행정사실무법(행정심판사례, 비송사건절차법) **[기술행정사]** ④ 해사실무법(선박안전법, 해운법, 해사안전법, 해양사고의 조사 및 심판에 관한 법률) **[외국어번역행정사]** 해당 외국어(외국어능력시험으로 대체 가능한 영어, 중국어, 일본어, 프랑스어, 독일어, 스페인어, 러시아어 등 7개 언어에 한함)		

외국어능력검정시험 성적표 제출

2차 시험 원서 접수 마감일 전 2년 이내에 실시된 것으로 기준 점수 이상이어야 함

● 영어

시험명	TOEIC	TEPS	TOEFL	G-TELP	FLEX	IELTS
기준 점수	쓰기시험 150점 이상	쓰기시험 71점 이상	쓰기시험 25점 이상	GWT 작문시험에서 3등급 이상(1, 2, 3등급)	쓰기시험 200점 이상	쓰기시험 6.5점 이상

※ MATE Writing에서 상급 이상이란 Commanding Commanding(상급), Commanding High(상급 상), Expert(최상급) 등급을 말함

● 중국어, 일어, 프랑스어, 독어, 스페인어, 러시아어는 FLEX 쓰기시험 200점 이상

시험의 면제

1. 면제 대상: 공무원으로 재직한 사람과 외국어 번역 업무에 종사한 경력이 있는 사람 등은 행정사 자격시험의 전부 또는 일부가 면제된다(제2차 시험 일부 과목 면제).

2. 2차 시험 면제 과목

일반/기술행정사	행정절차론, 사무관리론
외국어번역행정사	민법(계약), 해당 외국어

합격자 결정 방법

1. 합격기준: 1차 시험 및 2차 시험 합격자는 과목당 100점을 만점으로 하여 모든 과목의 점수가 40점 이상이고, 전 과목의 평균 점수가 60점 이상인 사람으로 한다(단, 2차 시험에서 외국어시험을 외국어능력검정시험으로 대체하는 경우에는 해당 외국어시험은 제외).

2. 최소합격인원: 2차 시험 합격자가 최소선발인원보다 적은 경우에는 최소선발인원이 될 때까지 모든 과목의 점수가 40점 이상인 사람 중에서 전 과목 평균점수가 높은 순으로 합격자를 추가로 결정한다. 이 경우 동점자가 있어 최소선발인원을 초과하는 경우에는 그 동점자 모두를 합격자로 한다.

행정절차론

2022년 제10회 행정절차론 문제 1번은 40점 배점으로 3개의 논점을 포함하고 있다. 시정명령처분(사전통지 결여), 시정명령처분(구두고지), 폐쇄명령처분(청문절차 하자치유)을 묻는 문제로 출제예상 범위에 있었기에 답안을 작성하는 데 큰 문제는 없었을 것으로 보인다. 문제 2번은 정보공개법 문제로, 사립학교가 공공기관인지에 대해서는 당황할 수 있지만 부분공개의 경우 답안을 작성하는 데 어려움이 없었을 것으로 보인다. 문제 3번은 행정조사법 문제로, 행정조사의 수시조사와 중복조사 제한은 강조했던 부분에서 출제되었다. 문제 4번은 행정규제기본법 문제로 행정규제 원칙(2022년 모의고사) 및 규제개혁위원회(7회 기출)로 처음 보는 문제는 아니나 기출문제로 스킵하였다면 불의타로 시험장에서 당황하였을 수도 있다. 하지만 전체적으로는 작년 제9회 시험보다는 이번 제10회 시험이 무난하게 출제되었다. 다시 한 번 기본강의가 중요함을 강조하는 바이다.

구분	제1회	제2회	제3회	제4회	제5회	제6회	제7회	제8회	제9회	제10회
행정절차법	공청회 (40점)	철거명령처분 시 절차 적요건(40점)	청문주재자 (20점)	영업정지처분 시 절차 적요건(20점)	거부처분의 사전통지 (20점)	이유제시 (40점)	청문 CASE (40점)	신뢰보호 원칙(20점)	직위해제 처분(40점)	시정명령 및 폐쇄명령 위법여부(40점)
		행정예고, 행정입법 (20점)	신고의 절차와 효과(20점)		처분의 효력 (10점)	전자공청회 (20점)			거부처분의 사전통지 (20점)	
					하자치유 가능성(10점)					
개인정보 보호법		정보주체의 권리 (20점)	영상정보 처리기기 설치·운영 (40점)	개인정보 유출통지 (20점)			개인정보개 념 및 개인 정보처리자 의 손해배상 책임(20점)		개인정보 자기결정권 (20점)	
정보 공개법		비공개대상 정보 (20점)		정보공개여 부결정절차 (20점)	정보공개청 구권자/공공 기관(20점)	정보비공개 청구인의 불복절차 (20점)		제3자의 권리 보호 (20점)	정보공개청 구권자/비공 개대상정보 (20점)	사립학교 공공기관 여 부 /부분공 개(20점)
질서위반 행위 규제법				과태료 부과·징수· 불복 절차 (20점)		질서위반 행위의 성립 (20점)		관허사업제 한과 고액상 습체납자 제 재(20점)	시간·장소 적범위 (20점)	
가족관계 등록법					등록부의 정정(20점)					
주민 등록법			주민등록증 재발급(20점)							
행정조사 기본법	행정조사 기본원칙 (20점)		사전통지· 연기 신청 (20점)			현장조사 (20점)	행정조사기 본원칙 및 위법한 행정 조사의 행 정행위 효력 (20점)	행정조사의 방법(20점)		수시조사 및 중복 조사 제한 (20점)
행정 규제법	행정규제 법정주의 (20점)				규제영향 분석 자체심사 (20점)		규제개혁 위원회 (20점)			규제원칙 및 위원회 (20점)

민법(계약)

제1문의 (1)은 임대차보증금의 반환에 관한 문제였고, 제1문의 (2)는 해제와 제3자 보호 문제였다. 임대차보증금은 특A급 예상문제였고 해제와 제3자 보호는 해제의 중요쟁점이어서 작년과 올해 연속 출제되었다. 제2문 조합원의 탈퇴는 작년과 비슷한 사안으로 올해 다시 나왔고, 제3문 전부 타인권리의 매매와 제4문 교차청약도 제4회 기출주제였다. 제10회 시험에서 새 문제는 제1문의 (1) 하나였고 나머지는 기출된 쟁점이 다시 출제되었다. 시험이 거듭됨에 따라 이제 기출문제라도 중요부분은 반복하여 출제될 수 있다는 점을 주의하여야 한다. 다만 아직 출제되지 않은 중요쟁점과 최신판례도 많이 있으므로, 계약법 전반에 걸쳐 핵심위주로 간략하게 암기하고 이를 답안에 빨리 쓸 수 있도록 반복 연습하는 것이 중요하다고 본다.

행정사실무법

제10회 행정사 자격시험의 행정사실무법 문제는 행정심판제도에서 논술형 문제, 행정사법과 비송사건절차법 총칙에서 약술형 문제가 출제되었다. 문제 1은 행정심판제도 행정심판법에서 출제되었으며, [물음 1]은 행정심판의 대상인 거부처분 및 집행정지에 관한 문제로, [물음 2]는 재결의 기속력에 관한 문제로 출제되어 어렵지 않게 답안을 작성할 수 있는 문제였고, 행정심판의 대상과 집행정지 그리고 재결의 기속력은 출제가 예상되었던 중요한 내용으로 강의를 하면서 여러 차례 강조한바 있다. 문제 2는 행정사법에서 출제되었으며, 행정사법인의 업무신고 및 업무수행방법에 관한 문제로 출제가 예상되었던 평이한 문제였다. 문제 3은 비송사건절차법 총칙에서 출제되었으며, 기일에 관한 문제로 기본서에는 수록하였으나 요약집에는 정리하지 않았고, 출제를 예상하지 못한 문제였다. 문제 4는 비송사건절차법 총칙에서 출제되었으며, 우선관할 및 사건의 이송에 관한 문제로 분량이 적어 모의고사 문제로는 출제하지 않았고, 문제가 사건의 이송이 아닌 재량이송으로 출제되어 다소 혼란이 있었을 것이나, 비송사건의 재량이송은 사건의 이송을 의미하므로 사건의 이송을 생각하였다면 무난하게 답안작성을 하였을 것이다. 1번 논술형 문제 및 2번 약술형 문제는 모의고사 과정에서 답안작성을 해보아서 손쉽게 답안작성을 하였을 것이나, 3번 및 4번 약술형 문제는 모의고사 문제로 출제하지 않아서 답안작성에 다소 어려움이 있었을 것이라 생각된다. 제11회 시험 대비를 위한 행정사실무법 시험공부는 행정사법, 행정심판법, 비송사건절차법 총칙 부분은 반복하여 출제되고 있으므로 더욱 철저히 숙지하고, 특별행정심판, 비송사건절차법 각칙 부분도 출제가 가능하므로 중요한 내용은 반드시 숙지해야 할 것이다.

사무관리론

제10회 행정사 자격증 시험 사무관리론 문제의 난이도는 약간 높았으나 예상했던 내용들이 출제되어 꾸준히 학습한 수험자들은 큰 어려움 없이 답안을 작성할 수 있었을 것이다. 특히 민원처리에 관한 법령이 시험을 약 2개월 앞두고 개정되어 개정내용들이 출제될 것으로 예상되었는데, 실제로 논술형 문제가 개정법령 내용에서 출제되었다. 이번 시험에서는 기존에 출제되지 않았던 내용들에서 문제가 출제되었으며, 특히 민원법령의 개정내용이 논술형 40점 문제로 출제돼 법령개정 내용의 숙지가 얼마나 중요한지 깨닫게 되는 시험이었다.

논술문제는 앞서 언급했듯 민원법령의 개정내용이 출제가 되었는데, 민원처리에 관한 법률과 시행령의 개정내용은 그 양이 상당히 많아 숙지하기에 어려움이 컸을 것으로 생각된다. 예년과 달리 20점, 10점, 10점의 배점으로 출제되었는데, 이는 가급적 많은 양의 개정내용을 출제하여 수험자들의 내용 숙지 여부를 확인하고자 하는 출제자의 의도가 반영된 것이라 판단된다. 약술형 2번은 출제가능성이 매우 높았던 문제로 무난히 답안을 작성할 수 있었을 것이고, 약술형 3번은 이번 시험의 불의타 문제로, 지엽적인 부분에서 전혀 예상하지 못했던 내용을 출제하여 수험자들을 당황케 하였을 것이다. 약술형 4번은 용어의 정의 문제였는데, 용어 정의 문제는 제7회 시험에서 출제한 바 있다. 이번 시험에서는 당시 출제되지 않았던 용어를 출제하였고 답안작성에는 큰 어려움이 없었으리라 판단된다.

1

출제영역을 반영한 최적화된 교재 구성

출제영역에 따라 주요 내용을 체계적으로 구성하여 학습자가 보다 쉽게 내용을 이해하고 학습에 든든한 길잡이가 될 수 있도록 구성하였다.

각 Chapter별로 기출·예상문제와 관련판례를 함께 수록하여 학습의 이해를 도울 수 있도록 하였고 문제와 관련된 구체적인 설명을 표에 삽입하여 폭넓은 학습을 도왔다.

2

문제와 관련된 판례 수록

기출·예상문제와 관련된 판례를 함께 수록해 따로 관련판례를 찾아보지 않고 한 권으로 학습이 가능하게 구성하였다.

다양한 관련판례와 이론의 연계 학습을 통해 핵심을 정확하게 파악하고 효율적인 학습을 진행하는 데 도움이 되도록 하였다.

3

2013~2022년
기출문제 수록

2013~2022년 기출문제와 모범답안을 함께 수록하여 보다 완벽한 시험 대비를 할 수 있도록 하였다. 기출문제에 대한 답안을 직접 작성해 보면서 실전 감각을 키우고 학습의 진행 정도를 파악할 수 있을 것이다.

4

학습에 도움이 되는
관련 법령 수록

본문 내용과 관련된 법령을 함께 수록함으로써 연계 학습을 통해 보다 정확한 이해를 할 수 있도록 도왔고 학습의 효율성을 기하였다.

| 부록 | 기출문제 모범답안 · 관련 법령 |

행정법 총론

01 행정법 총론 *

01 행정지도

1. 의의

"행정기관이 그 소관사무의 범위 안에서 일정한 행정목적을 실현하기 위하여 특정인에게 일정한 행위를 하거나 하지 아니하도록 지도, 권고, 조언 등을 하는 행정작용"을 행정지도라 한다. 행정지도는 공법상 사실행위의 대표적인 예에 해당한다.

2. 행정쟁송

행정지도는 법적 효과를 갖지 아니하는 비권력적 사실행위에 불과하다. 행정지도는 '공권력 행사를 개념요소로 하는 행정심판법과 행정소송법상 처분개념'에 해당하지 아니하므로 행정심판의 대상도 아니고 행정소송의 대상도 아니다. 다수설과 판례의 입장이기도 하다.

그러나 행정지도를 따르지 아니함으로 인하여 일정한 행정행위가 있게 되는 경우, 그 행정행위에 대하여 행정소송을 제기함으로써 간접적으로 행정지도를 다룰 수 있음은 물론이다. 예컨대, 서대문구청장이 목욕장업자인 甲에게 요금을 내릴 것을 권유하였지만, 甲이 이에 불응하자, 서대문구청장이 甲에게 위생시설미비로 목욕장업의 정지를 명하는 처분을 하였다고 하자. 이러한 경우에 甲은 "서대문구청장이 요금인하를 권유하는 행위"의 취소를 구하는 행정심판이나 행정소송을 제기할 수는 없지만, 요금인하에 불응하자 위생시설미비로 목욕장업의 정지를 명하는 것은 '불이익조치금지의 원칙'에 위반된다는 이유로 목욕장업 영업정지처분의 취소를 구하는 행정심판이나 행정소송을 제기할 수는 있다.

---

* 홍정선, 『신행정법 입문』, 박영사, 2020.

02 행정절차의 하자의 효과 및 치유가능성

Ⅰ. 서

원고에게 의무를 부과하거나 권익을 제한하는 처분이었음에도 불구하고 사전통지를 하지 않 거나 의견진술(의견청취)의 기회를 주지 않는 등 절차적 하자가 있는 경우 절차상 하자의 독 자적 위법성이 인정되는지 아래에서 살펴보겠다.

Ⅱ. 절차상 하자의 독자적 위법사유(효과)

1. 문제제기

행정절차라 함은 행정활동을 함에 있어서 거치는 사전통지, 의견청취, 이유제시 등 사전절차 만을 말하는데 처분을 함에 있어 절차상 하자가 있을 경우 그 처분을 위법하게 만드는지에 대해 살펴보도록 하겠다.

2. 학설

(1) 소극설

절차상 하자만을 이유로 하여서는 취소할 수 없고, 내용상 하자가 있어야 취소할 수 있다는 견해이다.

(2) 적극설

절차상 하자만을 이유로 취소할 수 있다는 견해이다.

(3) 절충설

기속행위의 경우에는 절차의 하자로 취소할 수 없고, 재량행위에 있어서는 행정청은 기본 처 분과 다른 처분을 할 수도 있으므로 절차상의 하자로 취소할 수 있다는 견해이다.

3. 판례

판례는 재량행위뿐만 아니라 기속행위에 있어서도 적극설을 취하고 있다.
절차적 요건을 갖추지 못한 공정거래위원회의 시정조치 또는 과징금납부명령은 설령 실체법 적 사유를 갖추고 있다고 하더라도 위법하여 취소를 면할 수 없다.

4. 검토

현행 행정소송법이 절차의 위법을 이유로 한 취소판결을 인정하고 있으므로 절차중시행정을 유도하는 것이 타당하므로 적극설이 타당하다고 본다.

Ⅲ. 절차상 하자의 치유가능성

1. 문제제기

행정청이 처분 이후에 사전통지, 의견청취 등 행정절차를 거쳤다면 그 절차상 하자가 치유될 수 있는지 알아보도록 하겠다.

2. 치유가능성

(1) **학설**

  1) **긍정설** : 행정경제, 소송경제, 행정행위의 효율성 확보 등을 논거로 긍정하는 견해이다.
  2) **부정설** : 사인의 권리보호, 행정결정의 신중성 확보, 자의배제 등을 논거로 부정하는 견해이다.
  3) **제한적 긍정설** : 절차상 하자의 치유는 원칙적으로 부정되지만 예외적으로 국민의 권익침해가 없는 한도 내에서는 제한적으로 가능하다는 견해이다.

(2) **판례**

판례는 국민의 권익의 침해가 없는 범위 안에서 인정해야 한다고 판시하였다.

(3) **검토**

행정경제와 국민의 권익구제 사이에서 조화를 꾀하는 제한적 긍정설 즉, 판례가 타당하다고 본다.

3. 치유시기

(1) **학설**

쟁송제기 이전설과 쟁송종료 이전설이 대립하고 있다.

(2) **판례**

판례는 절차상 하자의 치유가 인정되는 시기는 **행정쟁송의 제기 전에** 한하여 치유가 가능하다고 판시하였다.

4. 치유의 효과

절차상 위법은 제거되고 소급하여 처분은 적법하게 된다.

Ⅳ. 결

현행 행정소송법이 절차의 위법을 이유로 한 취소판결을 인정하고 있고 다수설과 판례는 행정처분상의 절차상 하자를 처분의 독자적 위법사유로 본다.

다만, 행정절차법에 명문의 규정으로 입법화함이 바람직하고 행정행위의 효율성과 국민의 권리구제와의 형량을 통한 입법적 노력이 필요하다고 본다.

행정사
행정절차론

02

행정절차법

<table>
<tr><td colspan="3">행정절차법
제1장 ~ 제8장
(제1조 ~ 제56조)</td></tr>
</table>

제1장 : 총칙
제1절) 목적 · 정의 및 적용범위 등
제2절) 행정청의 관할 및 협조
제3절) 당사자등
제4절) 송달 및 기간 · 기한의 특례

제2장 처분 ★
제1절) 통칙
제2절) 의견제출 및 청문
제3절) 공청회

제3장 신고

제4장 행정상 입법예고

제5장 행정예고

제6장 행정지도

제7장 국민참여의 확대

제8장 보칙

<table>
<tr><td>제1장</td><td>총칙</td><td>제1조 ~ 제16조</td></tr>
</table>

제1절 목적 · 정의 및 적용범위 등
제1조 : 목적
제2조 : 정의
   제1호 : 행정청
   제2호 : 처분
   제3호 : 행정지도
   제4호 : 당사자등
   제5호 : 청문
   제6호 : 공청회
   제7호 : 의견제출
   제8호 : 전자문서
   제9호 : 정보통신망
제3조 : 적용범위
제4조 : 신의성실 및 신뢰보호
제5조 : 투명성

제2절 행정청의 관할 및 협조
제6조 : 관할
제7조 : 행정청간의 협조
제8조 : 행정응원

제3절 당사자등
제9조 : 당사자등의 자격
제10조 : 지위의 승계
제11조 : 대표자
제12조 : 대리인
제13조 : 대표자 · 대리인의 통지

제4절 송달 및 기간 · 기한의 특례
제14조 : 송달
제15조 : 송달의 효력발생
제16조 : 기간 및 기한의 특례

02 행정절차법

<행정절차법> 답안체계 및 기출분석

Ⅰ 서

1. 개념(의의)
2. 문제제기
3. 서술전개방향

Ⅱ 총칙(제1장)

1. 적용범위(제3조)★(2021 기출) : 제3조 제2항 제9호(공무원 인사 관계 법령에 따른 징계처분)
2. 신의성실 및 신뢰보호(제4조)★(2020년 기출)
3. 행정청의 관할 및 협조(제2절)
4. 당사자등(제3절)
5. 송달 및 기간·기한의 특례(제4절)

Ⅲ 처분(제2장)

1. 사전통지★(2014년, 2016년, 2022년 기출), 거부처분 사전통지★(2017년, 2020년 기출)

(1) 의의

(2) 요건(×)

(3) 예외
   ① 공공의 안전 또는 복리를 위하여 긴급히 처분을 할 필요가 있는 경우
   ② 법령 등에서 반드시 일정한 처분을 하여야 하는 경우에 그 사실이 법원의 재판 등에 의하여 객관적으로 증명된 때
   ③ 처분의 성질상 의견청취가 현저히 곤란하거나 명백히 불필요하다고 인정될 만한 상당한 이유가 있는 경우

(4) 절차
   1) 통지사항
   2) 통지기간

(5) 관련문제(판례)

2. 의견청취★(2014년 기출)

(1) 의견제출★(2016년 기출)
   1) 의의
   2) 요건
      행정청이 당사자에게 의무를 부과하거나 권익을 제한하는 처분을 할 때 청문, 공청회 외에는 당사자등에게 의견제출의 기회를 주어야 한다.
   3) 예외
      사전통지의 예외사항+당사자가 의견진술의 기회를 포기한다는 뜻을 명백히 표시한 경우

4) 절차

① 의견제출자

② 의견반영

　　가. 상당한 이유가 있으면 반영

　　나. 미반영 시 처분이 있음을 안 날부터 90일 이내에 설명요청하면 서면으로 이유고지

5) 관련문제(판례)

(2) 청문★(2022년 기출)

1) 의의

2) 요건

① 다른 법령 등에서 청문을 하도록 규정하고 있는 경우

② 행정청이 필요하다고 인정하는 경우

③ 다음 각 사항의 처분 시

　　가. 인허가 등의 취소

　　나. 신분·자격의 박탈

　　다. 법인이나 조합 등의 설립허가의 취소

3) 예외

의견제출의 예외사유와 같음

4) 절차

① 청문주재자★(2015년 기출)

② 의견반영

5) 관련문제(판례)

(3) 공청회★(2013년 기출), 전자공청회★(2017년 기출)

1) 의의

2) 요건

① 다른 법령 등에서 공청회를 개최하도록 규정하고 있는 경우

② 해당 처분의 영향이 광범위하여 널리 의견을 수렴할 필요가 있다고 행정청이 인정하는 경우

③ 국민생활에 큰 영향을 미치는 처분으로서 대통령령으로 정하는 처분에 대하여 대통령령으로 정하는 수 이상의 당사자등이 공청회 개최를 요구하는 경우

3) 예외

의견제출의 예외사유와 같음

4) 절차

① 공청회주재자, 발표자

② 의견반영

③ 행정청은 공청회를 마친 후 처분을 할 때까지 새로운 사정이 발견되어 공청회를 다시 개최할 필요가 있다고 인정할 때에는 공청회를 다시 개최할 수 있다.

5) 관련문제(판례)

3. 이유제시★(2014년, 2016년, 2018년 기출)

(1) 의의

(2) 요건(×)

(3) 예외사항

① 긴급히 처분을 할 필요가 있는 경우, ② 신청내용을 모두 그대로 인정하는 처분인 경우, ③ 단순·반복적인 처분 또는 경미한 처분으로서 당사자가 그 이유를 명백히 알 수 있는 경우는 이유제시를 생략할 수 있다. 다만, ①, ③은 처분 후 당사자가 요청하는 경우에는 근거와 이유를 제시하여야 한다.

(4) 절차
  1) 구체적 제시
  2) 하자치유
(5) 관련문제(판례)

Ⅳ 절차상 하자의 치유가능성★(2016년 기출, 10점), ★(2018년, 2022년 기출, 20점)

1. 치유대상
절차상 하자있는 처분의 치유는 취소사유에만 인정되고, 무효사유에는 인정되지 않는다.

2. 치유가능성
판례는 국민의 권익의 침해가 없는 범위 안에서 인정해야 한다고 판시하였다.

3. 치유시기
판례는 절차상 하자의 치유가 인정되는 시기는 행정쟁송의 제기 전에 한하여 치유가 가능하다고 판시하였다.

4. 치유효과
절차상 위법은 제거되고 소급하여 처분은 적법하게 된다.

Ⅴ 효력(절차상 하자의 독자적 위법사유 인정 여부)★(2016년 기출, 10점), ★(2018년 기출, 20점)

1. 학설
(1) 소극설
  절차상 하자만을 이유로 하여서는 취소할 수 없고, 내용상 하자가 있어야 취소할 수 있다는 견해이다.
(2) 적극설
  절차상 하자만을 이유로 취소할 수 있다는 견해이다.
(3) 절충설
  기속행위의 경우에는 절차의 하자로 취소할 수 없고, 재량행위에 있어서는 행정청은 기본 처분과 다른 처분을 할 수도 있으므로 절차상의 하자로 취소할 수 있다는 견해이다.

2. 판례
  판례는 재량행위뿐만 아니라 기속행위에 있어서도 적극설을 취하고 있다.
  절차적 요건을 갖추지 못한 공정거래위원회의 시정조치 또는 과징금납부명령은 설령 실체법적 사유를 갖추고 있다고 하더라도 위법하여 취소를 면할 수 없다.

3. 검토

Ⅵ 결

1. 관련문제(판례)
2. 사안해결

Ⅶ 신고(제3장)★(2014년 기출, 20점)

Ⅷ 행정상 입법예고(제4장)★(2013년 기출, 20점)

Ⅸ 행정예고(제5장)★(2013년 기출, 20점)

Ⅹ 행정지도(제6장)

Ⅺ 국민참여의 확대(제7장)

01 「행정절차법」 제3조 적용범위에 대하여 서술하시오. [20점]

Ⅰ 의의

행정절차(行政節次)라 함은 행정활동을 함에 있어서 거치는 사전통지, 의견청취, 이유제시 등 사전절차만을 가리킨다.

Ⅱ 적용 범위(제3조)

1. 처분, 신고, 확약, 위반사실 등의 공표, 행정계획, 행정상 입법예고, 행정예고 및 행정지도의 절차(이하 '행정절차'라 한다)에 관하여 다른 법률에 특별한 규정이 있는 경우를 제외하고는 이 법에서 정하는 바에 따른다.
2. 이 법은 다음 어느 하나에 해당하는 사항에 대하여는 적용하지 아니한다.
   (1) 국회 또는 지방의회의 의결을 거치거나 동의 또는 승인을 받아 행하는 사항
   (2) 법원 또는 군사법원의 재판에 의하거나 그 집행으로 행하는 사항
   (3) 헌법재판소의 심판을 거쳐 행하는 사항
   (4) 각급 선거관리위원회의 의결을 거쳐 행하는 사항
   (5) 감사원이 감사위원회의의 결정을 거쳐 행하는 사항
   (6) 형사(刑事), 행형(行刑) 및 보안처분 관계 법령에 따라 행하는 사항
   (7) 국가안전보장・국방・외교 또는 통일에 관한 사항 중 행정절차를 거칠 경우 국가의 중대한 이익을 현저히 해칠 우려가 있는 사항
   (8) 심사청구, 해양안전심판, 조세심판, 특허심판, 행정심판, 그 밖의 불복절차에 따른 사항
   (9) 「병역법」에 따른 징집・소집, 외국인의 출입국・난민인정・귀화, 공무원 인사 관계 법령에 따른 징계와 그 밖의 처분, 이해 조정을 목적으로 하는 법령에 따른 알선・조정・중재(仲裁)・재정(裁定) 또는 그 밖의 처분 등 해당 행정작용의 성질상 행정절차를 거치기 곤란하거나 거칠 필요가 없다고 인정되는 사항과 행정절차에 준하는 절차를 거친 사항으로서 대통령령으로 정하는 사항

Ⅲ 관련판례

행정과정에 대한 국민의 참여와 행정의 공정성, 투명성 및 신뢰성을 확보하고 국민의 권익을 보호함을 목적으로 하는 「행정절차법」의 입법목적과 「행정절차법」 제3조 제2항 제9호의 규정 내용 등에 비추어 보면, 공무원 인사관계 법령에 의한 처분에 관한 사항 전부에 대하여 「행정절차법」의 적용이 배제되는 것이 아니라 성질상 행정절차를 거치기 곤란하거나 불필요하다고 인정되는 처분이나 행정절차에 준하는 절차를 거치도록 하고 있는 처분의 경우에만 「행정절차법」의 적용이 배제된다.

02 「행정절차법」상의 당사자등에 대한 규정과 자격, 지위승계에 대하여 서술하시오. [20점]

Ⅰ 「행정절차법」상의 당사자등의 개념

「행정절차법」은 제2조 제4호에서 '당사자등'을 "행정청의 처분에 대하여 ① 직접 그 상대가 되는 당사자와 ② 행정청이 직권으로 또는 신청에 의하여 행정절차에 참여하게 한 이해관계인"을 말한다고 규정하고 있다.

Ⅱ 자격과 지위승계

1. 자격

행정절차에서 당사자등은 자연인과 법인, 법인이 아닌 사단 또는 재단, 그 밖에 다른 법령등에 따라 권리, 의무의 주체가 될 수 있는 자이다.

2. 지위의 승계

⑴ 당연승계

① 당사자등이 사망하였을 때의 상속인과 다른 법령등에 따라 당사자등의 권리 또는 이익을 승계한 자는 당사자등의 지위를 승계한다.

② 당사자등은 법인등이 합병하였을 때에는 합병 후 존속하는 법인등이나 합병 후 새로 설립된 법인등이 당사자등의 지위를 승계한다.

③ 이에 따라 당사자등의 지위를 승계한 자는 행정청에 그 사실을 통지하여야 한다.

④ 통지가 있을 때까지 사망자 또는 합병 전의 법인등에 대하여 행정청이 한 통지는 당사자등의 지위를 승계한 자에게도 효력이 있다.

⑵ 허가승계

처분에 관한 권리 또는 이익을 사실상 양수한 자는 행정청의 승인을 받아 당사자등의 지위를 승계할 수 있다.

03 현행 「행정절차법」상의 '대표자'와 '대리인' 규정에 대하여 약술하시오.
[20점]

Ⅰ 대표자(제11조)

① 다수의 당사자등이 공동으로 행정절차에 관한 행위를 할 때에는 대표자를 선정할 수 있다.
② 행정청은 당사자등이 대표자를 선정하지 아니하거나 대표자가 지나치게 많아 행정절차가 지연될 우려가 있는 경우에는 그 이유를 들어 상당한 기간 내에 3인 이내의 대표자를 선정할 것을 요청할 수 있다. 이 경우 당사자등이 그 요청에 따르지 아니하였을 때에는 행정청이 직접 대표자를 선정할 수 있다.
③ 당사자등은 대표자를 변경하거나 해임할 수 있다.
④ 대표자는 각자 그를 대표자로 선정한 당사자등을 위하여 행정절차에 관한 모든 행위를 할 수 있다. 다만, 행정절차를 끝맺는 행위에 대하여는 당사자등의 동의를 받아야 한다.
⑤ 대표자가 있는 경우에는 당사자등은 그 대표자를 통하여서만 행정절차에 관한 행위를 할 수 있다.
⑥ 다수의 대표자가 있는 경우 그중 1인에 대한 행정청의 행위는 모든 당사자등에게 효력이 있다. 다만, 행정청의 통지는 대표자 모두에게 하여야 그 효력이 있다.

Ⅱ 대리인(제12조)

당사자등은 다음과 같은 자를 대리인으로 선임할 수 있다.
① 당사자등의 배우자, 직계 존속·비속 또는 형제자매
② 당사자등이 법인등인 경우 그 임원 또는 직원
③ 변호사
④ 행정청 또는 청문 주재자(청문의 경우만 해당한다)의 허가를 받은 자
⑤ 법령등에 따라 해당 사안에 대하여 대리인이 될 수 있는 자

Ⅲ 대표자·대리인의 통지(제13조)

① 당사자등이 대표자 또는 대리인을 선정하거나 선임하였을 때에는 지체 없이 그 사실을 행정청에 통지하여야 한다. 대표자 또는 대리인을 변경하거나 해임하였을 때에도 또한 같다.
② 청문 주재자가 대리인의 선임을 허가한 경우에는 청문 주재자가 그 사실을 행정청에 통지하여야 한다.

04 「행정절차법」상 '송달'에 대하여 서술하시오. [20점]

Ⅰ 의의

송달이란 "당사자등에게 행정절차상 서류의 내용을 알리는 것"을 말한다.

Ⅱ 송달의 방법

1. 우편송달

우편의 송달을 입증하기 위해서는 등기우편의 방법에 의하여야 한다.
보통우편에 의해 송달한 경우에는 도달이 추정되지 않는다고 판시하였다.

2. 교부송달

① 교부에 의한 송달은 수령확인서를 받고 문서를 교부함으로써 행하며, ② 송달하는 장소에서 만나지 못한 때에는 그 사무원 등 사리를 분별할 지능이 있는 자에게 교부 시 도달된 것으로 본다.

3. 정보통신망을 이용한 송달

① 정보통신망을 이용한 송달은 송달받을 자가 동의한 경우에 한하며 ② 송달받을 자가 지정한 컴퓨터에 입력된 때에 도달된 것으로 본다.

4. 공시송달

① 송달받을 자의 주소 등을 통상적인 방법으로 확인할 수 없는 경우와 ② 송달이 불가능한 경우에는 일간신문 등 하나 이상에 공고하고 인터넷에도 공고하여야 한다. ③ 공고할 때에는 민감정보 및 고유식별정보 등 송달받을 자의 개인정보를 법에 따라 보호하여야 한다.

Ⅲ 송달장소

송달은 송달받을 자의 주소 등 또는 전자우편주소로 한다. 다만, 송달받을 자가 동의하는 경우에는 그를 만나는 장소에서 송달할 수 있다.

Ⓝ 송달의 효력발생

1. 도달주의 원칙

송달은 다른 법령등에 특별한 규정이 있는 경우를 제외하고는 송달받을 자에게 도달됨으로써 그 효력이 발생한다.

2. 공시송달의 경우

공시송달의 경우에는 원칙적으로 공고일부터 14일이 지난 때에 그 효력이 발생한다.

Ⓥ 기간 및 기한의 특례

① 천재지변이나 그 밖에 당사자등에게 책임이 없는 사유로 기간 및 기한을 지킬 수 없는 경우에는 그 사유가 끝나는 날까지 기간의 진행이 정지된다.

② 외국에 거주하거나 체류하는 자에 대한 기간 및 기한은 행정청이 그 우편이나 통신에 걸리는 일수(日數)를 고려하여 정하여야 한다.

05 「행정절차법」상 '처리기간의 설정·공표'와 '처분기준의 설정·공표'에 대하여 서술하시오. [20점]

Ⓘ 처리기간의 설정·공표(제19조)

1. 의의 : 공표

행정청은 신청인의 편의를 위하여 처분의 처리기간을 종류별로 미리 정하여 공표하여야 한다.

2. 예외 : 처리기간의 연장

행정청은 부득이한 사유로 처리기간 내에 처분을 처리하기 곤란한 경우에는 해당 처분의 처리기간의 범위에서 한 번만 그 기간을 연장할 수 있다.

3. 절차 : 통지 및 요청

① 행정청은 처리기간을 연장할 때에는 처리기간의 연장 사유와 처리 예정 기한을 지체 없이 신청인에게 통지하여야 한다.
② 행정청이 정당한 처리기간 내에 처리하지 아니하였을 때에는 신청인은 해당 행정청 또는 그 감독 행정청에 신속한 처리를 요청할 수 있다.

Ⅱ 처분기준의 설정·공표

1. 의의

① 처분기준(處分基準)의 설정·공표제도란 행정청이 필요한 처분기준을 해당 처분의 성질에 비추어 되도록 구체적으로 정하여 공표하여야 하는 제도를 말한다.
② 인허가의제의 경우 관련 인허가 행정청은 인허가의 처분기준을 주된 인허가 행정청에 제출하여야 하고, 주된 인허가 행정청은 제출받은 관련 인허가의 처분기준을 통합하여 공표하여야 한다. 처분기준을 변경하는 경우에도 또한 같다.

2. 예외규정

「행정절차법」은 "해당 처분의 성질상 현저히 곤란하거나 공공의 안전 또는 복리를 현저히 해치는 것으로 인정될 만한 상당한 이유가 있는 경우"에는 처분기준을 공표하지 아니할 수 있다는 추상적인 기준하에 넓게 인정하고 있어 처분기준의 공표가 행정청의 자의적 판단하에 행해질 우려가 있기 때문에 예측가능성을 보장하는 정도로 규정되어야 한다.

3. 설정·공표의무 위반의 효과

처분기준 불비의 하자는 절차의 하자가 되며 독립된 취소사유가 된다고 보아야 한다.

4. 처분기준에 대한 당사자등의 해석·설명요청권

당사자등은 공표된 처분기준이 불명확한 경우 해당 행정청에 대하여 그 해석 또는 설명을 요청할 수 있다.

06 처분의 사전통지 [20점]

Ⅰ 의의

사전통지란 의견청취의 전치절차로서, 행정청이 당사자에게 의무를 부과하거나 권익을 제한하는 경우에 당사자에게 일정한 사항을 통지하는 것을 말한다.

Ⅱ 예외사유

① 공공의 안전 또는 복리를 위하여 긴급히 처분을 할 필요가 있는 경우, ② 법령등에서 반드시 일정한 처분을 하여야 하는 경우에 그 사실이 법원의 재판 등에 의하여 객관적으로 증명된 때, ③ 처분의 성질상 의견청취가 현저히 곤란하거나 명백히 불필요하다고 인정될 만한 상당한 이유가 있는 경우는 면제사항이다.

Ⅲ 사전통지기간(절차)

① 의견제출은 10일 이상의 기간을 주어야 하며 ② 청문은 시작되는 날부터 10일 전까지 통지하여야 한다. ③ 공청회는 개최 14일 전까지 당사자등에게 통지하고 일간신문 등에 공고하는 등의 방법으로 널리 알려야 한다.

Ⅳ 사전통지사항(절차)

① 처분의 제목, ② 당사자의 성명 또는 명칭과 주소, ③ 의견제출기관의 명칭과 주소, ④ 의견제출기한 등을 당사자등에게 사전통지하여야 한다.

Ⅴ 관련문제

1. 침익적 행정처분의 경우 사전통지의 절차적 하자를 판례는 처분의 독자적 위법사유로 본다.
2. 판례는 신청에 대한 거부처분이라고 하더라도 직접 당사자의 권익을 제한하는 것은 아니어서 처분의 사전통지대상이 된다고 할 수 없다고 판시하였다.

07 거부처분 시 사전통지의 필요성 여부에 대하여 서술하시오. [20점]

Ⅰ 문제제기

사전통지란 의견청취의 전치절차로서, 행정청이 당사자에게 의무를 부과하거나 권익을 제한하는 처분을 하는 경우에 당사자에게 일정한 사항을 통지함으로써, 당사자의 처분 절차에의 참여를 보장하기 위한 절차상 적법요건을 말한다. 사전통지의 적용 범위와 관련해 거부처분이 "당사자에게 의무를 부과하거나 권익을 제한하는 것"인지가 문제되는바, 아래에서 살펴보도록 하겠다.

Ⅱ 학설

1. 부정설

처분의 사전통지는 법문상 의무부과와 권익을 제한하는 경우에만 적용되므로 수익적인 행위나 수익적 행위의 거부의 경우는 적용이 없고, 신청의 결과에 따라 아직 당사자에게 권익이 부여되지 아니하였으므로 직접 당사자의 권익을 제한하는 처분에 해당하지 않으며, 거부처분의 경우 신청과정에서 행정청과 협의를 계속하고 있는 상태이므로 사전통지를 요하지 않는다고 한다.

2. 긍정설

신청에 대한 거부처분은 당사자의 권익을 제한하는 처분에 해당하며, 당사자가 신청을 한 경우 신청에 따라 긍정적인 처분이 이루어질 것을 기대하고 거부처분을 기대하지는 아니하고 있으므로 거부처분의 경우에도 사전통지가 필요하다고 한다.

Ⅲ 판례

신청에 대한 거부처분이라고 하더라도 직접 당사자의 권익을 제한하는 것은 아니어서 신청에 대한 거부처분을 여기에서 말하는 '당사자의 권익을 제한하는 처분'에 해당한다고 할 수 없는 것이어서 처분의 사전통지대상이 된다고 할 수 없다(대판 2003.11.28, 2003두674[임용거부처분취소] <인천대사건>).

Ⅳ 검토

거부처분은 당사자의 권익을 직접 제한하거나 의무를 부과하는 처분으로 볼 수 없어 사전통지의 대상이 되지 않는다는 입장이 타당하다.

08 「행정절차법」상 '의견제출'에 대하여 서술하시오. [40점]

Ⅰ 의견제출

1. 의의

의견제출(意見提出)은 "행정청이 어떠한 행정작용을 하기에 앞서 당사자등이 의견을 제시하는 절차로서 청문이나 공청회에 해당하지 아니하는 절차"를 말한다.

2. 요건

행정청이 당사자에게 의무를 부과하거나 권익을 제한하는 처분을 할 때 청문, 공청회 외에는 당사자등에게 의견제출의 기회를 주어야 한다.

3. 의견제출자

의견을 제출할 수 있는 자는 당사자등이다. 「행정절차법」은 제2조 제4호에서 '당사자등'을 "행정청의 처분에 대하여 ① 직접 그 상대가 되는 당사자와 ② 행정청이 직권으로 또는 신청에 의하여 행정절차에 참여하게 한 이해관계인"을 말한다고 규정하고 있다.

4. 의견제출방식

① 의견제출방식은 서면이나 말 또는 정보통신망을 이용하여 의견제출을 할 수 있고 증거자료 등을 첨부할 수 있다.
② 당사자등이 정당한 이유 없이 의견제출기한까지 의견제출을 하지 아니한 경우에는 의견이 없는 것으로 본다.

5. 제출의견의 반영

① 행정청은 처분을 할 때에 당사자등이 제출한 의견이 상당한 이유가 있다고 인정하는 경우에는 이를 반영하여야 한다.
② 행정청은 당사자등이 제출한 의견을 반영하지 아니하고 처분을 한 경우 당사자등이 처분이 있음을 안 날부터 90일 이내에 그 이유의 설명을 요청하면 서면으로 그 이유를 알려야 한다. 다만, 당사자등이 동의하면 말, 정보통신망 또는 그 밖의 방법으로 알릴 수 있다.

Ⅱ 예외사유

① 공공의 안전 또는 복리를 위하여 긴급히 처분을 할 필요가 있는 경우, ② 법령등에서 반드시 일정한 처분을 하여야 하는 경우에 그 사실이 법원의 재판 등에 의하여 객관적으로 증명된 때, ③ 처분의 성질상 의견청취가 현저히 곤란하거나 명백히 불필요하다고 인정될 만한 상당한 이유가 있는 경우와 당사자가 의견진술의 기회를 포기한다는 뜻을 명백히 표시한 경우에는 의견청취를 아니할 수 있다.

Ⅲ 절차의 위반과 그 위법성의 정도

다른 법령상 요구되는 절차를 결여한 채 발하여진 행정행위는 위법한 행정행위가 된다. 이 경우에 무효사유에 해당한다는 견해가 있으나, 취소사유에 해당한다는 것이 판례의 일관된 입장이다.

Ⅳ 관련문제

1. 관련판례

<진급낙천처분취소> 판례에 따르면 진급예정자명단에 포함된 자에 대하여 의견제출(의견진술)의 기회를 부여하지 아니한 채 진급선발을 취소하는 처분을 한 것이 절차상 하자가 있어 위법하다고 판시하였다(대법원 2007.9.21. 선고, 2006두20631).

2. 적용사례

의견제출의 경우는 청문의 실시로 인한 행정청의 부담이 당사자의 불이익보다 과중한 경우로 예를 들어 영업정지·면허정지, 자격정지, 과징금 부과처분 등이 있다.

판례

의견제출자

행정절차법 제21조 제1항, 제22조 제3항 및 제2조 제4호의 각 규정에 의하면, 행정청이 당사자에게 의무를 과하거나 권익을 제한하는 처분을 함에 있어서는 당사자등에게 처분의 사전통지를 하고 의견제출의 기회를 주어야 하며, 여기서 **당사자라 함은 행정청의 처분에 대하여 직접 그 상대가 되는 자를 의미한다 할 것**이고,

한편 구 식품위생법(2002. 1. 26. 법률 제6627호로 개정되기 전의 것) 제25조 제2항, 제3항의 각 규정에 의하면, 지방세법에 의한 압류재산 매각절차에 따라 영업시설의 전부를 인수함으로써 그 영업자의 지위를 승계한 자가 관계 행정청에 이를 신고하여 행정청이 이를 수리하는 경우에는 종전의 영업자에 대한 영업허가 등은 그 효력을 잃는다 할 것인데,

위 규정들을 종합하면 위 행정청이 구 식품위생법 규정에 의하여 **영업자지위승계신고를 수리하는 처분은 종전의 영업자의 권익을 제한하는 처분이라 할 것이고 따라서 종전의 영업자는 그 처분에 대하여 직접 그 상대가 되는 자에 해당한다고 봄이 상당**하므로, 행정청으로서는 위 신고를 수리하는 처분을 함에 있어서 행정절차법 규정 소정의 당사자에 해당하는 종전의 영업자에 대하여 위 규정 소정의 행정절차를 실시하고 처분을 하여야 한다(대판 2003.2.14, 2001두7015[유흥주점영업자지위승계수리처분취소]).

09 「행정절차법」상 '의견제출'에 대하여 서술하시오. [20점]

Ⅰ 의견제출

1. 의의

의견제출(意見提出)은 "행정청이 어떠한 행정작용을 하기에 앞서 당사자등이 의견을 제시하는 절차로서 청문이나 공청회에 해당하지 아니하는 절차"를 말한다.

2. 요건

행정청이 당사자에게 의무를 부과하거나 권익을 제한하는 처분을 할 때 청문, 공청회 외에는 당사자등에게 의견제출의 기회를 주어야 한다.

3. 의견제출자

의견을 제출할 수 있는 자는 당사자등이다. ① 처분에 대하여 직접 그 상대가 되는 당사자와 ② 행정청이 직권으로 또는 신청에 의하여 행정절차에 참여하게 한 이해관계인을 말한다.

4. 의견제출방식

① 당사자등은 처분 전에 서면이나 말 또는 정보통신망을 이용하여 의견제출을 할 수 있고 증거자료 등을 첨부할 수 있다.
② 당사자등이 정당한 이유 없이 의견제출기한까지 의견제출을 하지 아니한 경우에는 의견이 없는 것으로 본다.

Ⅱ 예외사유

① 공공의 안전 또는 복리를 위하여 긴급히 처분을 할 필요가 있는 경우, ② 법령등에서 반드시 일정한 처분을 하여야 하는 경우에 그 사실이 법원의 재판 등에 의하여 객관적으로 증명된 때, ③ 처분의 성질상 의견청취가 현저히 곤란하거나 명백히 불필요하다고 인정될 만한 상당한 이유가 있는 경우와 당사자가 의견진술의 기회를 포기한다는 뜻을 명백히 표시한 경우에는 의견청취를 아니할 수 있다.

Ⅲ 절차의 위반과 그 위법성의 정도

절차를 결여한 채 발하여진 행정행위는 취소사유에 해당한다는 것이 판례의 입장이다.

Ⅳ 관련문제

1. 관련판례

<진급낙천처분취소> 판례에 따르면 진급예정자명단에 포함된 자에 대하여 의견제출(의견진술)의 기회를 부여하지 아니한 채 진급선발을 취소하는 처분을 한 것이 절차상 하자가 있어 위법하다고 판시하였다.

2. 적용사례

의견제출의 경우는 청문의 실시로 인한 행정청의 부담이 당사자의 불이익보다 과중한 경우로 예를 들어 영업정지·면허정지, 자격정지, 과징금 부과처분 등이 있다.

10 '청문'에 대하여 서술하시오. [40점]

㈜ 청문절차 하자가 해당 처분을 위법하게 하는지 논하시오. [40점]

Ⅰ 의의

청문은 행정청이 어떠한 처분을 하기에 앞서 당사자등의 의견을 직접 듣고 증거를 조사하는 절차를 말하는데 행정처분의 상대방등 이해관계인에게 행정처분 전에 의견진술의 기회를 주는 행정절차를 행정청의 입장에서 보면 의견청취절차(意見聽取節次)라고 할 수 있다.

Ⅱ 요건

다음 어느 하나에 해당하는 경우에는 청문을 실시하도록 하고 있다(「행정절차법」 제22조 제1항).
1. 다른 법령등에서 청문을 하도록 규정하고 있는 경우
2. 행정청이 필요하다고 인정하는 경우
3. 다음 각 사항의 처분 시
   ⑴ 인허가 등의 취소
   ⑵ 신분·자격의 박탈
   ⑶ 법인이나 조합 등의 설립허가의 취소

Ⅲ 예외사유

① 공공의 안전 또는 복리를 위하여 긴급히 처분을 할 필요가 있는 경우, ② 법령등에서 반드시 일정한 처분을 하여야 하는 경우에 그 사실이 법원의 재판 등에 의하여 객관적으로 증명된 때, ③ 처분의 성질상 의견청취가 현저히 곤란하거나 명백히 불필요하다고 인정될 만한 상당한 이유가 있는 경우와 당사자가 의견진술의 기회를 포기한다는 뜻을 명백히 표시한 경우에는 의견청취를 아니할 수 있다.

Ⅳ 청문절차

1. 청문 주재자

(1) 행정청은 소속 직원 또는 대통령령으로 정하는 자격을 가진 사람 중에서 청문주재자를 공정하게 선정하여야 한다.

(2) 행정청은 다음의 처분을 하려는 경우에는 청문주재자를 2명 이상으로 선정할 수 있다. 이 경우 선정된 청문주재자 중 1명이 청문주재자를 대표한다.
　① 다수의 국민의 이해가 상충되는 처분
　② 다수 국민에게 불편이나 부담을 주는 처분
　③ 그 밖에 전문적이고 공정한 청문을 위하여 행정청이 청문주재자를 2명 이상으로 선정할 필요가 있다고 인정하는 처분

(3) 행정청은 청문이 시작되는 날부터 7일 전까지 청문 주재자에게 청문과 관련한 필요한 자료를 미리 통지하여야 하며, 당사자에게는 10일 전까지 통지하여야 한다.

(4) 청문 주재자는 독립하여 공정하게 직무를 수행하며, 그 직무 수행을 이유로 본인의 의사에 반하여 신분상 어떠한 불이익도 받지 아니한다.

(5) 대통령령으로 정하는 사람 중에서 선정된 청문 주재자는 「형법」이나 그 밖의 다른 법률에 따른 벌칙을 적용할 때에는 공무원으로 본다.

2. 의견반영

행정청은 처분을 함에 있어서 청문조서, 청문 주재자의 의견서, 그 밖의 관계 서류 등을 충분히 검토하고 상당한 이유가 있다고 인정하는 경우에는 청문결과를 반영하여야 한다.

3. 기타사항

　① 청문 주재자의 제척, 기피, 회피규정을 두어 청문의 공정성을 제고하였으며,
　② 청문 주재자는 직권 또는 당사자의 신청에 따라 필요한 조사를 할 수 있으며, 당사자등이 주장하지 아니한 사실에 대하여도 조사할 수 있다.
　③ 당사자등은 문서열람 및 복사를 요청할 수 있으며, 누구든지 청문에 대한 비밀을 정당한 이유 없이 누설하지 못한다.
　④ 청문 주재자는 당사자등의 전부 또는 일부가 정당한 사유로 청문기일에 출석하지 못하거나 의견서를 제출하지 못한 경우에는 10일 이상의 기간을 정하여 이들에게 의견진술 및 증거제출을 요구하여야 하며, 해당 기간이 지났을 때에 청문을 마칠 수 있다.

Ⓥ 청문절차의 하자

개별법령상 요구되는 청문절차를 결여한 채 발하여진 행정행위는 위법한 행정행위가 된다. 이 경우에 무효사유에 해당한다는 견해가 있으나, 취소사유에 해당한다는 것이 판례의 일관된 입장이다.

Ⓥ 관련문제

1. 관련판례

판례 ❶

1심법원에서는 청문에 출석하지 않아 행정청이 청문을 실시하지 않은 경우 그 처분은 적법하다고 판시하였으며

2심법원에서는 원고에 대한 청문통지서가 2회에 걸쳐 수취인부재 및 수취인 미거주로 각각 반송되어 온 사실은 행정절차법에서 정한 청문 면제사유인 '의견청취가 명백히 불필요하다고 인정될 만한 상당한 이유가 있는 경우'에 해당한다고 보아 의견청취(청문)를 아니할 수 있다고 판시하였다.

그러나 대법원은 ① '2심법원에서 판시한 청문의 예외사유'는 당해 행정처분의 성질에 비추어 판단하여야 하는 것이지, 청문통지서의 반송 여부, 청문통지의 방법 등에 의하여 판단할 것은 아니고, ② 또한 행정처분의 상대방이 통지된 청문일시에 불출석하였다는 이유만으로 청문을 실시하지 않은 침해적 행정처분은 청문을 거치지 않은 절차의 하자가 있어 위법하다고 판결하였다(대판 2001.4.13, 2000두3337[영업허가취소처분취소]).

판례 ❷

청문의 실시 등 의견청취절차를 배제하는 조항을 협약으로 체결하였다 하더라도 청문의 실시에 관한 규정의 적용을 배제할 수 있다고 볼 만한 법령상의 규정이 없는 한, 이러한 협약이 체결되었다고 하여 청문의 실시에 관한 규정의 적용이 배제된다거나 청문을 실시하지 않아도 되는 예외적인 경우에 해당한다고 할 수 없다(대판 2004.7.8, 2002두8350[유희시설조성사업협약해지 및 사업시행자지정거부처분취소]).

2. 적용사례

청문은 당사자의 불이익이 행정청의 부담보다 과중한 경우로 ① 인·허가, 면허 등의 취소 및 철회, ② 법인·조합 등의 설립취소, 해산명령, ③ 철거·폐쇄명령, ④ 제조판매금지의 경우 청문을 실시하고 있다.

11 청문 [20점]

Ⅰ 의의

청문은 행정청이 어떠한 처분을 하기에 앞서 당사자등의 의견을 직접 듣고 증거를 조사하는 절차를 말한다.

Ⅱ 요건

「행정절차법」은 청문을 ① 다른 법령등에서 청문을 실시하도록 규정하고 있는 경우, ② 행정청이 필요하다고 인정하는 경우, ③ 다음의 처분이 있는 경우(인허가 등의 취소, 신분·자격의 박탈, 법인이나 조합 등의 설립허가의 취소)에 실시하도록 하고 있다.

Ⅲ 예외사유

① 공공의 안전 또는 복리를 위하여 긴급히 처분을 할 필요가 있는 경우, ② 법령등에서 반드시 일정한 처분을 하여야 하는 경우에 그 사실이 법원의 재판 등에 의하여 객관적으로 증명된 때, ③ 처분의 성질상 의견청취가 현저히 곤란하거나 명백히 불필요하다고 인정될 만한 상당한 이유가 있는 경우와 당사자가 의견진술의 기회를 포기한다는 뜻을 명백히 표시한 경우에는 의견청취를 아니할 수 있다.

Ⅳ 청문절차

1. 청문 주재자

(1) 행정청은 소속 직원 또는 대통령령으로 정하는 자격을 가진 사람 중에서 청문 주재자를 공정하게 선정하여야 한다.

(2) 행정청은 다음의 처분을 하려는 경우에는 청문주재자를 2명 이상으로 선정할 수 있다. 이 경우 선정된 청문주재자 중 1명이 청문주재자를 대표한다.
① 다수의 국민의 이해가 상충되는 처분
② 다수 국민에게 불편이나 부담을 주는 처분
③ 그 밖에 전문적이고 공정한 청문을 위하여 행정청이 청문주재자를 2명 이상으로 선정할 필요가 있다고 인정하는 처분

(3) 행정청은 청문이 시작되는 날부터 7일 전까지 청문 주재자에게 청문과 관련한 필요한 자료를 미리 통지하여야 하며, 당사자에게는 10일 전까지 통지하여야 한다.

2. 의견반영

행정청은 처분을 함에 있어서 청문조서, 청문 주재자의 의견서, 그 밖의 관계 서류 등을 충분히 검토하고 상당한 이유가 있다고 인정하는 경우에는 청문결과를 반영하여야 한다.

Ⓥ 관련문제

1. 판례

청문 예외사유인 '상당한 이유'란 당해 처분의 성질에 비추어 판단하여야 하는 것이므로, 청문통지서가 반송되었거나 상대방이 청문일시에 불출석하였다는 이유로 청문을 실시하지 않고 한 침해적 행정처분은 위법하다고 판시하였다.

2. 적용사례

청문은 당사자의 불이익이 행정청의 부담보다 과중한 경우로 ① 인·허가, 면허 등의 취소 및 철회, ② 법인·조합 등의 설립취소, 해산명령, ③ 철거·폐쇄명령, ④ 제조판매금지의 경우 청문을 실시하고 있다.

> **[판례]**
>
> **1심법원인 서울행정법원**은 "행정처분의 상대방이 **청문장소에 출석하지 않았을 경우** 행정청이 청문을 실시하지 않고 행정처분을 하였다 하더라도 **그러한 처분에 어떠한 하자가 있는 것이라고 볼 수는 없다**"라고 판시하였고(서울행정법원 1999.8.17, 99구4630),
>
> **항소심(원심)인 서울고등법원**은 원고에 대한 **청문통지서가 2회에 걸쳐 수취인부재 및 수취인 미거주로 각각 반송**되어 온 사실은 행정절차법 제21조 제4항 제3호 소정의 '**의견청취가 명백히 불필요하다고 인정될 만한 상당한 이유가 있는 경우**'에 해당한다고 보아야 할 것이어서, 행정청은 행정절차법 제22조 제4항의 규정에 의하여 **의견청취(청문)를 아니할 수 있다고 판시**하였다(서울고법 2000.4.12, 99누11099).
>
> 그러나, **대법원**은 ① '의견청취가 현저히 곤란하거나 명백히 불필요하다고 인정될 만한 상당한 이유가 있는지 여부'는 **당해 행정처분의 성질에 비추어 판단하여야 하는 것이지**, 청문통지서의 반송 여부, 청문통지의 방법 등에 의하여 판단할 것은 아니고 ② 또한 행정처분의 상대방이 통지된 청문일시에 불출석하였다는 이유만으로 **행정청이 관계 법령상 그 실시가 요구되는 청문을 실시**하지 아니한 채 침해적 행정처분을 할 수는 없다고 하면서 **청문을 실시하지 아니하고 한 이 사건 침해적 행정처분은 청문을 거치지 않은 절차의 하자가 있어 위법하다고 판결**하였다(2001.4.13, 2000두3337[영업허가취소처분취소]: 구 공중위생법상 **유기장업허가취소처분을 함에 있어서 두 차례에 걸쳐 발송한 청문통지서가 모두 반송**되어 온 경우, 행정절차법 제21조 제4항 제3호에 정한 **청문을 실시하지 않아도 되는 예외 사유에 해당한다고 단정하여** 당사자가 청문일시에 불출석하였다는 이유로 청문을 거치지 않고 이루어진 **위 처분이 위법하지 않다고 판단한 원심판결을 파기**한 사례

12 공청회 [20점]

(I) 의의

공청회(公聽會)라 함은 행정청이 공개적인 토론을 통하여 어떠한 행정작용에 대하여 당사자등, 전문지식과 경험을 가진 자, 기타 일반인으로부터 의견을 널리 수렴하는 절차를 말한다.

(II) 요건

① 다른 법령등에서 공청회를 개최하도록 규정하고 있는 경우, ② 해당 처분의 영향이 광범위하여 널리 의견을 수렴할 필요가 있다고 행정청이 인정하는 경우, ③ 국민생활에 큰 영향을 미치는 처분으로서 대통령령으로 정하는 처분에 대하여 대통령령으로 정하는 수 이상의 당사자등이 공청회 개최를 요구하는 경우이다.

(III) 예외사유

① 공공의 안전 또는 복리를 위하여 긴급히 처분을 할 필요가 있는 경우, ② 법령등에서 반드시 일정한 처분을 하여야 하는 경우에 그 사실이 법원의 재판 등에 의하여 객관적으로 증명된 때, ③ 처분의 성질상 의견청취가 현저히 곤란하거나 명백히 불필요하다고 인정될 만한 상당한 이유가 있는 경우와 당사자가 의견진술의 기회를 포기한다는 뜻을 명백히 표시한 경우에는 의견청취를 아니할 수 있다.

(IV) 공청회 절차

1. 공청회의 개최

(I) 원칙

행정청은 공청회를 개최하고자 하는 경우에는 공청회 개최 14일 전까지 ① 제목, ② 일시 및 장소 등을 인터넷 홈페이지 등에 공고하는 방법으로 널리 알려야 한다. 다만, 공청회 개최를 알린 후 예정대로 개최하지 못하여 새로 일시 및 장소 등을 정한 경우에는 공청회 개최 7일 전까지 알려야 한다. 그리고 행정청은 오프라인 공청회와 병행하여서만 정보통신망을 이용한 공청회(온라인공청회)를 실시할 수 있다.

(2) 예외

다음의 경우에는 온라인 단독 개최를 할 수 있다.
① 국민의 생명·신체·재산의 보호 등 국민의 안전 또는 권익보호 등의 이유로 오프라인 공청회를 개최하기 어려운 경우
② 오프라인 공청회가 행정청이 책임질 수 없는 사유로 개최되지 못하거나 개최는 되었으나 정상적으로 진행되지 못하고 무산된 횟수가 3회 이상인 경우
③ 행정청이 널리 의견을 수렴하기 위하여 온라인공청회를 단독으로 개최할 필요가 있다고 인정하는 경우

2. 공청회의 주재자 및 발표자

① 행정청은 해당 공청회의 사안과 관련된 분야에 전문적 지식이 있거나 그 분야에 종사한 경험이 있는 사람으로서 대통령령으로 정하는 자격을 가진 사람 중에서 공청회의 주재자를 선정한다. ② 공청회의 발표자는 발표를 신청한 자 중에서 행정청이 선정한다.

3. 공청회의 진행

공청회의 주재자는 공청회를 공정하게 진행하여야 하며, 공청회의 원활한 진행을 위하여 발표내용을 제한할 수 있다.

4. 공청회 및 온라인공청회 결과의 반영

행정청은 온라인공청회 등을 통하여 제시된 사실 및 의견이 상당한 이유가 있다고 인정하는 경우에는 이를 반영하여야 한다.

5. 공청회의 재개최

행정청은 공청회를 마친 후 처분을 할 때까지 새로운 사정이 발견되어 공청회를 다시 개최할 필요가 있다고 인정할 때에는 공청회를 다시 개최할 수 있다.

Ⓥ 관련문제

공청회 적용사례로는 주요 법령의 제·개정, 폐지, 국민에게 중대한 정책, 제도의 도입(예 자동차 10부제, 쓰레기 종량제, 버스전용 차선제 등), 대립된 이해관계 조정(예 의·약분업, 금융기관 합병 등)에 주로 적용되고 있다.

13 「행정절차법」 제22조의 '의견청취의 실시요건'에 관하여 서술하시오.

[20점]

Ⓘ 서

행정처분의 상대방 등 이해관계인에게 행정처분 전에 의견진술의 기회를 주는 행정절차를 행정청의 입장에서 보면 의견청취절차(意見聽取節次)라고 할 수 있다.

Ⅱ 의견청취의 실시요건

1. 청문

다음 어느 하나에 해당하는 경우에는 청문을 실시하도록 하고 있다(「행정절차법」 제22조 제1항).

(1) 다른 법령등에서 청문을 하도록 규정하고 있는 경우

(2) 행정청이 필요하다고 인정하는 경우

(3) 다음 각 사항의 처분 시

　① 인허가 등의 취소

　② 신분·자격의 박탈

　③ 법인이나 조합 등의 설립허가의 취소

2. 공청회

(1) 다른 법령등에서 공청회를 개최하도록 규정하고 있는 경우

(2) 해당 처분의 영향이 광범위하여 널리 의견을 수렴할 필요가 있다고 행정청이 인정하는 경우

(3) 국민생활에 큰 영향을 미치는 처분으로서 대통령령으로 정하는 처분에 대하여 대통령령으로 정하는 수 이상의 당사자등이 공청회 개최를 요구하는 경우

3. 의견제출

행정청이 당사자에게 의무를 부과하거나 권익을 제한하는 처분을 할 때 청문, 공청회 외에는 당사자등에게 의견제출의 기회를 주어야 한다.

Ⅲ 예외사유

「행정절차법」 제21조 제4항 각 호의 사유인 사전통지의 예외사항 및 당사자가 의견진술의 기회를 포기한다는 뜻을 명백히 밝힌 경우에 해당하는 경우는 의견청취절차를 거치지 않을 수 있다.

Ⅳ 절차의 위반과 그 위법성의 정도

다른 법령상 요구되는 절차를 결여한 채 발하여진 행정행위는 위법한 행정행위가 된다. 이 경우에 무효사유에 해당한다는 견해가 있으나, 취소사유에 해당한다는 것이 판례의 일관된 입장이다.

14 「행정절차법」상 '의견청취의 처리방법(결과반영 여부)'에 대하여 서술하시오. [20점]

Ⅰ 서

행정처분의 상대방 등 이해관계인에게 행정처분 전에 의견진술의 기회를 주는 행정절차를 행정청의 입장에서 보면 의견청취절차(意見聽取節次)라고 할 수 있다.

Ⅱ 의견청취의 결과반영 여부

1. 청문

(1) 의의

청문은 행정청이 어떠한 처분을 하기에 앞서 당사자등의 의견을 직접 듣고 증거를 조사하는 절차를 말한다.

(2) 청문결과의 반영(제35조의2)

행정청은 처분을 함에 있어서 청문조서, 청문 주재자의 의견서, 그 밖의 관계 서류 등을 충분히 검토하고 상당한 이유가 있다고 인정하는 경우에는 청문결과를 반영하여야 한다.

2. 공청회

(1) 의의

공청회(公聽會)라 함은 "행정청이 공개적인 토론을 통하여 어떠한 행정작용에 대하여 당사자등, 전문지식과 경험을 가진 자, 기타 일반인으로부터 의견을 널리 수렴하는 절차"를 말한다.

(2) 공청회 및 온라인공청회 결과 반영(제39조의2)

행정청은 처분을 할 때에는 공청회·온라인공청회 및 정보통신망 등을 통하여 제시된 사실 및 의견이 상당한 이유가 있다고 인정하는 경우에는 이를 반영하여야 한다.

3. 의견제출

(1) 의의

행정청이 어떠한 행정작용을 하기 전에 당사자등이 의견을 제시하는 절차로서 청문이나 공청회에 해당하지 아니하는 절차를 말한다.

⑵ **제출의견의 반영**(제27조의2)

① 행정청은 처분을 할 때에 당사자등이 제출한 의견이 상당한 이유가 있다고 인정하는 경우에는 이를 반영하여야 한다.

② 행정청은 당사자등이 제출한 의견을 반영하지 아니하고 처분을 한 경우 당사자등이 처분이 있음을 안 날부터 90일 이내에 그 이유의 설명을 요청하면 서면으로 그 이유를 알려야 한다. 다만, 당사자등이 동의하면 말, 정보통신망 또는 그 밖의 방법으로 알릴 수 있다.

Ⅲ 관련판례

"광업용 토지수용을 위한 사업인정을 하고자 할 때에는 토지 소유자 등의 의견을 들어야 한다고 한 것은 소유자나 기타 권리자의 의견을 반영할 기회를 주어 이를 참작하도록 하고자 하는 데 있을 뿐, 처분청이 그 의견에 기속되는 것은 아니다"라고 판시하였다.

15 처분의 이유제시 [20점]

Ⅰ 의의

이유제시(理由提示)라 함은 행정청이 처분을 함에 있어 당사자에게 처분의 근거와 이유를 제시하는 것을 말한다.

Ⅱ 필요성(기능)

① 행정이 보다 신중하고 공정하게 행해지도록 하기 위한 것이고, ② 상대방이 처분에 대하여 쟁송을 제기하고자 하는 경우 쟁송제기 여부의 판단 및 쟁송준비에 편의를 제공하기 위한 것이다.

Ⅲ 예외(제23조)

① 긴급히 처분을 할 필요가 있는 경우, ② 신청내용을 모두 그대로 인정하는 처분인 경우, ③ 단순·반복적인 처분 또는 경미한 처분으로서 당사자가 그 이유를 명백히 알 수 있는 경우는 이유제시를 생략할 수 있다. 다만, ①, ③은 처분 후 당사자가 요청하는 경우에는 근거와 이유를 제시하여야 한다.

Ⅳ (구)체적 이유제시(절차)

행정청은 처분의 주된 법적 근거 및 사실상의 사유를 구체적으로 제시하여야 한다. 추상적으로만 제시된 경우는 이유제시의무를 이행한 것이 되지 않는다.

Ⅴ 하자와 (치)유(절차)

이유제시의 하자를 포함한 절차의 하자를 판례는 독립된 취소사유로 보고 있고, 치유가 인정되는 시기는 행정쟁송의 제기 전에 한하여 치유가 가능한 것으로 보아야 할 것이다.

Ⅵ 관련판례

<주류도매업면허의 취소처분의 판례>에 의하면 처분근거와 위반사실의 적시를 빠뜨린 하자, 즉 "지정조건위반으로 주류판매면허를 취소합니다"라고만 되어 있다면 이 사건 면허취소처분은 위법하다고 판시하였다.

판례 ❶

주류도매업면허의 취소처분에 그 대상이 된 위반사실을 특정하지 아니하여 위법하다고 본 사례

면허의 취소처분에는 그 근거가 되는 법령이나 취소권 유보의 부관 등을 명시하여야 함은 물론 처분을 받은 자가 어떠한 위반사실에 대하여 당해 처분이 있었는지를 알 수 있을 정도로 사실을 적시할 것을 요하며, 이와 같은 **취소처분의 근거와 위반사실의 적시를 빠뜨린 하자**는 피처분자가 처분 당시 그 취지를 알고 있었다거나 그 후 알게 되었다 하여도 치유될 수 없다고 할 것인바,

세무서장인 피고가 주류도매업자인 원고에 대하여 한 이 사건 일반주류도매업면허취소통지에 "상기 주류도매장은 무면허 주류판매업자에게 주류를 판매하여 **주세법** 제11조 및 국세법사무처리규정 제26조에 **의거 지정조건위반으로 주류판매면허를 취소합니다**"라고만 되어 있어서 원고의 영업기간과 거래 상대방 등에 비추어 **원고가 어떠한 거래행위로 인하여 이 사건 처분을 받았는지 알 수 없게 되어 있다면 이 사건 면허취소처분은 위법하다**(대판 1990.9.11, 90누1786[일반주류도매업면허취소처분취소]).

판례 ❷

또한, 대법원은 "일반적으로 당사자가 근거규정 등을 명시하여 신청하는 인·허가 등을 거부하는 처분"에 있어서의 근거 및 이유제시의 정도에 관하여 **"당사자가 그 근거를 알 수 있을 정도로 상당한 이유를 제시한 경우에는 당해 처분의 근거 및 이유를 구체적 조항 및 내용까지 명시하지 않았더라도 그로 말미암아 그 처분이 위법한 것이 된다고 할 수 없다"**라고 하면서

행정청이 토지형질변경허가신청을 불허하는 근거규정으로 **'도시계획법시행령 제20조'를 명시하지 아니하고 '도시계획법'이라고만 기재하였으나,** 신청인이 자신의 신청이 개발제한구역의 지정목적에 **현저히 지장을 초래하는 것이라는 이유로** 구 도시계획법시행령 제20조 제1항 제2호에 따라 불허된 것임을 알 수 있었던 경우, **그 불허처분이 위법하지 아니하다고 하였다**(대판 2002.5.17, 2000두8912[토지형질변경불허가처분취소]).

16 | 처분 시 사전통지 및 이유제시의 예외사항에 대하여 서술하시오. [20점]

Ⅰ 사전통지

사전통지란 의견청취의 전치절차로서, 행정청이 당사자에게 의무를 부과하거나 권익을 제한하는 처분을 하는 경우에 당사자에게 일정한 사항을 통지함으로써, 당사자의 처분 절차에의 참여를 보장하기 위한 절차상 적법요건을 말한다.

Ⅱ 사전통지 예외사항

① 공공의 안전 또는 복리를 위하여 긴급히 처분을 할 필요가 있는 경우, ② 법령등에서 요구된 자격이 없거나 없어지게 되면 반드시 일정한 처분을 하여야 하는 경우에 그 자격이 없거나 없어지게 된 사실이 법원의 재판 등에 의하여 객관적으로 증명된 때, ③ 해당 처분의 성질상 의견청취가 현저히 곤란하거나 명백히 불필요하다고 인정될 만한 상당한 이유가 있는 경우는 면제사항이며 사전통지는 의견청취의 전치절차이므로 사전통지의무가 예외되는 경우는 의견청취의무도 예외가 된다(행정절차법 제22조 제4항).

Ⅲ 이유제시

이유제시(理由提示)라 함은 행정청이 처분을 함에 있어 당사자에게 처분의 근거와 이유를 제시하는 것을 말한다. 이유제시를 이유부기(理由附記)라고도 한다.

Ⅳ 이유제시 예외사항

1. 이유제시를 생략할 수 있는 경우

① 긴급히 처분을 할 필요가 있는 경우, ② 신청내용을 모두 그대로 인정하는 처분인 경우, ③ 단순·반복적인 처분 또는 경미한 처분으로서 당사자가 그 이유를 명백히 알 수 있는 경우

2. 처분 후 당사자가 요청 시 근거와 이유를 제시하여야 하는 경우

① 긴급히 처분을 할 필요가 있는 경우, ② 단순·반복적인 처분 또는 경미한 처분으로서 당사자가 그 이유를 명백히 알 수 있는 경우

Ⓥ 관련문제

1. 침익적 행정처분의 경우 사전통지의 절차적 하자를 판례는 처분의 독자적 위법사유로 본다.
2. <주류도매업면허의 취소처분의 판례>에 의하면 처분근거와 위반사실의 적시를 빠뜨린 하자는, 즉 "지정조건위반으로 주류판매면허를 취소합니다"라고만 되어 있어서 원고가 어떠한 거래행위로 인하여 이 사건 처분을 받았는지 알 수 없게 되어 있다면 이 사건 면허취소처분은 위법하다고 판시하였다.

17 침해적 처분(권익을 제한하거나 의무를 부과하는 처분)에 적용되는 절차에 대하여 서술하시오. [40점]

Ⅰ 서

1. 당사자에 대한 권익제한 · 의무부과처분

침해적 처분이란 당사자에게 의무를 부과하거나 권익을 제한하는 처분을 말한다.

2. 거부처분

판례는 신청에 대한 거부처분이라고 하더라도 직접 당사자의 권익을 제한하는 것은 아니어서 처분의 사전통지대상이 된다고 할 수 없다.

Ⅱ 처분의 사전통지

1. 예외사항

① 공공의 안전 또는 복리를 위하여 긴급히 처분을 할 필요가 있는 경우, ② 법령등에서 반드시 일정한 처분을 하여야 하는 경우에 그 사실이 법원의 재판 등에 의하여 객관적으로 증명된 때, ③ 처분의 성질상 의견청취가 현저히 곤란하거나 명백히 불필요하다고 인정될 만한 상당한 이유가 있는 경우는 면제사항이다.

2. 사전통지기간

① 의견제출은 10일 이상의 기간을 주어야 하며 ② 청문은 시작되는 날부터 10일 전까지 통지하여야 한다. ③ 공청회는 개최 14일 전까지 당사자등에게 통지하고 일간신문 등에 공고하는 등의 방법으로 널리 알려야 한다.

3. 사전통지사항

① 처분의 제목, ② 당사자의 성명 또는 명칭과 주소, ③ 의견제출기관의 명칭과 주소, ④ 의견제출기한 등을 당사자등에게 사전통지하여야 한다.

Ⅲ 의견청취(진술)절차(의/요/예/절)

1. 의의

(1) 의견제출

"행정청이 어떠한 행정작용을 하기에 앞서 당사자등이 의견을 제시하는 절차로서 청문이나 공청회에 해당하지 아니하는 절차"를 말한다.

(2) 청문

청문(聽聞)이라 함은 "행정청이 어떠한 처분을 하기에 앞서 당사자등의 의견을 직접 듣고 증거를 조사하는 절차"를 말한다.

(3) 공청회

공청회란 "행정청이 공개적인 토론을 통하여 어떠한 행정작용에 대하여 당사자등, 전문지식과 경험을 가진 자, 기타 일반행정인으로부터 의견을 널리 수렴하는 절차"를 말한다.

2. 실시요건

다음 어느 하나에 해당하는 경우에는 청문을 실시하도록 하고 있다(「행정절차법」 제22조 제1항).

(1) 청문

1) 다른 법령등에서 청문을 하도록 규정하고 있는 경우
2) 행정청이 필요하다고 인정하는 경우
3) 다음 각 사항의 처분 시
   ① 인허가 등의 취소
   ② 신분·자격의 박탈
   ③ 법인이나 조합 등의 설립허가의 취소

(2) 공청회

1) 다른 법령등에서 공청회를 개최하도록 규정하고 있는 경우
2) 해당 처분의 영향이 광범위하여 널리 의견을 수렴할 필요가 있다고 행정청이 인정하는 경우
3) 국민생활에 큰 영향을 미치는 처분으로서 대통령령으로 정하는 처분에 대하여 대통령령으로 정하는 수 이상의 당사자등이 공청회 개최를 요구하는 경우

(3) 의견제출

행정청이 당사자에게 의무를 부과하거나 권익을 제한하는 처분을 할 때 청문, 공청회 외에는 당사자등에게 의견제출의 기회를 주어야 한다.

3. 예외사유

① 공공의 안전 또는 복리를 위하여 긴급히 처분을 할 필요가 있는 경우, ② 법령등에서 반드시 일정한 처분을 하여야 하는 경우에 그 사실이 법원의 재판 등에 의하여 객관적으로 증명된 때, ③ 처분의 성질상 의견청취가 현저히 곤란하거나 명백히 불필요하다고 인정될 만한 상당한 이유가 있는 경우와 당사자가 의견진술의 기회를 포기한다는 뜻을 명백히 표시한 경우에는 의견청취를 아니할 수 있다.

4. 절차

(1) 의견제출

서면이나 말 또는 정보통신망을 이용하여 의견제출을 할 수 있으며 10일 이상의 기간을 주어야 한다.

(2) 청문

행정청은 청문이 시작되는 날부터 7일 전까지 청문 주재자에게 청문관련 자료를 미리 통지하여야 한다.

(3) 공청회

공청회 개최 14일 전까지 ① 제목, ② 일시 및 장소 등을 인터넷 홈페이지 등에 공고하는 방법으로 널리 알려야 한다.

Ⅳ 처분의 이유제시

1. 의의

이유제시(理由提示)라 함은 행정청이 처분을 함에 있어 당사자에게 처분의 근거와 이유를 제시하는 것을 말한다.

2. 예외(제23조)

① 긴급히 처분을 할 필요가 있는 경우, ② 신청내용을 모두 그대로 인정하는 처분인 경우, ③ 단순·반복적인 처분 또는 경미한 처분으로서 당사자가 그 이유를 명백히 알 수 있는 경우는 이유제시를 생략할 수 있다. 다만, ①, ③은 처분 후 당사자가 요청하는 경우에는 근거와 이유를 제시하여야 한다.

3. 이유제시의 하자와 치유

이유제시의 하자를 포함한 절차의 하자를 판례는 독립된 취소사유로 보고 있고 치유가 인정되는 시기는 행정쟁송의 제기 전에 한하여 치유가 가능한 것으로 보아야 할 것이다.

Ⓥ 결

1. 행정청의 부담과 개인의 권익을 비교형량하여 적법절차의 원칙을 지켜야 할 것이다.
2. 적법절차의 원칙에 반하는 경우 그 행정처분은 절차상 위법하게 된다.

18 「행정절차법」상 침해적 처분과 수익적 처분에 공통적으로 적용되는 처분의 공통절차 등에 대하여 서술하시오. [40점]

Ⓘ 공통절차 및 공통사항

처분절차에 관한 「행정절차법」의 규정에는 한편으로 침해적 처분과 수익적 처분에 공통적으로 적용되는 규정이 있는데 아래에서 자세히 서술하겠다.

Ⅱ 처분기준의 설정·공표

1. 의의

(1) 처분기준(處分基準)의 설정·공표제도란 행정청이 필요한 처분기준을 해당 처분의 성질에 비추어 되도록 구체적으로 정하여 공표하여야 하는 제도를 말한다.

(2) 인허가의제의 경우 관련 인허가 행정청은 인허가의 처분기준을 주된 인허가 행정청에 제출하여야 하고, 주된 인허가 행정청은 제출받은 관련 인허가의 처분기준을 통합하여 공표하여야 한다. 처분기준을 변경하는 경우에도 또한 같다.

2. 예외규정

「행정절차법」은 "해당 처분의 성질상 현저히 곤란하거나 공공의 안전 또는 복리를 현저히 해치는 것으로 인정될 만한 상당한 이유가 있는 경우"에는 처분기준을 공표하지 아니할 수 있다는 추상적인 기준하에 넓게 인정하고 있어 처분기준의 공표가 행정청의 자의적 판단하에 행해질 우려가 있기 때문에 예측가능성을 보장하는 정도로 규정되어야 한다.

3. 설정·공표의무 위반의 효과

처분기준 불비의 하자는 절차의 하자가 되며 독립된 취소사유가 된다고 보아야 한다.

4. 처분기준에 대한 당사자등의 해석·설명요청권

당사자등은 공표된 처분기준이 불명확한 경우 해당 행정청에 대하여 그 해석 또는 설명을 요청할 수 있다.

Ⅲ 처분의 이유제시

1. 의의

이유제시(理由提示)라 함은 행정청이 처분을 함에 있어 당사자에게 처분의 근거와 이유를 제시하는 것을 말한다. 이유제시를 이유부기(理由附記)라고도 한다.

2. 필요성(기능)

① 행정이 보다 신중하고 공정하게 행해지도록 하기 위한 것이고, ② 상대방이 처분에 대하여 쟁송을 제기하고자 하는 경우 쟁송제기 여부의 판단 및 쟁송준비에 편의를 제공하기 위한 것이다.

3. 예외(제23조)

① 긴급히 처분을 할 필요가 있는 경우, ② 신청내용을 모두 그대로 인정하는 처분인 경우, ③ 단순·반복적인 처분 또는 경미한 처분으로서 당사자가 그 이유를 명백히 알 수 있는 경우는 이유제시를 생략할 수 있다. 다만, ①, ③은 처분 후 당사자가 요청하는 경우에는 근거와 이유를 제시하여야 한다.

4. 이유제시의무의 내용

행정청은 처분의 주된 법적 근거 및 사실상의 사유를 구체적으로 제시하여야 한다. 추상적으로만 제시된 경우는 이유제시의무를 이행한 것이 되지 않는다.

5. 이유제시의 하자와 치유

이유제시의 하자를 포함한 절차의 하자를 판례는 독립된 취소사유로 보고 있고 치유가 인정되는 시기는 행정쟁송의 제기 전에 한하여 치유가 가능한 것으로 보아야 할 것이다.

Chapter 02

Ⅳ 처분의 방식 · 정정 · 고지

1. 처분의 방식 : 문서주의

(1) 원칙

행정청이 처분을 하는 때에는 다른 법령 등에 특별한 규정이 있는 경우를 제외하고는 문서로 하여야 하며, ① 당사자등의 동의가 있는 경우와 ② 당사자가 전자문서로 처분을 신청하는 경우

(2) 예외

공공의 안전 또는 복리를 위하여 긴급히 처분을 할 필요가 있거나 사안이 경미한 경우에는 말, 전화, 휴대전화를 이용한 문자 전송, 팩스 또는 전자우편 등 문서가 아닌 방법으로 처분을 할 수 있다. 이 경우 당사자가 요청하면 지체 없이 처분에 관한 문서를 주어야 한다.

2. 처분의 정정

행정청은 처분에 오기 · 오산 또는 그 밖에 이에 준하는 명백한 잘못이 있는 때에는 직권으로 또는 신청에 따라 지체 없이 정정(訂正)하고 그 사실을 당사자에게 통지하여야 한다.

3. 처분에 관한 불복고지

행정청이 처분을 하는 때에는 당사자에게 그 처분에 관하여 행정심판 및 행정소송을 제기할 수 있는지 여부, 그 밖에 불복을 할 수 있는지 여부, 청구절차 및 청구기간, 그 밖에 필요한 사항을 알려야 한다.

Ⅴ 절차상 하자의 효과

현행 「행정소송법」은 절차의 위법을 이유로 한 취소판결을 인정하고 있다.
다수설과 판례는 행정처분상의 절차상 하자를 처분의 독자적 위법사유로 본다.

19 「행정절차법」상 '신청에 의한 처분'의 절차 [40점]

① 처분의 신청(제17조)

① 행정청에 처분을 구하는 신청은 문서로 하여야 한다.
② 처분을 신청할 때 전자문서로 하는 경우에는 행정청의 컴퓨터 등에 입력된 때에 신청한 것으로 본다.

② 신청의 접수 및 보완

1. 신청의 접수

(1) 행정청은 신청을 받았을 때에는 다른 법령등에 특별한 규정이 있는 경우를 제외하고는 그 접수를 보류 또는 거부하거나 부당하게 되돌려 보내서는 아니 되며, 신청을 접수한 경우에는 신청인에게 접수증을 주어야 한다.

(2) 행정청은 신청에 구비서류의 미비 등 흠이 있는 경우에는 보완에 필요한 상당한 기간을 정하여 지체 없이 신청인에게 보완을 요구하여야 한다.

(3) 행정청은 신청인이 기간 내에 보완을 하지 아니하였을 때에는 그 이유를 구체적으로 밝혀 접수된 신청을 되돌려 보낼 수 있다.

2. 보완

(1) 신청인은 처분이 있기 전에는 그 신청의 내용을 보완·변경하거나 취하(取下)할 수 있다.

(2) '해당 신청의 성질상 보완·변경 또는 취하할 수 없는 경우'는 신청의 내용을 보완 또는 변경하는 것으로 인하여 제3자의 권익에 침해를 가져오는 경우에는 보완 또는 변경을 인정할 수 없을 것이다.

Ⅲ 신청의 처리

1. 다수의 행정청이 관여하는 처분의 신속처리의무(제18조)

행정청은 다수의 행정청이 관여하는 처분을 구하는 신청을 접수한 경우에는 관계 행정청과의 신속한 협조를 통하여 해당 처분이 지연되지 아니하도록 하여야 한다.

2. 처리기간의 설정·공표(제19조)

① 행정청은 신청인의 편의를 위하여 처분의 처리기간을 종류별로 미리 정하여 공표하여야 한다.

② 행정청은 부득이한 사유로 처리기간 내에 처분을 처리하기 곤란한 경우에는 해당 처분의 처리기간의 범위에서 한 번만 그 기간을 연장할 수 있다.

③ 행정청은 처리기간을 연장할 때에는 처리기간의 연장 사유와 처리 예정 기한을 지체 없이 신청인에게 통지하여야 한다.

④ 행정청이 정당한 처리기간 내에 처리하지 아니하였을 때에는 신청인은 해당 행정청 또는 그 감독 행정청에 신속한 처리를 요청할 수 있다.

Ⅳ 절차상 하자의 치유가능성

판례는 절차상 하자가 인정되는 시기는 행정쟁송의 제기 전에 한하여 치유가 가능하다고 판시하였다.

Ⅴ 절차상 하자의 효과

현행 「행정소송법」은 절차의 위법을 이유로 한 취소판결을 인정하고 있다.
다수설과 판례는 행정처분상의 절차상 하자를 처분의 독자적 위법사유로 본다.

20 「행정절차법」 제40조 '신고'에 대하여 서술하시오. [20점]

Ⅰ 의의

신고란 "사인의 공법적 효과의 발생을 목적으로 행정주체에 대하여 일정한 사실을 알리는 행위로서 행정청에 의한 실질적 심사가 요구되지 아니하는 행위"를 말한다.

Ⅱ 신고의 종류

1. 자체완성적 공법행위로서의 신고

법령등에서 행정청에 대하여 일정한 사항을 통지하고 도달함으로써 효과가 발생하는 신고를 말하며 수리를 요하지 않는 신고라고도 한다. 「행정절차법」 제40조 제1항은 자체완성적 공법 행위로서의 신고에 대한 일반규정이다. 예를 들어 이혼신고, 출생신고가 이에 해당한다.

2. 행정요건적 공법행위로서의 신고

법령등에서 행정청에 대하여 일정한 사항을 통지하고 행정청이 이를 수리함으로써 법적 효과가 발생하는 신고를 말하며 수리를 요하는 신고라고도 한다. 예를 들어 혼인신고, 건축주 명의변경신고가 이에 해당한다.

Ⅲ 신고의 요건

법령등에서 행정청에 대하여 일정한 사항을 통지함으로써 의무가 끝나는 신고는 ① 신고서의 기재상에 하자가 없어야 하고, ② 필요한 구비서류가 첨부되어야 하며, ③ 기타 법령등에서 규정된 형식상의 요건에 적합하여야 한다(행정절차법 제40조 제2항).

Ⅳ 신고의 보완요구 및 반려

행정청은 요건을 갖추지 못한 신고서가 제출된 경우 지체 없이 상당한 기간을 정하여 신고인에게 보완을 요구하여야 한다. 행정청은 신고인이 그 상당한 기간 내에 보완을 하지 아니한 때에는 그 이유를 명시하여 해당 신고서를 되돌려 보내야 한다(행정절차법 제40조 제4항).

Ⓥ 신고의 수리

(1) 수리의무

신고의 수리는 자체완성적 공법행위로서의 신고의 경우에는 문제되지 아니하고 행정요건적 공법행위로서의 신고에서만 문제된다. 법령이 정한 요건을 구비한 적법한 신고가 있으면 행정청은 의무적으로 수리하여야 한다.

(2) 신고필증

행정실무상으로는 신고를 필한 경우에 신고인에게 신고필증을 교부한다.

Ⅵ 신고의 효과

법령등에서 행정청에 대하여 일정한 사항을 통지함으로써 의무가 끝나는 신고(자체완성적 공법행위로서의 신고)가 상기의 요건을 갖춘 경우에는 신고서가 접수기관에 도달한 때에 신고의 의무가 이행된 것으로 본다. 발신주의가 아니라 도달주의가 채택되고 있다.

20-1 「행정절차법」 제40조의2 '확약'에 대하여 서술하시오. [20점]

Ⅰ 의의

법령 등에서 당사자가 신청할 수 있는 처분을 규정하고 있는 경우 행정청은 당사자의 신청에 따라 장래에 어떤 처분을 하거나 하지 아니할 것을 내용으로 하는 의사표시를 할 수 있는데 이를 확약이라 한다.

Ⅱ 확약의 방식 및 절차

① 확약은 문서로 하여야 한다.
② 행정청은 다른 행정청과의 협의 등의 절차를 거쳐야 하는 처분에 대하여 확약을 하려는 경우에는 확약을 하기 전에 그 절차를 거쳐야 한다.

Ⅲ 확약의 기속 및 통지

1. 기속

행정청은 다음의 경우에는 확약에 기속되지 아니한다.
① 확약을 한 후에 확약의 내용을 이행할 수 없을 정도로 법령등이나 사정이 변경된 경우
② 확약이 위법한 경우

2. 통지

행정청은 확약을 이행할 수 없는 경우(①, ②)에는 지체 없이 당사자에게 그 사실을 통지하여야 한다.

20-2 「행정절차법」제40조의3 '위반사실 등의 공표' 및 제40조의4 '행정계획'에 대하여 서술하시오. [20점]

Ⓘ 의의

1. 공표

행정청은 법령에 따른 의무를 위반한 자의 성명·법인명, 위반사실, 의무 위반을 이유로 한 처분사실 등("위반사실등")을 법률로 정하는 바에 따라 일반에게 공표할 수 있다.

2. 확인

행정청은 위반사실등의 공표를 하기 전에 사실과 다른 공표로 인하여 당사자의 명예·신용 등이 훼손되지 아니하도록 객관적이고 타당한 증거와 근거가 있는지를 확인하여야 한다.

Ⓘ 사전통지 및 의견제출

1. 의의

행정청은 위반사실등의 공표를 할 때에는 미리 당사자에게 그 사실을 통지하고 의견제출의 기회를 주어야 하며 의견제출의 기회를 받은 당사자는 공표 전에 관할 행정청에 서면이나 말 또는 정보통신망을 이용하여 의견제출을 할 수 있다.

2. 예외

① 공공의 안전 또는 복리를 위하여 긴급히 공표를 할 필요가 있는 경우
② 해당 공표의 성질상 의견청취가 현저히 곤란하거나 명백히 불필요하다고 인정될 만한 타당한 이유가 있는 경우
③ 당사자가 의견진술의 기회를 포기한다는 뜻을 명백히 밝힌 경우

Ⅲ 공표

1. 원칙

위반사실등의 공표는 관보, 공보 또는 인터넷 홈페이지 등을 통하여 한다.

2. 예외

행정청은 위반사실등의 공표를 하기 전에 당사자가 공표와 관련된 의무의 이행, 원상회복, 손해배상 등의 조치를 마친 경우에는 위반사실등의 공표를 하지 아니할 수 있다

3. 정정

행정청은 공표된 내용이 사실과 다른 것으로 밝혀지거나 공표에 포함된 처분이 취소된 경우에는 그 내용을 정정하여, 정정한 내용을 지체 없이 해당 공표와 같은 방법으로 공표된 기간 이상 공표하여야 한다. 다만, 당사자가 원하지 아니하면 공표하지 아니할 수 있다.

Ⅳ 행정계획

행정청은 행정청이 수립하는 계획 중 국민의 권리·의무에 직접 영향을 미치는 계획을 수립하거나 변경·폐지할 때에는 관련된 여러 이익을 정당하게 형량하여야 한다.

21 | 행정상 입법예고 [20점]

(I) 의의

국민의 권리, 의무 또는 일상생활과 밀접한 관련이 있는 법령등을 제정, 개정 또는 폐지하고자 할 때에는 해당 입법안을 마련한 행정청은 이를 예고하여야 한다. 이를 입법예고제도라고 한다.

(II) 적용범위 및 예외사유

1. 적용범위(대상)

현행 입법예고제도는 법률과 명령을 구분하지 않고 동일하게 규율하고 있으며, 법제처장은 입법예고를 하지 아니한 법령안의 심사요청을 받은 경우에 입법예고를 함이 적당하다고 판단될 때에는 해당 행정청에 대하여 입법예고를 권고하거나 직접 예고할 수 있다(제41조 제3항).

2. 예외사유

① 입법이 긴급을 요하는 경우, ② 예고함이 공익에 현저히 불리한 영향을 미치는 경우, ③ 상위 법령 등의 단순한 집행을 위한 경우, ④ 법령의 내용이 국민의 권리·의무 또는 일상생활과 관련이 없는 경우, ⑤ 입법내용의 성질 그 밖의 사유로 예고의 필요가 없거나 곤란하다고 판단되는 경우에는 입법예고를 아니할 수 있다.

(III) 예고방법(제42조)

(1) 행정청은 입법안의 취지, 주요 내용 또는 전문(全文)을 아래의 구분에 따른 방법으로 공고하여야 하며, 추가로 인터넷, 신문 또는 방송 등을 통하여 공고할 수 있다.

① 법령의 입법안을 입법예고하는 경우 : 관보 및 법제처장이 구축·제공하는 정보시스템을 통한 공고

② 자치법규의 입법안을 입법예고하는 경우 : 공보를 통한 공고

(2) 행정청은 대통령령을 입법예고하는 경우에는 국회 소관 상임위원회에 제출하여야 한다.

(3) 행정청은 입법예고를 하는 때에 입법안과 관련이 있다고 인정되는 중앙행정기관, 지방자치단체 그 밖의 단체 등이 예고사항을 알 수 있도록 예고사항의 통지 그 밖의 방법 등으로 알려야 한다.

(4) 행정청은 예고된 입법안에 대하여 온라인공청회 등을 통하여 널리 의견을 수렴할 수 있다.

(5) 행정청은 예고된 입법안의 전문(全文)에 대하여 열람 또는 복사의 요청이 있는 때에는 특별한 사유가 없는 한 이에 응하여야 한다.

(6) 행정청은 복사에 드는 비용을 요청한 자에게 부담시킬 수 있다.

Ⅳ 예고기간(제43조)

입법예고기간은 예고할 때 정하되, 특별한 사정이 없는 한 40일 이상(자치법규는 20일 이상)으로 한다.

Ⅴ 의견제출 및 처리(제44조)

① 누구든지 예고된 입법안에 대하여 그 의견을 제출할 수 있고 ② 행정청은 의견을 제출한 자에게 그 제출된 의견의 처리결과를 통지하여야 한다.

Ⅵ 행정상 입법예고의 법적 효과

입법예고하지 않은 법령과 절차적 요건을 위반한 법령은 위법하게 된다.

22 | 행정예고 [20점]

Ⅰ 의의

행정예고제도란 다수 국민의 권익에 관계있는 사항(예 정책, 제도 및 계획 등)을 국민에게 미리 알리는 제도를 말한다.

행정예고(行政豫告)는 행정에 대한 예측가능성을 보장해 주고 이해관계 있는 행정에 대하여 의견을 제출할 수 있게 하며 국민의 행정에 대한 이해와 협력을 증진시키는 기능을 한다.

Ⅱ 적용범위 및 예외사유

1. 적용범위(대상)

행정청은 정책, 제도 및 계획(이하 "정책등"이라 한다)을 수립·시행하거나 변경하려는 경우에는 이를 예고하여야 한다.

2. 예외사유

① 신속하게 국민의 권리를 보호하여야 하거나 예측이 어려운 특별한 사정이 발생하는 등 긴급한 사유로 예고가 현저히 곤란한 경우

② 법령등의 단순한 집행을 위한 경우

③ 정책등의 내용이 국민의 권리·의무 또는 일상생활과 관련이 없는 경우

④ 정책등의 예고가 공공의 안전 또는 복리를 현저히 해칠 우려가 상당한 경우

Ⅲ 예고방법

① 행정청은 행정예고안의 취지, 주요 내용 또는 전문을 관보·공보나 인터넷·신문·방송 등의 방법으로 널리 공고하여야 하고 ② 행정청은 행정예고를 하는 때에 예고안과 관련이 있다고 인정되는 중앙행정기관, 지방자치단체 그 밖의 단체 등이 예고사항을 알 수 있도록 예고사항의 통지 그 밖의 방법 등으로 알려야 한다. ③ 행정청은 예고안의 전문(全文)에 대하여 열람 또는 복사의 요청이 있는 때에는 특별한 사유가 없는 한 이에 응하여야 하고 ④ 행정청은 복사에 드는 비용을 요청한 자에게 부담시킬 수 있다.

Ⓘ 예고기간

행정예고기간은 예고내용의 성격 등을 고려하여 정하되, 20일 이상으로 한다. 다만, 행정목적을 달성하기 위하여 긴급한 필요가 있는 경우에는 행정예고기간을 단축할 수 있다. 이 경우 단축된 행정예고기간은 10일 이상으로 한다.

Ⓥ 의견제출 및 처리

① 누구든지 예고된 정책 등에 대하여 그 의견을 제출할 수 있지만 ② 입법예고의 경우와 달리 행정청은 의견을 제출한 자에게 그 제출된 의견의 처리결과를 통지할 의무를 부담하지 아니한다.

Ⓥ 행정예고의 법적 효과

행정예고의 절차는 임의절차로 행정청의 재량권 일탈남용에 의해 위법 여부가 결정된다.

23 | 행정상 입법예고와 행정예고의 적용범위(대상), 예외사유에 대해 서술하시오. [20점]

Ⅰ 행정상 입법예고

1. 적용범위(대상)

현행 입법예고제도는 법률과 명령을 구분하지 않고 동일하게 규율하고 있으며, 법제처장은 입법예고를 하지 아니한 법령안의 심사요청을 받은 경우에 입법예고를 함이 적당하다고 판단될 때에는 해당 행정청에 대하여 입법예고를 권고하거나 직접 예고할 수 있다.

2. 예외사유

① 입법이 긴급을 요하는 경우, ② 예고함이 공익에 현저히 불리한 영향을 미치는 경우, ③ 상위 법령 등의 단순한 집행을 위한 경우, ④ 법령의 내용이 국민의 권리·의무 또는 일상생활과 관련이 없는 경우, ⑤ 입법내용의 성질 그 밖의 사유로 예고의 필요가 없거나 곤란하다고 판단되는 경우에는 입법예고를 아니할 수 있다.

Ⅱ 행정예고

1. 적용범위(대상)

행정청은 정책, 제도 및 계획(이하 "정책등"이라 한다)을 수립·시행하거나 변경하려는 경우에는 이를 예고하여야 한다.

2. 예외사유

① 신속하게 국민의 권리를 보호하여야 하거나 예측이 어려운 특별한 사정이 발생하는 등 긴급한 사유로 예고가 현저히 곤란한 경우
② 법령등의 단순한 집행을 위한 경우
③ 정책등의 내용이 국민의 권리·의무 또는 일상생활과 관련이 없는 경우
④ 정책등의 예고가 공공의 안전 또는 복리를 현저히 해칠 우려가 상당한 경우

24 「행정절차법」상 '행정지도'에 대하여 서술하시오. [20점]

(I) 개념

행정지도란 행정기관이 그 소관 사무의 범위 안에서 일정한 행정목적을 실현하기 위하여 특정인에게 일정한 행위를 하거나 하지 아니하도록 지도·권고·조언 등을 하는 행정작용을 말한다.

(II) 행정지도의 원칙(제48조)

1. 비례의 원칙

행정지도는 그 목적달성에 필요한 최소한도에 그쳐야 한다.

2. 부당 강요의 금지 원칙

행정지도의 상대방의 의사에 반하여 부당하게 강요하여서는 아니 된다.

3. 불이익한 조치의 금지 원칙

행정기관은 행정지도의 상대방이 행정지도에 따르지 아니하였다는 것을 이유로 불이익한 조치를 하여서는 아니 된다.

(III) 행정지도의 방식(제49조)

1. 실명제

행정지도를 행하는 자는 그 상대방에게 해당 행정지도의 취지·내용 및 신분을 밝혀야 한다. 행정지도를 행하는 자가 상대방에게 신분 등을 밝히는 제도를 행정지도실명제라 한다.

2. 구술지도와 서면교부

행정지도가 구술로 이루어지는 경우에 상대방이 해당 행정지도의 취지·내용 및 신분을 기재한 서면의 교부를 요구한 때에는 해당 행정지도를 행하는 자는 직무수행에 특별한 지장이 없는 한 이를 교부하여야 한다.

Ⓝ 의견제출(제50조) 및 다수인을 대상으로 하는 행정지도(제51조)

① 상대방은 행정지도의 방식 등에 대해 행정기관에 의견제출을 할 수 있으나, 입법예고나 행정예고와는 달리 누구든지 의견을 제출할 수 있는 것은 아니며,

② 행정기관이 다수의 상대방에게 행정지도할 경우에는 공통적인 사항을 공표하여야 한다.

Ⓥ 관련판례

1. 국가인권위원회의 성희롱 결정 및 시정조치권고는 행정소송의 대상이 되는 처분으로 본다고 판시하였다.

2. 행정지도는 경우에 따라 헌법소원의 대상이 될 수 있다.

25 「행정절차법」상의 '국민참여의 확대'에 대하여 서술하시오. [20점]

① 국민참여 확대 노력

행정청은 행정과정에 국민의 참여를 확대하기 위하여 다양한 참여방법과 협력의 기회를 제공하도록 노력하여야 한다.

② 국민참여 활성화(제52조)

① 행정청은 행정과정에서 국민의 의견을 적극적으로 청취하고 이를 반영하도록 노력하여야 한다.
② 행정청은 국민에게 다양한 참여방법과 협력의 기회를 제공하도록 노력하여야 하며, 구체적인 참여방법을 공표하여야 한다.
③ 행정청은 국민참여 수준을 향상시키기 위하여 노력하여야 하며 필요한 경우 국민참여 수준에 대한 자체진단을 실시하고, 그 결과를 행정안전부장관에게 제출하여야 한다.
④ 행정청은 자체진단을 실시한 경우 그 결과를 공개할 수 있다.
⑤ 행정청은 국민참여를 활성화하기 위하여 교육·홍보, 예산·인력 확보 등 필요한 조치를 할 수 있다.
⑥ 행정안전부장관은 국민참여 확대를 위하여 행정청에 교육·홍보, 포상, 예산·인력 확보 등을 지원할 수 있다.

③ 국민제안의 처리(제52조의2)

행정청은 정부시책이나 행정제도 및 그 운영의 개선에 관한 국민의 창의적인 의견이나 고안("국민제안")을 접수·처리하여야 한다.

④ 국민참여 창구(제52조의3)

행정청은 주요 정책 등에 관한 국민과 전문가의 의견을 듣거나 국민이 참여할 수 있는 온라인 또는 오프라인 창구를 설치·운영할 수 있다.

Ⓥ 전자적 정책토론(제53조)

① 행정청은 국민에게 영향을 미치는 주요 정책 등에 대하여 국민의 다양하고 창의적인 의견을 널리 수렴하기 위하여 정보통신망을 이용한 정책토론('온라인 정책토론'이라 한다)을 실시할 수 있다.

② 행정청은 효율적인 온라인 정책토론을 위하여 과제별로 한시적인 토론 패널을 구성하여 해당 토론에 참여시킬 수 있다. 이 경우 패널의 구성에 있어서는 공정성 및 객관성이 확보될 수 있도록 노력하여야 한다.

③ 행정청은 온라인 정책토론이 공정하고 중립적으로 운영되도록 하기 위하여 필요한 조치를 할 수 있다.

④ 토론 패널의 구성, 운영방법, 그 밖에 온라인 정책토론의 운영을 위하여 필요한 사항은 대통령령으로 정한다.

참조⁺ **행정절차법 – 국민제안의 처리**

제52조의2(국민제안의 처리) ① **행정청**(국회사무총장·법원행정처장·헌법재판소사무처장 및 중앙선거관리위원회사무총장은 제외한다)은 **정부시책이나 행정제도 및 그 운영의 개선에 관한 국민의 창의적인 의견이나 고안**(이하 "국민제안"이라 한다)을 **접수·처리**하여야 한다.

② 제1항에 따른 **국민제안의 운영 및 절차** 등에 필요한 사항은 **대통령령**으로 정한다.

참조⁺ **국민제안규정(대통령령)** * 행정절차법 시행령 ✕

1. **제1장**(총칙)
   - **국민제안 개념(제2조) : 2017년 기출(사무관리)**
2. **제2장**(국민제안의 제출 등)
   - **국민제안의 제출(제5조), 국민제안의 접수(6조) : 2017년 기출(사무관리)**
3. 국민제안의 심사 및 실시(**제3장**)
   - 국민제안의 심사(제8조), 재심사요청(12조), 채택되지 아니한 국민제안의 재심사(제14조)
4. 중앙우수제안의 심사 등(**제4장**)
   - 중앙우수제안 심사위원회(제17조)
5. 시상 및 보상(**제5장**)
   - 채택재안의 시상(제18조), 중앙우수제안의 시상(제19조)
6. 국민제안의 사후관리(**제6장**)
7. 국민제안의 활성화(**제7장**)
8. 보칙(**제8장**)

26 17년 기출[사무관리]
국민제안규정(제2장)**의 '국민제안의 개념과 처리(제출·접수 등)'에 대하여 서술하시오.** [20점]

Ⅰ 국민제안의 개념(제2조)

1. 원칙

국민제안이란 국민이 정부시책이나 행정제도 및 그 운영의 개선을 목적으로 중앙행정기관의 장, 지방자치단체의장 및 교육감에게 제출하는 창의적인 의견이나 고안으로서 다음의 어느 하나에 해당하지 아니하는 것을 말한다.

2. 예외

① 다른 사람이 취득한 특허권·실용신안권·디자인권 또는 저작권에 속하는 것 또는 「공무원 직무발명의 처분·관리 및 보상 등에 관한 규정」에 따라 보상이 확정된 것
② 접수하려는 기관이 이미 채택했던 제안과 내용이 동일한 것
③ 접수하려는 기관이 이미 시행 중인 사항이거나 기본 구상이 이와 유사한 것
④ 일반 통념상 적용하기 어렵다고 판단되는 것
⑤ 단순한 주의환기·진정(陳情)·비판 또는 건의이거나 불만의 표시에 불과한 것
⑥ 특정 개인·단체·기업 등의 수익사업과 그 홍보에 관한 것
⑦ 국가나 지방자치단체의 사무에 관한 사항이 아닌 것

Ⅱ 국민제안의 제출(제5조)

1. 제출

모든 국민은 제안 내용의 소관 행정청에게 국민제안을 제출할 수 있다.

2. 제출방법 등

국민제안을 제출하려는 국민은 ① 정부시책이나 ② 행정제도 및 그 운영의 현황과 문제점, ③ 개선방안 및 기대효과 등에 관한 사항을 작성하여 방문, 우편, 팩스 또는 온라인 국민참여 포털 등 인터넷을 통하여 행정청에 제출하여야 한다.

3. 공동제안

2명 이상이 공동으로 국민제안을 제출하는 경우에는 국민제안에 참여한 사람 **개개인의 기여도에 관한 사항을 백분율로 표시**하여야 한다. 이 경우 기여도가 가장 큰 사람을 "주제안자"로, 그 밖의 참여자를 "부제안자"로 표시하되, 공동제안자가 2명인 경우로서 기여도가 동등한 경우에는 제안자 간의 합의로 주제안자를 정하여야 한다.

4. 둘 이상 행정기관 소관 업무 관련 국민제안

둘 이상 행정기관의 소관 업무와 관련된 국민제안의 경우에는 국민제안의 주된 내용의 소관 행정청에 제출해야 한다.

Ⅲ 국민제안의 접수(제6조)

1. 접수(제1항)

행정청은 제출된 국민제안을 신속히 접수해야 한다.

2. 보완 요청(제2항)

행정청은 접수한 국민제안이 **다음의 어느 하나에 해당하는 경우**에는 그 사유를 구체적으로 밝혀 **접수한 날부터 7일 이내**에 적절한 기간을 정하여 제안자에게 **보완을 요청**할 수 있다. 이 경우 보완에 걸리는 기간은 처리기간에 산입(算入)하지 아니한다.
① 제안에 보완할 수 있는 흠이 있는 경우
② 제안이 국민제안의 예외에 해당하는 경우[Ⅰ.**국민제안의 개념 2. 예외** (1) ~(7)]
③ 제안이 민원처리에 관한법률 상 민원에 해당하는 경우

3. 선접수 우선주의(제3항)

행정청이 접수한 제안 중 내용이 같은 국민제안이 있는 경우에는 먼저 접수한 국민제안이 우선한다.

4. 제안의 종결처리 등(제4항)

행정청은 제안자가 제안내용을 보완하지 않은 경우에는 그 사유를 구체적으로 밝혀 접수된 제안을 종결처리할 수 있다. 이 경우 해당 제안이 민원처리에 관한 법률상 민원에 해당하는 경우에는 민원 처리절차에 따라 처리할 수 있다.

5. 제안의 이송(제6항)

행정청은 제출된 국민제안이 다른 행정청의 소관인 경우에는 이송사유를 구체적으로 밝혀 지체 없이 소관 행정청에 이송하고, 그 사실을 제안자에게 알려야 한다.

6. 반복제안의 종결처리(제7항)

행정청은 제안자가 동일한 내용의 제안을 **정당한 사유 없이 3회 이상 반복**해 제출한 경우에는 <u>2회 이상 그 처리결과를 통지</u>하고, <u>그 후에 접수되는 제안</u>에 대해서 **종결처리**할 수 있다.

Ⅳ 접수 및 처리 상황의 공개 등(제7조)

행정청은 국민제안을 접수하였을 때에는 온라인 국민참여포털 등 인터넷을 통하여 국민제안의 접수 및 처리 상황을 실시간으로 공개하여야 한다. 다만, 제안자가 요구하는 경우에는 국민제안의 제목과 채택 여부를 제외한 사항은 공개하지 아니할 수 있다.

27 국민제안규정(제3장)의 '국민제안의 (심사) 및 실시(채택결정절차)'에 대하여 서술하시오. [20점]

Ⅰ 국민제안의 심사(제8조)

1. 고려사항

행정청은 접수한 국민제안의 채택 여부를 결정하기 위해서는 다음의 사항을 고려하여 심사해야 한다.
① 실시 가능성 ② 창의성 ③ 효율성 및 효과성 ④ 적용 범위 ⑤ 계속성

2. 기관별 국민제안 심사위원회

(1) 구성·운영

행정청은 국민제안을 공정하게 심사하기 위하여 필요한 경우에는 기관별 국민제안 심사위원회를 구성·운영할 수 있다. 이 경우 재심사 요청에 따른 재심사, 채택되지 않은 국민제안의 재심사, 자체우수제안의 결정을 할 때에는 기관별 심사위원회의 심의를 거쳐야 한다.

(2) 인적구성

행정청은 기관별 심사위원회를 구성할 경우에는 전체 구성인원의 2분의 1 이상을 국민(국내에 거주하는 내국인 중 공무원이 아닌 사람으로 한정한다)으로 구성해야 한다.

Ⅱ 의견 또는 자료 제출 등(제9조)

1. 실험·조사의뢰 등

행정청은 심사를 하기 위하여 필요한 경우에는 관계기관 또는 전문가에게 실험·조사 등을 의뢰하거나 의견 또는 자료 제출 요청을 할 수 있다.

2. 국민제안 제외대상 확인 요청

행정청은 제출된 제안이 다른 사람이 취득한 특허권·실용신안권·디자인권 또는 저작권에 속하는 것 또는 「공무원 직무발명의 처분·관리 및 보상 등에 관한 규정」에 따라 보상이 확정된 것에 해당하는지 여부를 문화체육관광부장관 또는 특허청장에게 확인 요청을 할 수 있다.

3. 비용 지급

행정청은 실험·조사 등에 드는 비용을 예산의 범위에서 지급할 수 있다.

4. 결과 회신

의견 또는 자료 제출 등의 요청을 받은 자는 특별한 사유가 없으면 요청받은 날부터 3주 이내에 회신하여야 한다. 이 경우 회신에 걸리는 기간은 채택제안의 결정기간에 산입하지 아니한다.

Ⅲ 채택여부결정(제10조)

행정청은 국민제안을 접수한 날(공모제안의 경우에는 공모기간이 끝나는 날을 말한다)부터 1개월 이내에 그 내용을 심사한 후 채택제안으로 채택할지를 결정하고 그 사실을 제안자에게 알려야 한다. 이 경우 온라인 국민참여포털 등 인터넷을 통하여 접수된 국민제안에 대해서는 온라인 국민참여포털 등 인터넷을 통하여 채택 여부의 결정 사실을 알릴 수 있다.

Ⅳ 실시예정시기통지(제10조)

채택제안으로 채택되었음을 제안자에게 알릴 때에는 관리기간의 범위에서 채택제안의 실시 예정 시기를 함께 통지하여야 한다.

Ⅴ 채택제안의 실시(제11조)

행정청은 채택제안으로 결정하였을 때에는 제안자에게 통지된 실시 예정 시기까지 채택제안을 실시하여야 한다.

Ⅵ 미실시 사유 발생 통지(제11조)

행정청은 통지된 실시 예정 시기까지 채택제안을 실시할 수 없는 사유가 발생한 경우에는 그 사유와 새로운 실시 예정 시기를 지체 없이 제안자에게 통지하여야 한다.

28 | 국민제안규정(제4장)의 '미채택제안 등의 재심사 절차'에 대하여 서술하시오. [20점]

Ⅰ 재심사 요청(제12조)

1. 제안자의 재심사 요청

채택제안으로 결정되지 아니하였음을 통지받은 제안자는 통지받은 날부터 15일 이내에 재심사 요청 사유를 구체적으로 밝혀 해당 행정청에게 재심사를 요청할 수 있다.

2. 행정안전부장관의 재심사 요청

행정안전부장관은 다음의 어느 하나에 해당하는 국민제안이 행정업무의 개선, 예산 절감 또는 국고·조세수입 증대 등의 성과가 예상되는 경우 해당 행정청에게 재심사를 요청할 수 있다.
① 채택제안으로 결정되지 아니한 국민제안
② 자체우수제안으로 결정되지 아니한 국민제안

Ⅱ 채택되지 아니한 국민제안의 재심사(제14조)

1. 미채택제안 재심사

행정청은 채택되지 아니한 국민제안(관리기간이 경과하지 아니한 것으로 한정한다)이 다음의 어느 하나에 해당하는 경우에는 그 사실을 제안자에게 알리고 그 제안을 재심사하여 채택 여부를 결정하여야 한다.
① 행정안전부장관이 국민제안의 재심사를 요청하는 경우
② 채택되지 아니한 국민제안을 보완·개선하여 실시하려는 경우
③ 행정청이 행정환경의 변화 등에 따라 채택되지 아니한 국민제안을 실시할 필요가 있다고 인정하는 경우

2. 제안참여자 기여도 결정

행정청은 국민제안을 재심사하는 경우에는 그 제안에 참여한 사람 개개인의 기여도를 결정하여야 한다.

Ⅲ 미채택 제안내용과 동일한 내용 실시에 따른 재심사(제14조)

1. 재심사 요청

제안자는 국민제안이 채택제안으로 결정되지 않았음을 통지받은 후 해당 국민제안의 내용과 동일한 내용의 정부시책 또는 행정제도가 실시된 사실을 알게 된 경우에는 그 통지를 받은 날부터 2년 이내에 해당 행정청에게 재심사를 요청할 수 있다.

2. 포상·부상 지급

행정청은 재심사 요청에 따른 재심사 결과 해당 정부시책 또는 행정제도의 실시내용이 제안자가 제안한 내용과 동일하다고 판단되는 경우에는 포상을 하거나 부상(副賞)을 지급할 수 있다.

3. 재심사결과 미채택 통보

행정청은 재심사 요청에 따른 재심사 결과 해당 정부시책 또는 행정제도의 실시내용이 제안자가 제안한 내용과 다르거나 그 밖의 다른 사유로 제안을 채택하지 않을 경우에는 그 사유를 구체적으로 밝혀 제안자에게 통보해야 한다.

Ⅳ 국민제안의 보완·개선(제13조)

행정청은 국민제안이 다음의 어느 하나에 해당하는 경우에는 국민과 전문가의 의견을 듣거나 국민제안에 대하여 토론, 투표, 평가할 수 있는 온라인 국민참여 플랫폼 등을 통하여 해당 국민제안을 보완·개선할 수 있다.
① 채택되지 아니한 국민제안인 경우
② 채택제안 중 보완·개선이 필요하다고 인정하는 경우

29 국민제안규정(제4장)의 '중앙우수제안심사위원회의 구성과 운영'에 대하여 서술하시오. [20점]

Ⅰ 중앙우수제안심사위원회의 구성·운영(제17조)

행정청은 자체우수제안을 공정하게 심사하기 위하여 행정안전부장관 소속으로 중앙우수제안심사위원회를 구성·운영할 수 있다.

Ⅱ 심의사항(제17조)

① 자체우수제안의 평가 및 심사
② 중앙우수제안 채택 여부 및 창안 등급의 구분
③ 부상(副賞) 지급 금액
④ 다른 법령에 따라 위원회의 심의사항으로 규정된 사항
⑤ 그 밖에 행정안전부장관이 필요하다고 인정하는 사항

Ⅲ 중앙우수제안심사위원회 구성

1. 인적 구성

위원회는 위원장 1명을 포함하여 17명 이내의 위원으로 구성한다.

2. 위원장

위원장은 위촉위원 중에서 행정안전부장관이 위촉한다.

3. 위원

위원회의 위원은 관계 공무원과 국민제안에 관한 학식과 경험이 풍부한 사람 중에서 행정안전부장관이 임명하거나 위촉한다.

4. 임기

공무원이 아닌 위원의 임기는 3년으로 하되, 한 차례만 연임할 수 있다.

Ⅳ 중앙우수제안심사위원회 운영

1. 위원장

위원장은 위원회를 대표하고, 위원회의 업무를 총괄한다. 다만, 위원장이 부득이한 사유로 직무를 수행할 수 없을 때에는 위원장이 미리 지명한 위원이 그 직무를 대행한다.

2. 개의·의결

위원회의 회의는 재적위원 과반수의 출석으로 개의(開議)하고, 출석위원 과반수의 찬성으로 의결한다.

3. 간사

위원회에 간사 1명을 두며, 간사는 행정안전부장관이 소속 공무원 중에서 지명한다.

4. 분과위원회 설치·운영

위원회의 효율적인 운영을 위하여 분야별로 분과위원회를 설치·운영할 수 있다.

Ⅴ 위원의 제척·기피·회피·해임

위원회의 공정한 심의의결을 위해 위원에게는 제척, 기피, 회피, 해임의 규정이 적용된다.

30 │ 국민제안규정(제5장)의 '채택제안의 시상 및 중앙우수제안의 시상'에 대하여 서술하시오. [20점]

Ⅰ 채택제안의 시상(제18조)

1. 시상

행정청은 채택제안의 제안자에게 포상을 하거나 예산의 범위에서 부상을 지급할 수 있다. 다만, 공동으로 국민제안을 제출한 경우에는 각자의 기여도에 따라 부상을 지급한다.

2. 예외

다음에 해당하는 경우에는 채택제안에 대한 시상을 하지 아니할 수 있다.
① 채택제안의 제안자가 동일하거나 유사한 국민제안 또는 공무원제안으로 이미 다른 행정기관에서 포상이나 부상을 받은 경우
② 다른 사람이 채택제안과 동일하거나 유사한 국민제안 또는 공무원제안으로 이미 다른 행정기관에서 포상이나 부상을 받은 경우
③ 채택제안의 제안자가 성명, 전화번호 또는 주소 등 개인정보를 제대로 기재하지 않아 포상 또는 부상지급 사실을 알릴 수 없는 경우

Ⅱ 중앙우수제안의 시상(제19조)

1. 중앙우수제안의 등급

중앙우수제안의 창안 등급은 금상·은상·동상 및 장려상으로 구분하며, 각 등급에 해당하는 국민제안이 없는 경우에는 해당 등급의 시상을 하지 아니한다.

2. 시상 규정

중앙우수제안의 제안자에게는 「상훈법」 및 「정부표창규정」에서 정하는 바에 따라 서훈을 하거나 표창을 할 수 있다.

3. 부상의 지급

(1) 지급기준

행정안전부장관은 중앙우수제안의 제안자에게 다음의 기준에 따라 부상을 지급한다. 다만, 공동으로 국민제안을 제출한 경우에는 각자의 기여도에 따라 부상을 지급한다.

① **금상**: 하나의 제안당 500만 원 이상 800만 원 이하

② **은상**: 하나의 제안당 300만 원 이상 500만 원 이하

③ **동상**: 하나의 제안당 100만 원 이상 300만 원 이하

④ **장려상**: 하나의 제안당 50만 원 이상 100만 원 이하

(2) 3명 이상 공동제안 시 지급기준

3명 이상이 공동으로 국민제안을 제출한 경우에는 제안자의 수를 고려하여 부상의 금액 상한을 (1)의 2분의 1까지 높여 지급할 수 있다.

(3) 제안자 사망 시 지급기준

중앙우수제안의 제안자가 사망한 경우에는 부상을 다음의 순위에 따라 지급한다.

① 제안자가 지정한 자

② 상속인

31 **국민제안규정(제6장)의 '국민제안의 사후관리'에 대하여 서술하시오.**
[20점]

Ⓘ 관리기간(제22조)

행정청은 채택제안에 대해서는 채택을 결정한 날부터 3년간 실시 여부의 확인 등 필요한 관리를 하여야 하며, 채택되지 아니한 국민제안은 채택하지 아니하는 것으로 결정한 날부터 2년간 보존·관리해야 한다.

Ⅱ 실시 성과의 측정(제23조)

1. 성과측정

행정청은 채택제안의 실시에 따라 행정업무의 개선, 예산 절감 또는 국고·조세수입 증대 등의 성과가 있는 경우 그 성과를 측정하여야 한다.

2. 행정업무 개선 성과 측정기준

행정업무의 개선 성과는 다음의 사항을 고려하여 수·우·미·양·가로 측정한다.
① 행정서비스의 질적 수준 향상
② 행정제도 및 행정운영의 효율성 제고
③ 사고의 예방 및 재해의 제거
④ 근무환경 및 근무조건의 개선
⑤ 그 밖에 행정안전부장관이 정하는 사항

3. 회계기준

예산 절감 금액 또는 국고·조세수입이 늘어난 금액을 측정할 때에는 회계의 방법으로 하는 것을 원칙으로 한다. 이 경우 그 금액을 산출할 때에는 해당 국민제안을 실시하는 데에 든 경비를 빼야 한다.

4. 측정기간

실시 성과의 측정기간은 채택제안이 실시된 후 최초로 성과가 나타난 날부터 1년간으로 한다.

32 | 국민제안규정(제6장, 제7장)의 '국민제안 운영실태의 확인점검 및 국민제안 활성화 방안'에 대하여 서술하시오. [20점]

Ⅰ 국민제안 운영실태의 확인 · 점검(제6장 제24조)

1. 국민제안 운영실태 확인 · 점검

행정청은 국민제안의 처리 상황과 운영 실태를 매분기 1회 이상 확인·점검하고, 그 확인·점검 결과 국민제안의 처리가 미흡하다고 판단되는 경우에는 지체 없이 이를 시정하고, 필요한 조치를 해야 한다.

2. 국민제안 운영실적 및 실시결과 제출

행정청은 매년도의 국민제안제도의 운영실적과 국민제안의 실시결과 등을 다음 해 1월 31일까지 행정안전부장관에게 제출하여야 한다.

3. 온라인 국민참여포털 국민제안 처리실태 분석

온라인 국민참여포털의 운영을 총괄하는 행정청은 매분기 온라인 국민참여포털에서 처리된 국민제안의 처리실태를 분석하고, 그 결과를 소관 행정청 및 행정안전부장관에게 통보해야 한다.

4. 국민제안제도 운영사항 확인 · 점검 및 공개

행정안전부장관은 각 행정기관의 국민제안 채택 실적, 채택제안의 실시 실적, 제안자에 대한 시상 및 보상내용 등 국민제안제도 운영 전반에 관한 사항을 확인·점검하고, 그 결과를 공개할 수 있다.

Ⅱ 국민제안 활성화를 위한 방안(제7장)

1. 국민제안의 접수 · 심사방법 및 보상 등 안내

행정안전부장관 및 행정기관의 장은 국민이 국민제안제도 운영에 적극 참여할 수 있도록 국민제안의 접수·심사방법 및 보상 등에 관한 사항을 안내하고, 제안자가 국민제안과 관련하여 상담이나 정보를 요구하는 경우에는 적극 협조하여야 한다.

2. 국민참여 플랫폼 활용

행정기관의 장은 국민제안의 활성화를 위하여 국민참여 플랫폼을 국민제안 업무에 적극 활용하여야 한다.

3. 생활밀착형 국민제안의 발굴(생활공감정책)

행정기관의 장은 생활공감정책(정부시책이나 행정제도 등을 조금만 개선하면 국민생활에 실질적인 도움을 줄 수 있는 정책을 말한다)에 관한 과제를 선정하여 공모제안을 실시하는 등 매년 생활밀착형 국민제안의 발굴을 위하여 적극 노력하여야 한다.

4. 국민제안의 민원실 접수

행정기관의 장은 국민제안의 활성화를 위해 「민원 처리에 관한 법률」 제12조에 따른 민원실에서 국민제안을 접수할 수 있도록 편의를 제공할 수 있다.

5. 국민제안 정보의 공동 활용

행정기관의 장은 국민제안의 심사 등을 효율적으로 하기 위하여 다른 행정기관이 접수한 국민제안의 제목, 내용, 제안자, 접수 일시, 채택 및 시상 여부 등 국민제안 관련 정보를 공동으로 활용할 수 있다.

6. 우수한 국민제안의 확산

행정기관의 장은 채택한 국민제안이 다른 행정기관에서도 적용할 수 있다고 판단될 경우에는 다른 행정기관에 그 국민제안의 실시를 권고할 수 있다.

진급낙천 처분 취소 : 판례 ❶

[대법원 2007.9.21, 선고 2006두20631 판결]

【판시사항】

[1] 행정청이 **침해적 행정처분**을 하면서 당사자에게 행정절차법상의 **사전통지**를 하거나 **의견제출**의 기회를 주지 아니한 경우, 그 처분이 위법한 것인지 여부(**원칙적 적극**)

[2] 공무원 인사관계 법령에 의한 처분에 관한 사항에 대하여 행정절차법의 적용이 배제되는 범위

[3] 군인사법령에 의하여 진급예정자명단에 포함된 자에 대하여 의견제출의 기회를 부여하지 아니한 채 진급선발을 취소하는 처분을 한 것이 절차상 하자가 있어 위법하다고 한 사례

【판결요지】

[1] 행정청이 침해적 행정처분을 하면서 당사자에게 행정절차법상의 사전통지를 하거나 의견제출의 기회를 주지 아니하였다면 사전통지를 하지 않거나 의견제출의 기회를 주지 아니하여도 되는 예외적인 경우에 해당하지 아니하는 한 그 처분은 위법하여 취소를 면할 수 없다.

[2] 행정과정에 대한 **국민의 참여**와 행정의 **공정성, 투명성 및 신뢰성**을 확보하고 **국민의 권익을 보호함을 목적**으로 하는 **행정절차법의 입법목적과 행정절차법 제3조 제2항 제9호의 규정 내용** 등에 비추어 보면, 공무원 인사관계 법령에 의한 처분에 관한 사항 전부에 대하여 행정절차법의 적용이 배제되는 것이 아니라 성질상 행정절차를 거치기 곤란하거나 불필요하다고 인정되는 처분이나 행정절차에 준하는 절차를 거치도록 하고 있는 처분의 경우에만 **행정절차법의 적용이 배제**된다.

[3] 군인사법령에 의하여 진급예정자명단에 포함된 자에 대하여 **의견제출의 기회를 부여하지 아니한 채 진급선발을 취소하는 처분을 한 것이 절차상 하자가 있어 위법**하다고 한 사례

【전문】

　【원고, 상고인】

　【피고, 피상고인】

　국방부장관

　【원심판결】

　서울고법 2006. 11. 30. 선고 2006누5191 판결

　【주문】

　원심판결을 파기하고, 사건을 서울고등법원에 환송한다.

　【이유】

　상고이유를 판단한다.

1. 행정절차법 제21조 제1항, 제4항, 제22조 제1항 내지 제4항에 의하면, 행정청이 당사자에게 의무를 과하거나 권익을 제한하는 처분을 하는 경우에는 미리 처분하고자 하는 원인이 되는 사실과 처분의 내용 및 법적 근거, 이에 대하여 의견을 제출할 수 있다는 뜻과 의견을 제출하지 아니하는 경우의 처리방법 등의 사항을 당사자등에게 통지하여야 하고, 다른 법령등에서 필요적으로 청문을 실시하거나 공청회를 개최하도록 규정하고 있지 아니한 경우에도 당사자등에게 의견제출의 기회를 주어야 하되, "당해 처분의 성질상 의견청취가 현저히 곤란하거나 명백히 불필요하다고 인정될 만한 상당한 이유가 있는 경우" 등에는 처분의 사전통지나 의견청취를 하지 아니할 수 있도록 규정하고 있으므로, 행정청이 침해적 행정처분을 하면서 당사자에게 위와 같은 사전통지를 하거나 의견제출의 기회를 주지 아니하였다면 사전통지를 하지 않거나 의견제출의 기회를 주지 아니하여도 되는 예외적인 경우에 해당하지 아니하는 한 그 처분은 위법하여 취소를 면할 수 없다(대법원 2000.11.14. 선고 99두5870 판결, 대법원 2004.5.28. 선고 2004두1254 판결 등 참조).

2. 원심판결 이유에 의하면, 원고는 2003. 9. 29. 대령진급예정자로 선발·공표된 사실(이하 '이 사건 대령 진급 선발'이라 한다), 이 사건 대령진급 선발 이후인 2004. 11. 17. **육군참모총장은 피고(국방부장관)**에게, 원고가 이 사건 대령진급 선발 이전의 군납업자로부터의 금품수수 등에 기하여 기소유예처분 및 감봉 3월의 징계처분을 받았다는 이유로 원고에 대한 진급낙천을 건의한 사실, 이에 피고는 육군참모총장의 위 건의에 따라 2004. 11. 30. 군인사법 제31조 등에 기하여 원고에 대한 대령진급 선발을 취소하는 이 사건 처분을 한 사실, 원고는 위와 같이 육군참모총장이 피고에게 원고에 대한 진급낙천을 건의하는 과정이나 피고가 원고에 대하여 대령진급 선발을 취소하는 이 사건 처분을 하는 과정에서 따로 의견제출 기회나 소명기회 등을 전혀 부여받지 못한 사실 등을 알 수 있다.

위 법리 및 관계 법령에 비추어 위 사실관계를 살펴보니, 군인사법 및 그 시행령의 관계 규정에 따르면, 원고와 같이 진급예정자 명단에 포함된 자는 진급예정자명단에서 삭제되거나 진급선발이 취소되지 않는 한 진급예정자 명단 순위에 따라 진급하게 되므로, 이 사건 처분과 같이 진급선발을 취소하는 처분은 진급예정자로서 가지는 원고의 이익을 침해하는 처분이라 할 것이고, 한편 군인사법 및 그 시행령에 이 사건 처분과 같이 **진급예정자 명단에 포함된 자의 진급선발을 취소하는 처분을 함에 있어 행정절차에 준하는 절차를 거치도록 하는 규정이 없을 뿐만 아니라 위 처분이 성질상 행정절차를 거치기 곤란하거나 불필요하다고 인정되는 처분이라고 보기도 어렵다고 할 것이어서** 이 사건 처분이 행정절차법의 적용이 제외되는 경우에 해당한다고 할 수 없으며, 나아가 원고가 수사과정 및 징계과정에서 자신의 비위행위에 대한 해명기회를 가졌다는 사정만으로 이 사건 처분이 행정절차법 제21조 제4항 제3호, 제22조 제4항에 따라 원고에게 사전통지를 하지 않거나 의견제출의 기회를 주지 아니하여도 되는 예외적인 경우에 해당한다고 할 수 없으므로, 피고가 이 사건 처분을 함에 있어 원고에게 의견제출의 기회를 부여하지 아니한 이상, **이 사건 처분은 절차상 하자가 있어 위법하다고 할 것이다.**

그럼에도 불구하고, 원심은 이 사건 처분이 공무원의 인사관계 법령인 군인사법령에 의한 처분으로서 행정절차법이 적용되지 아니하는 경우에 해당한다고 단정하여, 이 사건 처분에 절차상 하자가 있어 위법하다는 원고의 주장을 배척하고 말았으니 행정절차법 제3조 제2항 제9호 및 그 시행령 제2조 제3호의 해석에 관한 법리를 오해한 위법이 있고, 이는 판결에 영향을 미쳤음이 분명하다.

상고이유 중 이 점을 지적하는 부분은 이유 있다.

3. 그러므로 나머지 상고이유에 대한 판단을 생략한 채 원심판결을 파기하고, 사건을 다시 심리·판단하게 하기 위하여 원심법원에 환송하기로 하여 관여 대법관의 일치된 의견으로 주문과 같이 판결한다.

위반건축물 시정명령 등 취소 : 판례 ❷

[대법원 2013.5.23, 선고 2011두25555 판결]

【판시사항】

행정청이 침해적 행정처분을 하면서 당사자에게 구 행정절차법에서 정한 **사전통지**를 하거나 **의견제출**의 기회를 주지 않은 경우, 처분의 적법 여부(원칙적 소극)

【참조조문】

구 행정절차법(2012. 10. 22. 법률 제11498호로 개정되기 전의 것) 제21조 제1항, 제4항, 제22조

【참조판례】

대법원 2004. 5. 28. 선고 2004두1254 판결(공2004하, 1088), 대법원 2007. 9. 21. 선고 2006두20631 판결(공2007하, 1682), 대법원 2013. 1. 16. 선고 2011두30687 판결(공2013상, 350)

【전문】

　【원고, 피상고인】

　【피고, 상고인】

　　성남시 수정구청장

　【원심판결】

　　서울고법 2011. 9. 23. 선고 2011누1032 판결

　【주문】

　　상고를 기각한다. 상고비용은 피고가 부담한다.

　【이유】

　　상고이유를 판단한다.

1. 구 행정절차법(2012. 10. 22. 법률 제11498호로 개정되기 전의 것) 제21조 제1항, 제4항, 제22조에 의하면, 행정청이 당사자에게 의무를 과하거나 권익을 제한하는 처분을 하는 경우에는 미리 처분하고자 하는 원인이 되는 사실과 처분의 내용 및 법적 근거, 이에 대하여 의견을 제출할 수 있다는 뜻과 의견을 제출하지 아니하는 경우의 처리방법 등의 사항을 당사자등에게 통지하여야 하고, 또한 다른 법령등에서 필수적으로 청문을 실시하거나 공청회를 개최하도록 규정하고 있지 아니한 경우에도 당사자등에게 의견제출의 기회를 주어야 하되, '당해 처분의 성질상 의견청취가 현저히 곤란하거나 명백히 불필요하다고 인정될 만한 상당한 이유가 있는 경우' 등에는 처분의 사전통지나 의견청취를 아니할 수 있다. 따라서 행정청이 침해적 행정처분을 하면서 당사자에게 위와 같은 사전통지를 하거나 의견제출의 기회를 주지 아니하였다면, 사전통지를 하지 아니하거나 의견제출의 기회를 주지 아니하여도 되는 예외적인 경우에 해당하지 아니하는 한, 그 처분은 위법하여 취소를 면할 수 없다(대법원 2013.1.16, 선고 2011두30687 판결 등 참조).

2. 원심은 그 채용 증거를 종합하여 판시와 같은 사실을 인정한 다음, **피고가 원고에게 이 사건 건물을 본래의 용도인 운동시설로 원상복구할 의무를 부과하는 '위반건축물 1차 시정명령 및 계고처분'**(이하 '이 사건 처분'이라고 한다)을 하면서 **사전통지를 하지 아니하고 또 의견제출의 기회를 주지 아니하였는데 이 사건 처분**이 행정절차법 제21조 제4항 각 호에서 정하고 있는 사전통지 등을 하지 아니하여도 되는 **예외사유에 해당한다고 볼 수 없으므로** 이 사건 처분은 위법하다는 이유로 원고의 이 사건 취소청구를 인용하였다. 관련 법리에 비추어 기록을 살펴보면, 원심의 위와 같은 판단은 정당한 것으로 수긍할 수 있고, 거기에 상고이유로 주장하는 바와 같이 행정절차법 제21조 및 제22조의 해석에 관한 법리를 오해하는 등의 위법이 있다고 할 수 없다.

3. 그러므로 상고를 기각하고 상고비용은 패소자가 부담하기로 하여, 관여 대법관의 일치된 의견으로 주문과 같이 판결한다.

대법관 고영한(재판장) 양창수(주심) 박병대 김창석

▶ **예제 ❶**

S구청장 甲이 원고인 乙에게 원상복구할 의무를 부과하는 '위반건축물 1차 시정명령 및 계고처분'을 하면서 사전통지를 하지 아니하고 또 의견제출의 기회를 주지 아니한 위 처분의 효력에 대하여 논하시오. [40점]

직권면직 처분 취소 : 판례 ❸

[대법원 2013.1.16. 선고 2011두30687 판결]

【판시사항】

[1] 행정청이 침해적 행정처분을 하면서 당사자에게 구 행정절차법에서 정한 **사전통지를 하거나 의견제출의 기회를 주지 않은 경우**, 처분의 적법 여부(원칙적 소극)

[2] **공무원 인사관계 법령에 의한 처분에 관한 사항**에 대하여 행정절차법의 적용이 배제되는 범위 및 그 법리가 별정직 공무원에 대한 직권면직 처분에도 적용되는지 여부(적극)

【판결요지】

[1] 구 행정절차법(2012. 10. 22. 법률 제11498호로 개정되기 전의 것) 제21조 제1항, 제4항, 제22조에 의하면, **행정청이 당사자에게 의무를 과하거나 권익을 제한하는 처분을 하는 경우에는 미리 처분**하고자 하는 원인이 되는 사실과 처분의 내용 및 법적 근거, 이에 대하여 의견을 제출할 수 있다는 뜻과 의견을 제출하지 아니하는 경우의 처리방법 등의 사항을 당사자등에게 통지해야 하고, 다른 법령등에서 필수적으로 청문을 실시하거나 공청회를 개최하도록 규정하고 있지 아니한 경우에도 당사자등에게 의견제출의 기회를 주어야 하되, '**당해 처분의 성질상 의견청취가 현저히 곤란하거나 명백히 불필요하다고 인정될 만한 상당한 이유가 있는 경우**' 등에는 처분의 사전통지나 의견청취를 아니 할 수 있도록 규정하고 있다. 따라서 행정청이 침해적 행정처분을 하면서 당사자에게 위와 같은 **사전통지를 하거나 의견제출의 기회를 주지 않았다면, 사전통지를 하지 않거나 의견제출의 기회를 주지 않아도 되는 예외적인 경우에 해당하지 않는 한, 그 처분은 위법하여 취소**를 면할 수 없다.

[2] 구 행정절차법(2012. 10. 22. 법률 제11498호로 개정되기 전의 것) 제3조 제2항 제9호, 구 행정절차법 시행령 (2011. 12. 21. 대통령령 제23383호로 개정되기 전의 것) 제2조 제3호의 내용을 행정의 공정성, 투명성 및 신뢰성을 확보하고 국민의 권익을 보호함을 목적으로 하는 행정절차법의 입법 목적에 비추어 보면, 공무원 인사관계 법령에 의한 처분에 관한 사항이라 하더라도 전부에 대하여 행정절차법의 적용이 배제되는 것이 아니라, 성질상 행정절차를 거치기 곤란하거나 불필요하다고 인정되는 처분이나 행정절차에 준하는 절차를 거치도록 하고 있는 처분의 경우에만 행정절차법의 적용이 배제되는 것으로 보아야 하고, 이러한 법리는 '**공무원 인사관계 법령에 의한 처분**'에 해당하는 별정직 공무원에 대한 직권면직 처분의 경우에도 마찬가지로 적용**된다.

【참조조문】

[1] 구 행정절차법(2012. 10. 22. 법률 제11498호로 개정되기 전의 것) 제21조 제1항, 제4항, 제22조

[2] 구 행정절차법(2012. 10. 22. 법률 제11498호로 개정되기 전의 것) 제3조 제2항 제9호, 구 행정절차법 시행령 (2011. 12. 21. 대통령령 제23383호로 개정되기 전의 것) 제2조 제3호

【참조판례】

[1] 대법원 2007. 9. 21. 선고 2006두20631 판결(공2007하, 1682) [1] 대법원 2000. 11. 14. 선고 99두5870 판결(공 2001상, 56), 대법원 2004. 5. 28. 선고 2004두1254 판결(공2004하, 1088)

【전문】

　　【피고, 상고인】

　　행정안전부장관(소송대리인 정부법무공단 담당변호사 박시준 외 4인)

　　【원심판결】

　　서울고법 2011. 11. 2. 선고 2010누35021 판결

【주문】

상고를 기각한다. 상고비용은 피고가 부담한다.

【이유】

상고이유(상고이유서 제출기간이 지난 후에 제출된 상고이유보충서의 기재는 상고이유를 보충하는 범위 내에서)를 판단한다.

1. 구 행정절차법(2012. 10. 22. 법률 제11498호로 개정되기 전의 것, 이하 같다) 제21조 제1항, 제4항, 제22조에 의하면, 행정청이 당사자에게 의무를 과하거나 권익을 제한하는 처분을 하는 경우에는 미리 처분하고자 하는 원인이 되는 사실과 처분의 내용 및 법적 근거, 이에 대하여 의견을 제출할 수 있다는 뜻과 의견을 제출하지 아니하는 경우의 처리방법 등의 사항을 당사자등에게 통지하여야 하고, 다른 법령등에서 필수적으로 청문을 실시하거나 공청회를 개최하도록 규정하고 있지 아니한 경우에도 당사자등에게 의견제출의 기회를 주어야 하되, '당해 처분의 성질상 의견청취가 현저히 곤란하거나 명백히 불필요하다고 인정될 만한 상당한 이유가 있는 경우' 등에는 처분의 사전통지나 의견청취를 아니 할 수 있도록 규정하고 있다. 따라서 행정청이 침해적 행정처분을 하면서 당사자에게 위와 같은 사전통지를 하거나 의견제출의 기회를 주지 아니하였다면, 사전통지를 하지 않거나 의견제출의 기회를 주지 아니하여도 되는 예외적인 경우에 해당하지 아니하는 한, 그 처분은 위법하여 취소를 면할 수 없다(대법원 2004.5.28, 선고 2004두1254 판결 등 참조).

   그리고 구 행정절차법 제3조 제2항은 "이 법은 다음 각 호의 1에 해당하는 사항에 대하여는 적용하지 아니한다."라고 규정하면서, 그 제9호에서 '병역법에 의한 징집·소집, 외국인의 출입국·난민인정·귀화, 공무원 인사관계 법령에 의한 징계 기타 처분 또는 이해조정을 목적으로 법령에 의한 알선·조정·중재·재정 기타 처분 등 당해 행정작용의 성질상 행정절차를 거치기 곤란하거나 불필요하다고 인정되는 사항과 행정절차에 준하는 절차를 거친 사항으로서 대통령령으로 정하는 사항'을 행정절차법의 적용이 제외되는 경우로 규정하고 있고, 그 위임에 기한 구 행정절차법 시행령(2011. 12. 21. 대통령령 제23383호로 개정되기 전의 것) 제2조는 "법 제3조 제2항 제9호에서 '대통령령으로 정하는 사항'이라 함은 다음 각 호의 1에 해당하는 사항을 말한다."라고 규정하면서 그 제3호에서 '공무원 인사관계 법령에 의한 징계 기타 처분에 관한 사항'을 규정하고 있다. 이와 같은 행정절차법령 규정들의 내용을 행정의 공정성, 투명성 및 신뢰성을 확보하고 국민의 권익을 보호함을 목적으로 하는 행정절차법의 입법 목적에 비추어 보면, 공무원 인사관계 법령에 의한 처분에 관한 사항이라 하더라도 그 전부에 대하여 행정절차법의 적용이 배제되는 것이 아니라, 성질상 행정절차를 거치기 곤란하거나 불필요하다고 인정되는 처분이나 행정절차에 준하는 절차를 거치도록 하고 있는 처분의 경우에만 행정절차법의 적용이 배제되는 것으로 보아야 하고(대법원 2007.9.21, 선고 2006두20631 판결 등 참조), 이러한 법리는 '공무원 인사관계 법령에 의한 처분'에 해당하는 별정직 공무원에 대한 직권면직 처분의 경우에도 마찬가지로 적용된다고 할 것이다.

2. 원심은, (1) 이 사건 처분은 **대통령기록물 관리에 관한 법률에서 5년 임기의 별정직 공무원으로 규정한 대통령기록관장으로 임용된 원고를 직권면직한 처분**으로서, 원고에 대하여 의무를 과하거나 원고의 권익을 제한하는 처분이고, 구 공무원징계령(2010. 6. 15. 대통령령 제22199호로 개정되기 전의 것, 이하 같다) 제22조 제1항은 "별정직공무원에게 국가공무원법 제78조 제1항 각 호의 징계사유가 있으면 직권으로 면직하거나 이 영에 따라 징계처분할 수 있다."라고 규정하고 있어서, 별정직 공무원에 대한 직권면직의 경우에는 징계처분과 달리 징계절차에 관한 구 공무원징계령의 규정도 적용되지 않는 등 행정절차에 준하는 절차를 거치도록 하는 규정이 없으며, **이 사건 처분이 성질상 행정절차를 거치기 곤란하거나 불필요하다고 인정되는 처분에도 해당하지 아니하고,** (2) 나아가 원고가 대통령 기록유출 혐의에 관하여 수사를 받으면서 비위행위에 관하여 해명할 기회를 가졌다거나 위 수사에 관하여 국민적 관심이 높았고 유출행위가 적법한지 여부 등에 관한 법리적 공방이 언론 등을 통하여 치열하게 이루어졌던 사정만으로 이 사건 처분이 구 행정절차법 제21조 제4항 제3호, 제22조 제4항에 따라 **원고에게 사전통지를 하지 않거나 의견제출의 기회를 주지 아니하여도 되는 예외적인 경우에 해당한다고 할 수 없다는 이유로,** (3) 원고에게

사전통지를 하지 않고 의견제출의 기회를 주지 아니한 이 사건 처분은 구 행정절차법 제21조 제1항, 제22조 제3항을 위반한 절차상 하자가 있어 위법하다고 판단하였다.

원심판결 이유를 적법하게 채택된 증거들에 비추어 살펴보면, 원심의 이러한 판단은 앞서 본 법리에 기초한 것으로서, 거기에 상고이유 주장과 같이 행정절차법 적용의 배제 범위와 예외 사유 등에 관한 법리를 오해하거나 판단을 누락하는 등의 위법이 없다.

3. 그러므로 상고를 기각하고, 상고비용은 패소자가 부담하기로 하여, 관여 대법관의 일치된 의견으로 주문과 같이 판결한다.

대법관 신영철(재판장) 이상훈 김용덕(주심) 김소영

▶ 예제 ❷

甲장관이 5년 임기의 별정직 공무원인 대통령기록관장으로 임용된 원고 乙에게 직권면직한 처분, 즉 원고에 대하여 의무를 과하거나 원고의 권익을 제한하는 처분이었음에도 불구하고 원고에게 사전통지를 하지 않거나 의견제출의 기회를 주지 아니하였다면 위 직권면직 처분이 위법한지 논하시오. [40점]

응용문제

01 〈송달, 청문〉 보건복지부장관(乙)은 영업주(甲)에게 영업허가취소처분에 앞서 보통우편으로 청문통지서를 3회 걸쳐 보냈으나 반송되어 왔고, 그 후 2020년 9월 1일자로 9월 16일에 청문을 개최하니 참석하라는 공시송달을 하였다. 영업주(甲)가 청문서를 송달받지 못하였다고 주장하면서 청문절차에 불출석하였다. 하지만 보건복지부장관(乙)은 공정하게 청문주재자를 선정하고 청문조서를 작성하는 등 청문절차를 거쳤다. 이러한 경우 이 사건 영업허가취소처분이 위법한지 논하시오. [40점]

① 의의

청문은 행정청이 어떠한 처분을 하기에 앞서 당사자 등의 의견을 직접 듣고 증거를 조사하는 절차를 말하는데 침익적 처분을 함에 있어서 청문서 도달의 효력(보통우편, 공시송달의 효력) 및 청문의 사전통지 기간(청문개최일 10일 전까지)이 문제되는바, 아래에서 자세히 논하도록 하겠다.

[물음1]

② 송달

1. 의의

송달이란 "당사자 등에게 행정절차상 서류의 내용을 알리는 것"을 말한다.

2. 우편송달

우편의 송달을 입증하기 위해서는 등기우편의 방법에 의하여야 하고 보통우편에 의해 송달한 경우에는 도달이 추정되지 않는다고 판시하였다.

3. 교부송달

① 교부에 의한 송달은 수령확인서를 받고 문서를 교부함으로써 행하며, ② 송달하는 장소에서 만나지 못한 때에는 그 사무원 등 사리를 분별할 지능이 있는 자에게 교부할 수 있다.

4. 공시송달

① 송달받을 자의 주소 등을 통상적인 방법으로 확인할 수 없는 경우와 ② 송달이 불가능한 경우에는 일간신문 등 하나 이상에 공고하고 인터넷에도 공고하여야 한다. ③ 공고할 때에는 민감정보 및 고유식별정보 등 송달받을 자의 개인정보를 법에 따라 보호하여야 한다.

5. 송달의 효력발생

(1) 도달주의 원칙

송달은 다른 법령 등에 특별한 규정이 있는 경우를 제외하고는 송달받을 자에게 도달됨으로써 그 효력이 발생한다.

(2) 공시송달

공시송달의 경우에는 원칙적으로 공고일부터 14일이 지난 때에 그 효력이 발생한다.

> **참조** 공시송달의 효력발생문제
>
> **1) 당사자에게 청문통지서를 송달하였으나 주소불명으로 반송된 경우**
> • 행정청은 최초 발송 → 반송 → 공시송달 → 공시송달의 효력발생 → 청문 → 처분의 과정을 거치게 됨.
> • 따라서, 반송에 걸리는 시간, 공시송달 후 효력발생까지의 기간(14일), 효력발생일부터 청문개최회일까지의 기간(10일)을 고려하면, 적어도 최초 청문통지서 발송일부터 24일 + 반송에 걸리는 기간 이후에 청문의 개최가 가능하게 됨.
>
> **2) 당사자에게 송달이 불가능한 경우**
> • 행정청은 공시송달 → 공시송달의 효력발생 → 청문 → 처분의 과정을 거치게 됨.
> • 따라서, 적어도 공시송달일부터 24일 이후에 청문개최가 가능하게 됨.

[물음2]

Ⅲ 청문

1. 적용범위

(1) 다른 법령등에서 청문을 하도록 규정하고 있는 경우
(2) 행정청이 필요하다고 인정하는 경우
(3) 다음 각 사항의 처분 시
　　① 인허가 등의 취소
　　② 신분·자격의 박탈
　　③ 법인이나 조합 등의 설립허가의 취소

2. 예외사유

① 공공의 안전 또는 복리를 위하여 긴급히 처분을 할 필요가 있는 경우, ② 법령 등에서 반드시 일정한 처분을 하여야 하는 경우에 그 사실이 법원의 재판 등에 의하여 객관적으로 증명된 때, ③ 처분의 성질상 의견청취가 현저히 곤란하거나 명백히 불필요하다고 인정될 만한 상당한 이유가 있는 경우와 당사자가 의견진술의 기회를 포기한다는 뜻을 명백히 표시한 경우에는 의견청취를 아니할 수 있다.

3. 청문절차

(1) 청문주재자

1) 청문은 행정청이 소속 직원 또는 대통령령으로 정하는 자격을 가진 사람 중에서 선정하는 사람이 주재하되, 행정청은 청문 주재자의 선정이 공정하게 이루어지도록 노력하여야 한다.
2) 행정청은 다음의 처분을 하려는 경우에는 청문주재자를 2명 이상으로 선정할 수 있다. 이 경우 선정된 청문주재자 중 1명이 청문주재자를 대표한다.
   ① 다수의 국민의 이해가 상충되는 처분
   ② 다수 국민에게 불편이나 부담을 주는 처분
   ③ 그 밖에 전문적이고 공정한 청문을 위하여 행정청이 청문주재자를 2명 이상으로 선정할 필요가 있다고 인정하는 처분
3) 행정청은 청문이 시작되는 날부터 7일 전까지 청문 주재자에게 청문과 관련한 필요한 자료를 미리 통지하여야 한다. 당사자에게는 10일 전까지 알려야 한다.

(2) 의견반영

행정청은 처분을 함에 있어서 청문조서, 청문주재자의 의견서, 그 밖의 관계서류 등을 충분히 검토하고 상당한 이유가 있다고 인정하는 경우에는 청문결과를 반영하여야 한다.

[물음3]

Ⅳ 처분의 효력

1. 학설

(1) 소극설

절차상 하자만을 이유로 하여서는 취소할 수 없고, 내용상 하자가 있어야 취소할 수 있다는 견해이다.

(2) 적극설

절차상 하자만을 이유로 취소할 수 있다는 견해이다.

(3) 절충설

기속행위의 경우에는 절차의 하자로 취소할 수 없고, 재량행위에 있어서는 행정청은 기본 처분과 다른 처분을 할 수도 있으므로 절차상의 하자로 취소할 수 있다는 견해이다.

2. 판례

판례는 재량행위뿐만 아니라 기속행위에 있어서도 적극설을 취하고 있다.

절차적 요건을 갖추지 못한 공정거래위원회의 시정조치 또는 과징금납부명령은 설령 실체법적 사유를 갖추고 있다고 하더라도 위법하여 취소를 면할 수 없다.

3. 검토

현행 행정소송법이 절차의 위법을 이유로 한 취소판결을 인정하고 있으므로 절차중시행정을 유도하는 것이 타당하므로 적극설이 타당하다고 본다.

Ⓥ 결

1. 청문서 공시송달의 경우에는 원칙적으로 공고일부터 14일이 지난 때에 그 효력이 발생한다.
2. 청문의 사전통지기간은 청문개최 10일 전까지 도착해야 한다.
3. 즉, 공시송달일로부터 24일 이후에야 청문개최가 가능하므로 사안의 9월 16일에 청문 개최는 청문서 사전통지기간을 어겼기 때문에 위법하여 비록 청문절차를 거쳤다 하더라도 이 사건 영업허가취소처분은 위법하다고 본다.

> **참조** 청문통지서 공시송달 공고

청문통지서 공시송달 공고

전라북도 공고 제2010522호

청문통지서 공시송달 공고

건설업 등록기준 미달 사유로 행정처분을 받은 업체는 그 처분 종료일까지 등록기준 미달사항을 보완하여야 하나 보완하지 않아 건설산업기본법 제83조 제2호 및 건설업관리지침 제7장, 2, 나, (3) 규정에 의하여 행정처분을 하기 위하여 같은 법 제86조의 규정에 의하여 청문통지서를 우편 송달과 함께 행정절차법 제14조 제4항의 규정에 의하여 아래와 같이 공시송달 공고합니다.

전라북도지사
2010년 5월 31일

---

02 「행정절차법」 제20조는 처분기준을 설정·공표하도록 규정하고 있다. '처분기준이 법령에 규정된 경우'와 '행정규칙에 규정된 경우'를 구분하여 그 설정·공표된 처분기준과 다른 기준으로 행정청이 처분을 한 경우 당해 처분의 효력에 대해 약술하시오. [40점, 06년 행시 응용]

(Ⅰ) 처분기준의 설정·공표

1. 의의

(1) 처분기준의 설정·공표제도란 행정청이 필요한 처분기준을 해당 처분의 성질에 비추어 되도록 구체적으로 정하여 공표하여야 하는 제도를 말한다.

(2) 인허가의제의 경우 관련 인허가 행정청은 <u>인허가의 처분기준을 주된 인허가 행정청에 제출</u>하여야 하고, <u>주된 인허가 행정청</u>은 제출받은 관련 인허가의 <u>처분기준을 통합하여 공표</u>하여야 한다. 처분기준을 변경하는 경우에도 또한 같다.

2. 예외규정

행정절차법은 "해당 처분의 성질상 현저히 곤란하거나 공공의 안전 또는 복리를 현저히 해치는 것으로 인정될 만한 상당한 이유가 있는 경우"에는 처분기준을 공표하지 아니할 수 있다는 추상적인 기준하에 넓게 인정하고 있어 처분기준의 공표가 행정청의 자의적 판단하에 행해질 우려가 있기 때문에 예측가능성을 보장하는 정도로 규정되어야 한다.

3. 설정·공표의무 위반의 효과

처분기준 불비의 하자는 절차의 하자가 되며 독립된 취소사유가 된다고 보아야 한다.

4. 처분기준에 대한 당사자 등의 해석·설명요청권

당사자등은 공표된 처분기준이 불명확한 경우 당해 행정청에 대하여 그 해석 또는 설명을 요청할 수 있다.

⑪ 처분기준과 다른 기준의 행정청의 처분의 효력

1. 법령으로 규정된 처분기준

법령으로 규정된 처분기준은 구속력이 인정되므로 법령으로 규정된 처분기준과 다른 기준으로 처분했다면 당해 처분은 위법하다. 다만, 법규명령형식의 행정규칙의 경우에는 형식설, 실질설 등에 따라서 구속력의 인정 여부가 나뉘는데, 형식설에 따라 법규명령 형식의 처분기준에 대해서도 구속력이 인정됨이 타당하므로 당해 처분은 위법하다.

2. 행정규칙으로 규정된 처분기준

행정규칙은 내부적 효력 이외에 법적인 외부적 효력, 즉 구속력을 갖는지에 대해서 판례는 행정규칙의 외부법으로서의 구속력을 부인하고 있으므로 행정규칙으로 규정된 처분기준과 다른 기준으로 처분했다면 그 이유만으로는 당해 처분은 위법하지 않다. 다만, 신뢰보호원칙이나 자기구속의 원칙을 통하여 간접적인 구속력을 가질 경우 해당 원칙에 반하여 당해 처분은 위법하게 될 것이다.

03 〈「행정절차법」제24조 처분의 방식〉

병무청장이 법무부장관에게 '가수 甲이 공연을 위하여 국외여행허가를 받고 출국한 후 미국 시민권을 취득함으로써 사실상 병역의무를 면탈하였다'는 이유로 입국 금지를 요청함에 따라 법무부장관이 甲의 입국금지결정을 하였는데, 甲이 재외공관의 장에게 재외동포(F-4) 체류자격의 사증발급을 신청하자 재외공관장이 처분이유를 기재한 사증발급 거부처분서를 작성해 주지 않은 채 甲의 아버지에게 전화로 사증발급이 불허되었다고 통보한 사안에서, 甲의 재외동포(F-4) 체류자격 사증발급 신청에 대하여 재외공관장이 6일 만에 한 사증발급 거부처분이 문서에 의한 처분 방식의 예외로 「행정절차법」제24조 제1항 단서에서 정한 '신속히 처리할 필요가 있거나 사안이 경미한 경우'에 해당하는지 서술하시오(대법원 2019. 7. 11., 선고, 2017두38874, 판결). [20점]

Ⅰ 「행정절차법」제24조 검토

1. 법규정(행정절차법 제24조(처분의 방식) 제1항)

(1) 원칙

① 당사자 등의 동의가 있는 경우와 ② 당사자가 전자문서로 처분을 신청하는 경우에는 전자문서로 할 수 있다.

(2) 예외

공공의 안전 또는 복리를 위하여 긴급히 처분을 할 필요가 있거나 사안이 경미한 경우에는 말, 전화, 휴대전화를 이용한 문자 전송, 팩스 또는 전자우편 등 문서가 아닌 방법으로 처분을 할 수 있다. 이 경우 당사자가 요청하면 지체 없이 처분에 관한 문서를 주어야 한다.

2. 판례

행정절차법 제24조 제1항 규정은 처분내용의 명확성을 확보하고 처분의 존부에 관한 다툼을 방지하여 처분상대방의 권익을 보호하기 위한 것이므로, 이를 위반한 처분은 하자가 중대·명백하여 무효이다(대법원 2011. 11. 10. 선고 2011도11109 판결 등 참조).

Ⅱ 사안해결

① 외국인의 사증발급 신청에 대한 거부처분은 당사자에게 의무를 부과하거나 적극적으로 권익을 제한하는 처분이 아니므로, 행정절차법 제21조 제1항에서 정한 '처분의 사전통지'와 제22조 제3항에서 정한 '의견제출 기회 부여'의 대상은 아니다(대법원 2003. 11. 28. 선고 2003두674 판결 참조).

② 그러나 사증발급 신청에 대한 거부처분이 그 성질상 행정절차법 제24조에서 정한 '처분서 작성·교부'를 할 필요가 없거나 곤란하다고 일률적으로 단정하기 어렵다.

③ 원고의 재외동포(F-4) 체류자격 사증발급 신청에 대하여 피고가 6일 만에 한 사증발급 거부처분이 문서에 의한 처분 방식의 예외로 행정절차법 제24조에서 정한 '신속히 처리할 필요가 있거나 사안이 경미한 경우'에 해당한다고 볼 수도 없다. 따라서 피고의 사증발급 거부처분에는 행정절차법 제24조를 위반한 하자가 있다.

④ 절차 하자에 대한 위법성의 정도는 중대명백설에 따라 판단한다. 행정과정에 대한 국민의 참여와 행정의 공정성, 투명성 및 신뢰성을 확보하고 국민의 권익을 보호함을 목적으로 하는 문서에 의한 처분 통지 절차의 입법목적 등에 비추어 보면, 행정절차법 제24조의 처분방식에서 긴급히 처분할 필요가 있거나 사안이 경미한 경우에 해당하는 않는 한 문서에 의한 처분 방식의 예외에 해당하지 않는 한 해당 처분은 중대하고 명백한 하자로 무효이다.

03-1 「행정절차법」 제24조상 '문서 외 방식의 처분의 효력'에 대하여 서술하시오. [20점]

Ⅰ 처분의 방식

1. 원칙

행정청이 처분을 할 때에는 다른 법령 등에 특별한 규정이 있는 경우를 제외하고는 문서로 하여야 하며, ① 당사자 등의 동의가 있는 경우와 ② 당사자가 전자문서로 처분을 신청하는 경우에는 전자문서로 할 수 있다

2. 예외

공공의 안전 또는 복리를 위하여 긴급히 처분을 할 필요가 있거나 사안이 경미한 경우에는 말, 전화, 휴대전화를 이용한 문자 전송, 팩스 또는 전자우편 등 문서가 아닌 방법으로 처분을 할 수 있다. 이 경우 당사자가 요청하면 지체 없이 처분에 관한 문서를 주어야 한다.

Ⅱ 문서 외 방식의 처분의 효력

1. 절차상 하자 여부

'문서외 방식의 처분'은 공공의 안전 또는 복리를 위하여 긴급히 처분을 할 필요가 있거나 사안이 경미한 경우에는 말, 전화, 휴대전화를 이용한 문자전송, 팩스 또는 전자우편 등 문서가 아닌 방법으로 처분을 할 수 있다. 이 경우 당사자가 요청하면 지체 없이 처분에 대한 문서를 주어야 한다.

2. 학설

다수설과 판례는 행정처분상의 절차상 하자를 처분의 독자적 위법사유로 본다.
중대명백설에 따르면 행정행위의 하자의 내용이 중대하고, 그 하자가 외관상 명백한 때에는 당해 행정행위는 무효가 되고, 그중 어느 한 요건이라도 결여한 경우에는 취소할 수 있는 데 그친다고 하는 견해이다.

3. 판례

행정절차법 제24조 제1항 규정은 처분내용의 명확성을 확보하고 처분의 존부에 관한 다툼을 방지하여 처분상대방의 권익을 보호하기 위한 것이므로, 이를 위반한 처분은 하자가 중대·명백하여 무효이다(대법원 2011. 11. 10. 선고 2011도11109 판결 등 참조).

04 「행정절차법」 제26조상 '고지를 하지 않은 처분의 효력'에 대하여 서술하시오. [20점]

종로구에서 주유소를 경영하고 있는 甲은 도로에서 자신의 주유소로 들어가는 진입로를 확보하기 위하여 당해 도로관리청인 종로구청장에게 도로점용허가를 신청하였으나 반려되었다. 결국 甲은 주유소 진입로에 해당하는 도로를 무단으로 사용하였으며, 이에 2020.8.1. 종로구청장은 甲에게 도로법에 의거하여 변상금부과처분을 하였다. 그런데 종로구청장은 변상금부과처분통지서를 발부하면서, 행정절차법 제26조상의 행정심판 등 청구에 관한 따른 고지를 하지 않았다. 다음 물음에 답하시오.(단, 甲은 종로구청장의 변상금부과 사실을 알지 못하였음을 전제로 한다.)

당해 변상금부과처분은 고지제도 의무 불이행에 따른 절차상 하자가 인정되는가?

＊ 도로법 제72조(변상금의 징수) : 도로관리청은 도로점용허가를 받지 아니하고 도로를 점용하였거나 도로점용허가의 내용을 초과하여 도로를 점용(이하 이 조에서 "초과점용등"이라 한다)한 자에 대하여는 초과점용등을 한 기간에 대하여 점용료의 100분의 120에 상당하는 금액을 변상금으로 징수할 수 있다.

Ⅰ 서

종로구청장은 도로 무단사용을 이유로 甲에 대하여 도로법에 의거하여 변상금부과처분을 하였다. 그러나 종로구청장은 변상금부과처분통지서를 발부하면서, 행정심판 청구에 관한 대한 고지를 하지 않았는바, 이를 이유로 당해 변상금부과처분이 위법해지는지 문제된다. 이것은 고지의무 불이행에 따른 절차상 하자 인정 여부의 문제로 된다.

Ⅱ 고지제도

고지제도란 행정의 절차상 요건으로서, 행정청이 처분을 하는 경우에는 국민의 권익보호 차원에서 그 상대방에게 그 처분에 관하여 행정심판을 청구할 수 있는지 여부 및 행정심판위원회·심판청구절차·심판청구기간 등에 대해서 알려주도록 하는 절차적 요건을 말한다. 행정작용의 행위형식이 다양하고 행정조직 및 행정구제 절차가 복잡하다는 점에서, 사전에 행정작용에 대한 불복방법을 알려주는 고지제도는 중요한 의미를 가진다고 볼 것이다. 고지의 종류에는 '직권고지'와 '신청에 의한 고지'가 포함된다. 행정심판법 제58조 및 행정절차법 제26조는 고지제도에 대한 명문규정을 마련하고 있다.

Ⅲ 결(고지의무 위반의 효과)

1. 문제점

행정절차법 제21조의 의견청취를 위한 사전통지, 제22조의 의견청취, 제23조의 이유제시 등과 함께 행정절차법 제26조에서 고지제도에 대해 규정하고 있다. 사전통지, 의견청취, 이유제시 등은 처분의 절차상 적법요건으로서 이를 흠결하는 경우 처분의 절차상 위법성이 인정된다. 따라서 고지의무의 위반에 따른 절차상 하자를 인정할 수 있을 것인지 문제된다. 고지의무 위반이라 함은 불고지 및 오고지를 말한다.

2. 절차상 하자 인정 여부 – "고지의무 위반에 따른 절차상 하자 인정 여부"

(1) 판례

판례는 "구 자동차운수사업법 제31조 등의 규정에 의한 사업면허의 취소 등의 처분에 관한 규칙 제7조 제3항의 고지절차에 관한 규정은 행정심판의 제기기간이 연장될 수 있는 것에 그치고 이로 인하여 심판의 대상이 되는 행정처분에 어떤 하자가 수반된다고 할 수 없다(대법원 1987.11.24. 87누529)."라고 하여, 고지의무 위반이 처분의 위법성을 구성하지 않으며, 그 효력에 영향을 미치는 것은 아니라고 보았다. 판례는 고지의무 위반에 따른 절차상 하자를 부정하고 있다.

(2) 검토

사전통지, 의견청취, 이유제시 등은 처분발령 이전 또는 발령과 동시에 이루어지는 것으로서 처분 발령에 관한 절차상 적법요건에 해당한다. 따라서 이러한 적법요건에 흠결이 있으면 그에 따른 위법성 사유가 된다고 본다. 하지만, 고지의 경우 처분과 동시에 이루어지는 절차이기는 하나, 그 대상이 처분 이후 불복절차에 관한 것이라는 점에서 행정절차법상 다른 절차상 적법요건과 구별된다. 따라서 불고지 및 오고지의 문제는 처분 자체의 위법성 사유를 구성한다고 볼 것이 아니라, 처분에 대한 불복단계에서 행정심판 및 행정소송 제기 시 불이익 방지를 위한 조치 필요성이 인정될 뿐이다.

Ⓝ 사안의 해결

종로구청장은 甲에게 변상금부과처분을 하면서, 고지의무를 위반하였다. 이것이 절차상 적법 요건으로서 처분의 위법성 사유가 될 수 있는지 문제된다. 하지만, ① 고지제도는 처분상대방 의 불복의 편의 제공을 그 목적으로 하는 것일 뿐이지, 그것이 당해 처분의 적법성을 확보하 기 위한 사전통제절차가 아니라는 점 ② 사전통지·의견청취·이유제시 등의 처분의 절차상 적법요건과는 그 성질을 달리한다는 점 ③ 고지제도는 그 대상이 처분 자체가 아니라 처분발 령 이후 불복절차에 관한 것이라는 점 등으로 미루어 볼 때, 고지의무 위반은 처분의 절차상 하자를 구성하지 않는다고 봄이 타당할 것이다.

05 종로구청장 乙이 당사자 甲에게 영업허가취소처분을 하면서 행정절차법상의 청문절차를 이행함에 있어 5일 전에 도달하여 청문서 도달기간을 어겼다. 당사자 甲이 청문서 도달기간 위배에 이의제기하지 아니한 채 청문일에 출석하여 의견을 진술하고 변명하는 등 방어의 기회를 충분히 가진 경우라면 절차적 하자의 치유가능성이 인정되는지 여부와 영업허가취소처분의 효력을 서술하시오. [40점]

(▶ 작성요령: ① 사전통지에 대해서는 1줄 정도만 서술할 것 ② 청문은 목차를 구성할 것)

[물음1] 당사자 甲이 청문서 도달기간 위배를 절차상 하자로 보아 청문에 출석하지 않은 경우 영업허가취소처분의 효과에 대하여 서술하시오. [20점]

[물음2] 당사자 甲이 청문서 도달기간 위배에 이의제기하지 아니한 채 청문일에 출석하여 의견을 진술하고 변명하는 등 방어의 기회를 충분히 가진 경우라면 절차적 하자의 치유가능성이 인정되는지 여부와 영업허가취소처분의 효력을 서술하시오. [20점]

[물음1]

① 서

청문의 사전통지기간은 청문 시작되는 날부터 10일 전까지 통지하여야 한다. 하지만 위 사안에서는 5일 전에 도달하여 사전통지기간을 어겼다. 이러한 경우 사전통지기간도 절차적 하자로 보아 "영업허가취소처분"의 위법성 여부가 문제되는바, 아래에서 서술하겠다.

② 청문절차(의/요/예/절)

1. 의의

청문(聽聞)이라 함은 "행정청이 어떠한 처분을 하기에 앞서 당사자등의 의견을 직접 듣고 증거를 조사하는 절차"를 말한다.

2. 요건

행정절차법은 다음 어느 하나에 해당하는 경우에는 청문을 실시하도록 하고 있다(행정절차법 제22조 제1항).

⑴ 다른 법령 등에서 청문을 하도록 규정하고 있는 경우
⑵ 행정청이 필요하다고 인정하는 경우
⑶ 다음 각 사항의 처분 시
　　① 인허가 등의 취소
　　② 신분·자격의 박탈
　　③ 법인이나 조합 등의 설립허가의 취소

3. 예외사유

① 공공의 안전 또는 복리를 위하여 긴급히 처분을 할 필요가 있는 경우, ② 법령등에서 반드시 일정한 처분을 하여야 하는 경우에 그 사실이 법원의 재판 등에 의하여 객관적으로 증명된 때, ③ 처분의 성질상 의견청취가 현저히 곤란하거나 명백히 불필요하다고 인정될 만한 상당한 이유가 있는 경우와 당사자가 의견진술의 기회를 포기한다는 뜻을 명백히 표시한 경우에는 의견청취를 아니할 수 있다.

4. 절차

행정청은 청문을 하려면 청문이 시작되는 날부터 10일 전까지 당사자등에게 통지하여야 한다.

Ⅲ 결론

청문의 사전통지기간도 행정절차법에서 정한 절차이므로 이를 위배한 "영업허가취소처분"은 위법하다고 본다.

▶ **청문** : ① 甲이 출석하지 않은 상태에서 청문이 이루어진다면 도달기간 하자는 치유되지 않으며 영업허가취소처분은 위법하게 된다.

[물음2]

Ⓘ 서

당사자 甲이 청문서 도달기간 위배에 이의제기하지 아니한 채 청문일에 출석하여 의견을 진술하고 변명하는 등 방어의 기회를 충분히 가진 경우라면 절차적 하자의 치유가능성이 인정되는지 여부에 대하여 아래에서 서술하겠다.

Ⅱ 절차상 하자의 치유가능성

판례는 국민의 권익의 침해가 없는 범위 안에서 인정해야 한다고 판시하였다.

Ⅲ 절차상 하자의 치유시기

판례는 절차상 하자가 인정되는 시기는 행정쟁송의 제기 전에 한하여 치유가 가능하다고 판시하였다.

Ⅳ 치유의 효과

절차상 위법은 제거되고 소급하여 처분은 적법하게 된다.

Ⓥ 관련판례

행정청이 식품위생법상의 청문절차를 이행함에 있어 소정의 청문서 도달기간을 지키지 아니하였다면 이는 청문의 절차적 요건을 준수하지 아니한 것이므로 이를 바탕으로 한 행정처분은 일단 위법하다고 보아야 할 것이지만 이러한 청문제도의 취지는 처분으로 말미암아 받게 될 영업자에게 미리 변명과 유리한 자료를 제출할 기회를 부여함으로써 부당한 권리침해를 예방하려는 데에 있는 것임을 고려하여 볼 때, 가령 행정청이 청문서 도달기간을 다소 어겼다 하더라도 영업자가 이에 대하여 이의하지 아니한 채 스스로 청문일에 출석하여 그 의견을 진술하고 변명하는 등 방어의 기회를 충분히 가졌다면 청문서 도달기간을 준수하지 아니한 하자는 치유되었다고 봄이 상당하다(대판 92누2844[영업허가취소처분취소]).

Ⅵ 결

당사자 甲이 청문일에 출석하여 그 의견을 진술하고 변명하는 등 방어의 기회를 충분히 가졌다면 청문서 도달기간을 준수하지 아니한 하자는 치유되었다고 보아 위 영업허가취소처분은 적법하다고 본다.

▶ **청문**: ② 甲이 출석하여 의견진술 등 방어의 기회를 충분히 가졌다면 도달기간의 하자는 치유되고 영업허가취소처분은 적법하게 된다.

06 보건복지부장관 乙이 원고인 甲에게 리베이트 수수 혐의로 "의사자격 2개월 영업정지처분"을 하면서 사전통지와 의견제출절차까지 거쳤다. 다만, 특별한 사정이 없음에도 곧바로 처분하지 않고 있다가 3년 6개월이 지나서 "의사자격 2개월 영업정지처분"을 하였다. 위 처분의 효력을 논하시오. [40점]

(▶ 작성요령: ① 이유제시는 생략 ② 신뢰보호원칙의 서술은 생략할 것 ③ 처분의 효력여부 서술에서 학설 및 판례(공정거래위원회)는 생략할 것)

(I) 서

원고에게 의무를 부과하거나 권익을 제한하는 처분이었음에도 불구하고 사전통지를 하지 않거나, 의견제출의 기회를 주지 않는 등 절차적 하자가 있는 경우 '의사자격 2개월 영업정지처분'의 독자적인 위법성의 사유가 되는지 문제되지만, 사안의 경우처럼 절차적 요건을 갖추었고 다만, 곧바로 처분하지 않고 3년 6개월이 지나서 한 당해 처분이 문제가 되는바 아래에서 처분의 효과에 대하여 논하겠다.

(II) 처분의 사전통지

1. 예외사항

① 공공의 안전 또는 복리를 위하여 긴급히 처분을 할 필요가 있는 경우, ② 법령등에서 반드시 일정한 처분을 하여야 하는 경우에 그 사실이 법원의 재판 등에 의하여 객관적으로 증명된 때, ③ 처분의 성질상 의견청취가 현저히 곤란하거나 명백히 불필요하다고 인정될 만한 상당한 이유가 있는 경우는 면제사항이다.

2. 사전통지사항

① 처분의 제목 ② 당사자의 성명 또는 명칭과 주소 ③ 의견제출기관의 명칭과 주소 ④ 의견제출기한 등을 당사자등에게 사전통지하여야 한다.

3. 사전통지기간

① 의견제출은 10일 이상의 기간을 주어야 하며 ② 청문은 시작되는 날부터 10일 전까지 통지하여야 한다. ③ 공청회는 개최 14일 전까지 당사자등에게 통지하고 일간신문 등에 공고하는 등의 방법으로 널리 알려야 한다.

Ⅲ 의견제출절차(의/요/예/절)

1. 의의

"행정청이 어떠한 행정작용을 하기에 앞서 당사자등이 의견을 제시하는 절차로서 청문이나 공청회에 해당하지 아니하는 절차"를 말한다.

2. 요건

행정청이 당사자에게 의무를 부과하거나 권익을 제한하는 처분을 할 때 청문, 공청회 외에는 당사자등에게 의견제출의 기회를 주어야 한다.

3. 예외사유

행정절차법 제21조 제4항 각 호인 사전통지의 예외사유와 당사자가 의견진술의 기회를 포기한다는 뜻을 명백히 표시한 경우에는 의견청취를 아니할 수 있다.

4. 절차

① 의견을 제출할 수 있는 자는 당사자등이다.
② 의견제출방식은 서면이나 말 또는 정보통신망을 이용하여 의견제출을 할 수 있고 증거자료 등을 첨부할 수 있다.
③ 당사자등이 정당한 이유 없이 의견제출기한까지 의견제출을 하지 아니한 경우에는 의견이 없는 것으로 본다.

Ⅳ 절차상 하자의 치유가능성

판례는 절차상 하자가 인정되는 시기는 행정쟁송의 제기 전에 한하여 치유가 가능하다고 판시하였다.

Ⓥ 관련판례

(1) **판례**(서울행정법원, 2016년 10월)

"의견제출절차를 거친 후 특별한 사정이 없음에도 곧바로 처분하지 않고 있다가 약 3년 6개월이 지나서야 처분을 한 것은 (처분하지 않을 것이라는) 원고들의 정당한 기대와 신뢰를 저버린 것으로, 복지부의 행정처분은 절차상 하자가 있다"라며 복지부에 이들의 자격정지처분을 취소하라고 판결했다.

(2) **법조문**(행정절차법 제22조(의견청취) 제5항)

행정청은 청문·공청회 또는 의견제출을 거쳤을 때에는 신속히 처분하여 해당 처분이 지연되지 아니하도록 하여야 한다.

Ⅵ 결

위 사례에서 '의사자격 2개월 영업정지처분'에서 사전통지, 의견제출의 절차적 요건은 갖추었지만 곧바로 처분하지 않고 3년 6개월이 지나서 한 당해 처분을 한 경우 행정절차법 제22조(의견청취) 제5항 "행정청은 청문·공청회 또는 의견제출을 거쳤을 때에는 신속히 처분하여 해당 처분이 지연되지 아니하도록 하여야 한다."라는 규정에 위배되므로 당해 처분이 위법하다고 본다.

> **참조⁺**
>
> "복지부는 과거에도 장기간 방치했다가 행정처분 한 적이 있다. 이에 대해 법원은 적법하다고 판결했다. 행정절차법을 아무도 생각하지 못했기 때문"이라며 "이번에 처음으로 그에 대한 문제를 제기해서 받아들여졌다는 데 의미가 있다"라고 설명했다.

07 | 「행정절차법」상 '청문절차'와 '공청회절차'에 대하여 서술하시오.

[40점]

(I) 청문

청문은 행정청이 어떠한 처분을 하기에 앞서 당사자등의 의견을 직접 듣고 증거를 조사하는 절차를 말한다.

(II) 청문절차

1. 청문 주재자

(1) 청문은 행정청이 소속 직원 또는 대통령령으로 정하는 자격을 가진 사람 중에서 선정하는 사람이 주재하되, 행정청은 청문 주재자의 선정이 공정하게 이루어지도록 노력하여야 한다.

(2) 행정청은 다음의 처분을 하려는 경우에는 청문주재자를 2명 이상으로 선정할 수 있다. 이 경우 선정된 청문주재자 중 1명이 청문주재자를 대표한다.
① 다수의 국민의 이해가 상충되는 처분
② 다수 국민에게 불편이나 부담을 주는 처분
③ 그 밖에 전문적이고 공정한 청문을 위하여 행정청이 청문주재자를 2명 이상으로 선정할 필요가 있다고 인정하는 처분

(3) 행정청은 청문이 시작되는 날부터 7일 전까지 청문 주재자에게 청문과 관련한 필요한 자료를 미리 통지하여야 한다.

(4) 청문 주재자는 독립하여 공정하게 직무를 수행하며, 그 직무 수행을 이유로 본인의 의사에 반하여 신분상 어떠한 불이익도 받지 아니한다.

(5) 대통령령으로 정하는 사람 중에서 선정된 청문 주재자는 「형법」이나 그 밖의 다른 법률에 따른 벌칙을 적용할 때에는 공무원으로 본다.

2. 의견반영

행정청은 처분을 함에 있어서 청문조서, 청문 주재자의 의견서, 그 밖의 관계 서류 등을 충분히 검토하고 상당한 이유가 있다고 인정하는 경우에는 청문결과를 반영하여야 한다.

3. 기타사항

① 청문 주재자의 제척, 기피, 회피규정을 두어 청문의 공정성을 제고하였으며,

② 청문 주재자는 직권 또는 당사자의 신청에 따라 필요한 조사를 할 수 있으며, 당사자등이 주장하지 아니한 사실에 대하여도 조사할 수 있다.

③ 당사자등은 문서열람 및 복사를 요청할 수 있으며, 누구든지 청문에 대한 비밀을 정당한 이유 없이 누설하지 못한다.

Ⅲ 공청회절차

1. 의의

공청회(公聽會)란 행정청이 공개적인 토론을 통하여 어떠한 행정작용에 대하여 당사자등, 전문지식과 경험을 가진 자, 기타 일반인으로부터 의견을 널리 수렴하는 절차를 말한다.

2. 공청회의 개최

(1) 원칙

행정청은 공청회를 개최하고자 하는 경우에는 공청회 개최 14일 전까지 ① 제목, ② 일시 및 장소 등을 인터넷 홈페이지 등에 공고하는 방법으로 널리 알려야 한다. 행정청은 오프라인 공청회와 병행하여서만 정보통신망을 이용한 공청회(전자공청회)를 실시할 수 있다.

(2) 예외

다음의 경우에는 온라인 단독 개최할 수 있다.

① 국민의 생명·신체·재산의 보호 등 국민의 안전 또는 권익보호 등의 이유로 오프라인 공청회를 개최하기 어려운 경우

② 오프라인 공청회가 행정청이 책임질 수 없는 사유로 개최되지 못하거나 개최는 되었으나 정상적으로 진행되지 못하고 무산된 횟수가 3회 이상인 경우

③ 행정청이 널리 의견을 수렴하기 위하여 온라인공청회를 단독으로 개최할 필요가 있다고 인정하는 경우

3. 공청회의 주재자 및 발표자

① 공청회의 주재자는 해당 공청회의 사안과 관련된 분야에 전문적 지식이나 경험이 있는 자, ② 공청회의 발표자는 발표를 신청한 자 중에서 행정청이 선정한다.

4. 공청회의 진행

공청회의 주재자는 공청회를 공정하게 진행하여야 하며, 공청회의 원활한 진행을 위하여 발표내용을 제한할 수 있다.

5. 공청회 및 온라인공청회 결과의 반영

행정청은 공청회 등을 통하여 제시된 사실 및 의견이 상당한 이유가 있다고 인정하는 경우에는 이를 반영하여야 한다.

Ⅳ 절차상 하자의 효과

현행 「행정소송법」은 절차의 위법을 이유로 한 취소판결을 인정하고 있다.
다수설과 판례는 행정처분상의 절차상 하자를 처분의 독자적 위법사유로 본다.

Ⅴ 결

침익적 처분에 의견진술(청취)의 기회를 주지 않는 절차상 하자는 처분의 독자적 위법사유가 되므로 해당 처분은 위법하게 된다.

08 행정청이 사인과 협약으로 법령상 요구되는 청문을 배제할 수 있는 지 여부에 대하여 서술하시오. [20점]

Ⓘ 의의

청문은 행정청이 침익적 처분을 하기에 앞서 당사자등의 의견을 직접 듣고 증거를 조사하는 절차를 말하는데 이러한 청문을 협약으로 배제할 수 있는지에 대하여 살펴보도록 하겠다.

Ⅱ 적용범위

「행정절차법」은 청문을 ① 다른 법령등에서 청문을 실시하도록 규정하고 있는 경우 ② 행정청이 필요하다고 인정하는 경우 ③ 다음의 처분이 있는 경우(인허가 등의 취소, 신분·자격의 박탈, 법인이나 조합 등의 설립허가의 취소)에 실시하도록 하고 있다(동법 제22조 제1항).

Ⅲ 예외사유

「행정절차법」 제21조 제4항 각 호의 사유인 사전통지의 예외사항 및 당사자가 의견진술의 기회를 포기한다는 뜻을 명백히 밝힌 경우에 해당하는 경우는 청문을 거치지 않을 수 있다.

Ⅳ 절차의 위반과 그 위법성의 정도

다른 법령상 요구되는 청문절차를 결여한 채 발하여진 행정행위는 위법한 행정행위가 된다. 이 경우에 취소사유에 해당한다는 것이 판례의 일관된 입장이다.

Ⅴ 배제 여부

1. 학설

(Ⅰ) 긍정설

행정절차는 실체적인 권리관계에 영향을 미치지 아니하는 한 생략될 수 있으며, 강제적인 방법이 동원되지 않는 이상 청문을 배제하는 협의는 가능한 것으로 당사자들은 합의에 의한 청문의 배제에 구속된다는 견해이다.

⑵ 부정설

청문은 「헌법」상의 적법절차를 행정에 구현한 것이고, 청문절차를 통하여 행정청이 적정한 판단을 할 수 있도록 하는 기회를 마련하는 동시에 이해관계인의 참여에 의한 민주적인 정당성을 확보하기 위한 것이므로 청문은 협약으로 배제할 수 없다는 견해이다.

2. 판례

판례는 주식회사 대경마이월드가 안산시장을 상대로 유희시설조성사업협약해지 등을 구한 사건에서 당사자 간에 협약이 있었다고 하더라도 청문의 실시에 관한 규정의 적용이 배제된다거나 청문을 실시하지 않아도 되는 예외적인 경우(행정절차법 제22조 제4항)에 해당한다고 볼 수 없다고 하였다(대판 2002두8350).

3. 검토

청문절차는 공법적인 성질을 가진 강제적인 것이므로 협약으로 배제할 수 없고, 행정처분을 하면서 계약을 체결하여 「행정절차법」상의 청문 등을 배제할 수 있도록 한다면 행정청은 자신의 우월한 지위를 이용하여 상대방의 의사에 반하여 여러 절차를 배제하는 내용의 계약을 강제함으로써 「행정절차법」의 취지를 잠탈할 우려가 있는바, 협약으로 청문을 배제할 수 없다는 견해가 타당하다.

09 「행정절차법」상 '의견청취'에 대하여 서술하시오. [40점]

(I) 서

행정처분의 상대방 등 이해관계인에게 행정처분 전에 의견진술의 기회를 주는 행정절차를 행정청의 입장에서 보면 의견청취절차(意見聽取節次)라고 할 수 있다.

(II) 의견청취절차(의/요/예/절)

1. 의의

(1) 의견제출

"행정청이 어떠한 행정작용을 하기에 앞서 당사자등이 의견을 제시하는 절차로서 청문이나 공청회에 해당하지 아니하는 절차"를 말한다.

(2) 청문

"행정청이 어떠한 처분을 하기에 앞서 당사자등의 의견을 직접 듣고 증거를 조사하는 절차"를 말한다.

(3) 공청회

"행정청이 공개적인 토론을 통하여 어떠한 행정작용에 대하여 당사자등, 전문 지식과 경험을 가진 자, 기타 일반행정인으로부터 의견을 널리 수렴하는 절차"를 말한다.

2. 요건

(1) 청문

1) 다른 법령등에서 청문을 하도록 규정하고 있는 경우
2) 행정청이 필요하다고 인정하는 경우
3) 다음 각 사항의 처분 시
   ① 인허가 등의 취소
   ② 신분·자격의 박탈
   ③ 법인이나 조합 등의 설립허가의 취소

⑵ **공청회**

1) 다른 법령등에서 공청회를 개최하도록 규정하고 있는 경우

2) 해당 처분의 영향이 광범위하여 널리 의견을 수렴할 필요가 있다고 행정청이 인정하는 경우

3) 국민생활에 큰 영향을 미치는 처분으로서 대통령령으로 정하는 처분에 대하여 대통령령으로 정하는 수(30명) 이상의 당사자등이 공청회 개최를 요구하는 경우

⑶ **의견제출**

행정청이 당사자에게 의무를 부과하거나 권익을 제한하는 처분을 할 때 청문, 공청회 외에는 당사자등에게 의견제출의 기회를 주어야 한다.

3. 예외사유

① 공공의 안전 또는 복리를 위하여 긴급히 처분을 할 필요가 있는 경우, ② 법령등에서 반드시 일정한 처분을 하여야 하는 경우에 그 사실이 법원의 재판 등에 의하여 객관적으로 증명된 때, ③ 처분의 성질상 의견청취가 현저히 곤란하거나 명백히 불필요하다고 인정될 만한 상당한 이유가 있는 경우와 당사자가 의견진술의 기회를 포기한다는 뜻을 명백히 표시한 경우에는 의견청취를 아니할 수 있다.

4. 절차

⑴ **의견제출**

서면이나 말 또는 정보통신망을 이용하여 의견제출을 할 수 있다.

⑵ **청문**

행정청은 청문이 시작되는 날부터 7일 전까지 청문 주재자에게 청문관련 자료를 미리 통지하여야 하고 당사자에게는 10일 전까지 미리 통지하여야 한다.

⑶ **공청회**

공청회 개최 14일 전까지 ① 제목, ② 일시 및 장소 등을 인터넷 홈페이지 등에 공고하는 방법으로 널리 알려야 한다.

⑩ 결과반영 여부

1. 청문(제35조의2)

행정청은 처분을 함에 있어서 청문조서, 청문 주재자의 의견서, 그 밖의 관계 서류 등을 충분히 검토하고 상당한 이유가 있다고 인정하는 경우에는 청문결과를 반영하여야 한다.

2. 공청회 및 온라인공청회(제39조의2)

행정청은 처분을 할 때에는 공청회·온라인공청회 및 정보통신망 등을 통하여 제시된 사실 및 의견이 상당한 이유가 있다고 인정하는 경우에는 이를 반영하여야 한다.

3. 의견제출(제27조의2)

행정청은 처분을 할 때에 당사자등이 제출한 의견이 상당한 이유가 있다고 인정하는 경우에는 이를 반영하여야 한다.

⑭ 절차상 하자의 치유가능성

판례는 절차상 하자의 치유가 인정되는 시기는 행정쟁송의 제기 전에 한하여 치유가 가능하다고 판시하였다.

⑮ 절차상 하자의 효과

현행 「행정소송법」은 절차의 위법을 이유로 한 취소판결을 인정하고 있다.
다수설과 판례는 행정처분상의 절차상 하자를 처분의 독자적 위법사유로 본다.

⑯ 결

침익적 처분에 의견진술(청취)의 기회를 주지 않는 절차상 하자는 처분의 독자적 위법사유가 되므로 해당 처분은 위법하게 된다.

10 [사례문제]

甲국방장관이 대령진급예정자 명단에 포함된 원고 乙에게 진급선발을 취소하는 처분, 즉 원고에 대하여 의무를 부과하거나 원고의 권익을 제한하는 처분이었음에도 불구하고 원고에게 사전통지를 하지 않거나 의견진술(의견청취)**의 기회를 주지 아니하였다면 위 진급낙천처분이 위법한지 논하시오.** [40점]

(▶ 군인사법령 등에는 진급낙천처분을 함에 있어 사전통지나 의견제출에 관한 별도규정은 없음)

[물음1] 원고 乙에게 내려진 진급낙천처분의 경우도 행정절차법상 적용범위인지 서술하시오. [10점]

[물음2] '물음1'의 결과에 따라 진급낙천처분을 함에 있어 사전통지나 의견제출 기회를 주지 않은 경우 처분의 효력에 대하여 논하시오. [30점]

[물음 1]

① 서

'군인공무원의 진급낙천처분'은 행정절차법 제3조(적용범위) 제2항 제9호의 규정에 따르면 공무원 인사관계 법령에 따른 불이익처분으로 그 전부에 대하여 행정절차법 적용배제에 해당되어 사전통지나 의견제출절차를 거칠 필요가 없는지 알아보도록 하겠다.

② 행정절차법 적용 여부(판례)

판례에 따르면 "행정과정에 대한 국민의 참여와 행정의 공정성, 투명성 및 신뢰성을 확보하고 국민의 권익을 보호함을 목적으로 하는 행정절차법의 입법목적과 **행정절차법 제3조 제2항 제9호의 규정 내용** 등에 비추어 보면, **공무원 인사관계 법령에 의한 처분에 관한 사항 전부에 대하여 행정절차법의 적용이 배제되는 것이 아니라 ① 성질상 행정절차를 거치기 곤란하거나 불필요하다고 인정되는 처분이나 ② 별도로 행정절차에 준하는 절차를 거치도록 하는 규정이 있는 경우** 행정절차법의 적용이 배제된다."고 판시하였다.

Ⓘ 결

원고 乙에게 내려진 甲국방장관의 직급낙천처분의 경우에 **군인사법령 등에 행정절차에 준하는 절차(사전통지, 의견제출)가 없으므로** 행정절차법이 적용되어야 할 것이다.

[물음 2]

Ⓘ 서

물음1'의 경우에는 행정절차법이 적용되어야 하고 원고에게 의무를 부과하거나 권익을 제한하는 처분이었음에도 불구하고 사전통지를 하지 않거나, 의견제출의 기회를 주지 않는 등 절차적 하자가 있는 경우 '진급낙천처분'의 독자적인 위법성의 사유가 되는지 문제되는 바, 아래에서 침해적 처분 시 갖추어야 할 절차적 요건과 절차 하자 시 처분의 효과에 대하여 논하겠다.

Ⓘ 처분의 사전통지

1. 예외사유

① 공공의 안전 또는 복리를 위하여 긴급히 처분을 할 필요가 있는 경우, ② 법령등에서 반드시 일정한 처분을 하여야 하는 경우에 그 사실이 법원의 재판 등에 의하여 객관적으로 증명된 때, ③ 처분의 성질상 의견청취가 현저히 곤란하거나 명백히 불필요하다고 인정될 만한 상당한 이유가 있는 경우는 면제사항이다. ④ 제21조 제4항에 따라 사전통지를 하지 아니하는 경우 행정청은 처분을 할 때 당사자등에게 통지를 하지 아니한 사유를 알려야 한다. 다만, 신속한 처분이 필요한 경우에는 처분 후 그 사유를 알릴 수 있다.

2. 사전통지사항

① 처분의 제목, ② 당사자의 성명 또는 명칭과 주소, ③ 의견제출기관의 명칭과 주소, ④ 의견제출기한 등을 당사자등에게 사전통지하여야 한다.

3. 사전통지기간

① 의견제출은 상당한 기간을 주어야 하며 ② 청문은 시작되는 날부터 10일 전까지 통지하여야 한다. ③ 공청회는 개최 14일 전까지 당사자등에게 통지하고 일간신문 등에 공고하는 등의 방법으로 널리 알려야 한다.

(Ⅲ) 의견청취(진술)절차(의/요/예/절)

1. 의의

(1) 의견제출

"행정청이 어떠한 행정작용을 하기에 앞서 당사자등이 의견을 제시하는 절차로서 청문이나 공청회에 해당하지 아니하는 절차"를 말한다.

(2) 청문

"행정청이 어떠한 처분을 하기에 앞서 당사자등의 의견을 직접 듣고 증거를 조사하는 절차"를 말한다.

(3) 공청회

"행정청이 공개적인 토론을 통하여 어떠한 행정작용에 대하여 당사자등, 전문지식과 경험을 가진 자, 기타 일반행정인으로부터 의견을 널리 수렴하는 절차"를 말한다.

2. 요건

(1) 청문

다음 어느 하나에 해당하는 경우에는 청문을 실시하도록 하고 있다(「행정절차법」 제22조 제1항).
1) 다른 법령등에서 청문을 하도록 규정하고 있는 경우
2) 행정청이 필요하다고 인정하는 경우
3) 다음 각 사항의 처분 시
   ① 인허가 등의 취소
   ② 신분·자격의 박탈
   ③ 법인이나 조합 등의 설립허가의 취소

(2) 공청회

1) 다른 법령등에서 공청회를 개최하도록 규정하고 있는 경우
2) 해당 처분의 영향이 광범위하여 널리 의견을 수렴할 필요가 있다고 행정청이 인정하는 경우
3) 국민생활에 큰 영향을 미치는 처분으로서 대통령령으로 정하는 처분에 대하여 대통령령으로 정하는 수(30명) 이상의 당사자등이 공청회 개최를 요구하는 경우

(3) 의견제출

행정청이 당사자에게 의무를 부과하거나 권익을 제한하는 처분을 할 때 청문, 공청회 외에는 당사자등에게 의견제출의 기회를 주어야 한다.

3. 예외사유

「행정절차법」 제21조 제4항 각 호인 사전통지의 예외사유와 당사자가 의견진술의 기회를 포기한다는 뜻을 명백히 표시한 경우에는 의견청취를 아니할 수 있다.

4. 절차

(1) 의견제출

서면이나 말 또는 정보통신망을 이용하여 의견제출을 할 수 있다.

(2) 청문

행정청은 청문이 시작되는 날부터 7일 전까지 청문 주재자에게 청문관련 자료를 미리 통지하여야 하고 당사자에게는 10일 전까지 미리 통지하여야 한다.

(3) 공청회

공청회 개최 14일 전까지 ① 제목, ② 일시 및 장소 등을 인터넷 홈페이지 등에 공고하는 방법으로 널리 알려야 한다.

Ⅳ 절차상 하자의 치유가능성

판례는 절차상 하자의 치유가 인정되는 시기는 행정쟁송의 제기 전에 한하여 치유가 가능하다고 판시하였다.

Ⓥ 절차상 하자의 독자적 위법사유 인정 여부

1. 학설

(1) 소극설

절차상 하자만을 이유로 하여서는 취소할 수 없고, 내용상 하자가 있어야 취소할 수 있다는 견해이다.

(2) 적극설

절차상 하자만을 이유로 취소할 수 있다는 견해이다.

(3) 절충설

기속행위의 경우에는 절차의 하자로 취소할 수 없고, 재량행위에 있어서는 행정청은 기본 처분과 다른 처분을 할 수도 있으므로 절차상의 하자로 취소할 수 있다는 견해이다.

2. 판례

판례는 재량행위뿐만 아니라 기속행위에 있어서도 적극설을 취하고 있다.
절차적 요건을 갖추지 못한 공정거래위원회의 시정조치 또는 과징금납부명령은 설령 실체법적 사유를 갖추고 있다고 하더라도 위법하여 취소를 면할 수 없다.

3. 검토

현행 「행정소송법」이 절차의 위법을 이유로 한 취소판결을 인정하고 있으므로 절차중시행정을 유도하는 것이 타당하므로 적극설이 타당하다고 본다.

Ⅵ 결

(1) 관련판례

<진급낙천처분취소> 판례에 따르면 진급예정자명단에 포함된 자에 대하여 의견제출(의견진술)의 기회를 부여하지 아니한 채 진급선발을 취소하는 처분을 한 것은 절차상 하자가 있어 위법하다고 판시하였다.

(2) 사례적용

위 사례에서 '진급낙천처분', 즉 의무를 부과하거나 권익을 제한하는 처분 시 사전통지, 의견진술(의견청취)의 기회를 주지 않은 절차적 하자는 처분의 독자적 위법사유가 되므로 해당 처분은 위법하게 된다.

11 [사례문제]

S구청장 甲이 원고인 乙에게 원상복구할 의무를 부과하는 '위반건축물 1차 시정명령 및 계고처분'을 하면서 사전통지를 하지 아니하고 또 의견제출의 기회를 주지 아니한 위 처분의 효력에 대하여 논하시오. [40점]

Ⅰ 서

원고에게 의무를 부과하거나 권익을 제한하는 처분이었음에도 불구하고 사전통지를 하지 않거나, 의견제출의 기회를 주지 않는 등 절차적 하자가 있는 경우 '위반건축물 1차 시정명령 및 계고처분'의 독자적인 위법성의 사유가 되는지 문제되는바, 아래에서 침해적 처분 시 갖추어야 할 절차적 요건과 절차상 하자 시 처분의 효과에 대하여 논하겠다.

Ⅱ 처분의 사전통지

1. 예외사유

① 공공의 안전 또는 복리를 위하여 긴급히 처분을 할 필요가 있는 경우, ② 법령등에서 반드시 일정한 처분을 하여야 하는 경우에 그 사실이 법원의 재판 등에 의하여 객관적으로 증명된 때, ③ 처분의 성질상 의견청취가 현저히 곤란하거나 명백히 불필요하다고 인정될 만한 상당한 이유가 있는 경우는 예외사항이다.

2. 사전통지사항

① 처분의 제목, ② 당사자의 성명 또는 명칭과 주소, ③ 의견제출기관의 명칭과 주소, ④ 의견제출기한 등을 당사자등에게 사전통지하여야 한다.

3. 사전통지기간

① 의견제출은 상당한 기간을 주어야 하며, ② 청문은 시작되는 날부터 10일 전까지 통지하여야 한다. ③ 공청회는 개최 14일 전까지 당사자등에게 통지하고 일간신문 등에 공고하는 등의 방법으로 널리 알려야 한다.

Ⅲ 의견제출절차(의/요/예/절)

1. 의의

"행정청이 어떠한 행정작용을 하기에 앞서 당사자등이 의견을 제시하는 절차로서 청문이나 공청회에 해당하지 아니하는 절차"를 말한다.

2. 요건

행정청이 당사자에게 의무를 부과하거나 권익을 제한하는 처분을 할 때 청문, 공청회 외에는 당사자등에게 의견제출의 기회를 주어야 한다.

3. 예외사유

「행정절차법」 제21조 제4항 각 호인 사전통지의 예외사유와 당사자가 의견진술의 기회를 포기한다는 뜻을 명백히 표시한 경우에는 의견청취를 아니할 수 있다.

4. 절차

① 의견을 제출할 수 있는 자는 당사자등이다.
② 의견제출방식은 서면이나 말 또는 정보통신망을 이용하여 의견제출을 할 수 있고 증거자료 등을 첨부할 수 있다.
③ 당사자등이 정당한 이유 없이 의견제출기한까지 의견제출을 하지 아니한 경우에는 의견이 없는 것으로 본다.

Ⅳ 절차상 하자의 치유가능성

판례는 절차상 하자의 치유가 인정되는 시기는 행정쟁송의 제기 전에 한하여 치유가 가능하다고 판시하였다.

Ⅴ 절차상 하자의 독자적 위법사유 인정 여부

1. 학설

(1) 소극설

절차상 하자만을 이유로 하여서는 취소할 수 없고, 내용상 하자가 있어야 취소할 수 있다는 견해이다.

(2) 적극설

절차상 하자만을 이유로 취소할 수 있다는 견해이다.

(3) 절충설

기속행위의 경우에는 절차의 하자로 취소할 수 없고, 재량행위에 있어서는 행정청은 기본처분과 다른 처분을 할 수도 있으므로 절차상의 하자로 취소할 수 있다는 견해이다.

2. 판례

판례는 재량행위뿐만 아니라 기속행위에 있어서도 적극설을 취하고 있다.
절차적 요건을 갖추지 못한 공정거래위원회의 시정조치 또는 과징금납부명령은 설령 실체법적 사유를 갖추고 있다고 하더라도 위법하여 취소를 면할 수 없다.

3. 검토

현행 「행정소송법」이 절차의 위법을 이유로 한 취소판결을 인정하고 있으므로 절차중시행정을 유도하는 것이 타당하므로 적극설이 타당하다고 본다.

Ⅵ 결

위 사례에서 '위반건축물 1차 시정명령 및 계고처분', 즉 의무를 부과하거나 권익을 제한하는 처분 시 사전통지, 의견제출의 기회를 주지 않은 절차적 하자는 처분의 독자적 위법사유가 되므로, 해당 처분은 위법하게 된다.

12 [사례문제]

甲구청장은 乙의 위반사항을 적발하여 乙의 영업허가를 취소하고자 한다. 청문을 거치지 않은 절차상 하자가 영업허가취소처분을 위법하게 만드는지 논하시오. [40점]

Ⓘ 의의

청문은 행정청이 어떠한 처분을 하기에 앞서 당사자등의 의견을 직접 듣고 증거를 조사하는 절차를 말하는데 침익적 처분을 함에 있어서 청문절차의 하자가 해당 처분의 독자적인 위법성의 사유가 되는지 문제되는바, 아래에서 자세히 논하도록 하겠다.

Ⅱ 적용범위

다음 어느 하나에 해당하는 경우에는 청문을 실시하도록 하고 있다(행정절차법 제22조 제1항).
1. 다른 법령등에서 청문을 하도록 규정하고 있는 경우
2. 행정청이 필요하다고 인정하는 경우
3. 다음 각 사항의 처분 시
   ① 인허가 등의 취소
   ② 신분·자격의 박탈
   ③ 법인이나 조합 등의 설립허가의 취소

Ⅲ 예외사유

① 공공의 안전 또는 복리를 위하여 긴급히 처분을 할 필요가 있는 경우, ② 법령등에서 반드시 일정한 처분을 하여야 하는 경우에 그 사실이 법원의 재판 등에 의하여 객관적으로 증명된 때, ③ 처분의 성질상 의견청취가 현저히 곤란하거나 명백히 불필요하다고 인정될 만한 상당한 이유가 있는 경우와 당사자가 의견진술의 기회를 포기한다는 뜻을 명백히 표시한 경우에는 의견청취를 아니할 수 있다.

Ⓝ 청문절차

1. 청문 주재자

(1) 청문은 행정청이 소속 직원 또는 대통령령으로 정하는 자격을 가진 사람 중에서 선정하는 사람이 주재하되, 행정청은 청문 주재자의 선정이 공정하게 이루어지도록 노력하여야 한다.

(2) 행정청은 다음의 처분을 하려는 경우에는 청문주재자를 2명 이상으로 선정할 수 있다. 이 경우 선정된 청문주재자 중 1명이 청문주재자를 대표한다.
  ① 다수의 국민의 이해가 상충되는 처분
  ② 다수 국민에게 불편이나 부담을 주는 처분
  ③ 그 밖에 전문적이고 공정한 청문을 위하여 행정청이 청문주재자를 2명 이상으로 선정할 필요가 있다고 인정하는 처분

(3) 행정청은 청문이 시작되는 날부터 7일 전까지 청문 주재자에게 청문과 관련한 필요한 자료를 미리 통지하여야 한다. 당사자에게는 10일 전까지 알려야 한다.

2. 의견반영

행정청은 처분을 함에 있어서 청문조서, 청문 주재자의 의견서, 그 밖의 관계 서류 등을 충분히 검토하고 상당한 이유가 있다고 인정하는 경우에는 청문결과를 반영하여야 한다.

Ⓥ 관련판례

특히 대법원 판례는 제21조 제4항 제3호의 예외사유인 "당해 처분의 성질상 의견청취가 현저히 곤란하거나 명백히 불필요하다고 인정할 만한 상당한 이유가 있는 경우"와 관련하여, 이는 당해 처분의 성질에 비추어 판단하여야 하는 것이므로, 청문통지서가 반송되었거나 상대방이 청문일시에 불출석하였다는 이유로 청문을 실시하지 않고 한 침해적 행정처분은 위법하다고 판시한 바 있다.

Ⓥ 절차상 하자의 치유가능성

판례는 절차상 하자의 치유가 인정되는 시기는 행정쟁송의 제기 전에 한하여 치유가 가능하다고 판시하였다.

Ⅶ 절차상 하자의 독자적 위법사유 인정 여부

1. 학설

(1) 소극설

절차상 하자만을 이유로 하여서는 취소할 수 없고, 내용상 하자가 있어야 취소할 수 있다는 견해이다.

(2) 적극설

절차상 하자만을 이유로 취소할 수 있다는 견해이다.

(3) 절충설

기속행위의 경우에는 절차의 하자로 취소할 수 없고, 재량행위에 있어서는 행정청은 기본 처분과 다른 처분을 할 수도 있으므로 절차상의 하자로 취소할 수 있다는 견해이다.

2. 판례

판례는 재량행위뿐만 아니라 기속행위에 있어서도 적극설을 취하고 있다.
절차적 요건을 갖추지 못한 공정거래위원회의 시정조치 또는 과징금납부명령은 설령 실체법적 사유를 갖추고 있다고 하더라도 위법하여 취소를 면할 수 없다.

3. 검토

현행 「행정소송법」이 절차의 위법을 이유로 한 취소판결을 인정하고 있으므로 절차중시행정을 유도하는 것이 타당하므로 적극설이 타당하다고 본다.

Ⅷ 결

1. 청문은 당사자의 불이익이 행정청의 부담보다 과중한 경우로 행정청의 부담과 개인의 권익을 비교형량하여 적법절차의 원칙을 지켜야 할 것이다.
2. 적법절차의 원칙상 정식청문절차가 요구됨에도 정식청문절차를 거치지 않은 경우는 절차 상 하자가 있어 위법하다.
3. 따라서 침해적 처분 시 청문실시의 예외사유에 해당하지 않는 한 청문의 기회를 주지 않은 절차적 하자는 영업허가취소처분을 위법하게 만든다.

참조 행정절차의 헌법적 근거

I. 적법절차의 원칙

적법절차(適法節次)의 원칙이라 함은 국가권력이 개인의 권익을 제한하는 경우에는 개인의 권익을 보호하기 위한 적정한 절차를 거쳐야 한다는 원칙을 말한다. 적법절차는 상이한 두 내용, 즉 실체적 적법절차(국가작용의 내용도 합리성과 정당성을 갖추어야 한다는 것)와 절차적 적법절차를 포함하는데, 그 중심은 절차적 적법절차이다.

II. 적법절차의 원칙과 행정절차

적법절차의 원칙은 형사절차상의 영역에 한정되지 않고 입법, 행정 등 국가의 모든 공권력의 작용에도 적용된다(헌재 1992.12.24, 92헌가8[형사소송법 제331조 단서규정에 대한 위헌심판]).

행정절차상의 적법절차의 내용은 형사절차상의 적법절차의 그것과 같을 수는 없다. 적법절차의 내용은 일률적으로 정해지는 것이 아니고 개별적 사안마다 적정한 절차가 결정되는 유동적(flexible)인 것이다. 특정 사안에서 적정한 절차가 무엇인가를 판단함에 있어서는 공권력 행사에 의해 침해될 개인의 권익의 종류, 침해의 강도, 사후권리구제제도, 행정의 필요 등 공익을 고려하여야 한다.

적법절차는 헌법적 효력을 가지며 행정절차에도 적용되므로 만약 절차규정이 없는 경우 또는 절차규정이 적법절차의 원칙에 반하는 경우 적법절차의 원칙이 직접 적용되어 적법절차에 따르지 않은 행정처분은 절차상 위법하게 된다.

예를 들면, 허가의 취소에 있어 적법절차의 원칙상 정식청문절차가 요구됨에도 정식청문절차를 정하는 개별법 규정이 없어 정식청문절차를 거치지 않고 의견제출의 기회만 주었다면 해당 허가취소는 절차상 하자가 있다.

13 [사례문제]

丙세무서장은 甲에 대한 주류도매업면허를 취소하면서 "귀사의 주류도매업면허를 취소한다"라고만 통지하였고, 丙세무서장의 통지내용에는 구체적 이유제시가 행해지지 않았다. 이러한 이유제시의무의 하자(흠결)가 해당 처분을 위법하게 하는지 논하시오. [40점]

Ⓘ 서

이유제시(理由提示)라 함은 행정청이 처분을 함에 있어 당사자에게 처분의 근거와 이유를 제시하는 것을 말한다. 침익적 처분을 함에 있어서 이유제시의 하자가 해당 처분의 독자적인 위법성의 사유가 되는지 문제되는바, 아래에서 자세히 논하도록 하겠다.

Ⓘ 필요성(기능)

① 행정이 보다 신중하고 공정하게 행해지도록 하기 위한 것이고, ② 상대방이 처분에 대하여 쟁송을 제기하고자 하는 경우 쟁송제기 여부의 판단 및 쟁송준비에 편의를 제공하기 위한 것이다.

Ⓘ 예외(제23조)

① 긴급히 처분을 할 필요가 있는 경우, ② 신청내용을 모두 그대로 인정하는 처분인 경우, ③ 단순·반복적인 처분 또는 경미한 처분으로서 당사자가 그 이유를 명백히 알 수 있는 경우는 이유제시를 생략할 수 있다. 다만, ①, ③은 처분 후 당사자가 요청하는 경우에는 근거와 이유를 제시하여야 한다.

Ⓘ 이유제시의무의 내용

행정청은 처분의 주된 법적 근거 및 사실상의 사유를 구체적으로 제시하여야 한다. 추상적으로만 제시된 경우는 이유제시의무를 이행한 것이 되지 않는다.

Ⅴ 이유제시의 하자와 치유

이유제시의 하자를 포함한 절차의 하자를 판례는 독립된 취소사유로 보고 있고 치유가 인정되는 시기는 행정쟁송의 제기 전에 한하여 치유가 가능한 것으로 보아야 할 것이다.

Ⅵ 관련판례

<주류도매업면허의 취소처분의 판례>에 의하면 처분근거와 위반사실의 적시를 빠뜨린 하자, 즉 "지정조건위반으로 주류판매면허를 취소합니다"라고만 되어 있다면 이 사건 면허취소처분은 위법하다고 판시하였다.

Ⅶ 절차상 하자의 치유가능성

판례는 절차상 하자의 치유가 인정되는 시기는 행정쟁송의 제기 전에 한하여 치유가 가능하다고 판시하였다.

Ⅷ 절차상 하자의 독자적 위법사유 인정 여부

1. 학설

(1) 소극설

절차상 하자만을 이유로 하여서는 취소할 수 없고, 내용상 하자가 있어야 취소할 수 있다는 견해이다.

(2) 적극설

절차상 하자만을 이유로 취소할 수 있다는 견해이다.

(3) 절충설

기속행위의 경우에는 절차의 하자로 취소할 수 없고, 재량행위에 있어서는 행정청은 기본처분과 다른 처분을 할 수도 있으므로 절차상의 하자로 취소할 수 있다는 견해이다.

2. 판례

판례는 재량행위뿐만 아니라 기속행위에 있어서도 적극설을 취하고 있다.

절차적 요건을 갖추지 못한 공정거래위원회의 시정조치 또는 과징금납부명령은 설령 실체법적 사유를 갖추고 있다고 하더라도 위법하여 취소를 면할 수 없다(대판 2001.5.8, 2000두10212[시정명령 등 취소]).

3. 검토

현행 「행정소송법」이 절차의 위법을 이유로 한 취소판결을 인정하고 있으므로 절차중시행정을 유도하는 것이 타당하므로 적극설이 타당하다고 본다.

Ⅸ 결

丙세무서장이 한 주류도매업면허취소처분은 「행정절차법」 제23조 이유제시의 예외사유에 해당하지 않으므로, 이유제시를 하여야 하고, 이유제시의 정도는 구체적으로 기재해야 함에도 불구하고, 甲에 대한 사안과 같은 구체적이지 못한 통지는 적법한 이유제시로 볼 수 없다. 따라서 이유제시의 하자만으로도 처분의 독자적 위법사유가 되므로, 위 면허취소처분은 위법하게 된다.

14 [사례문제]

행정청이 침해적 행정처분을 하면서 당사자에게 「행정절차법」상의 사전통지를 하지 않거나 의견청취를 하지 아니한 경우, 그 처분이 위법한 것인지 논하시오. [40점]

Ⅰ 서

침해적 처분을 함에 사전통지를 하지 않거나, 의견제출의 기회를 주지 않는 등 절차적 하자가 있는 경우 해당 처분의 독자적인 위법성의 사유가 되는지 문제되는바, 아래에서 자세히 논하도록 하겠다.

Ⅱ 처분의 사전통지(事前通知)

1. 의의

사전통지란 의견청취의 전치절차로서, 행정청이 당사자에게 의무를 부과하거나 권익을 제한하는 처분을 하는 경우에 당사자에게 처분의 제목, 의견제출기한 등 일정한 사항을 통지함으로써, 당사자의 처분절차에의 참여를 보장하기 위한 절차상 적법요건을 말한다.

2. 사전통지의무의 예외사유

① 공공의 안전 또는 복리를 위하여 긴급히 처분을 할 필요가 있는 경우, ② 법령등에서 요구된 자격이 없거나 없어지게 되면 반드시 일정한 처분을 하여야 하는 경우에 그 자격이 없거나 없어지게 된 사실이 법원의 재판 등에 의하여 객관적으로 증명된 때, ③ 당해 처분의 성질상 의견청취가 현저히 곤란하거나 명백히 불필요하다고 인정될 만한 상당한 이유가 있는 경우는 면제사항이며 사전통지는 의견청취의 전치절차이므로 사전통지의무가 면제되는 경우는 의견청취의무도 면제된다(행정절차법 제21조 제4항 각 호).

Ⅲ 의견청취(진술)절차

1. 의의

(1) 의견제출

"행정청이 어떠한 행정작용을 하기에 앞서 당사자등이 의견을 제시하는 절차로서 청문이나 공청회에 해당하지 아니하는 절차"를 말한다.

(2) 청문

"행정청이 어떠한 처분을 하기에 앞서 당사자등의 의견을 직접 듣고 증거를 조사하는 절차"를 말한다.

(3) 공청회

"행정청이 공개적인 토론을 통하여 어떠한 행정작용에 대하여 당사자등, 전문지식과 경험을 가진 자, 기타 일반행정인으로부터 의견을 널리 수렴하는 절차"를 말한다.

2. 요건

(1) 청문

「행정절차법」은 다음 어느 하나에 해당하는 경우에는 청문을 실시하도록 하고 있다(행정절차법 제22조 제1항).

1) 다른 법령등에서 청문을 하도록 규정하고 있는 경우
2) 행정청이 필요하다고 인정하는 경우
3) 다음 각 사항의 처분 시
   ① 인허가 등의 취소
   ② 신분·자격의 박탈
   ③ 법인이나 조합 등의 설립허가의 취소

(2) 공청회

1) 다른 법령등에서 공청회를 개최하도록 규정하고 있는 경우
2) 해당 처분의 영향이 광범위하여 널리 의견을 수렴할 필요가 있다고 행정청이 인정하는 경우
3) 국민생활에 큰 영향을 미치는 처분으로서 대통령령으로 정하는 처분에 대하여 대통령령으로 정하는 수(30명) 이상의 당사자등이 공청회 개최를 요구하는 경우

(3) 의견제출

행정청이 당사자에게 의무를 부과하거나 권익을 제한하는 처분을 할 때 청문, 공청회 외에는 당사자등에게 의견제출의 기회를 주어야 한다.

3. 예외사유

「행정절차법」 제21조 제4항 각 호인 사전통지의 예외사유와 당사자가 의견진술의 기회를 포기한다는 뜻을 명백히 표시한 경우에는 의견청취를 아니할 수 있다.

4. 절차

(1) 의견제출

서면이나 말 또는 정보통신망을 이용하여 의견제출을 할 수 있다.

(2) 청문

행정청은 청문이 시작되는 날부터 7일 전까지 청문 주재자에게 청문관련 자료를 미리 통지하여야 하고 당사자에게는 10일 전까지 미리 통지하여야 한다.

(3) 공청회

공청회 개최 14일 전까지 ① 제목, ② 일시 및 장소 등을 인터넷 홈페이지 등에 공고하는 방법으로 널리 알려야 한다.

Ⅳ 절차상 하자의 독자적 위법사유 인정 여부

1. 학설

(1) 소극설

절차상 하자만을 이유로 하여서는 취소할 수 없고, 내용상 하자가 있어야 취소할 수 있다는 견해이다.

(2) 적극설

절차상 하자만을 이유로 취소할 수 있다는 견해이다.

(3) 절충설

기속행위의 경우에는 절차의 하자로 취소할 수 없고, 재량행위에 있어서는 행정청은 기본처분과 다른 처분을 할 수도 있으므로 절차상의 하자로 취소할 수 있다는 견해이다.

2. 판례

판례는 재량행위뿐만 아니라 기속행위에 있어서도 적극설을 취하고 있다.

절차적 요건을 갖추지 못한 공정거래위원회의 시정조치 또는 과징금납부명령은 설령 실체법적 사유를 갖추고 있다고 하더라도 위법하여 취소를 면할 수 없다(대판 2001.5.8, 2000두10212[시정명령 등 취소]).

3. 검토

현행 「행정소송법」이 절차의 위법을 이유로 한 취소판결을 인정하고 있으므로(행정소송법 제30조 제3항) 현행법상 소극설은 타당하지 않다.

행정기관의 절차경시의 사고가 강한 현재의 상황하에서 절차의 하자를 독립된 취소사유로 봄으로써 절차중시행정을 유도하는 것이 타당하므로 적극설이 타당하다고 본다.

Ⓥ 결

1. 행정청의 부담과 개인의 권익을 비교형량하여 적법절차의 원칙을 지켜야 할 것이다.
2. 적법절차의 원칙에 반하는 경우 적법절차의 원칙이 직접 적용되어 적법절차에 따르지 않은 행정처분은 절차상 위법하게 된다. 예를 들어 적법절차의 원칙상 정식청문절차가 요구됨에도 정식청문절차를 거치지 않고 의견제출의 기회만 주었다면 절차상 하자가 있어 위법하다.
3. 따라서 침해적 처분 시 사전통지, 의견제출의 기회를 주지 않은 절차적 하자는 처분의 독자적 위법사유가 되므로, 해당 처분은 위법하게 되고, 그 위법성의 정도에 따라 무효, 취소의 사유에 해당된다.

15 [사례문제 : 18년도 국가공무원 5급(행정) 공개경쟁채용 제2차 시험]

甲은 2009.9.1. 징역 10개월에 집행유예 2년을 선고받아 그 형이 확정되었다. 행정청 乙은 甲이 임용결격자임을 밝혀내지 못한 채 2013.5.1. 7급 국가공무원 시보로 임용하였고 그로부터 6개월 후인 2013.11.1. 정규 공무원으로 임용하였다. 다음 물음에 답하시오.

[물음] 그 후 乙은 시보임용처분 당시 甲에게 공무원임용 결격사유가 있었음을 확인하고는 甲에 대하여 시보임용처분을 취소하고, 그에 따라 정규임용처분도 취소하였다. 乙이 정규임용처분의 취소처분 시 甲에게 사전통지를 하지 않거나 의견제출의 기회를 주지 아니하였다면, 위 정규임용처분의 취소처분은 적법한지에 대해 설명하시오. [40점]

* 국가공무원법 제33조(결격사유) : 다음 각 호의 어느 하나에 해당하는 자는 공무원으로 임용될 수 없다.
4. 금고 이상의 형을 선고받고 그 집행유예기간이 끝난 날부터 2년이 지나지 아니한 자

Ⅰ 서

정규직공무원으로 임용된 甲에게 시보임용처분 당시 국가공무원법에 정한 공무원임용 결격사유가 있어 시보임용처분을 취소하고 그에 따라 정규임용처분을 취소하는 경우, 즉 정규임용취소처분 시 사전통지하지 않거나 의견제출의 기회를 주지 아니하였을 때 그 처분이 적법한지 논하겠다.

Ⅱ 처분의 사전통지

1. 예외사유

① 공공의 안전 또는 복리를 위하여 긴급히 처분을 할 필요가 있는 경우, ② 법령등에서 반드시 일정한 처분을 하여야 하는 경우에 그 사실이 법원의 재판 등에 의하여 객관적으로 증명된 때, ③ 처분의 성질상 의견청취가 현저히 곤란하거나 명백히 불필요하다고 인정될 만한 상당한 이유가 있는 경우는 예외사항이다.

2. 사전통지사항

① 처분의 제목 ② 당사자의 성명 또는 명칭과 주소 ③ 의견제출기관의 명칭과 주소 ④ 의견 제출기한 등을 당사자등에게 사전통지하여야 한다.

3. 사전통지기간

① 의견제출은 상당한 기간을 주어야 하며 ② 청문은 시작되는 날부터 10일 전까지 통지하여 야 한다. ③ 공청회는 개최 14일 전까지 당사자등에게 통지하고 일간신문 등에 공고하는 등의 방법으로 널리 알려야 한다.

Ⅲ 의견제출절차(의/요/예/절)

1. 의의

"행정청이 어떠한 행정작용을 하기에 앞서 당사자등이 의견을 제시하는 절차로서 청문이나 공청회에 해당하지 아니하는 절차"를 말한다.

2. 요건

행정청이 당사자에게 의무를 부과하거나 권익을 제한하는 처분을 할 때 청문, 공청회 외에는 당사자등에게 의견제출의 기회를 주어야 한다.

3. 예외사유

행정절차법 제21조 제4항 각 호인 사전통지의 예외사유와 당사자가 의견진술의 기회를 포기 한다는 뜻을 명백히 표시한 경우에는 의견청취를 아니할 수 있다.

4. 절차

① 의견을 제출할 수 있는 자는 당사자등이다.
② 의견제출방식은 서면이나 말 또는 정보통신망을 이용하여 의견제출을 할 수 있고 증거자 료 등을 첨부할 수 있다.
③ 당사자등이 정당한 이유 없이 의견제출기한까지 의견제출을 하지 아니한 경우에는 의견 이 없는 것으로 본다.

Ⓥ 절차상 하자의 치유가능성

판례는 절차상 하자가 인정되는 시기는 행정쟁송의 제기 전에 한하여 치유가 가능하다고 판시하였다.

Ⓥ 절차상 하자의 독자적 위법사유 인정 여부

1. 학설

(1) 소극설

절차상 하자만을 이유로 하여서는 취소할 수 없고, 내용상 하자가 있어야 취소할 수 있다는 견해이다.

(2) 적극설

절차상 하자만을 이유로 취소할 수 있다는 견해이다.

(3) 절충설

기속행위의 경우에는 절차의 하자로 취소할 수 없고, 재량행위에 있어서는 행정청은 기본처분과 다른 처분을 할 수도 있으므로 절차상의 하자로 취소할 수 있다는 견해이다.

2. 판례

판례는 재량행위뿐만 아니라 기속행위에 있어서도 적극설을 취하고 있다.

절차적 요건을 갖추지 못한 공정거래위원회의 시정조치 또는 과징금납부명령은 설령 실체법적 사유를 갖추고 있다고 하더라도 위법하여 취소를 면할 수 없다.

3. 검토

현행 행정소송법이 절차의 위법을 이유로 한 취소판결을 인정하고 있으므로 절차중시행정을 유도하는 것이 타당하므로 적극설이 타당하다고 본다.

Ⅵ 결

위 사례에서 '정규임용취소처분'을 함에 있어 국가공무원법상 공무원 결격사유가 있어 당연 무효인 이 사건 시보임용처분과는 달리 위 시보임용처분의 무효로 인하여 시보공무원으로서 의 경력을 갖추지 못하였다는 이유만으로 위 결격사유가 해소된 후에 한 별도의 정규임용취 소처분이어서 행정절차법 제21조 제4항 및 제22조 제4항에 따라 甲에게 사전통지를 하지 않 거나 의견제출의 기회를 주지 아니하여도 되는 예외적인 경우에 해당한다고 할 수 없어 위 정규임용처분의 취소처분은 위법하다(대법원 2009.1.30. 선고 2008두16155 판결).

16 [03년 외무고시]

행정절차법 제17조에 의한 '신청'과 제40조에 의한 '신고'를 상호 비교하여 설명하시오. [40점]

Ⓘ 신청과 신고의 의의

행정절차법 제17조에 의한 신청이란 사인의 공법적 효과의 발생을 목적으로 행정청에 대하여 일정한 행위를 요구하기 위한 의사표시를 말하고, 동법 제40조의 신고란 사인이 공법적 효과의 발생을 목적으로 행정청에 대하여 일정한 사항을 알리는 행위를 말한다.

Ⓘ 신청과 신고의 법적 근거

동법 제17조에서 행정청에 대하여 처분을 구하는 신청에 대하여 법적 근거를 두고 있고, 동법 제40조에서는 법령 등에서 행정청에 대하여 일정한 사항을 통지함으로써 의무가 끝나는 신고를 규정하고 있는 경우에 대하여 그 근거를 두고 있다.

Ⓘ 신청과 신고의 법적 성질

행정법상 신청과 신고는 사인이 공법적 법률효과를 목적으로 행하는 것으로 사인의 공법행위에 해당함은 공통적이다. 그러나 행정절차법상 신청은 쌍방적 행위로서 행정청의 어떤 공법행위가 행하여지는 동기 또는 요건이 되는 데 그치고 그 자체로서 법률효과를 완성하지 못하는 행위요건적 공법행위인 반면에 (전형적)신고는 사인의 단독행위로서 신고 그 자체로서 법률효과를 완성하는 자체완결적 공법행위인 점에서 양자는 차이가 있다.

Ⓘ 행정절차법 제17조와 제40조의 내용

1. 적용대상

신청은 당해 처분에 대하여 신청권이 있는 경우에 한정된다. 신고는 행정청에 내용적 또는 구체적 요건에 대한 심사권한이 있는 경우, 즉 법령 등에서 행정청에 대하여 일정한 사항을 통지함으로써 의무가 끝나는 신고에 한정된다.

2. 신청의 요건

처분을 구하는 신청은 문서로 하여야 한다. 다만, 다른 법령 등에 특별한 규정이 있는 경우와 행정청이 미리 다른 방법을 정하여 공시한 경우에는 그러하지 아니하다(제17조 제1항). 신청을 전자문서로 하는 경우에는 행정청의 컴퓨터 등에 입력된 때에 신청한 것으로 본다(동조 제2항).

3. 신고의 요건

법령등에서 행정청에 대하여 일정한 사항을 통지함으로써 의무가 끝나는 신고는 신고서의 기재상에 하자 없어야 하고, 필요한 구비서류가 첨부되어야 하며, 기타 법령등에 규정된 형식 상의 요건에 적합하여야 한다(제40조 제2항).

Ⓥ 신청과 신고의 효과

1. 적법한 신청과 신고

(1) 적법한 요건을 갖춘 신청

행정청이 이를 접수한 후 일정한 요건에 충족하고 있는지를 심사, 인정하여 그 인용 또는 거부의 처분을 한다. 따라서 신청의 거부는 항고소송의 대상인 처분이 된다.

(2) 적법한 요건을 갖춘 신고

신고만 하면 그 효력이 발생하며 행정청의 수리처분 등 특단의 조치를 기다릴 필요가 없다. 신고는 그 자체로서 법적 절차가 완료되는바, 행정청의 처분이 개입될 여지가 없다.

2. 부적법한 신청과 신고

(1) 부적법한 신청

부적법한 신청의 경우에는 수리 거부의 요건이 되며 수리되었다고 하더라도 하자의 정도에 따라 취소하기까지는 행정행위의 공정력의 효력으로 유효로 인정될 수 있으며, 그 하자를 이유로 영업장폐쇄가 아니라 허가취소 등 직권취소를 할 수 있다.

(2) 부적법한 신고

부적법한 신고의 경우 그것을 접수하더라도 신고의 효과가 발생하지 않는다. 신고서에 형식요건의 불구비 시에는 보완을 요구해야 하며, 행정청은 그 신고의 수리자체를 거부할 수 없다. 신고는 단순한 사실로서의 행위에 불과하기 때문에 예를 들어, 요건미비의 부적법한 신고를 하고 신고영업행위 등을 한 경우에는 미신고의 불법행위 등이 되는 것으로 허가취소 등의 취소처분이 아니라 영업장폐쇄 등의 조치로 위법상태를 제거하면 된다.

공공기관의
정보공개에
관한 법률

Chapter

03 공공기관의 정보공개에 관한 법률

<공공기관의 정보공개에 관한 법률> 답안체계 및 기출분석

Ⅰ 서

1. 개념(의의)
2. 문제제기
3. 서술전개방향

Ⅱ 제1장 총칙(제1조~제4조)

1. 정의(제2조)★(공공기관 : 2017년 기출)
   ① 국가기관
      가. 국회, 법원, 헌법재판소, 중앙선관위
      나. 중앙행정기관 및 그 소속기관
      다. 「행정기관 소속 위원회의 설치·운영에 관한 법률」에 따른 위원회
   ② 지방자치단체
   ③ 「공공기관의 운영에 관한 법률」 제2조에 따른 공공기관
   ④ 지방공기업법에 따른 지방공사 및 지방공단
   ⑤ 그 밖에 대통령령으로 정하는 기관★(사립학교도 공공기관에 포함, 2022년 기출)

Ⅲ 제2장 정보공개 청구권자와 공공기관의 의무(제5조~제8조의2)

1. 정보공개청구권자(제5조)★(2017년, 2021년 기출)
2. 정보의 사전적 공개 등(제7조)
   ① 국민생활에 매우 큰 영향을 미치는 정책
   ② 국가시책 대규모 공사·예산 정보
   ③ 행정감시를 위하여 필요한 정보
   ④ 그 밖에 공공기관의 장이 정하는 정보

Ⅳ 제3장 정보공개의 절차(제9조~제16조)

1. 비공개 대상 정보(9조)★(2014년, 2021년 기출)
2. 정보공개의 청구방법(제10조) → 입증책임(개인정보처리자부담)
   ① 정보공개청구서 제출 or 말
   ② 말로 할 때는 정보공개 청구조서 작성하고 기명날인 or 서명
3. 정보공개 여부의 결정(제11조)★(2016년 기출, 20점)
   ① 청구를 받은 날로부터 10일 이내에 공개 여부를 결정
   ② 10일의 범위 내에서 연장 가능
   ③ 제3자와 관련이 있을 때는 제3자에게 지체없이 통지+의견청취

④ 이송 : 다른 기관이 보유관리
⑤ 민원처리(민원처리에 관한 법률)
　ⅰ) 공개청구된 정보가 공공기관이 보유하지 아니하는 정보
　ⅱ) 공개청구의 내용이 진정ㆍ질의 등으로 이 법에 따른 정보공개 청구로 보기 어려운 경우

3-1. 반복 청구 등의 처리(제11조의2)
① 종결처리 후 고지(정다/민다)
② 구분안내 후 종결처리(이미/수령×)

4. 정보공개심의회(제12조) : 5명 ~7명 / 외부전문가 2/3 위촉 / 국방, 수사, 보안 등(외부전문가 1/3 위촉)

(1) 이의신청이 있는 경우에는 심의회를 개최하여야 한다.

(2) 심의회 생략 가능한 경우 3가지
① 심의회 심의를 이미 거친 사항
② 단순ㆍ반복적인 청구
③ 법령에 따라 비밀로 규정된 정보에 대한 청구

5. 정보공개 여부 결정의 통지(제13조)

(1) 공개결정의 경우
공개 일시 및 장소를 청구인에게 통지

(2) 비공개결정의 경우
비공개 이유와 불복방법을 청구인에게 공개

6. 부분공개(제14조)★(2022년 기출)
비공개 대상 정보와 공개 가능한 부분이 혼합되어 있는 경우에는 비공개 대상정보를 제외하고 공개

7. 즉시 처리가 가능한 정보의 공개(제16조)
① 법령 등에 따라 공개 목적 정보
② 일반국민 홍보자료
③ 공개정보로 오랜 시간 걸리지 않는 정보

Ⅴ 제4장 불복 구제 절차(제18조~제21조)★(청구인의 불복 구제 절차 : 2018년 기출, 20점)

1. 이의신청(제18조)
청구인은 불복이 있는 때에는 정보공개 여부의 결정 통지를 받은 날 또는 정보공개청구 후 20일 경과한 날부터 30일 이내

2. 행정심판(제19조)
청구인은 처분을 알게 된 날로부터 90일, 있었던 날로부터 180일 이내에 공공기관의 결정에 대하여 불복이 있는 때에는 이의신청절차를 거치지 아니하고 행정심판을 청구할 수 있다.

3. 행정소송(제20조)
청구인은 처분을 안 날로부터 90일, 있은 날로부터 1년 이내에 공공기관의 결정에 대하여 불복이 있는 때에는 이의신청절차를 거치지 아니하고 행정소송을 청구할 수 있다.

4. 제3자의 비공개 요청 등(제21조)★(제3자의 권리보호 : 2020년 기출, 20점)
① 제3자는 3일 이내 비공개 요청권
② 제3자는 통지 받은 날부터 7일 이내 이의신청 및 행정심판ㆍ행정소송
③ 공개 결정일과 공개 실시일 사이에 최소 30일의 간격 필요

Ⅵ 제5장 정보공개위원회 등 : 7명~11명 / 외부전문가 7명 위촉

1. 정보공개위원회의 설치(제22조)
   ① 정보공개 정책 수립 및 제도 개선
   ② 정보공개에 관한 기준 수립
   ③ 공공기관의 정보공개 운영실태 평가

Ⅶ 결

1. 관련문제(판례)

2. 사안해결

01 「공공기관의 정보공개에 관한 법률」에서 '정보공개의 대상'에 대하여 서술하시오. [20점]

Ⅰ 정보공개의 대상

정보공개란 '공공기관이 보유·관리하는 정보'를 공개하는 것을 의미한다.

1. 공공기관

'공공기관'이라 함은 다음의 기관을 말한다.
(1) 국가기관
　　① 국회, 법원, 헌법재판소, 중앙선거관리위원회
　　② 중앙행정기관(대통령 소속 기관과 국무총리 소속 기관을 포함한다) 및 그 소속 기관
　　③ 「행정기관 소속 위원회의 설치·운영에 관한 법률」에 따른 위원회
(2) 지방자치단체
(3) 「공공기관의 운영에 관한 법률」 제2조에 따른 공공기관
(4) 지방공기업법에 따른 지방공사 및 지방공단
(5) 그 밖에 대통령령으로 정하는 기관(사립학교도 공공기관에 포함)

2. 보유·관리하는 정보

'정보'라 함은 공공기관이 직무상 작성 또는 취득하여 관리하고 있는 문서(전자문서를 포함한다) 및 전자매체를 비롯한 모든 형태의 매체 등에 기록된 사항을 말한다. 공개청구의 대상이 되는 문서가 반드시 원본일 필요는 없으며, 공개청구의 대상이 되는 정보는 공공기관이 '보유·관리하는 정보'에 한정된다.

현행 「정보공개법」에는 정보의 검색제공에 관한 규정이 없다. 기관의 업무수행에 큰 지장을 주지 않는 한도 내에서 국민이 원하는 경우 정보를 검색하여 제공하도록 하는 규정을 두어야 할 것이다.

3. 공개

'공개'란 공공기관이 법에 따라 정보를 열람하게 하거나 그 사본·복제물을 제공하는 것 또는 「전자정부법」에 따른 정보통신망(이하 '정보통신망'이라 한다)을 통하여 정보를 제공하는 것 등을 말한다.

⑪ 정보의 사전적 공개 등

공공기관은 아래의 어느 하나에 해당하는 정보에 대해서는 공개의 구체적 범위와 공개의 주기·시기 및 방법 등을 미리 정하여 정보통신망 등을 통해 알리고, 이에 따라 정기적으로 공개하여야 한다.

① 국민생활에 매우 큰 영향을 미치는 정책에 관한 정보
② 국가의 시책으로 시행하는 공사(工事) 등 대규모 예산이 투입되는 사업에 관한 정보
③ 예산집행의 내용과 사업평가 결과 등 행정감시를 위하여 필요한 정보
④ 그 밖에 공공기관의 장이 정하는 정보

💠 공개 · 비공개의 대상 정보

공개 대상 정보	비공개 대상 정보
① 교육공무원의 근무성적평정의 결과(2006두11910)	① 국가정보원이 직원에게 지급하는 현금급여 및 월초수당에 관한 정보(2010두14800)
② 2002학년도부터 2005학년도까지의 대학수학능력시험 원데이터(2007두9877)	② 대학수학능력시험 수험생의 원점수정보 중 수험생의 수험번호, 성명, 주민등록번호 등 인적사항(2009두6001)
③ 교도소의 근무보고서(2009두12785)	③ 2002년도 및 2003년도 국가수준 학업성취도평가자료(2007두9877)
④ 징벌위원회 회의록 중 재소자의 진술, 위원장 및 위원들과 재소자 사이의 문답 등 징벌절차 진행부분(2009두12785)	④ 보안관찰 관련 통계자료(2001두8254)
⑤ 교도소장이 재단법인 교정협회로 송금한 수익금 총액과 교도소장에게 배당된 수익금액 및 사용내역, 교도소직원회 수지에 관한 결산결과와 사업계획 및 예산서, 수용자 외부병원 이송진료와 관련한 이송진료자 수, 이송진료자의 진료내역별(치료, 검사, 수술) 현황, 이송진료자의 진료비 지급(예산지급, 자비부담) 현황, 이송진료자의 진료비총액 대비 예산지급액, 이송진료자의 병명별 현황, 수용자신문구독현황과 관련한 각 신문별 구독신청자 수 등에 관한 정보(2003두12707)	⑤ 징벌위원회 회의록 중 비공개심사 · 의결부분(2009두12785)
	⑥ 학교폭력대책자치위원회의 회의록(2010두2913)
	⑦ 공직자윤리법상의 등록의무자가 정부공직자윤리위원회에 제출한 문서에 포함되어 있는 고지거부자의 성명, 서명 · 날인 등 인적사항(2005두13117)
⑥ 공직자윤리법상의 등록의무자가 제출한 자신의 재산등록사항의 고지를 거부한 직계존비속의 본인과의 관계, 성명, 고지거부사유, 서명(날인)이 기재되어 있는 문서(2005두13117)	⑧ 고속철도 (오송)역의 유치위원회에 지방자치단체로부터 지급받은 보조금의 사용 내용에 관한 서류 일체 등의 공개를 청구한 경우, 개인의 성명(2009두14224)
⑦ 사면대상자들의 사면실시건의서와 그와 관련된 국무회의 안건자료에 관한 정보(2005두241)	⑨ 국방부의 한국형 다목적 헬기(KMH) 도입사업에 대한 감사원장의 감사결과보고서(2006두9351)
⑧ 임야조사서와 토지조사부의 열람 · 복사신청에 대한 이천군수의 부작위(88헌마22)	⑩ 학교환경위생구역 내 금지행위(숙박시설) 해제결정에 관한 학교환경위생정화위원회의 회의록에 기재된 발언내용에 대한 해당 발언자의 인적사항부분(2002두12946)
⑨ 자신이 무고죄의 피고인으로 재판을 받은 형사확정소송기록(90헌마133)	⑪ 문제은행 출제방식을 채택하고 있는 치과의사 국가시험의 문제지와 그 정답지(2006두15936)
⑩ 아파트재건축주택조합의 조합원들에게 제공될 무상보상평수의 사업수익성 등을 검토한 자료(2003두9459)	⑫ 지방자치단체의 업무추진비 세부항목별 집행내역 및 그에 관한 증빙서류에 포함된 개인에 관한 정보(2001두6425)
⑪ 사법시험 제2차 시험의 답안지 열람(2000두6114)	⑬ 사법시험 제2차 시험의 시험문항에 대한 채점위원별 채점결과의 열람(2000두6114)
	⑭ 방송사의 취재활동을 통하여 확보한 결과물이나 그 과정에 관한 정보 또는 방송프로그램의 기획 · 편성 · 제작 등에 관한 정보(2008두13392)

02 | '행정정보의 청구권자'와 '정보의 사전적 공개'에 대하여 약술하시오.
[20점]

① 정보공개청구권자

모든 국민은 정보의 공개를 청구할 권리를 가지며, 외국인의 정보공개청구에 관하여는 대통령령으로 정하도록 하고 있다. 하지만 지방자치단체는 정보공개법에서 정한 정보공개청구권자인 '국민'에 해당되지 아니한다고 판시하였다.

② 정보의 사전적 공개 등

1. 원칙

공공기관은 아래에 해당하는 정보에 대해서는 공개의 구체적 범위와 공개의 주기·시기 및 방법 등을 미리 정하여 정보통신망 등을 통해 알리고, 이에 따라 정기적으로 공개하여야 한다.
① 국민생활에 매우 큰 영향을 미치는 정책에 관한 정보
② 국가의 시책으로 시행하는 공사(工事) 등 대규모 예산이 투입되는 사업에 관한 정보
③ 예산집행의 내용과 사업평가 결과 등 행정감시를 위하여 필요한 정보
④ 그 밖에 공공기관의 장이 정하는 정보

2. 예외

비공개정보에 대해서는 그러하지 아니하다.

3. 정부의 노력

공공기관은 규정된 사항 외에도 국민이 알아야 할 필요가 있는 정보를 국민에게 공개하도록 적극적으로 노력하여야 한다.

03 「공공기관의 정보공개에 관한 법률」상 '정보공개절차'에 대하여 서술하시오. [20점]

(I) 정보공개청구

정보의 공개를 청구하는 자(이하 '청구인'이라 한다)는 정보공개 청구서를 제출하거나 말로써 정보의 공개를 청구할 수 있다.

(II) 정보공개 여부의 결정

1. 결정기간

공공기관은 정보공개의 청구를 받은 날부터 10일 이내에 공개 여부를 결정하여야 한다. 10일 내에 공개 여부를 결정할 수 없는 때에는 그 기간이 끝나는 날의 다음 날부터 기산하여 10일의 범위 내에서 공개 여부 결정기간을 연장할 수 있다.

2. 이해관계인인 제3자의 의견청취

공공기관은 공개 청구된 공개 대상 정보의 전부 또는 일부가 제3자와 관련이 있다고 인정되는 때에는 그 사실을 제3자에게 지체 없이 통지하여야 하며, 필요한 경우에는 그의 의견을 청취할 수 있다.

3. 정보공개심의회

국가기관, 지방자치단체 등은 정보공개 여부 등을 심의하기 위하여 정보공개심의회를 설치·운영한다.

(III) 정보공개 여부 결정의 통지

① 공공기관은 정보의 공개를 결정한 때에는 공개일시·공개장소 등을 명시하여 청구인에게 통지하여야 하고, ② 공공기관은 정보의 비공개 결정을 한 경우에는 그 사실을 청구인에게 지체 없이 문서로 통지하여야 한다. 이 경우 비공개 이유·불복방법 및 불복절차를 구체적으로 밝혀야 한다.

Ⓘ 정보공개의 방법

정보의 공개방법에는 열람, 사본·복제물의 교부 또는 정보통신을 통한 정보의 제공 등이 있다.

Ⓥ 비용부담

정보의 공개 및 우송 등에 소요되는 비용은 실비의 범위 안에서 청구인의 부담으로 한다. 다만,
공개를 청구하는 정보의 사용목적이 공공복리의 유지·증진을 위하여 필요하다고 인정되는
경우에는 비용을 감면할 수 있다.

04 `정보공개의 청구방법`과 `정보공개 여부의 결정` 및 `반복 청구등의 처리`와 `정보공개 여부의 결정의 통지`에 대하여 서술하시오. [40점]

Ⓘ 정보공개의 청구방법(제10조)

1. 원칙

정보의 공개를 청구하는 자는 해당 정보를 보유하거나 관리하고 있는 공공기관에 다음의 사항을 적은 정보공개 청구서를 제출하거나 말로써 정보의 공개를 청구할 수 있다.

① 청구인의 성명·주소 및 연락처(전화번호·전자우편주소 등을 말한다.) 다만, 청구인이 법인 또는 단체인 경우에는 그 명칭, 대표자의 성명, 사업자등록번호 또는 이에 준하는 번호, 주된 사무소의 소재지 및 연락처

② 청구인의 주민등록번호(본인임을 확인하고, 공개여부를 결정할 필요가 있는 정보를 청구하는 경우로 한정)

③ 공개를 청구하는 정보의 내용 및 공개방법

2. 말로써 공개신청하는 경우

청구인이 말로써 정보의 공개를 청구할 때에는 담당 공무원 또는 담당 임직원의 앞에서 진술하여야 하고, 담당공무원 등은 정보공개 청구조서를 작성하여 이에 청구인과 함께 기명날인하거나 서명하여야 한다.

Ⅱ 정보공개 여부의 결정(제11조)

1. 공개 여부의 결정

① 공공기관은 정보공개의 청구를 받으면 그 청구를 받은 날부터 10일 이내에 공개 여부를 결정하여야 한다.

② 공공기관은 부득이한 사유로 10일 이내에 공개 여부를 결정할 수 없을 때에는 그 기간이 끝나는 날의 다음 날부터 기산(起算)하여 10일의 범위에서 공개 여부 결정기간을 연장할 수 있다. 이 경우 공공기관은 연장된 사실과 연장 사유를 청구인에게 지체 없이 문서로 통지하여야 한다.

2. 제3자 관련 정보의 통지

공공기관은 공개 청구된 공개 대상 정보의 전부 또는 일부가 제3자와 관련이 있다고 인정할 때에는 그 사실을 제3자에게 지체 없이 통지하여야 하며, 필요한 경우에는 그의 의견을 들을 수 있다.

3. 민원처리

공공기관은 정보공개 청구가 다음의 어느 하나에 해당하는 경우로서 "민원처리에 관한 법률"에 따른 민원으로 처리할 수 있는 경우에는 민원으로 처리할 수 있다.
① 공개 청구된 정보가 공공기관이 보유·관리하지 아니하는 정보인 경우
② 공개 청구의 내용이 진정·질의 등으로 이 법에 따른 정보공개 청구로 보기 어려운 경우

Ⅲ 반복 청구 등의 처리(제11조의2)

1. 종결처리 후 고지

공공기관은 정보공개의 청구를 받더라도 다음의 어느 하나에 해당하는 경우에는 정보공개 청구 대상정보의 성격, 종전 청구와의 내용적 유사성, 관련성, 종전 청구와의 동일한 답변을 할 수 밖에 없는 사정 등을 종합적으로 고려하여 해당 청구를 종결처리할 수 있다. 이 경우 종결처리 사실을 청구인에게 알려야 한다.
① 정보공개를 청구하여 정보공개 여부에 대한 결정의 통지를 받은 자가 정당한 사유 없이 해당 정보의 공개를 다시 청구하는 경우
② 정보공개 청구가 민원으로 처리되었으나 다시 같은 청구를 하는 경우

2. 구분안내 후 종결처리

공공기관은 정보공개의 청구를 받더라도 다음의 어느 하나에 해당하는 경우에는 다음의 구분에 따라 안내하고, 해당 청구를 종결처리할 수 있다.
① **정보 등 공개를 목적으로 작성되어 이미 정보통신망 등을 통하여 공개된 정보를 청구하는 경우**: 해당 정보의 소재(所在)를 안내
② **다른 법령이나 사회통념상 청구인의 여건 등에 비추어 수령할 수 없는 방법으로 정보공개 청구를 하는 경우**: 수령이 가능한 방법으로 청구하도록 안내

Ⅳ 정보공개 여부의 결정의 통지(제13조)

① 공공기관은 정보의 공개를 결정한 경우에는 공개의 일시 및 장소 등을 분명히 밝혀 청구인에게 통지하여야 한다.

② 공공기관은 청구인이 사본 또는 복제물의 교부를 원하는 경우에는 이를 교부하여야 한다.

③ 공공기관은 공개대상정보의 양이 너무 많아 정상적인 업무수행에 현저한 지장을 초래할 우려가 있는 경우에는 해당정보를 일정기간별로 나누어 제공하거나 사본 복제물의 교부 또는 열람과 병행하여 제공할 수 있다.

④ 공공기관은 정보를 공개하는 경우에는 그 정보의 원본이 더럽혀지거나 파손될 우려가 있거나 그 밖에 상당한 이유가 있다고 인정할 때에는 그 정보의 사본 복제물을 공개할 수 있다.

⑤ 공공기관은 정보의 비공개 결정을 한 경우에는 그 사실을 청구인에게 지체 없이 문서로 통지하여야 한다. 이 경우 비공개 이유와 불복(不服)의 방법 및 절차를 구체적으로 밝혀야 한다.

05 ‘정보 비공개 결정’에 대한 청구인의 구제수단 [20점]

Ⓘ 서

청구인의 정보공개청구에 관련한 공공기관의 비공개 결정에 대한 불복절차로 이의신청, 행정심판 및 행정소송이 있다. 또한 이의신청을 거쳐 행정심판을 제기할 수도 있고 직접 행정심판을 제기할 수도 있다.

Ⅱ 불복절차

1. 이의신청

청구인은 비공개 결정에 대하여 불복이 있는 때에는 공공기관으로부터 정보공개 여부의 결정통지를 받은 날 또는 정보공개청구 후 20일이 경과한 날부터 30일 이내에 당해 공공기관에 문서로 임의절차인 이의신청을 할 수 있다. 공공기관은 이의신청을 받은 날부터 7일 이내에 그 이의신청에 대하여 결정하고 그 결과를 청구인에게 지체 없이 서면으로 통지하여야 한다.

2. 정보공개심의회

국가기관, 지방자치단체 등 청구인에 의한 이의신청이 있는 경우에는 정보공개 여부 등을 심의하기 위하여 정보공개심의회를 개최하여야 한다.

3. 행정심판

청구인은 처분을 알게 된 날로부터 90일, 있었던 날로부터 180일 이내에 공공기관의 결정에 대하여 불복이 있는 때에는 이의신청절차를 거치지 아니하고 행정심판을 청구할 수 있다.

4. 행정소송

청구인은 처분을 안 날로부터 90일, 있은 날로부터 1년 이내에 공공기관의 결정에 대하여 불복이 있는 때에는 이의신청 또는 행정심판을 거치지 않고 청구할 수 있다.

⑴ **소송형식 및 원고적격**

정보공개청구소송은 일반 항고소송(취소소송, 무효확인소송)의 형식으로 제기된다. 법상 인정된 정보공개청구권이 침해되었다는 것에 근거하여 원고적격이 인정된다.

⑵ **처분성**

정보공개청구권자의 정보공개신청에 대한 거부는 행정소송의 대상이 되는 거부처분이다.

⑶ **소의 이익**

공공기관이 그 정보를 보유·관리하고 있지 아니한 경우에는 특별한 사정이 없는 한 정보공개거부처분의 취소를 구할 법률상의 이익(소의 이익)이 없다(대판 2006.1.13, 2003두9459[행정정보비공개결정처분취소].

06 〈정보공개에 대하여 이해관계 있는 제3자의 보호수단〉

개인정보가 포함된 정보의 공개신청에 대하여 이해관계 있는 甲이 비공개요청을 하였음에도 행정기관이 공개사유를 명시하여 甲에게 공개하기로 결정하였음을 통지한 경우에 甲의 권리구제방안을 논하시오.

[20점]

Ⅰ 서

비공개정보 중 기업비밀과 개인정보가 같이 공개되는 경우에 제3자의 권익이 침해되는 경우가 있다. 기업비밀과 개인정보 등은 비공개정보이지만 공개될 가능성이 전혀 없는 것이 아니며 만일 공개된다면 제3자의 권익이 침해되게 된다. 따라서 정보공개에 대하여 이해관계 있는 제3자가 이해관계 있는 정보의 공개를 막을 수 있는 수단이 필요하다.

Ⅱ 「정보공개법」상 등 보호수단

1. 공개청구된 사실의 통보 및 비공개요청권(제11조 제3항, 제21조 제1항)

공공기관은 공개청구된 공개 대상 정보의 전부 또는 일부가 제3자와 관련이 있다고 인정되는 때에는 그 사실을 제3자에게 지체 없이 통지하여야 하며, 필요한 경우에는 그의 의견을 청취할 수 있다. 공개청구된 사실을 통지받은 제3자는 통지받은 날부터 3일 이내에 해당 공공기관에 공개하지 아니할 것을 요청할 수 있다.

2. 공개통지 및 행정쟁송제기권(제21조 제2항)

비공개요청에도 불구하고 공공기관이 공개 결정을 하는 때에는 공개결정이유와 공개실시일을 명시하여 지체 없이 문서로 통지하여야 하며, 제3자는 해당 공공기관에 문서로 이의신청을 하거나 행정심판 또는 행정소송을 제기할 수 있다. 이 경우 이의신청은 통지받은 날부터 7일 이내에 하여야 한다.

3. 「행정소송법」상 보호수단 : 제3자의 소송참가(행정소송법 제16조)

제3자에 관한 정보의 공개가 거부된 경우 정보공개청구자가 공개거부취소소송을 제기하면 이해관계 있는 제3자는 소송참가가 가능하다.

Ⅲ 결

甲은 공개결정통보행위에 대해 이의신청, 행정심판 또는 취소소송을 제기할 수 있다. 공개결정통보행위의 처분성이 검토되어야 한다. 甲은 실효적인 권리구제를 위해 집행정지를 신청할 필요가 있다.

참조⁺ **청구인과 제3자의 불복 구제수단**

청구인의 불복	이의신청제도	정보공개 여부의 결정 통지를 받은 날 또는 정보공개청구 후 20일이 경과한 날부터 30일 이내에 할 수 있음.
	행정심판	임의적 절차
	행정소송	• 정보공개를 청구하였다가 거부처분을 받은 것 자체가 법률상 이익의 침해에 해당 • 재판장이 필요하다고 인정되는 때에는 당사자를 참여시키지 아니하고 제출된 공개청구정보를 비공개로 열람·심사할 수 있음.
제3자의 불복절차	• 제3자의 이의신청 : 이의신청은 통지를 받은 날로부터 7일 이내에 해야 함. • 제3자의 행정심판, 행정소송의 제기	

07 정보 비공개 결정에 대한 청구인, 정보 공개 결정에 제3자의 불복 구제수단에 대하여 서술하시오. [20점]

Ⅰ 서

정보공개청구에 대한 공공기관의 비공개 결정 또는 공개 결정에 대한 불복절차로 이의신청, 행정심판 및 행정소송이 있다. 청구인과 제3자의 불복 구제수단에 대하여 서술하겠다.

Ⅱ 청구인의 구제수단

1. 이의신청

청구인은 비공개 결정에 대하여 불복이 있는 때에는 공공기관으로부터 정보공개 여부의 결정통지를 받은 날 또는 정보공개청구 후 20일이 경과한 날부터 30일 이내에 당해 공공기관에 문서로 임의절차인 이의신청을 할 수 있다. 공공기관은 이의신청을 받은 날부터 7일 이내에 그 이의신청에 대하여 결정하고 그 결과를 청구인에게 지체 없이 서면으로 통지하여야 한다.

2. 정보공개심의회

국가기관, 지방자치단체 등 청구인에 의한 이의신청이 있는 경우에는 정보공개 여부 등을 심의하기 위하여 정보공개심의회를 개최하여야 한다.

3. 행정심판

청구인은 처분을 알게 된 날로부터 90일, 있었던 날로부터 180일 이내에 공공기관의 결정에 대하여 불복이 있는 때에는 이의신청절차를 거치지 아니하고 행정심판을 청구할 수 있다.

4. 행정소송

청구인은 처분을 안 날로부터 90일, 있은 날로부터 1년 이내에 공공기관의 결정에 대하여 불복이 있는 때에는 이의신청 또는 행정심판을 거치지 않고 청구할 수 있다.

Ⅲ 제3자의 구제수단

1. 공개청구된 사실의 통보 및 비공개요청권

제3자는 통지받은 날부터 3일 이내에 해당 공공기관에 공개하지 아니할 것을 요청할 수 있다.

2. 이의신청, 행정심판, 행정소송

제3자는 해당 공공기관에 문서로 통지받은 날로부터 7일 이내에 이의신청을 할 수 있고 행정심판 또는 행정소송을 제기할 수 있다.

3. 제3자의 소송참가

청구인이 공개거부취소소송을 제기하면 이해관계 있는 제3자는 소송참가가 가능하다.

08 | 정보공개심의회와 정보공개위원회를 1) 업무, 2) 소속 기관, 3) 심의회 (위원회) 등의 구성을 비교하여 서술하시오. [20점]

Ⅰ 정보공개심의회

1. 업무

정보공개심의회는 정보의 공개 여부, 이의신청, 기타 정보공개제도의 운용에 관한 사항을 심의한다.

2. 소속 기관

국가기관, 지방자치단체 및 준정부기관, 지방공사, 지방공단에서 설치·운용한다.

3. 심의회의 구성

(1) 심의회는 위원장 1인을 포함하여 5인 내지 7인의 위원으로 구성한다. 위원은 소속 공무원, 임직원 또는 외부전문가 중에서 지명 또는 위촉하되, 그중 3분의 2는 외부전문가로 위촉하여야 한다.

(2) 비공개 대상 중 국방·통일 및 범죄수사, 보안처분 등에 관한 업무를 주로 하는 국가기관은 외부 전문가의 위촉비율을 따로 정하되, 최소한 3분의 1이상은 외부 전문가로 위촉하여야 한다.

4. 위원의 제척·기피·회피

위원은 심의회에서 제척되거나 공정한 심의를 기대하기 어려운 사정이 있는 경우에는 기피신청을 할 수 있고, 제척사유에 해당하는 경우에는 심의회에 그 사실을 알리고 스스로 해당 안건의 심의에서 회피하여야 한다.

Ⅱ 정보공개위원회

1. 업무

정보공개에 관한 정책수립, 제도개선, 기준 수립, 정보공개운영실태 평가 및 그 결과처리에 관한 사항을 심의, 조정한다.

2. 소속 기관

국무총리 소속하에 정보공개위원회를 둔다.

3. 위원회의 구성

위원회는 위원장과 부위원장 각 1인을 포함한 11인의 위원으로 구성한다. 위원장을 포함한 7인은 공무원이 아닌 자로 위촉하여야 한다. 다만, 공개를 청구하는 정보의 사용목적이 공공복리의 유지·증진을 위하여 필요하다고 인정되는 경우에는 비용을 감면할 수 있다.

참조 정보공개심의회와 정보공개위원회 비교

구분	정보공개심의회	정보공개위원회
업무	정보공개 여부를 심사	정보공개에 관한 정책수립, 제도개선, 기준 수립, 정보공개운영실태 평가 등
소속 기관	국가기관, 지방자치단체, 지방공사 등	국무총리
구성	위원장 1인을 포함하여 5~7인	위원장과 부위원장 각 1인을 포함한 11인의 위원

09 | '정보공개청구권'에 대하여 서술하시오. [20점]

① 의의

정보공개청구권이란 사인이 공공기관에 대하여 정보를 제공해 줄 것을 요구할 수 있는 개인적 공권으로, 정보공개청구권은 ① 자기와 직접적인 이해관계 있는 특정한 사안에 관한 개별적 정보공개청구권과 ② 자기와 직접적인 이해관계가 없는 일반적 정보공개청구권으로 구분된다. ①의 예로 甲이 관할 등기소장에게 자기 소유의 건축물에 대한 등기부의 열람을 청구하는 경우를 볼 수 있고, ②의 예로 안양시민이 서울특별시장에게 판공비의 사용처에 대한 정보공개를 청구하는 경우를 볼 수 있다. 「공공기관의 정보공개에 관한 법률」의 정보공개청구권은 ①과 ②의 양자를 포함하는 개념이다.

② 법적 근거

공공기관의 보유정보에 대한 정보공개청구의 권리는 「공공기관의 정보공개에 관한 법률」의 규정을 근거로 인정되는 것으로 볼 수 있지만 헌법재판소는 개별 법률에 근거가 없어도 헌법 규정만을 근거로 인정할 수 있다는 태도를 취하고 있다.

③ 정보공개청구권자

모든 국민은 정보의 공개를 청구할 권리를 가지며, 외국인의 정보공개청구에 관하여는 대통령령으로 정하도록 하고 있다. 하지만 지방자치단체는 정보공개청구권자인 '국민'에 해당되지 아니한다고 판시하였다.

④ 원고적격으로서의 정보공개청구권

정보공개청구권은 법률상 보호되는 구체적인 권리이므로 정보공개청구권이 있는 자는 개인적인 이해관계와 관계없이 공개거부로 그 권리를 침해받은 것이므로 당연히 공개거부를 다툴 원고적격을 갖는다.

⑤ 관련판례

대법원은 "정보공개제도를 이용해 사회통념상 용인될 수 없는 부당한 이득을 얻으려고 하거나, 오로지 담당 공무원을 괴롭힐 목적으로 하는 경우처럼 권리 남용이 명백한 때에는 예외적으로 정보공개청구권의 행사를 허용할 수 없다"라고 판시하였다.

10 「공공기관의 정보공개에 관한 법률」 제14조 '부분공개'에 대하여 서술하시오. [20점]

(I) 의의

「공공기관의 정보공개에 관한 법률」 제14조 부분공개에 의하면 공개청구한 정보가 비공개 대상 정보와 공개가 가능한 부분이 혼합되어 청구의 취지에 어긋나지 아니하는 범위 안에서 두 부분을 분리할 수 있는 때에는 비공개 대상 정보 부분을 제외하고 공개하여야 한다고 규정되어 있다.

(II) '부분공개'에 관한 일부취소 판결

법원이 행정기관의 정보공개거부처분의 위법 여부를 심리한 결과 공개를 거부한 정보에 비공개 대상 정보에 해당하는 부분과 공개가 가능한 부분이 혼합되어 있고 공개청구의 취지에 어긋나지 아니하는 범위 안에서 두 부분을 분리할 수 있음을 인정할 수 있을 때에는 청구취지의 변경이 없더라도 공개가 가능한 정보에 관한 부분만의 일부취소를 명할 수 있다 할 것이고, 공개청구의 취지에 어긋나지 아니하는 범위 안에서 비공개 대상 정보에 해당하는 부분과 공개가 가능한 부분을 분리할 수 있다고 함은, 이 두 부분이 물리적으로 분리가능한 경우를 의미하는 것이 아니고 당해 정보의 공개방법 및 절차에 비추어 당해 정보에서 비공개 대상 정보에 관련된 기술 등을 제외 내지 삭제하고 그 나머지 정보만을 공개하는 것이 가능하고 나머지 부분의 정보만으로도 공개의 가치가 있는 경우를 의미한다고 해석하여야 한다(대판 2004.12.9, 2003두12707[정보공개거부처분취소]).

11 「정보공개법」상 1) 공개청구한 정보가 비공개 대상정보와 공개 가능한 부분이 혼합된 것일 경우 그 전부의 공개를 거부한 처분의 일부만을 취소하기 위한 요건 및 2) 공개청구한 정보에 개인식별정보가 포함된 경우 그 공개여부에 관한 판단기준에 대하여 서술하시오. [20점]

Ⓘ 일부취소 요건(부분공개 요건)

① 공개청구의 취지에 어긋나지 아니하는 범위 안에서 ② 두 부분을 분리할 수 있음이 인정되는 때에는 위 정보 중 ③ 공개 가치가 있는 부분을 특정하여 그 부분에 관한 공개거부처분을 취소하여야 할 것이다.(대법원 2003. 11. 28. 선고 2002두8275 판결 참조).

Ⅱ 공개여부에 관한 판단기준

특정인을 식별할 수 있는 개인에 관한 정보라 하더라도 공익을 위하여 필요하다고 인정되는 정보에 해당하는 경우에는 그 공개를 거부할 수 없고, 공개청구대상정보에 개인에 관한 정보가 포함되어 있다 하여도, 그 정보의 ① 비공개에 의하여 보호되는 개인의 **사생활 보호 등의 이익**과 ② 공개에 의하여 보호되는 국정운영의 투명성 확보 등의 **공익**을 심리하여 그 **비교·교량**에 의하여 이 사건 공개거부처분의 당부를 **판단**하였어야 할 것이다.

개인정보
보호법

04 개인정보 보호법

〈개인정보 보호법〉 답안체계 및 기출분석

Ⅰ 서

1. 개념(의의)
2. 문제제기
3. 서술전개방향

Ⅱ 제1장 총칙(제1조~제6조)

1. 개인정보 보호 원칙(제3조)★(2021년 기출)
   명, 비, 신, 사, 익명(가명), 공개, 최정완, 적합, 안전
2. 정보주체의 권리(제4조)★(2014년 기출)
   제, 동, 열, 정, 정, 구제
3. 개인정보자기결정권(자기정보통제권)★(2021년 기출)

Ⅲ 제2장 개인정보보호정책의 수립 등(제7조~제14조)

1. 개인정보 보호위원회(제7조)
   계획(기본·시행), 평가(침해요인·영향), 제도, 정책, 법령개선 등
2. 개인정보 보호지침(제12조)

Ⅳ 제3장 개인정보의 처리(제1절 제15조~제22조)

1. 개인정보의 수집·이용(제15조)
   동, 수, 특별, 이익, 계약, 우선
   ※ 목, 항, 기, 사, 불이익
2. 개인정보의 수집 제한(제16조)
   입증책임(개인정보처리자부담)
3. 개인정보의 (제3자) 제공(제17조)
   동, 수, 특별, 이익, 요, 다
   ※ 자, 목, 항, 기, 사, 불이익
4. 개인정보의 목적 외 이용·제공 제한(제18조)
   별동, 수, 특별, 이익
   ※ 자, 목, 항, 기, 사, 불이익
5. 개인정보를 제공받은 자의 이용·제공 제한(제19조)

6. 동의를 받는 방법(제22조) : 각(+서), 14세, 구분, 홍보, 거부
   ① 각각 동의사항 구분 후 동의
   ② 계약체결 시 동의×, 동의○ 개인정보 구분
   ③ 홍보판매 권유 목적 시 명확 인지
   ④ 재화 또는 서비스의 제공 거부 금지
   ⑤ 만 14세 미만 아동의 법정대리인 동의

Ⅴ 제3장 개인정보의 처리(제2절 제23조~제28조)

1. 민감정보의 처리 제한(제23조)

   개인정보 동의+별도 동의, 법령
   ※ 자, 목, 항, 기, 사, 불이익

2. 고유식별정보의 처리 제한(제24조)

   개인정보 동의+별도 동의, 법령
   ※ 자, 목, 항, 기, 사, 불이익

3. 주민등록번호 처리의 제한(제24조의2)
   ① 법령에서 요구, 허용
   ② 보호위원회가 고시로 정한 경우
   ③ 정보주체의 급박한 생명 등 명백히 필요

4. 영상정보처리기기의 설치·운영 제한(제25조)★(2015년 기출)

5. 업무위탁에 따른 개인정보의 처리 제한(제26조)

   위탁자(개인정보처리자), 수탁자(개인정보처리 업무를 위탁받아 처리하는 자)

6. 영업양도 등에 따른 개인정보의 이전 제한

   양도자(개인정보처리자), 양수자

7. 가명정보(제28조의2~제28조의7)

Ⅵ 제4장 개인정보의 안전한 관리

1. 개인정보 보호 인증(제32조의2)

2. 개인정보 영향평가(제33조)
   ① 5만 명 이상의 민감 또는 고유식별정보가 포함된 개인정보파일을 구축·운용·변경하는 경우
   ② 50만 명 이상 개인정보가 포함된 경우(개인정보파일과 연계한 결과)
   ③ 100만 명 이상 정보주체 정보(정보주체가 포함된 개인정보파일을 구축·운용·변경하는 경우)

3. 개인정보 유출 통지 등(제34조)★(2016년 기출)

Ⅶ 제5장 정보주체의 권리 보장★(2014년 기출)

1. 개인정보의 열람(제35조)
2. 개인정보의 정정·삭제(제36조)
3. 개인정보의 처리정지 등(제37조)
4. 권리행사의 방법 및 절차(제38조)
5. 손해배상책임(제39조)★(2019년 기출)

   손해액 3배 초과 ×

6. 법정손해배상의 청구(제39조의2)★(2019년 기출)

300만 원 이하의 손해액 배상청구

Ⅷ 제6장 정보통신서비스 제공자 등의 개인정보 처리 등 특례

1. 개인정보의 수집 · 이용 동의 등에 대한 특례(제39조의3)

(통지 : 목, 항, 기)/(동의× : 곤란, 요, 다)

2. 개인정보 유출 등의 통지 · 신고에 대한 특례(제39조의4)

그 경위(×), 피해구제절차(×)

Ⅸ 제7장 개인정보 분쟁조정위원회

1. 설치 및 구성(제40조)
2. 집단분쟁조정(제49조)

Ⅹ 제8장 개인정보 단체소송

1. 단체소송의 대상 등(제51조)

① 소비자단체(정관, 정회원 수, 공정거래위원회 등록 후 3년)
② 비영리민간단체(정관, 구성원 수, 중앙행정기관 등록, 요청)

2. 소송허가요건 등(제55조)

① 조정거부 ×, 수락 ×
② 소송허가신청서 흠결 ×

3. 확정판결의 효력(제56조)

① 새로운 증거가 나타난 경우
② 원고의 고의

Ⅺ 제9장 보칙

Ⅻ 제10장 벌칙

01 「개인정보 보호법」 제3조상 '개인정보 보호 원칙'에 대하여 서술하시오. [20점]

Ⅰ 의의

개인정보 보호제도란 개인에 관한 정보가 부당하게 수집, 유통, 이용되는 것을 막아 개인의 프라이버시를 보호하는 제도를 말한다.

Ⅱ 개인정보 보호의 기본원칙(비, 명, 신, 사, 익(가)명, 공개, 최정완, 적합, 안전)

① 개인정보처리자는 개인정보의 처리목적을 명확하게 하여야 하고 최소한의 개인정보만을 적법하고 정당하게 수집하여야 한다(비례의 원칙, 명확성의 원칙).

② 개인정보처리자는 이 법 및 관계 법령에서 규정하고 있는 책임과 의무를 준수하고 실천함으로써 정보주체의 신뢰를 얻기 위하여 노력하여야 한다.

③ 개인정보처리자는 정보주체의 사생활 침해를 최소화하는 방법으로 개인정보를 처리하여야 한다.

④ 개인정보처리자는 개인정보를 익명 또는 가명으로 처리하여도 개인정보 수집목적을 달성할 수 있는 경우 익명처리가 가능한 경우에는 익명에 의하여, 익명처리로 목적을 달성할 수 없는 경우에는 가명에 의하여 처리될 수 있도록 하여야 한다.

⑤ 개인정보처리자는 개인정보 처리방침 등 개인정보의 처리에 관한 사항을 공개하여야 하며, 열람청구권 등 정보주체의 권리를 보장하여야 한다.

⑥ 개인정보처리자는 처리 목적에 필요한 범위에서 개인정보의 최신성, 정확성, 완전성이 보장되도록 하여야 한다.

⑦ 개인정보처리자는 개인정보의 처리 목적에 필요한 범위에서 적합하게 개인정보를 처리하여야 하며, 그 목적 외의 용도로 활용하여서는 아니 된다(적합성의 원칙).

⑧ 개인정보처리자는 개인정보의 처리 방법 및 종류 등에 따라 정보주체의 권리가 침해받을 가능성과 그 위험 정도를 고려하여 개인정보를 안전하게 관리하여야 한다.

02 「개인정보 보호법」제7조상 '개인정보 보호위원회'에 대하여 서술하시오. [20점]

(I) 설치

개인정보 보호에 관한 사무를 독립적으로 수행하기 위하여 국무총리 소속으로 개인정보 보호위원회를 둔다. 개인정보 보호위원회는 「정부조직법」 제2조에 따른 중앙행정기관으로 본다.

(II) 구성

① 개인정보 보호위원회는 상임위원 2명(위원장 1명, 부위원장 1명)을 포함한 9명의 위원으로 구성한다.
② 개인정보 보호위원회의 위원은 개인정보 보호에 관한 경력과 전문지식이 풍부한 사람 중에서 위원장과 부위원장은 국무총리의 제청으로, 그 외 위원 중 2명은 위원장의 제청으로, 2명은 대통령이 소속되거나 소속되었던 정당의 교섭단체 추천으로, 3명은 그 외의 교섭단체 추천으로 대통령이 임명 또는 위촉한다.

(III) 위원장

위원장은 개인정보 보호위원회를 대표하고, 개인정보 보호위원회의 회의를 주재하며, 소관 사무를 총괄한다.

(IV) 위원

① 위원의 임기는 3년으로 하되, 한 차례만 연임할 수 있다.
② 위원은 정치활동에 관여할 수 없다.
③ 위원은 심의 · 의결에서 제척, 기피, 회피가 적용된다.

Ⓥ 심의 · 의결사항

① 개인정보 침해요인 평가 및 영향평가 결과에 관한 사항
② 기본계획 및 시행계획에 관한 사항
③ 개인정보 보호와 관련된 정책, 제도 및 법령의 개선에 관한 사항

Ⓥ 회의

① 개인정보 보호위원회의 회의는 위원장이 필요하다고 인정하거나 재적위원 4분의 1 이상의 요구가 있는 경우에 위원장이 소집한다.
② 개인정보 보호위원회의 회의는 재적위원 과반수의 출석으로 개의하고, 출석위원 과반수의 찬성으로 의결한다.

Ⅶ 소위원회

① 개인정보 보호위원회는 효율적인 업무 수행을 위하여 개인정보 침해 정도가 경미하거나 유사 · 반복되는 사항 등을 심의 · 의결할 소위원회를 둘 수 있다.
② 소위원회는 3명의 위원으로 구성한다.
③ 소위원회의 회의는 구성위원 전원의 출석과 출석위원 전원의 찬성으로 의결한다.

03 「개인정보 보호법」 제15조에서 개인정보처리자가 개인정보를 수집 및 그 목적의 범위 내에서 이용할 수 있는 경우에 대하여 서술하시오. [20점]

Ⅰ 의의

개인정보 보호제도란 개인에 관한 정보가 부당하게 수집, 유통, 이용되는 것을 막아 개인의 프라이버시를 보호하는 제도를 말한다.

Ⅱ 개인정보의 수집·이용(제15조)

개인정보처리자는 다음 어느 하나에 해당하는 경우에는 개인정보를 수집할 수 있으며 그 수집목적의 범위에서 이용할 수 있다.
① 정보주체의 동의를 받은 경우
② 법률에 특별한 규정이 있거나 법령상 의무를 준수하기 위하여 불가피한 경우
③ 공공기관이 법령 등에서 정하는 소관 업무의 수행을 위하여 불가피한 경우
④ 정보주체와의 계약의 체결 및 이행을 위하여 불가피하게 필요한 경우
⑤ 정보주체 또는 그 법정대리인이 의사표시를 할 수 없는 상태에 있거나 주소불명 등으로 사전 동의를 받을 수 없는 경우로서 명백히 정보주체 또는 제3자의 급박한 생명, 신체, 재산의 이익을 위하여 필요하다고 인정되는 경우
⑥ 개인정보처리자의 정당한 이익을 달성하기 위하여 필요한 경우로서 명백하게 정보주체의 권리보다 우선하는 경우. 이 경우 개인정보처리자의 정당한 이익과 상당한 관련이 있고 합리적인 범위를 초과하지 아니하는 경우에 한한다.

Ⅲ 정보주체 통지(제15조)

개인정보처리자는 정보주체의 동의를 받을 때에는 다음 사항을 정보주체에게 알려야 하고, 변경하는 경우에도 이를 알리고 동의를 받아야 한다.
① 개인정보의 수집·이용 목적
② 수집하려는 개인정보의 항목
③ 개인정보의 보유 및 이용 기간
④ 동의를 거부할 권리가 있다는 사실 및 동의 거부에 따른 불이익이 있는 경우에는 그 불이익의 내용

Ⓝ 안전성 확보 조치(제15조 제3항)

개인정보처리자는 당초 수집 목적과 합리적으로 관련된 범위에서 정보주체에게 불이익이 발생하는지 여부, 암호화 등 안전성 확보에 필요한 조치를 하였는지 여부 등을 고려하여 대통령령으로 정하는 바에 따라 정보주체의 동의 없이 개인정보를 이용할 수 있다.

Ⓥ 개인정보의 수집 제한(제16조)

개인정보처리자는 개인정보를 수집하는 경우에는 그 목적에 필요한 최소한의 개인정보를 수집하여야 한다. 이 경우 최소한의 개인정보 수집이라는 입증책임은 개인정보처리자가 부담한다.

04 「개인정보 보호법」 제17조에서 개인정보처리자가 개인정보를 제3자에게 제공할 수 있는 경우에 대하여 서술하시오. [20점]

① 의의

개인정보 보호제도란 개인에 관한 정보가 부당하게 수집, 유통, 이용되는 것을 막아 개인의 프라이버시를 보호하는 제도를 말한다.

② 개인정보의 제공(제17조)

개인정보처리자는 다음 어느 하나에 해당되는 경우에는 정보주체의 개인정보를 제3자에게 제공(공유를 포함한다. 이하 같다)할 수 있다.
① 정보주체의 동의를 받은 경우
② 법률에 특별한 규정이 있거나 법령상 의무를 준수하기 위하여 불가피한 경우
③ 공공기관이 법령 등에서 정하는 소관 업무의 수행을 위하여 불가피한 경우
④ 정보주체 또는 그 법정대리인이 의사표시를 할 수 없는 상태에 있거나 주소불명 등으로 사전 동의를 받을 수 없는 경우로서 명백히 정보주체 또는 제3자의 급박한 생명, 신체, 재산의 이익을 위하여 필요하다고 인정되는 경우

③ 정보주체 통지(제17조)

1. 개인정보처리자는 정보주체의 동의를 받을 때에는 다음 사항을 정보주체에게 알려야 하고, 변경하는 경우에도 이를 알리고 동의를 받아야 한다.
   (1) 개인정보를 제공받는 자
   (2) 개인정보를 제공받는 자의 개인정보 이용 목적
   (3) 제공하는 개인정보의 항목
   (4) 개인정보를 제공받는 자의 개인정보 보유 및 이용 기간
   (5) 동의를 거부할 권리가 있다는 사실 및 동의 거부에 따른 불이익이 있는 경우에는 그 불이익의 내용
2. 개인정보처리자가 개인정보를 국외의 제3자에게 제공할 때에는 위 통지사항을 정보주체에게 알리고 동의를 받아야 하며, 이 법을 위반하는 내용으로 개인정보의 국외 이전에 관한 계약을 체결하여서는 아니 된다.

05 「개인정보 보호법」 제18조에서 개인정보처리자가 정보주체 또는 제3자의 이익을 부당하게 침해할 우려가 있을 때를 제외하고는 개인정보를 목적 외의 용도로 이용하거나, 제3자에게 제공할 수 있는 경우에 대하여 서술하시오. [20점]

Ⅰ 원칙

개인정보처리자는 개인정보를 목적 외의 용도로 이용하거나, 제3자에게 제공하여서는 안 되는 것이 원칙이다.

Ⅱ 예외

① 정보주체로부터 별도의 동의를 받은 경우
② 다른 법률에 특별한 규정이 있는 경우
③ 정보주체 또는 그 법정대리인이 의사표시를 할 수 없는 상태에 있거나 주소불명 등으로 사전 동의를 받을 수 없는 경우로서 명백히 정보주체 또는 제3자의 급박한 생명, 재산의 이익 등을 위하여 필요하다고 인정되는 경우
④ 개인정보를 목적 외의 용도로 이용하거나 이를 제3자에게 제공하지 아니하면 다른 법률에서 정하는 소관 업무를 수행할 수 없는 경우로서 보호위원회의 심의·의결을 거친 경우
⑤ 조약, 그 밖의 국제협정의 이행을 위하여 외국정부 또는 국제기구에 제공하기 위하여 필요한 경우
⑥ 범죄의 수사와 공소의 제기 및 유지를 위하여 필요한 경우
⑦ 법원의 재판업무 수행을 위하여 필요한 경우
⑧ 형(刑) 및 감호, 보호처분의 집행을 위하여 필요한 경우
다만, ④~⑧까지의 경우는 공공기관의 경우로 한정한다.

Ⅲ 정보주체 통지(제18조)

개인정보처리자는 정보주체의 동의를 받을 때에는 다음 사항을 정보주체에게 알려야 하고, 변경하는 경우에도 이를 알리고 동의를 받아야 한다.

① 개인정보를 제공받는 자

② 개인정보의 이용 목적(제공 시에는 제공받는 자의 이용 목적)

③ 이용 또는 제공하는 개인정보의 항목

④ 개인정보의 보유 및 이용 기간(제공 시에는 제공받는 자의 보유 및 이용 기간을 말한다)

⑤ 동의를 거부할 권리가 있다는 사실 및 동의 거부에 따른 불이익이 있는 경우에는 그 불이익의 내용

06 「개인정보 보호법」 제20조상 정보주체 이외로부터 수집한 개인정보의 수집 출처 등 고지에 대하여 서술하시오. [20점]

(I) 요구 고지(고지사항)

개인정보처리자가 정보주체 이외로부터 수집한 개인정보를 처리하는 때에는 정보주체의 요구가 있으면 즉시 다음의 모든 사항을 정보주체에게 알려야 한다.
① 개인정보의 수집 출처
② 개인정보의 처리 목적
③ 제37조에 따른 개인정보 처리의 정지를 요구할 권리가 있다는 사실

(II) 의무적 고지

1. 대상

개인정보의 종류·규모, 종업원 수 및 매출액 규모 등을 고려하여 ① 5만 명 이상의 민감정보 또는 고유식별정보 ② 100만 명 이상의 개인정보에 해당하는 개인정보를 수집하여 처리하는 때에는 고지사항을 정보주체에게 알려야 한다.

2. 고지방법

개인정보처리자는 정보주체가 쉽게 알 수 있는 방법으로 개인정보를 제공받은 날부터 3개월 이내에 정보주체에게 알려야 한다. 정보주체의 동의를 받은 범위에서 연 2회 이상 주기적으로 개인정보를 제공받아 처리하는 경우에는 그 동의를 받은 날부터 기산하여 연 1회 이상 정보주체에게 알려야 한다.

3. 고지의 예외

(1) 고지를 요구하는 대상이 되는 개인정보가 ① 국가의 중대한 이익, ② 범죄수사, 공소 제기 및 유지, 형 집행 ③ 조세나 관세의 범칙행위 조사, ④ 공공기관의 내부적 업무처리, ⑤ 다른 법령에 따라 비밀로 분류된 개인정보파일에 해당하는 경우
(2) 다른 사람의 생명·신체, 재산을 부당하게 침해할 우려가 있는 경우

07 「개인정보 보호법」 제22조상 정보처리자가 정보주체에 대하여 동의를 받는 방법 등에 대하여 약술하시오. [20점]

Ⓘ 각각의 동의 사항을 구분하여 동의를 받을 것

개인정보처리자는 이 법에 따른 개인정보의 처리에 대하여 정보주체의 동의를 받을 때에는 각각의 동의 사항을 구분하여 정보주체가 이를 명확하게 인지할 수 있도록 알리고 각각 동의를 받아야 하고 서면으로 받을 때에는 개인정보의 수집·이용 목적, 개인정보의 항목 등 중요한 내용을 명확히 표시하여 알아보기 쉽게 하여야 한다.

Ⅱ 동의 없이 처리할 수 있는 개인정보와 동의가 필요한 개인정보를 구분할 것

개인정보처리자는 개인정보의 처리에 대하여 정보주체의 동의를 받을 때에는 정보주체와의 계약 체결 등을 위하여 '정보주체의 동의 없이 처리할 수 있는 개인정보'와 '정보주체의 동의가 필요한 개인정보'를 구분하여야 한다. 이 경우 동의 없이 처리할 수 있는 개인정보라는 입증책임은 개인정보처리자가 부담한다.

Ⅲ 홍보·판매 권유 목적 시 명확하게 인지할 수 있도록 알릴 것

개인정보처리자는 정보주체에게 재화나 서비스를 홍보하거나 판매를 권유하기 위하여 개인정보의 처리에 대한 동의를 받으려는 때에는 정보주체가 이를 명확하게 인지할 수 있도록 알리고 동의를 받아야 한다.

Ⅳ 재화 또는 서비스의 제공 거부 금지

개인정보처리자는 정보주체가 선택적으로 동의할 수 있는 사항을 동의하지 아니하거나 동의를 하지 아니한다는 이유로 정보주체에게 재화 또는 서비스의 제공을 거부하여서는 아니 된다.

Ⅴ 만 14세 미만 아동의 법정대리인의 동의를 받을 것

개인정보처리자는 만 14세 미만 아동의 개인정보를 처리하기 위하여 이 법에 따른 동의를 받아야 할 때에는 그 법정대리인의 동의를 받아야 한다. 이 경우 법정대리인의 동의를 받기 위하여 필요한 최소한의 정보는 법정대리인의 동의 없이 해당 아동으로부터 직접 수집할 수 있다.

08 「개인정보 보호법」 제2조의 '개인정보'와 제23조의 '민감정보'에 대하여 서술하시오. [20점]

Ⅰ 개인정보

개인정보는 "살아 있는 개인에 관한 정보로서 성명, 주민등록번호 및 영상 등을 통하여 개인을 알아볼 수 있는 정보(해당 정보만으로는 특정 개인을 알아볼 수 없더라도 다른 정보와 쉽게 결합하여 알아볼 수 있는 것을 포함한다)"를 말한다.

전자적으로 처리되는 개인정보 외에 수기(手記) 문서까지 개인정보의 보호범위에 포함한다. 다만, 사자의 개인정보도 사망 후 일정한 기간은 보호하도록 입법개선이 필요하다.

Ⅱ 민감정보

1. 의의

개인정보처리자는 사상·신념, 노동조합·정당의 가입·탈퇴, 정치적 견해, 건강, 성생활 등에 관한 정보, 그 밖에 정보주체의 사생활을 현저히 침해할 우려가 있는 개인정보로서 대통령령으로 정하는 정보(이하 '민감정보'라 한다)를 처리하여서는 아니 된다.

2. 예외

⑴ 정보주체에게 아래의 사항을 알리고 다른 개인정보의 처리에 대한 동의와 별도로 동의를 받은 경우
  ① 개인정보를 제공받는 자
  ② 개인정보의 수집·이용 목적
  ③ 수집하려는 개인정보의 항목
  ④ 개인정보의 보유 및 이용 기간
  ⑤ 동의를 거부할 권리가 있다는 사실 및 동의 거부에 따른 불이익이 있는 경우에는 그 불이익의 내용
⑵ 법령에서 민감정보의 처리를 요구하거나 허용하는 경우에는 그러하지 아니하다.

09 「개인정보 보호법」 제23조 민감정보의 처리 제한 및 제24조 고유식별정보의 처리 제한과 그 예외에 대하여 서술하시오. [20점]

Ⅰ 민감정보의 처리 제한(제23조)

개인정보처리자는 사상·신념, 노동조합·정당의 가입·탈퇴, 정치적 견해, 건강, 성생활 등에 관한 정보, 그 밖에 정보주체의 사생활을 현저히 침해할 우려가 있는 개인정보로서 대통령령으로 정하는 정보(이하 '민감정보'라 한다)를 처리하여서는 아니 된다.

Ⅱ 고유식별정보의 처리 제한(제24조)

개인정보처리자는 예외사항을 제외하고 법령에 따라 개인을 고유하게 구별하기 위하여 부여된 식별정보로서 대통령령으로 정하는 정보(이하 '고유식별정보'라 한다)를 처리할 수 없다. 개인정보처리자가 고유식별정보를 처리하는 경우에는 그 고유식별정보가 분실·도난·유출·위조·변조 또는 훼손되지 아니하도록 암호화 등 안전성 확보에 필요한 조치를 하여야 한다.

Ⅲ 예외

1. 정보주체에게 아래의 사항을 알리고 다른 개인정보의 처리에 대한 동의와 별도로 동의를 받은 경우
   (1) 개인정보를 제공받는 자
   (2) 개인정보의 수집·이용 목적
   (3) 수집하려는 개인정보의 항목
   (4) 개인정보의 보유 및 이용 기간
   (5) 동의를 거부할 권리가 있다는 사실 및 동의 거부에 따른 불이익이 있는 경우에는 그 불이익의 내용
2. 법령에서 민감정보, 고유식별정보의 처리를 요구하거나 허용하는 경우

10 「개인정보 보호법」상 제24조 고유식별정보의 처리 제한 및 제24조의2 주민등록번호 처리의 제한에 대하여 서술하시오. [20점]

(I) 고유식별정보의 처리 제한(제24조)

개인정보처리자는 예외사항을 제외하고 법령에 따라 개인을 고유하게 구별하기 위하여 부여된 식별정보로서 대통령령으로 정하는 정보(이하 '고유식별정보'라 한다)를 처리할 수 없다. 개인정보처리자가 고유식별정보를 처리하는 경우에는 그 고유식별정보가 분실·도난·유출·위조·변조 또는 훼손되지 아니하도록 암호화 등 안전성 확보에 필요한 조치를 하여야 한다.

(II) 예외

1. 정보주체에게 아래의 사항을 알리고 다른 개인정보의 처리에 대한 동의와 별도로 동의를 받은 경우
   (1) 개인정보를 제공받는 자
   (2) 개인정보의 수집·이용 목적
   (3) 수집하려는 개인정보의 항목
   (4) 개인정보의 보유 및 이용 기간
   (5) 동의를 거부할 권리가 있다는 사실 및 동의 거부에 따른 불이익이 있는 경우에는 그 불이익의 내용
2. 법령에서 고유식별정보의 처리를 요구하거나 허용하는 경우

(III) 주민등록번호 처리의 제한(제24조의2)

1. 개인정보처리자는 다음 어느 하나에 해당하는 경우를 제외하고는 주민등록번호를 처리할 수 없다.
   (1) 법령에서 구체적으로 주민등록번호의 처리를 요구하거나 허용한 경우
   (2) 정보주체 또는 제3자의 급박한 생명, 신체, 재산의 이익을 위하여 명백히 필요하다고 인정되는 경우
   (3) 주민등록번호 처리가 불가피한 경우로서 보호위원회가 고시로 정하는 경우

2. 개인정보처리자는 주민등록번호를 처리하는 경우에도 정보주체가 인터넷 홈페이지를 통하여 회원으로 가입하는 단계에서는 주민등록번호를 사용하지 아니하고도 회원으로 가입할 수 있는 방법을 제공하여야 한다.

3. 보호위원회는 개인정보처리자가 법에 따른 방법을 제공할 수 있도록 관계 법령의 정비, 계획의 수립, 필요한 시설 및 시스템의 구축 등 제반 조치를 마련·지원할 수 있다.

11 「개인정보 보호법」 제26조 '업무위탁에 따른 개인정보의 처리제한'에 대해 약술하시오. [20점]

Ⅰ 위탁업무 내용

개인정보처리자가 제3자에게 개인정보의 처리 업무를 위탁하는 경우에는 다음의 내용이 포함된 문서에 의하여야 한다.

① 위탁업무 수행 목적 외 개인정보의 처리 금지에 관한 사항
② 개인정보의 기술적·관리적 보호조치에 관한 사항
③ 그 밖에 개인정보의 안전한 관리를 위하여 대통령령으로 정한 사항

Ⅱ 위탁자의 의무(처리 제한)

① 개인정보의 처리 업무를 위탁하는 개인정보처리자("위탁자")는 위탁하는 업무의 내용과 개인정보 처리 업무를 위탁받아 처리하는 자("수탁자")를 정보주체가 언제든지 쉽게 확인할 수 있도록 대통령령으로 정하는 방법에 따라 공개하여야 한다.
② 위탁자가 재화 또는 서비스를 홍보하거나 판매를 권유하는 업무를 위탁하는 경우에는 대통령령으로 정하는 방법에 따라 위탁하는 업무의 내용과 수탁자를 정보주체에게 알려야 한다.
③ 위탁자는 업무 위탁으로 인하여 정보주체의 개인정보가 분실·도난·유출·위조·변조 또는 훼손되지 아니하도록 수탁자를 교육하고, 처리 현황 점검 등 대통령령으로 정하는 바에 따라 수탁자가 개인정보를 안전하게 처리하는지를 감독하여야 한다.

Ⅲ 수탁자의 의무(처리 제한)

① 수탁자는 개인정보처리자로부터 위탁받은 해당 업무 범위를 초과하여 개인정보를 이용하거나 제3자에게 제공하여서는 아니 된다.
② 수탁자가 위탁받은 업무와 관련하여 개인정보를 처리하는 과정에서 이 법을 위반하여 발생한 손해배상책임에 대하여는 수탁자를 개인정보처리자의 소속 직원으로 본다.

12 「개인정보 보호법」 제27조 '영업양도 등에 따른 개인정보의 이전 제한'에 대해 약술하시오. [20점]

ⓘ 개인정보처리자의 의무(처리 제한)

개인정보처리자는 영업의 전부 또는 일부의 양도·합병 등으로 개인정보를 다른 사람에게 이전하는 경우에는 미리 다음 사항을 대통령령으로 정하는 방법에 따라 해당 정보주체에게 알려야 한다.

① 개인정보를 이전하려는 사실

② 개인정보를 이전받는 자(이하 "영업양수자등"이라 한다)의 성명(법인의 경우에는 법인의 명칭을 말한다), 주소, 전화번호 및 그 밖의 연락처

③ 정보주체가 개인정보의 이전을 원하지 아니하는 경우 조치할 수 있는 방법 및 절차

⑪ 영업양수자등의 의무(처리 제한)

① 영업양수자등은 개인정보를 이전받았을 때에는 지체 없이 그 사실을 대통령령으로 정하는 방법에 따라 정보주체에게 알려야 한다. 다만, 개인정보처리자가 그 이전 사실을 이미 알린 경우에는 그러하지 아니하다.

② 영업양수자등은 영업의 양도·합병 등으로 개인정보를 이전받은 경우에는 이전 당시의 본래 목적으로만 개인정보를 이용하거나 제3자에게 제공할 수 있다. 이 경우 영업양수자등은 개인정보처리자로 본다.

응용문제

01 「개인정보 보호법」제28조의2 등의 '가명정보의 처리에 관한 특례'에 대하여 서술하시오. [20점]

Ⅰ 가명정보

1. 의의

가명처리함으로써 원래의 상태로 복원하기 위한 추가 정보의 사용·결합 없이는 특정 개인을 알아볼 수 없는 정보를 가명정보라 한다.

2. 가명처리

가명처리란 개인정보의 일부를 삭제하거나 일부 또는 전부를 대체하는 등의 방법으로 추가 정보가 없이는 특정 개인을 알아볼 수 없도록 처리하는 것을 말한다.

Ⅱ 가명정보의 처리 등

1. 처리

① 개인정보처리자는 통계작성, 과학적 연구, 공익적 기록보존 등을 위하여 정보주체의 동의 없이 가명정보를 처리할 수 있다.
② 개인정보처리자는 가명정보를 제3자에게 제공하는 경우에는 특정 개인을 알아보기 위하여 사용될 수 있는 정보를 포함해서는 아니 된다.

2. 가명정보의 결합제한

① 통계작성, 과학적 연구, 공익적 기록보존 등을 위한 서로 다른 개인정보처리자 간의 가명정보의 결합은 보호위원회 또는 관계 중앙행정기관의 장이 지정하는 전문기관이 수행한다.
② 결합을 수행한 기관 외부로 결합된 정보를 반출하려는 개인정보처리자는 가명정보 등으로 처리한 뒤 전문기관의 장의 승인을 받아야 한다.

3. 가명정보에 대한 안전조치의무 등

개인정보처리자는 가명정보를 처리하는 경우에는 원래의 상태로 복원하기 위한 추가 정보를 별도로 분리하여 보관·관리하는 등 해당 정보가 분실·도난·유출·위조·변조 또는 훼손되지 않도록 안전성 확보에 필요한 기술적·관리적 및 물리적 조치를 하여야 한다.

4. 가명정보 처리 시 금지의무 등

① 누구든지 특정 개인을 알아보기 위한 목적으로 가명정보를 처리해서는 아니 된다.
② 개인정보처리자는 가명정보를 처리하는 과정에서 특정 개인을 알아볼 수 있는 정보가 생성된 경우에는 즉시 해당 정보의 처리를 중지하고, 지체 없이 회수·파기하여야 한다.

5. 가명정보 처리에 대한 과징금 부과 등

보호위원회는 개인정보처리자가 가명정보 처리 시 금지의무를 위반하여 특정 개인을 알아보기 위한 목적으로 정보를 처리한 경우 전체 매출액의 100분의 3 이하에 해당하는 금액을 과징금으로 부과할 수 있다. 다만, 매출액이 없거나 매출액의 산정이 곤란한 경우로서 4억 원 또는 자본금의 100분의 3 중 큰 금액 이하로 과징금을 부과할 수 있다.

02 「개인정보 보호법」 제32조의2상 '개인정보 보호 인증'에 대하여 서술하시오. [20점]

Ⅰ 개인정보 보호 인증

① 보호위원회는 개인정보처리자의 개인정보 처리 및 보호와 관련한 일련의 조치가 이 법에 부합하는지 등에 관하여 인증할 수 있다.

② 인증의 유효기간은 3년으로 한다.

③ 보호위원회는 개인정보 보호 인증의 실효성 유지를 위하여 연 1회 이상 사후관리를 실시하여야 한다.

Ⅱ 인증 취소

보호위원회는 다음 어느 하나에 해당하는 경우에는 대통령령으로 정하는 바에 따라 인증을 취소할 수 있다. 다만, ①에 해당하는 경우에는 취소하여야 한다.

① 거짓이나 그 밖의 부정한 방법으로 개인정보 보호 인증을 받은 경우

② 사후관리를 거부 또는 방해한 경우

③ 인증기준에 미달하게 된 경우

④ 개인정보 보호 관련 법령을 위반하고 그 위반사유가 중대한 경우

03 「개인정보 보호법」 제33조 '개인정보 영향평가'에 대해 약술하시오.
[20점]

Ⓘ 의의

공공기관의 장은 개인정보파일의 운용으로 인하여 정보주체의 개인정보 침해가 우려되는 경우에는 그 위험요인의 분석과 개선 사항 도출을 위한 평가, 즉 개인정보 영향평가를 하고 그 결과를 보호위원회에 제출하여야 한다.

Ⓘ 영향평가 대상

① 5만 명 이상의 민감정보 또는 고유식별정보가 포함된 개인정보파일을 구축 · 운용 또는 변경하는 경우
② 구축 · 운용하고 있는 개인정보파일을 다른 개인정보파일과 연계한 결과, 50만 명 이상의 개인정보가 포함된 경우
③ 100만 명 이상 정보주체가 포함된 개인정보파일을 구축 · 운용 또는 변경하는 경우
④ 영향평가를 받은 후에 개인정보파일의 운용체계를 변경하려는 경우

Ⓘ 영향평가 시 고려사항

① 개인정보의 제(3)자 제공 여부
② 처리하는 개인정보의 (수)
③ 정보주체의 권리를 해할 가능성 및 그 (위험) 정도

04 「개인정보 보호법」 제37조상 '개인정보 처리정지'에 대하여 서술하시오. [20점]

Ⅰ 처리정지

① 정보주체는 개인정보처리자에 대하여 자신의 개인정보 처리의 정지를 요구할 수 있다.
② 개인정보처리자는 요구를 받았을 때에는 지체 없이 정보주체의 요구에 따라 개인정보 처리의 전부를 정지하거나 일부를 정지하여야 한다.

Ⅱ 처리정지 예외

1. 거절 사유

아래의 경우에는 정보주체의 처리정지 요구를 거절할 수 있다.
① 법률에 특별한 규정이 있거나 법령상 의무를 준수하기 위하여 불가피한 경우
② 다른 사람의 생명 · 신체를 해할 우려가 있거나 다른 사람의 재산과 그 밖의 이익을 부당하게 침해할 우려가 있는 경우
③ 공공기관이 개인정보를 처리하지 아니하면 다른 법률에서 정하는 소관 업무를 수행할 수 없는 경우
④ 개인정보를 처리하지 아니하면 정보주체와 약정한 서비스를 제공하지 못하는 등 계약의 이행이 곤란한 경우로서 정보주체가 그 계약의 해지 의사를 명확하게 밝히지 아니한 경우

2. 거절 후 조치

① 개인정보처리자는 처리정지 요구를 거절하였을 때에는 정보주체에게 지체 없이 그 사유를 알려야 한다.
② 개인정보처리자는 정보주체의 요구에 따라 처리가 정지된 개인정보에 대하여 지체 없이 해당 개인정보의 파기 등 필요한 조치를 하여야 한다.

05 「개인정보 보호법」제39조의3상 정보통신서비스 제공자 등의 '개인정보의 수집 · 이용 동의 등에 대한 특례'에 대하여 서술하시오. [20점]

Ⅰ 의의

개인정보 보호제도란 개인에 관한 정보가 부당하게 수집, 유통, 이용되는 것을 막아 개인의 프라이버시를 보호하는 제도를 말한다.

Ⅱ 개인정보의 수집 · 이용 동의 등에 대한 특례(제39조의3 제1항)

1. 원칙

정보통신서비스 제공자는 제15조 제1항에도(동, 수, 특별, 이익, 계약, 우선) 불구하고 이용자의 개인정보를 이용하려고 수집하는 경우에는 다음 모든 사항을 이용자에게 알리고 동의를 받아야 한다. 다음 어느 하나의 사항을 변경하려는 경우에도 또한 같다(제1항).
① 개인정보의 수집 · 이용 목적
② 수집하는 개인정보의 항목
③ 개인정보의 보유 및 이용 기간
④ 거부할 권리가 있다는 사실 + 거부에 따른 불이익(제15조의 고지사항, 제39조의3은 특례)

2. 예외

정보통신서비스 제공자는 다음 어느 하나에 해당하는 경우에는 동의 없이 이용자의 개인정보를 수집 · 이용할 수 있다.
① 정보통신서비스의 제공에 관한 계약을 이행하기 위하여 필요한 개인정보로서 경제적 · 기술적인 사유로 통상적인 동의를 받는 것이 뚜렷하게 곤란한 경우
② 정보통신서비스의 제공에 따른 요금정산을 위하여 필요한 경우
③ 다른 법률에 특별한 규정이 있는 경우

Ⅲ 정보통신서비스 제공자 등(제39조의3 제3항~제6항)

① 정보통신서비스 제공자는 이용자가 필요한 최소한의 개인정보 이외의 개인정보를 제공하지 아니한다는 이유로 그 서비스의 제공을 거부해서는 아니 된다. 이 경우 필요한 최소한의 개인정보는 해당 서비스의 본질적 기능을 수행하기 위하여 반드시 필요한 정보를 말한다.

② 정보통신서비스 제공자는 만 14세 미만의 아동으로부터 개인정보 수집·이용·제공 등의 동의를 받으려면 그 법정대리인의 동의를 받아야 하고, 대통령령으로 정하는 바에 따라 법정대리인이 동의하였는지를 확인하여야 한다.

③ 정보통신서비스 제공자는 만 14세 미만의 아동에게 개인정보 처리와 관련한 사항의 고지 등을 하는 때에는 이해하기 쉬운 양식과 명확하고 알기 쉬운 언어를 사용하여야 한다.

④ 보호위원회는 개인정보 처리에 따른 위험성 및 결과, 이용자의 권리 등을 명확하게 인지하지 못할 수 있는 만 14세 미만의 아동의 개인정보 보호 시책을 마련하여야 한다.

Chapter 04

06 「개인정보 보호법」제39조의4상 정보통신서비스 제공자 등의 '개인정보 유출등의 통지 · 신고에 대한 특례'에 대하여 서술하시오. [20점]

① 의의

개인정보 보호제도란 개인에 관한 정보가 부당하게 수집, 유통, 이용되는 것을 막아 개인의 프라이버시를 보호하는 제도를 말한다.

② 개인정보 유출등의 통지 · 신고에 대한 특례(제39조의4)

1. 정보통신서비스 제공자 등은 개인정보의 분실 · 도난 · 유출 사실을 안 때에는 지체 없이 다음의 사항을 해당 이용자에게 알리고 보호위원회 또는 대통령령으로 정하는 전문기관(한국인터넷진흥원)에 신고하여야 하며, 정당한 사유 없이 그 사실을 안 때부터 24시간을 경과하여 통지 · 신고해서는 아니 된다. 다만, 이용자의 연락처를 알 수 없는 등 정당한 사유가 있는 경우에는 대통령령으로 정하는 바에 따라 통지를 갈음하는 조치를 취할 수 있다.
   ⑴ 유출등이 된 개인정보 항목
   ⑵ 유출등이 발생한 시점~~+그 경위~~(제34조 고지사항, 제39조의 4 특례)
   ⑶ 이용자가 취할 수 있는 조치
   ⑷ 정보통신서비스 제공자등의 대응 조치~~+구제절차~~(제34조 고지사항, 제39조의 4 특례)
   ⑸ 이용자가 상담 등을 접수할 수 있는 부서 및 연락처
2. 대통령령으로 정하는 전문기관(한국인터넷진흥원)은 지체 없이 그 사실을 보호위원회에 알려야 한다.
3. 정보통신서비스 제공자등은 정당한 사유를 보호위원회에 소명하여야 한다.

07 「개인정보 보호법」 제40조상 '개인정보 분쟁조정제도'에 대하여 서술하시오. [20점]

Ⅰ 개인정보 분쟁조정제도

개인정보 분쟁조정제도는 개인정보의 침해가 발생하였을 때, 신청인의 주장에 따라 사실을 조사하여 해결방안을 권고하는 제도이다.

Ⅱ 설치 및 구성

① 개인정보에 관한 분쟁의 조정(調停)을 위하여 개인정보 분쟁조정위원회를 둔다.
② 분쟁조정위원회는 위원장 1명을 포함한 20명 이내의 위원으로 구성한다.
③ 위원장은 위원 중에서 공무원이 아닌 사람으로 보호위원회 위원장이 위촉한다.
④ 분쟁조정위원회는 분쟁조정 업무를 효율적으로 수행하기 위하여 필요하면 조정사건의 분야별로 5명 이내의 위원으로 구성되는 조정부를 둘 수 있다.

Ⅲ 조정의 신청 등(제43조)

① 개인정보와 관련한 분쟁의 조정을 원하는 자는 분쟁조정위원회에 분쟁조정을 신청할 수 있다.
② 분쟁조정위원회는 당사자 일방으로부터 분쟁조정 신청을 받았을 때에는 그 신청내용을 상대방에게 알려야 한다.
③ 공공기관이 분쟁조정의 통지를 받은 경우에는 특별한 사유가 없으면 분쟁조정에 응하여야 한다.

Ⅳ 처리기간(제44조)

분쟁조정위원회는 분쟁조정 신청을 받은 날부터 60일 이내에 이를 심사하여 조정안을 작성하여야 한다.

Ⓥ 조정 전 합의 권고(제46조)

분쟁조정위원회는 분쟁조정 신청을 받았을 때에는 당사자에게 그 내용을 제시하고 조정 전 합의를 권고할 수 있다.

Ⓥ 분쟁의 조정(제47조)

1. 분쟁조정위원회는 다음 사항을 포함하여 조정안을 작성할 수 있다.
   (1) 조사 대상 침해행위의 중지
   (2) 원상회복, 손해배상, 그 밖에 필요한 구제조치
   (3) 같거나 비슷한 침해의 재발을 방지하기 위하여 필요한 조치
2. 조정안을 제시받은 당사자가 제시받은 날부터 15일 이내에 수락 여부를 알리지 아니하면 조정을 거부한 것으로 본다.
3. 당사자가 조정내용을 수락한 경우 조정의 내용은 재판상 화해와 동일한 효력을 갖는다.

Ⓥ 조정의 거부 및 중지(제48조)

분쟁조정위원회는 분쟁의 성질상 분쟁조정위원회에서 조정하는 것이 적합하지 아니한 경우에는 그 조정을 거부할 수 있다. 분쟁조정위원회는 신청된 조정사건에 대한 처리절차를 진행하던 중 한쪽 당사자가 소를 제기하면 그 조정의 처리를 중지하고 이를 당사자에게 알려야 한다.

08 「개인정보 보호법」제7조 '개인정보 보호위원회'와 제40조 '개인정보 분쟁조정위원회'에 대하여 서술하시오. [20점]

Ⅰ 개인정보 보호위원회

1. 의의

개인정보 보호에 관한 사무를 독립적으로 수행하기 위하여 국무총리 소속으로 개인정보 보호위원회를 둔다. 개인정보 보호위원회는 「정부조직법」제2조에 따른 중앙행정기관으로 본다.

2. 구성

(1) 개인정보 보호위원회는 상임위원 2명(위원장 1명, 부위원장 1명)을 포함한 9명의 위원으로 구성한다.

(2) 개인보호위원회의 위원은 개인정보 보호에 관한 경력과 전문지식이 풍부한 사람 중에서 위원장과 부위원장은 국무총리의 제청으로, 그 외 위원 중 2명은 위원장의 제청으로, 2명은 대통령이 소속되거나 소속되었던 정당의 교섭단체 추천으로, 3명은 그 외의 교섭단체 추천으로 대통령이 임명 또는 위촉한다.

(3) 위원장과 부위원장은 정무직 공무원으로 임명한다.

Ⅱ 개인정보 분쟁조정위원회

1. 의의

개인정보에 관한 분쟁의 조정을 위하여 개인정보 분쟁조정위원회를 둔다. 개인정보와 관련한 분쟁의 조정을 원하는 자는 분쟁조정위원회에 분쟁조정을 신청할 수 있다.

2. 구성

(1) 분쟁조정위원회는 위원장 1명을 포함한 20명 이내의 위원으로 구성하며, 위원은 당연직위원과 위촉위원으로 구성한다. 위원은 보호위원회 위원장이 위촉한다. 대통령령으로 정하는 국가기관 소속 공무원은 당연직위원이 된다.

(2) 분쟁조정위원회는 분쟁조정 업무를 효율적으로 수행하기 위하여 필요하면 대통령령으로 정하는 바에 따라 조정사건의 분야별로 5명 이내의 위원으로 구성되는 조정부를 둘 수 있다. 분쟁조정위원회 또는 조정부는 재적위원 과반수의 출석으로 개의하며 출석위원 과반수의 찬성으로 의결한다.

09 「개인정보 보호법」 제49조상 '집단분쟁조정'에 대하여 서술하시오. [20점]

Ⅰ 집단분쟁조정(제49조)

(1) 의뢰 또는 신청

국가 및 지방자치단체, 개인정보 보호단체 및 기관, 정보주체, 개인정보처리자는 정보주체의 피해 또는 권리침해가 다수의 정보주체에게 같거나 비슷한 유형으로 발생하는 경우에는 분쟁조정위원회에 집단분쟁조정을 의뢰 또는 신청할 수 있다.

(2) 공고

이 경우 분쟁조정위원회는 집단분쟁조정의 절차를 개시할 수 있고, 대통령령으로 정하는 기간 동안 그 절차의 개시를 공고하여야 한다.

(3) 대표자

분쟁조정위원회는 집단분쟁조정의 당사자 중에서 공동의 이익을 대표하기에 가장 적합한 1인 또는 수인을 대표당사자로 선임할 수 있다.

(4) 보상계획서

분쟁조정위원회는 개인정보처리자가 분쟁조정위원회의 집단분쟁조정의 내용을 수락한 경우에는 집단분쟁조정의 당사자가 아닌 자로서 피해를 입은 정보주체에 대한 보상계획서를 작성하여 분쟁조정위원회에 제출하도록 권고할 수 있다.

(5) 조정 중 소 제기

분쟁조정위원회는 집단분쟁조정의 당사자인 다수의 정보주체 중 일부의 정보주체가 법원에 소를 제기한 경우에는 그 절차를 중지하지 아니하고, 소를 제기한 일부의 정보주체를 그 절차에서 제외한다.

(6) 조정기간

집단분쟁조정의 기간은 공고가 종료된 날의 다음 날부터 60일 이내로 한다. 다만, 부득이한 사정이 있는 경우에는 분쟁조정위원회의 의결로 처리기간을 연장할 수 있다.

Ⅱ 조정절차 등(제50조)

분쟁조정위원회의 운영 및 분쟁조정 절차에 관하여 이 법에서 규정하지 아니한 사항에 대하여는 「민사조정법」을 준용한다.

10 「개인정보 보호법」 제51조상 개인정보 단체소송을 제기할 수 있는 단체에 대하여 서술하시오. [20점]

Ⅰ 개인정보 단체소송

개인정보처리자가 제49조에 따른 집단분쟁조정을 거부하거나 집단분쟁조정의 결과를 수락하지 아니한 경우에는 법원에 권리침해 행위의 금지 · 중지를 구하는 소송(이하 '단체소송'이라 한다)을 제기할 수 있다.

Ⅱ 「소비자기본법」 제29조에 따라 공정거래위원회에 등록한 소비자단체

다음의 요건을 모두 갖춘 단체
① 정관에 따라 상시적으로 정보주체의 권익증진을 주된 목적으로 하는 단체일 것
② 단체의 정회원수가 1천 명 이상일 것
③ 「소비자기본법」 제29조에 따른 등록 후 3년이 경과하였을 것

Ⅲ 「비영리민간단체 지원법」 제2조에 따른 비영리민간단체

다음의 요건을 모두 갖춘 단체
① 법률상 또는 사실상 동일한 침해를 입은 100명 이상의 정보주체로부터 단체소송의 제기를 요청받을 것
② 정관에 개인정보 보호를 단체의 목적으로 명시한 후 최근 3년 이상 이를 위한 활동실적이 있을 것
③ 단체의 상시 구성원수가 5천 명 이상일 것
④ 중앙행정기관에 등록되어 있을 것

11 「개인정보 보호법」 제52조~제56조상 개인정보 단체소송의 전속관할, 소송허가신청, 소송허가요건, 확정판결의 효력 등에 대하여 서술하시오.

[20점]

Ⅰ 개인정보 단체소송

개인정보처리자가 집단분쟁조정을 거부하거나 집단분쟁조정의 결과를 수락하지 아니한 경우에는 법원에 권리침해 행위의 금지·중지를 구하는 소송(이하 '단체소송'이라 한다)을 제기할 수 있다.

Ⅱ 전속관할

① 단체소송의 소는 피고의 주된 사무소 또는 영업소가 있는 곳, 주된 사무소나 영업소가 없는 경우에는 주된 업무담당자의 주소가 있는 곳의 지방법원 본원 합의부의 관할에 전속한다.
② 외국사업자에 적용하는 경우 대한민국에 있는 이들의 주된 사무소·영업소 또는 업무담당자의 주소에 따라 정한다.

Ⅲ 소송대리인의 선임

단체소송의 원고는 변호사를 소송대리인으로 선임하여야 한다.

Ⅳ 소송허가신청

1. 단체소송을 제기하는 단체는 소장과 함께 다음의 사항을 기재한 소송허가신청서를 법원에 제출하여야 한다.
   (1) 원고 및 그 소송대리인
   (2) 피고
   (3) 정보주체의 침해된 권리의 내용
2. 소송허가신청서에는 다음의 자료를 첨부하여야 한다.
   (1) 소제기 단체가 단체소송의 요건을 갖추고 있음을 소명하는 자료
   (2) 개인정보처리자가 조정을 거부하였거나 조정결과를 수락하지 아니하였음을 증명하는 서류

Ⓥ 확정판결의 효력

원고의 청구를 기각하는 판결이 확정된 경우 이와 동일한 사안에 관하여는 제51조에 따른 다른 단체는 단체소송을 제기할 수 없다. 다만, 다음 어느 하나에 해당하는 경우에는 그러하지 아니하다.

① 판결이 확정된 후 그 사안과 관련하여 국가·지방자치단체 또는 국가·지방자치단체가 설립한 기관에 의하여 새로운 증거가 나타난 경우
② 기각판결이 원고의 고의로 인한 것임이 밝혀진 경우

Ⓥ 「민사소송법」의 적용 등

① 단체소송에 관하여 이 법에 특별한 규정이 없는 경우에는 「민사소송법」을 적용한다.
② 단체소송의 허가결정이 있는 경우에는 「민사집행법」에 따른 보전처분을 할 수 있다.
③ 단체소송의 절차에 관하여 필요한 사항은 대법원규칙으로 정한다.

Chapter 04

12 `'개인정보자기결정권(자기정보통제권)'에 대하여 서술하시오.` [20점]

Ⓘ 의의

개인정보자기결정권은 자신에 관한 정보가 언제 누구에게 어느 범위까지 알려지고 또 이용되도록 할 것인지를 그 정보주체가 스스로 결정할 수 있는 권리를 말한다.

Ⓘ 필요성

정보화 사회가 진전됨에 따라 개인정보가 부당하게 유통되는 사례가 증가하고 있다. 이러한 상황하에서 개인정보의 보호를 위한 법적 조치가 필요하게 되었다.

Ⓘ 법적 근거

1. 헌법적 근거

개인정보 보호제도의 헌법적 근거는 헌법상 기본권인 개인정보자기결정권(자기정보통제권)이다. 즉 정보주체가 개인정보의 공개와 이용에 관하여 스스로 결정할 권리를 말한다(헌재 2005.7.21, 2003헌마282[개인정보수집 등 위헌확인]).

2. 「개인정보 보호법」

(1) **정보주체의 권리**(제4조)

개인정보의 처리에 관한 동의 여부, 동의 범위 등을 선택하고 결정할 권리이다.

(2) **개인정보의 수집 · 이용**(제15조)

개인정보처리자는 정보주체의 동의를 받은 경우에는 개인정보를 수집할 수 있으며 그 수집 목적의 범위에서 이용할 수 있다.

(3) **개인정보의 제공**(제17조)

개인정보처리자는 정보주체의 동의를 받은 경우에는 정보주체의 개인정보를 제3자에게 제공할 수 있다.

(4) 개인정보의 목적 외 이용·제공 제한(제18조)

개인정보처리자는 정보주체로부터 별도의 동의를 받은 경우 정보주체 또는 제3자의 이익을 부당하게 침해할 우려가 있을 때를 제외하고는 개인정보를 목적 외의 용도로 이용하거나 이를 제3자에게 제공할 수 있다.

3. 「주민등록법」

주민등록번호 변경에 관한 규정을 두지 않음으로써 주민등록번호 불법 유출 등을 원인으로 자신의 주민등록번호를 변경하고자 하는 청구인들의 개인정보결정권을 제한하고 있어서 주민등록번호의 변경(제7조의4)을 신설하였다.

Ⅳ 개인정보자기결정권

정보주체가 '동의'를 통해 개인정보의 동의 범위, 개인정보처리자의 수집·이용, 제3자 제공의 여부 등을 스스로 결정할 수 있는 권리가 있으며 이는 「헌법」 및 「개인정보 보호법」에서 인정되는 권리이다.

05

질서위반
행위규제법

질서위반행위규제법

4. **자진납부자에 대한 과태료 감경(제18조)**

   100분의 20 과태료 감경

5. **과태료 부과의 제척기간(제19조)**

   5년이 경과한 경우 과태료 부과 ×

6. **이의제기(제20조)★**

   60일 이내에 이의제기 가능하고 과태료 부과처분은 그 효력을 상실

7. **법원에의 통보(제21조)★**

   (1) **이의제기를 받은 날부터 14일 이내에 법원 통보**

   (2) **예외사항**

   　① 당사자가 이의제기를 철회한 경우

   　② 이의제기에 이유가 있어 과태료를 부과할 필요가 없는 것으로 인정되는 경우

8. **가산금 징수 및 체납체분 등(제24조)★**

   100분의 3(가산금), 1개월마다 1000분의 12(중가산금, 다만, 60개월 초과 ×)

9. **과태료의 징수유예 등(제24조의3 제5항)**

   • 징수유예 등을 취소, 유예된 과태료 징수금을 한꺼번에 징수 가능한 경우

   　① 과태료 징수금을 지정된 기한까지 납부하지 아니하였을 때

   　② 담보의 제공이나 변경, 그 밖에 담보보전에 필요한 행정청의 명령에 따르지 아니하였을 때

   　③ 재산상황이나 그 밖의 사정의 변화로 유예할 필요가 없다고 인정될 때

   　④ 유예한 기한까지 과태료 징수금의 전액을 징수할 수 없다고 인정될 때

Ⅴ 제4장 질서위반행위의 재판 및 집행(제25조~제50조)

1. **관할 법원(제25조)**

2. **관할위반에 따른 이송(제27조)**

3. **심문 등(제31조)**

4. **행정청에 대한 출석요구 등(제32조)**

5. **재판(제36조)**

6. **항고(제38조)**

7. **과태료 재판의 집행(제42조)**

   　① 과태료 재판은 검사의 명령으로써 집행

   　② 그 명령은 집행권원과 동일한 효력

8. **과태료 재판 집행의 위탁(제43조)**

9. **약식재판(제44조)**

10. **이의신청(제45조)**

    　① 약식재판의 고지를 받은 날부터 7일 이내 이의신청

    　② 검사는 행정청의 의견청취가능

    　③ 7일은 불변기간

    　④ 당사자와 검사가 책임질 수 없는 사유로 7일 이내의 기간을 지킬 수 없었던 경우에는 그 사유가 없어진 14일 이내에 이의신청할 수 있음

11. 이의신청 방식(제46조)

이의신청서 약식재판 법원에 제출

12. 이의신청 취하(제47조)

정식재판 절차에 따른 결정을 고지받기 전까지 가능

13. 약식재판의 확정(제49조)

① 제45조에 따른 기간 이내에 이의신청이 없는 때

② 이의신청에 대한 각하결정이 확정된 때

③ 당사자 또는 검사가 이의신청을 취하한 때

Ⅵ 제5장 보칙(제51조~제57조)

1. 관허사업의 제한(제52조)★(과태료 체납자 제재 : 2020년 기출)

• and 조건

① 과태료 3회 이상 체납

② 체납발생일로부터 1년 이상 경과

③ 체납금액의 합계 500만 원 이상인 체납자

④ 천재지변 등 특별한 사유 없이 과태료를 체납한 자

2. 신용정보의 제공 등(제53조)

종합신용정보회사 등에 체납 또는 결손처분자료를 제공

3. 고액·상습체납자에 대한 제재(제54조)★(과태료 체납자 제재 : 2020년 기출)

• and 조건

① 과태료 3회 이상 체납

② 체납발생일로부터 1년 이상 경과

③ 체납금액의 합계 1,000만 원 이상인 체납자

④ 과태료 납부능력이 있음에도 불구하고 정당한 사유 없이 체납한 경우

4. 자동차 관련 과태료 체납자에 대한 자동차등록번호판의 영치(제55조)

• and 조건

① 60일 체납

② 체납액 30만 원 이상

③ 당사자 소유

01 「질서위반행위규제법」의 적용범위에 대하여 서술하시오. [20점]

Ⅰ 질서위반행위

'질서위반행위'란 법률상의 의무를 위반하여 과태료를 부과하는 행위를 말한다.

Ⅱ 「질서위반행위규제법」의 시간적 적용범위(제3조)

1. 원칙 : 행위 시의 법률 적용

질서위반행위의 성립과 과태료 처분은 행위 시의 법률에 따른다.

2. 예외 : 변경된 법률 적용

⑴ 질서위반행위 후 법률이 변경되어 그 행위가 질서위반행위에 해당하지 아니하게 되거나 과태료가 변경되기 전의 법률보다 가볍게 된 때에는 법률에 특별한 규정이 없는 한 변경된 법률을 적용한다.

⑵ 행정청의 과태료 처분이나 법원의 과태료 재판이 확정된 후 법률이 변경되어 그 행위가 질서위반행위에 해당하지 아니하게 된 때에는 변경된 법률에 특별한 규정이 없는 한 과태료의 징수 또는 집행을 면제한다.

Ⅲ 「질서위반행위규제법」의 장소적 적용범위(제4조)

① 이 법은 대한민국 영역 안에서 질서위반행위를 한 자에게 적용한다.
② 이 법은 대한민국 영역 밖에서 질서위반행위를 한 대한민국의 국민에게 적용한다.
③ 이 법은 대한민국 영역 밖에 있는 대한민국의 선박 또는 항공기 안에서 질서위반행위를 한 외국인에게 적용한다.

02 「질서위반행위규제법」상 '질서위반행위의 성립'에 대하여 서술하시오. [20점]

Ⓘ 질서위반행위

'질서위반행위'란 법률상의 의무를 위반하여 과태료를 부과하는 행위를 말한다.
다만, 대통령령으로 정하는 사법상·소송법상 의무를 위반하여 과태료를 부과하는 행위 및 대통령령으로 정하는 법률에 따른 징계사유에 해당하여 과태료를 부과하는 행위는 질서위반행위에서 제외한다.

Ⓘ 질서위반행위의 성립

1. 질서위반행위 법정주의(제6조)

법률에 따르지 아니하고는 어떤 행위도 질서위반행위로 과태료를 부과하지 아니한다.

2. 고의 또는 과실(제7조)

고의 또는 과실이 없는 질서위반행위는 과태료를 부과하지 아니한다.

3. 위법성의 착오(제8조)

자신의 행위가 위법하지 아니한 것으로 오인하고 행한 질서위반행위는 그 오인에 정당한 이유가 있는 때에 한하여 과태료를 부과하지 아니한다.

4. 책임연령(제9조)

14세가 되지 아니한 자의 질서위반행위는 과태료를 부과하지 아니한다. 다만, 다른 법률에 특별한 규정이 있는 경우에는 그러하지 아니하다.

5. 심신장애(제10조)

① 심신(心神)장애로 인하여 행위의 옳고 그름을 판단할 능력이 없거나 그 판단에 따른 행위를 할 능력이 없는 자의 질서위반행위는 과태료를 부과하지 아니한다.

② 심신장애로 인하여 능력이 미약한 자의 질서위반행위는 과태료를 감경한다.

③ 단, 스스로 심신장애 상태를 일으켜 질서위반행위를 한 자에 대하여는 ①, ②를 적용하지 아니한다.

6. 다수인의 질서위반행위 가담(제12조)

① 2인 이상이 질서위반행위에 가담한 때에는 각자가 질서위반행위를 한 것으로 본다.

② 신분에 의하여 성립하는 질서위반행위에 신분이 없는 자가 가담한 때에는 신분이 없는 자에 대하여도 질서위반행위가 성립한다.

③ 신분에 의하여 과태료를 감경 또는 가중하거나 과태료를 부과하지 아니하는 때에는 그 신분의 효과는 신분이 없는 자에게는 미치지 아니한다.

03 「질서위반행위규제법」상 '다수인의 질서위반행위 가담'과 '수개의 질서위반행위의 처리'에 대하여 서술하시오. [20점]

Ⅰ 질서위반행위

'질서위반행위'란 법률상의 의무를 위반하여 과태료를 부과하는 행위를 말한다.

Ⅱ 다수인의 질서위반행위 가담(제12조)

① 2인 이상이 질서위반행위에 가담한 때에는 각자가 질서위반행위를 한 것으로 본다.
② 신분에 의하여 성립하는 질서위반행위에 신분이 없는 자가 가담한 때에는 신분이 없는 자에 대하여도 질서위반행위가 성립한다.
③ 신분에 의하여 과태료를 감경 또는 가중하거나 과태료를 부과하지 아니하는 때에는 그 신분의 효과는 신분이 없는 자에게는 미치지 아니한다.

Ⅲ 수개의 질서위반행위의 처리(제13조)

① 하나의 행위가 2 이상의 질서위반행위에 해당하는 경우에는 각 질서위반행위에 대하여 정한 과태료 중 가장 중한 과태료를 부과한다.
② 2 이상의 질서위반행위가 경합하는 경우에는 각 질서위반행위에 대하여 정한 과태료를 각각 부과한다. 다만, 다른 법령(지방자치단체의 조례를 포함한다. 이하 같다)에 특별한 규정이 있는 경우에는 그 법령으로 정하는 바에 따른다.

04 「질서위반행위규제법」상 '행정질서벌(과태료)의 과벌절차'에 대하여 서술하시오. [20점]

Ⅰ 행정질서벌(과태료)

행정벌은 행정관련법규 위반행위자를 대상으로 부과하고자 하는 제재로서, 과벌수단에 따라 행정형벌과 행정질서벌(과태료)로 구분된다. 「질서위반행위규제법」은 행정청의 과태료처분에 대해 상대방이 처분청에 이의제기를 하면, 처분청은 관할 법원에 그 사실을 통보하여야 하며, 통보를 받은 법원이 과태료 재판을 하도록 규정하고 있다. 따라서 과태료의 제1차적인 부과권자는 행정청이고, 제2차적인 부과권자는 법원이다.

Ⅱ 행정청의 과태료 부과

1. 사전통지 및 의견제출 등(제16조)

① 행정청이 질서위반행위에 대하여 과태료를 부과하고자 하는 때에는 미리 당사자에게 대통령령으로 정하는 사항을 통지하고, 10일 이상의 기간을 정하여 의견을 제출할 기회를 주어야 한다. 이 경우 지정된 기일까지 의견제출이 없는 경우에는 의견이 없는 것으로 본다.

② 당사자는 의견제출기한 이내에 대통령령으로 정하는 방법에 따라 행정청에 의견을 진술하거나 필요한 자료를 제출할 수 있다.

③ 행정청은 당사자가 제출한 의견에 상당한 이유가 있는 경우에는 과태료를 부과하지 아니하거나 통지한 내용을 변경할 수 있다.

2. 과태료의 부과(제17조)

행정청은 의견제출절차를 마친 후에 서면(당사자가 동의하는 경우에는 전자문서를 포함)으로 과태료를 부과하여야 한다.

3. 자진납부자에 대한 과태료 감경(제18조)

행정청은 당사자가 의견제출기한 이내에 과태료를 자진하여 납부하고자 하는 경우에는 대통령령으로 정하는 바(100분의 20)에 따라 과태료를 감경할 수 있다.

4. 과태료 부과의 제척기간(제19조)

행정청은 질서위반행위가 종료된 날(다수인이 질서위반행위에 가담한 경우에는 최종행위가 종료된 날)부터 5년이 경과한 경우에는 해당 질서위반행위에 대하여 과태료를 부과할 수 없다.

Ⅲ 이의제기(제20조)

행정청의 과태료 부과에 불복하는 당사자는 과태료 부과 통지를 받은 날부터 60일 이내에 해당 행정청에 서면으로 이의제기를 할 수 있다.

Ⅳ 법원에의 통보(제21조)

이의제기를 받은 행정청은 이의제기를 받은 날부터 14일 이내에 이에 대한 의견 및 증빙서류를 첨부하여 관할 법원에 통보하여야 한다.

05 행정청의 과태료 부과절차와 징수절차에 대하여 약술하시오. [20점]

Ⅰ 사전통지 및 의견제출 등(제16조)

① 행정청이 질서위반행위에 대하여 과태료를 부과하고자 하는 때에는 미리 당사자에게 대통령령으로 정하는 사항을 통지하고, 10일 이상의 기간을 정하여 의견을 제출할 기회를 주어야 한다. 이 경우 지정된 기일까지 의견제출이 없는 경우에는 의견이 없는 것으로 본다.
② 당사자는 의견제출기한 이내에 행정청에 의견을 진술하거나 필요한 자료를 제출할 수 있다.
③ 행정청은 당사자가 제출한 의견에 상당한 이유가 있는 경우에는 과태료를 부과하지 아니하거나 통지한 내용을 변경할 수 있다.

Ⅱ 과태료의 부과(제17조)

행정청은 의견제출절차를 마친 후에 서면(당사자가 동의하는 경우에는 전자문서를 포함)으로 과태료를 부과하여야 한다.

Ⅲ 자진납부자에 대한 과태료 감경(제18조)

① 행정청은 당사자가 의견제출기한 이내에 과태료를 자진하여 납부하고자 하는 경우에는 대통령령으로 정하는 바에 따라 과태료를 감경할 수 있다.
② 당사자가 감경된 과태료를 납부한 경우에는 해당 질서위반행위에 대한 과태료 부과 및 징수절차는 종료한다.

Ⅳ 과태료 부과의 제척기간(제19조)

① 행정청은 질서위반행위가 종료된 날(다수인이 질서위반행위에 가담한 경우에는 최종행위가 종료된 날을 말한다)부터 5년이 경과한 경우에는 해당 질서위반행위에 대하여 과태료를 부과할 수 없다.
② 행정청은 법원의 결정이 있는 경우에는 그 결정이 확정된 날부터 1년이 경과하기 전까지는 과태료를 정정부과하는 등 해당 결정에 따라 필요한 처분을 할 수 있다.

Ⓥ 가산금 징수 및 체납처분 등(제24조)

① 행정청은 당사자가 납부기한까지 과태료를 납부하지 아니한 때에는 납부기한을 경과한 날부터 체납된 과태료에 대하여 100분의 3에 상당하는 가산금을 징수한다.

② 체납된 과태료를 납부하지 아니한 때에는 납부기한이 경과한 날부터 매 1개월이 경과할 때마다 체납된 과태료의 1천분의 12에 상당하는 중가산금을 가산금에 가산하여 징수한다. 이 경우 중가산금을 가산하여 징수하는 기간은 60개월을 초과하지 못한다.

③ 행정청은 당사자가 기한 이내에 이의를 제기하지 아니하고 가산금을 납부하지 아니한 때에는 국세 또는 지방세 체납처분의 예에 따라 징수한다.

06 「질서위반행위규제법」상의 행정청의 과태료 부과에 대한 불복절차에 대하여 약술하시오. [20점]

Ⅰ 이의제기(제20조)

① 행정청의 과태료 부과에 불복하는 당사자는 과태료 부과 통지를 받은 날부터 60일 이내에 해당 행정청에 서면으로 이의제기를 할 수 있다.
② 이의제기가 있는 경우에는 행정청의 과태료 부과처분은 그 효력을 상실한다.
③ 당사자는 행정청에 대하여 서면으로 이의제기를 철회할 수 있다.

Ⅱ 법원에의 통보(제21조)

① 이의제기를 받은 행정청은 이의제기를 받은 날부터 14일 이내에 이에 대한 의견 및 증빙서류를 첨부하여 관할 법원에 통보하여야 한다. 다만, 다음에 해당하는 경우에는 그러하지 아니하다.
　가. 당사자가 이의제기를 철회한 경우
　나. 당사자의 이의제기에 이유가 있어 과태료를 부과할 필요가 없는 것으로 인정되는 경우
② 행정청은 사실상 또는 법률상 같은 원인으로 말미암아 다수인에게 과태료를 부과할 필요가 있는 경우에는 다수인 가운데 1인에 대한 관할권이 있는 법원에 이의제기 사실을 통보할 수 있다.
③ 행정청이 관할 법원에 통보를 하거나 통보하지 아니하는 경우는 그 사실을 즉시 당사자에게 통지하여야 한다.

06-1 「질서위반행위규제법」 제24조의3상 '과태료의 징수유예 등' 및 '결손처분'에 대하여 서술하시오. [20점]

Ⅰ 과태료의 징수유예 등

1. 의의

행정청은 당사자가 과태료(체납된 과태료와 가산금, 중가산금 및 체납처분비를 포함)를 납부하기가 곤란하다고 인정되면 1년의 범위에서 대통령령으로 정하는 바에 따라 과태료의 분할납부나 납부기일의 연기("징수유예등")를 결정할 수 있다.

2. 대상자

① 「국민기초생활 보장법」에 따른 수급권자
② 「의료급여법」에 따른 수급권자
③ 「한부모가족지원법」에 따른 지원대상자
④ 자활사업 참여자, 장애인복지법에 따른 장애인, 실업급여수급자 등

Ⅱ 징수유예 신청

① 징수유예등을 받으려는 당사자는 행정청에 신청할 수 있다.
② 행정청은 징수유예 등을 하는 경우 그 유예하는 금액에 상당하는 담보의 제공이나 제공된 담보의 변경을 요구할 수 있고, 그 밖에 담보보전에 필요한 명령을 할 수 있다
③ 행정청은 징수유예 등의 기간 중에는 그 유예한 과태료 징수금에 대하여 가산금, 중가산금의 징수 또는 체납처분(교부청구는 제외)을 할 수 없다.

Ⅲ 징수유예 취소

행정청은 다음의 어느 하나에 해당하는 경우 그 징수유예등을 취소하고, 유예된 과태료 징수금을 한꺼번에 징수할 수 있다. 이 경우 그 사실을 당사자에게 통지하여야 한다.
① 과태료 징수금을 지정된 기한까지 납부하지 아니하였을 때
② 담보의 제공이나 변경, 그 밖에 담보보전에 필요한 행정청의 명령에 따르지 아니하였을 때

③ 재산상황이나 그 밖의 사정의 변화로 유예할 필요가 없다고 인정될 때
④ 유예한 기한까지 과태료 징수금의 전액을 징수할 수 없다고 인정될 때

Ⅳ 결손처분

행정청은 당사자에게 다음의 어느 하나에 해당하는 사유가 있을 경우에는 결손처분을 할 수 있다.
① 과태료의 소멸시효가 완성된 경우
② 체납자의 행방이 분명하지 아니하거나 재산이 없는 등 징수할 수 없다고 인정되는 경우로서 대통령령으로 정하는 경우
③ 행정청은 결손처분을 한 후 압류할 수 있는 다른 재산을 발견하였을 때에는 지체 없이 그 처분을 취소하고 체납처분을 하여야 한다.

Chapter 05

07 「질서위반행위규제법」상 '질서위반행위의 재판 및 집행'에 대하여 서술하시오. [20점]

Ⅰ 질서위반행위

'질서위반행위'란 법률상의 의무를 위반하여 과태료를 부과하는 행위를 말한다.

Ⅱ 재판

1. 관할 법원(제25조)

① 과태료 사건은 원칙상 당사자의 주소지의 지방법원 또는 그 지원의 관할로 한다.
② 법원은 과태료 사건의 전부 또는 일부에 대하여 관할권이 없다고 인정하는 경우에는 결정으로 이를 관할 법원으로 이송한다.

2. 심문 등(제31조)

① 법원은 심문기일을 열어 당사자의 진술을 들어야 한다.
② 법원은 검사의 의견을 구하여야 하고, 검사는 심문에 참여하여 의견을 진술하거나 서면으로 의견을 제출하여야 한다.

3. 행정청에 대한 출석 요구 등(제32조)

① 법원은 행정청의 참여가 필요하다고 인정하는 때에는 행정청으로 하여금 심문기일에 출석하여 의견을 진술하게 할 수 있다.
② 행정청은 법원의 허가를 받아 소속 공무원으로 하여금 심문기일에 출석하여 의견을 진술하게 할 수 있다.

4. 직권에 의한 사실탐지와 증거조사(제33조)

법원은 직권으로 사실의 탐지와 필요하다고 인정하는 증거의 조사를 하여야 한다.

5. 재판(제36조)

① 과태료 재판은 이유를 붙인 결정으로써 한다.
② 결정은 당사자와 검사에게 고지함으로써 효력이 생긴다.

6. 항고(제38조)

당사자와 검사는 과태료 재판에 대하여 즉시항고를 할 수 있다. 이 경우 항고는 집행정지의 효력이 있다.

(Ⅲ) 과태료 재판의 집행(제42조)

① 과태료 재판은 검사의 명령으로써 집행한다.
② 과태료 재판의 집행절차는 「민사집행법」에 따르거나 국세 또는 지방세 체납처분의 예에 따른다.
③ 약식재판 법원은 상당하다고 인정하는 때에는 심문 없이 과태료 재판을 할 수 있다.

08 「질서위반행위규제법」상 '관할 법원'에 대하여 약술하시오. [20점]

Ⅰ 관할 법원(제25조)

과태료 사건은 다른 법령에 특별한 규정이 있는 경우를 제외하고는 당사자의 주소지의 지방법원 또는 그 지원의 관할로 한다.

Ⅱ 관할의 표준이 되는 시기(제26조)

법원의 관할은 행정청이 사실을 통보한 때를 표준으로 정한다.

Ⅲ 관할위반에 따른 이송(제27조)

① 법원은 과태료 사건의 전부 또는 일부에 대하여 관할권이 없다고 인정하는 경우에는 결정으로 이를 관할 법원으로 이송한다.
② 당사자 또는 검사는 이송결정에 대하여 즉시항고를 할 수 있다.

09 「질서위반행위규제법」상의 심리에서 심문 등에 대하여 약술하시오. [20점]

Ⅰ 심문 등(제31조)

① 법원은 심문기일을 열어 당사자의 진술을 들어야 한다.
② 법원은 검사의 의견을 구하여야 하고, 검사는 심문에 참여하여 의견을 진술하거나 서면으로 의견을 제출하여야 한다.
③ 법원은 당사자 및 검사에게 심문기일을 통지하여야 한다.

Ⅱ 행정청에 대한 출석 요구 등(제32조)

① 법원은 행정청의 참여가 필요하다고 인정하는 때에는 행정청으로 하여금 심문기일에 출석하여 의견을 진술하게 할 수 있다.
② 행정청은 법원의 허가를 받아 소속 공무원으로 하여금 심문기일에 출석하여 의견을 진술하게 할 수 있다.

Ⅲ 직권에 의한 사실탐지와 증거조사(제33조)

법원은 직권으로 사실의 탐지와 필요하다고 인정하는 증거의 조사를 하여야 한다.

Ⅳ 촉탁할 수 있는 사항(제34조)

사실탐지·소환 및 고지에 관한 행위는 촉탁할 수 있다.

Ⅴ 조서의 작성(제35조)

법원사무관 등은 증인 또는 감정인의 심문에 관하여는 조서를 작성하고, 그 밖의 심문에 관하여는 필요하다고 인정하는 경우에 한하여 조서를 작성한다.

10 「질서위반행위규제법」상의 '과태료 재판의 집행'에 대하여 약술하시오.
[20점]

Ⅰ 과태료 재판의 집행(제42조)

① 과태료 재판은 검사의 명령으로써 집행한다. 이 경우 그 명령은 집행력 있는 집행권원과 동일한 효력이 있다.
② 과태료 재판의 집행절차는 「민사집행법」에 따르거나 국세 또는 지방세 체납처분의 예에 따른다.
③ 과태료 재판의 집행에 대하여는 '과태료 부과처분에 대하여 이의를 제기하지 아니한 채 기한이 종료한 후'는 '과태료 재판이 확정된 후'로 본다.
④ 검사는 과태료 재판을 집행한 경우 그 결과를 해당 행정청에 통보하여야 한다.

Ⅱ 과태료 재판 집행의 위탁(제43조)

① 검사는 과태료를 최초 부과한 행정청에 대하여 과태료 재판의 집행을 위탁할 수 있고, 위탁을 받은 행정청은 국세 또는 지방세 체납처분의 예에 따라 집행한다.
② 지방자치단체의 장이 집행을 위탁받은 경우에는 그 집행한 금원(金員)은 당해 지방자치단체의 수입으로 한다.

11 「질서위반행위규제법」상 과태료 재판, 결정의 고지 및 항고 등에 대하여 「질서위반행위규제법」을 토대로 약술하시오. [20점]

Ⅰ 재판(제36조)

① 과태료 재판은 이유를 붙인 결정으로써 한다.
② 결정서의 원본에는 판사가 서명날인하여야 한다. 다만, 이의제기서 또는 조서에 재판에 관한 사항을 기재하고 판사가 이에 서명날인함으로써 원본에 갈음할 수 있다.
③ 결정서의 정본과 등본에는 법원사무관등이 기명날인하고, 정본에는 법원인을 찍어야 한다.
④ 서명날인은 기명날인으로 갈음할 수 있다.

Ⅱ 결정의 고지(제37조)

① 결정은 당사자와 검사에게 고지함으로써 효력이 생긴다.
② 결정의 고지는 법원이 적당하다고 인정하는 방법으로 한다.
③ 법원사무관등은 고지의 방법·장소와 연월일을 결정서의 원본에 부기하고 이에 날인하여야 한다.

Ⅲ 항고(제38조)

① 당사자와 검사는 과태료 재판에 대하여 즉시항고를 할 수 있다. 이 경우 항고는 집행정지의 효력이 있다.
② 검사는 필요한 경우에는 즉시항고 여부에 대한 행정청의 의견을 청취할 수 있다.

Ⅳ 항고법원의 재판(제39조)

항고법원의 과태료 재판에는 이유를 적어야 한다.

Ⅴ 항고의 절차(제40조)

「민사소송법」의 항고에 관한 규정은 특별한 규정이 있는 경우를 제외하고는 「질서위반행위규제법」에 따른 항고에 준용한다.

Ⅵ 재판비용(제41조)

① 과태료 재판절차의 비용은 과태료에 처하는 선고가 있는 경우에는 그 선고를 받은 자의
부담으로 하고, 그 외의 경우에는 국고의 부담으로 한다.

② 항고법원이 당사자의 신청을 인정하는 과태료 재판을 한 때에는 항고절차의 비용과 전심
에서 당사자의 부담이 된 비용은 국고의 부담으로 한다.

12 「질서위반행위규제법」상 '약식재판에 의한 이의신청'에 대하여 서술하시오. [20점]

I 약식재판(제44조)

약식재판이란 법원은 상당하다고 인정하는 때에는 법률의 규정에 따른 심문 없이 과태료 재판을 할 수 있다.

II 이의신청(제45조)

① 당사자와 검사는 약식재판의 고지를 받은 날부터 7일 이내에 이의신청을 할 수 있다.

② 검사는 필요한 경우에는 이의신청 여부에 대하여 행정청의 의견을 청취할 수 있으며, 이 경우에 기간은 불변기간으로 한다.

③ 당사자와 검사가 책임질 수 없는 사유로 7일 이내의 기간을 지킬 수 없었던 경우에는 그 사유가 없어진 날부터 14일 이내에 이의신청을 할 수 있다. 다만, 그 사유가 없어질 당시 외국에 있던 당사자에 대하여는 그 기간을 30일로 한다.

III 이의신청 방식(제46조)

① 이의신청은 대통령령으로 정하는 이의신청서를 약식재판을 한 법원에 제출함으로써 한다.

② 법원은 이의신청이 있은 때에는 이의신청의 상대방에게 이의신청서 부본을 송달하여야 한다.

IV 이의신청 취하(제47조)

① 이의신청을 한 당사자 또는 검사는 정식재판 절차에 따른 결정을 고지받기 전까지 이의신청을 취하할 수 있다.

② 이의신청의 취하는 대통령령으로 정하는 이의신청취하서를 법원에 제출함으로써 한다. 다만, 심문기일에는 말로 할 수 있다.

Ⅴ 이의신청 각하(제48조)

① 법원은 이의신청이 법령상 방식에 어긋나거나 이의신청권이 소멸된 뒤의 것임이 명백한 경우에는 결정으로 이를 각하하여야 한다. 다만, 그 흠을 보정할 수 있는 경우에는 그러하지 아니하다.

② 이의신청의 각하결정에 대하여는 즉시항고를 할 수 있다.

Ⅵ 약식재판의 확정(제49조)

약식재판은 아래의 사항에 해당하는 때에 확정된다.

① 약식재판의 고지를 받은 날로부터 7일 이내에 이의신청이 없는 때

② 이의신청에 대한 각하결정이 확정된 때

③ 당사자 또는 검사가 이의신청을 취하한 때

Ⅶ 이의신청에 따른 정식재판절차로의 이행

법원이 이의신청이 적법하다고 인정하는 때에는 약식재판은 그 효력을 잃는다.

13 「질서위반행위규제법」상 '과태료 체납자에 대한 제재'에 대해 서술하시오. [20점]

(I) 서

"질서위반행위"란 법률상의 의무를 위반하여 과태료를 부과하는 행위를 말하는데 이렇게 부과된 과태료 체납자에 대한 제재수단을 아래에서 자세히 서술하도록 하겠다.

(II) 관허사업의 제한(제52조)

행정청은 허가·인가·면허·등록 및 갱신(이하 "허가등"이라 한다)을 요하는 사업을 경영하는 자로서 다음의 사유에 모두 해당하는 체납자에 대하여는 사업의 정지 또는 허가등의 취소를 할 수 있다.

⑴ 해당 사업과 관련된 질서위반행위로 부과받은 ① 과태료를 3회 이상 체납하고 있고, ② 체납발생일부터 각 1년이 경과하였으며, ③ 체납금액의 합계가 500만 원 이상인 체납자 중 대통령령으로 정하는 횟수와 금액 이상을 체납한 자

⑵ 천재지변이나 그 밖의 중대한 재난 등 대통령령으로 정하는 특별한 사유 없이 과태료를 체납한 자

(III) 신용정보의 제공 등(제53조)

① 행정청은 과태료 징수 또는 공익목적을 위하여 필요한 경우 관련 법률상 종합신용정보집중기관의 요청에 따라 체납 또는 결손처분자료를 제공할 수 있다.

② 행정청은 당사자에게 과태료를 납부하지 아니할 경우에는 체납 또는 결손처분자료를 신용정보집중기관에게 제공할 수 있음을 미리 알려야 한다.

③ 행정청은 체납 또는 결손처분자료의 제공사실을 해당 체납자에게 통보하여야 한다.

Ⓝ 고액ㆍ상습체납자에 대한 제재(제54조)

법원은 검사의 청구에 따라 결정으로 30일의 범위 이내에서 과태료의 납부가 있을 때까지 다음의 사유에 모두 해당하는 경우 체납자(법인인 경우에는 대표자)를 감치(監置)에 처할 수 있다.

⑴ ① 과태료를 3회 이상 체납하고 있고, ② 체납발생일부터 각 1년이 경과하였으며, ③ 체납 금액의 합계가 1천만 원 이상인 체납자 중 대통령령으로 정하는 횟수와 금액 이상을 체납 한 경우

⑵ 과태료 납부능력이 있음에도 불구하고 정당한 사유 없이 체납한 경우

Ⓥ 자동차 관련 과태료 체납자에 대한 자동차 등록번호판의 영치(제55조)

1. 기간, 금액, 소유 요건

과태료를 60일을 넘어 체납하고 합계액이 30만 원 이상이고 당사자 소유라는 요건을 모두 충족하면 행정청은 자동차 등록번호판을 영치할 수 있다.

2. 영치 통지

행정청은 자동차 등록번호판을 영치할 때에는 미리 당사자에게 10일 내에 자동차 관련 과태료를 납부하지 아니하면 즉시 등록번호판을 영치할 것이라는 뜻을 통지해야 한다.

14 「질서위반행위규제법」상 '자동차 등록번호판의 영치'에 대해 서술하시오. [20점]

Ⅰ 서

'질서위반행위'란 법률상의 의무를 위반하여 과태료를 부과하는 행위를 말하는데 이렇게 부과된 과태료 체납자에 대한 제재수단인 '자동차 등록번호판의 영치'에 대하여 서술하도록 하겠다.

Ⅱ 자동차 관련 과태료 체납자에 대한 자동차 등록번호판의 영치(제55조)

1. 등록번호판의 영치

행정청은 '자동차 관련 과태료'를 납부하지 아니한 자에 대하여 체납된 자동차 관련 과태료와 관계된 그 소유의 자동차의 등록번호판을 영치할 수 있다.

(1) 기간, 금액, 소유 요건

과태료를 60일을 넘어 체납하고 합계액이 30만 원 이상이고 당사자 소유라는 요건을 모두 충족하면 행정청은 자동차 등록번호판을 영치할 수 있다.

(2) 영치 통지

행정청은 자동차 등록번호판을 영치할 때에는 미리 당사자에게 10일 내에 자동차 관련 과태료를 납부하지 아니하면 즉시 등록번호판을 영치할 것이라는 뜻을 통지해야 한다.

2. 등록번호판의 반환

자동차 관련 과태료를 납부하지 아니한 자가 체납된 자동차 관련 과태료를 납부한 경우 행정청은 영치한 자동차 등록번호판을 즉시 내주어야 한다.

Ⅲ 자동차 관련 과태료 납부증명서의 제출(제56조)

① 자동차 관련 과태료의 체납으로 압류 등록된 경우 소유권 이전등록을 하려는 자는 자동차 관련 과태료(가산금, 중가산금 포함)를 납부한 증명서를 제출해야 한다.
② 다만, 「전자정부법」에 따른 행정정보의 공동이용을 통해 납부사실을 확인할 수 있으면 제출하지 아니한다.

15 「질서위반행위규제법」상의 '관허사업 제한 규정'에 대하여 약술하시오.

[20점]

Ⓘ 사업의 정지 또는 허가의 취소(제52조 제1항)

행정청은 허가·인가·면허·등록 및 갱신(이하 '허가등'이라 한다)을 요하는 사업을 경영하는 자로서 다음의 사유에 모두 해당하는 체납자에 대하여는 사업의 정지 또는 허가등의 취소를 할 수 있다.

① 해당 사업과 관련된 질서위반행위로 부과받은 과태료를 3회 이상 체납하고 있고, 체납발생일부터 각 1년이 경과하였으며, 체납금액의 합계가 500만 원 이상인 체납자 중 대통령령으로 정하는 횟수와 금액 이상을 체납한 자

② 천재지변이나 그 밖의 중대한 재난 등 대통령령으로 정하는 특별한 사유 없이 과태료를 체납한 자

Ⓘ 주무관청에의 요구(제52조 제2항~제4항)

① 허가등을 요하는 사업의 주무관청이 따로 있는 경우에는 행정청은 당해 주무관청에 대하여 사업의 정지 또는 허가등의 취소를 요구할 수 있다.

② 행정청은 사업의 정지 또는 허가등을 취소하거나 주무관청에 대하여 그 요구를 한 후 당해 과태료를 징수한 때에는 지체 없이 사업의 정지 또는 허가등의 취소나 그 요구를 철회하여야 한다.

③ 행정청의 요구가 있는 때에는 당해 주무관청은 정당한 사유가 없는 한 이에 응하여야 한다.

16 「질서위반행위규제법」상 '가산금 징수 및 체납처분'과 '상속재산 등에 대한 집행'에 대하여 약술하시오. [20점]

Ⅰ 가산금 징수 및 체납처분 등(제24조)

① 행정청은 당사자가 납부기한까지 과태료를 납부하지 아니한 때에는 납부기한을 경과한 날부터 체납된 과태료에 대하여 100분의 3에 상당하는 가산금을 징수한다.

② 체납된 과태료를 납부하지 아니한 때에는 납부기한이 경과한 날부터 매 1개월이 경과할 때마다 체납된 과태료의 1천분의 12에 상당하는 중가산금을 징수한다. 이 경우 중가산금을 가산하여 징수하는 기간은 60개월을 초과하지 못한다.

③ 행정청은 당사자가 기한 이내에 이의를 제기하지 아니하고 가산금을 납부하지 아니한 때에는 국세 또는 지방세 체납처분의 예에 따라 징수한다.

Ⅱ 상속재산 등에 대한 집행(제24조의2)

① 과태료는 당사자가 과태료 부과처분에 대하여 이의를 제기하지 아니한 채 기한이 종료한 후 사망한 경우에는 그 상속재산에 대하여 집행할 수 있다.

② 법인에 대한 과태료는 법인이 과태료 부과처분에 대하여 이의를 제기하지 아니한 채 기한이 종료한 후 합병에 의하여 소멸한 경우에는 합병 후 존속한 법인 또는 합병에 의하여 설립된 법인에 대하여 집행할 수 있다.

Chapter_

06

가족관계의
등록 등에
관한 법률

가족관계의 등록 등에 관한 법률

‹가족관계의 등록 등에 관한 법률› 답안체계 및 기출분석

Ⅰ 서

1. 개념(의의)
2. 문제제기
3. 서술전개방향

Ⅱ 제1장 총칙(제1조~제8조)

1. 목적(제1조) : 가족관계의 발생·변동 + 등록·증명
2. 관장(제2조) : 대법원
3. 권한의 위임(제3조) : 시·읍·면장
4. 등록사무처리(제4조) : 시·읍·면장
5. 재외국민 등록사무처리에 관한 특례(제4조의2) : 가족관계등록관
6. 직무의 제한(제5조) : 자기 또는 4촌 이내의 친족
7. 수수료 등의 귀속(제6조) : 해당 지방자치단체의 수입
8. 비용의 부담(제7조) : 국가 부담
9. 대법원규칙(제8조)

Ⅲ 제2장 가족관계등록부의 작성과 등록사무의 처리(제9조~제15조)

1. 가족관계등록부의 작성 및 기록사항(제9조)
2. 등록기준지의 결정(제10조)
3. 전산정보처리조직에 의한 등록사무의 처리 등(제11조)
4. 전산정보중앙관리소의 설치 등(제12조)
5. 등록전산정보자료의 이용 등(제13조)
6. 증명서의 교부 등(제14조)
   ① 문, 규, 제출, 절차
   ② 성, 문, 규, 친족(친양자입양관계증명서)
7. 인터넷에 의한 증명서 발급(제14조의2)
8. 무인증명서발급기에 의한 증명서 발급(제14조의3)
9. 증명서의 종류 및 기록사항(제15조)
   ① 일반·상세증명서
   ② 특정증명서
10. 가정폭력피해자에 관한 기록사항의 공시제한(제15조의2)

Ⅳ 제3장 등록부의 기록(제16조~제19조)

1. 등록부의 기록절차(제16조)
2. 등록부가 없는 사람(제17조)
3. 등록부의 정정(제18조)
4. 등록부의 행정구역, 명칭 등의 변경(제19조)

Ⅴ 제4장 신고

제1절 통칙(제20조~제43조)

1. 신고의 장소(제20조)
2. 출생·사망의 동 경유 신고 등(제21조)
3. 신고 후 등록되어 있음이 판명된 때 등(제22조)
4. 신고방법(제23조)
5. 전자문서를 이용한 신고(제23조의2)
6. 첨부자료의 전자적 확인(제23조의3)
7. 신고서 양식(제24조)
8. 신고서 기재사항(제25조)
9. 신고하여야 할 사람이 미성년자 또는 피성년후견인인 경우(제26조)
10. 동의가 불필요한 미성년자 또는 피성년후견인의 신고(제27조)
11. 증인을 필요로 하는 신고(제28조)
12. 부존재 또는 부지의 사항(제29조)
13. 법령 규정사항 이외의 기재사항(제30조)
14. 말로 하는 신고 등(제31조)
15. 동의, 승낙 또는 허가를 요하는 사건의 신고(제32조)
16. 신고서에 관한 준용규정(제33조)
17. 외국에서 하는 신고(제34조)
18. 외국의 방식에 따른 증서의 등본(제35조)
19. 외국에서 수리한 서류의 송부(제36조)
20. 신고기간의 기산점(제37조)
21. 신고의 최고(제38조)
22. 신고의 추후 보완(제39조)
23. 기간경과 후의 신고(제40조)
24. 사망 후에 도달한 신고(제41조)
25. 수리, 불수리증명서와 서류의 열람(제42조)
26. 신고불수리의 통지(제43조)

제2절 출생(제44조~제54조) : 기재사항, 장소, 신고의무자, 항해 중 출생, 공공시설에서의 출생 등
제3절 인지(제55조~제60조) : 태아 인지, 친생자출생의 신고 인지, 재판·유언 인지, 인지된 태아의 사산
제4절 입양(제61조~제62조) : 기재사항, 입양의 신고
제5절 파양(제63조~제66조) : 기재사항

제6절 친양자의 입양 및 파양(제67조~제70조) : 입양신고, 파양신고

제7절 혼인(제71조~제73조) : 기재사항, 재판에 의한 혼인

제8절 이혼(제74조~제78조) : 기재사항, 협의상 이혼의 확인

제9절 친권 및 미성년후견(제79조~제83조의5) : 친권자 지정 및 변경신고, 미성년후견(감독인)

제10절 사망과 실종(제84조~제92조) : 장소, 재난·사형·재소·무연고자 등 사망, 실종선고의 신고

제11절 국적의 취득과 상실(제93조~제98조) : 국적취득, 귀화허가, 성·본 창설신고(가정법원 허가)

제12절 개명 및 성(姓)·본(本) 변경(제99조~제100조) : 개명(가정법원 허가), 성·본 변경신고(재판확정)

제13절 가족관계 등록 창설(제101조~제103조) : 가족관계 등록·직계혈족 ·판결에 의한 등록창설신고

Ⅵ 제5장 등록부의 정정★(2017년 기출, 20점)

1. 위법한 가족관계 등록기록의 정정(제104조) : 허가될 수 없는 것, 착오, 누락 인정(이해관계인)

2. 무효인 행위의 가족관계등록기록의 정정(제105조) : 그 행위가 무효임이 명백(신고인 or 신고사건의 본인)

3. 정정신청의 의무(제106조) : 허가재판

4. 판결에 의한 등록부의 정정(제107조) : 확정판결

5. 준용규정(제108조)

Ⅶ 제6장 불복절차

1. 불복의 신청(제109조) : 이해관계인은 시·읍·면장의 위법 또는 부당한 처분에 대하여 관할 가정법원에 불복신청

2. 불복신청에 대한 시·읍·면의 조치(제110조) : 처분을 변경하고 그 취지를 법원과 신청인에게 통지

3. 불복신청에 대한 법원의 결정(제111조) : 각하(이유 없는 때), 상당한 처분(이유 있는 때)

4. 항고(제112조) : 법령을 위반한 재판이라는 이유로만 「비송사건절차법」에 따라 항고

5. 불복신청의 비용(제113조) : 불복신청의 비용에 관하여는 「비송사건절차법」의 규정을 준용

Ⅷ 제7장 신고서류의 송부와 법원의 감독

1. 신고서류 등의 송부(제114조)

2. 신고서류 등의 조사 및 시정지시(제115조)

3. 각종 보고의 명령 등(제116조)

Ⅸ 제8장 벌칙

1. 벌칙(제117조)

2. 벌칙(제118조)

3. 양벌규정(제119조)

4. 과태료(제120조)

5. 과태료(제121조)

6. 과태료(제122조)

7. 과태료 재판(제123조)

8. 과태료 부과·징수(제124조)

01 「가족관계의 등록 등에 관한 법률」상 '가족관계등록부의 작성 및 기록사항'과 '등록기준지의 결정'에 대하여 서술하시오. [20점]

Ⅰ 가족관계등록부의 작성 및 기록사항(제9조)

1. 가족관계등록부의 작성

가족관계등록부(이하 '등록부'라 한다)는 전산정보처리조직에 의하여 입력·처리된 가족관계등록사항(이하 '등록시항'이리 한다)에 관한 전산정보자료를 제10조의 등록기준지에 따라 개인별로 구분하여 작성한다.

2. 가족관계등록부의 기록사항

① 등록기준지
② 성명·본·성별·출생연월일 및 주민등록번호
③ 출생·혼인·사망 등 가족관계의 발생 및 변동에 관한 사항
④ 가족으로 기록할 자가 대한민국 국민이 아닌 사람(이하 '외국인'이라 한다)인 경우에는 성명·성별·출생연월일·국적 및 외국인등록번호(외국인등록을 하지 아니한 외국인의 경우에는 대법원규칙으로 정하는 바에 따른 국내거소신고번호 등을 말한다. 이하 같다)
⑤ 그 밖에 가족관계에 관한 사항으로서 대법원규칙으로 정하는 사항

Ⅱ 등록기준지의 결정(제10조)

① 출생 또는 그 밖의 사유로 처음으로 등록을 하는 경우에는 등록기준지를 정하여 신고하여야 한다.
② 등록기준지는 대법원규칙으로 정하는 절차에 따라 변경할 수 있다.

02 「가족관계의 등록 등에 관한 법률」상 등록부등의 기록사항에 관하여 발급할 수 있는 증명서의 교부청구 시 본인등이 아닌 경우에도 교부할 수 있는 경우와 '친양자입양관계증명서'의 경우 교부청구할 수 있는 요건에 대하여 서술하시오. [20점]

Ⓘ 증명서의 교부청구 시 본인등이 아닌 경우에 교부할 수 있는 경우(제14조)

1. 원칙

본인 또는 배우자, 직계혈족 즉 본인등은 등록부등의 기록사항에 관하여 발급할 수 있는 증명서의 교부를 청구할 수 있고, 본인등의 대리인이 청구하는 경우에는 본인등의 위임을 받아야한다.

2. 예외

다만, 다음의 어느 하나에 해당하는 경우에는 본인등이 아닌 경우에도 교부를 신청할 수 있다(문, 규, 제출, 절차).
① 국가 또는 지방자치단체가 직무상 필요에 따라 문서로 신청하는 경우
② 그 밖에 대법원규칙으로 정하는 정당한 이해관계가 있는 사람이 신청하는 경우
③ 다른 법령에서 본인등에 관한 증명서를 제출하도록 요구하는 경우
④ 소송·비송·민사집행의 각 절차에서 필요한 경우

Ⓘ '친양자입양관계증명서'의 경우 교부청구할 수 있는 요건(제14조)

친양자입양관계증명서는 다음 각 호의 어느 하나에 해당하는 경우에 한하여 교부를 청구할 수 있다(성, 문, 규, 친족).
① 친양자가 성년이 되어 신청하는 경우
② 법원의 사실조회촉탁이 있거나 수사기관이 수사상 필요에 따라 문서로 신청하는 경우
③ 그 밖에 대법원규칙으로 정하는 경우
④ 혼인당사자가 「민법」 제809조의 친족관계를 파악하고자 하는 경우

Ⅲ 가정폭력피해자 특례

① "가정폭력피해자"는 시·읍·면장에게 교부제한대상자(가정폭력피해자의 배우자 또는 직계혈족)을 지정하여 가정폭력피해자 본인의 등록사항별 증명서 교부를 제한을 신청할 수 있다.

② 시·읍·면장은 가정폭력피해자로부터 신청을 받은 때에는 교부제한대상자(가정폭력피해자의 배우자 또는 직계혈족)에게 가정폭력피해자 본인의 등록사항별 증명서를 교부하지 아니할 수 있다.

03 「가족관계의 등록 등에 관한 법률」상 '신고'에 대하여 서술하시오. [20점]

(Ⅰ) 신고의 장소(제20조)

① 이 법에 따른 신고는 신고사건 본인의 등록기준지 또는 신고인의 주소지나 현재지에서 할 수 있다.
② 외국인에 관한 신고는 그 거주지 또는 신고인의 주소지나 현재지에서 할 수 있다.

(Ⅱ) 신고방법

① 신고는 서면이나 말로 할 수 있다(제23조).
② 신고로 인하여 효력이 발생하는 등록사건에 관하여 신고사건 본인이 출석하지 아니하는 경우에는 신고사건 본인의 주민등록증・운전면허증・여권 등을 제시하거나 신고서에 신고사건 본인의 인감증명서를 첨부하여야 한다(제23조).
③ 신고는 전산정보처리조직을 이용하여 전자문서로 할 수 있다(제23조의2).
④ 신고서 양식은 대법원예규로 정한다(제24조).

(Ⅲ) 미성년자 또는 피성년후견인

① 신고하여야 할 사람이 미성년자 또는 피성년후견인인 경우에는 친권자, 미성년후견인 또는 성년후견인을 신고의무자로 한다(제26조).
② 미성년자 또는 피성년후견인이 그 법정대리인의 동의 없이 할 수 있는 행위에 관하여는 미성년자 또는 피성년후견인이 신고하여야 한다(제27조).

(Ⅳ) 신고의 종류

① 증인을 필요로 하는 신고에 있어서는 증인은 신고서에 주민등록번호 및 주소를 기재하고 서명하거나 기명날인하여야 한다(제28조).
② 말로 신고하려 할 때에는 신고인은 시・읍・면의 사무소에 출석하여 신고서에 기재하여야 할 사항을 진술하여야 한다(제31조).

③ 신고사건에서 부모 또는 다른 사람의 동의나 승낙이 필요한 경우에는 신고서에 그 동의나 승낙을 증명하는 서면을 첨부하여야 한다(제32조).

④ 외국에 있는 대한민국 국민은 이 법에서 정하는 바에 따라 그 지역을 관할하는 대한민국 재외공관의 장에게 신고하거나 신청을 할 수 있다(제34조).

Ⓥ 신고의 기산 · 최고 등

① 신고기간은 신고사건 발생일부터 기산한다(제37조).

② 시 · 읍 · 면의 장은 신고를 게을리한 사람을 안 때에는 최고하여야 하고, 신고를 수리한 경우에 흠이 있어 등록부에 기록을 할 수 없을 때에는 보완하게 하여야 한다(제38조, 제39조).

③ 시 · 읍 · 면의 장은 신고기간이 경과한 후의 신고라도 수리하여야 한다(제40조).

④ 신고를 수리하지 아니한 때에는 그 사유를 지체 없이 신고인에게 서면으로 통지하여야 한다(제43조).

04 「가족관계의 등록 등에 관한 법률」상 가족관계등록부의 '일반증명서의 공통기재사항'과 '일반증명서의 개별기재사항' 및 '상세증명서의 기재사항'을 서술하시오. [20점]

Ⓘ 가족관계등록부

가족관계등록부는 증명 목적에 따라 5가지 증명서로 구분되며 일반증명서의 내용에 추가되는 상세증명서의 기재사항에 대해서 서술하겠다.

Ⅱ 가족관계등록부의 일반증명서의 공통기재사항 및 개별기재사항

1. 공통기재사항

본인의 등록기준지ㆍ성명ㆍ성별ㆍ본ㆍ출생연월일 및 주민등록번호

2. 개별기재사항

(1) 가족관계증명서

① 부모의 성명ㆍ성별ㆍ본ㆍ출생연월일 및 주민등록번호
② 배우자, 생존한 현재의 혼인 중의 자녀의 성명ㆍ성별ㆍ본ㆍ출생연월일 및 주민등록번호

(2) 기본증명서

본인의 출생, 사망, 국적상실에 관한 사항

(3) 혼인관계증명서

① 배우자의 성명ㆍ성별ㆍ본ㆍ출생연월일 및 주민등록번호
② 현재의 혼인에 관한 사항

(4) 입양관계증명서

① 친생부모ㆍ양부모 또는 양자의 성명ㆍ성별ㆍ본ㆍ출생연월일 및 주민등록번호
② 현재의 입양에 관한 사항

(5) 친양자입양관계증명서

① 친생부모ㆍ양부모 또는 친양자의 성명ㆍ성별ㆍ본ㆍ출생연월일 및 주민등록번호
② 현재의 친양자 입양에 관한 사항

Ⅲ 가족관계등록부의 상세증명서의 기재사항

1. 가족관계증명서

모든 자녀의 성명·성별·본·출생연월일 및 주민등록번호

2. 기본증명서

국적취득 및 회복 등에 관한 사항

3. 혼인관계증명서

혼인 및 이혼에 관한 사항

4. 입양관계증명서

입양 및 파양에 관한 사항

5. 친양자입양관계증명서

친양자 입양 및 파양에 관한 사항

Chapter 06

04-1 「가족관계의 등록 등에 관한 법률」상 특정증명서에 대하여 서술하시오. [20점]

Ⓘ 특정증명서의 발급

등록사항별 증명서를 특정증명서로 발급한다.
　① 가족관계증명서
　② 기본증명서
　③ 혼인관계증명서

Ⓘ 가족관계증명서에 대한 특정증명서의 기재사항

① 본인의 성명·성별·출생연월일 및 주민등록번호
② 부모, 배우자 및 자녀 중 신청인이 선택한 사람의 성명·성별·출생연월일 및 주민등록번호 (사람을 복수로 선택할 수 있다)
③ 본인의 등록기준지(신청이 기재사항으로 선택한 경우)
④ 본인 및 제2호에 따라 신청인이 선택한 사람 전부의 본(신청이 기재사항으로 선택한 경우)

Ⓘ 기본증명서에 대한 특정증명서의 기재사항

1. 본인의 성명·성별·출생연월일 및 주민등록번호
2. 다음 각 목 중 신청인이 선택한 어느 하나에 관한 사항
　① 출생, 사망과 실종
　② 인지와 친생자관계 정정
　③ 친권과 미성년후견(다만, 현재의 사항만을 선택할 수도 있다)
　④ 개명과 성·본 변경
　⑤ 국적의 취득과 상실
　⑥ 성별 등의 정정
3. 본인의 등록기준지(신청이 기재사항으로 선택한 경우)
4. 본인의 본(신청이 기재사항으로 선택한 경우)

Ⓘ 혼인관계증명서에 대한 특정증명서의 기재사항

1. 본인의 성명·성별·출생연월일 및 주민등록번호
2. 신청인이 선택한 과거의 혼인에 관한 사항
3. 본인의 등록기준지(신청이 기재사항으로 선택한 경우)
4. 본인의 본(신청이 기재사항으로 선택한 경우)

05 「가족관계의 등록 등에 관한 법률」상 '입양신고' 및 '실종선고의 신고'에 대하여 서술하시오. [20점]

Ⅰ 입양신고의 기재사항

① 당사자의 성명·본·출생연월일·주민등록번호·등록기준지(당사자가 외국인인 때에는 그 성명·출생연월일·국적 및 외국인등록번호) 및 양자의 성별
② 양자의 친생부모의 성명·주민등록번호 및 등록기준지

Ⅱ 입양의 신고

① 양자가 13세 미만인 경우에는 「민법」에 따라 입양을 승낙한 법정대리인이 신고하여야 한다.
② 「민법」에 따라 미성년자를 입양하는 경우 또는 「민법」에 따라 피성년후견인이 입양을 하거나 양자가 되는 경우에는 가정법원의 허가서를 첨부하여야 한다.
③ 「민법」에 따라 부모의 동의를 갈음하는 심판이 있는 경우에는 가정법원의 심판서를 첨부하여야 한다.

Ⅲ 친양자의 입양신고

「민법」에 따라 친양자 입양 재판의 확정일로부터 1개월 이내에 재판서의 등본 및 확정증명서를 첨부하여 신고를 하여야 한다.

Ⅳ 실종선고의 신고

1. 실종선고의 신고는 그 선고를 청구한 사람이 재판확정일부터 1개월 이내에 재판서의 등본 및 확정증명서를 첨부하여 하여야 한다.
2. 실종선고의 신고서에는 다음 사항을 기재하여야 한다.
   ① 실종자의 성명·성별·등록기준지 및 주민등록번호
   ② 「민법」에서 정한 기간의 만료일
3. 실종선고취소의 재판이 확정된 경우에 그 재판을 청구한 사람에게 준용한다.

06 「가족관계의 등록 등에 관한 법률」상 '개명신고' 및 '성·본 변경신고'에 대하여 서술하시오. [20점]

Ⅰ 개명신고

1. 개명하고자 하는 사람은 주소지(재외국민의 경우 등록기준지)를 관할하는 가정법원의 허가를 받고 그 허가서의 등본을 받은 날부터 1개월 이내에 신고를 하여야 한다.
2. 신고서에는 다음 사항을 기재하여야 한다.
   ① 변경 전의 이름
   ② 변경한 이름
   ③ 허가연월일
3. 신고서에는 허가서의 등본을 첨부하여야 한다.

Ⅱ 성·본 변경신고

1. 「민법」에 따라 자녀의 성(姓)·본(本)을 변경하고자 하는 사람은 재판확정일부터 1개월 이내에 재판서의 등본 및 확정증명서를 첨부하여 신고하여야 한다.
2. 신고서에는 다음 사항을 기재하여야 한다.
   ① 변경 전의 성·본
   ② 변경한 성·본
   ③ 재판확정일

07 인지신고 [20점]

＊ 인지: 혼인 외에 출생한 자녀에 대하여 친아버지나 친어머니가 자기 자식임을 확인하는 일

Ⅰ 인지신고의 기재사항

① 자녀의 성명·성별·출생연월일·주민등록번호 및 등록기준지(자가 외국인인 때에는 그 성명·성별·출생연월일·국적 및 외국인록번호)
② 사망한 자녀를 인지할 때에는 사망연월일, 그 직계비속의 성명·출생연월일·주민등록번호 및 등록기준지
③ 부가 인지할 때에는 모의 성명·등록기준지 및 주민등록번호
④ 인지 전의 자녀의 성과 본을 유지할 경우 그 취지와 내용
⑤ 「민법」에 따라 친권자가 정하여진 때에는 그 취지와 내용

Ⅱ 인지신고의 종류

1. 태아의 인지(제56조)

태내에 있는 자녀를 인지할 때에는 신고서에 그 취지, 모의 성명 및 등록기준지를 기재하여야 한다.

2. 친생자출생의 신고에 의한 인지(제57조)

부가 혼인 외의 자녀에 대하여 친생자출생의 신고를 한 때에는 그 신고는 인지의 효력이 있다.

3. 재판에 의한 인지(제58조)

① 인지의 재판이 확정된 경우에 소를 제기한 사람은 재판의 확정일부터 1개월 이내에 재판서의 등본 및 확정증명서를 첨부하여 그 취지를 신고하여야 한다.
② 신고서에는 재판확정일을 기재하여야 한다.
③ 소의 상대방도 재판서의 등본 및 확정증명서를 첨부하여 인지의 재판이 확정된 취지를 신고할 수 있다.

4. 유언에 의한 인지(제59조)

유언에 의한 인지의 경우에는 유언집행자는 그 취임일부터 1개월 이내에 인지에 관한 유언서 등본 또는 유언녹음을 기재한 서면을 첨부하여 법에 따라 신고를 하여야 한다.

5. 인지된 태아의 사산(제60조)

인지된 태아가 사체로 분만된 경우에 출생의 신고의무자는 그 사실을 안 날부터 1개월 이내에 그 사실을 신고하여야 한다. 다만, 유언집행자가 신고를 하였을 경우에는 유언집행자가 그 신고를 하여야 한다.

08 「가족관계의 등록 등에 관한 법률」상 '사망신고와 실종선고의 신고'에 대하여 서술하시오. [20점]

① 사망신고

1. 사망신고와 그 기재사항(제84조)

(1) 사망의 신고의 원칙은 사망의 사실을 안 날부터 1개월 이내에 진단서 또는 검안서를 첨부하여 하여야 한다.

(2) 신고서에는 다음 사항을 기재하여야 한다.
   ① 사망자의 성명, 성별, 등록기준지 및 주민등록번호
   ② 사망의 연월일시 및 장소

2. 사망신고의무자(제85조)

① 사망의 신고는 동거하는 친족이 하여야 한다.

② 친족·동거자 또는 사망장소를 관리하는 사람, 사망장소의 동장 또는 통·이장도 사망의 신고를 할 수 있다.

3. 사망신고의 장소(제86조)

사망의 신고는 사망지·매장지 또는 화장지에서 할 수 있다.

4. 재난 등으로 인한 사망(제87조)

수해, 화재나 그 밖의 재난으로 인하여 사망한 사람이 있는 경우에는 이를 조사한 관공서는 지체 없이 사망지의 시·읍·면의 장에게 통보하여야 한다. 다만, 외국에서 사망한 때에는 사망자의 등록기준지의 시·읍·면의 장에게 통보하여야 한다.

5. 사형, 재소 중 사망(제88조)

사형의 집행이 있는 때에는 교도소장은 지체 없이 교도소 소재지의 시·읍·면의 장에게 사망의 통보를 하여야 한다.

6. 등록불명자 등의 사망(제90조)

① 사망자에 대하여 등록이 되어 있는지 여부가 분명하지 아니하거나 사망자를 인식할 수 없는 때에는 국가경찰공무원은 검시조서를 작성·첨부하여 지체 없이 사망지의 시·읍·면의 장에게 사망의 통보를 하여야 한다.

② 사망자가 등록이 되어 있음이 판명되었거나 사망자의 신원을 알 수 있게 된 때에는 국가경찰공무원은 지체 없이 사망지의 시·읍·면의 장에게 그 취지를 통보하여야 한다.

③ 사망자의 신원을 안 때에는 그 날부터 10일 이내에 사망의 신고를 하여야 한다.

Ⅱ 실종선고의 신고

1. 실종선고의 신고는 그 선고를 청구한 사람이 재판확정일부터 1개월 이내에 재판서의 등본 및 확정증명서를 첨부하여 하여야 한다.

2. 실종선고의 신고서에는 다음 사항을 기재하여야 한다.

   ① 실종자의 성명·성별·등록기준지 및 주민등록번호

   ② 「민법」 제27조에서 정한 기간의 만료일

09 「가족관계의 등록 등에 관한 법률」상의 '국적의 취득과 상실'에 대하여 서술하시오. [20점]

Ⓘ 인지 등에 따른 국적취득의 통보 등(제93조)

법무부장관은 대한민국의 국적을 취득한 사람이 있는 경우 지체 없이 국적을 취득한 사람이 정한 등록기준지의 시·읍·면의 장에게 대법원규칙으로 정하는 사항을 통보하여야 한다.

Ⓘ 귀화허가의 통보 등(제94조)

법무부장관은 외국인을 대한민국 국민으로 귀화허가한 경우 지체 없이 귀화허가를 받은 사람이 정한 등록기준지의 시·읍·면의 장에게 대법원규칙으로 정하는 사항을 통보하여야 한다.

Ⓘ 국적회복허가의 통보 등(제95조)

법무부장관은 대한민국의 국적회복을 허가한 경우 지체 없이 국적회복을 한 사람이 정한 등록기준지의 시·읍·면의 장에게 대법원규칙으로 정하는 사항을 통보하여야 한다.

Ⓘ 국적취득자의 성과 본의 창설신고(제96조)

외국의 성을 쓰는 국적취득자가 그 성을 쓰지 아니하고 새로이 성(姓)·본(本)을 정하고자 하는 경우에는 그 등록기준지·주소지 또는 등록기준지로 하고자 하는 곳을 관할하는 가정법원의 허가를 받고 그 등본을 받은 날부터 1개월 이내에 그 성과 본을 신고하여야 한다.

Ⓥ 국적상실신고의 기재사항(제97조)

1. 국적상실의 신고는 배우자 또는 4촌 이내의 친족이 그 사실을 안 날부터 1개월 이내에 하여야 한다.
2. 신고서에는 다음의 사항을 기재하여야 한다.
   (1) 국적상실자의 성명·주민등록번호 및 등록기준지
   (2) 국적상실의 원인 및 연월일
   (3) 새로 외국국적을 취득한 때에는 그 국적

Ⅵ 국적선택 등의 통보(제98조)

법무부장관은 다음의 사유가 발생한 경우 그 사람의 등록기준지의 시·읍·면의 장에게 대법원규칙으로 정하는 사항을 통보하여야 한다.

① 「국적법」에 따라 복수국적자로부터 대한민국의 국적을 선택한다는 신고를 수리한 때

② 「국적법」에 따라 국적이탈신고를 수리한 때

③ 「국적법」에 따라 대한민국 국민으로 판정한 때

10 「가족관계의 등록 등에 관한 법률」상의 '등록부의 정정'에 대하여 약술하시오. [20점]

Ⅰ 위법한 가족관계 등록기록의 정정(제104조)

등록부의 기록이 법률상 허가될 수 없는 것 또는 그 기재에 착오나 누락이 있다고 인정한 때에는 이해관계인은 사건 본인의 등록기준지를 관할하는 가정법원의 허가를 받아 등록부의 정정을 신청할 수 있다.

Ⅱ 무효인 행위의 가족관계 등록기록의 정정(제105조)

신고로 인하여 효력이 발생하는 행위에 관하여 등록부에 기록하였으나 그 행위가 무효임이 명백한 때에는 신고인 또는 신고사건의 본인은 사건 본인의 등록기준지를 관할하는 가정법원의 허가를 받아 등록부의 정정을 신청할 수 있다.

Ⅲ 정정신청의 의무(제106조)

허가의 재판이 있었을 때에는 재판서의 등본을 받은 날부터 1개월 이내에 그 등본을 첨부하여 등록부의 정정을 신청하여야 한다.

Ⅳ 판결에 의한 등록부의 정정(제107조)

확정판결로 인하여 등록부를 정정하여야 할 때에는 소를 제기한 사람은 판결확정일부터 1개월 이내에 판결의 등본 및 그 확정증명서를 첨부하여 등록부의 정정을 신청하여야 한다.

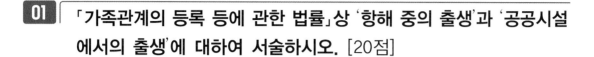

응용문제

01 「가족관계의 등록 등에 관한 법률」상 '항해 중의 출생'과 '공공시설에서의 출생'에 대하여 서술하시오. [20점]

Ⅰ 출생신고

출생의 신고는 출생 후 1개월 이내에 하여야 한다.

Ⅱ 장소

① 출생의 신고는 출생지에서 할 수 있다.
② 기차나 그 밖의 교통기관 안에서 출생한 때에는 모가 교통기관에서 내린 곳, 항해일지가 비치되지 아니한 선박 안에서 출생한 때에는 그 선박이 최초로 입항한 곳에서 신고할 수 있다.

Ⅲ 신고의무자

① 혼인 중 출생자의 출생의 신고는 부 또는 모가 하여야 한다.
② 혼인 외 출생자의 신고는 모가 하여야 한다.

Ⅳ 항해 중의 출생

① 항해 중에 출생이 있는 때에는 선장은 24시간 이내에 항해일지에 기재하고 서명 또는 기명날인하여야 한다.
② 선박이 대한민국의 항구에 도착하였을 때에는 선장은 지체 없이 출생에 관한 항해일지의 등본을 그 곳의 시·읍·면의 장 등 또는 가족관계등록관에게 발송하여야 한다.
③ 선박이 외국의 항구에 도착하였을 때에는 선장은 지체 없이 등본을 그 지역을 관할하는 재외공관의 장에게 발송하고 외교부장관을 경유하여 재외국민 가족관계등록사무소의 가족관계등록관에게 발송하여야 한다.

Ⓥ 공공시설에서의 출생

병원, 교도소, 그 밖의 시설에서 출생이 있었을 경우에 부모가 신고할 수 없는 때에는 해당 시설의 장 또는 관리인이 신고를 하여야 한다.

02 「가족관계의 등록 등에 관한 법률」상 '개명, 성·본의 변경신고'와 '국적취득자의 성과 본의 창설신고'에 대하여 서술하시오. [20점]

Ⅰ 개명신고

1. 개명하고자 하는 사람은 주소지(재외국민의 경우 등록기준지)를 관할하는 가정법원의 허가를 받고 그 허가서의 등본을 받은 날부터 1개월 이내에 신고를 하여야 한다.
2. 신고서에는 다음 사항을 기재하여야 한다.
   (1) 변경 전의 이름, (2) 변경한 이름, (3) 허가연월일
3. 신고서에는 허가서의 등본을 첨부하여야 한다.

Ⅱ 성·본 변경신고

1. 「민법」에 따라 자녀의 성(姓)·본(本)을 변경하고자 하는 사람은 재판확정일부터 1개월 이내에 재판서의 등본 및 확정증명서를 첨부하여 신고하여야 한다.
2. 신고서에는 다음 사항을 기재하여야 한다.
   (1) 변경 전의 성·본, (2) 변경한 성·본, (3) 재판확정일

Ⅲ 국적취득자의 성과 본의 창설신고

1. 외국의 성을 쓰는 국적취득자가 그 성을 쓰지 아니하고 새로이 성(姓)·본(本)을 정하고자 하는 경우에는 그 등록기준지·주소지 등을 관할하는 가정법원의 허가를 받고 그 등본을 받은 날부터 1개월 이내에 그 성과 본을 신고하여야 한다.
2. 대한민국의 국적을 회복하거나 재취득하는 경우에는 종전에 사용하던 대한민국식 성명으로 국적회복신고 또는 국적재취득신고를 할 수 있다.
3. 신고서에는 종전에 사용하던 대한민국식 성명을 소명하여야 한다.
4. 신고서에는 다음 사항을 기재하여야 한다.
   (1) 종전의 성, (2) 창설한 성·본, (3) 허가의 연월일
5. 가정법원은 심리(審理)를 위하여 국가경찰관서의 장에게 성·본 창설허가 신청인의 범죄경력 조회를 요청할 수 있고, 그 요청을 받은 국가경찰관서의 장은 지체 없이 그 결과를 회보하여야 한다.

03 「가족관계의 등록 등에 관한 법률」상 '친권자 지정 신고 및 미성년 후견 신고'에 대하여 서술하시오. [20점]

＊ 친권자 지정 신고는 자세히 서술하고 미성년후견 신고는 ① 미성년후견 개시 ② 유언 또는 재판에 따른 미성년후견인의 선정 ③ 미성년후견감독 개시신고로 나누어 간략히 서술하시오.

Ⓘ 친권자 지정 및 변경 신고(제79조)

1. 부모가 「민법」에 따라 친권자를 정한 때에는 1개월 이내에 그 사실을 신고하여야 한다. 부모 중 일방이 신고하는 경우에는 그 사실을 증명하는 서면을 첨부하여야 한다.
2. 다음의 재판이 확정된 경우에는 그 재판을 청구한 사람이나 그 재판으로 친권자 또는 그 임무를 대행할 사람으로 정하여진 사람이 그 내용을 신고하여야 한다.
   (1) 「민법」 규정에 따라 친권자를 정하거나 변경하는 재판
   (2) 「민법」에 따라 친권자 또는 그 임무를 대행할 사람을 지정하거나 선임하는 재판
   (3) 「민법」에 따른 친권의 상실, 일시 정지, 일부 제한 및 그 회복에 관한 재판
   (4) 「민법」에 따른 법률행위의 대리권이나 재산관리권의 상실·사퇴 및 그 회복에 관한 재판

Ⅱ 미성년후견 개시(제80조)

미성년후견 개시의 신고는 미성년후견인이 그 취임일부터 1개월 이내에 하여야 한다.

Ⅲ 유언 또는 재판에 따른 미성년후견인의 선정(제82조)

① 유언에 의하여 미성년후견인을 지정한 경우에는 지정에 관한 유언서 그 등본 또는 유언 녹음을 기재한 서면을 신고서에 첨부하여야 한다.
② 미성년후견인 선임의 재판이 있는 경우에는 재판서의 등본을 신고서에 첨부하여야 한다.

Ⅳ 미성년후견감독 개시신고(제83조의2)

미성년후견감독 개시의 신고는 미성년후견감독인이 그 취임일부터 1개월 이내에 하여야 한다.

04 「가족관계의 등록 등에 관한 법률」상 '시·읍·면의 장의 위법 또는 부당한 처분'에 대한 불복 절차에 대하여 서술하시오. [20점]

Ⓘ 불복의 신청(제109조)

① 등록사건에 관하여 이해관계인은 시·읍·면의 장의 위법 또는 부당한 처분에 대하여 관할 가정법원에 불복의 신청을 할 수 있다.
② 신청을 받은 가정법원은 신청에 관한 서류를 시·읍·면의 장에게 송부하며 그 의견을 구할 수 있다.

Ⅱ 불복신청에 대한 시·읍·면의 조치(제110조)

① 시·읍·면의 장은 그 신청이 이유 있다고 인정하는 때에는 지체 없이 처분을 변경하고 그 취지를 법원과 신청인에게 통지하여야 한다.
② 신청이 이유 없다고 인정하는 때에는 의견을 붙여 지체 없이 그 서류를 법원에 반환하여야 한다.

Ⅲ 불복신청에 대한 법원의 결정(제111조)

① 가정법원은 신청이 이유 없는 때에는 각하하고 이유 있는 때에는 시·읍·면의 장에게 상당한 처분을 명하여야 한다.
② 신청의 각하 또는 처분을 명하는 재판은 결정으로써 하고, 시·읍·면의 장 및 신청인에게 송달하여야 한다.

Ⅳ 항고(제112조)

가정법원의 결정에 대하여는 법령을 위반한 재판이라는 이유로만 「비송사건절차법」에 따라 항고할 수 있다.

Ⅴ 불복신청의 비용(제113조)

불복신청의 비용에 관하여는 「비송사건절차법」의 규정을 준용한다.

Chapter_

07

주민등록법

07 주민등록법

---

1. 목적(제1조)

이 법은 시(특별시·광역시는 제외하고, 특별자치도는 포함한다. 이하 같다)·군 또는 구(자치구를 말한다. 이하 같다)의 주민을 등록하게 함으로써 주민의 거주관계 등 인구의 동태(動態)를 항상 명확하게 파악하여 주민생활의 편익을 증진시키고 행정사무를 적정하게 처리하도록 하는 것을 목적으로 한다.

2. 사무의 관장(제2조)

3. 감독(제3조)

4. 수수료와 과태료(제4조)

5. 경비의 부담(제5조)

6. 대상자(제6조)★

시장·군수 또는 구청장은 30일 이상 거주할 목적으로 그 관할 구역에 주소나 거소(이하 "거주지"라 한다)를 가진 다음 각 호의 사람(이하 "주민"이라 한다)을 이 법의 규정에 따라 등록하여야 한다. 다만, 외국인은 예외로 한다.

7. 주민등록표 등의 작성(제7조)★

① 시장·군수 또는 구청장은 주민등록사항을 기록하기 위하여 <u>주민등록정보시스템</u>으로 개인별 및 세대별 주민등록표(이하 "주민등록표"라 한다)와 세대별 주민등록표 색인부를 작성하고 기록·관리·보존하여야 한다.

② 개인별 주민등록표는 개인에 관한 기록을 종합적으로 기록·관리하며 세대별(世帶別) 주민등록표는 그 세대에 관한 기록을 통합하여 기록·관리한다.

8. 주민등록번호의 부여(제7조의2)

9. 주민등록번호의 정정(제7조의3)★

① 가족관계법의 정정
② 오류 신청
③ 오류 발견

10. 주민등록번호의 변경(제7조의4)★

다음 각 호의 어느 하나에 해당하는 사람은 대통령령으로 정하는 바에 따라 이를 입증할 수 있는 자료를 갖추어 주민등록지의 시장·군수 또는 구청장에게 주민등록번호의 변경을 신청할 수 있다.

⑴ 유출된 주민등록번호로 인하여 생명·신체에 위해(危害)를 입거나 입을 우려가 있다고 인정되는 사람

⑵ 유출된 주민등록번호로 인하여 재산에 피해를 입거나 입을 우려가 있다고 인정되는 사람

⑶ 다음 각 목의 어느 하나에 해당하는 사람으로서 유출된 주민등록번호로 인하여 피해를 입거나 입을 우려가 있다고 인정되는 사람
① 「아동·청소년의 성보호에 관한 법률」 제2조 제6호에 따른 피해아동·청소년
② 「성폭력방지 및 피해자보호 등에 관한 법률」 제2조 제3호에 따른 성폭력피해자
③ 「성매매알선 등 행위의 처벌에 관한 법률」 제2조 제1항 제4호에 따른 성매매피해자
④ 「가정폭력범죄의 처벌 등에 관한 특례법」 제2조 제5호에 따른 피해자

11. 주민등록번호변경위원회(제7조의5)★
변경위원회는 제7조의4 제2항에 따른 청구를 심사한 결과 다음 각 호의 어느 하나에 해당하는 사유가 있는 경우에는 청구를 받아들이지 아니하는 결정 등을 할 수 있다.

⑴ 범죄경력을 은폐하거나 법령상의 의무를 회피할 목적이 있는 경우

⑵ 수사나 재판을 방해할 목적이 있는 경우

⑶ 선량한 풍속 기타 사회질서에 위반되는 경우

⑷ 그 밖에 대통령령으로 정하는 경우

12. 등록의 신고주의 원칙(제8조)
주민의 등록 또는 그 등록사항의 정정 또는 말소는 주민의 신고

13. 정리(제9조)
개인별(주민등록번호순)/세대별(세대주의 주민등록번호순)으로 각각 정리

14. 신고사항(제10조)

15. 재외국민의 신고(제10조의2)
30일 이상 거주할 목적으로 입국 시 시장·군수·구청장에게 신고

16. 해외체류에 관한 신고(제10조의3)
90일 이상 해외에 체류 목적으로 출국 시 미리 신고

17. 신고의무자(제11조)
세대주, 세대를 관리하는 자, 본인, 세대주의 배우자, 직계혈족

18. 합숙하는 곳에서의 신고의무자(제12조)

19. 정정신고(제13조)
변동이 있는 날부터 14일 이내에 정정신고

20. 가족관계등록신고 등에 따른 주민등록표의 정리(제14조) <개정 후 20.12.4. 시행>
① 가족관계법의 신고(⑩ 출생신고)로써 주민등록법에 따른 신고(⑩ 주민등록) 갈음
② 가족관계법의 신고지(시장·읍·면장) → 주민등록법의 등록지(시장·군수 또는 구청장)

21. 주민등록과 가족관계등록과의 관련(제15조)
① 주민등록지의 시장·군수 또는 구청장이 주민등록 → 등록기준지의 시장·읍·면장
② 주민등록지의 시장·군수 또는 구청장 ← 등록기준지의 시장·읍·면장

22. 가족관계등록 전산정보의 제공 요청(제15조의2) <신설 후 20.12.4 시행>

23. 거주지의 이동(제16조) : 14일 이내 전입신고

24. 전입신고 사실의 통보(제16조의2) <신설 후 20.12.4 시행>

25. 다른 법령에 따른 신고와의 관계(제17조)

01 「주민등록법」상의 '사무관장'과 '감독'에 대하여 약술하시오. [20점]

Ⅰ 사무의 관장(제2조)

① 주민등록에 관한 사무는 시장(특별시장·광역시장은 제외하고, 특별자치도지사는 포함한다. 이하 같다)·군수 또는 구청장(자치구의 구청장을 말한다. 이하 같다)이 관장(管掌)한다.

② 시장·군수 또는 구청장은 권한의 일부를 그 지방자치단체의 조례로 정하는 바에 따라 구청장(자치구가 아닌 구의 구청장만 해당한다)·읍·면·동장 또는 출장소장에게 위임할 수 있다.

Ⅱ 감독 등(제3조)

① 주민등록에 관한 사무의 지도·감독은 행정안전부장관이 한다.

② 행정안전부장관은 대통령령으로 정하는 바에 따라 그 권한의 일부를 특별시장·광역시장·도지사 또는 특별자치도지사에게 위임할 수 있다.

02 「주민등록법」상 '주민등록표 등의 작성'과 '정리'에 대하여 서술하시오. [20점]

ⓘ 주민등록표 등의 작성(제7조)

① 시장·군수 또는 구청장은 주민등록사항을 기록하기 위하여 주민등록정보시스템으로 개인별 및 세대별 주민등록표(이하 '주민등록표'라 한다)와 세대별 주민등록표 색인부를 작성하고 기록·관리·보존하여야 한다.

② 개인별 주민등록표는 개인에 관한 기록을 종합적으로 기록·관리하며 세대별(世帶別) 주민등록표는 그 세대에 관한 기록을 통합하여 기록·관리한다.

③ 주민등록표와 세대별 주민등록표 색인부의 서식 및 기록·관리·보존방법 등에 필요한 사항과 주민등록번호를 부여하는 방법은 대통령령으로 정한다.

Ⅱ 정리(제9조)

개인별 주민등록표는 주민등록번호 순으로, 세대별 주민등록표는 세대주의 주민등록번호 순으로 각각 정리하며, 이에 관한 구체적인 사항은 행정안전부장관이 정한다.

03 「주민등록법」상 '신고사항'과 '신고의무자'에 대하여 서술하시오. [20점]

I 신고사항(제10조)

1. 주민은 다음 사항을 해당 거주지를 관할하는 시장·군수 또는 구청장에게 신고하여야 한다.
   (1) 성명
   (2) 성별
   (3) 생년월일
   (4) 세대주와의 관계
   (5) 합숙하는 곳은 관리책임자
   (6) 「가족관계의 등록 등에 관한 법률」 제10조 제1항에 따른 등록기준지(이하 '등록기준지'라 한다)
   (7) 주소
   (8) 가족관계등록이 되어 있지 아니한 자 또는 가족관계등록의 여부가 분명하지 아니한 자는 그 사유
   (9) 대한민국의 국적을 가지지 아니한 자는 그 국적명이나 국적의 유무
   (10) 거주지를 이동하는 경우에는 전입 전의 주소 또는 전입지와 해당 연월일
2. 누구든지 신고를 이중으로 할 수 없다.

II 신고의무자(제11조)

1. 세대주(제11조)

(1) 신고는 세대주가 신고사유가 발생한 날부터 14일 이내에 하여야 한다. 다만, 세대주가 신고할 수 없으면 그를 대신하여 다음 어느 하나에 해당하는 자가 할 수 있다.
   1) 세대를 관리하는 자
   2) 본인
   3) 세대주의 위임을 받은 자로서 다음의 어느 하나에 해당하는 자
      ① 세대주의 배우자
      ② 세대주의 직계혈족
      ③ 세대주의 배우자의 직계혈족
      ④ 세대주의 직계혈족의 배우자
(2) 위임에 관한 구체적인 사항은 대통령령으로 정한다.

2. 합숙하는 곳에서의 신고의무자(제12조)

기숙사나 그 밖에 여러 사람이 동거하는 숙소에 거주하는 주민은 신고사유가 발생한 날부터 14일 이내에 그 숙소의 관리자가 신고하여야 한다.

3. 정정신고(제13조)

신고의무자는 그 신고사항에 변동이 있으면 변동이 있는 날부터 14일 이내에 그 정정신고(訂正申告)를 하여야 한다.

04 「주민등록법」상 '거주지의 이동' 등에 대하여 서술하시오. [20점]

Ⅰ 거주지의 이동(제16조)

① 하나의 세대에 속하는 자의 전원 또는 그 일부가 거주지를 이동하면 신고의무자가 신거주지에 전입한 날부터 14일 이내에 신거주지의 시장·군수 또는 구청장에게 전입신고(轉入申告)를 하여야 한다.

② 신거주지의 시장·군수 또는 구청장은 전입신고를 받으면 지체 없이 전 거주지의 시장·군수 또는 구청장에게 전입신고 사항을 알리고 주민등록정보시스템을 이용하여 주민등록표와 관련 공부(公簿)의 이송(移送)을 요청하여야 한다.

③ 이송요청을 받은 전 거주지의 시장·군수 또는 구청장은 전출대상자(轉出對象者)가 세대원 전원이거나 세대주를 포함한 세대의 일부 전출인 경우에는 주민등록표와 관련 공부를, 세대주를 제외한 세대의 일부의 전출인 경우에는 전출자의 개인별 주민등록표와 관련 공부를 지체 없이 정리하여 신거주지의 시장·군수 또는 구청장에게 주민등록정보시스템을 이용하여 이송하여야 한다.

④ 신거주지의 시장·군수 또는 구청장은 주민등록표와 관련 공부가 이송되어 오면 전입신고서와 대조·확인한 후 지체 없이 주민등록표와 관련 공부를 정리 또는 작성하여야 한다.

⑤ 전입신고에 관한 절차와 전입신고사항의 통보방법 등은 대통령령으로 정한다.

Ⅱ 다른 법령에 따른 신고와의 관계(제17조)

주민의 거주지 이동에 따른 주민등록의 전입신고가 있으면 「병역법」, 「민방위기본법」, 「인감증명법」, 「국민기초생활 보장법」, 「국민건강보험법」 및 「장애인복지법」에 따른 거주지 이동의 전출신고와 전입신고를 한 것으로 본다.

Ⅲ 신고의 방법 등(제18조)

① 이 법에 따른 신고는 구술이나 서면으로 한다.
② 신고에 관한 서류 등의 보존기간은 대통령령으로 정한다.

05 「주민등록법」상 '주소'에 대하여 서술하시오. [20점]

Ⓘ 주소의 의의

공법관계에서의 주소는 다른 법률에 특별한 규정이 없는 한, 「주민등록법」에 의한 '주민등록지'가 주소가 된다.

Ⓘ 주소의 수

공법 영역에 속해 있는 「주민등록법」은 주소에 관하여 이중등록을 인정하지 않으므로 주민등록지를 주소로 보는 단수주의를 채택하고 있다(제23조 제1항, 제10조 제2항 참조).

Ⓘ 등록의 신고주의 원칙(제8조)

주민의 등록 또는 그 등록사항의 정정 또는 말소는 주민의 신고에 따라 한다. 다만, 이 법에 특별한 규정이 있으면 예외로 한다.

Ⓘ 주민등록의 요건 등

1. 대상자(제6조)

시장·군수 또는 구청장은 30일 이상 거주할 목적으로 그 관할 구역에 주소나 거소(이하 '거주지'라 한다)를 가진 자(이하 '주민'이라 한다)를 이 법의 규정에 따라 등록하여야 한다.

2. 거주지의 이동(제16조)

신고의무자가 신거주지에 전입한 날부터 14일 이내에 신거주지의 시장·군수 또는 구청장에게 전입신고(轉入申告)를 하여야 한다.

Ⓥ 이의신청(제21조)

① 시장·군수 또는 구청장으로부터 주민등록 또는 등록사항의 정정이나 말소 또는 거주불명 등록의 처분을 받은 자가 그 처분에 대하여 이의가 있으면 그 처분일이나 제20조 제7항 또는 제20조의2 제3항에 따른 통지를 받거나 공고된 날부터 30일 이내에 서면으로 해당 시장·군수 또는 구청장에게 이의를 신청할 수 있다.

② 시장·군수 또는 구청장이 이의신청을 받으면 그 신청을 받은 날부터 10일 이내에 심사·결정하여 그 결과를 지체 없이 신청인에게 알려야 하며, 그 요구가 정당하다고 결정되면 그에 따라 주민등록을 하거나 등록사항을 정정 또는 말소하여야 한다.

③ 시장·군수 또는 구청장이 이의신청을 각하 또는 기각하는 결정을 하면 결과통지서에 행정심판이나 행정소송을 제기할 수 있다는 취지를 함께 적어 신청인에게 알려야 한다.

06 「주민등록법」상 '주민등록표의 열람 또는 등·초본의 교부'에 대하여 서술하시오. [20점]

Ⓘ 열람 또는 등·초본의 교부(제29조)

⑴ 열람이나 등·초본의 교부신청은 본인이나 세대원이 할 수 있다.

⑵ 주민등록표의 열람이나 등·초본의 교부는 주민등록정보시스템을 이용하여 열람하게 하거나 교부한다. 다만, 전자문서나 무인민원발급기를 이용하는 경우에는 신청자 본인이나 세대원의 주민등록표 등·초본의 교부에 한정한다.

Ⓘ 예외(제29조)

다만, 본인이나 세대원의 위임이 있거나 「주민등록법」 제29조 제2항 다음 각 호의 어느 하나에 해당하면 그러하지 아니하다.

1. 국가나 지방자치단체가 공무상 필요로 하는 경우
2. 관계 법령에 따른 소송·비송사건·경매목적 수행상 필요한 경우
3. 다른 법령에 주민등록자료를 요청할 수 있는 근거가 있는 경우
4. 다른 법령에서 본인이나 세대원이 아닌 자에게 등·초본의 제출을 의무화하고 있는 경우
5. 다음 각 목의 어느 하나에 해당하는 자가 신청하는 경우
   ⑴ 세대주의 배우자
   ⑵ 세대주의 직계혈족
   ⑶ 세대주의 배우자의 직계혈족
   ⑷ 세대주의 직계혈족의 배우자
6. 채권·채무관계 등 정당한 이해관계가 있는 자가 신청하는 경우
7. 그 밖에 공익상 필요한 경우

Ⓘ 세부사항

1. '가정폭력피해자'는 가정폭력행위자가 본인과 주민등록지를 달리하는 경우 제2항 제5호에 해당하는 사람 중에서 대상자를 지정하여 대통령령으로 정하는 바에 따라 시장·군수 또는 구청장에게 본인과 세대원 및 직계존비속의 주민등록표의 열람 또는 등·초본의 교부를 제한하도록 신청할 수 있다.

2. 이혼한 자와 같은 세대를 구성하지 아니한 그 직계비속이 이혼한 자의 주민등록표의 열람 또는 등·초본의 교부를 신청한 경우에는 열람 또는 등·초본교부기관의 장은 주민등록표 초본만을 열람하게 하거나 교부할 수 있다.

07 「주민등록법」상 1) 등록의 신고주의, 2) 신고사항, 3) 신고의무자, 4) 주민등록의 열람 및 등·초본의 교부에 대해 서술하시오. [20점]

Ⅰ 등록의 신고주의

1. 주민등록의 요건 등

(1) 대상자(제6조)

시장·군수 또는 구청장은 30일 이상 거주할 목적으로 그 관할 구역에 주소나 거소(이하 '거주지'라 한다)를 가진 자(이하 '주민'이라 한다)를 이 법의 규정에 따라 등록하여야 한다.

(2) 거주지의 이동(제16조)

신고의무자가 신거주지에 전입한 날부터 14일 이내에 신거주지의 시장·군수 또는 구청장에게 전입신고(轉入申告)를 하여야 한다.

2. 등록의 신고주의 원칙(제8조)

주민의 등록 또는 그 등록사항의 정정 또는 말소는 주민의 신고에 따라 한다. 다만, 이 법에 특별한 규정이 있으면 예외로 한다.

Ⅱ 신고사항(제10조)

1. 주민은 다음 사항을 해당 거주지를 관할하는 시장·군수 또는 구청장에게 신고하여야 한다.
    (1) 성명
    (2) 성별
    (3) 생년월일
    (4) 세대주와의 관계
    (5) 합숙하는 곳은 관리책임자
    (6) 등록기준지
    (7) 주소 등
2. 누구든지 신고를 이중으로 할 수 없다.

Ⅲ 신고의무자

1. 신고의무자(제11조)

(1) 세대주(제11조)

신고는 세대주가 신고사유가 발생한 날부터 14일 이내에 하여야 한다. 다만, 세대주가 신고할 수 없으면 그를 대신하여 다음 어느 하나에 해당하는 자가 할 수 있다.
① 세대를 관리하는 자
② 본인
③ 법 규정에 의해 세대주의 위임을 받은 자

(2) 합숙하는 곳에서의 신고의무자(제12조)

기숙사나 그 밖에 여러 사람이 동거하는 숙소에 거주하는 주민은 신고사유가 발생한 날부터 14일 이내에 그 숙소의 관리자가 신고하여야 한다.

2. 정정신고(제13조)

신고의무자는 그 신고사항에 변동이 있으면 변동이 있는 날부터 14일 이내에 그 정정신고(訂正申告)를 하여야 한다.

Ⅳ 주민등록의 열람 및 등·초본의 교부

1. 열람 또는 등·초본의 교부(제29조)

주민등록표를 열람하거나 그 등본 또는 초본의 교부를 받으려는 자는 수수료를 내고 시장·군수 또는 구청장이나 읍·면·동장 또는 출장소장에게 신청할 수 있다. 주민등록표의 열람이나 등·초본의 교부신청은 본인이나 세대원이 할 수 있다.

2. 예외(제29조)

본인이나 세대원의 위임이 있거나 법에서 정한 어느 하나에 해당하면 그러하지 아니하다.
① 국가나 지방자치단체가 공무상 필요로 하는 경우
② 관계 법령에 따른 소송·비송사건·경매목적 수행상 필요한 경우
③ 다른 법령에 주민등록자료를 요청할 수 있는 근거가 있는 경우
④ 다른 법령에서 본인이나 세대원이 아닌 자에게 등·초본의 제출을 의무화하고 있는 경우
⑤ 채권·채무관계 등 정당한 이해관계가 있는 자가 신청하는 경우 등

08 주민등록번호를 변경하고 싶어하는 甲이 '주민등록번호의 변경'을 신청할 수 있는 경우와 甲의 신청을 받은 시장·군수 또는 구청장의 '주민등록번호의 변경 여부에 관한 결정 청구·통지절차'와 변경 거절 통보받은 경우 甲의 '이의신청절차'에 대하여 서술하시오. [20점]

Ⅰ 주민등록번호의 변경 신청(제7조의4)

甲은 아래의 사유에 해당될 때 주민등록지의 시장·군수 또는 구청장에게 주민등록번호의 변경을 신청할 수 있다.

1. 유출된 주민등록번호로 인하여 생명·신체에 위해(危害)를 입거나 입을 우려가 있다고 인정되는 사람
2. 유출된 주민등록번호로 인하여 재산에 피해를 입거나 입을 우려가 있다고 인정되는 사람
3. 다음 어느 하나에 해당하는 사람으로서 유출된 주민등록번호로 인하여 피해를 입거나 입을 우려가 있다고 인정되는 사람
   (1) 「아동·청소년의 성보호에 관한 법률」 피해아동·청소년
   (2) 「성폭력방지 및 피해자보호 등에 관한 법률」 성폭력피해자
   (3) 「성매매알선 등 행위의 처벌에 관한 법률」 성매매피해자
   (4) 「가정폭력범죄의 처벌 등에 관한 특례법」 피해자

Ⅱ 주민등록번호의 변경 여부에 관한 결정 청구·통지절차

① 신청 또는 이의신청을 받은 주민등록지의 시장·군수 또는 구청장은 주민등록번호변경위원회에 주민등록번호 변경 여부에 관한 결정을 청구하여야 한다.

② 주민등록지의 시장·군수 또는 구청장은 주민등록번호변경위원회로부터 주민등록번호의 변경 결정을 통보받은 경우에는 신청인의 주민등록번호를 지체 없이 변경하고 이를 신청인에게 통지하여야 한다.

Ⅲ 甲의 이의신청

주민등록지의 시장·군수 또는 구청장은 주민등록번호변경위원회로부터 주민등록번호의 변경 결정 이외의 결정을 통보받은 경우에는 그 사실과 사유를 그 신청인에게 통지하여야 하며, 이의가 있는 신청인은 그 통지를 받은 날부터 30일 이내에 그 주민등록지의 시장·군수 또는 구청장에게 이의신청을 할 수 있다.

09 주민등록번호를 변경하고 싶어하는 甲의 신청을 받은 시장·군수 또는 구청장은 주민등록변경위원회에 주민등록번호 변경 여부에 관한 결정을 청구하였다. '주민등록변경위원회의 심사절차'와 '변경하지 아니할 수 있는 사유'에 대하여 서술하시오. [20점]

Ⅰ 주민등록번호변경위원회의 심사절차

변경위원회는 주민등록번호 변경 여부에 관한 결정 청구를 받은 날부터 90일 이내에 심사·의결을 완료하고 그 결과(변경 결정 이외의 결정을 한 경우에는 그 사유를 포함한다)를 해당 주민등록지의 시장·군수 또는 구청장에게 통보하여야 한다.
다만, 이 기간 안에 심사·의결을 완료하기 어려운 경우에 변경위원회는 그 의결로 30일의 범위에서 그 기간을 연장할 수 있다.

Ⅱ 변경하지 아니할 수 있는 사유

변경위원회는 주민등록번호 변경 여부에 관한 결정청구를 심사한 결과 아래 어느 하나에 해당하는 사유가 있는 경우에는 청구를 받아들이지 아니하는 결정 등을 할 수 있다.
① 범죄경력을 은폐하거나 법령상의 의무를 회피할 목적이 있는 경우
② 수사나 재판을 방해할 목적이 있는 경우
③ 선량한 풍속 기타 사회질서에 위반되는 경우
④ 그 밖에 대통령령으로 정하는 경우

09-1 「주민등록법」(제7조의5)상 '주민등록번호변경위원회'의 설치 · 구성 및 심사 · 의결기간, 거절사유, 의결사유에 대하여 서술하시오. [20점]

＊ I. 설치 · 구성 II. 심사 · 의결기간 III. 거절사유 IV. 의결사유로 답안을 구성하시오.

Ⅰ 위원회

1. 설치

주민등록번호의 변경에 관한 사항을 심사 · 의결하기 위하여 행정안전부에 주민등록번호변경위원회를 둔다. 변경위원회는 그 권한에 속하는 업무를 독립하여 수행한다.

2. 구성

① 변경위원회는 위원장 1명을 포함
② 위원장은 위원 중에서 공무원이 아닌 사람으로 행정안전부 장관이 위촉하며 공무원이 아닌 위원의 수는 위원장과 상임위원을 포함한 위원 수의 2분의 1 이상이어야 한다.
③ 위원장과 위원의 임기는 2년으로 하되, 한 차례만 연임할 수 있다. 다만, 공무원인 위원은 그 직에 재직하는 동안 재임한다.

Ⅱ 위원회 심사 · 의결

1. 심사 · 의결 기간

변경위원회는 <u>주민등록번호 변경 여부에 관한 결정 청구를 받은 날부터 90일 이내</u>에 심사 · 의결을 완료하고 그 결과(변경 결정 이외의 결정을 한 경우에는 그 사유를 포함한다)를 해당 주민등록지의 시장 · 군수 또는 구청장에게 통보하여야 한다.
다만, 이 기간 안에 심사 · 의결을 완료하기 어려운 경우에 변경위원회는 그 의결로 <u>30일 이내의 범위</u>에서 그 기간을 연장할 수 있다.

2. 거절사유

변경위원회는 <u>주민등록번호 변경 여부에 관한 결정</u>청구를 심사한 결과 아래 어느 하나에 해당하는 사유가 있는 경우에는 청구를 받아들이지 아니하는 결정 등을 할 수 있다.
① 범죄경력을 은폐하거나 법령상의 의무를 회피할 목적이 있는 경우
② 수사나 재판을 방해할 목적이 있는 경우

③ 선량한 풍속 기타 사회질서에 위반되는 경우

④ 그 밖에 대통령령으로 정하는 경우

3. 의결사유

변경위원회는 심사를 위하여 필요하다고 인정하면 다음의 행위를 의결할 수 있다.

① 전과조회, 신용정보조회 등 대통령령으로 정하는 방법으로 행하는 사실조사

② 신청인 또는 관계 공무원 등의 출석 요구

③ 신청인 또는 관계 기관 등에 대한 자료의 제출 요구

참조 **헌법재판소 결정**

가. 사건번호

2013헌바68 병합(2014헌마449) / 주민등록번호 변경 사건

나. 선고일자

2015. 12. 23.

다. 종국결과

헌법불합치

라. 결정내용

1. 주민등록법 제7조는 헌법에 합치하지 아니한다.
2. 위 조항은 2017. 12. 31.을 시한으로 입법사가 개정할 때까지 계속 적용한다.

  1) 사건의 개요

    청구인들은 주민등록번호의 불법 유출을 이유로 각 관할 지방자치단체장에게 주민등록번호를 변경해 줄 것을 신청하였으나, 현행 주민등록법상 주민등록번호 불법유출을 원인으로 한 주민등록번호 변경은 허용되지 않는다는 이유로 주민등록번호 변경을 거부하는 통지를 받았고, 이에 대하여 헌법소원심판을 청구한 것입니다.

  2) 이유의 요지

    가) 개인정보자기결정권은 자신에 관한 정보가 언제 누구에게 어느 범위까지 알려지고 또 이용되도록 할 것인지를 그 정보주체가 스스로 결정할 수 있는 권리입니다.

    나) 주민등록번호는 모든 국민에게 일련의 숫자형태로 부여되는 고유한 번호로서 당해 개인을 식별할 수 있는 정보에 해당하는 개인정보입니다.

    다) 그런데 심판대상조항은 주민등록번호 변경에 관한 규정을 두지 않음으로써 주민등록번호 불법유출 등을 원인으로 자신의 주민등록번호를 변경하고자 하는 청구인들의 개인정보결정권을 제한하고 있습니다.

  3) 결론

    가) 주민등록번호 변경에 대한 규정을 두고 있지 않은 심판대상조항은 과잉금지원칙을 위반하여 청구인들의 개인정보자기결정권을 침해합니다.

    나) 심판대상조항의 위헌성은 주민등록번호 변경에 관하여 규정하지 아니한 부작위에 있는 것이므로, 이를 이유로 심판대상조항에 대하여 단순위헌결정을 할 경우 주민등록번호제도 자체에 관한 근거규정이 사라지게 되어 법적공백이 생기게 되고 주민등록번호 변경제도를 형성함에 있어서는 입법자가 광범위한 입법재량을 가지므로, 심판대상조항에 대하여 헌법불합치결정을 선고하되, 2017. 12. 31.자를 시한으로 입법자가 개선입법을 할 때까지 계속 적용하기로 하였습니다.

마. 결정의 의의

1. 주민등록번호 변경이 필요한 경우가 있음에도 그 변경에 관하여 규정하지 아니한 채 일률적으로 주민등록번호를 부여하는 제도는 헌법에 합치되지 않는 것을 명백히 선언한 것입니다.
2. 이 불합치 결정에 의하여 주민등록법에 주민등록변경절차가 규정되면 주민등록번호 유출 등으로 피해를 입는 등 입법자가 정하는 일정한 요건을 갖춘 사람은 그 변경절차에 의하여 주민등록번호를 변경할 수 있게 됩니다.
3. 단순위헌결정의 법적인 공백을 방지하고, 주민등록번호 변경제도에 관한 입법자의 입법형성권을 존중하는 취지에서 2017. 12. 31.을 시한으로 입법자가 개선입법을 할 때까지 심판대상조항은 계속 적용되고, 그때까지 개선입법이 이루어지지 않으면 2018. 1. 1.부터 효력을 상실하므로 입법자에 의한 신속한 개선입법이 요구됩니다.

10 「주민등록법」상 종로구청장 甲이 乙에 대해 주민등록의 말소처분을 하였다. 이 경우 乙의 구제방법에 대하여 서술하시오. [20점]

Ⓘ 서

종로구청장 甲으로부터 주민등록의 말소처분을 받은 乙이 그 처분에 대하여 이의가 있을 경우 乙의 구제방법에 대하여 알아보도록 하겠다.

Ⓤ 이의신청

① 시장·군수 또는 구청장으로부터 주민등록의 말소처분을 받은 자(乙)가 그 처분에 대하여 이의가 있으면 그 처분일로부터 30일 이내에 서면으로 해당 시장·군수 또는 구청장에게 이의를 신청할 수 있다.
② 시장·군수 또는 구청장이 이의신청을 받으면 그 신청을 받은 날부터 10일 이내에 심사·결정하여 그 결과를 지체 없이 신청인에게 알려야 하며, 그 요구가 정당하다고 결정되면 그에 따라 주민등록을 하여야 한다.
③ 시장·군수 또는 구청장이 이의신청을 각하 또는 기각하는 결정을 하면 결과통지서에 행정심판이나 행정소송을 제기할 수 있다는 취지를 함께 적어 신청인에게 알려야 한다.

Ⓤ 행정심판

乙은 처분을 알게 된 날로부터 90일, 있었던 날로부터 180일 이내에 종로구청장 甲의 결정에 대하여 불복이 있는 때에는 이의신청절차를 거치지 아니하고 행정심판을 청구할 수 있다.

Ⓥ 행정소송

乙은 처분을 안 날로부터 90일, 있은 날로부터 1년 이내에 종로구청장 甲의 결정에 대하여 불복이 있는 때에는 이의신청 또는 행정심판을 절차를 거치지 아니하고 행정소송을 청구할 수 있다.

11 「주민등록법」상 '주민등록증 등의 확인'에 대하여 서술하시오. [20점]

Ⓘ 주민등록증 확인

1. 원칙(주민등록증 확인) : 법 제25조

국가기관, 지방자치단체, 공공단체, 사회단체, 기업체 등에서 해당 업무를 수행할 때에 다음의 어느 하나에 해당하는 경우로서 17세 이상의 자에 대하여 성명·사진·주민등록번호 또는 주소를 확인할 필요가 있으면 증빙서류를 붙이지 아니하고 주민등록증으로 확인하여야 한다. 다만, 대통령령으로 정한 경우에는 그러하지 아니하다.
① 민원서류나 그 밖의 서류를 접수할 때
② 특정인에게 자격을 인정하는 증서를 발급할 때
③ 그 밖에 신분을 확인하기 위하여 필요할 때

2. 예외(증명서류 확인) : 시행령 제39조

① 민원서류 및 그 밖의 서류를 우편으로 부치는 방법으로 제출한 경우
② 주민등록증의 발급 또는 재발급을 받지 못하여 주민등록증을 갖고 있지 아니한 경우
③ 법령에 따라 증명서류를 제출하도록 되어 있는 경우
④ 그 밖에 주민등록증으로 확인할 수 없는 경우

Ⓘ 주민등록확인서비스 제공

1. 제공

행정안전부장관은 주민등록정보시스템을 이용하여 주민등록확인서비스(휴대전화 등 정보통신기기로 성명·사진·주민등록번호 또는 주소를 확인할 수 있는 서비스)를 제공할 수 있다.

2. 간주

주민등록확인서비스를 이용하여 성명·사진·주민등록번호 또는 주소를 확인한 경우 주민등록증으로 성명·사진·주민등록번호 또는 주소를 확인한 것으로 본다.

Chapter 07

▶ 응용문제

01 '주민등록표 등의 작성'과 '주민등록표의 재작성'에 대하여 서술하시오.
[20점]

① 주민등록표 등의 작성(제7조)

① 시장·군수 또는 구청장은 주민등록사항을 기록하기 위하여 전산정보처리조직('전산조직')
으로 개인별 및 세대별 주민등록표('주민등록표')와 세대별 주민등록표 색인부를 작성하
고 기록·관리·보존하여야 한다.

② 개인별 주민등록표는 개인에 관한 기록을 종합적으로 기록·관리하며 세대별(世帶別)
주민등록표는 그 세대에 관한 기록을 통합하여 기록·관리한다.

⑪ 주민등록표의 재작성(제22조)

1. 시장·군수 또는 구청장은 '아래의 호'의 경우에는 종전 주민등록에 관한 여러 신청서 등
에 따라 주민등록표를 다시 작성하고 신고의무자의 확인을 받아야 한다.
   다만, 주민등록에 관한 여러 신청서 등에 따라 다시 작성할 수 없으면 주민등록표를 다시
   작성한다는 뜻을 신고의무자에게 알리거나 공고하고 그 신고의무자의 신고에 따라 이를
   작성하여야 하며, 세대주가 변경된 때는 세대별 주민등록표에 한정하여 작성한다.
   ⑴ 재해·재난 등으로 주민등록표가 멸실되거나 손상되어 복구가 불가능한 때
   ⑵ 세대주가 변경된 때
2. 1호의 경우에는 다시 작성한 주민등록표에 그 사유를 기록하여야 한다.
3. 2호에 따라 세대주가 변경되기 이전의 주민등록표는 보존·관리하여야 한다.

02 「주민등록법」상 사실조사, 직권조치, 이의신청에 대하여 서술하시오. [40점]

Ⅰ 사실조사와 직권조치(제20조)

1. 사실조사 인정사유(제1항)

① 주민등록법상 규정된 사항을 14일 이내에 신고하지 아니한 때
② 주민등록법상 규정된 사항을 부실신고한 때
③ 주민등록법상 규정된 사항의 신고된 내용이 사실과 다르다고 인정할 만한 상당한 이유가 있는 때

2. 최고 또는 공고 등

① 시장·군수 또는 구청장은 사실조사 등을 통하여 신고의무자가 신고할 사항을 신고하지 아니하였거나 신고된 내용이 사실과 다른 것을 확인하면 일정한 기간을 정하여 신고의무자에게 사실대로 신고할 것을 최고하여야 한다(제20조 제2항).
② 시장·군수 또는 구청장은 신고의무자에게 최고할 수 없으면 대통령령으로 정하는 바에 따라 일정한 기간을 정하여 신고할 것을 공고하여야 한다(제20조 제3항).
③ 공고를 할 때에는 정하여진 기간에 신고하지 아니하면 시장·군수 또는 구청장이 주민등록을 하거나 등록사항을 정정 또는 말소할 수 있다는 내용을 포함하여야 한다(제20조 제4항).

3. 직권조치

① 시장·군수 또는 구청장은 신고의무자가 정하여진 기간에 신고하지 아니하면 사실조사, 공부상의 근거 또는 통장·이장의 확인에 따라 주민등록을 하거나 등록사항을 정정 또는 말소하여야 한다(제20조 제5항).
② 시장·군수 또는 구청장은 신고의무자가 제5항에 따른 확인 결과, 거주사실이 불분명하다고 인정되는 경우에는 그 신고의무자가 마지막으로 신고한 주소를 행정상 관리주소로 하여 거주불명 등록을 하여야 한다.

Ⅱ 거주불명자에 대한 사실조사와 직권조치(제20조의2)

1. 시장·군수 또는 구청장은 거주불명자 관리를 위하여 대통령령으로 정하는 바에 따라 거주불명자의 거주사실 등에 대한 사실조사를 실시하여야 한다(제1항).
2. 시장·군수 또는 구청장은 사실조사, 공부상의 근거 또는 통장·이장의 확인에 따라 다음의 어느 하나에 해당하는 조치를 하여야 한다(제2항).
   ⑴ 거주자 또는 재외국민으로의 등록
   ⑵ 등록사항의 말소(사망 사실을 확인한 경우 또는 그 밖에 거주불명자의 주민등록을 유지할 필요가 없다고 인정되는 경우로서 대통령령으로 정하는 경우로 한정한다)
   ⑶ 거주불명 등록의 유지
3. 시장·군수 또는 구청장은 직권조치를 한 경우에는 14일 이내에 그 사실을 신고의무자에게 알려야 하고, 알릴 수 없으면 대통령령으로 정하는 바에 따라 공고하여야 한다(제3항).

Ⅲ 이의신청(제21조)

① 시장·군수 또는 구청장으로부터 주민등록 또는 등록사항의 정정이나 말소 또는 거주불명 등록의 처분을 받은 자가 그 처분에 대하여 이의가 있으면 그 처분일로부터 30일 이내에 서면으로 해당 시장·군수 또는 구청장에게 이의를 신청할 수 있다.
② 시장·군수 또는 구청장이 이의신청을 받으면 그 신청을 받은 날부터 10일 이내에 심사·결정하여 그 결과를 지체 없이 신청인에게 알려야 하며, 그 요구가 정당하다고 결정되면 그에 따라 주민등록을 하거나 등록사항을 정정 또는 말소하여야 한다.
③ 시장·군수 또는 구청장이 이의신청을 각하 또는 기각하는 결정을 하면 결과통지서에 행정심판이나 행정소송을 제기할 수 있다는 취지를 함께 적어 신청인에게 알려야 한다.

03 「주민등록법」 제14조상 '가족관계등록신고 등에 따른 주민등록의 정리'에 대하여 서술하시오. [20점]

Ⅰ 가족관계등록 신고 등

＊ 가족관계법의 신고(예 출생신고)로써 주민등록법에 따른 신고(예 주민등록)를 갈음

① 이 법(주민등록법)에 따른 신고사항과 「가족관계의 등록 등에 관한 법률」에 따른 신고사항이 같으면 「가족관계의 등록 등에 관한 법률」에 따른 신고로써 「주민등록법」에 따른 신고를 갈음한다(제14조 제1항).

② 주민등록지의 시장·군수 또는 구청장은 이 법(「주민등록법」)에 따른 신고에 갈음되는 「가족관계의 등록 등에 관한 법률」에 따른 신고를 받으면 그에 따라 주민등록을 하거나 등록사항을 정정 또는 말소하여야 한다(제14조 제2항).

Ⅱ 주민등록의 정리

＊ 가족관계법의 신고지(시장·읍·면장) → 주민등록법의 등록지(시장·군수 또는 구청장)

① 신고대상자의 「가족관계의 등록 등에 관한 법률」에 따른 '가족관계등록 신고지'와 '주민등록지'가 다를 경우에 가족관계등록 신고지의 시장·읍·면장이 같은 법(「가족관계법」)에 따른 신고를 받아 가족관계등록부의 기록사항을 변경하면 지체 없이 그 신고사항을 주민등록지의 시장·군수 또는 구청장에게 통보하여야 하며, 그 통보를 받은 주민등록지의 시장·군수 또는 구청장은 이에 따라 주민등록을 하거나 등록사항을 정정 또는 말소하여야 한다(제14조 제3항).

② 「가족관계의 등록 등에 관한 법률」에 따른 신고로써 이 법(「주민등록법」)에 따른 신고에 갈음되는 신고사항은 대통령령으로 정한다(제14조 제4항).

04 「주민등록법」 제15조상 '주민등록과 가족관계등록과의 관련'에 대하여 서술하시오. [20점]

Ⓘ 주민등록(제15조 제1항)

＊ 주민등록지의 시장·군수 또는 구청장이 주민등록 → 등록기준지의 시장·읍·면장

등록기준지와 주민등록지가 다른 경우에 주민등록지의 시장·군수 또는 구청장이 「가족관계의 등록 등에 관한 법률」에 따른 가족관계등록부의 기록사항과 같은 내용의 주민등록을 하였거나 등록사항을 정정 또는 말소하면 그 내용을 대통령령으로 정하는 바에 따라 등록기준지의 시장·읍·면장에게 알려야 한다.

Ⅱ 가족관계등록(제15조 제2항)

＊ 주민등록지의 시장·군수 또는 구청장 ← 등록기준지의 시장·읍·면장

통보를 받은 시장·읍·면장은 통보받은 사항 중 가족관계등록부의 기록사항과 다른 사항에 대하여는 지체 없이 그 내용을 주민등록지의 시장·군수 또는 구청장에게 알려야 한다.

05 「주민등록법」 제24조상 '주민등록증의 발급 등'에 대하여 서술하시오.
[20점]

Ⓘ 주민등록증의 발급

① 시장·군수 또는 구청장은 관할 구역에 주민등록이 된 자 중 17세 이상인 자에 대하여 주민등록증을 발급한다. 다만, 시각장애인이 신청하는 경우 시각장애인용 점자 주민등록증을 발급할 수 있다(제24조 제1항).

② 주민등록증에는 성명, 사진, 주민등록번호, 주소, 지문, 발행일, 주민등록기관을 수록한다. (제24조 제2항)

③ 시장·군수 또는 구청장은 재외국민에게 발급하는 주민등록증에는 재외국민임을 추가로 표시하여야 한다(제24조 제3항).

④ 주민등록증을 발급받을 나이가 된 사람은 시장·군수 또는 구청장에게 주민등록증의 발급을 신청하여야 한다. 이 경우 시장·군수 또는 구청장은 대통령령으로 정하는 기간 내에 발급신청을 하지 아니한 사람에게 발급신청을 할 것을 최고할 수 있다(제24조 제4항).

⑤ 주민등록증을 발급받지 아니한 17세 이상의 재외국민 또는 해외체류자가 국내에 30일 이상 거주할 목적으로 입국하는 때에는 시장·군수 또는 구청장에게 주민등록증의 발급을 신청하여야 한다(제24조 제5항).

Ⅱ 주민등록증의 갱신(검인) 및 수수료(공과금)

① 행정안전부장관은 필요하다고 인정되면 시장·군수 또는 구청장에게 주민등록증을 일제히 갱신하거나 검인하게 할 수 있다(제24조 제6항).

② 주민등록증을 발급할 때에는 제27조(주민등록증의 재발급)에 따른 경우 외에는 수수료를 징수하지 못하며, 주민등록증의 발급을 이유로 조세나 그 밖의 어떠한 명목의 공과금(公課金)도 징수하여서는 아니 된다(제24조 제8항).

Chapter_

08

행정규제
기본법

행정규제기본법

Ⅰ 서

1. 개념(의의)
2. 문제제기
3. 서술전개방향

Ⅱ 제1장 총칙(제1조~제6조)

1. 정의(제2조)

(1) 행정규제

국가나 지방자치단체가 특정한 행정 목적을 실현하기 위하여 국민(국내법을 적용받는 외국인을 포함한다)의 권리를 제한하거나 의무를 부과하는 것으로서 법령등이나 조례·규칙에 규정되는 사항을 말한다.

(2) 법령등

법률·대통령령·총리령·부령과 그 위임을 받는 고시(告示) 등을 말한다.

(3) 규제영향분석

국민의 일상생활과 사회·경제·행정 등에 미치는 여러 가지 영향을 객관적이고 과학적인 방법을 사용하여 미리 예측·분석함으로써 규제의 타당성을 판단하는 기준을 제시하는 것을 말한다.

2. 규제법정주의(제4조)★(2013년 기출)

규제는 법률에 근거하여야 하며, 그 내용은 알기 쉬운 용어로 구체적이고 명확하게 규정되어야 한다.

3. 규제의 원칙(제5조)★(2022년 기출)

4. 우선허용·사후규제원칙(제5조의2)

열, 개, 유, 출

Ⅲ 제2장 규제의 신설·강화에 대한 원칙과 심사(제7조~제16조)

1. 규제영향분석 및 자체심사(제7조)★(2017년 기출)

규제영향분석서 작성 → 입법예고기간 동안 공표 → 규제영향분석서 보완 → 제출된 의견 결과 통보 → 자체 심사

2. 규제의 존속기한 및 재검토기한 명시(제8조)

① 존속기한 재검토기한 법령에 규정
② 최소한의 기간(원칙 5년 초과 ×)
③ 6개월 전까지 위원회에 심사요청
④ 존속기한(재검토기한) 설정 권고
⑤ 3개월 전까지 개정안 국회 제출

3. 의견 수렴(제9조)

공청회, 행정상 입법예고 등

4. 심사요청(제10조)

(1) 중앙행정기관의 장은 규제를 신설하거나 강화하려면 위원회에 심사를 요청하여야 한다. 이 경우 법령 안(法令案)에 대하여는 법제처장에게 법령안 심사를 요청하기 전에 하여야 한다.

(2) **첨부사항**
① 규제영향분석서
② 자체심사 의견
③ 행정기관·이해관계인의 제출의견 요지

5. 예비심사(제11조): 중요규제인지 심사
① 심사 요청 받은 날부터 10일 이내
② 중요규제가 아니면 심사받은 것으로 간주

6. 심사(제12조): 중요규제인 경우
① 심사 요청 받은 날부터 45일 이내 심사
② 15일 연장 가능(한 차례)

7. 긴급한 규제의 신설·강화 심사(제13조)

(1) 10일: 긴급한 심사 / 20일: 타당성 심사

(2) **긴급한 규제인 경우 생략절차**
① 규제영향분석 및 자체심사(제7조)
② 6개월 전까지 위원회에 심사요청(제8조 제3항)
③ 의견 수렴(제9조)
④ 심사 요청(제10조)

8. 개선 권고(제14조)

9. 재심사(제15조)

Ⅳ 제3장 기존규제의 정비(제17조~제22조)

1. 규제 정비의 요청(제17조)

2. 기존규제의 심사(제18조)
① 정비 요청 및 제출된 의견을 위원회가 심사할 필요가 있다고 인정한 경우
② 특정한 기존규제에 대한 심사가 필요하다고 인정한 경우

3. 신기술 서비스·제품 관련 규제의 정비 및 특례(제19조의3)
통보, 정비, 특례, 특례 시 고려사항

4. 신산업 규제정비 기본계획의 수립 및 시행(제19조의4)

5. 규제정비 종합계획의 수립(제20조)

Ⅴ 제4장 규제개혁위원회(제23조~제33조)★(2019년 기출)

1. 설치(제23조)

2. 기능(제24조)★(2022년 기출, 심의·조정사항)

3. 구성 등(제25조)

4. 의결 정족수(제26조)

5. 회의록의 작성·공개(제26조의2)

Chapter 08

01 「행정규제기본법」상 '규제의 신설 · 강화에 대한 원칙'에 대하여 서술하시오. [20점]

(I) 행정규제(제2조)

행정규제(이하 '규제'라 한다)란 국가나 지방자치단체가 특정한 행정 목적을 실현하기 위하여 국민(국내법을 적용받는 외국인을 포함한다)의 권리를 제한하거나 의무를 부과하는 것으로서 법령등이나 조례 · 규칙에 규정되는 사항을 말한다.

(II) 원칙

1. 규제영향분석 및 자체심사(제7조 제1항)

중앙행정기관의 장은 규제를 신설하거나 강화(규제의 존속기한 연장을 포함한다. 이하 같다)하려면 ① 필요성, ② 기존규제와의 중복 여부, ③ 비용과 편익의 비교분석 등을 종합적으로 고려하여 규제영향분석을 하고 규제영향분석서를 작성하여야 한다.

2. 규제영향분석서의 공표 등(제7조 제2항)

중앙행정기관의 장은 규제영향분석서를 입법예고 기간 동안 국민에게 공표하여야 하고, 제출된 의견을 검토하여 규제영향분석서를 보완하며 의견을 제출한 자에게 제출된 의견의 처리 결과를 알려야 한다.

3. 자체심사(제7조 제3항)

중앙행정기관의 장은 규제영향분석의 결과를 기초로 규제의 대상, 범위, 방법 등을 정하고 그 타당성에 대하여 자체심사를 하여야 한다.

4. 규제의 존속기한 및 재검토기한 명시(제8조)

① 규제의 존속기한 또는 재검토기한은 규제의 목적을 달성하기 위하여 필요한 최소한의 기간 내에 설정되어야 하며 그 기간은 원칙적으로 5년을 초과할 수 없다.

② 중앙행정기관의 장은 규제의 존속기한 또는 재검토기한을 연장할 필요가 있을 때에는 그 규제의 존속기한 또는 재검토기한의 6개월 전까지 규제개혁위원회에 심사를 요청하여야 한다.

Chapter 08

③ 중앙행정기관의 장은 법률에 규정된 규제의 존속기한 또는 재검토기한을 연장할 필요가 있을 때에는 그 규제의 존속기한 또는 재검토기한의 3개월 전까지 존속기한 또는 재검토기한 연장을 내용으로 하는 개정안을 국회에 제출하여야 한다.

5. 소상공인 등에 대한 규제 형평(제8조의2)

① 중앙행정기관의 장은 규제를 신설하거나 강화하려는 경우 관련 법 소상공인 및 소기업에 대하여 해당 규제를 적용하는 것이 적절하지 아니하거나 과도한 부담을 줄 우려가 있다고 판단되면 규제의 전부 또는 일부의 적용을 면제하거나 일정기간 유예하는 등의 방안을 검토하여야 한다.

② 중앙행정기관의 장은 규제의 전부 또는 일부를 적용하는 것이 적절하지 아니하다고 판단될 경우에는 위원회에 심사를 요청할 때에 그 판단의 근거를 제시하여야 한다.

6. 의견수렴(제9조)

중앙행정기관의 장은 규제를 신설하거나 강화하려면 공청회, 행정상 입법예고 등의 방법으로 행정기관·민간단체·이해관계인·연구기관·전문가 등의 의견을 충분히 수렴하여야 한다.

02 「행정규제기본법」상 '규제일몰주의(규제일몰제)'에 대하여 서술하시오.
[20점]

Ⅰ 행정규제(제2조)

행정규제(이하 '규제'라 한다)란 국가나 지방자치단체가 특정한 행정 목적을 실현하기 위하여 국민(국내법을 적용받는 외국인을 포함한다)의 권리를 제한하거나 의무를 부과하는 것으로서 법령등이나 조례·규칙에 규정되는 사항을 말한다.

Ⅱ 규제일몰제

1. 의의

(1) 규제일몰제란 새로운 규제를 만들 때는 존속기한을 설정하고, 그 기한이 끝나면 자동적으로 폐기되는 제도를 말한다.

(2) 규제가 폐지되면 새로운 규제가 만들어져 실질적인 규제는 줄어들지 않는다는 비판이 제기됨에 따라 규제총량제와 함께 규제일몰제가 도입되었다.

2. 규제의 존속기한 및 재검토기한 명시

(1) 규제의 존속기한 또는 재검토기한은 규제의 목적을 달성하기 위하여 필요한 최소한의 기간 내에 설정되어야 하며 그 기간은 원칙적으로 5년을 초과할 수 없다.

(2) 중앙행정기관의 장은 규제의 존속기한 또는 재검토기한을 연장할 필요가 있을 때에는 그 규제의 존속기한 또는 재검토기한의 6개월 전까지 규제개혁위원회에 심사를 요청하여야 한다.

(3) 중앙행정기관의 장은 법률에 규정된 규제의 존속기한 또는 재검토기한을 연장할 필요가 있을 때에는 그 규제의 존속기한 또는 재검토기한의 3개월 전까지 존속기한 또는 재검토기한 연장을 내용으로 하는 개정안을 국회에 제출하여야 한다.

03 「행정규제기본법」상 '규제의 신설·강화에 대한 심사'에 대하여 서술하시오. [20점]

Ⅰ 행정규제(제2조)

행정규제(이하 '규제'라 한다)란 국가나 지방자치단체가 특정한 행정 목적을 실현하기 위하여 국민(국내법을 적용받는 외국인을 포함한다)의 권리를 제한하거나 의무를 부과하는 것으로서 법령등이나 조례·규칙에 규정되는 사항을 말한다.

Ⅱ 심사

1. 심사 요청(제10조)

중앙행정기관의 장은 규제를 신설하거나 강화하려면 위원회에 심사를 요청하여야 한다. 이 경우 법령안(法令案)에 대하여는 법제처장에게 법령안 심사를 요청하기 전에 하여야 한다.

2. 예비심사(제11조)

위원회는 심사를 요청받은 날부터 10일 이내에 그 규제가 국민의 일상생활과 사회·경제활동에 미치는 파급 효과를 고려하여 심사를 받아야 할 규제(이하 '중요규제'라 한다)인지를 결정하여야 한다.

3. 심사(제12조)

위원회는 중요규제라고 결정한 규제에 대하여는 심사 요청을 받은 날부터 45일 이내에 심사를 끝내야 한다. 다만, 심사기간의 연장이 불가피한 경우에는 위원회의 결정으로 15일을 넘지 아니하는 범위에서 한 차례만 연장할 수 있다.

4. 긴급한 규제의 신설·강화 심사(제13조)

중앙행정기관의 장은 긴급하게 규제를 신설하거나 강화하여야 할 특별한 사유가 있는 경우에는 규제영향분석 및 자체심사의 절차를 거치지 아니하고 위원회에 심사를 요청할 수 있다. 이 경우 그 사유를 제시하여야 한다.

5. 개선 권고(제14조)

위원회는 심사 결과 필요하다고 인정하면 관계 중앙행정기관의 장에게 그 규제의 신설 또는 강화를 철회하거나 개선하도록 권고할 수 있다.

6. 재심사(제15조)

중앙행정기관의 장은 위원회의 심사 결과에 이의가 있거나 위원회의 권고대로 조치하기가 곤란하다고 판단되는 특별한 사정이 있는 경우에는 대통령령으로 정하는 바에 따라 위원회에 재심사(再審査)를 요청할 수 있다.

7. 심사절차의 준수(제16조)

중앙행정기관의 장은 위원회의 심사를 받지 아니하고 규제를 신설하거나 강화하여서는 아니 된다.

04 「행정규제기본법」상 '규제개혁위원회'에 대하여 서술하시오. [20점]

Ⓘ 설치

정부의 규제정책을 심의·조정하고 규제의 심사·정비 등에 관한 사항을 종합적으로 추진하기 위하여 대통령 소속으로 규제개혁위원회를 둔다.

Ⅱ 규제개혁위원회

1. 기능(제24조)

위원회는 다음 각 호의 사항을 심의·조정한다.
① 규제정책의 기본방향과 규제제도의 연구·발전에 관한 사항
② 규제의 신설·강화 등에 대한 심사에 관한 사항
③ 기존규제의 심사, 규제정비 종합계획의 수립·시행에 관한 사항
④ 규제의 등록·공표에 관한 사항
⑤ 규제 개선에 관한 의견 수렴 및 처리에 관한 사항
⑥ 각급 행정기관의 규제 개선 실태에 대한 점검·평가에 관한 사항 등

2. 구성 등(제25조)

① 위원회는 위원장 2명을 포함한 20명 이상 25명 이하의 위원으로 구성한다.
② 위원장은 국무총리와 학식과 경험이 풍부한 사람 중에서 대통령이 위촉하는 사람이 된다.
③ 공무원이 아닌 위원이 전체위원의 과반수가 되어야 한다.
④ 위원 중 공무원이 아닌 위원의 임기는 2년으로 하되, 한 차례만 연임할 수 있다.

3. 의결 정족수(제26조)

위원회의 회의는 재적위원 과반수의 찬성으로 의결한다.

4. 기타사항

① 위원의 신분보장은 법에서 정한 사항을 제외하고는 본인의 의사와 관계없이 면직되거나 해촉되지 아니한다(제27조).
② 위원회는 분과위원회와 전문위원, 조사요원을 둘 수 있다(제29조).

5. 조사 및 의견청취 등(제30조)

관계 행정기관의 장은 규제의 심사 등과 관련하여 소속 공무원이나 관계 전문가를 위원회에 출석시켜 의견을 진술하게 하거나 필요한 자료를 제출할 수 있다.

05 「행정규제기본법」상의 '기존규제의 정비'에 대하여 논술하시오. [40점]

Ⅰ 규제 정비의 요청(제17조)

① 누구든지 위원회에 고시(告示) 등 기존규제의 폐지 또는 개선(이하 "정비"라 한다)을 요청할 수 있다.

② 위원회는 정비 요청을 받으면 해당 규제의 소관 행정기관의 장에게 지체 없이 통보하여야 하고, 통보를 받은 행정기관의 장은 책임자 실명으로 성실히 답변하여야 한다.

③ 위원회는 답변과 관련하여 필요한 경우 해당 행정기관의 장에게 규제 존치의 필요성 등에 대하여 소명할 것을 요청할 수 있다.

④ 소명을 요청받은 행정기관의 장은 특별한 사유가 없으면 이에 따라야 한다.

Ⅱ 다른 행정기관 소관의 규제에 관한 의견제출(제17조의2)

중앙행정기관의 장은 규제 개선 또는 소관 정책의 목적을 효과적으로 달성하기 위하여 다른 중앙행정기관의 소관 규제를 개선할 필요가 있다고 판단하는 경우에는 그에 관한 의견을 위원회에 제출할 수 있다.

Ⅲ 기존규제의 심사(제18조)

위원회는 다음에 해당하는 경우 기존규제의 정비에 관하여 심사할 수 있다.
① 위원회에서 심사할 필요가 있다고 인정한 경우
② 그 밖에 위원회가 이해관계인·전문가 등의 의견을 수렴한 결과 특정한 기존규제에 대한 심사가 필요하다고 인정한 경우

Ⅳ 기존규제의 자체정비(제19조)

중앙행정기관의 장은 매년 소관 기존규제에 대하여 이해관계인·전문가 등의 의견을 수렴하여 정비가 필요한 규제를 선정하여 정비하여야 한다.

Ⓥ 기존규제의 존속기한 및 재검토기한 명시(제19조의2)

중앙행정기관의 장은 기존규제에 대한 점검결과 존속시켜야 할 명백한 사유가 없는 규제는 존속기한 또는 재검토기한을 설정하여 그 법령등에 규정하여야 한다.

Ⓥ️Ⓘ 신기술 서비스·제품 관련 규제의 정비 및 특례(제19조의3)

중앙행정기관의 장은 신기술 서비스·제품과 관련된 규제와 관련하여 법에 의하여 신기술 서비스·제품의 육성을 저해하는 경우에는 해당 규제를 신속하게 정비하여야 한다.

Ⓥ️Ⓘ️Ⓘ 신산업 규제정비 기본계획의 수립 및 시행(제19조의4)

위원회는 신산업을 육성하고 촉진하기 위하여 신산업 분야의 규제정비에 관한 기본계획을 3년마다 수립·시행하여야 한다.

Ⓥ️Ⓘ️Ⓘ️Ⓘ 규제정비 종합계획의 수립(제20조)

위원회는 매년 중점적으로 추진할 규제분야나 특정한 기존규제를 선정하여 기존규제의 정비 지침을 작성하고 위원회의 의결을 거쳐 중앙행정기관의 장에게 통보하여야 한다.

Ⓘ️Ⓧ 규제정비 종합계획의 시행(제21조)

중앙행정기관의 장은 수립·공표된 정부의 규제정비 종합계획에 따라 소관 기존규제를 정비하고 그 결과를 대통령령으로 정하는 바에 따라 위원회에 제출하여야 한다.

Ⓧ 조직 정비 등(제22조)

위원회는 기존규제가 정비된 경우 정부의 조직과 예산을 관장하는 관계 중앙행정기관의 장에게 이를 통보하여야 한다.

응용문제

01 「행정규제기본법」상 '긴급한 규제의 신설 · 강화 심사 절차' 및 '긴급한 규제 심사 시 생략가능 절차'에 대하여 서술하시오. [20점]

ⓘ 긴급한 규제의 신설 · 강화 심사(제13조)

① 중앙행정기관의 장은 긴급하게 규제를 신설하거나 강화하여야 할 특별한 사유가 있는 경우에는 행정규제기본법에서 정한 절차를 거치지 아니하고 위원회에 심사를 요청할 수 있다. 이 경우 그 사유를 제시하여야 한다.

② 위원회는 심사 요청된 규제의 긴급성이 인정된다고 결정하면 심사를 요청받은 날부터 20일 이내에 규제의 신설 또는 강화의 타당성을 심사하고 그 결과를 관계 중앙행정기관의 장에게 통보하여야 한다. 이 경우 관계 중앙행정기관의 장은 위원회의 심사 결과를 통보받은 날부터 60일 이내에 위원회에 규제영향분석서를 제출하여야 한다.

③ 위원회는 심사 요청된 규제의 긴급성이 인정되지 아니한다고 결정하면 심사를 요청받은 날부터 10일 이내에 관계 중앙행정기관의 장에게 긴급한 규제로 생략된 행정규제기본법의 규정에 따른 절차를 거치도록 요구할 수 있다.

ⓘⓘ 긴급한 규제 심사 시 생략절차

1. 규제영향분석 및 자체심사(제7조)

중앙행정기관의 장은 규제를 신설하거나 강화(규제의 존속기한 연장을 포함)하려면 다음 사항을 종합적으로 고려하여 규제영향분석을 하고 규제영향분석서를 작성하여야 한다.

2. 규제의 존속기한 및 재검토기한 명시(제8조 제3항)

중앙행정기관의 장은 규제의 존속기한 또는 재검토기한을 연장할 필요가 있을 때에는 그 규제의 존속기한 또는 재검토기한의 6개월 전까지 위원회에 심사를 요청하여야 한다.

3. 의견 수렴(제9조)

중앙행정기관의 장은 규제를 신설하거나 강화하려면 공청회, 행정상 입법예고 등의 방법으로 행정기관 · 민간단체 · 이해관계인 · 연구기관 · 전문가 등의 의견을 충분히 수렴하여야 한다.

4. 심사 요청(제10조)

중앙행정기관의 장은 규제를 신설하거나 강화하려면 위원회에 규제영향분석서, 자체심사 의견, 행정기관·이해관계인 등의 제출의견 요지를 첨부하여 위원회에 심사를 요청하여야 한다.

02 「행정규제기본법」상 '규제의 신설·강화 예비 심사 절차' 및 '규제의 신설·강화 심사 절차'에 대하여 서술하시오. [20점]

Ⅰ 예비심사(제11조)

① 위원회는 심사를 요청받은 날부터 10일 이내에 그 규제가 국민의 일상생활과 사회·경제활동에 미치는 파급 효과를 고려하여 심사를 받아야 할 "중요규제"인지를 결정하여야 한다.

② 위원회가 중요규제가 아니라고 결정한 규제는 위원회의 심사를 받은 것으로 본다.

③ 위원회는 "중요규제"인지를 결정을 하였을 때에는 지체 없이 그 결과를 관계 중앙행정기관의 장에게 통보하여야 한다.

Ⅱ 심사(제12조)

① 위원회는 중요규제라고 결정한 규제에 대하여는 심사 요청을 받은 날부터 45일 이내에 심사를 끝내야 한다. 다만, 심사기간의 연장이 불가피한 경우에는 위원회의 결정으로 15일을 넘지 아니하는 범위에서 한 차례만 연장할 수 있다.

② 위원회는 관계 중앙행정기관의 자체심사가 신뢰할 수 있는 자료와 근거에 의하여 적절한 절차에 따라 적정하게 이루어졌는지 심사하여야 한다.

③ 위원회는 규제영향분석서, 자체심사 의견, 행정기관, 이해관계인 등의 제출의견 요지 중 보완이 필요한 사항에 대하여는 관계 중앙행정기관의 장에게 보완할 것을 요구할 수 있다. 이 경우 보완하는 데에 걸린 기간은 심사기간에 포함하지 아니한다.

④ 위원회는 심사를 마쳤을 때에는 지체 없이 그 결과를 관계 중앙행정기관의 장에게 통보하여야 한다.

02-1 「행정규제기본법」 제11조의 예비심사 및 '중요규제 판단기준'(대상·예외)에 대하여 서술하시오. [20점]

Ⅰ 예비심사(11조)

① 위원회는 심사를 요청받은 날부터 <u>10일 이내</u>에 그 규제가 국민의 일상생활과 사회·경제활동에 미치는 파급 효과를 고려하여 심사를 받아야 할 "<u>중요규제</u>"인지를 결정하여야 한다.

② 위원회가 중요규제가 아니라고 결정한 규제는 위원회의 심사를 받은 것으로 본다.

③ <u>위원회는 "중요규제"인지를 결정을 하였을 때에는 지체 없이</u> 그 결과를 관계 <u>중앙행정기관의 장에게 통보</u>하여야 한다.

Ⅱ 중요규제 판단기준(시행령 제8조의2)

1. 대상

① 규제의 시행에 따라 규제를 받는 집단과 국민이 부담하여야 할 비용이 연간 100억 원 이상인 규제

② 규제를 받는 사람의 수가 연간 100만 명 이상인 규제

③ 명백하게 진입이나 경쟁이 제한적인 성격의 규제

④ 국제기준에 비추어 규제 정도가 과도하거나 불합리한 규제

⑤ 다른 행정기관에 의하여 시행되고 있거나 시행 예정인 규제와 심각한 불일치 또는 간섭을 발생시키는 규제

⑥ 이해관계인 간 이견이 첨예하게 대립하거나 사회·경제적으로 상당한 부작용이 우려되는 규제

⑦ 중소기업영향평가·경쟁영향평가·기술영향평가의 결과 개선이 필요한 규제

⑧ 규제 수준 및 정도가 현저히 부당하여 위원회의 심도 있는 논의가 필요한 규제

2. 예외

위원회는 심사를 요청받은 규제가 중요규제 판단기준의 어느 하나에 해당하더라도 **이해관계인 간의 이견이 없으면서 다른 규제대안이 없는 경우 등 불가피성이 인정되는 경우**에는 **중요규제로 보지 아니할 수 있다.**

03 「행정규제기본법」 제5조의2상 '우선허용사후규제원칙'에 대하여 서술하시오. [20점]

Ⓘ 의의

국가나 지방자치단체가 신기술 서비스·제품과 관련된 규제를 법령이나 조례 규칙에 규정할 때 우선적으로 고려해야 하는 규정방식을 "우선허용 사후규제원칙"이라고 한다.

Ⓘ 규정방식

1. 네거티브리스트

규제로 인하여 제한되는 권리나 부과되는 의무는 한정적으로 (열)거하고 그 밖의 사항은 원칙적으로 허용하는 규정 방식

2. 포괄적 개념정의

서비스와 제품의 인정요건, (개)념 등을 장래의 신기술 발전에 따른 새로운 서비스와 제품도 포섭될 수 있도록 하는 규정 방식

3. 유연한 분류체계

서비스와 제품에 관한 분류기준을 장래의 신기술 발전에 따른 서비스와 제품도 포섭될 수 있도록 (유)연하게 정하는 규정 방식

4. 규제샌드박스 및 사후평가방식

신기술 서비스·제품와 관련하여 출시 전에 권리를 제한한거나 의무를 부과하지 아니하고 필요에 따라 (출)시 후에 권리를 제한하거나 의무를 부과하는 규정 방식

* **규제샌드박스** : 새로운 제품이나 서비스가 출시될 때 일정기간 동안 기존 규제를 면제, 유예시켜주는 제도를 말한다. 즉, 신기술 서비스가 국민의 생명과 안전에 저해되지 않을 경우 기존 법령이나 규제에도 불구하고, 실증(실증특례) 또는 시장 출시(임시허가)할 수 있도록 지원하는 것이다.

Ⓘ 개선방안

국가나 지방자치단체는 신기술 서비스·제품과 관련된 규제를 점검하여 해당 규제를 규정 방식에 맞게 개선하는 방안을 강구하여야 한다.

04 「행정규제기본법」 제19조의3상 '신기술 서비스 제품 관련 규제의 정비 및 특례'에 대하여 서술하시오. [20점]

Ⅰ 통보

중앙행정기관의 장은 신기술 서비스·제품과 관련된 규제와 관련하여 규제의 적용 또는 존재 여부에 대하여 국민이 확인을 요청하는 경우 신기술 서비스·제품에 대한 규제 특례를 부여하는 관계 법률이 정하는 바에 따라 이를 지체 없이 확인하여 통보하여야 한다.

Ⅱ 정비

중앙행정기관의 장은 신기술 서비스·제품과 관련된 규제와 관련하여 다음의 어느 하나에 해당하여 신기술 서비스·제품의 육성을 저해하는 경우에는 해당 규제를 신속하게 정비하여야 한다.
① 기존 규제를 해당 신기술 서비스·제품에 적용하는 것이 곤란하거나 맞지 아니한 경우
② 해당 신기술 서비스·제품에 대하여 명확히 규정되어 있지 아니한 경우

Ⅲ 특례

중앙행정기관의 장은 규제를 정비하여야 하는 경우로서 필요한 경우에는 해당 규제가 정비되기 전이라도 신기술 서비스·제품과 관련된 규제 특례를 부여하는 관계 법률로 정하는 바에 따라 해당 규제의 적용을 면제하거나 완화할 수 있다.

Ⅳ 특례 시 고려사항

중앙행정기관의 장은 신기술 서비스·제품과 관련된 규제 특례를 부여하는 관계 법률에 규제의 적용을 면제하거나 완화하는 규정을 두는 경우에는 다음의 사항을 종합적으로 고려하여야 한다.
① 국민의 안전·생명·건강에 위해가 되거나 환경 및 지역 균형발전을 저해하는지 여부와 개인정보의 안전한 보호 및 처리 여부
② 해당 신기술 서비스·제품의 혁신성 및 안전성과 그에 따른 이용자의 편익
③ 규제의 적용 면제 또는 완화로 인하여 발생할 수 있는 부작용에 대한 사후 책임 확보 방안

행정조사
기본법

행정조사기본법

Ⅰ 서

1. 개념(의의)
2. 문제제기
3. 서술전개방향

Ⅱ 제1장 총칙(제1조~제5조)

1. 정의(제2조)

행정조사 : 행정기관이 정책을 결정하거나 직무를 수행하는 데 필요한 정보나 자료를 수집하기 위하여 현장조사·문서열람·시료채취 등을 하거나 조사대상자에게 보고요구·자료제출 요구 및 출석·진술 요구를 행하는 활동을 말한다.

2. 행정조사의 기본원칙(제4조)★(2013년, 2019년 기출)

① (조)사권 남용 ×
② (조)사대상자 선정하여 조사 실시
③ 공동(조)사 실시(중복 조사 ×)
④ 처벌보다는 법령(준)수
⑤ (비)밀누설 ×
⑥ (타)인에게 제공 ×

3. 행정조사의 근거(제5조)

Ⅲ 제2장 조사계획의 수립 및 조사대상의 선정(제6조~제8조)

1. 연도별 행정조사운영계획의 수립 및 제출(제6조)

행정기관의 장 → 국무조정실장 제출

2. 조사의 주기(제7조)

• 수시조사★(2022년 기출)
① 법률에서 수시조사를 규정
② 법령등의 위반에 대한 혐의
③ 위반혐의를 통보 또는 이첩받은 경우
④ 민원이 접수된 경우
⑤ 대통령령으로 정하는 경우

3. 조사대상의 선정(제8조)

행정기관의 장이 열람신청을 받은 때에는 다음 각 호의 어느 하나에 해당하는 경우를 제외하고 신청인이 조사대상 선정기준을 열람할 수 있도록 하여야 한다.

① 행정기관이 당해 행정조사업무를 수행할 수 없을 정도로 조사활동에 지장을 초래하는 경우

② 내부고발자 등 제3자에 대한 보호가 필요한 경우

Ⅳ 제3장 조사방법(제9조~제15조)★(행정조사의 방법 : 2020년 기출, 20점)

1. 출석·진술 요구(제9조)

2. 현장조사(제11조)★(2018년 기출)

3. 시료채취(제12조)

4. 자료등의 영치(제13조)

5. 공동조사(제14조)

행정기관의 장은 다음 각 호의 어느 하나에 해당하는 행정조사를 하는 경우에는 공동조사를 하여야 한다.

① 당해 행정기관 내의 2 이상의 부서가 동일하거나 유사한 업무분야에 대하여 동일한 조사대상자에게 행정조사를 실시하는 경우

② 서로 다른 행정기관이 대통령령으로 정하는 분야에 대하여 동일한 조사대상자에게 행정조사를 실시하는 경우

6. 중복조사의 제한(제15조)★(2022년 기출)

정기조사 또는 수시조사를 실시한 행정기관의 장은 동일한 사안에 대하여 동일한 조사대상자를 재조사 하여서는 아니 된다. 다만, 당해 행정기관이 이미 조사를 받은 조사대상자에 대하여 위법행위가 의심되는 새로운 증거를 확보한 경우에는 그러하지 아니하다.

Ⅴ 제4장 조사실시(제16조~제24조)

1. 개별조사계획의 수립(제16조)

2. 조사의 사전통지(제17조)★(2015년 기출)

3. 조사의 연기신청(제18조)★(2015년 기출)

4. 제3자에 대한 보충조사(제19조)

5. 의견제출(제21조)

6. 조사원 교체신청(제22조)

7. 조사권 행사의 제한(제23조)

Ⅵ 제5장 자율관리체제의 구축 등(제25조~제27조)

1. 자율신고제도(제25조)

2. 자율관리체제의 구축(제26조)

Ⅶ 제6장 보칙(제28조~제29조)

01 '행정조사운영계획의 수립 및 제출'과 '조사의 주기' 및 '행정조사대상의 선정'에 대하여 서술하시오. [20점]

Ⓘ 연도별 행정조사운영계획의 수립 및 제출

① 행정기관의 장은 매년 12월 말까지 다음 연도의 행정조사운영계획을 수립하여 국무조정 실장에게 제출하여야 한다.
② 행정기관의 장이 행정조사운영계획을 수립하는 때에는 행정조사의 기본원칙에 따라야 한다.
③ 행정조사운영계획에는 조사의 종류·조사방법·공동조사 실시계획·중복조사 방지계획 등이 포함되어야 한다.
④ 국무조정실장은 행정기관의 장이 제출한 행정조사운영계획을 검토한 후 그에 대한 보완을 요청할 수 있다.

Ⅱ 조사의 주기

행정조사는 법령등 또는 행정조사운영계획으로 정하는 바에 따라 정기적으로 실시함을 원칙으로 한다. 다만, 어느 하나에 해당하는 경우에는 수시조사를 할 수 있다.
① 법률에서 수시조사를 규정하고 있는 경우
② 법령등의 위반에 대하여 혐의가 있는 경우
③ 다른 행정기관으로부터 법령등의 위반에 관한 혐의를 통보 또는 이첩받은 경우
④ 법령등의 위반에 대한 신고를 받거나 민원이 접수된 경우
⑤ 그 밖에 행정조사의 필요성이 인정되는 사항으로서 대통령령으로 정하는 경우

Ⅲ 조사대상의 선정

1. 행정기관의 장은 행정조사의 목적, 법령준수의 실적, 자율적인 준수를 위한 노력, 규모와 업종 등을 고려하여 명백하고 객관적인 기준에 따라 행정조사의 대상을 선정하여야 한다.
2. 행정기관의 장은 다음 어느 하나에 해당하는 경우를 제외하고 신청인이 조사대상 선정기준을 열람할 수 있도록 하여야 한다.
   ⑴ 행정기관이 당해 행정조사업무를 수행할 수 없을 정도로 조사활동에 지장을 초래하는 경우
   ⑵ 내부고발자 등 제3자에 대한 보호가 필요한 경우

02 「행정조사기본법」상 '행정조사 방법'에 대하여 서술하시오. [20점]

Ⅰ 의의

행정조사란 행정기관이 정책을 결정하거나 직무를 수행하는 데 필요한 정보나 자료를 수집하기 위하여 현장조사·문서열람·시료채취 등을 하거나 조사대상자에게 보고요구·자료제출요구 및 출석·진술요구를 행하는 활동을 말한다.

Ⅱ 행정조사 방법

1. 출석·진술요구(제9조)

행정기관의 장이 조사대상자의 출석·진술을 요구하는 때에는 ① 일시와 장소, ② 출석요구의 취지, ③ 출석하여 진술하여야 하는 내용 등이 기재된 출석요구서를 발송하여야 하고, 조사대상자는 업무 등에 지장이 있는 때에는 출석일시 변경신청을 할 수 있다.

2. 보고요구와 자료제출의 요구(제10조)

행정기관의 장은 「행정조사기본법」이 규정한 사항이 기재된 보고요구서, 자료제출요구서를 발송하여야 한다.

3. 현장조사(제11조)

행정기관의 장은 ① 조사목적, ② 조사기간과 장소 등이 기재된 현장출입조사서 등을 조사대상자에게 발송하여야 한다. 현장조사는 해가 뜨기 전이나 해가 진 뒤에는 할 수 없다.

4. 시료채취(제12조)

시료채취는 정상적인 경제활동을 방해하지 아니하는 범위 안에서 최소한도로 하여야 하고, 손실을 입힌 때에는 그 손실을 보상하여야 한다.

5. 자료등의 영치(제13조)

현장조사 중에 자료, 서류, 물건 등을 영치하는 때에는 조사대상자 또는 그 대리인을 입회시켜야 한다.

6. 공동조사와 중복조사의 제한

① 행정기관의 장은 행정기관 내 2 이상의 부서가 동일하거나 유사한 업무분야에 대하여 동일한 조사대상자에게 행정조사를 실시하는 경우 등에는 공동조사를 하여야 한다.

② 행정기관의 장은 동일한 사항에 대하여 동일한 조사대상자를 재조사하여서는 아니 된다.

03 「행정조사기본법」상 '공동조사(제14조)'와 '중복조사의 제한(제15조)'에 대하여 서술하시오. [20점]

Ⓘ 의의

행정조사란 행정기관이 정책을 결정하거나 직무를 수행하는 데 필요한 정보나 자료를 수집하기 위하여 현장조사・문서열람・시료채취 등을 하거나 조사대상자에게 보고요구・자료제출요구 및 출석・진술요구를 행하는 활동을 말한다.

Ⓘ 공동조사(제14조)

1. 행정기관의 장은 다음 어느 하나에 해당하는 행정조사를 하는 경우에는 공동조사를 하여야 한다.
   ⑴ 당해 행정기관 내의 2 이상의 부서가 동일하거나 유사한 업무분야에 대하여 동일한 조사대상자에게 행정조사를 실시하는 경우
   ⑵ 서로 다른 행정기관이 대통령령으로 정하는 분야에 대하여 동일한 조사대상자에게 행정조사를 실시하는 경우
2. 행정조사의 사전통지를 받은 조사대상자는 관계 행정기관의 장에게 공동조사를 실시하여 줄 것을 신청할 수 있다. 이 경우 조사대상자는 신청인의 성명・조사일시・신청이유 등이 기재된 공동조사신청서를 관계 행정기관의 장에게 제출하여야 한다.
3. 공동조사를 요청받은 행정기관의 장은 이에 응하여야 한다.
4. 국무조정실장은 행정기관의 장이 제출한 행정조사운영계획의 내용을 검토한 후 관계 부처의 장에게 공동조사의 실시를 요청할 수 있다.

Ⓘ 중복조사의 제한(제15조)

① 정기조사 또는 수시조사를 실시한 행정기관의 장은 동일한 사안에 대하여 동일한 조사대상자를 재조사하여서는 아니 된다. 다만, 당해 행정기관이 이미 조사를 받은 조사대상자에 대하여 위법행위가 의심되는 새로운 증거를 확보한 경우에는 그러하지 아니하다.

② 행정조사를 실시할 행정기관의 장은 행정조사를 실시하기 전에 다른 행정기관에서 동일한 조사대상자에게 동일하거나 유사한 사안에 대하여 행정조사를 실시하였는지 여부를 확인할 수 있다.

③ 행정조사를 실시할 행정기관의 장이 사실을 확인하기 위하여 행정조사의 결과에 대한 자료를 요청하는 경우 요청받은 행정기관의 장은 특별한 사유가 없는 한 관련 자료를 제공하여야 한다.

04 「행정조사기본법」상 '현장조사'에 대하여 서술하시오. [20점]

Ⅰ 현장조사

현장조사란 조사원이 가택, 사무실 또는 사업장 등에 출입하여 현장에서 실시하는 조사를 말한다.

Ⅱ 조사의 사전통지 : 현장출입조사서의 발송

① 행정조사를 실시하고자 하는 행정기관의 장은 현장출입조사서를 조사개시 7일 전까지 조사대상자에게 서면으로 통지하여야 한다.
② 다만, 사전통지를 하면 증거인멸 등으로 행정조사의 목적을 달성할 수 없다고 판단되는 경우 등에는 조사개시와 동시에 현장출입조사서를 제시하거나 구두로 통지할 수 있다.
③ 현장출입조사서에는 조사목적, 조사기간과 장소, 조사원의 성명과 직위 등이 기재되어야 한다.

Ⅲ 증표의 제시

현장조사를 하는 조사원은 그 권한을 나타내는 증표를 지니고 이를 조사대상자에게 내보여야 한다.

Ⅳ 현장조사의 제한과 예외

1. 현장조사는 해가 뜨기 전이나 해가 진 뒤에는 할 수 없다.
2. 다만, 다음의 경우에는 그러하지 아니하다.
   ⑴ 조사대상자가 동의한 경우
   ⑵ 사무실 또는 사업장 등의 업무시간에 행정조사를 실시하는 경우
   ⑶ 해가 뜬 후부터 해가 지기 전까지 행정조사를 실시하는 경우에는 조사목적의 달성이 불가능하거나 증거인멸로 인해 조사대상자의 법령등의 위반 여부를 확인할 수 없는 경우

05 「행정조사기본법」 제17조의 '조사의 사전통지'와 제21조의 '의견제출'에 대하여 서술하시오. [20점]

Ⓘ 의의

행정조사란 행정기관이 정책을 결정하거나 직무를 수행하는 데 필요한 정보나 자료를 수집하기 위하여 현장조사·문서열람·시료채취 등을 하거나 조사대상자에게 보고요구·자료제출요구 및 출석·진술요구를 행하는 활동을 말한다.

Ⓘ 조사의 사전통지(제17조)

1. 행정조사를 실시하고자 하는 행정기관의 장은 출석요구서, 보고요구서, 자료제출요구서, 현장출입조사서(이하 '출석요구서등'이라 한다)를 조사개시 7일 전까지 조사대상자에게 서면으로 통지하여야 한다.

   다만, 다음 어느 하나에 해당하는 경우에는 행정조사의 개시와 동시에 출석요구서등을 조사대상자에게 제시하거나 행정조사의 목적 등을 조사대상자에게 구두로 통지할 수 있다.

   (1) 행정조사를 실시하기 전에 관련 사항을 미리 통지하는 때에는 증거인멸 등으로 행정조사의 목적을 달성할 수 없다고 판단되는 경우

   (2) 「통계법」 제3조 제2호에 따른 지정통계의 작성을 위하여 조사하는 경우

   (3) 제5조 단서에 따라 조사대상자의 자발적인 협조를 얻어 실시하는 행정조사의 경우

2. 행정기관의 장이 출석요구서등을 조사대상자에게 발송하는 경우 출석요구서등의 내용이 외부에 공개되지 아니하도록 필요한 조치를 하여야 한다.

Ⓘ 의견제출(제21조)

① 조사대상자는 제17조에 따른 사전통지의 내용에 대하여 행정기관의 장에게 의견을 제출할 수 있다.

② 행정기관의 장은 조사대상자가 제출한 의견이 상당한 이유가 있다고 인정하는 경우에는 이를 행정조사에 반영하여야 한다.

06 「행정조사기본법」 제19조의 '제3자에 대한 보충조사'에 대하여 서술하시오. [20점]

Ⅰ 의의

행정기관의 장은 조사대상자에 대한 조사만으로는 ① 당해 행정조사의 목적을 달성할 수 없거나 ② 조사대상이 되는 행위에 대한 사실 여부 등을 입증하는 데 과도한 비용 등이 소요되는 경우에 제3자에 대하여 보충조사를 할 수 있다.

Ⅱ 요건

제3자에 대한 보충조사를 실시하기 위해서는 ① 다른 법률에서 제3자에 대한 조사를 허용하고 있는 경우이거나 ② 제3자의 동의가 있는 경우에 가능하다.

Ⅲ 절차

1. 제3자 서면통지

행정기관의 장은 제3자에 대한 보충조사를 실시하는 경우에는 조사개시 7일 전까지 보충조사의 일시·장소 및 보충조사의 취지 등을 제3자에게 서면으로 통지하여야 한다.

2. 조사대상자 통지

행정기관의 장은 제3자에 대한 보충조사를 하기 전에 그 사실을 원래의 조사대상자에게 통지하여야 한다. 다만, 제3자에 대한 보충조사를 사전에 통지하여서는 조사목적을 달성할 수 없거나 조사목적의 달성이 현저히 곤란한 경우에는 제3자에 대한 조사결과를 확정하기 전에 그 사실을 통지하여야 한다.

3. 의견제출

원래의 조사대상자는 통지에 대하여 의견을 제출할 수 있다.

07 「행정조사기본법」 제22조의 '조사원 교체신청' 및 제23조의 '조사권 행사의 제한'에 대하여 서술하시오. [20점]

Ⅰ 조사원 교체신청(제22조)

1. 의의

조사대상자는 조사원에게 공정한 행정조사를 기대하기 어려운 사정이 있다고 판단되는 경우에는 행정기관의 장에게 당해 조사원의 교체를 신청할 수 있다.

2. 절차

① 교체신청은 그 이유를 명시한 서면으로 행정기관의 장에게 하여야 한다.
② 교체신청을 받은 행정기관의 장은 즉시 이를 심사하여야 한다.
③ 행정기관의 장은 교체신청이 타당하다고 인정되는 경우에는 다른 조사원으로 하여금 행정조사를 하게 하여야 한다.
④ 행정기관의 장은 교체신청이 조사를 지연할 목적으로 한 것이거나 그 밖에 교체신청에 타당한 이유가 없다고 인정되는 때에는 그 신청을 기각하고 그 취지를 신청인에게 통지하여야 한다.

Ⅱ 조사권 행사의 제한(제23조)

1. 추가조사(조사권)

조사원은 사전에 발송된 사항에 한하여 조사대상자를 조사하되, 사전통지한 사항과 관련된 추가적인 행정조사가 필요할 경우에는 조사대상자에게 추가조사의 필요성과 조사내용 등에 관한 사항을 서면이나 구두로 통보한 후 추가조사를 실시할 수 있다.

2. 제한(절차)

① 조사대상자는 법률·회계 등에 대하여 전문지식이 있는 관계 전문가로 하여금 행정조사를 받는 과정에 입회하게 하거나 의견을 진술하게 할 수 있다.
② 조사대상자와 조사원은 조사과정을 방해하지 아니하는 범위 안에서 행정조사의 과정을 녹음하거나 녹화할 수 있다. 이 경우 녹음·녹화의 범위 등은 상호 협의하여 정하여야 한다.
③ 조사대상자와 조사원이 녹음이나 녹화를 하는 경우에는 사전에 이를 당해 행정기관의 장에게 통지하여야 한다.

08 「행정조사기본법」 제25조의 '자율신고제도' 및 제26조의 '자율관리체제의 구축'에 대하여 서술하시오. [20점]

Ⅰ 자율신고제도(제25조)

① 행정기관의 장은 법령등에서 규정하고 있는 조사사항을 조사대상자로 하여금 스스로 신고하도록 하는 제도를 운영할 수 있다.

② 행정기관의 장은 조사대상자가 신고한 내용이 거짓의 신고라고 인정할 만한 근거가 있거나 신고내용을 신뢰할 수 없는 경우를 제외하고는 그 신고내용을 행정조사에 갈음할 수 있다.

Ⅱ 자율관리체제의 구축(제26조)

1. 고시

행정기관의 장은 조사대상자가 자율적으로 행정조사사항을 신고·관리하고, 스스로 법령준수사항을 통제하도록 하는 체제("자율관리체제")의 기준을 마련하여 고시할 수 있다.

2. 신고

다음의 어느 하나에 해당하는 자는 자율관리체제를 구축하여 대통령령으로 정하는 절차와 방법에 따라 행정기관의 장에게 신고할 수 있다.

① 조사대상자

② 조사대상자가 법령등에 따라 설립하거나 자율적으로 설립한 단체 또는 협회

3. 구축

국가와 지방자치단체는 행정사무의 효율적인 집행과 법령등의 준수를 위하여 조사대상자의 자율관리체제 구축을 지원하여야 한다.

Ⅲ 자율관리에 대한 혜택 부여

행정기관의 장은 자율신고를 하는 자와 자율관리체제를 구축하고 자율관리체제의 기준을 준수한 자에 대하여는 법령등으로 규정한 바에 따라 행정조사의 감면 또는 행정·세제상의 지원을 하는 등 필요한 혜택을 부여할 수 있다.

09 「행정조사기본법」상 '적법한 행정조사에 대한 구제'와 '위법한 행정조사에 대한 구제'에 대하여 서술하시오. [20점]

Ⅰ 적법한 행정조사에 대한 구제

① **적법한 행정조사**로 인해 특별한 희생을 당한 자는 법률에 정하는 바에 따라 손실보상을 청구할 수 있다.
② 행정조사에 의해 조사원이 귀책사유 없이 시료채취로 조사대상자에게 손실을 입힌 때에는 그 **손실을 보상**하여야 한다.
③ 조사원이 조사목적의 달성을 위하여 시료채취를 하는 경우에는 그 시료의 소유자 및 관리자의 정상적인 경제활동을 방해하지 아니하는 범위 안에서 최소한도로 하여야 한다.

Ⅱ 위법한 행정조사에 대한 구제

1. 행정쟁송(행정심판 · 행정소송)에 의한 구제

(1) 위법한 행정조사가 권력적 사실행위에 해당한다면 처분성이 인정되어 대상적격을 인정받아 행정심판 및 행정소송을 통해 구제할 수 있다.
(2) 다만, 대부분의 행정조사는 단기간에 종료되는 특성을 가지고 있으므로 소의 이익이 없는 경우가 대부분으로 행정쟁송이 적합하지 않은 경우가 많다.

2. 헌법소원을 통한 구제

(1) 헌법재판소에 의한 헌법소원은 법원의 행정소송과는 달리 개인의 주관적 권리보호이익이 없더라고 침해의 반복방지 등 객관적 권리보호이익이 인정되는 경우에는 그에 대한 본안판단을 하게 되므로 헌법소원을 청구하는 그 구제를 모색할 수 있다.
(2) 관련 판례로 위법한 행정조사가 권력적사실행위로 행정소송의 대상이 된다고 단정하기 어렵고, 행정소송의 대상이 된다고 하더라도 이미 종료된 행위로서 소의 이익이 부정되어 각하될 가능성이 많으므로, 청구인에게 그러한 권리구제절차를 밟을 것을 기대하기 어려워 보충성 원칙의 예외로서 행정소송을 제기함이 없이 곧바로 헌법소원을 제기할 수 있다.(2010헌마475)

3. 국가배상청구소송에 의한 구제

위법한 행정조사로 손해를 입은 자가 국가나 지방자치단체에 대하여 국가배상법이 정하는 바에 따라 국가배상청구소송을 통해 손해배상을 받을 수 있을 것이다.

4. 정당방위 등 구제

① 위법한 행정조사에 대하여는 저항할 수 있고 이는 정당방위에 해당하므로 위법성이 조각되어 공무집행방해죄가 성립하지 않을 수 있다. ② 청원, 공무원의 형사책임, 결과제거청구권 등으로 구제할 수 있을 것이다.

부록

기출문제 모범답안
관련 법령

행정절차론 모범답안

[논술형1] 행정청이 불이익처분을 하면서 공개적으로 당사자, 전문지식과 경험을 가진 사람 그 밖의 일반인으로부터 의견을 수렴하고자 공청회를 개최하려고 한다. 「행정절차법」상의 공청회를 설명하시오. (40점)

모·범·답·안

I 의의

공청회(公聽會)라 함은 "행정청이 공개적인 토론을 통하여 어떠한 행정작용에 대하여 당사자등, 전문지식과 경험을 가진 자, 기타 일반인으로부터 의견을 널리 수렴하는 절차"를 말하는데 행정처분의 상대방 등 이해관계인에게 행정처분 전에 의견진술의 기회를 주는 행정절차를 행정청의 입장에서 보면 의견청취절차(意見聽取節次)라고 할 수 있다. 「행정절차법」 제22조에서 의견청취라는 이름하에 의견제출, 청문, 공청회를 규정하고 있다. 아래에서는 공청회에 대하여 서술하겠다.

II 인정범위(요건)

① 다른 법령등에서 공청회를 개최하도록 규정하고 있는 경우, ② 해당 처분의 영향이 광범위하여 널리 의견을 수렴할 필요가 있다고 행정청이 인정하는 경우(제22조 제2항)

III 예외사유

① 공공의 안전 또는 복리를 위하여 긴급히 처분을 할 필요가 있는 경우, ② 법령등에서 반드시 일정한 처분을 하여야 하는 경우에 그 사실이 법원의 재판 등에 의하여 객관적으로 증명된 때, ③ 처분의 성질상 의견청취가 현저히 곤란하거나 명백히 불필요하다고 인정될 만한 상당한 이유가 있는 경우와 당사자가 의견진술의 기회를 포기한다는 뜻을 명백히 표시한 경우에는 의견청취를 아니할 수 있다.

IV 공청회절차

1. 공청회의 개최

행정청은 공청회를 개최하고자 하는 경우에는 공청회 개최 14일 전까지 다음의 사항을 당사자등에게 통지하고 관보·공보·인터넷 홈페이지 또는 일간신문 등에 공고하는 등의 방법으로 널리 알려야 한다. ① 제목, ② 일시 및 장소, ③ 주요 내용, ④ 발표자에 관한 사항, ⑤ 발표신청 방법 및 신청기한, ⑥ 정보통신망을 통한 의견제출, ⑦ 그 밖의 공청회 개최에 관하여 필요한 사항

행정청은 제38조에 따른 공청회와 병행하여서만 정보통신망을 이용한 공청회(전자공청회)를 실시할 수 있다.

2. 공청회의 주재자 및 발표자

(1) 공청회 주재자

① 공청회의 주재자는 해당 공청회의 사안과 관련된 분야에 전문적 지식이 있거나 그 분야에서 종사한 경험이 있는 자 중에서 행정청이 지명하거나 위촉하는 자로 한다.

(2) 공청회 발표자

공청회의 발표자는 발표를 신청한 자 중에서 행정청이 선정한다. 다만, 발표 신청자가 없거나 공청회의 공정성 확보를 위하여 필요하다고 인정하는 경우에는 법에서 정한 일정한 조건을 갖춘 자 중에서 지명 또는 위촉할 수 있다.

(3) 공정성 확보

행정청은 공청회의 주재자 및 발표자를 지명 또는 위촉하거나 선정함에 있어서 공정성이 확보될 수 있도록 하여야 한다.

3. 공청회의 진행

(1) 공청회의 주재자는 공청회를 공정하게 진행하여야 하며, 공청회의 원활한 진행을 위하여 발표내용을 제한할 수 있고, 질서유지를 위하여 발언중지, 퇴장 명령 등 필요한 조치를 할 수 있다. 발표자는 공청회의 내용과 직접 관련된 사항에 대하여만 발표하여야 한다.

(2) 공청회의 원활한 진행도 중요하지만 발표와 토론이 충분히 행하여지도록 하는 것도 중요하다.

4. 공청회 및 전자공청회 결과의 반영

행정청은 처분을 함에 있어서 공청회 · 전자공청회 및 정보통신망 등을 통하여 제시된 사실 및 의견이 상당한 이유가 있다고 인정하는 경우에는 이를 반영하여야 한다.

Ⅴ 공청회절차의 위반과 그 위법성의 정도

개별법령상 요구되는 공청회절차를 결여한 채 발하여진 행정행위는 위법한 행정행위가 된다. 이 경우에 무효사유에 해당한다는 견해가 있으나, 취소사유에 해당한다는 것이 판례의 일관된 입장이다.

Ⅵ 관련문제

공청회 적용사례로는 주요 법령의 제 · 개정, 폐지, 국민에게 중대한 정책 · 제도의 도입(예 자동차 10부제, 쓰레기 종량제, 버스전용 차선제 등), 대립된 이해관계 조정(예 의 · 약분업, 금융기관 합병 등)에 주로 적용되고 있다.

약술형 2 「행정조사기본법」상 행정조사의 기본원칙에 대하여 설명하시오. (20점)

모·범·답·안

Ⅰ 의의

행정조사란 행정기관이 정책을 결정하거나 직무를 수행하는 데 필요한 정보나 자료를 수집하기 위하여 현장조사·문서열람·시료채취 등을 하거나 조사대상자에게 보고요구·자료제출 요구 및 출석·진술요구를 행하는 활동을 말한다.

Ⅱ 행정조사의 기본원칙(조, 조, 조, 준, 비, 타)

① 행정조사는 조사목적을 달성하는 데 필요한 최소한의 범위 안에서 실시하여야 하며, 다른 목적 등을 위하여 조사권을 남용하여서는 아니 된다.
② 행정기관은 조사목적에 적합하도록 조사대상자를 선정하여 행정조사를 실시하여야 한다.
③ 행정기관은 유사하거나 동일한 사안에 대하여는 공동조사 등을 실시함으로써 행정조사가 중복되지 아니하도록 하여야 한다.
④ 행정조사는 법령등의 위반에 대한 처벌보다는 법령등을 준수하도록 유도하는 데 중점을 두어야 한다.
⑤ 다른 법률에 따르지 아니하고는 행정조사의 대상자 또는 행정조사의 내용을 공표하거나 직무상 알게 된 비밀을 누설하여서는 아니 된다.
⑥ 행정기관은 행정조사를 통하여 알게 된 정보를 다른 법률에 따라 내부에서 이용하거나 다른 기관에 제공하는 경우를 제외하고는 원래의 조사목적 이외의 용도로 이용하거나 타인에게 제공하여서는 아니 된다.

Ⅲ 행정조사의 근거

행정기관은 법령등에서 행정조사를 규정하고 있는 경우에 한하여 행정조사를 실시할 수 있다. 다만, 조사대상자의 자발적인 협조를 얻어 실시하는 행정조사의 경우에는 그러하지 아니하다.

약술형 3 행정예고의 개념과 대상/행정상 입법예고와의 관련성 및 차이점 (20점)

모·범·답·안

Ⅰ 행정예고의 개념과 대상

1. 개념

행정예고제도란 다수 국민의 권익에 관계있는 사항(예 정책, 제도 및 계획 등)을 국민에게 미리 알리는 제도를 말한다.

2. 대상

행정청은 ① 많은 국민의 이해가 상충되는 사항, ② 기타 널리 국민의 의견수렴이 필요한 사항, ③ 많은 국민에게 불편이나 부담을 주는 사항, ④ 국민생활에 매우 큰 영향을 주는 사항은 이를 예고하여야 한다.

3. 예외사유

예고로 인하여 ① 공공의 안전 또는 복리를 현저히 해할 우려가 있거나 ② 기타 예고하기 곤란한 특별한 사유가 있는 경우에는 예고하지 아니할 수 있다. 법령등의 입법을 포함하는 행정예고의 경우에는 입법예고로 이를 갈음할 수 있다.

Ⅱ 행정상 입법예고의 관련성 및 차이점

1. 행정상 입법예고의 의의

국민의 권리, 의무 또는 일상생활과 밀접한 관련이 있는 법령등을 제정, 개정 또는 폐지하고자 할 때에는 해당 입법안을 마련한 행정청은 이를 예고하여야 한다. 이를 행정상 입법예고제도라고 한다.

2. 행정상 입법예고의 방법

행정상 입법예고의 방법은 행정청이 입법안의 취지, 주요 내용 또는 전문을 관보·공보나 인터넷·신문·방송 등의 방법으로 널리 공고하여야 하는데, 이는 행정예고의 방법과 같다.

3. 예고기간

행정상 입법예고기간은 예고할 때 정하되, 특별한 사정이 없는 한 40일 이상(자치법규는 20일 이상)으로 한다. 행정예고기간은 예고내용의 성격 등을 고려하여 정하되, 특별한 사정이 없는 한 20일 이상으로 한다.

4. 의견제출 및 처리

① 누구든지 예고된 입법안에 대하여 그 의견을 제출할 수 있는 의견의 제출과 의견의 처리방법은 행정상 입법예고와 행정예고는 같다. 다만, ② 행정예고는 행정상 입법예고의 경우와 달리 행정청은 의견을 제출한 자에게 그 제출된 의견의 처리결과를 통지할 의무를 부담하지 아니한다.

5. 공청회

행정상 입법예고와 행정예고는 공통적으로 행정청이 공청회를 개최할 수 있다.

약술형 4 「행정규제기본법」상 행정규제의 개념과 행정규제 법정주의에 대하여 설명하시오. (20점)

모·범·답·안

Ⅰ 행정규제

행정규제(이하 '규제'라 한다)란 국가나 지방자치단체가 특정한 행정 목적을 실현하기 위하여 국민(국내법을 적용받는 외국인을 포함한다)의 권리를 제한하거나 의무를 부과하는 것으로서 법령등이나 조례·규칙에 규정되는 사항을 말한다.

Ⅱ 규제 법정주의(제4조)

① 규제는 법률에 근거하여야 하며, 그 내용은 알기 쉬운 용어로 구체적이고 명확하게 규정되어야 한다.
② 규제는 법률에 직접 규정하되, 규제의 세부적인 내용은 법률 또는 상위법령(上位法令)에서 구체적으로 범위를 정하여 위임한 바에 따라 대통령령·총리령·부령 또는 조례·규칙으로 정할 수 있다. 다만, 법령에서 전문적·기술적 사항이나 경미한 사항으로서 업무의 성질상 위임이 불가피한 사항에 관하여 구체적으로 범위를 정하여 위임한 경우에는 고시 등으로 정할 수 있다.
③ 행정기관은 법률에 근거하지 아니한 규제로 국민의 권리를 제한하거나 의무를 부과할 수 없다.

Ⅲ 규제의 원칙(제5조)

① 국가나 지방자치단체는 국민의 자유와 창의를 존중하여야 하며, 규제를 정하는 경우에도 그 본질적 내용을 침해하지 아니하도록 하여야 한다.
② 국가나 지방자치단체가 규제를 정할 때에는 국민의 생명·인권·보건 및 환경 등의 보호와 식품·의약품의 안전을 위한 실효성이 있는 규제가 되도록 하여야 한다.
③ 규제의 대상과 수단은 규제의 목적 실현에 필요한 최소한의 범위에서 가장 효과적인 방법으로 객관성·투명성 및 공정성이 확보되도록 설정되어야 한다.

행정절차론 모범답안

논술형 1 甲은 「건축법」상의 건축허가를 받아 건물을 건축하던 중 건물 옥상의 일부분이 관계법령상의 용적률을 초과하게 되었다. 이에 따라 관할 행정청은 용적률 위반부분에 대하여 「건축법」에 따라 철거명령을 발하였다. 관할 행정청의 위 철거명령처분이 갖추어야 할 절차적 요건에 대하여 논하시오. (40점)

모·범·답·안

I 서

원고에게 의무를 부과하거나 권익을 제한하는 처분이었음에도 불구하고 사전통지를 하지 않거나, 의견진술의 기회를 주지 않는 등 절차적 하자가 있는 경우 철거명령처분의 독자적인 위법성의 사유가 되는지 문제되는바, 아래에서 철거명령처분, 즉 침해적 처분이 갖추어야 할 절차적 요건에 대하여 논하겠다.

II 침해적 처분(권익제한 · 의무부과처분)

1. 당사자에 대한 권익제한 · 의무부과처분

침해적 처분이란 당사자에게 의무를 부과하거나 권익을 제한하는 처분을 말한다. ① '의무를 부과하는 처분'이라 함은 조세부과처분, 시정명령과 같이 행정법상의 의무를 부과하는 처분을 말하고 ② '권익을 제한하는 처분'이라 함은 수익적 행정행위(⑩ 허가)의 취소 또는 정지처분 등을 말한다.

2. 거부처분

신청에 따른 처분이 이루어지지 아니한 경우에는 아직 당사자에게 권익이 부과되지 아니하였으므로 특별한 사정이 없는 한 신청에 대한 거부처분이라고 하더라도 직접 당사자의 권익을 제한하는 것은 아니어서 신청에 대한 거부처분을 여기에서 말하는 '당사자의 권익을 제한하는 처분'에 해당한다고 할 수 없는 것이어서 처분의 사전통지대상이 된다고 할 수 없다(대판 2003.11.28, 2003두674 [임용거부처분취소] <인천대사건>).

III 침해적 처분(권익제한 · 의무부과처분)의 절차

「행정절차법」은 당사자에게 의무를 부과하거나 권익을 제한하는 처분(이하 '침해적 처분'이라 한다)에 대하여 사전통지, 의견청취(진술)기회의 부여, 이유제시 등 행정절차를 규정하고 있다.

IV 처분의 사전통지

1. 사전통지 의무 및 예외사유

① 처분하려는 원인이 되는 사실과 처분의 내용 및 법적 근거, ② 의견을 제출할 수 있다는 뜻과 의견을 제출하지 아니하는 경우의 처리방법 등을 당사자등에게 미리 통지하도록 규정하고 있다(행정절차법 제21조 제1항). ③ 「행정절차법」은 제21조 제4항에서 긴급히 처분을 할 필요가 있는 경우 등에는 사전통지의 면제를 인정하고 있다.

2. 사전통지기간

① 의견제출의 경우 행정청은 의견제출의 준비에 필요한 상당한 기간을 주어 통지하여야 한다(행정절차법 제21조 제3항).

② 청문의 경우 행정청은 청문을 실시하고자 하는 경우에는 청문이 시작되는 날부터 10일 전까지 청문통지사항을 당사자등에게 통지하여야 한다.

③ 공청회는 개최 14일 전까지 청문회 사항을 당사자에게 통지하고 관보, 공보, 인터넷 홈페이지 또는 일간신문 등에 공고하는 등의 방법으로 널리 알려야 한다.

Ⅴ 의견청취(진술)절차

1. 의의

(1) 의견제출
"행정청이 어떠한 행정작용을 하기에 앞서 당사자등이 의견을 제시하는 절차로서 청문이나 공청회에 해당하지 아니하는 절차"를 말한다. 즉, 약식 의견진술절차라고 할 수 있다.

(2) 청문
청문(聽聞)이라 함은 "행정청이 어떠한 처분을 하기에 앞서 당사자등의 의견을 직접 듣고 증거를 조사하는 절차"를 말한다.

(3) 공청회
공청회(公聽會)라 함은 "행정청이 공개적인 토론을 통하여 어떠한 행정작용에 대하여 당사자등, 전문지식과 경험을 가진 자, 기타 일반행정인으로부터 의견을 널리 수렴하는 절차"를 말한다.

2. 실시요건

(1) 청문
개정 전 「행정절차법」은 행정청이 청문실시가 불필요하다고 인정하는 경우에는 당사자에게 불이익한 처분을 하는 경우에도 청문을 할 수가 없는 것이 현실이었으나 2014년 「행정절차법」 개정으로 개선되었다(「행정절차법」 제22조 제1항).

1) 다른 법령등에서 청문을 하도록 규정하고 있는 경우
2) 행정청이 필요하다고 인정하는 경우
3) 다음 각 사항의 처분 시 의견제출기한 내에 당사자등의 신청이 있는 경우
   ① 인허가 등의 취소
   ② 신분·자격의 박탈
   ③ 법인이나 조합 등의 설립허가의 취소

(2) 공청회
1) 다른 법령등에서 공청회를 개최하도록 규정하고 있는 경우
2) 해당 처분의 영향이 광범위하여 널리 의견을 수렴할 필요가 있다고 행정청이 인정하는 경우

(3) 의견제출
행정청이 당사자에게 의무를 부과하거나 권익을 제한하는 처분을 할 때 청문, 공청회 외에는 당사자등에게 의견제출의 기회를 주어야 한다.

3. 예외사유

(1) 법 규정
의견제출, 청문 또는 공청회를 개최하여야 하는 경우에도 「행정절차법」 제21조 제4항 각 호의 하나에 해당하는 경우(① 공공의 안전 또는 복리를 위하여 긴급히 처분을 할 필요가 있는 경우, ② 그 자격이 없거나 없어지게 된 사실이 법원의 재판 등에 의하여 객관적으로 증명된 때, ③ 해당 처분의 성질상 의견청취가 현저히 곤란하거나 명백히 불필요하다고 인정될 만한 상당한 이유가 있는 경우)와 당사자가 의견진술의 기회를 포기한다는 뜻을 명백히 표시한 경우에는 의견청취를 아니할 수 있다(행정절차법 제22조 제4항).

(2) 관련판례

　① 청문통지서의 2회 반송, 불출석한 이유만으로 청문을 실시하지 않는 침해적 처분은 위법하다고 판시하였으며, ② 행정청과 당사자의 협약을 체결하면서 청문이 배제된다거나 예외적인 경우에 해당한다고 할 수 없다고 판시하였다.

Ⅵ 처분의 이유제시

1. 의의

　이유제시(理由提示)라 함은 행정청이 처분을 함에 있어 당사자에게 처분의 근거와 이유를 제시하는 것을 말한다.

2. 예외(제23조)

(1) 이유제시를 생략할 수 있는 경우

　① 신청내용을 모두 그대로 인정하는 처분인 경우, ② 단순·반복적인 처분 또는 경미한 처분으로서 당사자가 그 이유를 명백히 알 수 있는 경우, ③ 긴급히 처분을 할 필요가 있는 경우

(2) 처분 후 당사자가 요청하는 경우에는 근거와 이유를 제시하여야 하는 경우

　② 단순·반복적인 처분 또는 경미한 처분으로서 당사자가 그 이유를 명백히 알 수 있는 경우, ③ 긴급히 처분을 할 필요가 있는 경우

3. 이유제시의 하자와 치유

　치유가 인정되는 시기는 행정쟁송의 제기 전에 한하여 치유가 가능한 것으로 보아야 할 것이다. 판례도 이러한 입장이다.

Ⅶ 절차상 하자의 효과

　현행 「행정소송법」은 절차의 위법을 이유로 한 취소판결을 인정하고 있다(행정소송법 제30조 제3항). 다수설과 판례는 행정처분상의 절차상 하자, 즉 사전통지, 의견청취, 이유제시 등의 하자를 처분의 독자적 위법사유로 본다.

Ⅷ 결

1. 적법절차원칙 》 가점사항

　적법절차(適法節次)의 원칙이라 함은 국가권력이 개인의 권익을 제한하는 경우에는 개인의 권익을 보호하기 위한 적정한 절차를 거쳐야 한다는 원칙을 말한다. 행정청의 부담과 개인의 권익을 비교형량하여 적법절차의 원칙을 지켜야 할 것이다.

　적법절차의 원칙에 반하는 경우 적법절차의 원칙이 직접 적용되어 적법절차에 따르지 않은 행정처분은 절차상 위법하게 된다. 예를 들어 철거명령처분에 있어 적법절차의 원칙상 정식청문절차가 요구됨에도 정식청문절차를 거치지 않고 의견제출의 기회만 주었다면 철거명령처분은 절차상 하자가 있다.

2. 사례의 적용

　위 사례에서 철거명령처분, 즉 의무를 부과하거나 권익을 제한하는 처분 시 사전통지, 의견진술(의견청취), 이유제시 등의 기회를 주지 않은 절차적 하자는 처분의 독자적 위법사유가 되므로, 해당 처분은 위법하게 되고, 그 위법성의 정도에 따라 무효, 취소의 사유에 해당된다.

약술형 2 「개인정보 보호법」상 '정보주체의 권리'에 대하여 서술하시오. (20점)

모·범·답·안

Ⅰ 정보주체의 권리(제4조)

정보주체*는 자신의 개인정보 처리와 관련하여 다음의 권리를 가진다.
① 개인정보의 처리에 관한 정보를 제공받을 권리
② 개인정보의 처리에 관한 동의 여부, 동의 범위 등을 선택하고 결정할 권리
③ 개인정보의 처리 여부를 확인하고 개인정보에 대하여 열람(사본의 발급을 포함한다. 이하 같다)을 요구할 권리
④ 개인정보의 처리 정지, 정정·삭제 및 파기를 요구할 권리
⑤ 개인정보의 처리로 인하여 발생한 피해를 신속하고 공정한 절차에 따라 구제받을 권리

Ⅱ 정보주체의 권리보장

1. 개인정보의 열람요구권(제35조)

정보주체는 개인정보처리자가 처리하는 자신의 개인정보에 대한 열람을 해당 개인정보처리자에게 요구할 수 있다. 그럼에도 불구하고 정보주체가 자신의 개인정보에 대한 열람을 공공기관에 요구하고자 할 때에는 공공기관에 직접 열람을 요구하거나 대통령령으로 정하는 바에 따라 행정안전부장관을 통하여 열람을 요구할 수 있다.

2. 개인정보의 정정·삭제요구권(제36조)

자신의 개인정보를 열람한 정보주체는 개인정보처리자에게 그 개인정보의 정정 또는 삭제를 요구할 수 있다. 다만, 다른 법령에서 그 개인정보가 수집 대상으로 명시되어 있는 경우에는 그 삭제를 요구할 수 없다.

3. 개인정보의 처리정지 등 요구권(제37조)

정보주체는 개인정보처리자에 대하여 자신의 개인정보 처리의 정지를 요구할 수 있다. 이 경우 공공기관에 대하여는 등록 대상이 되는 개인정보파일 중 자신의 개인정보에 대한 처리의 정지를 요구할 수 있다.

＊ "정보주체"란 처리되는 정보에 의하여 알아볼 수 있는 사람으로서 그 정보의 주체가 되는 사람을 말한다(제2조 제3호).

약술형 3　「공공기관의 정보공개에 관한 법률」상 '비공개 대상 정보'에 대하여 설명하시오. (20점)

모·범·답·안

I 의의

'비공개 대상 정보'란 공공기관이 공개를 거부할 수 있는 정보를 말한다. 공익 및 사익을 이익형량하여 일정한 정보의 공개가 제한될 수 있지만, 비공개정보는 비밀정보를 의미하지 않는다.

II 비공개 대상 정보

① 다른 법률 또는 법률이 위임한 명령에 의하여 비밀로 유지되거나 비공개사항으로 규정된 정보
② 국가안전보장·국방·통일·외교관계 등 국가의 중대한 이익을 현저히 해할 우려가 있는 정보
③ 공개될 경우 국민의 생명·신체 및 재산의 보호 기타 공공의 안전과 이익을 현저히 해할 우려가 있다고 인정되는 정보
④ 진행 중인 재판에 관련된 정보와 형의 집행, 교정, 보안처분에 관한 사항으로서 공개될 경우 그 직무수행을 현저히 곤란하게 하거나 형사피고인의 공정한 재판을 받을 권리를 침해한다고 인정할 만한 상당한 이유가 있는 정보
⑤ 감사·감독(의사결정과정 또는 내부 검토과정에 있는 사항) 등으로서 공개될 경우 업무의 공정한 수행이나 연구·개발에 현저한 지장을 초래한다고 인정할 만한 상당한 이유가 있는 정보
⑥ 해당 정보에 포함되어 있는 이름·주민등록번호 등 개인에 관한 사항으로서 공개될 경우 사생활의 비밀 또는 자유를 침해할 우려가 있다고 인정되는 정보
⑦ 법인·단체 또는 개인의 경영·영업상 비밀에 관한 사항으로서 공개될 경우 법인등의 정당한 이익을 현저히 해할 우려가 있다고 인정되는 정보
　－ 판례에 의하면 법인등이 거래하는 금융기관의 계좌번호에 관한 정보는 법인등의 영업상 비밀에 관한 사항으로서 공개될 경우 법인등의 정당한 이익을 현저히 해할 우려가 있다고 인정되는 정보에 해당한다고 판시하였다.
⑧ 공개될 경우 부동산투기·매점매석 등으로 특정인에게 이익 또는 불이익을 줄 우려가 있다고 인정되는 정보

약술형 4 「행정절차법」상 신고의 절차와 효과에 대하여 설명하시오. (20점)

모·범·답·안

I 의의

신고란 "사인의 공법적 효과의 발생을 목적으로 행정주체에 대하여 일정한 사실을 알리는 행위로서 행정청에 의한 실질적 심사가 요구되지 아니하는 행위"를 말한다.

II 신고의 종류

1. 자체완성적 공법행위로서의 신고

법령등에서 행정청에 대하여 일정한 사항을 통지하고 도달함으로써 효과가 발생하는 신고를 말하며 수리를 요하지 않는 신고라고도 한다. 이는 「행정절차법」 제40조 제1항의 자체완성적 공법행위로서의 신고에 대한 일반규정이다. 예를 들어 이혼신고, 출생신고가 이에 해당한다.

2. 행정요건적 공법행위로서의 신고

법령등에서 행정청에 대하여 일정한 사항을 통지하고 행정청이 이를 수리함으로써 법적 효과가 발생하는 신고를 말하며 수리를 요하는 신고라고도 한다. 예를 들어 혼인신고, 건축주 명의변경신고가 이에 해당한다.

III 신고의 요건(절차)

법령등에서 행정청에 대하여 일정한 사항을 통지함으로써 의무가 끝나는 신고는 ① 신고서의 기재상에 하자가 없어야 하고, ② 필요한 구비서류가 첨부되어야 하며, ③ 기타 법령등에 규정된 형식상의 요건에 적합하여야 한다(행정절차법 제40조 제2항).

IV 신고의 보완요구 및 반려(절차)

행정청은 요건을 갖추지 못한 신고서가 제출된 경우 지체 없이 상당한 기간을 정하여 신고인에게 보완을 요구하여야 한다. 행정청은 신고인이 그 상당한 기간 내에 보완을 하지 아니한 때에는 그 이유를 명시하여 해당 신고서를 되돌려 보내야 한다(행정절차법 제40조 제4항).

V 신고의 수리(절차)

1. 수리의무

신고의 수리는 자체완성적 공법행위로서의 신고의 경우에는 문제되지 아니하고 행정요건적 공법행위로서의 신고에서만 문제된다. 법령이 정한 요건을 구비한 적법한 신고가 있으면 행정청은 의무적으로 수리하여야 한다.

2. 신고필증

행정실무상으로는 신고를 필한 경우에 신고인에게 신고필증을 교부한다.

VI 신고의 효과

법령등에서 행정청에 대하여 일정한 사항을 통지함으로써 의무가 끝나는 신고(자체완성적 공법행위로서의 신고)가 상기의 요건을 갖춘 경우에는 신고서가 접수기관에 도달한 때에 신고의 의무가 이행된 것으로 본다. 발신주의가 아니라 도달주의가 채택되고 있다.

행정절차론 모범답안

논술형1 A시는 시민들의 복리증진을 목적으로 시민공원을 설치하여 24시간 무료개방하고 있다. 그런데 이 공원에서 범죄와 무질서행위가 증가하여 시민들의 민원이 제기되자, A시의 시장 甲은 공원 출입문, 산책로 및 화장실에 영상정보처리기기를 설치·운영하고자 한다. 「개인정보 보호법」상 甲의 위 영상정보처리기기 설치·운영에 관하여 논하시오. (40점)

모·범·답·안

I 의의

개인정보 보호제도란 개인에 관한 정보가 부당하게 수집, 유통, 이용되는 것을 막아 개인의 프라이버시를 보호하는 제도를 말한다.

II 영상정보처리기기의 설치·운영 제한

1. 설치

(1) 공개된 장소

　1) 원칙

　　공개된 장소에 영상정보처리기기를 설치·운영하여서는 아니 된다.

　2) 예외

　　① 법령에서 구체적으로 허용하고 있는 경우

　　② 범죄의 예방 및 수사를 위하여 필요한 경우

　　③ 시설안전 및 화재 예방을 위하여 필요한 경우

　　④ 교통단속을 위하여 필요한 경우

　　⑤ 교통정보의 수집·분석 및 제공을 위하여 필요한 경우

(2) 목욕실, 화장실, 발한실(發汗室), 탈의실

　1) 원칙

　　개인의 사생활을 현저히 침해할 우려가 있는 장소의 내부를 볼 수 있도록 영상정보처리기기를 설치·운영하여서는 아니 된다.

　2) 예외

　　교도소, 정신보건 시설 등 법령에 근거하여 사람을 구금하거나 보호하는 시설로서 대통령령으로 정하는 시설에 대하여는 그러하지 아니하다.

2. 운영

　① 영상정보처리기기를 설치·운영하려는 공공기관의 장과 영상정보처리기기를 설치·운영하려는 자는 공청회·설명회의 개최 등 대통령령으로 정하는 절차를 거쳐 관계 전문가 및 이해관계인의 의견을 수렴하여야 한다.

　② 안내판 설치 등 필요한 조치를 하여야 한다.

　③ 영상정보처리기기운영자는 영상정보처리기기의 설치 목적과 다른 목적으로 영상정보처리기기를 임의로 조작하거나 다른 곳을 비춰서는 아니 되며, 녹음기능은 사용할 수 없다.

④ 영상정보처리기기운영자는 개인정보가 분실·도난·유출·위조·변조 또는 훼손되지 않도록 안전성 확보에 필요한 조치를 하여야 한다.

⑤ 영상정보처리기기운영자는 대통령령으로 정하는 바에 따라 영상정보처리기기 운영·관리 방침을 마련하여야 한다.

⑥ 영상정보처리기기운영자는 영상정보처리기기의 설치·운영에 관한 사무를 위탁할 수 있다.

≫ 합격수준의 답안

개인정보 보호의 기본원칙을 철저히 활용하자.
어린이집 CCTV 신문기사(수업시간에 자료 배부 및 설명자료)를 철저히 활용하자.

Ⅰ 의의

개인정보 보호제도란 개인에 관한 정보가 부당하게 수집, 유통, 이용되는 것을 막아 개인의 프라이버시를 보호하는 제도를 말한다.

Ⅱ 영상정보처리기기의 설치·운영 제한

1. 개인정보 보호의 기본원칙

① 개인정보처리자는 개인정보의 처리 목적을 명확하게 하여야 하고 최소한의 개인정보만을 적법하고 정당하게 수집하여야 한다(비례의 원칙, 명확성의 원칙).

② 개인정보처리자는 이 법 및 관계 법령에서 규정하고 있는 책임과 의무를 준수하고 실천함으로써 정보주체의 신뢰를 얻기 위하여 노력하여야 한다.

③ 개인정보처리자는 정보주체의 사생활 침해를 최소화하는 방법으로 개인정보를 처리하여야 한다.

④ 개인정보처리자는 개인정보의 익명처리가 가능한 경우에는 익명에 의하여 처리될 수 있도록 하여야 한다.

⑤ 개인정보처리자는 개인정보의 처리에 관한 사항을 공개하여야 하며, 열람청구권 등 정보주체의 권리를 보장하여야 한다.

⑥ 개인정보처리자는 필요한 범위에서 개인정보의 최신성, 정확성, 완전성이 보장되도록 하여야 한다.

⑦ 개인정보처리자는 개인정보의 처리 목적에 필요한 범위에서 처리하여야 하며, 그 목적 외의 용도로 활용하여서는 아니 된다(적합성의 원칙).

⑧ 개인정보처리자는 개인정보의 처리 방법 및 종류 등에 따라 개인정보를 안전하게 관리하여야 한다.

2. 영상정보처리기기의 설치

① 여성안심거리를 위한 범죄의 예방을 위해 필요한 경우

② 주정차위반 단속, 속도위반 단속을 위하여 필요한 경우

③ 교통 체증 지역을 알기 위해, 교통정보를 수집하기 위해 필요한 경우 등 각 필요성에 의해 설치되고 있다.

3. 제한

영상정보처리기기를 설치할 때는 사생활 침해와 정보주체의 권리가 침해되지 않도록 비례의 원칙, 적합성의 원칙, 안전성의 원칙에 입각하여 철저히 관리해야 할 것이다.

Ⅲ 어린이집 영상정보처리기기의 설치(관련문제)

1. 최근 사회적 이슈가 되었던 어린이집 교사의 아동폭행과 관련하여 영상정보처리기기를 설치해야 한다는 여론에 따라 여러 가지 기사가 있었다. 영상정보처리기기의 설치를 함에 있어 사생활 침해와 정보주체의 권리가 침해되지 않도록 해야 할 것이다.

2. 어린이집 폐쇄회로(CCTV)와 관련 '사생활 침해'를 최소화하는 방향으로 입법을 추진하면서 "CCTV 또는 네트워크 카메라를 설치·관리하는 자는 영유아 및 보육교직원 등 정보 주체의 권리가 침해되지 않도록 한다"라는 기사 내용이 있다.

3. 또한 "국가와 지방자치단체가 어린이집의 CCTV 또는 네트워크 카메라에서 수집된 영상 정보가 목적 외 수집, 오·남용되거나 무분별한 감시·추적에 쓰이는 폐해를 방지해야 한다"라는 법령 개선에 관한 기사이다.

약술형 2 「행정절차법」상 '청문 주재자'에 대하여 서술하시오. (20점)

모·범·답·안

Ⅰ 의의

청문은 행정청이 어떠한 처분을 하기에 앞서 당사자등의 의견을 직접 듣고 증거를 조사하는 절차를 말한다. 이러한 청문절차에는 청문 주재자의 공정한 역할이 매우 중요하므로 청문 주재자를 중점으로 설명하도록 하겠다.

Ⅱ 적용범위(요건)

「행정절차법」은 청문을 ① 다른 법령등에서 청문을 실시하도록 규정하고 있는 경우, ② 행정청이 필요하다고 인정하는 경우, ③ 당사자의 신청이 있는 경우(인허가 등의 취소, 신분·자격의 박탈, 법인이나 조합 등의 설립허가의 취소)에 실시하도록 하고 있다.

Ⅲ 예외사유

① 공공의 안전 또는 복리를 위하여 긴급히 처분을 할 필요가 있는 경우, ② 법령등에서 반드시 일정한 처분을 하여야 하는 경우에 그 사실이 법원의 재판 등에 의하여 객관적으로 증명된 때, ③ 처분의 성질 상 의견청취가 현저히 곤란하거나 명백히 불필요하다고 인정될 만한 상당한 이유가 있는 경우, ④ 당사자가 의견진술의 기회를 포기한다는 뜻을 명백히 표시한 경우에는 의견청취를 아니할 수 있다.

Ⅳ 청문절차

1. 청문 주재자

① 청문은 행정청이 소속 직원 또는 대통령령으로 정하는 자격을 가진 사람 중에서 선정하는 사람이 주재하되, 행정청은 청문 주재자의 선정이 공정하게 이루어지도록 노력하여야 한다.
② 행정청은 청문이 시작되는 날부터 7일 전까지 청문 주재자에게 청문과 관련한 필요한 자료를 미리 통지하여야 한다.
③ 청문 주재자는 독립하여 공정하게 직무를 수행하며, 그 직무 수행을 이유로 본인의 의사에 반하여 신분상 어떠한 불이익도 받지 아니한다.
④ 대통령령으로 정하는 사람 중에서 선정된 청문 주재자는 「형법」이나 그 밖의 다른 법률에 따른 벌칙을 적용할 때에는 공무원으로 본다.

2. 의견반영

행정청은 처분을 함에 있어서 청문조서, 청문 주재자의 의견서, 그 밖의 관계 서류 등을 충분히 검토하고 상당한 이유가 있다고 인정하는 경우에는 청문결과를 반영하여야 한다.

3. 기타사항

① 청문 주재자의 제척, 기피, 회피규정을 두어 청문의 공정성을 제고하였다.
② 청문 주재자는 직권 또는 당사자의 신청에 따라 필요한 조사를 할 수 있으며, 당사자등이 주장하지 아니한 사실에 대하여도 조사할 수 있다.
③ 당사자등은 문서열람 및 복사를 요청할 수 있으며, 누구든지 청문에 대한 비밀을 정당한 이유 없이 누설하지 못한다.

Ⅴ 관련판례

대법원은 청문 예외사유인 '상당한 이유'란 해당 처분의 성질에 비추어 판단하여야 하는 것이므로, 청문통지서가 반송되었거나 상대방이 청문일시에 불출석하였다는 이유로 청문을 실시하지 않고 한 침해적 행정처분은 위법하다고 판시하였다.

약술형 3 「행정조사기본법」상 행정조사의 사전통지와 연기신청에 대하여 설명하시오. (20점)

모·범·답·안

Ⅰ 의의

행정조사란 행정기관이 정책을 결정하거나 직무를 수행하는 데 필요한 정보나 자료를 수집하기 위하여 현장조사·문서열람·시료채취 등을 하거나 조사대상자에게 보고요구·자료제출 요구 및 출석·진술요구를 행하는 활동을 말한다.

Ⅱ 조사의 사전통지(제17조)

1. 행정조사를 실시하고자 하는 행정기관의 장은 출석요구서, 보고요구서, 자료제출요구서, 현장출입조사서(이하 '출석요구서등'이라 한다)를 조사개시 7일 전까지 조사대상자에게 서면으로 통지하여야 한다. 다만, 다음 어느 하나에 해당하는 경우에는 행정조사의 개시와 동시에 출석요구서등을 조사대상자에게 제시하거나 행정조사의 목적 등을 조사대상자에게 구두로 통지할 수 있다.
   ① 행정조사를 실시하기 전에 관련 사항을 미리 통지하는 때에는 증거인멸 등으로 행정조사의 목적을 달성할 수 없다고 판단되는 경우
   ② 「통계법」 제3조 제2호에 따른 지정통계의 작성을 위하여 조사하는 경우
   ③ 제5조 단서에 따라 조사대상자의 자발적인 협조를 얻어 실시하는 행정조사의 경우

2. 행정기관의 장이 출석요구서등을 조사대상자에게 발송하는 경우 출석요구서등의 내용이 외부에 공개되지 아니하도록 필요한 조치를 하여야 한다.

Ⅲ 의견제출(제21조)

① 조사대상자는 사전통지의 내용에 대하여 행정기관의 장에게 의견을 제출할 수 있다.
② 행정기관의 장은 조사대상자가 제출한 의견이 상당한 이유가 있다고 인정하는 경우에는 이를 행정조사에 반영하여야 한다.

Ⅳ 조사의 연기신청(제18조)

① 천재지변이나 그 밖에 대통령령으로 정하는 사유로 인하여 행정조사를 받을 수 없는 때에는 해당 행정조사를 연기하여 줄 것을 행정기관의 장에게 요청할 수 있다.
② 연기요청을 하고자 하는 자는 연기하고자 하는 기간과 사유가 포함된 연기신청서를 행정기관의 장에게 제출하여야 한다.
③ 행정기관의 장은 연기요청을 받은 날부터 7일 이내에 조사의 연기 여부를 결정하여 조사대상자에게 통지하여야 한다.

약술형 4 「주민등록법」상 주민등록증의 재발급에 관하여 설명하시오. (20점)

모·범·답·안

Ⅰ 주민등록증의 발급 등

① 시장·군수 또는 구청장은 관할 구역에 주민등록이 된 자 중 17세 이상인 자에 대하여 주민등록증을 발급한다.
② 장애등급에 해당하는 중증시각장애인이 신청하는 경우 시각장애인용 점자 주민등록증을 발급할 수 있다.

Ⅱ 주민등록증의 재발급

1. 주민등록증을 발급받은 후 다음 어느 하나에 해당하는 사유로 재발급을 받으려는 자는 대통령령으로 정하는 바에 따라 시장·군수 또는 구청장에게 그 사실을 신고하고 재발급을 신청하여야 한다.
   ① 주민등록증의 분실이나 훼손
   ② 성명, 생년월일 또는 성별의 변경
   ③ 그 밖에 대통령령으로 정하는 사유

2. 주민등록 업무를 수행하는 공무원은 어느 하나에 해당하는 사유로 업무수행이 어려우면 대통령령으로 정하는 바에 따라 그 주민등록증을 회수하고, 본인이 시장·군수 또는 구청장에게 재발급신청을 하도록 하여야 한다.
   ① 주민등록증이 훼손되거나 그 밖의 사유로 그 내용을 알아보기 어려운 경우
   ② 주민등록증의 주요 기재내용이 변경된 경우

3. 시장·군수 또는 구청장은 1.에 따라 주민등록증을 재발급 신청하는 자에게 행정안전부령으로 정하는 수수료를 징수할 수 있다. 다만, 다음 어느 하나에 해당하면 그러하지 아니하다.
   ① 주민등록증 발급상의 잘못으로 인하여 재발급하는 경우
   ② 그 밖에 행정안전부령으로 정하는 경우

Ⅲ 중증장애인에 대한 주민등록증의 발급 및 재발급

1. 중증장애인 본인이 직접 주민등록증의 발급·재발급을 신청하기가 어렵다고 판단하는 경우에는 중증장애인, 그 법정대리인 등 보호자의 신청에 따라 관계 공무원으로 하여금 해당 중증장애인을 직접 방문하게 하여 주민등록증을 발급·재발급할 수 있다.

2. 중증장애인을 위한 주민등록증의 발급 및 재발급 신청 기준·방법 및 절차, 관계 공무원의 방문 절차 등에 필요한 사항은 대통령령으로 정한다.

≫ 합격수준의 답안

Ⅰ 주민등록증의 재발급

주민등록증을 발급받은 후 분실, 훼손 등의 사유로 재발급을 받으려는 자는 시장·군수 또는 구청장에게 그 사실을 신고하고 재발급을 신청하여야 한다.

Ⅱ 준비서류 및 재발급 신청서 작성

① 훼손 시에는 종전의 주민등록증을 준비하여야 하며 다만, 분실 등의 경우는 제외한다.
② 증명사진을 준비하여야 한다.
③ 분실이나 훼손 시에는 수수료가 부과된다.
④ 주민등록재발급 신청서를 작성한다.

Ⅲ 신청 장소

① 온라인인 민원 24를 통해 신청할 수도 있다.
② 오프라인인 주민자치센터에서 신청한다.

Ⅳ 임시신분증

'주민등록증 발급신청 확인서'를 '임시신분증'으로 사용할 수 있다.

행정절차론 모범답안

논술형 1 관할 행정청인 A시장은 "○○치킨"이라는 상호로 음식점 영업을 하고 있는 甲이 2016. 9.
7. 청소년에게 술을 제공한 사실을 적발하고, 식품위생법령상의 처분기준에 따라 甲에게 2개
월 영업정지처분(이하 '이 사건 처분'이라 한다)을 하고자 한다(식품위생법령상 이 경우 청문
이나 공청회를 거치도록 하는 규정이 없다). 다음 물음에 답하시오. (40점)

(1) A시장은 이 사건 처분을 함에 있어서 어떠한 행정절차를 거쳐야 하는지 설명하시오.
(20점)

(2) 만약 A시장이 위 (1)에서 요구되는 행정절차를 거치지 않고 이 사건 처분을 한 경우 이
사건 처분이 유효한지 검토하시오. (10점)

(3) 만약 A시장이 위 (1)에서 요구되는 행정절차를 이 사건 처분을 한 뒤에 거친 경우라면
이 사건 처분이 유효한지 검토하시오. (10점)

모·범·답·안

[물음 1] (20점)

Ⅰ 서

甲에게 의무를 부과하거나 권익을 제한하는 처분이었음에도 불구하고 사전통지를 하지 않거나, 의견
제출의 기회를 주지 않거나, 이유제시 등을 하지 않는 절차적 하자가 있는 경우 A시장이 행한 '2개월
영업정지처분'의 독자적인 위법성의 사유가 되는지 문제되는바, 아래에서 침해적 처분 시 갖추어야 할
절차적 요건에 대하여 서술하겠다.

Ⅱ 처분의 사전통지 (10점)

1. 면제사항

① 공공의 안전 또는 복리를 위하여 긴급히 처분을 할 필요가 있는 경우, ② 법령등에서 반드시 일정한
처분을 하여야 하는 경우에 그 사실이 법원의 재판 등에 의하여 객관적으로 증명된 때, ③ 처분의 성질
상 의견청취가 현저히 곤란하거나 명백히 불필요하다고 인정될 만한 상당한 이유가 있는 경우는 면제
사항이다.

2. 사전통지사항

① 처분의 제목, ② 당사자의 성명 또는 명칭과 주소, ③ 의견제출기관의 명칭과 주소, ④ 의견제출기한
등을 당사자등에게 사전통지하여야 한다.

3. 사전통지기간

① 의견제출은 상당한 기간을 주어야 하며 ② 청문은 시작되는 날부터 10일 전까지 통지하여야 한다.
③ 공청회는 개최 14일 전까지 당사자등에게 통지하고 일간신문 등에 공고하는 등의 방법으로 널리
알려야 한다.

Ⅲ 의견제출절차(의/요/예/절)

1. 의의

"행정청이 어떠한 행정작용을 하기에 앞서 당사자등이 의견을 제시하는 절차로서 청문이나 공청회에 해당하지 아니하는 절차"를 말한다.

2. 요건

행정청이 당사자에게 의무를 부과하거나 권익을 제한하는 처분을 할 때 청문, 공청회 외에는 당사자등에게 의견제출의 기회를 주어야 한다.

3. 예외사유

「행정절차법」 제21조 제4항 각 호인 사전통지의 예외사유와 당사자가 의견진술의 기회를 포기한다는 뜻을 명백히 표시한 경우에는 의견제출을 아니할 수 있다.

4. 절차

(1) 의견을 제출할 수 있는 자는 당사자등이다.

(2) 의견제출방식은 서면이나 말 또는 정보통신망을 이용하여 의견제출을 할 수 있고 증거자료 등을 첨부할 수 있다.

(3) 당사자등이 정당한 이유 없이 의견제출기한까지 의견제출을 하지 아니한 경우에는 의견이 없는 것으로 본다.

Ⅳ 청문, 공청회의 적용 여부

청문, 공청회의 적용 여부는 ① 관련 규정이 있거나 ② 행정청이 필요하다고 인정하는 경우로 나누어 볼 수 있는데 위 사례는 2개월 영업정지처분으로 청문의 실시의 경우 행정청의 부담이 당사자의 불이익보다 과중함으로 의견제출절차만으로도 적법절차의 원칙상 타당하며 공청회의 적용대상은 아니라고 본다.

Ⅴ 처분의 이유제시

1. 의의

이유제시(理由提示)라 함은 행정청이 처분을 함에 있어 당사자에게 처분의 근거와 이유를 제시하는 것을 말한다.

2. 예외(제23조)

(1) 이유제시를 생략할 수 있는 경우

① 신청내용을 모두 그대로 인정하는 처분인 경우, ② 단순·반복적인 처분 또는 경미한 처분으로서 당사자가 그 이유를 명백히 알 수 있는 경우, ③ 긴급히 처분을 할 필요가 있는 경우

(2) 처분 후 당사자가 요청하는 경우에는 근거와 이유를 제시하여야 하는 경우

② 단순·반복적인 처분 또는 경미한 처분으로서 당사자가 그 이유를 명백히 알 수 있는 경우, ③ 긴급히 처분을 할 필요가 있는 경우

3. 이유제시의 하자와 치유

치유가 인정되는 시기는 행정쟁송의 제기 전에 한하여 치유가 가능한 것으로 보아야 할 것이다. 판례도 이러한 입장이다.

Ⅵ 결

위 사례에서 2개월 영업정지처분, 즉 의무를 부과하거나 권익을 제한하는 처분 시 사전통지, 의견제출, 이유제시 등의 기회를 주지 않은 절차적 하자는 처분의 독자적 위법사유가 되므로, 해당 처분은 위법하게 되므로 A시장은 절차적 요건을 갖추어야 한다.

[물음 2] (10점)

Ⅰ 서

甲에게 의무를 부과하거나 권익을 제한하는 처분이었음에도 불구하고 사전통지를 하지 않거나, 의견제출의 기회를 주지 않거나, 이유제시 등을 하지 않는 절차적 하자가 있는 경우 A시장이 행한 '2개월 영업정지처분'의 독자적인 위법성의 사유가 되는지 문제되는바, 아래에서 침해적 처분 시 갖추어야 할 절차적 요건을 갖추지 못하였을 경우 그 처분이 유효한지 논하겠다.

Ⅱ 절차상 하자의 독자적 위법사유 인정 여부

1. 학설

(1) 소극설
절차상 하자만을 이유로 하여서는 취소할 수 없고, 내용상 하자가 있어야 취소할 수 있다는 견해이다.

(2) 적극설
절차상 하자만을 이유로 취소할 수 있다는 견해이다.

(3) 절충설
기속행위의 경우에는 절차의 하자로 취소할 수 없고, 재량행위에 있어서는 행정청은 기본 처분과 다른 처분을 할 수도 있으므로 절차상의 하자로 취소할 수 있다는 견해이다.

2. 판례
판례는 재량행위뿐만 아니라 기속행위에 있어서도 적극설을 취하고 있다.
절차적 요건을 갖추지 못한 공정거래위원회의 시정조치 또는 과징금납부명령은 설령 실체법적 사유를 갖추고 있다고 하더라도 위법하여 취소를 면할 수 없다.

Ⅲ 검토
현행 「행정소송법」이 절차의 위법을 이유로 한 취소판결을 인정하고 있으므로 절차중시행정을 유도하는 것이 타당하므로 적극설이 타당하다고 본다. 따라서 절차상의 하자는 처분의 독자적 위법사유가 되므로 해당 처분은 위법하게 된다.

[물음 3] (10점)

Ⅰ 서

甲에게 사전통지를 하지 않거나, 의견제출의 기회를 주지 않거나, 이유제시 등을 하지 않는 절차적 하자가 있는 경우 A시장이 행한 '2개월 영업정지처분'은 독자적인 위법성의 사유가 되어 위법함을 검토하였다. 하지만 이러한 절차상 하자의 치유가능성과 치유시기가 문제가 되는바 아래에서 논하겠다.

Ⅱ 절차상 하자의 치유가능성
판례는 국민의 권익의 침해가 없는 범위 안에서 인정해야 한다고 판시하였다.

Ⅲ 절차상 하자의 치유시기
① 하자치유가 인정되는 시기는 행정쟁송의 제기 전에 한하여 치유가 가능한 것으로 보아야 한다고 판시하였다.
② 판례는 절차상 하자가 인정되는 시기는 행정쟁송의 제기 전에 한하여 치유가 가능하다고 판시하였다.

Ⅳ 치유의 효과
절차상 위법은 제거되고 소급하여 처분은 적법하게 된다.

약술형 2 「공공기관의 정보공개에 관한 법률」상 정보공개 청구를 받은 공공기관의 정보공개 여부 결정 절차에 관하여 설명하시오. (20점)

모·범·답·안

Ⅰ 정보공개청구

정보의 공개를 청구하는 자(이하 '청구인'이라 한다)는 정보공개 청구서를 제출하거나 말로써 정보의 공개를 청구할 수 있다.

Ⅱ 정보공개 여부의 결정

1. 공개 여부의 결정

(1) 공공기관은 정보공개의 청구를 받으면 그 청구를 받은 날부터 10일 이내에 공개 여부를 결정하여야 한다.

(2) 공공기관은 부득이한 사유로 10일 이내에 공개 여부를 결정할 수 없을 때에는 그 기간이 끝나는 날의 다음 날부터 기산(起算)하여 10일의 범위에서 공개 여부 결정기간을 연장할 수 있다. 이 경우 공공기관은 연장된 사실과 연장 사유를 청구인에게 지체 없이 문서로 통지하여야 한다.

2. 제3자 관련 정보의 통지

공공기관은 공개 청구된 공개 대상 정보의 전부 또는 일부가 제3자와 관련이 있다고 인정할 때에는 그 사실을 제3자에게 지체 없이 통지하여야 하며, 필요한 경우에는 그의 의견을 들을 수 있다.

3. 정보공개심의회

국가기관, 지방자치단체 등은 정보공개 여부 등을 심의하기 위하여 정보공개심의회를 설치·운영한다.

Ⅲ 정보공개 여부의 결정의 통지

① 공공기관은 정보의 공개를 결정한 경우에는 공개의 일시 및 장소 등을 분명히 밝혀 청구인에게 통지하여야 한다.

② 공공기관은 정보의 비공개 결정을 한 경우에는 그 사실을 청구인에게 지체 없이 문서로 통지하여야 한다. 이 경우 비공개 이유와 불복(不服)의 방법 및 절차를 구체적으로 밝혀야 한다.

약술형 3 인터넷몰 사업자 A는 2만 명 이상의 회원정보를 수집하여 회원정보 파일을 관리하던 중 그 파일을 해킹당하여 회원정보 일체가 유출되었음을 알게 되었다. 이때 「개인정보 보호법」상 A가 취하여야 할 조치를 설명하시오. (20점)

모·범·답·안

I 의의

개인정보 보호제도란 개인에 관한 정보가 부당하게 수집, 유통, 이용되는 것을 막아 개인의 프라이버시를 보호하는 제도를 말하는데 위 사례에서는 해킹을 통해 회원정보가 유출되었음을 알게 되었을 때 「개인정보 보호법」상 A, 즉 개인정보처리자가 사전적으로 취해야 할 주의의무인 기본원칙과 사후적 조치에 대하여 설명하겠다.

II 개인정보 유출 통지 등(제34조)

1. 개인정보처리자는 개인정보가 유출되었음을 알게 되었을 때에는 지체 없이 해당 정보주체에게 다음 사실을 알려야 한다.
   ① 유출된 개인정보의 항목
   ② 유출된 시점과 그 경위
   ③ 유출로 인하여 발생할 수 있는 피해를 최소화하기 위하여 정보주체가 할 수 있는 방법 등에 관한 정보
   ④ 개인정보처리자의 대응조치 및 피해 구제절차
   ⑤ 정보주체에게 피해가 발생한 경우 신고 등을 접수할 수 있는 담당부서 및 연락처

2. 개인정보처리자는 개인정보가 유출된 경우 그 피해를 최소화하기 위한 대책을 마련하고 필요한 조치를 하여야 한다.

3. 개인정보처리자는 대통령령으로 정한 규모 이상의 개인정보가 유출된 경우에는 조치 결과를 지체 없이 보호위원회 또는 대통령령으로 정하는 전문기관(한국인터넷진흥원)에 신고하여야 한다. 이 경우 보호위원회 또는 대통령령으로 정하는 전문기관(한국인터넷진흥원)은 피해 확산 방지, 피해 복구 등을 위한 기술을 지원할 수 있다.

» 합격수준의 답안

I 의의

개인정보 보호제도란 개인에 관한 정보가 부당하게 수집, 유통, 이용되는 것을 막아 개인의 프라이버시를 보호하는 제도를 말하는데 위 사례에서는 해킹을 통해 회원정보가 유출되었음을 알게 되었을 때 「개인정보 보호법」상 A, 즉 개인정보처리자가 사전적으로 취해야 할 주의의무인 기본원칙과 사후적 조치에 대하여 설명하겠다.

Ⅲ 개인정보처리자의 조치

1. 개인정보 보호의 기본원칙

① 개인정보처리자는 개인정보의 처리목적을 명확하게 하여야 하고 최소한의 개인정보만을 적법하고 정당하게 수집하여야 한다(비례의 원칙, 명확성의 원칙).

② 개인정보처리자는 이 법 및 관계 법령에서 규정하고 있는 책임과 의무를 준수하고 실천함으로써 정보주체의 신뢰를 얻기 위하여 노력하여야 한다.

③ 개인정보처리자는 정보주체의 사생활 침해를 최소화하는 방법으로 개인정보를 처리하여야 한다.

④ 개인정보처리자는 개인정보의 익명처리가 가능한 경우에는 익명에 의하여 처리될 수 있도록 하여야 한다.

⑤ 개인정보처리자는 개인정보의 처리에 관한 사항을 공개하여야 하며, 열람청구권 등 정보주체의 권리를 보장하여야 한다.

⑥ 개인정보처리자는 필요한 범위에서 개인정보의 최신성, 정확성, 완전성이 보장되도록 하여야 한다.

⑦ 개인정보처리자는 개인정보의 처리 목적에 필요한 범위에서 처리하여야 하며, 그 목적 외의 용도로 활용하여서는 아니 된다(적합성의 원칙).

⑧ 개인정보처리자는 개인정보의 처리 방법 및 종류 등에 따라 개인정보를 안전하게 관리하여야 한다.

2. 조치의무

(1) 개인정보처리자는 정보주체에게 다음의 사항을 알려야 하는 통보의무가 있다.

① 해킹의 원인

② 유출된 개인정보의 항목

③ 피해의 정도와 구제절차 등

(2) 개인정보처리자는 관련 상부기관에 통보하고 피해 확산 방지 및 복구조치의무가 있다.

약술형 4 「질서위반행위규제법」상 행정청의 과태료 부과·징수 및 불복절차에 관하여 설명하시오.
(20점)

모·범·답·안

Ⅰ 과태료 부과절차

1. 사전통지 및 의견제출 등(제16조)

① 행정청이 질서위반행위에 대하여 과태료를 부과하고자 하는 때에는 미리 당사자에게 대통령령으로 정하는 사항을 통지하고, 10일 이상의 기간을 정하여 의견을 제출할 기회를 주어야 한다. 이 경우 지정된 기일까지 의견제출이 없는 경우에는 의견이 없는 것으로 본다.

② 당사자는 의견제출기한 이내에 행정청에 의견을 진술하거나 필요한 자료를 제출할 수 있다.

③ 행정청은 당사자가 제출한 의견에 상당한 이유가 있는 경우에는 과태료를 부과하지 아니하거나 통지한 내용을 변경할 수 있다.

2. 과태료의 부과(제17조)

행정청은 의견제출절차를 마친 후에 서면(당사자가 동의하는 경우에는 전자문서를 포함)으로 과태료를 부과하여야 한다.

3. 자진납부자에 대한 과태료 감경(제18조)

행정청은 당사자가 의견제출기한 이내에 과태료를 자진하여 납부하고자 하는 경우에는 대통령령으로 정하는 바(100분의 20)에 따라 과태료를 감경할 수 있다.

4. 과태료 부과의 제척기간(제19조)

① 행정청은 질서위반행위가 종료된 날(다수인이 질서위반행위에 가담한 경우에는 최종행위가 종료된 날)부터 5년이 경과한 경우에는 해당 질서위반행위에 대하여 과태료를 부과할 수 없다.

② 행정청은 법원의 결정이 있는 경우에는 그 결정이 확정된 날부터 1년이 경과하기 전까지는 과태료를 정정부과하는 등 해당 결정에 따라 필요한 처분을 할 수 있다.

Ⅱ 징수절차(제24조)

① 행정청은 당사자가 납부기한까지 과태료를 납부하지 아니한 때에는 납부기한을 경과한 날부터 체납된 과태료에 대하여 100분의 3에 상당하는 가산금을 징수한다.

② 체납된 과태료를 납부하지 아니한 때에는 납부기한이 경과한 날부터 매 1개월이 경과할 때마다 체납된 과태료의 1천분의 12에 상당하는 중가산금을 가산금에 가산하여 징수한다. 이 경우 중가산금을 가산하여 징수하는 기간은 60개월을 초과하지 못한다.

③ 행정청은 당사자가 기한 이내에 이의를 제기하지 아니하고 가산금을 납부하지 아니한 때에는 국세 또는 지방세 체납처분의 예에 따라 징수한다.

Ⅲ 불복절차

1. 이의제기(제20조)

행정청의 과태료 부과에 불복하는 당사자는 과태료 부과 통지를 받은 날부터 60일 이내에 해당 행정청에 서면으로 이의제기를 할 수 있다.

2. 법원에의 통보(제21조)

이의제기를 받은 행정청은 이의제기를 받은 날부터 14일 이내에 이에 대한 의견 및 증빙서류를 첨부하여 관할 법원에 통보하여야 한다.

행정절차론 모범답안

논술형 1 甲은 이슬람교 선교 활동 등을 위한 단체를 설립하고자 관할 행정청인 A시장에게 관련 법령에 따라 乙재단법인 설립허가 신청을 하였다. 이에 A시장은 乙재단법인이 들어서게 될 주소지의 인근에 위치한 丙이슬람사원(비영리법인)을 고려하여, "해당 지역에 특정종교시설의 밀집으로 인한 주민 불안 및 선교사업으로 인한 지역주민 민원 발생 등 해당 법인설립을 허가할 경우 지역사회 갈등이 야기될 수 있다."는 이유로 甲에게 乙재단법인 설립불허가처분을 하였다. 다음 물음에 답하시오. (40점)

(1) A시장은 위 乙재단법인 설립불허가처분을 하기에 앞서 「행정절차법」상 사전통지절차를 거쳐야 하는지를 검토하시오. (20점)

(2) 만약 A시장이 위 처분을 하기에 앞서 「행정절차법령」상 정보통신망을 이용한 공청회(전자공청회)를 실시하고자 하는 경우, '전자공청회의 의의, 실시요건, 방법 및 절차'에 관하여 설명하시오. (20점)

모·범·답·안

[물음 1] (20점)

Ⅰ 서

사전통지란 의견청취의 전치절차로서, 행정청이 당사자에게 의무를 부과하거나 권익을 제한하는 처분을 하는 경우에 당사자에게 일정한 사항을 통지함으로써, 당사자의 처분 절차에의 참여를 보장하기 위한 절차상 적법요건을 말한다.

乙재단법인 설립불허가처분에 대한 사전통지의 적용 범위와 관련해 거부처분이 '당사자에게 의무를 부과하거나 권익을 제한하는 것'인지가 문제되는바, 아래에서 살펴보도록 하겠다.

Ⅱ 처분의 사전통지

1. 학설

(1) 부정설
처분의 사전통지는 법문상 의무부과와 권익을 제한하는 경우에만 적용되므로 수익적인 행위나 수익적 행위의 거부의 경우는 적용이 없고, 신청의 결과에 따라 아직 당사자에게 권익이 부여되지 아니하였으므로 직접 당사자의 권익을 제한하는 처분에 해당하지 않으며, 거부처분의 경우 신청과정에서 행정청과 협의를 계속하고 있는 상태이므로 사전통지를 요하지 않는다고 한다.

(2) 긍정설
신청에 대한 거부처분은 당사자의 권익을 제한하는 처분에 해당하며, 당사자가 신청을 한 경우 신청에 따라 긍정적인 처분이 이루어질 것을 기대하고 거부처분을 기대하지는 아니하고 있으므로 거부처분의 경우에도 사전통지가 필요하다고 한다.

2. 판례

판례는 신청에 대한 거부처분이라고 하더라도 직접 당사자의 권익을 제한하는 것은 아니어서 신청에 대한 거부처분을 여기에서 말하는 '당사자의 권익을 제한하는 처분'에 해당한다고 할 수 없는 것이어서 처분의 사전통지대상이 된다고 할 수 없다(대판 2003.11.28, 2003두674 [임용거부처분취소] <인천 대사건>).

3. 검토

거부처분은 당사자의 권익을 직접 제한하거나 의무를 부과하는 처분으로 볼 수 없어 사전통지의 대상이 되지 않는다는 입장이 타당하다.

[물음 2] (20점)

Ⅰ 의의

공청회(公聽會)라 함은 행정청이 공개적인 토론을 통하여 어떠한 행정작용에 대하여 당사자등, 전문지식과 경험을 가진 자, 기타 일반인으로부터 의견을 널리 수렴하는 절차를 말한다.

Ⅱ 공청회

1. 실시요건

① 다른 법령 등에서 공청회를 개최하도록 규정하고 있는 경우
② 해당 처분의 영향이 광범위하여 널리 의견을 수렴할 필요가 있다고 행정청이 인정하는 경우

2. 절차 및 방법

① 행정청은 공청회와 병행하여서만 정보통신망을 이용한 공청회(이하 "전자공청회"라 한다)를 실시할 수 있다.
② 행정청은 전자공청회를 실시하는 경우 의견제출 및 토론 참여가 가능하도록 적절한 전자적 처리능력을 갖춘 정보통신망을 구축·운영하여야 한다.
③ 전자공청회를 실시하는 경우에는 누구든지 정보통신망을 이용하여 의견을 제출하거나 제출된 의견 등에 대한 토론에 참여할 수 있다.

3. 공청회의 개최

행정청은 공청회를 개최하고자 하는 경우에는 공청회 개최 14일 전까지 ① 제목 ② 일시 및 장소 등 인터넷 홈페이지 등에 공고하는 방법으로 널리 알려야 한다. 행정청은 오프라인 공청회와 병행하여서만 정보통신망을 이용한 공청회(전자공청회)를 실시할 수 있다.

4. 공청회 및 전자공청회 결과의 반영

행정청은 처분을 할 때에 공청회, 전자공청회 및 정보통신망을 등을 통하여 제시된 사실 및 의견이 상당한 이유가 있다고 인정하는 경우에는 이를 반영하여야 한다.

약술형 2 자신의 가족관계등록부에 기재된 출생연월일이 잘못되었다고 생각한 甲은 행정사 乙을 방문하였다. 甲의 사정을 들은 乙이 검토해야 할 「가족관계의 등록 등에 관한 법률」상 가족관계등록부의 정정절차에 관하여 설명하시오. (20점)

모·범·답·안

Ⅰ 서

가족관계등록부에 기재된 출생연월일이 잘못되었을 경우 즉, 등록부의 기록이 법률상 위법한 경우이거나 무효인 경우의 가족관계등록의 정정절차에 대하여 서술하겠다.

Ⅱ 위법한 가족관계 등록기록의 정정(제104조)

등록부의 기록이 법률상 허가될 수 없는 것 또는 그 기재에 착오나 누락이 있다고 인정한 때에는 이해관계인은 사건 본인의 등록기준지를 관할하는 가정법원의 허가를 받아 등록부의 정정을 신청할 수 있다.

Ⅲ 무효인 행위의 가족관계등록기록의 정정(제105조)

신고로 인하여 효력이 발생하는 행위에 관하여 등록부에 기록하였으나 그 행위가 무효임이 명백한 때에는 신고인 또는 신고사건의 본인은 사건 본인의 등록기준지를 관할하는 가정법원의 허가를 받아 등록부의 정정을 신청할 수 있다.

Ⅳ 정정신청의 의무(제106조)

허가의 재판이 있었을 때에는 재판서의 등본을 받은 날부터 1개월 이내에 그 등본을 첨부하여 등록부의 정정을 신청하여야 한다.

Ⅴ 판결에 의한 등록부의 정정(제107조)

확정판결로 인하여 등록부를 정정하여야 할 때에는 소를 제기한 사람은 판결확정일부터 1개월 이내에 판결의 등본 및 그 확정증명서를 첨부하여 등록부의 정정을 신청하여야 한다.

약술형 3 「행정규제기본법령」상 규제영향분석 및 자체심사에 관하여 설명하시오. (20점)

Ⅰ 행정규제(제2조)

"행정규제"(이하 "규제"라 한다)란 국가나 지방자치단체가 특정한 행정 목적을 실현하기 위하여 국민 (국내법을 적용받는 외국인을 포함한다)의 권리를 제한하거나 의무를 부과하는 것으로서 법령등이나 조례 · 규칙에 규정되는 사항을 말한다.

Ⅱ 규제영향분석 및 자체심사

1. 규제영향분석 및 자체심사(제7조 ①)

중앙행정기관의 장은 규제를 신설하거나 강화(규제의 존속기한 연장을 포함한다. 이하 같다)하려 면 ① 규제의 신설 또는 강화의 필요성 ② 기존규제와의 중복 여부 ③ 비용과 편익의 비교분석 등을 종합적으로 고려하여 규제영향분석을 하고 규제영향분석서를 작성하여야 한다.

2. 규제영향분석서의 공표 등(제7조 ②)

중앙행정기관의 장은 규제영향분석서를 입법예고 기간 동안 국민에게 공표하여야 하고, 제출된 의견을 검토하여 규제영향분석서를 보완하며 의견을 제출한 자에게 제출된 의견의 처리 결과를 알려야 한다.

3. 자체심사(제7조 ③)

중앙행정기관의 장은 규제영향분석의 결과를 기초로 규제의 대상 · 범위 · 방법 등을 정하고 그 타당성에 대하여 자체심사를 하여야 한다.

약술형 4 「공공기관의 정보공개에 관한 법령」상 정보공개 청구권자와 공공기관의 범위에 관하여 설명하시오. (20점)

모·범·답·안

I 정보공개청구권자

모든 국민은 정보의 공개를 청구할 권리를 가지며, 외국인의 정보공개청구에 관하여는 대통령령으로 정하도록 하고 있다. 판례는 송파구청 즉, 지방자치단체는 정보공개법에서 정한 정보공개청구권자인 '국민'에 해당되지 아니한다고 판시하였다.

II 법적 근거

공공기관의 보유정보에 대한 정보공개청구의 권리는 「공공기관의 정보공개에 관한 법률」의 규정을 근거로 인정되는 것으로 볼 수 있지만 헌법재판소는 개별 법률에 근거가 없어도 헌법 규정만을 근거로 인정할 수 있다는 태도를 취하고 있다.

III 원고적격으로서의 정보공개청구권

정보공개청구권은 법률상 보호되는 구체적인 권리이므로 정보공개청구권이 있는 자는 개인적인 이해관계와 상관없이 공개거부로 그 권리를 침해받은 것이므로 당연히 공개거부를 다툴 원고적격을 갖는다.

IV 관련판례(정보공개청구권)

대법원은 "정보공개 제도를 이용해 사회통념상 용인될 수 없는 부당한 이득을 얻으려고 하거나, 오로지 담당 공무원을 괴롭힐 목적으로 하는 경우처럼 권리 남용이 명백한 때에는 예외적으로 정보공개청구권의 행사를 허용할 수 없다"라고 말했다.

V 공공기관의 범위

1. 국가기관
2. 국회, 법원, 헌법재판소, 중앙선거관리위원회
3. 중앙행정기관(대통령 소속 기관과 국무총리 소속 기관을 포함한다) 및 그 소속 기관
4. 「행정기관 소속 위원회의 설치·운영에 관한 법률」에 따른 위원회
   ① 지방자치단체
   ② 「공공기관의 운영에 관한 법률」 제2조에 따른 공공기관
   ③ 그 밖에 대통령령으로 정하는 기관

행정절차론 모범답안

논술형 1 관할 행정청 A는 甲에 대해 부담금 부과처분을 하면서 「행정절차법」상 요구되는 처분의 근거와 이유를 구체적으로 제시하지 않았다. 甲은 자신에 대한 부담금 부과의 근거와 이유를 정확히 알 수 없었으나 납부기한의 도과로 인한 불이익을 우려하여 일단 부담금을 납부하였고 이후 자신에 대한 부담금 부과처분은 이유제시의 하자가 있는 위법한 것임을 이유로 부담금 부과처분에 대해 취소소송을 제기하였다. 다음 물음에 답하시오. (40점)

(1) 甲이 납부한 부담금이 내용적으로 정당한 경우에도 법원은 이유제시의 하자가 있음을 이유로 부담금 부과처분을 취소할 수 있는지 설명하시오. (20점)

(2) 취소소송의 계속 중에 A가 甲에게 부담금 부과의 근거와 이유를 구체적으로 제시하였다면, 이유제시의 하자는 치유되는지 설명하시오. (20점)

모·범·답·안

[물음 1] (20점)

I 서

이유제시(理由提示)라 함은 행정청이 처분을 함에 있어 당사자에게 처분의 근거와 이유를 제시하는 것을 말한다. 부담금 부과처분을 함에 있어서 甲이 납부한 부담금이 내용적으로 정당한 경우에도 법원은 이유제시의 하자가 있음을 이유로 부담금 부과처분을 취소할 수 있는지가 문제되는바, 아래에서 자세히 논하도록 하겠다.

II 절차상 하자의 독자적 위법사유 인정 여부

1. 학설

(1) 소극설

절차상 하자만을 이유로 하여서는 취소할 수 없고, 내용상 하자가 있어야 취소할 수 있다는 견해이다.

(2) 적극설

절차상 하자만을 이유로 취소할 수 있다는 견해이다.

(3) 절충설

기속행위의 경우에는 절차의 하자로 취소할 수 없고, 재량행위에 있어서는 행정청은 기본 처분과 다른 처분을 할 수도 있으므로 절차상의 하자로 취소할 수 있다는 견해이다.

2. 판례

판례는 재량행위뿐만 아니라 기속행위에 있어서도 적극설을 취하고 있다. 절차적 요건을 갖추지 못한 공정거래위원회의 시정조치 또는 과징금납부명령은 설령 실체법적 사유를 갖추고 있다고 하더라도 위법하여 취소를 면할 수 없다(대판 2001.5.8, 2000두10212[시정명령 등 취소]).

3. 검토

현행 행정소송법이 절차의 위법을 이유로 한 취소판결을 인정하고 있으므로 절차중시행정을 유도하는 것이 타당하므로 적극설이 타당하다고 본다.

Ⅲ 결

1. <주류도매업면허의 취소처분의 판례>에 의하면 "처분근거와 위반사실의 적시를 빠뜨린 하자 즉, 지정조건위반으로 주류판매면허를 취소합니다"라고만 되어 있다면 이 사건 면허취소처분은 위법하다고 판시하였다.
2. 위 사례의 경우에는 법원은 이유제시의 하자가 있음을 이유로 부담금 부과처분을 취소할 수 있다.

[물음 2] (20점)

Ⅰ 서

취소소송의 계속 중에 A가 甲에게 부담금 부과의 근거와 이유를 구체적으로 제시하였다면 이유제시의 하자가 치유가 되는지 문제되는바, 아래에서 자세히 논하도록 하겠다.

Ⅱ 절차상 하자의 치유가능성

판례는 국민의 권익의 침해가 없는 범위 안에서 인정해야 한다고 판시하였다.

Ⅲ 이유제시의 하자와 치유시기

이유제시의 하자를 포함한 절차의 하자를 판례는 독립된 취소사유로 보고 있고 치유가 인정되는 시기는 행정쟁송의 제기 전에 한하여 치유가 가능한 것으로 보아야 할 것이다.

Ⅳ 치유의 효과

절차상 위법은 제거되고 소급하여 처분은 적법하게 된다.

Ⅴ 결

위 사례의 경우에는 절차상 하자의 치유시기와 관련하여 판례는 행정쟁송의 제기 전에 한하여 치유가 가능한 것으로 판단되므로 취소소송의 계속 중에 관할 행정청 A가 구체적으로 이유제시를 하였다 하더라도 그 하자는 치유가 되지 않는다고 판단된다.

약술형 2 甲은 질서위반행위로 인하여 과태료 부과처분을 받았다. 「질서위반행위규제법」에 따를 때에 다음 각각의 경우에 부과처분이 적법한지 설명하시오. (20점)

(1) 甲이 위 위반행위에 대한 고의 또는 과실이 없었고, 설령 고의가 있었다고 하더라도 위 위반행위가 위법한 줄 몰랐던 경우 (10점)

(2) 甲이 18세이지만 심신장애로 인하여 자신의 행위의 옳고 그름을 판단할 능력이 없었던 경우 (10점)

모·범·답·안

Ⅰ 질서위반행위

"질서위반행위"란 법률상의 의무를 위반하여 과태료를 부과하는 행위를 말한다.

Ⅱ 질서위반행위의 성립 [물음 1]

1. 질서위반행위 법정주의(제6조)

법률에 따르지 아니하고는 어떤 행위도 질서위반행위로 과태료를 부과하지 아니한다.

2. 고의 또는 과실(제7조)

고의 또는 과실이 없는 질서위반행위는 과태료를 부과하지 아니한다.

3. 위법성의 착오(제8조)

자신의 행위가 위법하지 아니한 것으로 오인하고 행한 질서위반행위는 그 오인에 정당한 이유가 있는 때에 한하여 과태료를 부과하지 아니한다.

Ⅲ 질서위반행위의 성립 [물음 2]

1. 책임연령(제9조)

14세가 되지 아니한 자의 질서위반행위는 과태료를 부과하지 아니한다. 다만, 다른 법률에 특별한 규정이 있는 경우에는 그러하지 아니하다.

2. 심신장애(제10조)

① 심신(心神)장애로 인하여 행위의 옳고 그름을 판단할 능력이 없거나 그 판단에 따른 행위를 할 능력이 없는 자의 질서위반행위는 과태료를 부과하지 아니한다.

② 심신장애로 인하여 능력이 미약한 자의 질서위반행위는 과태료를 감경한다.

③ 단, 스스로 심신장애 상태를 일으켜 질서위반행위를 한 자에 대하여는 ①, ②를 적용하지 아니한다.

약술형 3 행정기관의 장 A는 조사원 B로 하여금 행정법규 위반이 의심되는 甲의 사업장에 출입하여 현장조사를 실시하게 하고자 한다. 「행정조사기본법」상 현장조사의 절차 및 제한에 관하여 설명하시오. (20점)

모·범·답·안

Ⅰ 현장조사

현장조사란 조사원이 가택, 사무실 또는 사업장 등에 출입하여 현장에서 실시하는 조사를 말한다.

Ⅱ 조사의 사전통지

1. 행정조사를 실시하고자 하는 행정기관의 장은 현장출입조사서를 조사개시 7일 전까지 조사대상자에게 서면으로 통지하여야 한다.

2. 다만, 사전통지를 하면 증거인멸 등으로 행정조사의 목적을 달성할 수 없다고 판단되는 경우 등에는 조사개시와 동시에 현장출입조사서를 제시하거나 구두로 통지할 수 있다.

3. 현장출입조사서에는 조사목적, 조시기간과 장소, 조사원의 성명과 직위 등이 기재되어야 한다.

Ⅲ 증표의 제시

현장조시를 하는 조사원은 그 권한을 나타내는 증표를 지니고 이를 조사대상자에게 내보여야 한다.

Ⅳ 현장조사의 제한과 예외

1. 현장조사는 해가 뜨기 전이나 해가 진 뒤에는 할 수 없다.

2. 다만, 다음의 경우에는 그러하지 아니하다.
   ① 조사대상자가 동의한 경우
   ② 사무실 또는 사업장 등의 업무시간에 행정조사를 실시하는 경우
   ③ 해가 뜬 후부터 해가 지기 전까지 행정조사를 실시하는 경우에는 조사목적의 달성이 불가능하거나 증거인멸로 인해 조사대상자의 법령 등의 위반 여부를 확인할 수 없는 경우

약술형 4 「공공기관의 정보공개에 관한 법률」상 공공기관의 정보 비공개 결정에 대한 청구인의 불복구제 절차에 관하여 설명하시오. (20점)

모·범·답·안

Ⅰ 서

청구인의 정보공개청구 관해 공공기관의 비공개 결정에 대한 불복절차로 이의신청, 행정심판 및 행정소송이 있다. 또한 이의신청을 거쳐 행정심판을 제기할 수도 있고 직접 행정심판을 제기할 수도 있다.

Ⅱ 불복절차

1. 이의신청

청구인은 비공개 결정에 대하여 불복이 있는 때에는 공공기관으로부터 정보공개 여부의 결정통지를 받은 날 또는 정보공개 청구 후 20일이 경과한 날부터 30일 이내에 당해 공공기관에 문서로 임의절차인 이의신청을 할 수 있다. 공공기관은 이의신청을 받은 날부터 7일 이내에 그 이의신청에 대하여 결정하고 그 결과를 청구인에게 지체 없이 서면으로 통지하여야 한다.

2. 정보공개심의회

국가기관, 지방자치단체 등 청구인에 의한 이의신청이 있는 경우에는 정보공개 여부 등을 심의하기 위하여 정보공개심의회를 개최하여야 한다.

3. 행정심판

청구인은 처분을 알게 된 날로부터 90일, 있었던 날로부터 180일 이내에 공공기관의 결정에 대하여 불복이 있는 때에는 이의신청 절차를 거치지 아니하고 행정심판을 청구할 수 있다.

4. 행정소송

청구인은 처분을 안 날로부터 90일, 있은 날로부터 1년 이내에 공공기관의 결정에 대하여 불복이 있는 때에는 이의신청 또는 행정심판을 거치지 않고 행정소송을 제기할 수 있다.

행정절차론 모범답안

논술형 1   A시의 甲구청장은 음식점을 운영하고 있는 乙이 정당한 사유 없이 6개월 이상 계속 휴업하고 있어 「식품위생법」 제75조 제3항에 따른 영업허가 취소처분을 하려고 하였다. 이를 위해 청문통지서를 두 차례에 걸쳐 발송하였으나 청문통지서가 주소 불명으로 반송되었다. 이에 甲구청장은 乙이 청문기일에 불출석하였다는 이유로 청문을 생략하고 음식점 영업허가 취소처분을 하였다. 甲구청장의 乙에 대한 영업허가 취소처분의 위법 여부를 설명하시오. (40점)

모·범·답·안

Ⅰ 의의

청문은 행정청이 어떠한 처분을 하기에 앞서 당사자 등의 의견을 직접 듣고 증거를 조사하는 절차를 말하는데 영업허가 취소처분에 앞서 청문기일에 불출석하였다는 이유로 청문을 생략한 하자가 당해 처분의 독자적인 위법성의 사유가 되는지 문제되는바, 아래에서 자세히 논하도록 하겠다.

Ⅱ 청문의 실시요건

1. 다른 법령등에서 청문을 하도록 규정하고 있는 경우

2. 행정청이 필요하다고 인정하는 경우

3. 다음 각 사항의 처분 시 의견제출기한 내에 당사자등의 신청이 있는 경우
   ① 인허가 등의 취소
   ② 신분·자격의 박탈
   ③ 법인이나 조합 등의 설립허가의 취소

Ⅲ 예외사유

① 공공의 안전 또는 복리를 위하여 긴급히 처분을 할 필요가 있는 경우, ② 법령 등에서 반드시 일정한 처분을 하여야 하는 경우에 그 사실이 법원의 재판 등에 의하여 객관적으로 증명된 때, ③ 처분의 성질상 의견청취가 현저히 곤란하거나 명백히 불필요하다고 인정될 만한 상당한 이유가 있는 경우, ④ 당사자가 의견진술의 기회를 포기한다는 뜻을 명백히 표시한 경우에는 의견청취를 아니할 수 있다.

Ⅳ 청문절차

1. 청문주재자

① 청문은 행정청이 소속 직원 또는 대통령령으로 정하는 자격을 가진 사람 중에서 선정하는 사람이 주재하되, 행정청은 청문 주재자의 선정이 공정하게 이루어지도록 노력하여야 한다.
② 행정청은 청문이 시작되는 날부터 7일 전까지 청문 주재자에게 청문과 관련한 필요한 자료를 미리 통지하여야 한다. 당사자에게는 10일 전까지 알려야 한다.

2. 의견반영

행정청은 처분을 함에 있어서 청문조서, 청문주재자의 의견서, 그 밖의 관계서류 등을 충분히 검토하고 상당한 이유가 있다고 인정하는 경우에는 청문결과를 반영하여야 한다.

Ⅴ 절차상 하자의 치유가능성

판례는 절차상 하자가 인정되는 시기는 행정쟁송의 제기 전에 한하여 치유가 가능하다고 판시하였다.

Ⅵ 절차상 하자의 독자적 위법사유 인정여부

1. 학설

(1) 소극설

절차상 하자만을 이유로 하여서는 취소할 수 없고, 내용상 하자가 있어야 취소할 수 있다는 견해이다.

(2) 적극설

절차상 하자만을 이유로 취소할 수 있다는 견해이다.

(3) 절충설

기속행위의 경우에는 절차의 하자로 취소할 수 없고, 재량행위에 있어서는 행정청은 기본 처분과 다른 처분을 할 수도 있으므로 절차상의 하자로 취소할 수 있다는 견해이다.

2. 판례

판례는 재량행위뿐만 아니라 기속행위에 있어서도 적극설을 취하고 있다.

절차적 요건을 갖추지 못한 공정거래위원회의 시정조치 또는 과징금납부명령은 설령 실체법적 사유를 갖추고 있다고 하더라도 위법하여 취소를 면할 수 없다.

3. 검토

현행 행정소송법이 절차의 위법을 이유로 한 취소판결을 인정하고 있으므로 절차중시행정을 유도하는 것이 타당하므로 적극설이 타당하다고 본다.

Ⅶ 결

1. 관련판례

대법원 판례는 제21조 제4항 제3호의 예외사유인 '당해 처분의 성질상 의견청취가 현저히 곤란하거나 명백히 불필요하다고 인정할 만한 상당한 이유가 있는 경우'와 관련하여, 이는 당해 처분의 성질에 비추어 판단하여야 하는 것이므로, 청문통지서가 반송되었거나 상대방이 청문일시에 불출석하였다는 이유로 청문을 실시하지 않고 한 침해적 행정처분은 위법하다고 판시한 바 있다.

2. 사안적용

따라서 침해적 처분 시 청문실시의 예외사유에 해당하지 않는 한 청문의 기회를 주지 않은 절차적 하자는 甲구청장의 乙에 대한 영업허가취소처분을 위법하게 만든다.

약술형 2 「행정규제기본법」상 규제개혁위원회의 설치, 기능 및 조사·의견청취 등에 관하여 설명하시오. (20점)

모·범·답·안

Ⅰ 설치

정부의 규제정책을 심의·조정하고 규제의 심사·정비 등에 관한 사항을 종합적으로 추진하기 위하여 대통령 소속으로 규제개혁위원회를 둔다.

Ⅱ 규제개혁위원회

1. **기능**(제24조)

위원회는 다음 각 호의 사항을 심의·조정한다.
① 규제정책의 기본방향과 규제제도의 연구·발전에 관한 사항
② 규제의 신설·강화 등에 대한 심사에 관한 사항
③ 기존규제의 심사, 규제정비 종합계획의 수립·시행에 관한 사항
④ 규제의 등록·공표에 관한 사항
⑤ 규제 개선에 관한 의견 수렴 및 처리에 관한 사항
⑥ 각급 행정기관의 규제 개선 실태에 대한 점검·평가에 관한 사항 등

2. **구성 등**(제25조)

① 위원회는 위원장 2명을 포함한 20명 이상 25명 이하의 위원으로 구성한다.
② 위원장은 국무총리와 학식과 경험이 풍부한 사람 중에서 대통령이 위촉하는 사람이 된다.
③ 공무원이 아닌 위원이 전체위원의 과반수가 되어야 한다.
④ 위원 중 공무원이 아닌 위원의 임기는 2년으로 하되, 한 차례만 연임할 수 있다.

3. **의결 정족수**(제26조)

위원회의 회의는 재적위원 과반수의 찬성으로 의결한다.

4. **조사 및 의견청취 등**(제30조)

① 관계 행정기관 등에 관한 현지 조사, 관계 행정기관에 자료제출 요구, 관계 공무원 등의 출석 및 의견 진술 요구
② 관계 행정기관의 장은 규제의 심사 등과 관련하여 소속 공무원이나 관계 전문가를 위원회에 출석시켜 의견을 진술하게 하거나 필요한 자료를 제출할 수 있다.

약술형 3 「개인정보 보호법」상 보호의 대상이 되는 개인정보의 개념 및 개인정보 처리자의 손해배상 책임에 관하여 설명하시오. (20점)

모·범·답·안

Ⅰ 개인정보

1. 개인정보는 "살아 있는 개인에 관한 정보로서 성명, 주민등록번호 및 영상 등을 통하여 개인을 알아볼 수 있는 정보(해당 정보만으로는 특정 개인을 알아볼 수 없더라도 다른 정보와 쉽게 결합하여 알아볼 수 있는 것을 포함한다)"를 말한다.

2. 전자적으로 처리되는 개인정보 외에 수기(手記) 문서까지 개인정보의 보호범위에 포함한다. 다만, 사자의 개인정보도 사망 후 일정한 기간은 보호하도록 입법개선이 필요하다.

Ⅱ 개인정보처리자의 손해배상책임

1. 정보주체는 개인정보처리자가 이 법을 위반한 행위로 손해를 입으면 개인정보처리자에게 손해배상을 청구할 수 있다. 이 경우 그 개인정보처리자는 고의 또는 과실이 없음을 입증하지 아니하면 책임을 면할 수 없다.

2. 개인정보처리자의 고의 또는 중대한 과실로 인하여 개인정보가 분실·도난·유출·위조·변조 또는 훼손된 경우로서 정보주체에게 손해가 발생한 때에는 법원은 그 손해액의 3배를 넘지 아니하는 범위에서 손해배상액을 정할 수 있다. 다만, 개인정보처리자가 고의 또는 중대한 과실이 없음을 증명한 경우에는 그러하지 아니하다.

3. 법원은 배상액을 정할 때에는 다음 각 호의 사항을 고려하여야 한다.
   ① 고의 또는 손해 발생의 우려를 인식한 정도
   ② 위반행위로 인하여 입은 피해 규모
   ③ 위법행위로 인하여 개인정보처리자가 취득한 경제적 이익
   ④ 위반행위에 따른 벌금 및 과징금
   ⑤ 위반행위의 기간·횟수 등
   ⑥ 개인정보처리자의 재산상태
   ⑦ 개인정보처리자가 정보주체의 개인정보 분실·도난·유출 후 해당 개인정보를 회수하기 위하여 노력한 정도
   ⑧ 개인정보처리자가 정보주체의 피해구제를 위하여 노력한 정도

약술형 4 「행정조사기본법」상 행정조사의 기본원칙 및 위법한 행정조사에 기초한 행정행위의 효력에 관하여 설명하시오. (20점)

모·범·답·안

Ⅰ 의의

행정조사란 행정기관이 정책을 결정하거나 직무를 수행하는 데 필요한 정보나 자료를 수집하기 위하여 현장조사·문서열람·시료채취 등을 하거나 조사대상자에게 보고요구·자료제출요구 및 출석·진술요구를 행하는 활동을 말한다.

Ⅱ 행정조사의 기본원칙(조,조,조,준,비,타)

① 행정조사는 조사목적을 달성하는 데 필요한 최소한의 범위 안에서 실시하여야 하며, 다른 목적 등을 위하여 (조)사권을 남용하여서는 아니 된다.
② 행정기관은 조사목적에 적합하도록 (조)사대상자를 선정하여 행정조사를 실시하여야 한다.
③ 행정기관은 유사하거나 동일한 사안에 대하여는 공동(조)사 등을 실시함으로써 행정조사가 중복되지 아니하도록 하여야 한다.
④ 행정조사는 법령등의 위반에 대한 처벌보다는 법령등을 (준)수하도록 유도하는 데 중점을 두어야 한다.
⑤ 다른 법률에 따르지 아니하고는 행정조사의 대상자 또는 행정조사의 내용을 공표하거나 직무상 알게 된 (비)밀을 누설하여서는 아니 된다.
⑥ 행정기관은 행정조사를 통하여 알게 된 정보를 다른 법률에 따라 내부에서 이용하거나 다른 기관에 제공하는 경우를 제외하고는 원래의 조사목적 이외의 용도로 이용하거나 (타)인에게 제공하여서는 아니 된다.

Ⅲ 위법한 행정조사에 기초한 행정행위의 효력

1. 문제제기

행정조사가 위법한 경우 그 행정조사에 기초하여 내려진 행정행위 자체가 위법한 것으로 되는지가 문제가 되는바 행정조사의 위법성을 실체법적 측면과 절차법적 측면으로 나누어 행정행위의 효력을 살펴보도록 하겠다.

2. 행정행위의 효력

(1) 실체법적 측면
비합리적이고 타당한 근거없이 작성한 즉, 내용상 하자가 있는 행정조사에 기초한 행정행위는 당연히 위법하다.

(2) 절차법적 측면
행정조사의 절차의 하자를 실제적 하자(내용의 하자)와 마찬가지로 독자적 위법사유로 할 것인지가 문제로 이는 절차의 하자가 중대할 경우는 그에 기초한 행정행위의 효력은 위법하나 절차의 하자가 경미할 경우는 그에 기초한 행정행위의 효력은 위법하지 않을 것이다.

3. 검토

(1) 현행 행정소송법이 절차의 위법을 이유로 한 취소판결을 인정하고 있으므로 절차중시행정을 유도하는 것이 타당하므로 절차의 하자가 중대할 경우에는 그에 기초한 행정행위의 효력은 위법함이 타당하다고 본다.

(2) 다만, 절차의 하자의 경미함의 정도는 헌법에서 인정하는 적법절차의 원칙에 맞게 따져봐야 할 것이며 행정조사기본법에서 정한 7일 전까지 사전통지 규정 및 의견제출 규정 등 경미한 규정으로 볼 수 없을 것이다.

판례

▶ 판례는 과세관청 내지 그 상급관청이나 수사기관의 강요로 합리적이고 타당한 근거도 없이 작성된 과세자료에 터잡은 과세처분의 하자는 중대하고 명백한 것이라고 한 대법원 전원합의체 판결(대법원 전원합의체 1992. 3. 31. 선고 91다32053 판결)

▶ 행정조사가 위법한 경우 그 조사를 기초로 한 행정결정 또한 위법하나 그와 같은 행정조사절차의 하자가 경미한 경우에는 위법 사유가 되지 않는 것으로 보아 왔다(대법원 2009. 1. 30. 선고 2006두9498 판결 등 참조)

논술형 1 어업조합법인 甲은 A시 관할 구역 내 32만㎡에 수산물종합유통센터를 건축하기 위하여 B 지방해양항만청장으로부터 항만공사 시행허가 및 항만공사 실시계획 승인을 받았다. 그런 데 그 후 甲은 A시장으로부터 위 센터 건축을 위한 항만시설 사용허가를 두 차례 받았으나 건축을 하지 못하고 모두 그 사용기간이 만료되었다. 甲은 다시 위 센터를 건축하고자 항만 시설 사용허가를 신청하였으나 A시장은 위 센터 예정 부지 주변의 여건 변화, 각종 행사의 증가로 인한 공공시설 부족 심화 등을 이유로 불허가 처분을 내렸다. 그런데 A시장은 불허 가 처분을 하기 전에 甲에게 그 처분의 내용 및 법적 근거, 의견제출 절차 등을 통지하지 않았다. 다음 물음에 답하시오. (40점)

(1) 甲은 이미 두 차례나 항만시설 사용허가를 해 주었으면서 이번에는 이를 거부한 것은 신 뢰보호원칙 위반이라고 주장한다. 신뢰보호원칙의 요건에 비추어 이 주장의 타당성을 검 토하시오. (20점)

(2) 甲은 A시장이 항만시설 사용에 대한 불허가 처분을 하면서 사전통지를 하지 않았다는 점을 들어 「행정절차법」 위반이라고 주장한다. 이 주장의 타당성을 검토하시오. (20점)

모·범·답·안

[물음 1] (20점)

I 의의

A시장의 항만시설 사용허가신청 불허가 처분이 甲의 입장에서 신뢰보호원칙 위반으로 보아 거부처분 취소소송으로 다툴 수 있는지 알아보도록 하겠다.

II 신뢰보호원칙

신뢰보호의 원칙이란 행정청의 어떠한 행위의 존속이나 정당성을 사인이 신뢰한 경우, 보호할 가치 있는 사인의 신뢰는 보호되어야 한다는 원칙을 말한다.

이러한 행정청의 행위에 대하여 신뢰보호의 원칙이 적용되기 위해서는,

① 행정청이 개인에 대하여 신뢰의 대상이 되는 공적인 견해표명을 하여야 하고,

② 행정청의 견해표명이 정당하다고 신뢰한 데에 대하여 그 개인에게 귀책사유가 없어야 하며,

③ 그 개인이 그 견해표명을 신뢰하고 이에 상응하는 어떠한 행위를 하였어야 하고,

④ 행정청이 그 견해표명에 반하는 처분을 함으로써 견해표명을 신뢰한 개인의 이익이 침해되는 결과가 초래되어야 하며,

⑤ 그 견해표명에 따른 행정처분을 할 경우 이로 인하여 공익 또는 제3자의 정당한 이익을 현저히 해할 우려가 있는 경우가 아니어야 한다.

Ⅲ 검토(타당성 여부)

① A시장이 원고에게 두 차례 항만시설 사용허가를 해주었다는 사실만으로 그 이후로도 계속하여 항만시설 사용허가를 해줄 것이라는 공적인 견해표명을 하였다고 볼 수 없고

② A시장이 甲의 신뢰의 대상이 되는 공적인 견해표명을 하였다고 인정할 증거가 없고

③ 건축을 하지 못한 상태이므로 A시장의 거부처분으로 甲의 정당한 이익이 현저히 해할 우려가 있는 것은 아니므로

④ A시장의 **사용허가신청 불허가 처분은** 신뢰보호의 원칙에 반하지 않는다고 판단된다.

[물음 2] (20점)

Ⅰ 의의

사전통지란 의견청취의 전치절차로서, 행정청이 당사자에게 **의무를 부과하거나 권익을 제한하는 처분**을 하는 경우에 당사자에게 일정한 사항을 통지함으로써, 당사자의 처분 절차에의 참여를 보장하기 위한 절차상 적법요건을 말한다. 사전통지의 적용 범위와 관련해 불허가 처분 즉, 거부처분이 '당사자에게 의무를 부과하거나 권익을 제한하는 것'인지가 문제되는바, 아래에서 살펴보도록 하겠다.

Ⅱ 불허가 처분 시 사전통지의 필요성 여부

1. 학설

(1) 부정설

처분의 사전통지는 법문상 의무부과와 권익을 제한하는 경우에만 적용되므로 수익적인 행위나 수익적 행위의 거부의 경우는 적용이 없고, **신청의 결과에 따라 아직 당사자에게 권익이 부여되지 아니하였으므로 직접 당사자의 권익을 제한하는 처분에 해당하지 않으며,** 거부처분의 경우 신청과정에서 행정청과 협의를 계속하고 있는 상태이므로 사전통지를 요하지 않는다고 한다.

(2) 긍정설

신청에 대한 거부처분은 당사자의 권익을 제한하는 처분에 해당하며, **당사자가 신청을 한 경우 신청에 따라 긍정적인 처분이 이루어질 것을 기대하고** 거부처분을 기대하지는 아니하고 있으므로 거부처분의 경우에도 사전통지가 필요하다고 한다.

2. 판례

판례는 신청에 대한 거부처분이라고 하더라도 직접 당사자의 권익을 제한하는 것은 아니어서 신청에 대한 거부처분을 여기에서 말하는 **'당사자의 권익을 제한하는 처분'에 해당한다고 할 수 없는 것이어서** 처분의 사전통지대상이 된다고 할 수 없다(대판 2003.11.28, 2003두674[임용거부처분취소] <인천대 사건>).

Ⅲ 검토(타당성 여부)

A시장이 항만시설 사용에 대한 불허가 처분, 즉 거부처분은 당사자의 권익을 직접 제한하거나 의무를 부과하는 처분으로 볼 수 없어 사전통지의 대상이 되지 않는다는 입장이 타당하다.

약술형 2 甲이 공공기관 A에게 공개청구한 정보가 제3자인 乙과 관련이 있는 경우, 乙의 권리보호에 관하여 설명하시오. (20점)

모·범·답·안

I 서

공공기관 A가 이해관계 있는 **제3자 乙과 관련된** 정보를 공개청구 받았을 때 공공기관 A가 취하여야 할 의무에 따른 乙의 권리를 서술하고 공공기관 A가 정보공개결정을 하였을 때 乙의 구제절차 등 권리보호에 대하여 서술하겠다.

II 공공기관 A의 의무 및 乙의 권리

1. 공개청구된 사실의 통보

공공기관은 공개청구된 공개대상정보의 전부 또는 일부가 제3자와 관련이 있다고 인정되는 때에는 그 사실을 제3자에게 지체 없이 통지하여야 하며, 필요한 경우에는 그의 의견을 청취할 수 있다.

2. 비공개요청권

공개청구된 사실을 통지받은 제3자는 통지받은 날부터 **3일 이내**에 당해 공공기관에 공개하지 아니할 것을 요청할 수 있다. 공공기관은 공개 결정일과 공개 실시일 사이에 최소한 30일의 간격을 두어야 한다.

III 제3자의 구제수단

1. 이의신청

제3자는 당해 공공기관에 문서로 통지받은 날로부터 7일 이내에 이의신청을 할 수 있다.

2. 행정심판

제3자 乙은 처분을 **알게 된 날로부터** 90일, **있었던 날로부터** 180일 **이내**에 공공기관의 결정에 대하여 불복이 있는 때에는 이의신청절차를 거치지 아니하고 행정심판을 청구할 수 있다.

3. 행정소송

제3자 乙은 처분을 **안 날로부터** 90일, **있은 날로부터** 1년 **이내**에 공공기관의 결정에 대하여 불복이 있는 때에는 이의신청 또는 행정심판을 거치지 않고 청구할 수 있다.

약술형 3 「행정조사기본법」상 행정조사 방법에 관하여 설명하시오. (20점)

모·범·답·안

I 의의

행정조사란 행정기관이 정책을 결정하거나 직무를 수행하는 데 필요한 정보나 자료를 수집하기 위하여 현장조사·문서열람·시료채취 등을 하거나 조사대상자에게 보고요구·자료제출요구 및 출석·진술요구를 행하는 활동을 말한다.

II 행정조사 방법

1. 출석·진술요구(제9조)

행정기관의 장이 조사대상자의 출석·진술을 요구하는 때에는 ① 일시와 장소 ② 출석요구의 취지 ③ 출석하여 진술하여야 하는 내용 등이 기재된 출석요구서를 발송하여야 하고, 조사대상자는 업무 등에 지장이 있는 때에는 출석일시 변경신청을 할 수 있다.

2. 보고요구와 자료제출의 요구(제10조)

행정기관의 장은 행정조사기본법이 규정한 사항이 기재된 보고요구서, 자료제출요구서를 발송하여야 한다.

3. 현장조사(제11조)

행정기관의 장은 ① 조사목적 ② 조사기간과 장소 등이 기재된 현장출입조사서 등을 조사대상자에게 발송하여야 한다. 현장조사는 해가 뜨기 전이나 해가 진 뒤에는 할 수 없다는 것이 원칙이다.

4. 시료채취(제12조)

시료채취는 정상적인 경제활동을 방해하지 아니하는 범위 안에서 최소한도로 하여야 하고, 손실을 입힌 때에는 그 손실을 보상하여야 한다.

5. 자료 등의 영치(제13조)

현장조사 중에 자료, 서류, 물건 등을 영치하는 때에는 조사대상자 또는 그 대리인을 입회시켜야 한다.

6. 공동조사(제14조)와 중복조사의 제한(제15조)

① 행정기관의 장은 행정기관 내 2 이상의 부서가 동일하거나 유사한 업무분야에 대하여 동일한 조사대상자에게 행정조사를 실시하는 경우 등에는 공동조사를 하여야 한다.

② 행정기관의 장은 동일한 사항에 대하여 동일한 조사대상자를 재조사 하여서는 아니 된다.

약술형 4 「질서위반행위규제법」상 과태료 체납자에 대한 제재로서 '관허사업의 제한'과 '고액·상습 체납자에 대한 제재'를 설명하시오. (20점)

모·범·답·안

Ⅰ 서

"질서위반행위"란 법률상의 의무를 위반하여 과태료를 부과하는 행위를 말하는데 이렇게 부과된 과태료 체납자에 대한 제재수단을 아래에서 자세히 서술하도록 하겠다.

Ⅱ 관허사업의 제한(제52조)

행정청은 허가·인가·면허·등록 및 갱신(이하 "허가등"이라 한다)을 요하는 사업을 경영하는 자로서 다음의 사유에 모두 해당하는 체납자에 대하여는 사업의 정지 또는 허가등의 취소를 할 수 있다.

(1) 해당 사업과 관련된 질서위반행위로 부과받은 ① 과태료를 3회 이상 체납하고 있고, ② 체납발생일부터 각 1년이 경과하였으며, ③ 체납금액의 합계가 500만 원 이상인 체납자 중 대통령령으로 정하는 횟수와 금액 이상을 체납한 자

(2) 천재지변이나 그 밖의 중대한 재난 등 대통령령으로 정하는 특별한 사유 없이 과태료를 체납한 자

Ⅲ 고액·상습 체납자에 대한 제재(제54조)

법원은 검사의 청구에 따라 결정으로 30일의 범위 이내에서 과태료의 납부가 있을 때까지 다음의 사유에 모두 해당하는 경우 체납자(법인인 경우에는 대표자)를 감치(監置)에 처할 수 있다.

(1) ① 과태료를 3회 이상 체납하고 있고, ② 체납발생일부터 각 1년이 경과하였으며, ③ 체납금액의 합계가 1천만 원 이상인 체납자 중 대통령령으로 정하는 횟수와 금액 이상을 체납한 경우

(2) 과태료 납부능력이 있음에도 불구하고 정당한 사유 없이 체납한 경우

행정절차론 모범답안

논술형 1 공무원 甲은 코로나 19 확산방지를 위한 집합금지명령 위반 단속업무 등을 담당하던 중, 유흥주점 위반행위 단속을 피할 수 있도록 단속일시, 장소 등을 알려달라는 청탁을 받았다. 甲은 이를 알려준 대가로 자신의 계좌로 30만 원을 송금 받은 것을 비롯하여 수회에 걸쳐 합계 190만 원의 뇌물을 받은 사실을 이유로 인사 및 징계권자인 A로부터 직위해제처분을 받은 후 징계절차를 거쳐 최종적으로 파면처분을 받았다. 다음 물음에 답하시오. (40점)

(1) 甲은 A가 직위해제처분을 하면서 사전통지나 의견청취절차를 거치지 않았다는 점을 들어 「행정절차법」 위반이라고 주장한다. 이 주장의 타당성을 검토하시오. (10점)

(2) 甲은 제시된 징계사유(뇌물수수)를 모두 인정하면서도 A가 관련법령의 징계절차상 처분사유설명서를 교부하지 않았음을 들어 자신에 대한 파면처분을 취소하여야 한다고 주장한다. 이 주장의 타당성을 검토하시오. (30점)

모·범·답·안

[물음 1] (10점)

I 서

'공무원의 직위해제처분'은 「행정절차법」 제3조(적용범위) 제2항 제9호의 규정에 따르면 공무원 인사관계 법령에 따른 징계처분으로 그 전부에 대하여 「행정절차법」 적용배제에 해당되어 사전통지나 의견청취절차를 거칠 필요가 없는지 알아보도록 하겠다.

II 甲 주장의 타당성 검토

1. 甲 주장이 타당하지 않은 경우

공무원법상 직위해제처분은 직위를 부여하지 않는 잠정적이고 가처분적인 성격의 조치로 징벌적 제재인 징계에서 요구되는 것과 동일한 절차적 보장을 요구할 수 없으므로 징계권자 A가 공무원인 甲에게 **공무원 인사관계법령(국가공무원법 등)에 따라 적법한 절차를 거쳤다면 사전통지나 의견청취절차를** 거치지 않았다고 해서 직위해제처분이 위법하지 않기 때문에 甲의 주장은 타당성이 없다.

2. 甲 주장이 타당한 경우

징계권자 A가 공무원인 '甲'에게 **공무원 인사관계법령(국가공무원법 등)에 따라 직위해제처분을 하면서 행정절차법 적용 배제사유인 1) 행정작용의 성질상 행정절차를 거치기 곤란하거나 2) 불필요하다고 인정되는 처분이나 3) 행정절차에 준하는 절차를 거치도록 하고 있는 처분의 경우에 해당하지 않는 한 행정절차법이 적용되어야 하고** 사전통지나 의견청취절차를 거치지 않았다면 직위해제처분이 위법하여 甲의 주장은 타당성이 있다.(대법원 2012두26180 판결, 참조)

[물음 2] (30점)

Ⅰ 서

징계권자 A가 파면처분 시 관련법령의 징계절차상 하자 즉, 처분사유설명서를 교부하지 않았을 경우 파면처분을 취소하여야 하는지 甲 주장의 타당성을 검토하겠다.

Ⅱ 甲의 주장의 타당성 검토(절차상의 하자의 독자적 위법사유 인정 여부)

1. 문제제기

국가공무원법 등 관련법령에 따르면 공무원에 대하여 직위해제 처분을 할 때에는 처분권자는 처분사유를 적은 설명서를 교부하도록 되어 있는바, 이는 행정절차법상 이유제시에 해당하며 **이러한 절차상 하자가 당해처분을 위법하게 만드는지 알아보도록 하겠다.**

2. 학설

(1) 소극설

절차상 하자만을 이유로 하여서는 취소할 수 없고, **내용상 하자가 있어야 취소할 수 있다는 견해**이다.

(2) 적극설

절차상 하자만을 이유로 취소할 수 있다는 견해이다.

(3) 절충설

기속행위의 경우에는 절차의 하자로 취소할 수 없고, 재량행위에 있어서는 행정청은 기본 처분과 다른 처분을 할 수도 있으므로 절차상의 하자로 취소할 수 있다는 견해이다.

3. 판례

판례는 재량행위뿐만 아니라 기속행위에 있어서도 적극설을 취하고 있다.

절차적 요건을 갖추지 못한 공정거래위원회의 시정조치 또는 과징금납부명령은 설령 실체법적 사유를 갖추고 있다고 하더라도 위법하여 취소를 면할 수 없다.

4. 검토

현행 행정소송법이 절차의 위법을 이유로 한 취소판결을 인정하고 있으므로 절차중시행정을 유도하는 것이 타당하므로 적극설이 타당하다고 본다.

Ⅲ 결

(1) 관련판례에 따르면 국가공무원법상 **직위해제처분을 행함에 있어서 구체적이고도 명확한 사실의 적시가 요구되는 ① 처분사유 설명서를 반드시 교부**하고 **② 소청심사청구를 할 수 있도록 함**으로써 해당 **공무원에게 방어의 준비 및 불복의 기회를 보장**하고 있는 경우는 **행정절차법의 적용이 배제되고** 행정절차법상 절차상 위법은 아니라고 판시하였고 직권면직처분의 경우에도 절차적 보장을 강조하고 있다.

(2) 그러므로 관련판례를 바탕으로 해당사례를 살펴보면 **관련법령(국가공무원법)상 처분사유설명서 교부절차를 의무화하고 있는데 이를 거치지 않았다면 관련법령(국가공무원법) 또는 행정절차법상 절차상 하자가 있으며** 이러한 행정절차의 하자는 당해처분(파면처분)을 위법하게 만드는 독자적 위법사유이므로 해당 **파면처분이 위법하다는 갑의 주장이 타당하다고 본다.**

약술형 2 개인정보자기결정권의 의미와 「개인정보 보호법」상 개인정보 보호원칙에 관하여 설명하시오.
(20점)

모·범·답·안

Ⅰ 개인정보자기결정권

1. 의의

개인정보자기결정권은 자신에 관한 정보가 언제 누구에게 어느 범위까지 알려지고 또 이용되도록 할 것인지를 그 정보주체가 스스로 결정할 수 있는 권리를 말한다.

2. 법적근거

(1) 헌법적 근거

개인정보 보호제도의 헌법적 근거는 헌법상 기본권인 **개인정보자기결정권**(**자기정보통제권**)이다. 즉, 정보주체가 개인정보의 **공개**와 **이용**에 관하여 **스스로 결정할 권리**를 말한다.

(2) 개인정보 보호법

개인정보의 처리에 관한 동의 여부, 동의 범위 등을 선택하고 결정할 권리 등이 있다.

(3) 주민등록법

주민등록번호 변경에 관한 규정을 두지 않음으로써 주민등록법 불법 유출 등을 원인으로 자신의 주민등록번호를 변경하고자 하는 청구인들의 개인정보자기결정권을 제한하고 있어서 주민등록번호의 변경(제7조의4)을 신설하였다.

Ⅱ 개인정보 보호의 기본원칙(비,명,신,사,익명(가명),공개,최정완,적합,안전)

① 개인정보처리자는 개인정보의 처리목적을 명확하게 하여야 하고 **최소한의 개인정보만**을 적법하고 정당하게 **수집**하여야 한다.(**비**례의 원칙, **명확성의원칙**)

② 개인정보처리자는 이 법 및 관계 법령에서 규정하고 있는 책임과 의무를 준수하고 실천함으로써 정보주체의 **신**뢰를 얻기 위하여 노력하여야 한다.

③ 개인정보처리자는 정보주체의 **사**생활 침해를 최소화하는 방법으로 개인정보를 처리하여야 한다.

④ 개인정보처리자는 개인정보를 **익명** 또는 **가명**으로 처리하여도 개인정보 수집목적을 달성할 수 있는 경우 익명처리가 가능한 경우에는 익명에 의하여, **익명**처리로 목적을 달성할 수 없는 경우에는 **가명**에 의하여 처리될 수 있도록 하여야 한다. ☞ **개정**

⑤ 개인정보처리자는 개인정보의 처리에 관한 사항을 **공개**하여야 하며, 열람청구권 등 정보주체의 권리를 보장하여야 한다.

⑥ 개인정보처리자는 필요한 범위에서 개인정보의 **최신성**, **정확성**, **완전성**이 보장되도록 하여야 한다.

⑦ 개인정보처리자는 개인정보의 처리 목적에 필요한 범위에서 처리하여야 하며, 그 목적 외의 용도로 활용하여서는 아니 된다.(**적합성의 원칙**)

⑧ 개인정보처리자는 개인정보의 처리 방법 및 종류 등에 따라 개인정보를 **안전**하게 관리하여야 한다.

약술형 3 국내에 주소를 두고 거주하는 외국인 甲은 A광역시에 건물을 보유하고 있다. 그러나 이 건물이 공익사업을 이유로 A광역시 지방토지수용위원회의 수용재결을 받게 되었고, 이에 대해 이의신청을 하였으나, 중앙토지수용위원회에서 기각재결이 이루어졌다. 그러나 甲은 토지수용위원회의 회의록에 기재된 발언내용에 대한 해당 발언자의 인적사항 부분에 관한 정보공개를 청구를 하였다. 甲이 정보공개청구권의 주체가 될 수 있는지와 청구내용이 정보공개대상이 되는지를 검토하시오. (20점)

모·범·답·안

Ⅰ 甲의 정보공개청구권자의 주체 여부 검토

(1) 모든 국민은 정보의 공개를 청구할 권리를 가지며, **외국인의 정보공개청구에 관하여는 대통령령으로 정하도록 하고 있다.** 하지만 지방자치단체는 정보공개법에서 정한 정보공개청구권자인 '국민'에 해당되지 아니한다고 판시하였다.

(2) **국내에 일정한 주소를 두고 거주하는 외국인**이나 국내의 사무소를 두고 있는 법인 또는 단체는 정보공개를 청구할 권리를 가지므로 **사례의 외국인 甲은 정보공개청구권의 주체가 될수 있다.**

Ⅱ 청구내용의 정보공개대상 여부 검토

1. 정보공개대상

공공기관이 보유·관리하는 정보는 공개대상이 된다.

2. 정보비공개대상

(1) 의사결정 과정사항으로 공개될 경우 공정성 우려 해당 여부(정보공개법 제9조 제1항 제5호)

회의록 중 발언내용 이외에 해당 **발언자의 인적 사항까지 공개된다면** 위원들이나 출석자들은 자신의 발언내용에 관한 **공개에 대한 부담으로 인한 심리적 압박** 때문에 위원회의 심의절차에서 **솔직하고 자유로운 의사교환을 할 수 없고**, 심지어 침묵으로 일관할 우려마저 있으므로, 심의의 충실화와 내실화를 도모하기 위하여는 **회의록의 발언내용 이외에 해당 발언자의 인적 사항은 비공개 대상이 타당하며**, 만일 공개될 경우 위원회의 심의업무의 공정한 수행에 현저한 지장을 **초래한다고 인정할 만한 상당한 이유에 해당**된다고 본다.[대법원 2003. 8. 22. 선고 2002두12946 판결 [정보공개거부처분취소, 관련판례 참조])

(2) 성명 등 개인에 관한 사항으로 사생활 등 침해할 우려 해당여부(정보공개법 제9조 제1항 제6호)

회의록 중 발언내용 이외에 해당 발언자의 인적 사항까지 공개된다면 **사생활의 비밀 또는 자유를 침해할 우려**가 되기 때문에 비공개 정보가 타당하다.

3. 결론

(1) 토지수용위원회의 회의록에 기재된 발언내용에 대한 해당 발언자의 인적사항 부분에 정보비공개대상으로 봄이 타당하다.

(2) 다만, 공개청구된 정보가 비공개 대상 정보와 공개 가능한 부분이 혼합되어 청구의 취지에 어긋나지 아니하는 범위 안에서 두 부분을 분리할 수 있는 때에는 비공개 대상정보부분을 제외하고 공개하여야 한다.

약술형 4 「질서위반행위규제법」상 질서위반행위의 개념과 시간적, 장소적, 적용범위에 관하여 설명하시오. (20점)

Ⅰ 질서위반행위

1. 원칙

"**질서위반행위**"란 법률상의 의무를 위반하여 과태료를 부과하는 행위를 말한다.

2. 예외(서술하지 않아도 무방)

① 대통령령으로 정하는 사법, 소송법상 의무를 위반하여 과태료를 부과하는 행위는 질서위반행위가 아니다.

② 대통령령으로 정하는 법률에 따른 징계사유에 해당하여 과태료를 부과하는 행위는 질서위반행위가 아니다.

Ⅱ 질서위반행위규제법의 시간적 적용법위(제3조)

1. 원칙 – 행위 시의 법률 적용

질서위반행위의 성립과 과태료 처분은 행위 시의 법률에 따른다.

2. 예외 – 변경된 법률 적용

(1) 질서위반행위 후 법률이 변경되어 그 행위가 질서위반행위에 해당하지 아니하게 되거나 과태료가 변경되기 전의 법률보다 가볍게 된 때에는 법률에 특별한 규정이 없는 한 변경된 법률을 적용한다.

(2) 행정청의 과태료 처분이나 법원의 과태료 재판이 확정된 후 법률이 변경되어 그 행위가 질서위반행위에 해당하지 아니하게 된 때에는 변경된 법률에 특별한 규정이 없는 한 과태료의 징수 또는 집행을 면제한다.

Ⅲ 질서위반행위규제법의 장소적 적용범위(제4조)

(1) 이 법은 대한민국 영역 안에서 질서위반행위를 한 자에게 적용한다.

(2) 이 법은 대한민국 영역 밖에서 질서위반행위를 한 대한민국의 국민에게 적용한다.

(3) 이 법은 대한민국 영역 밖에 있는 대한민국의 선박 또는 항공기 안에서 질서위반행위를 한 외국인에게 적용한다.

행정절차론 모범답안

논술형1 甲은 식품접객업을 영위하고 있는 자로 판매하던 식품에 이물질이 혼입되어 있다는 사실이 관할 행정청의 단속과정에서 적발되었다. 그런데 관할 행정청은 甲에게 시정명령서를 송부하지 아니하고, 담당 공무원이 甲의 영업장을 방문하여 구두로 시정명령의 내용을 고지하였다. 그런데 관할 행정청이 정밀 조사한 결과 위 이물질이 사람의 생명을 해칠 수 있는 유독물질임이 밝혀졌다. 이에 관할 행정청은 甲의 영업소에 대한 폐쇄명령을 하고자 청문통지서를 발송하였으나, 청문일 5일 전에 甲에게 도달하였다. 그런데 「행정절차법」에 따르면 청문일 10일 전까지 통지하여야 하므로 절차상 하자가 있었지만, 甲은 청문일에 출석하여 자신의 의견을 진술하는 등 방어의 기회를 충분히 가졌고, 관할 행정청은 폐쇄명령을 하였다. (40점)

(1) 위 시정명령의 위법 여부를 설명하시오. (20점)

(2) 위 폐쇄명령의 위법 여부를 설명하시오. (20점)

모·범·답·안

[물음 1] (20점)

Ⅰ 서

관할행정청이 甲에게 침익적 처분인 시정명령처분을 하기 전에 **사전통지**, **의견제출**을 하지 않은 사항이 절차상 하자로 볼 수 있는지 여부 및 시정명령처분을 함에 있어 **처분방식을 구두**로 한 점 또한 시정명령처분을 위법하게 만드는지 알아보도록 하겠다.

Ⅱ '시정명령'의 위법 여부

1. 사전통지 · 의견제출 결여

(1) 예외사항

① 공공의 안전 또는 복리를 위하여 **긴급히** 처분을 할 필요가 있는 경우, ② 법령 등에서 반드시 일정한 처분을 하여야 하는 경우에 그 사실이 법원의 재판 등에 의하여 **객관적으로 증명된 때**, ③ 처분의 성질상 의견청취가 현저히 곤란하거나 명백히 불필요하다고 인정될 만한 **상당한 이유**가 있는 경우, ④ 당사자가 의견진술의 기회를 **포기**한다는 뜻을 **명백**히 표시하는 경우에는 예외사항이다.

(2) 위법여부

사전통지, 의견제출의 예외사항에 해당하지 않는 한, 시정명령처분 전 사전통지, 의견제출을 하여야 하고, 이를 결여한 절차상 하자는 처분의 독자적 위법사유가 되어 **시정명령처분은 위법**하다고 판단된다.

2. 처분방식

(1) 원칙

행정청이 처분을 하는 때에는 다른 법령 등에 특별한 규정이 있는 경우를 제외하고는 **문서**로 하여야 하며, ① 당사자등의 동의가 있는 경우와 ② 당사자가 전자문서로 처분을 신청하는 경우에는 전자문서로 할 수 있다.

⑵ **예외**

공공의 안전 또는 복리를 위하여 **긴급히 처분**을 할 필요가 있거나 **사안이 경미한 경우**에는 말, 전화, 휴대전화를 이용한 문자 전송, 팩스 또는 전자우편 등 문서가 아닌 방법으로 처분을 할 수 있다. 이 경우 당사자가 요청하면 지체없이 처분에 관한 문서를 주어야 한다.

⑶ **위법 여부**

행정절차법상 처분의 방식의 규정은 처분내용의 명확성을 확보하고 처분의 존부에 관한 다툼을 방지하여 처분상대방의 권익을 보호하기 위한 것이므로, 이를 위반한 처분은 하자가 중대·명백하여 무효 (대법원 2011. 11. 10. 선고 2011도11109 판결 등 참조)라는 입장에 비추어 볼 때 처분방식의 예외에 해당되지 않는다면 **시정명령처분은 위법**하다고 판단된다.

3. 결론

사안의 경우 사전통지, 의견제출을 거치지 않은 절차상 하자 및 처분의 방식의 예외사항에 해당하지 않은 한 중대명백설에 따라 시정명령처분은 위법하다고 판단된다.

[물음 2] (20점)

Ⅰ 서

관할행정청이 甲에게 침익적 처분인 폐쇄명령처분을 하기 전에는 청문을 실시하여야 하고 청문통지서는 10일 전까지 통지하여야 하는데 5일 전에 도착하여 청문통지서 도달기간을 위배하였지만 이의제기하지 아니한 채 청문일에 출석하여 의견을 진술하는 등 방어의 기회를 충분히 가졌다면 절차적 하자가 치유가 인정되는지에 대하여 아래에서 알아보도록 하겠다.

Ⅱ '폐쇄명령'의 위법 여부

1. 청문서 도달기간 하자

행정청은 청문을 하려면 청문이 시작되는 날부터 10일 전까지 청문의 사전통지사항을 당사자 등에게 통지하여야 한다.

2. 절차상 하자의 치유가능성

⑴ **치유대상**

절차상 하자 있는 처분의 치유는 취소사유에만 인정되고, 무효사유에는 인정되지 않는다.

⑵ **치유가능성**

판례는 국민의 권익의 침해가 없는 범위 안에서 인정해야 한다고 판시하였다.

⑶ **치유시기**

판례는 절차상 하자의 치유가 인정되는 시기는 행정쟁송의 제기 전에 한하여 치유가 가능하다고 판시하였다.

⑷ **치유효과**

절차상 위법은 제거되고 소급하여 처분은 적법하게 된다.

3. 판례

(1) 행정청이 식품위생법상의 청문절차를 이행함에 있어 소정의 **청문서 도달기간을 지키지 아니하였다면** 이는 청문의 절차적 요건을 준수하지 아니한 것이므로 이를 바탕으로 한 **행정처분은 일단 위법**하다고 보아야 할 것이지만

(2) 이러한 청문제도의 취지는 처분으로 말미암아 받게 될 영업자에게 미리 변명과 유리한 자료를 제출할 기회를 부여함으로써 부당한 권리침해를 예방하려는 데에 있는 것임을 고려하여 볼 때, 가령 **행정청이 청문서 도달기간을 다소 어겼다 하더라도** 영업자가 이에 대하여 이의하지 아니한 채 스스로 청문일에 출석하여 **그 의견을 진술하고 변명하는 등 방어의 기회를 충분히 가졌다면 청문서 도달기간을 준수하지 아니한 하자는 치유되었다고 봄이 상당하다**(대판 92누2844[영업허가취소처분취소])

4. 결론(위법 여부)

관할 행정청은 비록 청문통지서 도달기간을 위배하였지만 甲이 이의제기하지 아니한 채 청문일에 출석하여 의견을 진술하는 등 방어의 기회를 충분히 가졌다면 절차적 하자가 치유되어 **폐쇄명령처분은 적법**하다고 판단된다.

약술형 2 학교폭력 사건에 연루되어 강제전학조치를 받은 사립중학교에 재학 중인 학생 甲이 강제전학조치에 불복하여 행정심판을 제기하고자, 학교폭력대책위원회의 회의록에 대하여 「공공기관의 정보공개에 관한 법률」(이하 "법"이라 한다)에 근거하여 정보공개를 청구하였다. 사립중학교가 이 법의 적용대상이 되는지를 설명하고, 회의록에 사생활 관련 사항이 포함되어 있다면 어떤 범위로 정보공개를 할 수 있는지를 설명하시오. (20점)

모·범·답·안

Ⅰ 사립중학교의 공공기관 적용 여부

1. 공공기관

공공기관이란 국가기관, 지방자치단체, 그 밖에 대통령령이 정하는 기관 등을 말하는데, 사립중학교가 그 밖에 대통령령이 정하는 기관에 포함되는지 알아보겠다.

2. 적용 여부

판례에 따르면 정보공개의 목적, 교육의 공공성 및 공사립학교의 동질성, 사립학교에 대한 국가의 재정지원 및 보조 등 여러 사정에 비추어 보면 정보공개의무를 지는 공공기관의 하나로 보고 있어 사례의 **사립중학교도 공공기관으로 공공기관의 정보공개에 관한 법률의 정보공개대상으로 봄이 타당하다고 본다.** (대법원 2004두2783 판결 참조)

Ⅱ 부분공개

1. 요건

공개청구한 정보가 비공개 대상 부분과 공개 가능한 부분이 혼합되어 있는 경우에는 ① **공개청구의 취지에 어긋나지 아니하는 범위 안에서** ② **두 부분을 분리할 수 있음이 인정**되는 때에는 ③ **공개 가치가 있는 부분을 특정**하여 공개하여야 할 것이다. (대법원 2003. 11. 28. 선고 2002두8275 판결 참조).

2. 범위(공개 여부 관한 판단기준)

회의록에 사생활 관련 사항이 포함되어 있어 특정인을 식별할 수 있는 개인에 관한 정보라 하더라도 공익을 위하여 필요하다고 인정되는 정보에 해당하는 경우에는 그 공개를 거부할 수 없고, **공개청구대상정보에 개인에 관한 정보가 포함되어 있다 하여도** 그 정보의 ① **비공개에 의하여 보호되는 개인의 사생활 보호 등의 이익**과 ② **공개에 의하여 보호되는 국정운영의 투명성 확보 등의 공익**을 심리하여 그 비교·교량에 의하여 이 사건 공개거부처분의 당부를 **판단**하였어야 할 것이다.

3. 결

회의록에 사생활이 포함되어 있다면 사생활 보호와 공익을 **비교교량**하여 **부분공개**에 따라 공개 가치가 있는 **부분을 특정하여 공개**하여야 할 것이다.

약술형 3 「행정조사기본법」에서는 정기조사와 수시조사를 규정하고 있다. 수시조사를 실시할 수 있는 경우를 설명하고, 정기조사 또는 수시조사를 실시한 행정기관의 장은 동일한 사안에 대하여 동일한 조사대상자를 조사하여서는 안 된다는 원칙과 그 예외에 관하여 설명하시오. (20점)

모·범·답·안

I 수시조사

행정조사는 법령등 또는 행정조사운영계획으로 정하는 바에 따라 정기적으로 실시함을 원칙으로 한다. 다만, 어느 하나에 해당하는 경우에는 **수시조사**를 할 수 있다.
1. 법률에서 수시조사를 **규**정하고 있는 경우
2. 법령등의 위반에 대하여 **혐**의가 있는 경우
3. 다른 행정기관으로부터 법령등의 위반에 관한 혐의를 통보 또는 **이첩**받은 경우
4. 법령등의 위반에 대한 신고를 받거나 민원이 **접**수된 경우
5. 그 밖에 행정조사의 필요성이 인정되는 사항으로서 **대통령령**으로 정하는 경우

II 중복조사의 제한

1. 원칙

정기조사 또는 수시조사를 실시한 행정기관의 장은 **동일한 사안에 대하여 동일한 조사대상자를 재조사 하여서는 아니 된다.**

2. 예외

다만, 당해 행정기관이 이미 조사를 받은 **조사대상자에 대하여 위법행위가 의심되는 새로운 증거를 확보**한 경우에는 그러하지 아니하다.

약술형 4 「행정규제기본법」상 규제의 원칙을 설명하고 규제개혁위원회의 심의·조정 사항을 기술하시오. (20점)

모·범·답·안

I 규제의 원칙(제5조)

① 국가나 지방자치단체는 국민의 자유와 창의를 **존중**하여야 하며, 규제를 정하는 경우에도 그 **본질적 내용을 침해하지 아니**하도록 하여야 한다.

② 국가나 지방자치단체가 규제를 정할 때에는 **국민의 생명·인권**·보건 및 환경 등의 **보호**와 **식품·의약품의 안전을 위한 실효성이 있는 규제**가 되도록 하여야 한다.

③ 규제의 대상과 **수단**은 규제의 **목적 실현에 필요한 최소한의 범위**에서 가장 효과적인 방법으로 **객관성·투명성 및 공정성이 확보**되도록 설정되어야 한다.

II 우선허용·사후규제원칙(제5조의2)

① 네거티브리스트 규정방식 ② 포괄적 개념 규정방식 ③ 유연한 분류체계 규정방식 ④ 규제샌드박스 및 사후평가규정방식을 원칙으로 규정하고 있다.

III 규제개혁위원회의 심의·조정사항

1. 규제의 신설·강화 등에 대한 심사에 관한 사항

① 규제개혁위원회는 심사요청을 받은 날부터 **10일 이내 중요규제인지를 결정**하여야 한다.

② 규제개혁위원회는 중요규제로 결정된 규제의 경우에는 **45일 이내에 심사**를 끝내야 한다.

③ 규제개혁위원회는 **심사 요청된 규제의 긴급성이 인정**된다고 결정하면 **심사를 요청받은 날부터 20일 이내에 신설 또는 강화의 타당성을 심사**한다.

2. 기존규제의 심사

① 규제개혁위원회는 **기존규제 정비 요청** 및 다른 행정기관 소관의 규제에 관한 **의견제출이 있는 경우 기존규제를 심사**할 수 있다.

② 규제개혁위원회는 **전문가 등의 의견을 수렴한 결과 특정한 기존규제에 대한 심사**가 필요한 경우에 할 수 있다.

3. 규제정비 종합계획 수립 및 신산업 규제정비 기본계획 수립에 관한 사항

4. 규제의 등록·공표에 관한 사항

5. 규제개선에 관한 의견수렴 및 각급 행정기관의 규제개선 실태 점검 등에 관한 사항

6. 규제정책의 기본방향과 규제제도의 연구·발전에 관한 사항

행정절차법

[시행 2022.7.12.]
[법률 제18748호, 2022.1.11., 일부개정]

제1장 총칙

제1절 목적, 정의 및 적용 범위 등

〈개정 2012. 10. 22.〉

제1조【목적】 이 법은 행정절차에 관한 공통적인 사항을 규정하여 국민의 행정 참여를 도모함으로써 행정의 공정성·투명성 및 신뢰성을 확보하고 국민의 권익을 보호함을 목적으로 한다.
[전문개정 2012. 10. 22.]

제2조【정의】 이 법에서 사용하는 용어의 뜻은 다음과 같다.

1. "행정청"이란 다음 각 목의 자를 말한다.
   가. 행정에 관한 의사를 결정하여 표시하는 국가 또는 지방자치단체의 기관
   나. 그 밖에 법령 또는 자치법규(이하 "법령등"이라 한다)에 따라 행정권한을 가지고 있거나 위임 또는 위탁받은 공공단체 또는 그 기관이나 사인(私人)

2. "처분"이란 행정청이 행하는 구체적 사실에 관한 법 집행으로서의 공권력의 행사 또는 그 거부와 그 밖에 이에 준하는 행정작용(行政作用)을 말한다.

3. "행정지도"란 행정기관이 그 소관 사무의 범위에서 일정한 행정목적을 실현하기 위하여 특정인에게 일정한 행위를 하거나 하지 아니하도록 지도, 권고, 조언 등을 하는 행정작용을 말한다.

4. "당사자등"이란 다음 각 목의 자를 말한다.
   가. 행정청의 처분에 대하여 직접 그 상대가 되는 당사자
   나. 행정청이 직권으로 또는 신청에 따라 행정절차에 참여하게 한 이해관계인

5. "청문"이란 행정청이 어떠한 처분을 하기 전에 당사자등의 의견을 직접 듣고 증거를 조사하는 절차를 말한다.

6. "공청회"란 행정청이 공개적인 토론을 통하여 어떠한 행정작용에 대하여 당사자등, 전문지식과 경험을 가진 사람, 그 밖의 일반인으로부터 의견을 널리 수렴하는 절차를 말한다.

7. "의견제출"이란 행정청이 어떠한 행정작용을 하기 전에 당사자등이 의견을 제시하는 절차로서 청문이나 공청회에 해당하지 아니하는 절차를 말한다.

8. "전자문서"란 컴퓨터 등 정보처리능력을 가진 장치에 의하여 전자적인 형태로 작성되어 송신·수신 또는 저장된 정보를 말한다.

9. "정보통신망"이란 전기통신설비를 활용하거나 전기통신설비와 컴퓨터 및 컴퓨터 이용기술을 활용하여 정보를 수집·가공·저장·검색·송신 또는 수신하는 정보통신체제를 말한다.

[전문개정 2012. 10. 22.]

제3조【적용 범위】 ① 처분, 신고, 확약, 위반사실 등의 공표, 행정계획, 행정상 입법예고, 행정예고 및 행정지도의 절차(이하 "행정절차"라 한다)에 관하여 다른 법률에 특별한 규정이 있는 경우를 제외하고는 이 법에서 정하는 바에 따른다. 〈개정 2022. 1. 11.〉

② 이 법은 다음 각 호의 어느 하나에 해당하는 사항에 대하여는 적용하지 아니한다.

1. 국회 또는 지방의회의 의결을 거치거나 동의 또는 승인을 받아 행하는 사항

2. 법원 또는 군사법원의 재판에 의하거나 그 집행으로 행하는 사항

3. 헌법재판소의 심판을 거쳐 행하는 사항

4. 각급 선거관리위원회의 의결을 거쳐 행하는 사항

5. 감사원이 감사위원회의의 결정을 거쳐 행하는 사항

6. 형사(刑事), 행형(行刑) 및 보안처분 관계 법령에 따라 행하는 사항

7. 국가안전보장·국방·외교 또는 통일에 관한 사항 중 행정절차를 거칠 경우 국가의 중대한 이익을 현저히 해칠 우려가 있는 사항

8. 심사청구, 해양안전심판, 조세심판, 특허심판, 행정심판, 그 밖의 불복절차에 따른 사항

9. 「병역법」에 따른 징집·소집, 외국인의 출입국·난민인정·귀화, 공무원 인사 관계 법령에 따른 징계와 그 밖의 처분, 이해 조정을 목적으로 하는 법령에 따른 알선·조정·중재(仲裁)·재정(裁定) 또는 그 밖의 처분 등 해당 행정작용의 성질상 행정절차를 거치기 곤란하거나 거칠 필요가 없다고 인정되는 사항과 행정절차에 준하는 절차를 거친 사항으로서 대통령령으로 정하는 사항

[전문개정 2012. 10. 22.]

제4조【신의성실 및 신뢰보호】 ① 행정청은 직무를 수행할 때 신의(信義)에 따라 성실히 하여야 한다.
② 행정청은 법령등의 해석 또는 행정청의 관행이 일반적으로 국민들에게 받아들여졌을 때에는 공익 또는 제3자의 정당한 이익을 현저히 해칠 우려가 있는 경우를 제외하고는 새로운 해석 또는 관행에 따라 소급하여 불리하게 처리하여서는 아니된다.

[전문개정 2012. 10. 22.]

제5조【투명성】 ① 행정청이 행하는 행정작용은 그 내용이 구체적이고 명확하여야 한다.
② 행정작용의 근거가 되는 법령등의 내용이 명확하지 아니한 경우 상대방은 해당 행정청에 그 해석을 요청할 수 있으며, 해당 행정청은 특별한 사유가 없으면 그 요청에 따라야 한다.
③ 행정청은 상대방에게 행정작용과 관련된 정보를 충분히 제공하여야 한다.

[전문개정 2019. 12. 10.]

제5조의2【행정업무 혁신】 ① 행정청은 모든 국민이 균등하고 질 높은 행정서비스를 누릴 수 있도록 노력하여야 한다.
② 행정청은 정보통신기술을 활용하여 행정절차를 적극적으로 혁신하도록 노력하여야 한다. 이 경우 행정청은 국민이 경제적·사회적·지역적 여건 등으로 인하여 불이익을 받지 아니하도록 하여야 한다.
③ 행정청은 행정청이 생성하거나 취득하여 관리하고 있는 데이터(정보처리능력을 갖춘 장치를 통하여 생성 또는 처리되어 기계에 의한 판독이 가능한 형태로 존재하는 정형 또는 비정형의 정보를 말한다)를 행정과정에 활용하도록 노력하여야 한다.
④ 행정청은 행정업무 혁신 추진에 필요한 행정적·재정적·기술적 지원방안을 마련하여야 한다.

[본조신설 2022. 1. 11.]

제2절 행정청의 관할 및 협조

제6조【관할】 ① 행정청이 그 관할에 속하지 아니하는 사안을 접수하였거나 이송받은 경우에는 지체 없이 이를 관할 행정청에 이송하여야 하고 그 사실을 신청인에게 통지하여야 한다. 행정청이 접수하거나 이송받은 후 관할이 변경된 경우에도 또한 같다.
② 행정청의 관할이 분명하지 아니한 경우에는 해당 행정청을 공통으로 감독하는 상급 행정청이 그 관할을 결정하며, 공통으로 감독하는 상급 행정청이 없는 경우에는 각 상급 행정청이 협의하여 그 관할을 결정한다.

[전문개정 2012. 10. 22.]

제7조【행정청 간의 협조 등】 ① 행정청은 행정의 원활한 수행을 위하여 서로 협조하여야 한다.
② 행정청은 업무의 효율성을 높이고 행정서비스에 대한 국민의 만족도를 높이기 위하여 필요한 경우 행정협업(다른 행정청과 공동의 목표를 설정하고 행정청 상호 간의 기능을 연계하거나 시설·장비 및 정보 등을 공동으로 활용하는 것을 말한다. 이하 같다)의 방식으로 적극적으로 협조하여야 한다.
③ 행정청은 행정협업을 활성화하기 위한 시책을 마련하고 그 추진에 필요한 행정적·재정적 지원방안을 마련하여야 한다.
④ 행정협업의 촉진 등에 필요한 사항은 대통령령으로 정한다.

[전문개정 2022. 1. 11.]

제8조【행정응원】 ① 행정청은 다음 각 호의 어느 하나에 해당하는 경우에는 다른 행정청에 행정응원(行政應援)을 요청할 수 있다.

1. 법령등의 이유로 독자적인 직무 수행이 어려운 경우

2. 인원·장비의 부족 등 사실상의 이유로 독자적인 직무 수행이 어려운 경우

3. 다른 행정청에 소속되어 있는 전문기관의 협조가 필요한 경우

4. 다른 행정청이 관리하고 있는 문서(전자문서를 포함한다. 이하 같다)·통계 등 행정자료가 직무 수행을 위하여 필요한 경우

5. 다른 행정청의 응원을 받아 처리하는 것이 보다 능률적이고 경제적인 경우

② 제1항에 따라 행정응원을 요청받은 행정청은 다음 각 호의 어느 하나에 해당하는 경우에는 응원을 거부할 수 있다.

1. 다른 행정청이 보다 능률적이거나 경제적으로 응원할 수 있는 명백한 이유가 있는 경우

2. 행정응원으로 인하여 고유의 직무 수행이 현저히 지장받을 것으로 인정되는 명백한 이유가 있는 경우

③ 행정응원은 해당 직무를 직접 응원할 수 있는 행정청에 요청하여야 한다.

④ 행정응원을 요청받은 행정청은 응원을 거부하는 경우 그 사유를 응원을 요청한 행정청에 통지하여야 한다.

⑤ 행정응원을 위하여 파견된 직원은 응원을 요청한 행정청의 지휘·감독을 받는다. 다만, 해당 직원의 복무에 관하여 다른 법령등에 특별한 규정이 있는 경우에는 그에 따른다.

⑥ 행정응원에 드는 비용은 응원을 요청한 행정청이 부담하며, 그 부담금액 및 부담방법은 응원을 요청한 행정청과 응원을 하는 행정청이 협의하여 결정한다.

[전문개정 2012. 10. 22.]

제3절 당사자등

제9조【당사자등의 자격】 다음 각 호의 어느 하나에 해당하는 자는 행정절차에서 당사자등이 될 수 있다.

1. 자연인

2. 법인, 법인이 아닌 사단 또는 재단(이하 "법인등"이라 한다)

3. 그 밖에 다른 법령등에 따라 권리·의무의 주체가 될 수 있는 자

[전문개정 2012. 10. 22.]

제10조【지위의 승계】 ① 당사자등이 사망하였을 때의 상속인과 다른 법령등에 따라 당사자등의 권리 또는 이익을 승계한 자는 당사자등의 지위를 승계한다.

② 당사자등인 법인등이 합병하였을 때에는 합병 후 존속하는 법인등이나 합병 후 새로 설립된 법인등이 당사자등의 지위를 승계한다.

③ 제1항 및 제2항에 따라 당사자등의 지위를 승계한 자는 행정청에 그 사실을 통지하여야 한다.

④ 처분에 관한 권리 또는 이익을 사실상 양수한 자는 행정청의 승인을 받아 당사자등의 지위를 승계할 수 있다.

⑤ 제3항에 따른 통지가 있을 때까지 사망자 또는 합병 전의 법인등에 대하여 행정청이 한 통지는 제1항 또는 제2항에 따라 당사자등의 지위를 승계한 자에게도 효력이 있다.

[전문개정 2012. 10. 22.]

제11조【대표자】 ① 다수의 당사자등이 공동으로 행정절차에 관한 행위를 할 때에는 대표자를 선정할 수 있다.

② 행정청은 제1항에 따라 당사자등이 대표자를 선정하지 아니하거나 대표자가 지나치게 많아 행정절차가 지연될 우려가 있는 경우에는 그 이유를 들어 상당한 기간 내에 3인 이내의 대표자를 선정할 것을 요청할 수 있다. 이 경우 당사자등이 그 요청에 따르지 아니하였을 때에는 행정청이 직접 대표자를 선정할 수 있다.

③ 당사자등은 대표자를 변경하거나 해임할 수 있다.

④ 대표자는 각자 그를 대표자로 선정한 당사자등을 위하여 행정절차에 관한 모든 행위를 할 수 있다. 다만, 행정절차를 끝맺는 행위에 대하여는 당사자등의 동의를 받아야 한다.

⑤ 대표자가 있는 경우에는 당사자등은 그 대표자를 통하여서만 행정절차에 관한 행위를 할 수 있다.

⑥ 다수의 대표자가 있는 경우 그중 1인에 대한 행정청의 행위는 모든 당사자등에게 효력이 있다. 다만, 행정청의 통지는 대표자 모두에게 하여야 그 효력이 있다.

[전문개정 2012. 10. 22.]

제12조【대리인】 ① 당사자등은 다음 각 호의 어느 하나에 해당하는 자를 대리인으로 선임할 수 있다.

1. 당사자등의 배우자, 직계 존속·비속 또는 형제자매
2. 당사자등이 법인등인 경우 그 임원 또는 직원
3. 변호사
4. 행정청 또는 청문 주재자(청문의 경우만 해당한다)의 허가를 받은 자
5. 법령등에 따라 해당 사안에 대하여 대리인이 될 수 있는 자

② 대리인에 관하여는 제11조 제3항·제4항 및 제6항을 준용한다.
[전문개정 2012. 10. 22.]

제13조【대표자·대리인의 통지】 ① 당사자등이 대표자 또는 대리인을 선정하거나 선임하였을 때에는 지체 없이 그 사실을 행정청에 통지하여야 한다. 대표자 또는 대리인을 변경하거나 해임하였을 때에도 또한 같다. <개정 2014. 1. 28.>

② 제1항에도 불구하고 제12조 제1항 제4호에 따라 청문 주재자가 대리인의 선임을 허가한 경우에는 청문 주재자가 그 사실을 행정청에 통지하여야 한다. <신설 2014. 1. 28.>
[전문개정 2012. 10. 22.]

제4절 송달 및 기간·기한의 특례

제14조【송달】 ① 송달은 우편, 교부 또는 정보통신망 이용 등의 방법으로 하되, 송달받을 자(대표자 또는 대리인을 포함한다. 이하 같다)의 주소·거소(居所)·영업소·사무소 또는 전자우편주소(이하 "주소등"이라 한다)로 한다. 다만, 송달받을 자가 동의하는 경우에는 그를 만나는 장소에서 송달할 수 있다.

② 교부에 의한 송달은 수령확인서를 받고 문서를 교부함으로써 하며, 송달하는 장소에서 송달받을 자를 만나지 못한 경우에는 그 사무원·피용자(被傭者) 또는 동거인으로서 사리를 분별할 지능이 있는 사람(이하 이 조에서 "사무원등"이라 한다)에게 문서를 교부할 수 있다. 다만, 문서를 송달받을 자 또는 그 사무원등이 정당한 사유 없이 송달

받기를 거부하는 때에는 그 사실을 수령확인서에 적고, 문서를 송달할 장소에 놓아둘 수 있다. <개정 2014. 1. 28.>

③ 정보통신망을 이용한 송달은 송달받을 자가 동의하는 경우에만 한다. 이 경우 송달받을 자는 송달받을 전자우편주소 등을 지정하여야 한다.

④ 다음 각 호의 어느 하나에 해당하는 경우에는 송달받을 자가 알기 쉽도록 관보, 공보, 게시판, 일간신문 중 하나 이상에 공고하고 인터넷에도 공고하여야 한다.

1. 송달받을 자의 주소등을 통상적인 방법으로 확인할 수 없는 경우
2. 송달이 불가능한 경우

⑤ 제4항에 따른 공고를 할 때에는 민감정보 및 고유식별정보 등 송달받을 자의 개인정보를 「개인정보 보호법」에 따라 보호하여야 한다. <신설 2022. 1. 11.>

⑥ 행정청은 송달하는 문서의 명칭, 송달받는 자의 성명 또는 명칭, 발송방법 및 발송 연월일을 확인할 수 있는 기록을 보존하여야 한다. <개정 2022. 1. 11.>
[전문개정 2012. 10. 22.]

제15조【송달의 효력 발생】 ① 송달은 다른 법령등에 특별한 규정이 있는 경우를 제외하고는 해당 문서가 송달받을 자에게 도달됨으로써 그 효력이 발생한다.

② 제14조 제3항에 따라 정보통신망을 이용하여 전자문서로 송달하는 경우에는 송달받을 자가 지정한 컴퓨터 등에 입력된 때에 도달된 것으로 본다.

③ 제14조 제4항의 경우에는 다른 법령등에 특별한 규정이 있는 경우를 제외하고는 공고일부터 14일이 지난 때에 그 효력이 발생한다. 다만, 긴급히 시행하여야 할 특별한 사유가 있어 효력 발생 시기를 달리 정하여 공고한 경우에는 그에 따른다.
[전문개정 2012. 10. 22.]

제16조【기간 및 기한의 특례】 ① 천재지변이나 그 밖에 당사자등에게 책임이 없는 사유로 기간 및 기한을 지킬 수 없는 경우에는 그 사유가 끝나는 날까지 기간의 진행이 정지된다.

② 외국에 거주하거나 체류하는 자에 대한 기간

및 기한은 행정청이 그 우편이나 통신에 걸리는 일수(日數)를 고려하여 정하여야 한다.

[전문개정 2012. 10. 22.]

제2장 처분 〈개정 2012. 10. 22.〉

제1절 통칙 〈개정 2012. 10. 22.〉

제17조【처분의 신청】 ① 행정청에 처분을 구하는 신청은 문서로 하여야 한다. 다만, 다른 법령등에 특별한 규정이 있는 경우와 행정청이 미리 다른 방법을 정하여 공시한 경우에는 그러하지 아니하다.

② 제1항에 따라 처분을 신청할 때 전자문서로 하는 경우에는 행정청의 컴퓨터 등에 입력된 때에 신청한 것으로 본다.

③ 행정청은 신청에 필요한 구비서류, 접수기관, 처리기간, 그 밖에 필요한 사항을 게시(인터넷 등을 통한 게시를 포함한다)하거나 이에 대한 편람을 갖추어 두고 누구나 열람할 수 있도록 하여야 한다.

④ 행정청은 신청을 받았을 때에는 다른 법령등에 특별한 규정이 있는 경우를 제외하고는 그 접수를 보류 또는 거부하거나 부당하게 되돌려 보내서는 아니 되며, 신청을 접수한 경우에는 신청인에게 접수증을 주어야 한다. 다만, 대통령령으로 정하는 경우에는 접수증을 주지 아니할 수 있다.

⑤ 행정청은 신청에 구비서류의 미비 등 흠이 있는 경우에는 보완에 필요한 상당한 기간을 정하여 지체 없이 신청인에게 보완을 요구하여야 한다.

⑥ 행정청은 신청인이 제5항에 따른 기간 내에 보완을 하지 아니하였을 때에는 그 이유를 구체적으로 밝혀 접수된 신청을 되돌려 보낼 수 있다.

⑦ 행정청은 신청인의 편의를 위하여 다른 행정청에 신청을 접수하게 할 수 있다. 이 경우 행정청은 다른 행정청에 접수할 수 있는 신청의 종류를 미리 정하여 공시하여야 한다.

⑧ 신청인은 처분이 있기 전에는 그 신청의 내용을 보완·변경하거나 취하(取下)할 수 있다. 다만, 다른 법령등에 특별한 규정이 있거나 그 신청의 성질상 보완·변경하거나 취하할 수 없는 경우에는 그러하지 아니하다.

[전문개정 2012. 10. 22.]

제18조【다수의 행정청이 관여하는 처분】 행정청은 다수의 행정청이 관여하는 처분을 구하는 신청을 접수한 경우에는 관계 행정청과의 신속한 협조를 통하여 그 처분이 지연되지 아니하도록 하여야 한다.

[전문개정 2012. 10. 22.]

제19조【처리기간의 설정·공표】 ① 행정청은 신청인의 편의를 위하여 처분의 처리기간을 종류별로 미리 정하여 공표하여야 한다.

② 행정청은 부득이한 사유로 제1항에 따른 처리기간 내에 처분을 처리하기 곤란한 경우에는 해당 처분의 처리기간의 범위에서 한 번만 그 기간을 연장할 수 있다.

③ 행정청은 제2항에 따라 처리기간을 연장할 때에는 처리기간의 연장 사유와 처리 예정 기한을 지체 없이 신청인에게 통지하여야 한다.

④ 행정청이 정당한 처리기간 내에 처리하지 아니하였을 때에는 신청인은 해당 행정청 또는 그 감독 행정청에 신속한 처리를 요청할 수 있다.

⑤ 제1항에 따른 처리기간에 산입하지 아니하는 기간에 관하여는 대통령령으로 정한다.

[전문개정 2012. 10. 22.]

제20조【처분기준의 설정·공표】 ① 행정청은 필요한 처분기준을 해당 처분의 성질에 비추어 되도록 구체적으로 정하여 공표하여야 한다. 처분기준을 변경하는 경우에도 또한 같다.

② 제1항에 따른 처분기준을 공표하는 것이 해당 처분의 성질상 현저히 곤란하거나 공공의 안전 또는 복리를 현저히 해치는 것으로 인정될 만한 상당한 이유가 있는 경우에는 처분기준을 공표하지 아니할 수 있다.

③ 당사자등은 공표된 처분기준이 명확하지 아니한 경우 해당 행정청에 그 해석 또는 설명을 요청할 수 있다. 이 경우 해당 행정청은 특별한 사정이 없으면 그 요청에 따라야 한다.

[전문개정 2012. 10. 22.]

제21조【처분의 사전 통지】 ① 행정청은 당사자에게 의무를 부과하거나 권익을 제한하는 처분을 하는 경우에는 미리 다음 각 호의 사항을 당사자등에게 통지하여야 한다.

1. 처분의 제목
2. 당사자의 성명 또는 명칭과 주소
3. 처분하려는 원인이 되는 사실과 처분의 내용 및 법적 근거
4. 제3호에 대하여 의견을 제출할 수 있다는 뜻과 의견을 제출하지 아니하는 경우의 처리방법
5. 의견제출기관의 명칭과 주소
6. 의견제출기한
7. 그 밖에 필요한 사항

② 행정청은 청문을 하려면 청문이 시작되는 날부터 10일 전까지 제1항 각 호의 사항을 당사자등에게 통지하여야 한다. 이 경우 제1항 제4호부터 제6호까지의 사항은 청문 주재자의 소속·직위 및 성명, 청문의 일시 및 장소, 청문에 응하지 아니하는 경우의 처리방법 등 청문에 필요한 사항으로 갈음한다.

③ 제1항 제6호에 따른 기한은 의견제출에 필요한 기간을 10일 이상으로 고려하여 정하여야 한다. <개정 2019. 12. 10.>

④ 다음 각 호의 어느 하나에 해당하는 경우에는 제1항에 따른 통지를 하지 아니할 수 있다.

1. 공공의 안전 또는 복리를 위하여 긴급히 처분을 할 필요가 있는 경우
2. 법령등에서 요구된 자격이 없거나 없어지게 되면 반드시 일정한 처분을 하여야 하는 경우에 그 자격이 없거나 없어지게 된 사실이 법원의 재판 등에 의하여 객관적으로 증명된 경우
3. 해당 처분의 성질상 의견청취가 현저히 곤란하거나 명백히 불필요하다고 인정될 만한 상당한 이유가 있는 경우

⑤ 처분의 전제가 되는 사실이 법원의 재판 등에 의하여 객관적으로 증명된 경우 등 제4항에 따른 사전 통지를 하지 아니할 수 있는 구체적인 사항은 대통령령으로 정한다. <신설 2014. 1. 28.>

⑥ 제4항에 따라 사전 통지를 하지 아니하는 경우 행정청은 처분을 할 때 당사자등에게 통지를 하지 아니한 사유를 알려야 한다. 다만, 신속한 처분이 필요한 경우에는 처분 후 그 사유를 알릴 수 있다. <신설 2014. 12. 30.>

⑦ 제6항에 따라 당사자등에게 알리는 경우에는 제24조를 준용한다. <신설 2014. 12. 30.>
[전문개정 2012. 10. 22.]

제22조【의견청취】 ① 행정청이 처분을 할 때 다음 각 호의 어느 하나에 해당하는 경우에는 청문을 한다. <개정 2014. 1. 28., 2022. 1. 11.>

1. 다른 법령등에서 청문을 하도록 규정하고 있는 경우
2. 행정청이 필요하다고 인정하는 경우
3. 다음 각 목의 처분을 하는 경우
   가. 인허가 등의 취소
   나. 신분·자격의 박탈
   다. 법인이나 조합 등의 설립허가의 취소

② 행정청이 처분을 할 때 다음 각 호의 어느 하나에 해당하는 경우에는 공청회를 개최한다. <개정 2019. 12. 10.>

1. 다른 법령등에서 공청회를 개최하도록 규정하고 있는 경우
2. 해당 처분의 영향이 광범위하여 널리 의견을 수렴할 필요가 있다고 행정청이 인정하는 경우
3. 국민생활에 큰 영향을 미치는 처분으로서 대통령령으로 정하는 처분에 대하여 대통령령으로 정하는 수 이상의 당사자등이 공청회 개최를 요구하는 경우

③ 행정청이 당사자에게 의무를 부과하거나 권익을 제한하는 처분을 할 때 제1항 또는 제2항의 경우 외에는 당사자등에게 의견제출의 기회를 주어야 한다.

④ 제1항부터 제3항까지의 규정에도 불구하고 제21조 제4항 각 호의 어느 하나에 해당하는 경우와 당사자가 의견진술의 기회를 포기한다는 뜻을 명백히 표시한 경우에는 의견청취를 하지 아니할 수 있다.

⑤ 행정청은 청문·공청회 또는 의견제출을 거쳤을 때에는 신속히 처분하여 해당 처분이 지연되지 아니하도록 하여야 한다.

⑥ 행정청은 처분 후 1년 이내에 당사자등이 요청하는 경우에는 청문·공청회 또는 의견제출을 위하여 제출받은 서류나 그 밖의 물건을 반환하여야 한다.
[전문개정 2012. 10. 22.]

제23조(처분의 이유 제시) ① 행정청은 처분을 할 때에는 다음 각 호의 어느 하나에 해당하는 경우를 제외하고는 당사자에게 그 근거와 이유를 제시하여야 한다.

1. 신청 내용을 모두 그대로 인정하는 처분인 경우
2. 단순·반복적인 처분 또는 경미한 처분으로서 당사자가 그 이유를 명백히 알 수 있는 경우
3. 긴급히 처분을 할 필요가 있는 경우

② 행정청은 제1항 제2호 및 제3호의 경우에 처분 후 당사자가 요청하는 경우에는 그 근거와 이유를 제시하여야 한다.

[전문개정 2012. 10. 22.]

제24조【처분의 방식】 ① 행정청이 처분을 할 때에는 다른 법령등에 특별한 규정이 있는 경우를 제외하고는 문서로 하여야 하며, 다음 각 호의 어느 하나에 해당하는 경우에는 전자문서로 할 수 있다. <개정 2022. 1. 11.>

1. 당사자등의 동의가 있는 경우
2. 당사자가 전자문서로 처분을 신청한 경우

② 제1항에도 불구하고 공공의 안전 또는 복리를 위하여 긴급히 처분을 할 필요가 있거나 사안이 경미한 경우에는 말, 전화, 휴대전화를 이용한 문자 전송, 팩스 또는 전자우편 등 문서가 아닌 방법으로 처분을 할 수 있다. 이 경우 당사자가 요청하면 지체 없이 처분에 관한 문서를 주어야 한다. <신설 2022. 1. 11.>

③ 처분을 하는 문서에는 그 처분 행정청과 담당자의 소속·성명 및 연락처(전화번호, 팩스번호, 전자우편주소 등을 말한다)를 적어야 한다. <개정 2022. 1. 11.>

[전문개정 2012. 10. 22.]

제25조【처분의 정정】 행정청은 처분에 오기(誤記), 오산(誤算) 또는 그 밖에 이에 준하는 명백한 잘못이 있을 때에는 직권으로 또는 신청에 따라 지체 없이 정정하고 그 사실을 당사자에게 통지하여야 한다.

[전문개정 2012. 10. 22.]

제26조【고지】 행정청이 처분을 할 때에는 당사자에게 그 처분에 관하여 행정심판 및 행정소송을 제기할 수 있는지 여부, 그 밖에 불복을 할 수 있는지 여부, 청구절차 및 청구기간, 그 밖에 필요한 사항을 알려야 한다.

[전문개정 2012. 10. 22.]

제2절 의견제출 및 청문

제27조【의견제출】 ① 당사자등은 처분 전에 그 처분의 관할 행정청에 서면이나 말로 또는 정보통신망을 이용하여 의견제출을 할 수 있다.

② 당사자등은 제1항에 따라 의견제출을 하는 경우 그 주장을 입증하기 위한 증거자료 등을 첨부할 수 있다.

③ 행정청은 당사자등이 말로 의견제출을 하였을 때에는 서면으로 그 진술의 요지와 진술자를 기록하여야 한다.

④ 당사자등이 정당한 이유 없이 의견제출기한까지 의견제출을 하지 아니한 경우에는 의견이 없는 것으로 본다.

[전문개정 2012. 10. 22.]

제27조의2【제출 의견의 반영 등】 ① 행정청은 처분을 할 때에 당사자등이 제출한 의견이 상당한 이유가 있다고 인정하는 경우에는 이를 반영하여야 한다. <개정 2019. 12. 10.>

② 행정청은 당사자등이 제출한 의견을 반영하지 아니하고 처분을 한 경우 당사자등이 처분이 있음을 안 날부터 90일 이내에 그 이유의 설명을 요청하면 서면으로 그 이유를 알려야 한다. 다만, 당사자등이 동의하면 말, 정보통신망 또는 그 밖의 방법으로 알릴 수 있다. <신설 2019. 12. 10.>

[전문개정 2012. 10. 22.]
[제목개정 2019. 12. 10.]

제28조【청문 주재자】 ① 행정청은 소속 직원 또는 대통령령으로 정하는 자격을 가진 사람 중에서 청문 주재자를 공정하게 선정하여야 한다. <개정 2019. 12. 10.>

② 행정청은 다음 각 호의 어느 하나에 해당하는 처분을 하려는 경우에는 청문 주재자를 2명 이상으로 선정할 수 있다. 이 경우 선정된 청문 주재자 중 1명이 청문 주재자를 대표한다. <신설 2022. 1. 11.>

1. 다수 국민의 이해가 상충되는 처분
2. 다수 국민에게 불편이나 부담을 주는 처분
3. 그 밖에 전문적이고 공정한 청문을 위하여 행정청이 청문 주재자를 2명 이상으로 선정할 필요가 있다고 인정하는 처분

③ 행정청은 청문이 시작되는 날부터 7일 전까지 청문 주재자에게 청문과 관련한 필요한 자료를 미리 통지하여야 한다. <신설 2014. 1. 28., 2022. 1. 11.>
④ 청문 주재자는 독립하여 공정하게 직무를 수행하며, 그 직무 수행을 이유로 본인의 의사에 반하여 신분상 어떠한 불이익도 받지 아니한다. <개정 2014. 1. 28., 2022. 1. 11.>
⑤ 제1항 또는 제2항에 따라 선정된 청문 주재자는 「형법」이나 그 밖의 다른 법률에 따른 벌칙을 적용할 때에는 공무원으로 본다. <개정 2014. 1. 28., 2022. 1. 11.>
⑥ 제1항부터 제5항까지에서 규정한 사항 외에 청문 주재자의 선정 등에 필요한 사항은 대통령령으로 정한다. <신설 2022. 1. 11.>
[전문개정 2012. 10. 22.]

제29조【청문 주재자의 제척·기피·회피】 ① 청문 주재자가 다음 각 호의 어느 하나에 해당하는 경우에는 청문을 주재할 수 없다. <개정 2019. 12. 10.>
1. 자신이 당사자등이거나 당사자등과 「민법」 제777조 각 호의 어느 하나에 해당하는 친족관계에 있거나 있었던 경우
2. 자신이 해당 처분과 관련하여 증언이나 감정(鑑定)을 한 경우
3. 자신이 해당 처분의 당사자등의 대리인으로 관여하거나 관여하였던 경우
4. 자신이 해당 처분업무를 직접 처리하거나 처리하였던 경우
5. 자신이 해당 처분업무를 처리하는 부서에 근무하는 경우. 이 경우 부서의 구체적인 범위는 대통령령으로 정한다.

② 청문 주재자에게 공정한 청문 진행을 할 수 없는 사정이 있는 경우 당사자등은 행정청에 기피신청을 할 수 있다. 이 경우 행정청은 청문을 정지하고 그 신청이 이유가 있다고 인정할 때에는 해당 청문 주재자를 지체 없이 교체하여야 한다.

③ 청문 주재자는 제1항 또는 제2항의 사유에 해당하는 경우에는 행정청의 승인을 받아 스스로 청문의 주재를 회피할 수 있다.
[전문개정 2012. 10. 22.]

제30조【청문의 공개】 청문은 당사자가 공개를 신청하거나 청문 주재자가 필요하다고 인정하는 경우 공개할 수 있다. 다만, 공익 또는 제3자의 정당한 이익을 현저히 해칠 우려가 있는 경우에는 공개하여서는 아니 된다.
[전문개정 2012. 10. 22.]

제31조【청문의 진행】 ① 청문 주재자가 청문을 시작할 때에는 먼저 예정된 처분의 내용, 그 원인이 되는 사실 및 법적 근거 등을 설명하여야 한다.
② 당사자등은 의견을 진술하고 증거를 제출할 수 있으며, 참고인이나 감정인 등에게 질문할 수 있다.
③ 당사자등이 의견서를 제출한 경우에는 그 내용을 출석하여 진술한 것으로 본다.
④ 청문 주재자는 청문의 신속한 진행과 질서유지를 위하여 필요한 조치를 할 수 있다.
⑤ 청문을 계속할 경우에는 행정청은 당사자등에게 다음 청문의 일시 및 장소를 서면으로 통지하여야 하며, 당사자등이 동의하는 경우에는 전자문서로 통지할 수 있다. 다만, 청문에 출석한 당사자등에게는 그 청문일에 청문 주재자가 말로 통지할 수 있다.
[전문개정 2012. 10. 22.]

제32조【청문의 병합·분리】 행정청은 직권으로 또는 당사자의 신청에 따라 여러 개의 사안을 병합하거나 분리하여 청문을 할 수 있다.
[전문개정 2012. 10. 22.]

제33조【증거조사】 ① 청문 주재자는 직권으로 또는 당사자의 신청에 따라 필요한 조사를 할 수 있으며, 당사자등이 주장하지 아니한 사실에 대하여도 조사할 수 있다.
② 증거조사는 다음 각 호의 어느 하나에 해당하는 방법으로 한다.
1. 문서·장부·물건 등 증거자료의 수집
2. 참고인·감정인 등에 대한 질문
3. 검증 또는 감정·평가
4. 그 밖에 필요한 조사

③ 청문 주재자는 필요하다고 인정할 때에는 관계 행정청에 필요한 문서의 제출 또는 의견의 진술을 요구할 수 있다. 이 경우 관계 행정청은 직무 수행에 특별한 지장이 없으면 그 요구에 따라야 한다.
[전문개정 2012. 10. 22.]

제34조【청문조서】 ① 청문 주재자는 다음 각 호의 사항이 적힌 청문조서(聽聞調書)를 작성하여야 한다.
1. 제목
2. 청문 주재자의 소속, 성명 등 인적사항
3. 당사자등의 주소, 성명 또는 명칭 및 출석 여부
4. 청문의 일시 및 장소
5. 당사자등의 진술의 요지 및 제출된 증거
6. 청문의 공개 여부 및 공개하거나 제30조 단서에 따라 공개하지 아니한 이유
7. 증거조사를 한 경우에는 그 요지 및 첨부된 증거
8. 그 밖에 필요한 사항
② 당사자등은 청문조서의 내용을 열람·확인할 수 있으며, 이의가 있을 때에는 그 정정을 요구할 수 있다.
[전문개정 2012. 10. 22.]

제34조의2【청문 주재자의 의견서】 청문 주재자는 다음 각 호의 사항이 적힌 청문 주재자의 의견서를 작성하여야 한다.
1. 청문의 제목
2. 처분의 내용, 주요 사실 또는 증거
3. 종합의견
4. 그 밖에 필요한 사항
[전문개정 2012. 10. 22.]

제35조【청문의 종결】 ① 청문 주재자는 해당 사안에 대하여 당사자등의 의견진술, 증거조사가 충분히 이루어졌다고 인정하는 경우에는 청문을 마칠 수 있다.
② 청문 주재자는 당사자등의 전부 또는 일부가 정당한 사유 없이 청문기일에 출석하지 아니하거나 제31조 제3항에 따른 의견서를 제출하지 아니한 경우에는 이들에게 다시 의견진술 및 증거제출의 기회를 주지 아니하고 청문을 마칠 수 있다.
③ 청문 주재자는 당사자등의 전부 또는 일부가 정당한 사유로 청문기일에 출석하지 못하거나 제31조 제3항에 따른 의견서를 제출하지 못한 경우

에는 10일 이상의 기간을 정하여 이들에게 의견진술 및 증거제출을 요구하여야 하며, 해당 기간이 지났을 때에 청문을 마칠 수 있다. <개정 2019. 12. 10.>
④ 청문 주재자는 청문을 마쳤을 때에는 청문조서, 청문 주재자의 의견서, 그 밖의 관계 서류 등을 행정청에 지체 없이 제출하여야 한다.
[전문개정 2012. 10. 22.]

제35조의2【청문결과의 반영】 행정청은 처분을 할 때에 제35조 제4항에 따라 받은 청문조서, 청문 주재자의 의견서, 그 밖의 관계 서류 등을 충분히 검토하고 상당한 이유가 있다고 인정하는 경우에는 청문결과를 반영하여야 한다.
[전문개정 2012. 10. 22.]

제36조【청문의 재개】 행정청은 청문을 마친 후 처분을 할 때까지 새로운 사정이 발견되어 청문을 재개(再開)할 필요가 있다고 인정할 때에는 제35조 제4항에 따라 받은 청문조서 등을 되돌려 보내고 청문의 재개를 명할 수 있다. 이 경우 제31조 제5항을 준용한다.
[전문개정 2012. 10. 22.]

제37조【문서의 열람 및 비밀유지】 ① 당사자등은 의견제출의 경우에는 처분의 사전 통지가 있는 날부터 의견제출기한까지, 청문의 경우에는 청문의 통지가 있는 날부터 청문이 끝날 때까지 행정청에 해당 사안의 조사결과에 관한 문서와 그 밖에 해당 처분과 관련되는 문서의 열람 또는 복사를 요청할 수 있다. 이 경우 행정청은 다른 법령에 따라 공개가 제한되는 경우를 제외하고는 그 요청을 거부할 수 없다. <개정 2022. 1. 11.>
② 행정청은 제1항의 열람 또는 복사의 요청에 따르는 경우 그 일시 및 장소를 지정할 수 있다.
③ 행정청은 제1항 후단에 따라 열람 또는 복사의 요청을 거부하는 경우에는 그 이유를 소명(疎明)하여야 한다.
④ 제1항에 따라 열람 또는 복사를 요청할 수 있는 문서의 범위는 대통령령으로 정한다.
⑤ 행정청은 제1항에 따른 복사에 드는 비용을 복사를 요청한 자에게 부담시킬 수 있다.
⑥ 누구든지 의견제출 또는 청문을 통하여 알게

된 사생활이나 경영상 또는 거래상의 비밀을 정당한 이유 없이 누설하거나 다른 목적으로 사용하여서는 아니 된다. <개정 2022. 1. 11.>
[전문개정 2012. 10. 22.]

제3절 공청회

제38조【공청회 개최의 알림】 행정청은 공청회를 개최하려는 경우에는 공청회 개최 14일 전까지 다음 각 호의 사항을 당사자등에게 통지하고 관보, 공보, 인터넷 홈페이지 또는 일간신문 등에 공고하는 등의 방법으로 널리 알려야 한다. 다만, 공청회 개최를 알린 후 예정대로 개최하지 못하여 새로 일시 및 장소 등을 정한 경우에는 공청회 개최 7일 전까지 알려야 한다. <개정 2019. 12. 10.>
1. 제목
2. 일시 및 장소
3. 주요 내용
4. 발표자에 관한 사항
5. 발표신청 방법 및 신청기한
6. 정보통신망을 통한 의견제출
7. 그 밖에 공청회 개최에 필요한 사항
[전문개정 2012. 10. 22.]

제38조의2【온라인공청회】 ① 행정청은 제38조에 따른 공청회와 병행하여서만 정보통신망을 이용한 공청회(이하 "온라인공청회"라 한다)를 실시할 수 있다. <개정 2022. 1. 11.>
② 제1항에도 불구하고 다음 각 호의 어느 하나에 해당하는 경우에는 온라인공청회를 단독으로 개최할 수 있다. <신설 2022. 1. 11.>
1. 국민의 생명·신체·재산의 보호 등 국민의 안전 또는 권익보호 등의 이유로 제38조에 따른 공청회를 개최하기 어려운 경우
2. 제38조에 따른 공청회가 행정청이 책임질 수 없는 사유로 개최되지 못하거나 개최는 되었으나 정상적으로 진행되지 못하고 무산된 횟수가 3회 이상인 경우
3. 행정청이 널리 의견을 수렴하기 위하여 온라인공청회를 단독으로 개최할 필요가 있다고 인정하는 경우. 다만, 제22조 제2항 제1호 또는 제3호에 따라 공청회를 실시하는 경우는 제외한다.

③ 행정청은 온라인공청회를 실시하는 경우 의견제출 및 토론 참여가 가능하도록 적절한 전자적 처리능력을 갖춘 정보통신망을 구축·운영하여야 한다. <개정 2022. 1. 11.>
④ 온라인공청회를 실시하는 경우에는 누구든지 정보통신망을 이용하여 의견을 제출하거나 제출된 의견 등에 대한 토론에 참여할 수 있다. <개정 2022. 1. 11.>
⑤ 제1항부터 제4항까지에서 규정한 사항 외에 온라인공청회의 실시 방법 및 절차에 관하여 필요한 사항은 대통령령으로 정한다. <개정 2022. 1. 11.>
[전문개정 2012. 10. 22.]
[제목개정 2022. 1. 11.]

제38조의3【공청회의 주재자 및 발표자의 선정】 ① 행정청은 해당 공청회의 사안과 관련된 분야에 전문적 지식이 있거나 그 분야에 종사한 경험이 있는 사람으로서 대통령령으로 정하는 자격을 가진 사람 중에서 공청회의 주재자를 선정한다. <개정 2019. 12. 10.>
② 공청회의 발표자는 발표를 신청한 사람 중에서 행정청이 선정한다. 다만, 발표를 신청한 사람이 없거나 공청회의 공정성을 확보하기 위하여 필요하다고 인정하는 경우에는 다음 각 호의 사람 중에서 지명하거나 위촉할 수 있다.
1. 해당 공청회의 사안과 관련된 당사자등
2. 해당 공청회의 사안과 관련된 분야에 전문적 지식이 있는 사람
3. 해당 공청회의 사안과 관련된 분야에 종사한 경험이 있는 사람
③ 행정청은 공청회의 주재자 및 발표자를 지명 또는 위촉하거나 선정할 때 공정성이 확보될 수 있도록 하여야 한다.
④ 공청회의 주재자, 발표자, 그 밖에 자료를 제출한 전문가 등에게는 예산의 범위에서 수당 및 여비와 그 밖에 필요한 경비를 지급할 수 있다.
[전문개정 2012. 10. 22.]

제39조【공청회의 진행】 ① 공청회의 주재자는 공청회를 공정하게 진행하여야 하며, 공청회의 원활한 진행을 위하여 발표 내용을 제한할 수 있고, 질서유지를 위하여 발언 중지 및 퇴장 명령 등 행정안

전부장관이 정하는 필요한 조치를 할 수 있다. <개정 2013. 3. 23., 2014. 11. 19., 2017. 7. 26.>

② 발표자는 공청회의 내용과 직접 관련된 사항에 대하여만 발표하여야 한다.

③ 공청회의 주재자는 발표자의 발표가 끝난 후에는 발표자 상호간에 질의 및 답변을 할 수 있도록 하여야 하며, 방청인에게도 의견을 제시할 기회를 주어야 한다.

[전문개정 2012. 10. 22.]

제39조의2 【공청회 및 온라인공청회 결과의 반영】 행정청은 처분을 할 때에 공청회, 온라인공청회 및 정보통신망 등을 통하여 제시된 사실 및 의견이 상당한 이유가 있다고 인정하는 경우에는 이를 반영하여야 한다. <개정 2022. 1. 11.>

[전문개정 2012. 10. 22.]

[제목개정 2022. 1. 11.]

제39조의3 【공청회의 재개최】 행정청은 공청회를 마친 후 처분을 할 때까지 새로운 사정이 발견되어 공청회를 다시 개최할 필요가 있다고 인정할 때에는 공청회를 다시 개최할 수 있다.

[본조신설 2019. 12. 10.]

제3장 신고, 확약 및 위반사실 등의 공표 등
〈개정 2022. 1. 11.〉

제40조 【신고】 ① 법령등에서 행정청에 일정한 사항을 통지함으로써 의무가 끝나는 신고를 규정하고 있는 경우 신고를 관장하는 행정청은 신고에 필요한 구비서류, 접수기관, 그 밖에 법령등에 따른 신고에 필요한 사항을 게시(인터넷 등을 통한 게시를 포함한다)하거나 이에 대한 편람을 갖추어 두고 누구나 열람할 수 있도록 하여야 한다.

② 제1항에 따른 신고가 다음 각 호의 요건을 갖춘 경우에는 신고서가 접수기관에 도달된 때에 신고 의무가 이행된 것으로 본다.

1. 신고서의 기재사항에 흠이 없을 것
2. 필요한 구비서류가 첨부되어 있을 것
3. 그 밖에 법령등에 규정된 형식상의 요건에 적합할 것

③ 행정청은 제2항 각 호의 요건을 갖추지 못한 신고서가 제출된 경우에는 지체 없이 상당한 기간을 정하여 신고인에게 보완을 요구하여야 한다.

④ 행정청은 신고인이 제3항에 따른 기간 내에 보완을 하지 아니하였을 때에는 그 이유를 구체적으로 밝혀 해당 신고서를 되돌려 보내야 한다.

[전문개정 2012. 10. 22.]

제40조의2 【확약】 ① 법령등에서 당사자가 신청할 수 있는 처분을 규정하고 있는 경우 행정청은 당사자의 신청에 따라 장래에 어떤 처분을 하거나 하지 아니할 것을 내용으로 하는 의사표시(이하 "확약"이라 한다)를 할 수 있다.

② 확약은 문서로 하여야 한다.

③ 행정청은 다른 행정청과의 협의 등의 절차를 거쳐야 하는 처분에 대하여 확약을 하려는 경우에는 확약을 하기 전에 그 절차를 거쳐야 한다.

④ 행정청은 다음 각 호의 어느 하나에 해당하는 경우에는 확약에 기속되지 아니한다.

1. 확약을 한 후에 확약의 내용을 이행할 수 없을 정도로 법령등이나 사정이 변경된 경우
2. 확약이 위법한 경우

⑤ 행정청은 확약이 제4항 각 호의 어느 하나에 해당하여 확약을 이행할 수 없는 경우에는 지체 없이 당사자에게 그 사실을 통지하여야 한다.

[본조신설 2022. 1. 11.]

제40조의3 【위반사실 등의 공표】 ① 행정청은 법령에 따른 의무를 위반한 자의 성명·법인명, 위반사실, 의무 위반을 이유로 한 처분사실 등(이하 "위반사실등"이라 한다)을 법률로 정하는 바에 따라 일반에게 공표할 수 있다.

② 행정청은 위반사실등의 공표를 하기 전에 사실과 다른 공표로 인하여 당사자의 명예·신용 등이 훼손되지 아니하도록 객관적이고 타당한 증거와 근거가 있는지를 확인하여야 한다.

③ 행정청은 위반사실등의 공표를 할 때에는 미리 당사자에게 그 사실을 통지하고 의견제출의 기회를 주어야 한다. 다만, 다음 각 호의 어느 하나에 해당하는 경우에는 그러하지 아니하다.

1. 공공의 안전 또는 복리를 위하여 긴급히 공표를 할 필요가 있는 경우
2. 해당 공표의 성질상 의견청취가 현저히 곤란하

거나 명백히 불필요하다고 인정될 만한 타당한 이유가 있는 경우

3. 당사자가 의견진술의 기회를 포기한다는 뜻을 명백히 밝힌 경우

④ 제3항에 따라 의견제출의 기회를 받은 당사자는 공표 전에 관할 행정청에 서면이나 말 또는 정보통신망을 이용하여 의견을 제출할 수 있다.

⑤ 제4항에 따른 의견제출의 방법과 제출 의견의 반영 등에 관하여는 제27조 및 제27조의2를 준용한다. 이 경우 "처분"은 "위반사실등의 공표"로 본다.

⑥ 위반사실등의 공표는 관보, 공보 또는 인터넷 홈페이지 등을 통하여 한다.

⑦ 행정청은 위반사실등의 공표를 하기 전에 당사자가 공표와 관련된 의무의 이행, 원상회복, 손해배상 등의 조치를 마친 경우에는 위반사실등의 공표를 하지 아니할 수 있다.

⑧ 행정청은 공표된 내용이 사실과 다른 것으로 밝혀지거나 공표에 포함된 처분이 취소된 경우에는 그 내용을 정정하여, 정정한 내용을 지체 없이 해당 공표와 같은 방법으로 공표된 기간 이상 공표하여야 한다. 다만, 당사자가 원하지 아니하면 공표하지 아니할 수 있다.

[본조신설 2022. 1. 11.]

제40조의4【행정계획】 행정청은 행정청이 수립하는 계획 중 국민의 권리·의무에 직접 영향을 미치는 계획을 수립하거나 변경·폐지할 때에는 관련된 여러 이익을 정당하게 형량하여야 한다.

[본조신설 2022. 1. 11.]

제4장 행정상 입법예고

제41조【행정상 입법예고】 ① 법령등을 제정·개정 또는 폐지(이하 "입법"이라 한다)하려는 경우에는 해당 입법안을 마련한 행정청은 이를 예고하여야 한다. 다만, 다음 각 호의 어느 하나에 해당하는 경우에는 예고를 하지 아니할 수 있다. <개정 2012. 10. 22.>

1. 신속한 국민의 권리 보호 또는 예측 곤란한 특별한 사정의 발생 등으로 입법이 긴급을 요하는 경우

2. 상위 법령등의 단순한 집행을 위한 경우
3. 입법내용이 국민의 권리·의무 또는 일상생활과 관련이 없는 경우
4. 단순한 표현·자구를 변경하는 경우 등 입법내용의 성질상 예고의 필요가 없거나 곤란하다고 판단되는 경우
5. 예고함이 공공의 안전 또는 복리를 현저히 해칠 우려가 있는 경우

② 삭제 <2002. 12. 30.>

③ 법제처장은 입법예고를 하지 아니한 법령안의 심사 요청을 받은 경우에 입법예고를 하는 것이 적당하다고 판단할 때에는 해당 행정청에 입법예고를 권고하거나 직접 예고할 수 있다. <개정 2012. 10. 22.>

④ 입법안을 마련한 행정청은 입법예고 후 예고내용에 국민생활과 직접 관련된 내용이 추가되는 등 대통령령으로 정하는 중요한 변경이 발생하는 경우에는 해당 부분에 대한 입법예고를 다시 하여야 한다. 다만, 제1항 각 호의 어느 하나에 해당하는 경우에는 예고를 하지 아니할 수 있다. <신설 2012. 10. 22.>

⑤ 입법예고의 기준·절차 등에 관하여 필요한 사항은 대통령령으로 정한다. <개정 2012. 10. 22.>

제42조【예고방법】 ① 행정청은 입법안의 취지, 주요 내용 또는 전문(全文)을 다음 각 호의 구분에 따른 방법으로 공고하여야 하며, 추가로 인터넷, 신문 또는 방송 등을 통하여 공고할 수 있다. <개정 2019. 12. 10.>

1. 법령의 입법안을 입법예고하는 경우: 관보 및 법제처장이 구축·제공하는 정보시스템을 통한 공고
2. 자치법규의 입법안을 입법예고하는 경우: 공보를 통한 공고

② 행정청은 대통령령을 입법예고하는 경우 국회 소관 상임위원회에 이를 제출하여야 한다.

③ 행정청은 입법예고를 할 때에 입법안과 관련이 있다고 인정되는 중앙행정기관, 지방자치단체, 그 밖의 단체 등이 예고사항을 알 수 있도록 예고사항을 통지하거나 그 밖의 방법으로 알려야 한다.

④ 행정청은 제1항에 따라 예고된 입법안에 대하

여 온라인공청회 등을 통하여 널리 의견을 수렴할
수 있다. 이 경우 제38조의2 제3항부터 제5항까지
의 규정을 준용한다. <개정 2022. 1. 11.>
⑤ 행정청은 예고된 입법안의 전문에 대한 열람
또는 복사를 요청받았을 때에는 특별한 사유가 없
으면 그 요청에 따라야 한다.
⑥ 행정청은 제5항에 따른 복사에 드는 비용을 복
사를 요청한 자에게 부담시킬 수 있다.
[전문개정 2012. 10. 22.]

제43조【예고기간】 입법예고기간은 예고할 때 정하
되, 특별한 사정이 없으면 40일(자치법규는 20일)
이상으로 한다.
[전문개정 2012. 10. 22.]

제44조【의견제출 및 처리】 ① 누구든지 예고된 입
법안에 대하여 의견을 제출할 수 있다.
② 행정청은 의견접수기관, 의견제출기간, 그 밖에
필요한 사항을 해당 입법안을 예고할 때 함께 공
고하여야 한다.
③ 행정청은 해당 입법안에 대한 의견이 제출된
경우 특별한 사유가 없으면 이를 존중하여 처리하
여야 한다.
④ 행정청은 의견을 제출한 자에게 그 제출된 의
견의 처리결과를 통지하여야 한다.
⑤ 제출된 의견의 처리방법 및 처리결과의 통지에
관하여는 대통령령으로 정한다.
[전문개정 2012. 10. 22.]

제45조【공청회】 ① 행정청은 입법안에 관하여 공
청회를 개최할 수 있다.
② 공청회에 관하여는 제38조, 제38조의2, 제38조
의3, 제39조 및 제39조의2를 준용한다.
[전문개정 2012. 10. 22.]

제5장 행정예고

제46조【행정예고】 ① 행정청은 정책, 제도 및 계획
(이하 "정책등"이라 한다)을 수립·시행하거나 변
경하려는 경우에는 이를 예고하여야 한다. 다만,
다음 각 호의 어느 하나에 해당하는 경우에는 예
고를 하지 아니할 수 있다. <개정 2019. 12. 10.>
1. 신속하게 국민의 권리를 보호하여야 하거나 예

측이 어려운 특별한 사정이 발생하는 등 긴급
한 사유로 예고가 현저히 곤란한 경우
2. 법령등의 단순한 집행을 위한 경우
3. 정책등의 내용이 국민의 권리·의무 또는 일상
생활과 관련이 없는 경우
4. 정책등의 예고가 공공의 안전 또는 복리를 현
저히 해칠 우려가 상당한 경우
② 제1항에도 불구하고 법령등의 입법을 포함하는
행정예고는 입법예고로 갈음할 수 있다.
③ 행정예고기간은 예고 내용의 성격 등을 고려하
여 정하되, 20일 이상으로 한다. <개정 2022. 1. 11.>
④ 제3항에도 불구하고 행정목적을 달성하기 위하
여 긴급한 필요가 있는 경우에는 행정예고기간을
단축할 수 있다. 이 경우 단축된 행정예고기간은
10일 이상으로 한다. <신설 2022. 1. 11.>
[전문개정 2012. 10. 22.]

제46조의2【행정예고 통계 작성 및 공고】 행정청은
매년 자신이 행한 행정예고의 실시 현황과 그 결
과에 관한 통계를 작성하고, 이를 관보·공보 또는
인터넷 등의 방법으로 널리 공고하여야 한다.
[본조신설 2014. 1. 28.]

제47조【예고방법 등】 ① 행정청은 정책등안(案)의
취지, 주요 내용 등을 관보·공보나 인터넷·신
문·방송 등을 통하여 공고하여야 한다.
② 행정예고의 방법, 의견제출 및 처리, 공청회 및
온라인공청회에 관하여는 제38조, 제38조의2, 제38
조의3, 제39조, 제39조의2, 제39조의3, 제42조(제1
항·제2항 및 제4항은 제외한다), 제44조 제1항부
터 제3항까지 및 제45조 제1항을 준용한다. 이 경우
"입법안"은 "정책등안"으로, "입법예고"는 "행정
예고"로, "처분을 할 때"는 "정책등을 수립·시행
하거나 변경할 때"로 본다. <개정 2022. 1. 11.>
[전문개정 2019. 12. 10.]

제6장 행정지도

제48조【행정지도의 원칙】 ① 행정지도는 그 목적
달성에 필요한 최소한도에 그쳐야 하며, 행정지도
의 상대방의 의사에 반하여 부당하게 강요하여서
는 아니 된다.

② 행정기관은 행정지도의 상대방이 행정지도에 따르지 아니하였다는 것을 이유로 불이익한 조치를 하여서는 아니 된다.

[전문개정 2012. 10. 22.]

제49조【행정지도의 방식】 ① 행정지도를 하는 자는 그 상대방에게 그 행정지도의 취지 및 내용과 신분을 밝혀야 한다.

② 행정지도가 말로 이루어지는 경우에 상대방이 제1항의 사항을 적은 서면의 교부를 요구하면 그 행정지도를 하는 자는 직무 수행에 특별한 지장이 없으면 이를 교부하여야 한다.

[전문개정 2012. 10. 22.]

제50조【의견제출】 행정지도의 상대방은 해당 행정지도의 방식·내용 등에 관하여 행정기관에 의견제출을 할 수 있다.

[전문개정 2012. 10. 22.]

제51조【다수인을 대상으로 하는 행정지도】 행정기관이 같은 행정목적을 실현하기 위하여 많은 상대방에게 행정지도를 하려는 경우에는 특별한 사정이 없으면 행정지도에 공통적인 내용이 되는 사항을 공표하여야 한다.

[전문개정 2012. 10. 22.]

제7장 국민참여의 확대 〈신설 2014. 1. 28.〉

제52조【국민참여 활성화】 ① 행정청은 행정과정에서 국민의 의견을 적극적으로 청취하고 이를 반영하도록 노력하여야 한다.

② 행정청은 국민에게 다양한 참여방법과 협력의 기회를 제공하도록 노력하여야 하며, 구체적인 참여방법을 공표하여야 한다.

③ 행정청은 국민참여 수준을 향상시키기 위하여 노력하여야 하며 필요한 경우 국민참여 수준에 대한 자체진단을 실시하고, 그 결과를 행정안전부장관에게 제출하여야 한다.

④ 행정청은 제3항에 따라 자체진단을 실시한 경우 그 결과를 공개할 수 있다.

⑤ 행정청은 국민참여를 활성화하기 위하여 교육·홍보, 예산·인력 확보 등 필요한 조치를 할 수 있다.

⑥ 행정안전부장관은 국민참여 확대를 위하여 행정청에 교육·홍보, 포상, 예산·인력 확보 등을 지원할 수 있다.

[전문개정 2022. 1. 11.]

제52조의2【국민제안의 처리】 ① 행정청(국회사무총장·법원행정처장·헌법재판소사무처장 및 중앙선거관리위원회사무총장은 제외한다)은 정부시책이나 행정제도 및 그 운영의 개선에 관한 국민의 창의적인 의견이나 고안(이하 "국민제안"이라 한다)을 접수·처리하여야 한다.

② 제1항에 따른 국민제안의 운영 및 절차 등에 필요한 사항은 대통령령으로 정한다.

[본조신설 2022. 1. 11.]

제52조의3【국민참여 창구】 행정청은 주요 정책 등에 관한 국민과 전문가의 의견을 듣거나 국민이 참여할 수 있는 온라인 또는 오프라인 창구를 설치·운영할 수 있다.

[본조신설 2022. 1. 11.]

제53조【온라인 정책토론】 ① 행정청은 국민에게 영향을 미치는 주요 정책 등에 대하여 국민의 다양하고 창의적인 의견을 널리 수렴하기 위하여 정보통신망을 이용한 정책토론(이하 이 조에서 "온라인 정책토론"이라 한다)을 실시할 수 있다. 〈개정 2022. 1. 11.〉

② 행정청은 효율적인 온라인 정책토론을 위하여 과제별로 한시적인 토론 패널을 구성하여 해당 토론에 참여시킬 수 있다. 이 경우 패널의 구성에 있어서는 공정성 및 객관성이 확보될 수 있도록 노력하여야 한다. 〈개정 2022. 1. 11.〉

③ 행정청은 온라인 정책토론이 공정하고 중립적으로 운영되도록 하기 위하여 필요한 조치를 할 수 있다. 〈개정 2022. 1. 11.〉

④ 토론 패널의 구성, 운영방법, 그 밖에 온라인 정책토론의 운영을 위하여 필요한 사항은 대통령령으로 정한다. 〈개정 2022. 1. 11.〉

[본조신설 2014. 1. 28.]

[제목개정 2022. 1. 11.]

[종전 제53조는 제55조로 이동 〈2014. 1. 28.〉]

제8장 보칙 〈개정 2014. 1. 28.〉

제54조【비용의 부담】 행정절차에 드는 비용은 행정청이 부담한다. 다만, 당사자등이 자기를 위하여 스스로 지출한 비용은 그러하지 아니하다.
[전문개정 2012. 10. 22.]
[제52조에서 이동, 종전 제54조는 제56조로 이동 〈2014. 1. 28.〉]

제55조【참고인 등에 대한 비용 지급】 ① 행정청은 행정절차의 진행에 필요한 참고인이나 감정인 등에게 예산의 범위에서 여비와 일당을 지급할 수 있다.
② 제1항에 따른 비용의 지급기준 등에 관하여는 대통령령으로 정한다.
[전문개정 2012. 10. 22.]
[제53조에서 이동 〈2014. 1. 28.〉]

제56조【협조 요청 등】 행정안전부장관(제4장의 경우에는 법제처장을 말한다)은 이 법의 효율적인 운영을 위하여 노력하여야 하며, 필요한 경우에는 그 운영 상황과 실태를 확인할 수 있고, 관계 행정청에 관련 자료의 제출 등 협조를 요청할 수 있다. 〈개정 2013. 3. 23., 2014. 11. 19., 2017. 7. 26.〉
[전문개정 2012. 10. 22.]
[제54조에서 이동 〈2014. 1. 28.〉]

부칙
〈제18748호, 2022. 1. 11.〉

제1조【시행일】 이 법은 공포 후 6개월이 경과한 날부터 시행한다. 다만, 제20조 제2항부터 제4항까지의 개정규정은 2023년 3월 24일부터 시행한다.

제2조【청문에 관한 적용례】 제22조 제1항 제3호의 개정규정은 이 법 시행 이후 같은 호 각 목의 처분에 관하여 제21조에 따라 사전 통지를 하는 처분부터 적용한다.

제3조【온라인공청회에 관한 적용례】 제38조의2 제2항 제2호의 개정규정은 이 법 시행 이후 공청회가 행정청이 책임질 수 없는 사유로 개최되지 못하거나 개최는 되었으나 정상적으로 진행되지 못하고 무산된 횟수가 3회 이상인 경우부터 적용한다.

제4조【확약에 관한 적용례】 제40조의2의 개정규정은 이 법 시행 이후 확약을 신청하는 경우부터 적용한다.

제5조【위반사실등의 공표에 관한 적용례】 제40조의3의 개정규정은 이 법 시행 이후 위반사실등의 공표를 하는 경우부터 적용한다.

제6조【행정예고에 관한 적용례】 제46조 제3항 및 제4항의 개정규정은 이 법 시행 이후 행정예고를 하는 경우부터 적용한다.

제7조【다른 법률의 개정】 민원 처리에 관한 법률 일부를 다음과 같이 개정한다.
제45조를 삭제한다.

공공기관의 정보공개에 관한 법률

[시행 2021.12.23]
[법률 제17690호, 2020.12.22, 일부개정]

제1장 총칙
〈개정 2013.8.6.〉

제1조【목적】 이 법은 공공기관이 보유·관리하는 정보에 대한 국민의 공개 청구 및 공공기관의 공개 의무에 관하여 필요한 사항을 정함으로써 국민의 알권리를 보장하고 국정(國政)에 대한 국민의 참여와 국정 운영의 투명성을 확보함을 목적으로 한다.
[전문개정 2013. 8. 6.]

제2조【정의】 이 법에서 사용하는 용어의 뜻은 다음과 같다. <개정 2020. 12. 22.>
1. "정보"란 공공기관이 직무상 작성 또는 취득하여 관리하고 있는 문서(전자문서를 포함한다. 이하 같다) 및 전자매체를 비롯한 모든 형태의 매체 등에 기록된 사항을 말한다.
2. "공개"란 공공기관이 이 법에 따라 정보를 열람하게 하거나 그 사본·복제물을 제공하는 것 또는 「전자정부법」 제2조 제10호에 따른 정보통신망(이하 "정보통신망"이라 한다)을 통하여 정보를 제공하는 것 등을 말한다.
3. "공공기관"이란 다음 각 목의 기관을 말한다.
   가. 국가기관
      1) 국회, 법원, 헌법재판소, 중앙선거관리위원회
      2) 중앙행정기관(대통령 소속 기관과 국무총리 소속 기관을 포함한다) 및 그 소속 기관
      3) 「행정기관 소속 위원회의 설치·운영에 관한 법률」에 따른 위원회
   나. 지방자치단체
   다. 「공공기관의 운영에 관한 법률」 제2조에 따른 공공기관

   라. 「지방공기업법」에 따른 지방공사 및 지방공단
   마. 그 밖에 대통령령으로 정하는 기관
[전문개정 2013. 8. 6.]

제3조【정보공개의 원칙】 공공기관이 보유·관리하는 정보는 국민의 알권리 보장 등을 위하여 이 법에서 정하는 바에 따라 적극적으로 공개하여야 한다.
[전문개정 2013. 8. 6.]

제4조【적용 범위】 ① 정보의 공개에 관하여는 다른 법률에 특별한 규정이 있는 경우를 제외하고는 이 법에서 정하는 바에 따른다.
② 지방자치단체는 그 소관 사무에 관하여 법령의 범위에서 정보공개에 관한 조례를 정할 수 있다.
③ 국가안전보장에 관련되는 정보 및 보안 업무를 관장하는 기관에서 국가안전보장과 관련된 정보의 분석을 목적으로 수집하거나 작성한 정보에 대해서는 이 법을 적용하지 아니한다. 다만, 제8조 제1항에 따른 정보목록의 작성·비치 및 공개에 대해서는 그러하지 아니한다.
[전문개정 2013. 8. 6.]

제2장 정보공개 청구권자와 공공기관의 의무
〈개정 2013. 8. 6.〉

제5조【정보공개 청구권자】 ① 모든 국민은 정보의 공개를 청구할 권리를 가진다.
② 외국인의 정보공개 청구에 관하여는 대통령령으로 정한다.
[전문개정 2013. 8. 6.]

제6조【공공기관의 의무】 ① 공공기관은 정보의 공개를 청구하는 국민의 권리가 존중될 수 있도록 이 법을 운영하고 소관 관계 법령을 정비하며, 정보를 투명하고 적극적으로 공개하는 조직문화 형성에 노력하여야 한다. <개정 2020. 12. 22.>
② 공공기관은 정보의 적절한 보존 및 신속한 검색과 국민에게 유용한 정보의 분석 및 공개 등이 이루어지도록 정보관리체계를 정비하고, 정보공개 업무를 주관하는 부서 및 담당하는 인력을 적정하게 두어야 하며, 정보통신망을 활용한 정보공개시스템 등을 구축하도록 노력하여야 한다. <개정

2020. 12. 22.>

③ 행정안전부장관은 공공기관의 정보공개에 관한 업무를 종합적·체계적·효율적으로 지원하기 위하여 통합정보공개시스템을 구축·운영하여야 한다. <신설 2020. 12. 22.>

④ 공공기관(국회·법원·헌법재판소·중앙선거관리위원회는 제외한다)이 제2항에 따른 정보공개시스템을 구축하지 아니한 경우에는 제3항에 따라 행정안전부장관이 구축·운영하는 통합정보공개시스템을 통하여 정보공개 청구 등을 처리하여야 한다. <신설 2020. 12. 22.>

⑤ 공공기관은 소속 공무원 또는 임직원 전체를 대상으로 국회규칙·대법원규칙·헌법재판소규칙·중앙선거관리위원회규칙 및 대통령령으로 정하는 바에 따라 이 법 및 정보공개 제도 운영에 관한 교육을 실시하여야 한다. <신설 2020. 12. 22.>

[전문개정 2013. 8. 6.]

제6조의2【정보공개 담당자의 의무】 공공기관의 정보공개 담당자(정보공개 청구 대상 정보와 관련된 업무 담당자를 포함한다)는 정보공개 업무를 성실하게 수행하여야 하며, 공개 여부의 자의적인 결정, 고의적인 처리 지연 또는 위법한 공개 거부 및 회피 등 부당한 행위를 하여서는 아니 된다.

[본조신설 2020. 12. 22.]

제7조【정보의 사전적 공개 등】 ① 공공기관은 다음 각 호의 어느 하나에 해당하는 정보에 대해서는 공개의 구체적 범위, 주기, 시기 및 방법 등을 미리 정하여 정보통신망 등을 통하여 알리고, 이에 따라 정기적으로 공개하여야 한다. 다만, 제9조 제1항 각 호의 어느 하나에 해당하는 정보에 대해서는 그러하지 아니하다. <개정 2020. 12. 22.>

1. 국민생활에 매우 큰 영향을 미치는 정책에 관한 정보
2. 국가의 시책으로 시행하는 공사(工事) 등 대규모 예산이 투입되는 사업에 관한 정보
3. 예산집행의 내용과 사업평가 결과 등 행정감시를 위하여 필요한 정보
4. 그 밖에 공공기관의 장이 정하는 정보

② 공공기관은 제1항에 규정된 사항 외에도 국민이 알아야 할 필요가 있는 정보를 국민에게 공개하도록 적극적으로 노력하여야 한다.

[전문개정 2013. 8. 6.]

[제목개정 2020. 12. 22.]

제8조【정보목록의 작성·비치 등】 ① 공공기관은 그 기관이 보유·관리하는 정보에 대하여 국민이 쉽게 알 수 있도록 정보목록을 작성하여 갖추어 두고, 그 목록을 정보통신망을 활용한 정보공개시스템 등을 통하여 공개하여야 한다. 다만, 정보목록 중 제9조 제1항에 따라 공개하지 아니할 수 있는 정보가 포함되어 있는 경우에는 해당 부분을 갖추어 두지 아니하거나 공개하지 아니할 수 있다.

② 공공기관은 정보의 공개에 관한 사무를 신속하고 원활하게 수행하기 위하여 정보공개 장소를 확보하고 공개에 필요한 시설을 갖추어야 한다.

[전문개정 2013. 8. 6.]

제8조의2【공개대상 정보의 원문공개】 공공기관 중 중앙행정기관 및 대통령령으로 정하는 기관은 전자적 형태로 보유·관리하는 정보 중 공개대상으로 분류된 정보를 국민의 정보공개 청구가 없더라도 정보통신망을 활용한 정보공개시스템 등을 통하여 공개하여야 한다.

[본조신설 2013. 8. 6.]

제3장 정보공개의 절차 〈개정 2013. 8. 6.〉

제9조【비공개 대상 정보】 ① 공공기관이 보유·관리하는 정보는 공개 대상이 된다. 다만, 다음 각 호의 어느 하나에 해당하는 정보는 공개하지 아니할 수 있다. <개정 2020. 12. 22.>

1. 다른 법률 또는 법률에서 위임한 명령(국회규칙·대법원규칙·헌법재판소규칙·중앙선거관리위원회규칙·대통령령 및 조례로 한정한다)에 따라 비밀이나 비공개 사항으로 규정된 정보
2. 국가안전보장·국방·통일·외교관계 등에 관한 사항으로서 공개될 경우 국가의 중대한 이익을 현저히 해칠 우려가 있다고 인정되는 정보
3. 공개될 경우 국민의 생명·신체 및 재산의 보호에 현저한 지장을 초래할 우려가 있다고 인정되는 정보

4. 진행 중인 재판에 관련된 정보와 범죄의 예방, 수사, 공소의 제기 및 유지, 형의 집행, 교정(矯正), 보안처분에 관한 사항으로서 공개될 경우 그 직무수행을 현저히 곤란하게 하거나 형사피고인의 공정한 재판을 받을 권리를 침해한다고 인정할 만한 상당한 이유가 있는 정보

5. 감사·감독·검사·시험·규제·입찰계약·기술개발·인사관리에 관한 사항이나 의사결정 과정 또는 내부검토 과정에 있는 사항 등으로서 공개될 경우 업무의 공정한 수행이나 연구·개발에 현저한 지장을 초래한다고 인정할 만한 상당한 이유가 있는 정보. 다만, 의사결정 과정 또는 내부검토 과정을 이유로 비공개할 경우에는 제13조 제5항에 따라 통지를 할 때 의사결정 과정 또는 내부검토 과정의 단계 및 종료 예정일을 함께 안내하여야 하며, 의사결정 과정 및 내부검토 과정이 종료되면 제10조에 따른 청구인에게 이를 통지하여야 한다.

6. 해당 정보에 포함되어 있는 성명·주민등록번호 등 「개인정보 보호법」 제2조 제1호에 따른 개인정보로서 공개될 경우 사생활의 비밀 또는 자유를 침해할 우려가 있다고 인정되는 정보. 다만, 다음 각 목에 열거한 사항은 제외한다.
   가. 법령에서 정하는 바에 따라 열람할 수 있는 정보
   나. 공공기관이 공표를 목적으로 작성하거나 취득한 정보로서 사생활의 비밀 또는 자유를 부당하게 침해하지 아니하는 정보
   다. 공공기관이 작성하거나 취득한 정보로서 공개하는 것이 공익이나 개인의 권리 구제를 위하여 필요하다고 인정되는 정보
   라. 직무를 수행한 공무원의 성명·직위
   마. 공개하는 것이 공익을 위하여 필요한 경우로서 법령에 따라 국가 또는 지방자치단체가 업무의 일부를 위탁 또는 위촉한 개인의 성명·직업

7. 법인·단체 또는 개인(이하 "법인등"이라 한다)의 경영상·영업상 비밀에 관한 사항으로서 공개될 경우 법인등의 정당한 이익을 현저히 해칠 우려가 있다고 인정되는 정보. 다만, 다음 각 목에 열거한 정보는 제외한다.
   가. 사업활동에 의하여 발생하는 위해(危害)로부터 사람의 생명·신체 또는 건강을 보호하기 위하여 공개할 필요가 있는 정보
   나. 위법·부당한 사업활동으로부터 국민의 재산 또는 생활을 보호하기 위하여 공개할 필요가 있는 정보

8. 공개될 경우 부동산 투기, 매점매석 등으로 특정인에게 이익 또는 불이익을 줄 우려가 있다고 인정되는 정보

② 공공기관은 제1항 각 호의 어느 하나에 해당하는 정보가 기간의 경과 등으로 인하여 비공개의 필요성이 없어진 경우에는 그 정보를 공개 대상으로 하여야 한다.

③ 공공기관은 제1항 각 호의 범위에서 해당 공공기관의 업무 성격을 고려하여 비공개 대상 정보의 범위에 관한 세부 기준(이하 "비공개 세부 기준"이라 한다)을 수립하고 이를 정보통신망을 활용한 정보공개시스템 등을 통하여 공개하여야 한다. <개정 2020. 12. 22.>

④ 공공기관(국회·법원·헌법재판소 및 중앙선거관리위원회는 제외한다)은 제3항에 따라 수립된 비공개 세부 기준이 제1항 각 호의 비공개 요건에 부합하는지 3년마다 점검하고 필요한 경우 비공개 세부 기준을 개선하여 그 점검 및 개선 결과를 행정안전부장관에게 제출하여야 한다. <신설 2020. 12. 22.>

[전문개정 2013. 8. 6.]

제10조【정보공개의 청구방법】 ① 정보의 공개를 청구하는 자(이하 "청구인"이라 한다)는 해당 정보를 보유하거나 관리하고 있는 공공기관에 다음 각 호의 사항을 적은 정보공개 청구서를 제출하거나 말로써 정보의 공개를 청구할 수 있다. <개정 2020. 12. 22.>

1. 청구인의 성명·생년월일·주소 및 연락처(전화번호·전자우편주소 등을 말한다. 이하 이 조에서 같다). 다만, 청구인이 법인 또는 단체인 경우에는 그 명칭, 대표자의 성명, 사업자등록번호 또는 이에 준하는 번호, 주된 사무소의 소재지 및 연락처를 말한다.

2. 청구인의 주민등록번호(본인임을 확인하고 공개 여부를 결정할 필요가 있는 정보를 청구하는 경우로 한정한다)

3. 공개를 청구하는 정보의 내용 및 공개방법

② 제1항에 따라 청구인이 말로써 정보의 공개를 청구할 때에는 담당 공무원 또는 담당 임직원(이하 "담당공무원등"이라 한다)의 앞에서 진술하여야 하고, 담당공무원등은 정보공개 청구조서를 작성하여 이에 청구인과 함께 기명날인하거나 서명하여야 한다. <개정 2016. 5. 29.>

③ 제1항과 제2항에서 규정한 사항 외에 정보공개의 청구방법 등에 관하여 필요한 사항은 국회규칙·대법원규칙·헌법재판소규칙·중앙선거관리위원회규칙 및 대통령령으로 정한다.

[전문개정 2013. 8. 6.]

제11조【정보공개 여부의 결정】 ① 공공기관은 제10조에 따라 정보공개의 청구를 받으면 그 청구를 받은 날부터 10일 이내에 공개 여부를 결정하여야 한다.

② 공공기관은 부득이한 사유로 제1항에 따른 기간 이내에 공개 여부를 결정할 수 없을 때에는 그 기간이 끝나는 날의 다음 날부터 기산(起算)하여 10일의 범위에서 공개 여부 결정기간을 연장할 수 있다. 이 경우 공공기관은 연장된 사실과 연장 사유를 청구인에게 지체 없이 문서로 통지하여야 한다.

③ 공공기관은 공개 청구된 공개 대상 정보의 전부 또는 일부가 제3자와 관련이 있다고 인정할 때에는 그 사실을 제3자에게 지체 없이 통지하여야 하며, 필요한 경우에는 그의 의견을 들을 수 있다.

④ 공공기관은 다른 공공기관이 보유·관리하는 정보의 공개 청구를 받았을 때에는 지체 없이 이를 소관 기관으로 이송하여야 하며, 이송한 후에는 지체 없이 소관 기관 및 이송 사유 등을 분명히 밝혀 청구인에게 문서로 통지하여야 한다.

⑤ 공공기관은 정보공개 청구가 다음 각 호의 어느 하나에 해당하는 경우로서 「민원 처리에 관한 법률」에 따른 민원으로 처리할 수 있는 경우에는 민원으로 처리할 수 있다. <신설 2020. 12. 22.>

1. 공개 청구된 정보가 공공기관이 보유·관리하지 아니하는 정보인 경우

2. 공개 청구의 내용이 진정·질의 등으로 이 법에 따른 정보공개 청구로 보기 어려운 경우

[전문개정 2013. 8. 6.]

제11조의2【반복 청구 등의 처리】 ① 공공기관은 제11조에도 불구하고 제10조 제1항 및 제2항에 따른 정보공개 청구가 다음 각 호의 어느 하나에 해당하는 경우에는 정보공개 청구 대상 정보의 성격, 종전 청구와의 내용적 유사성·관련성, 종전 청구와 동일한 답변을 할 수밖에 없는 사정 등을 종합적으로 고려하여 해당 청구를 종결 처리할 수 있다. 이 경우 종결 처리 사실을 청구인에게 알려야 한다.

1. 정보공개를 청구하여 정보공개 여부에 대한 결정의 통지를 받은 자가 정당한 사유 없이 해당 정보의 공개를 다시 청구하는 경우

2. 정보공개 청구가 제11조 제5항에 따라 민원으로 처리되었으나 다시 같은 청구를 하는 경우

② 공공기관은 제11조에도 불구하고 제10조 제1항 및 제2항에 따른 정보공개 청구가 다음 각 호의 어느 하나에 해당하는 경우에는 다음 각 호의 구분에 따라 안내하고, 해당 청구를 종결 처리할 수 있다.

1. 제7조 제1항에 따른 정보 등 공개를 목적으로 작성되어 이미 정보통신망 등을 통하여 공개된 정보를 청구하는 경우: 해당 정보의 소재(所在)를 안내

2. 다른 법령이나 사회통념상 청구인의 여건 등에 비추어 수령할 수 없는 방법으로 정보공개 청구를 하는 경우: 수령이 가능한 방법으로 청구하도록 안내

[본조신설 2020. 12. 22.]

제12조【정보공개심의회】 ① 국가기관, 지방자치단체, 「공공기관의 운영에 관한 법률」 제5조에 따른 공기업 및 준정부기관, 「지방공기업법」에 따른 지방공사 및 지방공단(이하 "국가기관등"이라 한다)은 제11조에 따른 정보공개 여부 등을 심의하기 위하여 정보공개심의회(이하 "심의회"라 한다)를 설치·운영한다. 이 경우 국가기관등의 규모와 업무성격, 지리적 여건, 청구인의 편의 등을 고려하여 소속 상급기관(지방공사·지방공단의 경우에는 해당 지방공사·지방공단을 설립한 지방자치단체를 말한다)에서 협의를 거쳐 심의회를 통합하

여 설치·운영할 수 있다. <개정 2020. 12. 22.>

② 심의회는 위원장 1명을 포함하여 5명 이상 7명 이하의 위원으로 구성한다.

③ 심의회의 위원은 소속 공무원, 임직원 또는 외부 전문가로 지명하거나 위촉하되, 그 중 3분의 2는 해당 국가기관등의 업무 또는 정보공개의 업무에 관한 지식을 가진 외부 전문가로 위촉하여야 한다. 다만, 제9조 제1항 제2호 및 제4호에 해당하는 업무를 주로 하는 국가기관은 그 국가기관의 장이 외부 전문가의 위촉 비율을 따로 정하되, 최소한 3분의 1 이상은 외부 전문가로 위촉하여야 한다. <개정 2020. 12. 22.>

④ 심의회의 위원장은 위원 중에서 국가기관등의 장이 지명하거나 위촉한다. <개정 2020. 12. 22.>

⑤ 심의회의 위원에 대해서는 제23조 제4항 및 제5항을 준용한다.

⑥ 심의회의 운영과 기능 등에 관하여 필요한 사항은 국회규칙·대법원규칙·헌법재판소규칙·중앙선거관리위원회규칙 및 대통령령으로 정한다. [전문개정 2013. 8. 6.]

제12조의2【위원의 제척·기피·회피】 ① 심의회의 위원이 다음 각 호의 어느 하나에 해당하는 경우에는 심의회의 심의에서 제척(除斥)된다.

1. 위원 또는 그 배우자나 배우자이었던 사람이 해당 심의사항의 당사자(당사자가 법인·단체 등인 경우에는 그 임원 또는 직원을 포함한다. 이하 이 호 및 제2호에서 같다)이거나 그 심의사항의 당사자와 공동권리자 또는 공동의무자인 경우

2. 위원이 해당 심의사항의 당사자와 친족이거나 친족이었던 경우

3. 위원이 해당 심의사항에 대하여 증언, 진술, 자문, 연구, 용역 또는 감정을 한 경우

4. 위원이나 위원이 속한 법인 등이 해당 심의사항의 당사자의 대리인이거나 대리인이었던 경우

② 심의회의 심의사항의 당사자는 위원에게 공정한 심의를 기대하기 어려운 사정이 있는 경우에는 심의회에 기피(忌避) 신청을 할 수 있고, 심의회는 의결로 기피 여부를 결정하여야 한다. 이 경우 기피 신청의 대상인 위원은 그 의결에 참여할 수 없다.

③ 위원은 제1항 각 호에 따른 제척 사유에 해당하는 경우에는 심의회에 그 사실을 알리고 스스로 해당 안건의 심의에서 회피(回避)하여야 한다.

④ 위원이 제1항 각 호의 어느 하나에 해당함에도 불구하고 회피신청을 하지 아니하여 심의회 심의의 공정성을 해친 경우 국가기관등의 장은 해당 위원을 해촉하거나 해임할 수 있다. [본조신설 2020. 12. 22.]

제13조【정보공개 여부 결정의 통지】 ① 공공기관은 제11조에 따라 정보의 공개를 결정한 경우에는 공개의 일시 및 장소 등을 분명히 밝혀 청구인에게 통지하여야 한다.

② 공공기관은 청구인이 사본 또는 복제물의 교부를 원하는 경우에는 이를 교부하여야 한다. <개정 2020. 12. 22.>

③ 공공기관은 공개 대상 정보의 양이 너무 많아 정상적인 업무수행에 현저한 지장을 초래할 우려가 있는 경우에는 해당 정보를 일정 기간별로 나누어 제공하거나 사본·복제물의 교부 또는 열람과 병행하여 제공할 수 있다. <신설 2020. 12. 22.>

④ 공공기관은 제1항에 따라 정보를 공개하는 경우에 그 정보의 원본이 더럽혀지거나 파손될 우려가 있거나 그 밖에 상당한 이유가 있다고 인정할 때에는 그 정보의 사본·복제물을 공개할 수 있다. <개정 2020. 12. 22.>

⑤ 공공기관은 제11조에 따라 정보의 비공개 결정을 한 경우에는 그 사실을 청구인에게 지체 없이 문서로 통지하여야 한다. 이 경우 제9조 제1항 각 호 중 어느 규정에 해당하는 비공개 대상 정보인지를 포함한 비공개 이유와 불복(不服)의 방법 및 절차를 구체적으로 밝혀야 한다. <개정 2020. 12. 22.> [전문개정 2013. 8. 6.]

제14조【부분 공개】 공개 청구한 정보가 제9조제1항 각 호의 어느 하나에 해당하는 부분과 공개 가능한 부분이 혼합되어 있는 경우로서 공개 청구의 취지에 어긋나지 아니하는 범위에서 두 부분을 분리할 수 있는 경우에는 제9조 제1항 각 호의 어느 하나에 해당하는 부분을 제외하고 공개하여야 한다. [전문개정 2013. 8. 6.]

제15조【정보의 전자적 공개】 ① 공공기관은 전자적 형태로 보유·관리하는 정보에 대하여 청구인이 전자적 형태로 공개하여 줄 것을 요청하는 경우에는 그 정보의 성질상 현저히 곤란한 경우를 제외하고는 청구인의 요청에 따라야 한다.

② 공공기관은 전자적 형태로 보유·관리하지 아니하는 정보에 대하여 청구인이 전자적 형태로 공개하여 줄 것을 요청한 경우에는 정상적인 업무수행에 현저한 지장을 초래하거나 그 정보의 성질이 훼손될 우려가 없으면 그 정보를 전자적 형태로 변환하여 공개할 수 있다.

③ 정보의 전자적 형태의 공개 등에 필요한 사항은 국회규칙·대법원규칙·헌법재판소규칙·중앙선거관리위원회규칙 및 대통령령으로 정한다.
[전문개정 2013. 8. 6.]

제16조【즉시 처리가 가능한 정보의 공개】 다음 각 호의 어느 하나에 해당하는 정보로서 즉시 또는 말로 처리가 가능한 정보에 대해서는 제11조에 따른 절차를 거치지 아니하고 공개하여야 한다.

1. 법령 등에 따라 공개를 목적으로 작성된 정보
2. 일반국민에게 알리기 위하여 작성된 각종 홍보자료
3. 공개하기로 결정된 정보로서 공개에 오랜 시간이 걸리지 아니하는 정보
4. 그 밖에 공공기관의 장이 정하는 정보
[전문개정 2013. 8. 6.]

제17조【비용 부담】 ① 정보의 공개 및 우송 등에 드는 비용은 실비(實費)의 범위에서 청구인이 부담한다.

② 공개를 청구하는 정보의 사용 목적이 공공복리의 유지·증진을 위하여 필요하다고 인정되는 경우에는 제1항에 따른 비용을 감면할 수 있다.

③ 제1항에 따른 비용 및 그 징수 등에 필요한 사항은 국회규칙·대법원규칙·헌법재판소규칙·중앙선거관리위원회규칙 및 대통령령으로 정한다.
[전문개정 2013. 8. 6.]

제4장 불복 구제 절차 〈개정 2013. 8. 6.〉

제18조【이의신청】 ① 청구인이 정보공개와 관련한 공공기관의 비공개 결정 또는 부분 공개 결정에 대하여 불복이 있거나 정보공개 청구 후 20일이 경과하도록 정보공개 결정이 없는 때에는 공공기관으로부터 정보공개 여부의 결정 통지를 받은 날 또는 정보공개 청구 후 20일이 경과한 날부터 30일 이내에 해당 공공기관에 문서로 이의신청을 할 수 있다.

② 국가기관등은 제1항에 따른 이의신청이 있는 경우에는 심의회를 개최하여야 한다. 다만, 다음 각 호의 어느 하나에 해당하는 경우에는 심의회를 개최하지 아니할 수 있으며 개최하지 아니하는 사유를 청구인에게 문서로 통지하여야 한다. 〈개정 2020. 12. 22.〉

1. 심의회의 심의를 이미 거친 사항
2. 단순·반복적인 청구
3. 법령에 따라 비밀로 규정된 정보에 대한 청구

③ 공공기관은 이의신청을 받은 날부터 7일 이내에 그 이의신청에 대하여 결정하고 그 결과를 청구인에게 지체 없이 문서로 통지하여야 한다. 다만, 부득이한 사유로 정하여진 기간 이내에 결정할 수 없을 때에는 그 기간이 끝나는 날의 다음 날부터 기산하여 7일의 범위에서 연장할 수 있으며, 연장 사유를 청구인에게 통지하여야 한다.

④ 공공기관은 이의신청을 각하(却下) 또는 기각(棄却)하는 결정을 한 경우에는 청구인에게 행정심판 또는 행정소송을 제기할 수 있다는 사실을 제3항에 따른 결과 통지와 함께 알려야 한다.
[전문개정 2013. 8. 6.]

제19조【행정심판】 ① 청구인이 정보공개와 관련한 공공기관의 결정에 대하여 불복이 있거나 정보공개 청구 후 20일이 경과하도록 정보공개 결정이 없는 때에는 「행정심판법」에서 정하는 바에 따라 행정심판을 청구할 수 있다. 이 경우 국가기관 및 지방자치단체 외의 공공기관의 결정에 대한 감독 행정기관은 관계 중앙행정기관의 장 또는 지방자치단체의 장으로 한다.

② 청구인은 제18조에 따른 이의신청 절차를 거치지 아니하고 행정심판을 청구할 수 있다.

③ 행정심판위원회의 위원 중 정보공개 여부의 결정에 관한 행정심판에 관여하는 위원은 재직 중은 물론 퇴직 후에도 그 직무상 알게 된 비밀을 누설하여서는 아니 된다.

④ 제3항의 위원은 「형법」이나 그 밖의 법률에 따른 벌칙을 적용할 때에는 공무원으로 본다.

[전문개정 2013. 8. 6.]

제20조【행정소송】 ① 청구인이 정보공개와 관련한 공공기관의 결정에 대하여 불복이 있거나 정보공개 청구 후 20일이 경과하도록 정보공개 결정이 없는 때에는 「행정소송법」에서 정하는 바에 따라 행정소송을 제기할 수 있다.

② 재판장은 필요하다고 인정하면 당사자를 참여시키지 아니하고 제출된 공개 청구 정보를 비공개로 열람·심사할 수 있다.

③ 재판장은 행정소송의 대상이 제9조 제1항 제2호에 따른 정보 중 국가안전보장·국방 또는 외교관계에 관한 정보의 비공개 또는 부분 공개 결정 처분인 경우에 공공기관이 그 정보에 대한 비밀 지정의 절차, 비밀의 등급·종류 및 성질과 이를 비밀로 취급하게 된 실질적인 이유 및 공개를 하지 아니하는 사유 등을 입증하면 해당 정보를 제출하지 아니하게 할 수 있다.

[전문개정 2013. 8. 6.]

제21조【제3자의 비공개 요청 등】 ① 제11조 제3항에 따라 공개 청구된 사실을 통지받은 제3자는 그 통지를 받은 날부터 3일 이내에 해당 공공기관에 대하여 자신과 관련된 정보를 공개하지 아니할 것을 요청할 수 있다.

② 제1항에 따른 비공개 요청에도 불구하고 공공기관이 공개 결정을 할 때에는 공개 결정 이유와 공개 실시일을 분명히 밝혀 지체 없이 문서로 통지하여야 하며, 제3자는 해당 공공기관에 문서로 이의신청을 하거나 행정심판 또는 행정소송을 제기할 수 있다. 이 경우 이의신청은 통지를 받은 날부터 7일 이내에 하여야 한다.

③ 공공기관은 제2항에 따른 공개 결정일과 공개 실시일 사이에 최소한 30일의 간격을 두어야 한다.

[전문개정 2013. 8. 6.]

제5장 정보공개위원회 등

제22조【정보공개위원회의 설치】 다음 각 호의 사항을 심의·조정하기 위하여 국무총리 소속으로 정보공개위원회(이하 "위원회"라 한다)를 둔다. <개정 2014. 11. 19., 2017. 7. 26., 2020. 12. 22.>

1. 정보공개에 관한 정책 수립 및 제도 개선에 관한 사항

2. 정보공개에 관한 기준 수립에 관한 사항

3. 제12조에 따른 심의회 심의결과의 조사·분석 및 심의기준 개선 관련 의견제시에 관한 사항

4. 제24조 제2항 및 제3항에 따른 공공기관의 정보공개 운영실태 평가 및 그 결과 처리에 관한 사항

5. 정보공개와 관련된 불합리한 제도·법령 및 그 운영에 대한 조사 및 개선권고에 관한 사항

6. 그 밖에 정보공개에 관하여 대통령령으로 정하는 사항

[전문개정 2013. 8. 6.]

제23조【위원회의 구성 등】 ① 위원회는 성별을 고려하여 위원장과 부위원장 각 1명을 포함한 11명의 위원으로 구성한다. <개정 2020. 12. 22.>

② 위원회의 위원은 다음 각 호의 사람이 된다. 이 경우 위원장을 포함한 7명은 공무원이 아닌 사람으로 위촉하여야 한다. <개정 2014. 11. 19., 2017. 7. 26., 2020. 12. 22.>

1. 대통령령으로 정하는 관계 중앙행정기관의 차관급 공무원이나 고위공무원단에 속하는 일반직공무원

2. 정보공개에 관하여 학식과 경험이 풍부한 사람으로서 국무총리가 위촉하는 사람

3. 시민단체(「비영리민간단체 지원법」 제2조에 따른 비영리민간단체를 말한다)에서 추천한 사람으로서 국무총리가 위촉하는 사람

③ 위원장·부위원장 및 위원(제2항 제1호의 위원은 제외한다)의 임기는 2년으로 하며, 연임할 수 있다.

④ 위원장·부위원장 및 위원은 정보공개 업무와 관련하여 알게 된 정보를 누설하거나 그 정보를 이용하여 본인 또는 타인에게 이익 또는 불이익을 주는 행위를 하여서는 아니 된다.

⑤ 위원장·부위원장 및 위원 중 공무원이 아닌 사람은 「형법」이나 그 밖의 법률에 따른 벌칙을 적용할 때에는 공무원으로 본다.

⑥ 위원회의 구성과 의결 절차 등 위원회 운영에 필요한 사항은 대통령령으로 정한다.

[전문개정 2013. 8. 6.]

제24조【제도 총괄 등】 ① 행정안전부장관은 이 법에 따른 정보공개제도의 정책 수립 및 제도 개선 사항 등에 관한 기획·총괄 업무를 관장한다. <개정 2014. 11. 19., 2017. 7. 26.>

② 행정안전부장관은 위원회가 정보공개제도의 효율적 운영을 위하여 필요하다고 요청하면 공공기관(국회·법원·헌법재판소 및 중앙선거관리위원회는 제외한다)의 정보공개제도 운영실태를 평가할 수 있다. <개정 2014. 11. 19., 2017. 7. 26.>

③ 행정안전부장관은 제2항에 따른 평가를 실시한 경우에는 그 결과를 위원회를 거쳐 국무회의에 보고한 후 공개하여야 하며, 위원회가 개선이 필요하다고 권고한 사항에 대해서는 해당 공공기관에 시정 요구 등의 조치를 하여야 한다. <개정 2014. 11. 19., 2017. 7. 26.>

④ 행정안전부장관은 정보공개에 관하여 필요할 경우에 공공기관(국회·법원·헌법재판소 및 중앙선거관리위원회는 제외한다)의 장에게 정보공개 처리 실태의 개선을 권고할 수 있다. 이 경우 권고를 받은 공공기관은 이를 이행하기 위하여 성실하게 노력하여야 하며, 그 조치 결과를 행정안전부장관에게 알려야 한다. <개정 2014. 11. 19., 2017. 7. 26.>

⑤ 국회·법원·헌법재판소·중앙선거관리위원회·중앙행정기관 및 지방자치단체는 그 소속 기관 및 소관 공공기관에 대하여 정보공개에 관한 의견을 제시하거나 지도·점검을 할 수 있다.

[전문개정 2013. 8. 6.]

제25조【자료의 제출 요구】 국회사무총장·법원행정처장·헌법재판소사무처장·중앙선거관리위원회사무총장 및 행정안전부장관은 필요하다고 인정하면 관계 공공기관에 정보공개에 관한 자료 제출 등의 협조를 요청할 수 있다. <개정 2014. 11. 19., 2017. 7. 26.>

[전문개정 2013. 8. 6.]

제26조【국회에의 보고】 ① 행정안전부장관은 전년도의 정보공개 운영에 관한 보고서를 매년 정기국회 개회 전까지 국회에 제출하여야 한다. <개정 2014. 11. 19., 2017. 7. 26.>

② 제1항에 따른 보고서 작성에 필요한 사항은 대통령령으로 정한다.

[전문개정 2013. 8. 6.]

제27조【위임규정】 이 법 시행에 필요한 사항은 국회규칙·대법원규칙·헌법재판소규칙·중앙선거관리위원회규칙 및 대통령령으로 정한다.

[전문개정 2013. 8. 6.]

제28조【신분보장】 누구든지 이 법에 따른 정당한 정보공개를 이유로 징계조치 등 어떠한 신분상 불이익이나 근무조건상의 차별을 받지 아니한다.

[본조신설 2013. 8. 6.]

제29조【기간의 계산】 ① 이 법에 따른 기간의 계산은 「민법」에 따른다.

② 제1항에도 불구하고 다음 각 호의 기간은 "일" 단위로 계산하고 첫날을 산입하되, 공휴일과 토요일은 산입하지 아니한다.

1. 제11조 제1항 및 제2항에 따른 정보공개 여부 결정기간
2. 제18조 제1항, 제19조 제1항 및 제20조 제1항에 따른 정보공개 청구 후 경과한 기간
3. 제18조제3항에 따른 이의신청 결정기간

[본조 신설 2020. 12. 22.]

부칙

〈제17690호, 2020. 12. 22.〉

제1조【시행일】 이 법은 공포한 날부터 시행한다. 다만, 제6조 제5항, 제9조 제1항 제5호 단서, 제10조 제1항 제1호·제2호, 제13조 제5항, 제18조 제2항 단서, 제22조 및 제23조의 개정규정은 공포 후 6개월이 경과한 날부터 시행하고, 제6조 제3항·제4항, 제12조 제1항·제3항·제4항의 개정규정은 공포 후 1년이 경과한 날부터 시행한다.

제2조【일반적 적용례】 이 법 중 정보공개 청구에 관한 개정규정은 이 법 시행 이후 정보공개를 청구하는 경우부터 적용한다.

제3조【반복 청구 등의 처리에 관한 적용례】 제11조의2제1항의 개정규정은 이 법 시행 전에 정보공개를 청구하여 정보공개 여부에 대한 결정 통지를 받은 사람 또는 민원으로 처리된 사람이 이 법 시행 이후 같은 청구를 하는 경우에도 적용한다.

제4조【비공개 세부 기준 점검 및 개선에 관한 특례】 공공기관은 제9조제4항의 개정규정에도 불구하고 이 법 시행일부터 6개월 이내에 점검 및 개선 결과를 행정안전부장관에게 제출하여야 한다.

제5조【위원회의 위원에 관한 경과조치】 부칙 제1조 단서에 따른 제23조의 개정규정의 시행일 당시 종전의 규정에 따라 위촉되어 임기가 만료되지 아니한 위원회의 위원은 제23조의 개정규정에 따라 위촉된 것으로 본다. 이 경우 해당 위원의 임기는 종전 임기의 남은 기간으로 한다.

개인정보 보호법

[시행 2020.8.5.]
[법률 제16930호, 2020.2.4., 일부개정]

제1장 총칙

제1조【목적】 이 법은 개인정보의 처리 및 보호에 관한 사항을 정함으로써 개인의 자유와 권리를 보호하고, 나아가 개인의 존엄과 가치를 구현함을 목적으로 한다. <개정 2014. 3. 24.>

제2조【정의】 이 법에서 사용하는 용어의 뜻은 다음과 같다. <개정 2014. 3. 24., 2020. 2. 4.>

1. "개인정보"란 살아 있는 개인에 관한 정보로서 다음 각 목의 어느 하나에 해당하는 정보를 말한다.

　가. 성명, 주민등록번호 및 영상 등을 통하여 개인을 알아볼 수 있는 정보

　나. 해당 정보만으로는 특정 개인을 알아볼 수 없더라도 다른 정보와 쉽게 결합하여 알아볼 수 있는 정보. 이 경우 쉽게 결합할 수 있는지 여부는 다른 정보의 입수 가능성 등 개인을 알아보는 데 소요되는 시간, 비용, 기술 등을 합리적으로 고려하여야 한다.

　다. 가목 또는 나목을 제1호의2에 따라 가명처리함으로써 원래의 상태로 복원하기 위한 추가 정보의 사용·결합 없이는 특정 개인을 알아볼 수 없는 정보(이하 "가명정보"라 한다)

1의2. "가명처리"란 개인정보의 일부를 삭제하거나 일부 또는 전부를 대체하는 등의 방법으로 추가 정보가 없이는 특정 개인을 알아볼 수 없도록 처리하는 것을 말한다.

2. "처리"란 개인정보의 수집, 생성, 연계, 연동, 기록, 저장, 보유, 가공, 편집, 검색, 출력, 정정(訂正), 복구, 이용, 제공, 공개, 파기(破棄), 그 밖에

이와 유사한 행위를 말한다.

3. "정보주체"란 처리되는 정보에 의하여 알아볼 수 있는 사람으로서 그 정보의 주체가 되는 사람을 말한다.

4. "개인정보파일"이란 개인정보를 쉽게 검색할 수 있도록 일정한 규칙에 따라 체계적으로 배열하거나 구성한 개인정보의 집합물(集合物)을 말한다.

5. "개인정보처리자"란 업무를 목적으로 개인정보파일을 운용하기 위하여 스스로 또는 다른 사람을 통하여 개인정보를 처리하는 공공기관, 법인, 단체 및 개인 등을 말한다.

6. "공공기관"이란 다음 각 목의 기관을 말한다.
   가. 국회, 법원, 헌법재판소, 중앙선거관리위원회의 행정사무를 처리하는 기관, 중앙행정기관(대통령 소속 기관과 국무총리 소속 기관을 포함한다) 및 그 소속 기관, 지방자치단체
   나. 그 밖의 국가기관 및 공공단체 중 대통령령으로 정하는 기관

7. "영상정보처리기기"란 일정한 공간에 지속적으로 설치되어 사람 또는 사물의 영상 등을 촬영하거나 이를 유·무선망을 통하여 전송하는 장치로서 대통령령으로 정하는 장치를 말한다.

8. "과학적 연구"란 기술의 개발과 실증, 기초연구, 응용연구 및 민간 투자 연구 등 과학적 방법을 적용하는 연구를 말한다.

제3조【개인정보 보호 원칙】 ① 개인정보처리자는 개인정보의 처리 목적을 명확하게 하여야 하고 그 목적에 필요한 범위에서 최소한의 개인정보만을 적법하고 정당하게 수집하여야 한다.
② 개인정보처리자는 개인정보의 처리 목적에 필요한 범위에서 적합하게 개인정보를 처리하여야 하며, 그 목적 외의 용도로 활용하여서는 아니 된다.
③ 개인정보처리자는 개인정보의 처리 목적에 필요한 범위에서 개인정보의 정확성, 완전성 및 최신성이 보장되도록 하여야 한다.
④ 개인정보처리자는 개인정보의 처리 방법 및 종류 등에 따라 정보주체의 권리가 침해받을 가능성과 그 위험 정도를 고려하여 개인정보를 안전하게 관리하여야 한다.
⑤ 개인정보처리자는 개인정보 처리방침 등 개인정보의 처리에 관한 사항을 공개하여야 하며, 열람청구권 등 정보주체의 권리를 보장하여야 한다.
⑥ 개인정보처리자는 정보주체의 사생활 침해를 최소화하는 방법으로 개인정보를 처리하여야 한다.
⑦ 개인정보처리자는 개인정보를 익명 또는 가명으로 처리하여도 개인정보 수집목적을 달성할 수 있는 경우 익명처리가 가능한 경우에는 익명에 의하여, 익명처리로 목적을 달성할 수 없는 경우에는 가명에 의하여 처리될 수 있도록 하여야 한다. <개정 2020. 2. 4.>
⑧ 개인정보처리자는 이 법 및 관계 법령에서 규정하고 있는 책임과 의무를 준수하고 실천함으로써 정보주체의 신뢰를 얻기 위하여 노력하여야 한다.

제4조【정보주체의 권리】 정보주체는 자신의 개인정보 처리와 관련하여 다음 각 호의 권리를 가진다.
1. 개인정보의 처리에 관한 정보를 제공받을 권리
2. 개인정보의 처리에 관한 동의 여부, 동의 범위 등을 선택하고 결정할 권리
3. 개인정보의 처리 여부를 확인하고 개인정보에 대하여 열람(사본의 발급을 포함한다. 이하 같다)을 요구할 권리
4. 개인정보의 처리 정지, 정정·삭제 및 파기를 요구할 권리
5. 개인정보의 처리로 인하여 발생한 피해를 신속하고 공정한 절차에 따라 구제받을 권리

제5조【국가 등의 책무】 ① 국가와 지방자치단체는 개인정보의 목적 외 수집, 오용·남용 및 무분별한 감시·추적 등에 따른 폐해를 방지하여 인간의 존엄과 개인의 사생활 보호를 도모하기 위한 시책을 강구하여야 한다.
② 국가와 지방자치단체는 제4조에 따른 정보주체의 권리를 보호하기 위하여 법령의 개선 등 필요한 시책을 마련하여야 한다.
③ 국가와 지방자치단체는 개인정보의 처리에 관한 불합리한 사회적 관행을 개선하기 위하여 개인정보처리자의 자율적인 개인정보 보호활동을 존중하고 촉진·지원하여야 한다.
④ 국가와 지방자치단체는 개인정보의 처리에 관

한 법령 또는 조례를 제정하거나 개정하는 경우에는 이 법의 목적에 부합되도록 하여야 한다.

제6조【다른 법률과의 관계】 개인정보 보호에 관하여는 다른 법률에 특별한 규정이 있는 경우를 제외하고는 이 법에서 정하는 바에 따른다. <개정 2014. 3. 24.>

제2장 개인정보 보호정책의 수립 등

제7조【개인정보 보호위원회】 ① 개인정보 보호에 관한 사무를 독립적으로 수행하기 위하여 국무총리 소속으로 개인정보 보호위원회(이하 "보호위원회"라 한다)를 둔다. <개정 2020. 2. 4.>
② 보호위원회는 「정부조직법」 제2조에 따른 중앙행정기관으로 본다. 다만, 다음 각 호의 사항에 대하여는 「정부조직법」 제18조를 적용하지 아니한다. <개정 2020. 2. 4.>
1. 제7조의8 제3호 및 제4호의 사무
2. 제7조의9 제1항의 심의·의결 사항 중 제1호에 해당하는 사항
③ 삭제 <2020. 2. 4.>
④ 삭제 <2020. 2. 4.>
⑤ 삭제 <2020. 2. 4.>
⑥ 삭제 <2020. 2. 4.>
⑦ 삭제 <2020. 2. 4.>
⑧ 삭제 <2020. 2. 4.>
⑨ 삭제 <2020. 2. 4.>

제7조의2【보호위원회의 구성 등】 ① 보호위원회는 상임위원 2명(위원장 1명, 부위원장 1명)을 포함한 9명의 위원으로 구성한다.
② 보호위원회의 위원은 개인정보 보호에 관한 경력과 전문지식이 풍부한 다음 각 호의 사람 중에서 위원장과 부위원장은 국무총리의 제청으로, 그 외 위원 중 2명은 위원장의 제청으로, 2명은 대통령이 소속되거나 소속되었던 정당의 교섭단체 추천으로, 3명은 그 외의 교섭단체 추천으로 대통령이 임명 또는 위촉한다.
1. 개인정보 보호 업무를 담당하는 3급 이상 공무원(고위공무원단에 속하는 공무원을 포함한다)의 직에 있거나 있었던 사람

2. 판사·검사·변호사의 직에 10년 이상 있거나 있었던 사람
3. 공공기관 또는 단체(개인정보처리자로 구성된 단체를 포함한다)에 3년 이상 임원으로 재직하였거나 이들 기관 또는 단체로부터 추천받은 사람으로서 개인정보 보호 업무를 3년 이상 담당하였던 사람
4. 개인정보 관련 분야에 전문지식이 있고 「고등교육법」 제2조 제1호에 따른 학교에서 부교수 이상으로 5년 이상 재직하고 있거나 재직하였던 사람
③ 위원장과 부위원장은 정무직 공무원으로 임명한다.
④ 위원장, 부위원장, 제7조의13에 따른 사무처의 장은 「정부조직법」 제10조에도 불구하고 정부위원이 된다.
[본조신설 2020. 2. 4.]

제7조의3【위원장】 ① 위원장은 보호위원회를 대표하고, 보호위원회의 회의를 주재하며, 소관 사무를 총괄한다.
② 위원장이 부득이한 사유로 직무를 수행할 수 없을 때에는 부위원장이 그 직무를 대행하고, 위원장·부위원장이 모두 부득이한 사유로 직무를 수행할 수 없을 때에는 위원회가 미리 정하는 위원이 위원장의 직무를 대행한다.
③ 위원장은 국회에 출석하여 보호위원회의 소관 사무에 관하여 의견을 진술할 수 있으며, 국회에서 요구하면 출석하여 보고하거나 답변하여야 한다.
④ 위원장은 국무회의에 출석하여 발언할 수 있으며, 그 소관 사무에 관하여 국무총리에게 의안 제출을 건의할 수 있다.
[본조신설 2020. 2. 4.]

제7조의4【위원의 임기】 ① 위원의 임기는 3년으로 하되, 한 차례만 연임할 수 있다.
② 위원이 궐위된 때에는 지체 없이 새로운 위원을 임명 또는 위촉하여야 한다. 이 경우 후임으로 임명 또는 위촉된 위원의 임기는 새로이 개시된다.
[본조신설 2020. 2. 4.]

제7조의5【위원의 신분보장】 ① 위원은 다음 각 호의 어느 하나에 해당하는 경우를 제외하고는 그

의사에 반하여 면직 또는 해촉되지 아니한다.

1. 장기간 심신장애로 인하여 직무를 수행할 수 없게 된 경우
2. 제7조의7의 결격사유에 해당하는 경우
3. 이 법 또는 그 밖의 다른 법률에 따른 직무상의 의무를 위반한 경우

② 위원은 법률과 양심에 따라 독립적으로 직무를 수행한다.

[본조신설 2020. 2. 4.]

제7조의6【겸직금지 등】 ① 위원은 재직 중 다음 각 호의 직(職)을 겸하거나 직무와 관련된 영리업무에 종사하여서는 아니 된다.

1. 국회의원 또는 지방의회의원
2. 국가공무원 또는 지방공무원
3. 그 밖에 대통령령으로 정하는 직

② 제1항에 따른 영리업무에 관한 사항은 대통령령으로 정한다.

③ 위원은 정치활동에 관여할 수 없다.

[본조신설 2020.2.4.]

제7조의7【결격사유】 ① 다음 각 호의 어느 하나에 해당하는 사람은 위원이 될 수 없다.

1. 대한민국 국민이 아닌 사람
2. 「국가공무원법」 제33조 각 호의 어느 하나에 해당하는 사람
3. 「정당법」 제22조에 따른 당원

② 위원이 제1항 각 호의 어느 하나에 해당하게 된 때에는 그 직에서 당연 퇴직한다. 다만, 「국가공무원법」 제33조 제2호는 파산선고를 받은 사람으로서 「채무자 회생 및 파산에 관한 법률」에 따라 신청기한 내에 면책신청을 하지 아니하였거나 면책불허가 결정 또는 면책 취소가 확정된 경우만 해당하고, 같은 법 제33조 제5호는 「형법」 제129조부터 제132조까지, 「성폭력범죄의 처벌 등에 관한 특례법」 제2조, 「아동·청소년의 성보호에 관한 법률」 제2조 제2호 및 직무와 관련하여 「형법」 제355조 또는 제356조에 규정된 죄를 범한 사람으로서 금고 이상의 형의 선고유예를 받은 경우만 해당한다.

[본조신설 2020. 2. 4.]

제7조의8【보호위원회의 소관 사무】 보호위원회는 다음 각 호의 소관 사무를 수행한다.

1. 개인정보의 보호와 관련된 법령의 개선에 관한 사항
2. 개인정보 보호와 관련된 정책·제도·계획 수립·집행에 관한 사항
3. 정보주체의 권리침해에 대한 조사 및 이에 따른 처분에 관한 사항
4. 개인정보의 처리와 관련한 고충처리·권리구제 및 개인정보에 관한 분쟁의 조정
5. 개인정보 보호를 위한 국제기구 및 외국의 개인정보 보호기구와의 교류·협력
6. 개인정보 보호에 관한 법령·정책·제도·실태 등의 조사·연구, 교육 및 홍보에 관한 사항
7. 개인정보 보호에 관한 기술개발의 지원·보급 및 전문인력의 양성에 관한 사항
8. 이 법 및 다른 법령에 따라 보호위원회의 사무로 규정된 사항

[본조신설 2020. 2. 4.]

제7조의9【보호위원회의 심의·의결 사항 등】 ① 보호위원회는 다음 각 호의 사항을 심의·의결한다.

1. 제8조의2에 따른 개인정보 침해요인 평가에 관한 사항
2. 제9조에 따른 기본계획 및 제10조에 따른 시행계획에 관한 사항
3. 개인정보 보호와 관련된 정책, 제도 및 법령의 개선에 관한 사항
4. 개인정보의 처리에 관한 공공기관 간의 의견조정에 관한 사항
5. 개인정보 보호에 관한 법령의 해석·운용에 관한 사항
6. 제18조 제2항 제5호에 따른 개인정보의 이용·제공에 관한 사항
7. 제33조 제3항에 따른 영향평가 결과에 관한 사항
8. 제28조의6, 제34조의2, 제39조의15에 따른 과징금 부과에 관한 사항
9. 제61조에 따른 의견제시 및 개선권고에 관한 사항
10. 제64조에 따른 시정조치 등에 관한 사항
11. 제65조에 따른 고발 및 징계권고에 관한 사항
12. 제66조에 따른 처리 결과의 공표에 관한 사항

13. 제75조에 따른 과태료 부과에 관한 사항

14. 소관 법령 및 보호위원회 규칙의 제정·개정 및 폐지에 관한 사항

15. 개인정보 보호와 관련하여 보호위원회의 위원장 또는 위원 2명 이상이 회의에 부치는 사항

16. 그 밖에 이 법 또는 다른 법령에 따라 보호위원회가 심의·의결하는 사항

② 보호위원회는 제1항 각 호의 사항을 심의·의결하기 위하여 필요한 경우 다음 각 호의 조치를 할 수 있다.

1. 관계 공무원, 개인정보 보호에 관한 전문 지식이 있는 사람이나 시민사회단체 및 관련 사업자로부터의 의견 청취

2. 관계 기관 등에 대한 자료제출이나 사실조회 요구

③ 제2항 제2호에 따른 요구를 받은 관계 기관 등은 특별한 사정이 없으면 이에 따라야 한다.

④ 보호위원회는 제1항 제3호의 사항을 심의·의결한 경우에는 관계 기관에 그 개선을 권고할 수 있다.

⑤ 보호위원회는 제4항에 따른 권고 내용의 이행 여부를 점검할 수 있다.

[본조신설 2020. 2. 4.]

제7조의10【회의】 ① 보호위원회의 회의는 위원장이 필요하다고 인정하거나 재적위원 4분의 1 이상의 요구가 있는 경우에 위원장이 소집한다.

② 위원장 또는 2명 이상의 위원은 보호위원회에 의안을 제의할 수 있다.

③ 보호위원회의 회의는 재적위원 과반수의 출석으로 개의하고, 출석위원 과반수의 찬성으로 의결한다.

[본조신설 2020. 2. 4.]

제7조의11【위원의 제척·기피·회피】 ① 위원은 다음 각 호의 어느 하나에 해당하는 경우에는 심의·의결에서 제척된다.

1. 위원 또는 그 배우자나 배우자였던 자가 해당 사안의 당사자가 되거나 그 사건에 관하여 공동의 권리자 또는 의무자의 관계에 있는 경우

2. 위원이 해당 사안의 당사자와 친족이거나 친족이었던 경우

3. 위원이 해당 사안에 관하여 증언, 감정, 법률자

문을 한 경우

4. 위원이 해당 사안에 관하여 당사자의 대리인으로서 관여하거나 관여하였던 경우

5. 위원이나 위원이 속한 공공기관·법인 또는 단체 등이 조언 등 지원을 하고 있는 자와 이해관계가 있는 경우

② 위원에게 심의·의결의 공정을 기대하기 어려운 사정이 있는 경우 당사자는 기피 신청을 할 수 있고, 보호위원회는 의결로 이를 결정한다.

③ 위원이 제1항 또는 제2항의 사유가 있는 경우에는 해당 사안에 대하여 회피할 수 있다.

[본조신설 2020. 2. 4.]

제7조의12【소위원회】 ① 보호위원회는 효율적인 업무 수행을 위하여 개인정보 침해 정도가 경미하거나 유사·반복되는 사항 등을 심의·의결할 소위원회를 둘 수 있다.

② 소위원회는 3명의 위원으로 구성한다.

③ 소위원회가 제1항에 따라 심의·의결한 것은 보호위원회가 심의·의결한 것으로 본다.

④ 소위원회의 회의는 구성위원 전원의 출석과 출석위원 전원의 찬성으로 의결한다.

[본조신설 2020. 2. 4.]

제7조의13【사무처】 보호위원회의 사무를 처리하기 위하여 보호위원회에 사무처를 두며, 이 법에 규정된 것 외에 보호위원회의 조직에 관한 사항은 대통령령으로 정한다.

[본조신설 2020. 2. 4.]

제7조의14【운영 등】 이 법과 다른 법령에 규정된 것 외에 보호위원회의 운영 등에 필요한 사항은 보호위원회의 규칙으로 정한다.

[본조신설 2020. 2. 4.]

제8조 삭제 <2020. 2. 4.>

제8조의2【개인정보 침해요인 평가】 ① 중앙행정기관의 장은 소관 법령의 제정 또는 개정을 통하여 개인정보 처리를 수반하는 정책이나 제도를 도입·변경하는 경우에는 보호위원회에 개인정보 침해요인 평가를 요청하여야 한다.

② 보호위원회가 제1항에 따른 요청을 받은 때에는 해당 법령의 개인정보 침해요인을 분석·검토

하여 그 법령의 소관기관의 장에게 그 개선을 위하여 필요한 사항을 권고할 수 있다.

③ 제1항에 따른 개인정보 침해요인 평가의 절차와 방법에 관하여 필요한 사항은 대통령령으로 정한다.

[본조신설 2015. 7. 24.]

제9조【기본계획】 ① 보호위원회는 개인정보의 보호와 정보주체의 권익 보장을 위하여 3년마다 개인정보 보호 기본계획(이하 "기본계획"이라 한다)을 관계 중앙행정기관의 장과 협의하여 수립한다. <개정 2013. 3. 23., 2014. 11. 19., 2015. 7. 24.>

② 기본계획에는 다음 각 호의 사항이 포함되어야 한다.

1. 개인정보 보호의 기본목표와 추진방향
2. 개인정보 보호와 관련된 제도 및 법령의 개선
3. 개인정보 침해 방지를 위한 대책
4. 개인정보 보호 자율규제의 활성화
5. 개인정보 보호 교육·홍보의 활성화
6. 개인정보 보호를 위한 전문인력의 양성
7. 그 밖에 개인정보 보호를 위하여 필요한 사항

③ 국회, 법원, 헌법재판소, 중앙선거관리위원회는 해당 기관(그 소속 기관을 포함한다)의 개인정보 보호를 위한 기본계획을 수립·시행할 수 있다.

제10조【시행계획】 ① 중앙행정기관의 장은 기본계획에 따라 매년 개인정보 보호를 위한 시행계획을 작성하여 보호위원회에 제출하고, 보호위원회의 심의·의결을 거쳐 시행하여야 한다.

② 시행계획의 수립·시행에 필요한 사항은 대통령령으로 정한다.

제11조【자료제출 요구 등】 ① 보호위원회는 기본계획을 효율적으로 수립하기 위하여 개인정보처리자, 관계 중앙행정기관의 장, 지방자치단체의 장 및 관계 기관·단체 등에 개인정보처리자의 법규 준수 현황과 개인정보 관리 실태 등에 관한 자료의 제출이나 의견의 진술 등을 요구할 수 있다. <개정 2013. 3. 23., 2014. 11. 19., 2015. 7. 24.>

② 보호위원회는 개인정보 보호 정책 추진, 성과평가 등을 위하여 필요한 경우 개인정보처리자, 관계 중앙행정기관의 장, 지방자치단체의 장 및 관계 기관·단체 등을 대상으로 개인정보관리 수준 및 실

태파악 등을 위한 조사를 실시할 수 있다. <신설 2015. 7. 24., 2017. 7. 26., 2020. 2. 4.>

③ 중앙행정기관의 장은 시행계획을 효율적으로 수립·추진하기 위하여 소관 분야의 개인정보처리자에게 제1항에 따른 자료제출 등을 요구할 수 있다. <개정 2015. 7. 24.>

④ 제1항부터 제3항까지에 따른 자료제출 등을 요구받은 자는 특별한 사정이 없으면 이에 따라야 한다. <개정 2015. 7. 24.>

⑤ 제1항부터 제3항까지에 따른 자료제출 등의 범위와 방법 등 필요한 사항은 대통령령으로 정한다. <개정 2015. 7. 24.>

제12조【개인정보 보호지침】 ① 보호위원회는 개인정보의 처리에 관한 기준, 개인정보 침해의 유형 및 예방조치 등에 관한 표준 개인정보 보호지침(이하 "표준지침"이라 한다)을 정하여 개인정보처리자에게 그 준수를 권장할 수 있다. <개정 2013. 3. 23., 2014. 11. 19., 2017. 7. 26., 2020. 2. 4.>

② 중앙행정기관의 장은 표준지침에 따라 소관 분야의 개인정보 처리와 관련한 개인정보 보호지침을 정하여 개인정보처리자에게 그 준수를 권장할 수 있다.

③ 국회, 법원, 헌법재판소 및 중앙선거관리위원회는 해당 기관(그 소속 기관을 포함한다)의 개인정보 보호지침을 정하여 시행할 수 있다.

제13조【자율규제의 촉진 및 지원】 보호위원회는 개인정보처리자의 자율적인 개인정보 보호활동을 촉진하고 지원하기 위하여 다음 각 호의 필요한 시책을 마련하여야 한다. <개정 2013. 3. 23., 2014. 11. 19., 2017. 7. 26., 2020. 2. 4.>

1. 개인정보 보호에 관한 교육·홍보
2. 개인정보 보호와 관련된 기관·단체의 육성 및 지원
3. 개인정보 보호 인증마크의 도입·시행 지원
4. 개인정보처리자의 자율적인 규약의 제정·시행 지원
5. 그 밖에 개인정보처리자의 자율적 개인정보 보호활동을 지원하기 위하여 필요한 사항

제14조【국제협력】 ① 정부는 국제적 환경에서의 개인정보 보호 수준을 향상시키기 위하여 필요한 시

책을 마련하여야 한다.

② 정부는 개인정보 국외 이전으로 인하여 정보주체의 권리가 침해되지 아니하도록 관련 시책을 마련하여야 한다.

제3장 개인정보의 처리

제1절 개인정보의 수집, 이용, 제공 등

제15조【개인정보의 수집ㆍ이용】 ① 개인정보처리자는 다음 각 호의 어느 하나에 해당하는 경우에는 개인정보를 수집할 수 있으며 그 수집 목적의 범위에서 이용할 수 있다.

1. 정보주체의 동의를 받은 경우
2. 법률에 특별한 규정이 있거나 법령상 의무를 준수하기 위하여 불가피한 경우
3. 공공기관이 법령 등에서 정하는 소관 업무의 수행을 위하여 불가피한 경우
4. 정보주체와의 계약의 체결 및 이행을 위하여 불가피하게 필요한 경우
5. 정보주체 또는 그 법정대리인이 의사표시를 할 수 없는 상태에 있거나 주소불명 등으로 사전 동의를 받을 수 없는 경우로서 명백히 정보주체 또는 제3자의 급박한 생명, 신체, 재산의 이익을 위하여 필요하다고 인정되는 경우
6. 개인정보처리자의 정당한 이익을 달성하기 위하여 필요한 경우로서 명백하게 정보주체의 권리보다 우선하는 경우. 이 경우 개인정보처리자의 정당한 이익과 상당한 관련이 있고 합리적인 범위를 초과하지 아니하는 경우에 한한다.

② 개인정보처리자는 제1항 제1호에 따른 동의를 받을 때에는 다음 각 호의 사항을 정보주체에게 알려야 한다. 다음 각 호의 어느 하나의 사항을 변경하는 경우에도 이를 알리고 동의를 받아야 한다.

1. 개인정보의 수집ㆍ이용 목적
2. 수집하려는 개인정보의 항목
3. 개인정보의 보유 및 이용 기간
4. 동의를 거부할 권리가 있다는 사실 및 동의 거부에 따른 불이익이 있는 경우에는 그 불이익의 내용

③ 개인정보처리자는 당초 수집 목적과 합리적으로 관련된 범위에서 정보주체에게 불이익이 발생하는지 여부, 암호화 등 안전성 확보에 필요한 조치를 하였는지 여부 등을 고려하여 대통령령으로 정하는 바에 따라 정보주체의 동의 없이 개인정보를 이용할 수 있다. <신설 2020. 2. 4.>

제16조【개인정보의 수집 제한】 ① 개인정보처리자는 제15조 제1항 각 호의 어느 하나에 해당하여 개인정보를 수집하는 경우에는 그 목적에 필요한 최소한의 개인정보를 수집하여야 한다. 이 경우 최소한의 개인정보 수집이라는 입증책임은 개인정보처리자가 부담한다.

② 개인정보처리자는 정보주체의 동의를 받아 개인정보를 수집하는 경우 필요한 최소한의 정보 외의 개인정보 수집에는 동의하지 아니할 수 있다는 사실을 구체적으로 알리고 개인정보를 수집하여야 한다. <신설 2013. 8. 6.>

③ 개인정보처리자는 정보주체가 필요한 최소한의 정보 외의 개인정보 수집에 동의하지 아니한다는 이유로 정보주체에게 재화 또는 서비스의 제공을 거부하여서는 아니 된다. <개정 2013. 8. 6.>

제17조【개인정보의 제공】 ① 개인정보처리자는 다음 각 호의 어느 하나에 해당되는 경우에는 정보주체의 개인정보를 제3자에게 제공(공유를 포함한다. 이하 같다)할 수 있다. <개정 2020. 2. 4.>

1. 정보주체의 동의를 받은 경우
2. 제15조 제1항 제2호ㆍ제3호ㆍ제5호 및 제39조의3 제2항 제2호ㆍ제3호에 따라 개인정보를 수집한 목적 범위에서 개인정보를 제공하는 경우

② 개인정보처리자는 제1항 제1호에 따른 동의를 받을 때에는 다음 각 호의 사항을 정보주체에게 알려야 한다. 다음 각 호의 어느 하나의 사항을 변경하는 경우에도 이를 알리고 동의를 받아야 한다.

1. 개인정보를 제공받는 자
2. 개인정보를 제공받는 자의 개인정보 이용 목적
3. 제공하는 개인정보의 항목
4. 개인정보를 제공받는 자의 개인정보 보유 및 이용 기간
5. 동의를 거부할 권리가 있다는 사실 및 동의 거부에 따른 불이익이 있는 경우에는 그 불이익의 내용

③ 개인정보처리자가 개인정보를 국외의 제3자에게 제공할 때에는 제2항 각 호에 따른 사항을 정보주체에게 알리고 동의를 받아야 하며, 이 법을 위반하는 내용으로 개인정보의 국외 이전에 관한 계약을 체결하여서는 아니 된다.

④ 개인정보처리자는 당초 수집 목적과 합리적으로 관련된 범위에서 정보주체에게 불이익이 발생하는지 여부, 암호화 등 안전성 확보에 필요한 조치를 하였는지 여부 등을 고려하여 대통령령으로 정하는 바에 따라 정보주체의 동의 없이 개인정보를 제공할 수 있다. <신설 2020. 2. 4.>

제18조【개인정보의 목적 외 이용·제공 제한】 ① 개인정보처리자는 개인정보를 제15조 제1항 및 제39조의3 제1항 및 제2항에 따른 범위를 초과하여 이용하거나 제17조 제1항 및 제3항에 따른 범위를 초과하여 제3자에게 제공하여서는 아니 된다. <개정 2020. 2. 4.>

② 제1항에도 불구하고 개인정보처리자는 다음 각 호의 어느 하나에 해당하는 경우에는 정보주체 또는 제3자의 이익을 부당하게 침해할 우려가 있을 때를 제외하고는 개인정보를 목적 외의 용도로 이용하거나 이를 제3자에게 제공할 수 있다. 다만, 이용자(「정보통신망 이용촉진 및 정보보호 등에 관한 법률」 제2조 제1항 제4호에 해당하는 자를 말한다. 이하 같다)의 개인정보를 처리하는 정보통신서비스 제공자(「정보통신망 이용촉진 및 정보보호 등에 관한 법률」 제2조 제1항 제3호에 해당하는 자를 말한다. 이하 같다)의 경우 제1호·제2호의 경우로 한정하고, 제5호부터 제9호까지의 경우는 공공기관의 경우로 한정한다. <개정 2020. 2. 4.>

1. 정보주체로부터 별도의 동의를 받은 경우
2. 다른 법률에 특별한 규정이 있는 경우
3. 정보주체 또는 그 법정대리인이 의사표시를 할 수 없는 상태에 있거나 주소불명 등으로 사전 동의를 받을 수 없는 경우로서 명백히 정보주체 또는 제3자의 급박한 생명, 신체, 재산의 이익을 위하여 필요하다고 인정되는 경우
4. 삭제 <2020. 2. 4.>
5. 개인정보를 목적 외의 용도로 이용하거나 이를 제3자에게 제공하지 아니하면 다른 법률에서 정하는 소관 업무를 수행할 수 없는 경우로서 보호위원회의 심의·의결을 거친 경우
6. 조약, 그 밖의 국제협정의 이행을 위하여 외국 정부 또는 국제기구에 제공하기 위하여 필요한 경우
7. 범죄의 수사와 공소의 제기 및 유지를 위하여 필요한 경우
8. 법원의 재판업무 수행을 위하여 필요한 경우
9. 형(刑) 및 감호, 보호처분의 집행을 위하여 필요한 경우

③ 개인정보처리자는 제2항 제1호에 따른 동의를 받을 때에는 다음 각 호의 사항을 정보주체에게 알려야 한다. 다음 각 호의 어느 하나의 사항을 변경하는 경우에도 이를 알리고 동의를 받아야 한다.

1. 개인정보를 제공받는 자
2. 개인정보의 이용 목적(제공 시에는 제공받는 자의 이용 목적을 말한다)
3. 이용 또는 제공하는 개인정보의 항목
4. 개인정보의 보유 및 이용 기간(제공 시에는 제공받는 자의 보유 및 이용 기간을 말한다)
5. 동의를 거부할 권리가 있다는 사실 및 동의 거부에 따른 불이익이 있는 경우에는 그 불이익의 내용

④ 공공기관은 제2항 제2호부터 제6호까지, 제8호 및 제9호에 따라 개인정보를 목적 외의 용도로 이용하거나 이를 제3자에게 제공하는 경우에는 그 이용 또는 제공의 법적 근거, 목적 및 범위 등에 관하여 필요한 사항을 보호위원회가 고시로 정하는 바에 따라 관보 또는 인터넷 홈페이지 등에 게재하여야 한다. <개정 2013. 3. 23., 2014. 11. 19., 2017. 7. 26., 2020. 2. 4.>

⑤ 개인정보처리자는 제2항 각 호의 어느 하나의 경우에 해당하여 개인정보를 목적 외의 용도로 제3자에게 제공하는 경우에는 개인정보를 제공받는 자에게 이용 목적, 이용 방법, 그 밖에 필요한 사항에 대하여 제한을 하거나, 개인정보의 안전성 확보를 위하여 필요한 조치를 마련하도록 요청하여야 한다. 이 경우 요청을 받은 자는 개인정보의 안전성 확보를 위하여 필요한 조치를 하여야 한다.

[제목개정 2013. 8. 6.]

제19조【개인정보를 제공받은 자의 이용·제공 제한】
개인정보처리자로부터 개인정보를 제공받은 자는
다음 각 호의 어느 하나에 해당하는 경우를 제외
하고는 개인정보를 제공받은 목적 외의 용도로
이용하거나 이를 제3자에게 제공하여서는 아니
된다.
1. 정보주체로부터 별도의 동의를 받은 경우
2. 다른 법률에 특별한 규정이 있는 경우

**제20조【정보주체 이외로부터 수집한 개인정보의 수집
출처 등 고지】** ① 개인정보처리자가 정보주체 이
외로부터 수집한 개인정보를 처리하는 때에는 정
보주체의 요구가 있으면 즉시 다음 각 호의 모든
사항을 정보주체에게 알려야 한다.
1. 개인정보의 수집 출처
2. 개인정보의 처리 목적
3. 제37조에 따른 개인정보 처리의 정지를 요구할
   권리가 있다는 사실
② 제1항에도 불구하고 처리하는 개인정보의 종
류·규모, 종업원 수 및 매출액 규모 등을 고려하
여 대통령령으로 정하는 기준에 해당하는 개인정
보처리자가 제17조 제1항 제1호에 따라 정보주체
이외로부터 개인정보를 수집하여 처리하는 때에
는 제1항 각 호의 모든 사항을 정보주체에게 알려
야 한다. 다만, 개인정보처리자가 수집한 정보에
연락처 등 정보주체에게 알릴 수 있는 개인정보가
포함되지 아니한 경우에는 그러하지 아니하다.
<신설 2016. 3. 29.>
③ 제2항 본문에 따라 알리는 경우 정보주체에게
알리는 시기·방법 및 절차 등 필요한 사항은 대
통령령으로 정한다. <신설 2016. 3. 29.>
④ 제1항과 제2항 본문은 다음 각 호의 어느 하나
에 해당하는 경우에는 적용하지 아니한다. 다만,
이 법에 따른 정보주체의 권리보다 명백히 우선하
는 경우에 한한다. <개정 2016. 3. 29.>
1. 고지를 요구하는 대상이 되는 개인정보가 제32
   조 제2항 각 호의 어느 하나에 해당하는 개인정
   보파일에 포함되어 있는 경우
2. 고지로 인하여 다른 사람의 생명·신체를 해할
   우려가 있거나 다른 사람의 재산과 그 밖의 이
   익을 부당하게 침해할 우려가 있는 경우

제21조【개인정보의 파기】 ① 개인정보처리자는 보
유기간의 경과, 개인정보의 처리 목적 달성 등 그
개인정보가 불필요하게 되었을 때에는 지체 없이
그 개인정보를 파기하여야 한다. 다만, 다른 법령
에 따라 보존하여야 하는 경우에는 그러하지 아니
하다.
② 개인정보처리자가 제1항에 따라 개인정보를
파기할 때에는 복구 또는 재생되지 아니하도록 조
치하여야 한다.
③ 개인정보처리자가 제1항 단서에 따라 개인정
보를 파기하지 아니하고 보존하여야 하는 경우에
는 해당 개인정보 또는 개인정보파일을 다른 개인
정보와 분리하여서 저장·관리하여야 한다.
④ 개인정보의 파기방법 및 절차 등에 필요한 사
항은 대통령령으로 정한다.

제22조【동의를 받는 방법】 ① 개인정보처리자는 이
법에 따른 개인정보의 처리에 대하여 정보주체(제
6항에 따른 법정대리인을 포함한다. 이하 이 조에
서 같다)의 동의를 받을 때에는 각각의 동의 사항
을 구분하여 정보주체가 이를 명확하게 인지할 수
있도록 알리고 각각 동의를 받아야 한다. <개정
2017. 4. 18.>
② 개인정보처리자는 제1항의 동의를 서면(「전자
문서 및 전자거래 기본법」 제2조 제1호에 따른 전
자문서를 포함한다)으로 받을 때에는 개인정보의
수집·이용 목적, 수집·이용하려는 개인정보의
항목 등 대통령령으로 정하는 중요한 내용을 보호
위원회가 고시로 정하는 방법에 따라 명확히 표시
하여 알아보기 쉽게 하여야 한다. <신설 2017. 4.
18., 2017. 7. 26., 2020. 2. 4.>
③ 개인정보처리자는 제15조 제1항 제1호, 제17조
제1항 제1호, 제23조 제1항 제1호 및 제24조 제1항
제1호에 따라 개인정보의 처리에 대하여 정보주체
의 동의를 받을 때에는 정보주체와의 계약 체결
등을 위하여 정보주체의 동의 없이 처리할 수 있
는 개인정보와 정보주체의 동의가 필요한 개인정
보를 구분하여야 한다. 이 경우 동의 없이 처리할
수 있는 개인정보라는 입증책임은 개인정보처리
자가 부담한다. <개정 2016. 3. 29., 2017. 4. 18.>
④ 개인정보처리자는 정보주체에게 재화나 서비

스를 홍보하거나 판매를 권유하기 위하여 개인정보의 처리에 대한 동의를 받으려는 때에는 정보주체가 이를 명확하게 인지할 수 있도록 알리고 동의를 받아야 한다. <개정 2017. 4. 18.>

⑤ 개인정보처리자는 정보주체가 제3항에 따라 선택적으로 동의할 수 있는 사항을 동의하지 아니하거나 제4항 및 제18조 제2항 제1호에 따른 동의를 하지 아니한다는 이유로 정보주체에게 재화 또는 서비스의 제공을 거부하여서는 아니 된다. <개정 2017. 4. 18.>

⑥ 개인정보처리자는 만 14세 미만 아동의 개인정보를 처리하기 위하여 이 법에 따른 동의를 받아야 할 때에는 그 법정대리인의 동의를 받아야 한다. 이 경우 법정대리인의 동의를 받기 위하여 필요한 최소한의 정보는 법정대리인의 동의 없이 해당 아동으로부터 직접 수집할 수 있다. <개정 2017. 4. 18.>

⑦ 제1항부터 제6항까지에서 규정한 사항 외에 정보주체의 동의를 받는 세부적인 방법 및 제6항에 따른 최소한의 정보의 내용에 관하여 필요한 사항은 개인정보의 수집매체 등을 고려하여 대통령령으로 정한다. <개정 2017. 4. 18.>

제2절 개인정보의 처리 제한

제23조【민감정보의 처리 제한】 ① 개인정보처리자는 사상·신념, 노동조합·정당의 가입·탈퇴, 정치적 견해, 건강, 성생활 등에 관한 정보, 그 밖에 정보주체의 사생활을 현저히 침해할 우려가 있는 개인정보로서 대통령령으로 정하는 정보(이하 "민감정보"라 한다)를 처리하여서는 아니 된다. 다만, 다음 각 호의 어느 하나에 해당하는 경우에는 그러하지 아니하다. <개정 2016. 3. 29.>

1. 정보주체에게 제15조 제2항 각 호 또는 제17조 제2항 각 호의 사항을 알리고 다른 개인정보의 처리에 대한 동의와 별도로 동의를 받은 경우
2. 법령에서 민감정보의 처리를 요구하거나 허용하는 경우

② 개인정보처리자가 제1항 각 호에 따라 민감정보를 처리하는 경우에는 그 민감정보가 분실·도난·유출·위조·변조 또는 훼손되지 아니하도록

제29조에 따른 안전성 확보에 필요한 조치를 하여야 한다. <신설 2016. 3. 29.>

제24조【고유식별정보의 처리 제한】 ① 개인정보처리자는 다음 각 호의 경우를 제외하고는 법령에 따라 개인을 고유하게 구별하기 위하여 부여된 식별정보로서 대통령령으로 정하는 정보(이하 "고유식별정보"라 한다)를 처리할 수 없다.

1. 정보주체에게 제15조 제2항 각 호 또는 제17조 제2항 각 호의 사항을 알리고 다른 개인정보의 처리에 대한 동의와 별도로 동의를 받은 경우
2. 법령에서 구체적으로 고유식별정보의 처리를 요구하거나 허용하는 경우

② 삭제 <2013. 8. 6.>

③ 개인정보처리자가 제1항 각 호에 따라 고유식별정보를 처리하는 경우에는 그 고유식별정보가 분실·도난·유출·위조·변조 또는 훼손되지 아니하도록 대통령령으로 정하는 바에 따라 암호화 등 안전성 확보에 필요한 조치를 하여야 한다. <개정 2015. 7. 24.>

④ 보호위원회는 처리하는 개인정보의 종류·규모, 종업원 수 및 매출액 규모 등을 고려하여 대통령령으로 정하는 기준에 해당하는 개인정보처리자가 제3항에 따라 안전성 확보에 필요한 조치를 하였는지에 관하여 대통령령으로 정하는 바에 따라 정기적으로 조사하여야 한다. <신설 2016. 3. 29., 2017. 7. 26., 2020. 2. 4.>

⑤ 보호위원회는 대통령령으로 정하는 전문기관으로 하여금 제4항에 따른 조사를 수행하게 할 수 있다. <신설 2016. 3. 29., 2017. 7. 26., 2020. 2. 4.>

제24조의2【주민등록번호 처리의 제한】 ① 제24조 제1항에도 불구하고 개인정보처리자는 다음 각 호의 어느 하나에 해당하는 경우를 제외하고는 주민등록번호를 처리할 수 없다. <개정 2016. 3. 29., 2017. 7. 26., 2020. 2. 4.>

1. 법률·대통령령·국회규칙·대법원규칙·헌법재판소규칙·중앙선거관리위원회규칙 및 감사원규칙에서 구체적으로 주민등록번호의 처리를 요구하거나 허용한 경우
2. 정보주체 또는 제3자의 급박한 생명, 신체, 재산의 이익을 위하여 명백히 필요하다고 인정되는 경우

3. 제1호 및 제2호에 준하여 주민등록번호 처리가 불가피한 경우로서 보호위원회가 고시로 정하는 경우

② 개인정보처리자는 제24조 제3항에도 불구하고 주민등록번호가 분실·도난·유출·위조·변조 또는 훼손되지 아니하도록 암호화 조치를 통하여 안전하게 보관하여야 한다. 이 경우 암호화 적용 대상 및 대상별 적용 시기 등에 관하여 필요한 사항은 개인정보의 처리 규모와 유출 시 영향 등을 고려하여 대통령령으로 정한다. <신설 2014. 3. 24., 2015. 7. 24.>

③ 개인정보처리자는 제1항 각 호에 따라 주민등록번호를 처리하는 경우에도 정보주체가 인터넷 홈페이지를 통하여 회원으로 가입하는 단계에서는 주민등록번호를 사용하지 아니하고도 회원으로 가입할 수 있는 방법을 제공하여야 한다. <개정 2014. 3. 24.>

④ 보호위원회는 개인정보처리자가 제3항에 따른 방법을 제공할 수 있도록 관계 법령의 정비, 계획의 수립, 필요한 시설 및 시스템의 구축 등 제반 조치를 마련·지원할 수 있다. <개정 2014. 3. 24., 2017. 7. 26., 2020. 2. 4.>

[본조신설 2013. 8. 6.]

제25조【영상정보처리기기의 설치·운영 제한】 ① 누구든지 다음 각 호의 경우를 제외하고는 공개된 장소에 영상정보처리기기를 설치·운영하여서는 아니 된다.

1. 법령에서 구체적으로 허용하고 있는 경우
2. 범죄의 예방 및 수사를 위하여 필요한 경우
3. 시설안전 및 화재 예방을 위하여 필요한 경우
4. 교통단속을 위하여 필요한 경우
5. 교통정보의 수집·분석 및 제공을 위하여 필요한 경우

② 누구든지 불특정 다수가 이용하는 목욕실, 화장실, 발한실(發汗室), 탈의실 등 개인의 사생활을 현저히 침해할 우려가 있는 장소의 내부를 볼 수 있도록 영상정보처리기기를 설치·운영하여서는 아니 된다. 다만, 교도소, 정신보건 시설 등 법령에 근거하여 사람을 구금하거나 보호하는 시설로서 대통령령으로 정하는 시설에 대하여는 그러하지 아니하다.

③ 제1항 각 호에 따라 영상정보처리기기를 설치·운영하려는 공공기관의 장과 제2항 단서에 따라 영상정보처리기기를 설치·운영하려는 자는 공청회·설명회의 개최 등 대통령령으로 정하는 절차를 거쳐 관계 전문가 및 이해관계인의 의견을 수렴하여야 한다.

④ 제1항 각 호에 따라 영상정보처리기기를 설치·운영하는 자(이하 "영상정보처리기기운영자"라 한다)는 정보주체가 쉽게 인식할 수 있도록 다음 각 호의 사항이 포함된 안내판을 설치하는 등 필요한 조치를 하여야 한다. 다만, 「군사기지 및 군사시설 보호법」 제2조 제2호에 따른 군사시설, 「통합방위법」 제2조 제13호에 따른 국가중요시설, 그 밖에 대통령령으로 정하는 시설에 대하여는 그러하지 아니하다. <개정 2016. 3. 29.>

1. 설치 목적 및 장소
2. 촬영 범위 및 시간
3. 관리책임자 성명 및 연락처
4. 그 밖에 대통령령으로 정하는 사항

⑤ 영상정보처리기기운영자는 영상정보처리기기의 설치 목적과 다른 목적으로 영상정보처리기기를 임의로 조작하거나 다른 곳을 비춰서는 아니 되며, 녹음기능은 사용할 수 없다.

⑥ 영상정보처리기기운영자는 개인정보가 분실·도난·유출·위조·변조 또는 훼손되지 아니하도록 제29조에 따라 안전성 확보에 필요한 조치를 하여야 한다. <개정 2015. 7. 24.>

⑦ 영상정보처리기기운영자는 대통령령으로 정하는 바에 따라 영상정보처리기기 운영·관리 방침을 마련하여야 한다. 이 경우 제30조에 따른 개인정보 처리방침을 정하지 아니할 수 있다.

⑧ 영상정보처리기기운영자는 영상정보처리기기의 설치·운영에 관한 사무를 위탁할 수 있다. 다만, 공공기관이 영상정보처리기기 설치·운영에 관한 사무를 위탁하는 경우에는 대통령령으로 정하는 절차 및 요건에 따라야 한다.

제26조【업무위탁에 따른 개인정보의 처리 제한】 ① 개인정보처리자가 제3자에게 개인정보의 처리 업무를 위탁하는 경우에는 다음 각 호의 내용이 포

함된 문서에 의하여야 한다.

1. 위탁업무 수행 목적 외 개인정보의 처리 금지에 관한 사항
2. 개인정보의 기술적·관리적 보호조치에 관한 사항
3. 그 밖에 개인정보의 안전한 관리를 위하여 대통령령으로 정한 사항

② 제1항에 따라 개인정보의 처리 업무를 위탁하는 개인정보처리자(이하 "위탁자"라 한다)는 위탁하는 업무의 내용과 개인정보 처리 업무를 위탁받아 처리하는 자(이하 "수탁자"라 한다)를 정보주체가 언제든지 쉽게 확인할 수 있도록 대통령령으로 정하는 방법에 따라 공개하여야 한다.

③ 위탁자가 재화 또는 서비스를 홍보하거나 판매를 권유하는 업무를 위탁하는 경우에는 대통령령으로 정하는 방법에 따라 위탁하는 업무의 내용과 수탁자를 정보주체에게 알려야 한다. 위탁하는 업무의 내용이나 수탁자가 변경된 경우에도 또한 같다.

④ 위탁자는 업무 위탁으로 인하여 정보주체의 개인정보가 분실·도난·유출·위조·변조 또는 훼손되지 아니하도록 수탁자를 교육하고, 처리 현황 점검 등 대통령령으로 정하는 바에 따라 수탁자가 개인정보를 안전하게 처리하는지를 감독하여야 한다. <개정 2015. 7. 24.>

⑤ 수탁자는 개인정보처리자로부터 위탁받은 해당 업무 범위를 초과하여 개인정보를 이용하거나 제3자에게 제공하여서는 아니 된다.

⑥ 수탁자가 위탁받은 업무와 관련하여 개인정보를 처리하는 과정에서 이 법을 위반하여 발생한 손해배상책임에 대하여는 수탁자를 개인정보처리자의 소속 직원으로 본다.

⑦ 수탁자에 관하여는 제15조부터 제25조까지, 제27조부터 제31조까지, 제33조부터 제38조까지 및 제59조를 준용한다.

제27조 【영업양도 등에 따른 개인정보의 이전 제한】

① 개인정보처리자는 영업의 전부 또는 일부의 양도·합병 등으로 개인정보를 다른 사람에게 이전하는 경우에는 미리 다음 각 호의 사항을 대통령령으로 정하는 방법에 따라 해당 정보주체에게 알려야 한다.

1. 개인정보를 이전하려는 사실
2. 개인정보를 이전받는 자(이하 "영업양수자등"이라 한다)의 성명(법인의 경우에는 법인의 명칭을 말한다), 주소, 전화번호 및 그 밖의 연락처
3. 정보주체가 개인정보의 이전을 원하지 아니하는 경우 조치할 수 있는 방법 및 절차

② 영업양수자등은 개인정보를 이전받았을 때에는 지체 없이 그 사실을 대통령령으로 정하는 방법에 따라 정보주체에게 알려야 한다. 다만, 개인정보처리자가 제1항에 따라 그 이전 사실을 이미 알린 경우에는 그러하지 아니하다.

③ 영업양수자등은 영업의 양도·합병 등으로 개인정보를 이전받은 경우에는 이전 당시의 본래 목적으로만 개인정보를 이용하거나 제3자에게 제공할 수 있다. 이 경우 영업양수자등은 개인정보처리자로 본다.

제28조 【개인정보취급자에 대한 감독】

① 개인정보처리자는 개인정보를 처리함에 있어서 개인정보가 안전하게 관리될 수 있도록 임직원, 파견근로자, 시간제근로자 등 개인정보처리자의 지휘·감독을 받아 개인정보를 처리하는 자(이하 "개인정보취급자"라 한다)에 대하여 적절한 관리·감독을 행하여야 한다.

② 개인정보처리자는 개인정보의 적정한 취급을 보장하기 위하여 개인정보취급자에게 정기적으로 필요한 교육을 실시하여야 한다.

제3절 가명정보의 처리에 관한 특례
〈신설 2020. 2. 4.〉

제28조의2 【가명정보의 처리 등】

① 개인정보처리자는 통계작성, 과학적 연구, 공익적 기록보존 등을 위하여 정보주체의 동의 없이 가명정보를 처리할 수 있다.

② 개인정보처리자는 제1항에 따라 가명정보를 제3자에게 제공하는 경우에는 특정 개인을 알아보기 위하여 사용될 수 있는 정보를 포함해서는 아니 된다.

[본조신설 2020. 2. 4.]

제28조의3【가명정보의 결합 제한】 ① 제28조의2에
도 불구하고 통계작성, 과학적 연구, 공익적 기록
보존 등을 위한 서로 다른 개인정보처리자 간의
가명정보의 결합은 보호위원회 또는 관계 중앙행
정기관의 장이 지정하는 전문기관이 수행한다.
② 결합을 수행한 기관 외부로 결합된 정보를 반
출하려는 개인정보처리자는 가명정보 또는 제58
조의2에 해당하는 정보로 처리한 뒤 전문기관의
장의 승인을 받아야 한다.
③ 제1항에 따른 결합 절차와 방법, 전문기관의
지정과 지정 취소 기준·절차, 관리·감독, 제2항
에 따른 반출 및 승인 기준·절차 등 필요한 사항
은 대통령령으로 정한다.
[본조신설 2020. 2. 4.]

제28조의4【가명정보에 대한 안전조치의무 등】 ① 개
인정보처리자는 가명정보를 처리하는 경우에는
원래의 상태로 복원하기 위한 추가 정보를 별도로
분리하여 보관·관리하는 등 해당 정보가 분실·
도난·유출·위조·변조 또는 훼손되지 않도록
대통령령으로 정하는 바에 따라 안전성 확보에 필요
한 기술적·관리적 및 물리적 조치를 하여야 한다.
② 개인정보처리자는 가명정보를 처리하고자 하
는 경우에는 가명정보의 처리 목적, 제3자 제공 시
제공받는 자 등 가명정보의 처리 내용을 관리하기
위하여 대통령령으로 정하는 사항에 대한 관련 기
록을 작성하여 보관하여야 한다.
[본조신설 2020. 2. 4.]

제28조의5【가명정보 처리 시 금지의무 등】 ① 누구
든지 특정 개인을 알아보기 위한 목적으로 가명정
보를 처리해서는 아니 된다.
② 개인정보처리자는 가명정보를 처리하는 과정
에서 특정 개인을 알아볼 수 있는 정보가 생성된
경우에는 즉시 해당 정보의 처리를 중지하고, 지체
없이 회수·파기하여야 한다.
[본조신설 2020. 2. 4.]

제28조의6【가명정보 처리에 대한 과징금 부과 등】
① 보호위원회는 개인정보처리자가 제28조의5 제
1항을 위반하여 특정 개인을 알아보기 위한 목적
으로 정보를 처리한 경우 전체 매출액의 100분의
3 이하에 해당하는 금액을 과징금으로 부과할 수

있다. 다만, 매출액이 없거나 매출액의 산정이 곤
란한 경우로서 대통령령으로 정하는 경우에는 4억
원 또는 자본금의 100분의 3 중 큰 금액 이하로 과
징금을 부과할 수 있다.
② 과징금의 부과·징수 등에 필요한 사항은 제34
조의2 제3항부터 제5항까지의 규정을 준용한다.
[본조신설 2020. 2. 4.]

제28조의7【적용범위】 가명정보는 제20조, 제21조,
제27조, 제34조 제1항, 제35조부터 제37조까지, 제
39조의3, 제39조의4, 제39조의6부터 제39조의8까
지의 규정을 적용하지 아니한다.
[본조신설 2020. 2. 4.]

제4장 개인정보의 안전한 관리

제29조【안전조치의무】 개인정보처리자는 개인정보
가 분실·도난·유출·위조·변조 또는 훼손되지
아니하도록 내부 관리계획 수립, 접속기록 보관 등
대통령령으로 정하는 바에 따라 안전성 확보에 필
요한 기술적·관리적 및 물리적 조치를 하여야 한
다. <개정 2015.7.24.>

제30조【개인정보 처리방침의 수립 및 공개】 ① 개인
정보처리자는 다음 각 호의 사항이 포함된 개인정
보의 처리 방침(이하 "개인정보 처리방침"이라 한
다)을 정하여야 한다. 이 경우 공공기관은 제32조
에 따라 등록대상이 되는 개인정보파일에 대하여
개인정보 처리방침을 정한다. <개정 2016. 3. 29.,
2020. 2. 4.>
1. 개인정보의 처리 목적
2. 개인정보의 처리 및 보유 기간
3. 개인정보의 제3자 제공에 관한 사항(해당되는
   경우에만 정한다)
3의2. 개인정보의 파기절차 및 파기방법(제21조
   제1항 단서에 따라 개인정보를 보존하여야
   하는 경우에는 그 보존근거와 보존하는 개
   인정보 항목을 포함한다)
4. 개인정보처리의 위탁에 관한 사항(해당되는 경
   우에만 정한다)
5. 정보주체와 법정대리인의 권리·의무 및 그 행
   사방법에 관한 사항

6. 제31조에 따른 개인정보 보호책임자의 성명 또는 개인정보 보호업무 및 관련 고충사항을 처리하는 부서의 명칭과 전화번호 등 연락처

7. 인터넷 접속정보파일 등 개인정보를 자동으로 수집하는 장치의 설치·운영 및 그 거부에 관한 사항(해당하는 경우에만 정한다)

8. 그 밖에 개인정보의 처리에 관하여 대통령령으로 정한 사항

② 개인정보처리자가 개인정보 처리방침을 수립하거나 변경하는 경우에는 정보주체가 쉽게 확인할 수 있도록 대통령령으로 정하는 방법에 따라 공개하여야 한다.

③ 개인정보 처리방침의 내용과 개인정보처리자와 정보주체 간에 체결한 계약의 내용이 다른 경우에는 정보주체에게 유리한 것을 적용한다.

④ 보호위원회는 개인정보 처리방침의 작성지침을 정하여 개인정보처리자에게 그 준수를 권장할 수 있다. <개정 2013. 3. 23., 2014. 11. 19., 2017. 7. 26., 2020. 2. 4.>

제31조【개인정보 보호책임자의 지정】 ① 개인정보처리자는 개인정보의 처리에 관한 업무를 총괄해서 책임질 개인정보 보호책임자를 지정하여야 한다.

② 개인정보 보호책임자는 다음 각 호의 업무를 수행한다.

1. 개인정보 보호 계획의 수립 및 시행

2. 개인정보 처리 실태 및 관행의 정기적인 조사 및 개선

3. 개인정보 처리와 관련한 불만의 처리 및 피해구제

4. 개인정보 유출 및 오용·남용 방지를 위한 내부통제시스템의 구축

5. 개인정보 보호 교육 계획의 수립 및 시행

6. 개인정보파일의 보호 및 관리·감독

7. 그 밖에 개인정보의 적절한 처리를 위하여 대통령령으로 정한 업무

③ 개인정보 보호책임자는 제2항 각 호의 업무를 수행함에 있어서 필요한 경우 개인정보의 처리 현황, 처리 체계 등에 대하여 수시로 조사하거나 관계 당사자로부터 보고를 받을 수 있다.

④ 개인정보 보호책임자는 개인정보 보호와 관련하여 이 법 및 다른 관계 법령의 위반 사실을 알게

된 경우에는 즉시 개선조치를 하여야 하며, 필요하면 소속 기관 또는 단체의 장에게 개선조치를 보고하여야 한다.

⑤ 개인정보처리자는 개인정보 보호책임자가 제2항 각 호의 업무를 수행함에 있어서 정당한 이유 없이 불이익을 주거나 받게 하여서는 아니 된다.

⑥ 개인정보 보호책임자의 지정요건, 업무, 자격요건, 그 밖에 필요한 사항은 대통령령으로 정한다.

제32조【개인정보파일의 등록 및 공개】 ① 공공기관의 장이 개인정보파일을 운용하는 경우에는 다음 각 호의 사항을 보호위원회에 등록하여야 한다. 등록한 사항이 변경된 경우에도 또한 같다. <개정 2013. 3. 23., 2014. 11. 19., 2017. 7. 26., 2020. 2. 4.>

1. 개인정보파일의 명칭

2. 개인정보파일의 운영 근거 및 목적

3. 개인정보파일에 기록되는 개인정보의 항목

4. 개인정보의 처리방법

5. 개인정보의 보유기간

6. 개인정보를 통상적 또는 반복적으로 제공하는 경우에는 그 제공받는 자

7. 그 밖에 대통령령으로 정하는 사항

② 다음 각 호의 어느 하나에 해당하는 개인정보파일에 대하여는 제1항을 적용하지 아니한다.

1. 국가 안전, 외교상 비밀, 그 밖에 국가의 중대한 이익에 관한 사항을 기록한 개인정보파일

2. 범죄의 수사, 공소의 제기 및 유지, 형 및 감호의 집행, 교정처분, 보호처분, 보안관찰처분과 출입국관리에 관한 사항을 기록한 개인정보파일

3. 「조세범처벌법」에 따른 범칙행위 조사 및 「관세법」에 따른 범칙행위 조사에 관한 사항을 기록한 개인정보파일

4. 공공기관의 내부적 업무처리만을 위하여 사용되는 개인정보파일

5. 다른 법령에 따라 비밀로 분류된 개인정보파일

③ 보호위원회는 필요하면 제1항에 따른 개인정보파일의 등록사항과 그 내용을 검토하여 해당 공공기관의 장에게 개선을 권고할 수 있다. <개정 2013. 3. 23., 2014. 11. 19., 2017. 7. 26., 2020. 2. 4.>

④ 보호위원회는 제1항에 따른 개인정보파일의 등록 현황을 누구든지 쉽게 열람할 수 있도록 공개하

여야 한다. <개정 2013. 3. 23., 2014. 11. 19., 2017. 7. 26., 2020. 2. 4.>

⑤ 제1항에 따른 등록과 제4항에 따른 공개의 방법, 범위 및 절차에 관하여 필요한 사항은 대통령령으로 정한다.

⑥ 국회, 법원, 헌법재판소, 중앙선거관리위원회(그 소속 기관을 포함한다)의 개인정보파일 등록 및 공개에 관하여는 국회규칙, 대법원규칙, 헌법재판소규칙 및 중앙선거관리위원회규칙으로 정한다.

제32조의2【개인정보 보호 인증】 ① 보호위원회는 개인정보처리자의 개인정보 처리 및 보호와 관련한 일련의 조치가 이 법에 부합하는지 등에 관하여 인증할 수 있다. <개정 2017. 7. 26., 2020. 2. 4.>

② 제1항에 따른 인증의 유효기간은 3년으로 한다.

③ 보호위원회는 다음 각 호의 어느 하나에 해당하는 경우에는 대통령령으로 정하는 바에 따라 제1항에 따른 인증을 취소할 수 있다. 다만, 제1호에 해당하는 경우에는 취소하여야 한다. <개정 2017. 7. 26., 2020. 2. 4.>

1. 거짓이나 그 밖의 부정한 방법으로 개인정보 보호 인증을 받은 경우
2. 제4항에 따른 사후관리를 거부 또는 방해한 경우
3. 제8항에 따른 인증기준에 미달하게 된 경우
4. 개인정보 보호 관련 법령을 위반하고 그 위반 사유가 중대한 경우

④ 보호위원회는 개인정보 보호 인증의 실효성 유지를 위하여 연 1회 이상 사후관리를 실시하여야 한다. <개정 2017. 7. 26., 2020. 2. 4.>

⑤ 보호위원회는 대통령령으로 정하는 전문기관으로 하여금 제1항에 따른 인증, 제3항에 따른 인증 취소, 제4항에 따른 사후관리 및 제7항에 따른 인증 심사원 관리 업무를 수행하게 할 수 있다. <개정 2017. 7. 26., 2020. 2. 4.>

⑥ 제1항에 따른 인증을 받은 자는 대통령령으로 정하는 바에 따라 인증의 내용을 표시하거나 홍보할 수 있다.

⑦ 제1항에 따른 인증을 위하여 필요한 심사를 수행할 심사원의 자격 및 자격 취소 요건 등에 관하여는 전문성과 경력 및 그 밖에 필요한 사항을 고려하여 대통령령으로 정한다.

⑧ 그 밖에 개인정보 관리체계, 정보주체 권리보장, 안전성 확보조치가 이 법에 부합하는지 여부 등 제1항에 따른 인증의 기준·방법·절차 등 필요한 사항은 대통령령으로 정한다.
[본조신설 2015. 7. 24.]

제33조【개인정보 영향평가】 ① 공공기관의 장은 대통령령으로 정하는 기준에 해당하는 개인정보파일의 운용으로 인하여 정보주체의 개인정보 침해가 우려되는 경우에는 그 위험요인의 분석과 개선 사항 도출을 위한 평가(이하 "영향평가"라 한다)를 하고 그 결과를 보호위원회에 제출하여야 한다. 이 경우 공공기관의 장은 영향평가를 보호위원회가 지정하는 기관(이하 "평가기관"이라 한다) 중에서 의뢰하여야 한다. <개정 2013. 3. 23., 2014. 11. 19., 2017. 7. 26., 2020. 2. 4.>

② 영향평가를 하는 경우에는 다음 각 호의 사항을 고려하여야 한다.
1. 처리하는 개인정보의 수
2. 개인정보의 제3자 제공 여부
3. 정보주체의 권리를 해할 가능성 및 그 위험 정도
4. 그 밖에 대통령령으로 정한 사항

③ 보호위원회는 제1항에 따라 제출받은 영향평가 결과에 대하여 의견을 제시할 수 있다. <개정 2013. 3. 23., 2014. 11. 19., 2017. 7. 26., 2020. 2. 4.>

④ 공공기관의 장은 제1항에 따라 영향평가를 한 개인정보파일을 제32조 제1항에 따라 등록할 때에는 영향평가 결과를 함께 첨부하여야 한다.

⑤ 보호위원회는 영향평가의 활성화를 위하여 관계 전문가의 육성, 영향평가 기준의 개발·보급 등 필요한 조치를 마련하여야 한다. <개정 2013. 3. 23., 2014. 11. 19., 2017. 7. 26., 2020. 2. 4.>

⑥ 제1항에 따른 평가기관의 지정기준 및 지정취소, 평가기준, 영향평가의 방법·절차 등에 관하여 필요한 사항은 대통령령으로 정한다.

⑦ 국회, 법원, 헌법재판소, 중앙선거관리위원회(그 소속 기관을 포함한다)의 영향평가에 관한 사항은 국회규칙, 대법원규칙, 헌법재판소규칙 및 중앙선거관리위원회규칙으로 정하는 바에 따른다.

⑧ 공공기관 외의 개인정보처리자는 개인정보파일 운용으로 인하여 정보주체의 개인정보 침해가

우려되는 경우에는 영향평가를 하기 위하여 적극 노력하여야 한다.

제34조【개인정보 유출 통지 등】① 개인정보처리자는 개인정보가 유출되었음을 알게 되었을 때에는 지체 없이 해당 정보주체에게 다음 각 호의 사실을 알려야 한다.

1. 유출된 개인정보의 항목
2. 유출된 시점과 그 경위
3. 유출로 인하여 발생할 수 있는 피해를 최소화하기 위하여 정보주체가 할 수 있는 방법 등에 관한 정보
4. 개인정보처리자의 대응조치 및 피해 구제절차
5. 정보주체에게 피해가 발생한 경우 신고 등을 접수할 수 있는 담당부서 및 연락처

② 개인정보처리자는 개인정보가 유출된 경우 그 피해를 최소화하기 위한 대책을 마련하고 필요한 조치를 하여야 한다.

③ 개인정보처리자는 대통령령으로 정한 규모 이상의 개인정보가 유출된 경우에는 제1항에 따른 통지 및 제2항에 따른 조치 결과를 지체 없이 보호위원회 또는 대통령령으로 정하는 전문기관에 신고하여야 한다. 이 경우 보호위원회 또는 대통령령으로 정하는 전문기관은 피해 확산방지, 피해 복구 등을 위한 기술을 지원할 수 있다. <개정 2013. 3. 23., 2014. 11. 19., 2017. 7. 26., 2020. 2. 4.>

④ 제1항에 따른 통지의 시기, 방법 및 절차 등에 관하여 필요한 사항은 대통령령으로 정한다.

제34조의2【과징금의 부과 등】① 보호위원회는 개인정보처리자가 처리하는 주민등록번호가 분실·도난·유출·위조·변조 또는 훼손된 경우에는 5억 원 이하의 과징금을 부과·징수할 수 있다. 다만, 주민등록번호가 분실·도난·유출·위조·변조 또는 훼손되지 아니하도록 개인정보처리자가 제24조 제3항에 따른 안전성 확보에 필요한 조치를 다한 경우에는 그러하지 아니하다. <개정 2014. 11. 19., 2015. 7. 24., 2017. 7. 26., 2020. 2. 4.>

② 보호위원회는 제1항에 따른 과징금을 부과하는 경우에는 다음 각 호의 사항을 고려하여야 한다. <개정 2014. 11. 19., 2015. 7. 24., 2017. 7. 26., 2020. 2. 4.>
1. 제24조 제3항에 따른 안전성 확보에 필요한 조치 이행 노력 정도
2. 분실·도난·유출·위조·변조 또는 훼손된 주민등록번호의 정도
3. 피해확산 방지를 위한 후속조치 이행 여부

③ 보호위원회는 제1항에 따른 과징금을 내야 할 자가 납부기한까지 내지 아니하면 납부기한의 다음 날부터 과징금을 낸 날의 전날까지의 기간에 대하여 내지 아니한 과징금의 연 100분의 6의 범위에서 대통령령으로 정하는 가산금을 징수한다. 이 경우 가산금을 징수하는 기간은 60개월을 초과하지 못한다. <개정 2014. 11. 19., 2017. 7. 26., 2020. 2. 4.>

④ 보호위원회는 제1항에 따른 과징금을 내야 할 자가 납부기한까지 내지 아니하면 기간을 정하여 독촉을 하고, 그 지정한 기간 내에 과징금 및 제2항에 따른 가산금을 내지 아니하면 국세 체납처분의 예에 따라 징수한다. <개정 2014. 11. 19., 2017. 7. 26., 2020. 2. 4.>

⑤ 과징금의 부과·징수에 관하여 그 밖에 필요한 사항은 대통령령으로 정한다.

[본조신설 2013. 8. 6.]

제5장 정보주체의 권리 보장

제35조【개인정보의 열람】① 정보주체는 개인정보처리자가 처리하는 자신의 개인정보에 대한 열람을 해당 개인정보처리자에게 요구할 수 있다.

② 제1항에도 불구하고 정보주체가 자신의 개인정보에 대한 열람을 공공기관에 요구하고자 할 때에는 공공기관에 직접 열람을 요구하거나 대통령령으로 정하는 바에 따라 보호위원회를 통하여 열람을 요구할 수 있다. <개정 2013. 3. 23., 2014. 11. 19., 2017. 7. 26., 2020. 2. 4.>

③ 개인정보처리자는 제1항 및 제2항에 따른 열람을 요구받았을 때에는 대통령령으로 정하는 기간 내에 정보주체가 해당 개인정보를 열람할 수 있도록 하여야 한다. 이 경우 해당 기간 내에 열람할 수 없는 정당한 사유가 있을 때에는 정보주체에게 그 사유를 알리고 열람을 연기할 수 있으며, 그 사유가 소멸하면 지체 없이 열람하게 하여야 한다.

④ 개인정보처리자는 다음 각 호의 어느 하나에

해당하는 경우에는 정보주체에게 그 사유를 알리고 열람을 제한하거나 거절할 수 있다.

1. 법률에 따라 열람이 금지되거나 제한되는 경우
2. 다른 사람의 생명·신체를 해할 우려가 있거나 다른 사람의 재산과 그 밖의 이익을 부당하게 침해할 우려가 있는 경우
3. 공공기관이 다음 각 목의 어느 하나에 해당하는 업무를 수행할 때 중대한 지장을 초래하는 경우

　가. 조세의 부과·징수 또는 환급에 관한 업무
　나. 「초·중등교육법」 및 「고등교육법」에 따른 각급 학교, 「평생교육법」에 따른 평생교육시설, 그 밖의 다른 법률에 따라 설치된 고등교육기관에서의 성적 평가 또는 입학자 선발에 관한 업무
　다. 학력·기능 및 채용에 관한 시험, 자격 심사에 관한 업무
　라. 보상금·급부금 산정 등에 대하여 진행 중인 평가 또는 판단에 관한 업무
　마. 다른 법률에 따라 진행 중인 감사 및 조사에 관한 업무

⑤ 제1항부터 제4항까지의 규정에 따른 열람 요구, 열람 제한, 통지 등의 방법 및 절차에 관하여 필요한 사항은 대통령령으로 정한다.

제36조【개인정보의 정정·삭제】 ① 제35조에 따라 자신의 개인정보를 열람한 정보주체는 개인정보처리자에게 그 개인정보의 정정 또는 삭제를 요구할 수 있다. 다만, 다른 법령에서 그 개인정보가 수집 대상으로 명시되어 있는 경우에는 그 삭제를 요구할 수 없다.

② 개인정보처리자는 제1항에 따른 정보주체의 요구를 받았을 때에는 개인정보의 정정 또는 삭제에 관하여 다른 법령에 특별한 절차가 규정되어 있는 경우를 제외하고는 지체 없이 그 개인정보를 조사하여 정보주체의 요구에 따라 정정·삭제 등 필요한 조치를 한 후 그 결과를 정보주체에게 알려야 한다.

③ 개인정보처리자가 제2항에 따라 개인정보를 삭제할 때에는 복구 또는 재생되지 아니하도록 조치하여야 한다.

④ 개인정보처리자는 정보주체의 요구가 제1항 단서에 해당될 때에는 지체 없이 그 내용을 정보주체에게 알려야 한다.

⑤ 개인정보처리자는 제2항에 따른 조사를 할 때 필요하면 해당 정보주체에게 정정·삭제 요구사항의 확인에 필요한 증거자료를 제출하게 할 수 있다.

⑥ 제1항·제2항 및 제4항에 따른 정정 또는 삭제 요구, 통지 방법 및 절차 등에 필요한 사항은 대통령령으로 정한다.

제37조【개인정보의 처리정지 등】 ① 정보주체는 개인정보처리자에 대하여 자신의 개인정보 처리의 정지를 요구할 수 있다. 이 경우 공공기관에 대하여는 제32조에 따라 등록 대상이 되는 개인정보파일 중 자신의 개인정보에 대한 처리의 정지를 요구할 수 있다.

② 개인정보처리자는 제1항에 따른 요구를 받았을 때에는 지체 없이 정보주체의 요구에 따라 개인정보 처리의 전부를 정지하거나 일부를 정지하여야 한다. 다만, 다음 각 호의 어느 하나에 해당하는 경우에는 정보주체의 처리정지 요구를 거절할 수 있다.

1. 법률에 특별한 규정이 있거나 법령상 의무를 준수하기 위하여 불가피한 경우
2. 다른 사람의 생명·신체를 해할 우려가 있거나 다른 사람의 재산과 그 밖의 이익을 부당하게 침해할 우려가 있는 경우
3. 공공기관이 개인정보를 처리하지 아니하면 다른 법률에서 정하는 소관 업무를 수행할 수 없는 경우
4. 개인정보를 처리하지 아니하면 정보주체와 약정한 서비스를 제공하지 못하는 등 계약의 이행이 곤란한 경우로서 정보주체가 그 계약의 해지 의사를 명확하게 밝히지 아니한 경우

③ 개인정보처리자는 제2항 단서에 따라 처리정지 요구를 거절하였을 때에는 정보주체에게 지체 없이 그 사유를 알려야 한다.

④ 개인정보처리자는 정보주체의 요구에 따라 처리가 정지된 개인정보에 대하여 지체 없이 해당 개인정보의 파기 등 필요한 조치를 하여야 한다.

⑤ 제1항부터 제3항까지의 규정에 따른 처리정지의 요구, 처리정지의 거절, 통지 등의 방법 및 절차에 필요한 사항은 대통령령으로 정한다.

제38조【권리행사의 방법 및 절차】 ① 정보주체는 제35조에 따른 열람, 제36조에 따른 정정·삭제, 제37조에 따른 처리정지, 제39조의7에 따른 동의 철회 등의 요구(이하 "열람등요구"라 한다)를 문서 등 대통령령으로 정하는 방법·절차에 따라 대리인에게 하게 할 수 있다. <개정 2020. 2. 4.>
② 만 14세 미만 아동의 법정대리인은 개인정보처리자에게 그 아동의 개인정보 열람등요구를 할 수 있다.
③ 개인정보처리자는 열람등요구를 하는 자에게 대통령령으로 정하는 바에 따라 수수료와 우송료(사본의 우송을 청구하는 경우에 한한다)를 청구할 수 있다.
④ 개인정보처리자는 정보주체가 열람등요구를 할 수 있는 구체적인 방법과 절차를 마련하고, 이를 정보주체가 알 수 있도록 공개하여야 한다.
⑤ 개인정보처리자는 정보주체가 열람등요구에 대한 거절 등 조치에 대하여 불복이 있는 경우 이의를 제기할 수 있도록 필요한 절차를 마련하고 안내하여야 한다.

제39조【손해배상책임】 ① 정보주체는 개인정보처리자가 이 법을 위반한 행위로 손해를 입으면 개인정보처리자에게 손해배상을 청구할 수 있다. 이 경우 그 개인정보처리자는 고의 또는 과실이 없음을 입증하지 아니하면 책임을 면할 수 없다.
② 삭제 <2015. 7. 24.>
③ 개인정보처리자의 고의 또는 중대한 과실로 인하여 개인정보가 분실·도난·유출·위조·변조 또는 훼손된 경우로서 정보주체에게 손해가 발생한 때에는 법원은 그 손해액의 3배를 넘지 아니하는 범위에서 손해배상액을 정할 수 있다. 다만, 개인정보처리자가 고의 또는 중대한 과실이 없음을 증명한 경우에는 그러하지 아니하다. <신설 2015. 7. 24.>
④ 법원은 제3항의 배상액을 정할 때에는 다음 각 호의 사항을 고려하여야 한다. <신설 2015. 7. 24.>
1. 고의 또는 손해 발생의 우려를 인식한 정도

2. 위반행위로 인하여 입은 피해 규모
3. 위법행위로 인하여 개인정보처리자가 취득한 경제적 이익
4. 위반행위에 따른 벌금 및 과징금
5. 위반행위의 기간·횟수 등
6. 개인정보처리자의 재산상태
7. 개인정보처리자가 정보주체의 개인정보 분실·도난·유출 후 해당 개인정보를 회수하기 위하여 노력한 정도
8. 개인정보처리자가 정보주체의 피해구제를 위하여 노력한 정도

제39조의2【법정손해배상의 청구】 ① 제39조 제1항에도 불구하고 정보주체는 개인정보처리자의 고의 또는 과실로 인하여 개인정보가 분실·도난·유출·위조·변조 또는 훼손된 경우에는 300만 원 이하의 범위에서 상당한 금액을 손해액으로 하여 배상을 청구할 수 있다. 이 경우 해당 개인정보처리자는 고의 또는 과실이 없음을 입증하지 아니하면 책임을 면할 수 없다.
② 법원은 제1항에 따른 청구가 있는 경우에 변론 전체의 취지와 증거조사의 결과를 고려하여 제1항의 범위에서 상당한 손해액을 인정할 수 있다.
③ 제39조에 따라 손해배상을 청구한 정보주체는 사실심(事實審)의 변론이 종결되기 전까지 그 청구를 제1항에 따른 청구로 변경할 수 있다.
[본조신설 2015. 7. 24.]

제6장 정보통신서비스 제공자 등의 개인정보 처리 등 특례 〈신설 2020. 2. 4.〉

제39조의3【개인정보의 수집·이용 동의 등에 대한 특례】 ① 정보통신서비스 제공자는 제15조 제1항에도 불구하고 이용자의 개인정보를 이용하려고 수집하는 경우에는 다음 각 호의 모든 사항을 이용자에게 알리고 동의를 받아야 한다. 다음 각 호의 어느 하나의 사항을 변경하려는 경우에도 또한 같다.
1. 개인정보의 수집·이용 목적
2. 수집하는 개인정보의 항목
3. 개인정보의 보유·이용 기간

② 정보통신서비스 제공자는 다음 각 호의 어느 하나에 해당하는 경우에는 제1항에 따른 동의 없이 이용자의 개인정보를 수집·이용할 수 있다.

1. 정보통신서비스(「정보통신망 이용촉진 및 정보보호 등에 관한 법률」 제2조 제1항 제2호에 따른 정보통신서비스를 말한다. 이하 같다)의 제공에 관한 계약을 이행하기 위하여 필요한 개인정보로서 경제적·기술적인 사유로 통상적인 동의를 받는 것이 뚜렷하게 곤란한 경우

2. 정보통신서비스의 제공에 따른 요금정산을 위하여 필요한 경우

3. 다른 법률에 특별한 규정이 있는 경우

③ 정보통신서비스 제공자는 이용자가 필요한 최소한의 개인정보 이외의 개인정보를 제공하지 아니한다는 이유로 그 서비스의 제공을 거부해서는 아니 된다. 이 경우 필요한 최소한의 개인정보는 해당 서비스의 본질적 기능을 수행하기 위하여 반드시 필요한 정보를 말한다.

④ 정보통신서비스 제공자는 만 14세 미만의 아동으로부터 개인정보 수집·이용·제공 등의 동의를 받으려면 그 법정대리인의 동의를 받아야 하고, 대통령령으로 정하는 바에 따라 법정대리인이 동의하였는지를 확인하여야 한다.

⑤ 정보통신서비스 제공자는 만 14세 미만의 아동에게 개인정보 처리와 관련한 사항의 고지 등을 하는 때에는 이해하기 쉬운 양식과 명확하고 알기 쉬운 언어를 사용하여야 한다.

⑥ 보호위원회는 개인정보 처리에 따른 위험성 및 결과, 이용자의 권리 등을 명확하게 인지하지 못할 수 있는 만 14세 미만의 아동의 개인정보 보호 시책을 마련하여야 한다.

[본조신설 2020. 2. 4.]

제39조의4【개인정보 유출등의 통지·신고에 대한 특례】 ① 제34조 제1항 및 제3항에도 불구하고 정보통신서비스 제공자와 그로부터 제17조 제1항에 따라 이용자의 개인정보를 제공받은 자(이하 "정보통신서비스 제공자등"이라 한다)는 개인정보의 분실·도난·유출(이하 "유출등"이라 한다) 사실을 안 때에는 지체 없이 다음 각 호의 사항을 해당 이용자에게 알리고 보호위원회 또는 대통령령으로

정하는 전문기관에 신고하여야 하며, 정당한 사유 없이 그 사실을 안 때부터 24시간을 경과하여 통지·신고해서는 아니 된다. 다만, 이용자의 연락처를 알 수 없는 등 정당한 사유가 있는 경우에는 대통령령으로 정하는 바에 따라 통지를 갈음하는 조치를 취할 수 있다.

1. 유출등이 된 개인정보 항목
2. 유출등이 발생한 시점
3. 이용자가 취할 수 있는 조치
4. 정보통신서비스 제공자등의 대응 조치
5. 이용자가 상담 등을 접수할 수 있는 부서 및 연락처

② 제1항의 신고를 받은 대통령령으로 정하는 전문기관은 지체 없이 그 사실을 보호위원회에 알려야 한다.

③ 정보통신서비스 제공자등은 제1항에 따른 정당한 사유를 보호위원회에 소명하여야 한다.

④ 제1항에 따른 통지 및 신고의 방법·절차 등에 필요한 사항은 대통령령으로 정한다.

[본조신설 2020. 2. 4.]

제39조의5【개인정보의 보호조치에 대한 특례】 정보통신서비스 제공자등은 이용자의 개인정보를 처리하는 자를 최소한으로 제한하여야 한다.

[본조신설 2020. 2. 4.]

제39조의6【개인정보의 파기에 대한 특례】 ① 정보통신서비스 제공자등은 정보통신서비스를 1년의 기간 동안 이용하지 아니하는 이용자의 개인정보를 보호하기 위하여 대통령령으로 정하는 바에 따라 개인정보의 파기 등 필요한 조치를 취하여야 한다. 다만, 그 기간에 대하여 다른 법령 또는 이용자의 요청에 따라 달리 정한 경우에는 그에 따른다.

② 정보통신서비스 제공자등은 제1항의 기간 만료 30일 전까지 개인정보가 파기되는 사실, 기간 만료일 및 파기되는 개인정보의 항목 등 대통령령으로 정하는 사항을 전자우편 등 대통령령으로 정하는 방법으로 이용자에게 알려야 한다.

[본조신설 2020. 2. 4.]

제39조의7【이용자의 권리 등에 대한 특례】 ① 이용자는 정보통신서비스 제공자등에 대하여 언제든지 개인정보 수집·이용·제공 등의 동의를 철회

할 수 있다.

② 정보통신서비스 제공자등은 제1항에 따른 동의의 철회, 제35조에 따른 개인정보의 열람, 제36조에 따른 정정을 요구하는 방법을 개인정보의 수집방법보다 쉽게 하여야 한다.

③ 정보통신서비스 제공자등은 제1항에 따라 동의를 철회하면 지체 없이 수집된 개인정보를 복구·재생할 수 없도록 파기하는 등 필요한 조치를 하여야 한다.

[본조신설 2020. 2. 4.]

제39조의8 【개인정보 이용내역의 통지】 ① 정보통신서비스 제공자 등으로서 대통령령으로 정하는 기준에 해당하는 자는 제23조, 제39조의3에 따라 수집한 이용자의 개인정보의 이용내역(제17조에 따른 제공을 포함한다)을 주기적으로 이용자에게 통지하여야 한다. 다만, 연락처 등 이용자에게 통지할 수 있는 개인정보를 수집하지 아니한 경우에는 그러하지 아니한다.

② 제1항에 따라 이용자에게 통지하여야 하는 정보의 종류, 통지주기 및 방법, 그 밖에 이용내역 통지에 필요한 사항은 대통령령으로 정한다.

[본조신설 2020. 2. 4.]

제39조의9 【손해배상의 보장】 ① 정보통신서비스 제공자등은 제39조 및 제39조의2에 따른 손해배상책임의 이행을 위하여 보험 또는 공제에 가입하거나 준비금을 적립하는 등 필요한 조치를 하여야 한다.

② 제1항에 따른 가입 대상 개인정보처리자의 범위, 기준 등에 필요한 사항은 대통령령으로 정한다.

[본조신설 2020. 2. 4.]

제39조의10 【노출된 개인정보의 삭제·차단】 ① 정보통신서비스 제공자등은 주민등록번호, 계좌정보, 신용카드정보 등 이용자의 개인정보가 정보통신망을 통하여 공중에 노출되지 아니하도록 하여야 한다.

② 제1항에도 불구하고 공중에 노출된 개인정보에 대하여 보호위원회 또는 대통령령으로 지정한 전문기관의 요청이 있는 경우 정보통신서비스 제공자등은 삭제·차단 등 필요한 조치를 취하여야 한다.

[본조신설 2020. 2. 4.]

제39조의11 【국내대리인의 지정】 ① 국내에 주소 또는 영업소가 없는 정보통신서비스 제공자등으로서 이용자 수, 매출액 등을 고려하여 대통령령으로 정하는 기준에 해당하는 자는 다음 각 호의 사항을 대리하는 자(이하 "국내대리인"이라 한다)를 서면으로 지정하여야 한다.

1. 제31조에 따른 개인정보 보호책임자의 업무
2. 제39조의4에 따른 통지·신고
3. 제63조 제1항에 따른 관계 물품·서류 등의 제출

② 국내대리인은 국내에 주소 또는 영업소가 있는 자로 한다.

③ 제1항에 따라 국내대리인을 지정한 때에는 다음 각 호의 사항 모두를 제30조에 따른 개인정보 처리방침에 포함하여야 한다.

1. 국내대리인의 성명(법인의 경우에는 그 명칭 및 대표자의 성명을 말한다)
2. 국내대리인의 주소(법인의 경우에는 영업소 소재지를 말한다), 전화번호 및 전자우편 주소

④ 국내대리인이 제1항 각 호와 관련하여 이 법을 위반한 경우에는 정보통신서비스 제공자등이 그 행위를 한 것으로 본다.

[본조신설 2020. 2. 4.]

제39조의12 【국외 이전 개인정보의 보호】 ① 정보통신서비스 제공자등은 이용자의 개인정보에 관하여 이 법을 위반하는 사항을 내용으로 하는 국제계약을 체결해서는 아니 된다.

② 제17조 제3항에도 불구하고 정보통신서비스 제공자등은 이용자의 개인정보를 국외에 제공(조회되는 경우를 포함한다)·처리위탁·보관(이하 이 조에서 "이전"이라 한다)하려면 이용자의 동의를 받아야 한다. 다만, 제3항 각 호의 사항 모두를 제30조 제2항에 따라 공개하거나 전자우편 등 대통령령으로 정하는 방법에 따라 이용자에게 알린 경우에는 개인정보 처리위탁·보관에 따른 동의절차를 거치지 아니할 수 있다.

③ 정보통신서비스 제공자등은 제2항 본문에 따른 동의를 받으려면 미리 다음 각 호의 사항 모두를 이용자에게 고지하여야 한다.

1. 이전되는 개인정보 항목
2. 개인정보가 이전되는 국가, 이전일시 및 이전방법

3. 개인정보를 이전받는 자의 성명(법인인 경우에는 그 명칭 및 정보관리책임자의 연락처를 말한다)

4. 개인정보를 이전받는 자의 개인정보 이용목적 및 보유·이용 기간

④ 정보통신서비스 제공자등은 제2항 본문에 따른 동의를 받아 개인정보를 국외로 이전하는 경우 대통령령으로 정하는 바에 따라 보호조치를 하여야 한다.

⑤ 이용자의 개인정보를 이전받는 자가 해당 개인정보를 제3국으로 이전하는 경우에 관하여는 제1항부터 제4항까지의 규정을 준용한다. 이 경우 "정보통신서비스 제공자등"은 "개인정보를 이전받는 자"로, "개인정보를 이전받는 자"는 "제3국에서 개인정보를 이전받는 자"로 본다.
[본조신설 2020. 2. 4.]

제39조의13【상호주의】 제39조의12에도 불구하고 개인정보의 국외 이전을 제한하는 국가의 정보통신서비스 제공자등에 대하여는 해당 국가의 수준에 상응하는 제한을 할 수 있다. 다만, 조약 또는 그 밖의 국제협정의 이행에 필요한 경우에는 그러하지 아니하다.
[본조신설 2020. 2. 4.]

제39조의14【방송사업자등에 대한 특례】「방송법」제2조 제3호 가목부터 마목까지와 같은 조 제6호·제9호·제12호 및 제14호에 해당하는 자(이하 이 조에서 "방송사업자등"이라 한다)가 시청자의 개인정보를 처리하는 경우에는 정보통신서비스 제공자에게 적용되는 규정을 준용한다. 이 경우 "방송사업자등"은 "정보통신서비스 제공자" 또는 "정보통신서비스 제공자등"으로, "시청자"는 "이용자"로 본다.
[본조신설 2020. 2. 4.]

제39조의15【과징금의 부과 등에 대한 특례】 ① 보호위원회는 정보통신서비스 제공자등에게 다음 각 호의 어느 하나에 해당하는 행위가 있는 경우에는 해당 정보통신서비스 제공자등에게 위반행위와 관련한 매출액의 100분의 3 이하에 해당하는 금액을 과징금으로 부과할 수 있다.

1. 제17조 제1항·제2항, 제18조 제1항·제2항 및

제19조(제39조의14에 따라 준용되는 경우를 포함한다)를 위반하여 개인정보를 이용·제공한 경우

2. 제22조 제6항(제39조의14에 따라 준용되는 경우를 포함한다)을 위반하여 법정대리인의 동의를 받지 아니하고 만 14세 미만인 아동의 개인정보를 수집한 경우

3. 제23조 제1항 제1호(제39조의14에 따라 준용되는 경우를 포함한다)를 위반하여 이용자의 동의를 받지 아니하고 민감정보를 수집한 경우

4. 제26조 제4항(제39조의14에 따라 준용되는 경우를 포함한다)에 따른 관리·감독 또는 교육을 소홀히 하여 특례 수탁자가 이 법의 규정을 위반한 경우

5. 이용자의 개인정보를 분실·도난·유출·위조·변조 또는 훼손한 경우로서 제29조의 조치(내부 관리계획 수립에 관한 사항은 제외한다)를 하지 아니한 경우(제39조의14에 따라 준용되는 경우를 포함한다)

6. 제39조의3 제1항(제39조의14에 따라 준용되는 경우를 포함한다)을 위반하여 이용자의 동의를 받지 아니하고 개인정보를 수집한 경우

7. 제39조의12 제2항 본문(같은 조 제5항에 따라 준용되는 경우를 포함한다)을 위반하여 이용자의 동의를 받지 아니하고 이용자의 개인정보를 국외에 제공한 경우

② 제1항에 따른 과징금을 부과하는 경우 정보통신서비스 제공자등이 매출액 산정자료의 제출을 거부하거나 거짓의 자료를 제출한 경우에는 해당 정보통신서비스 제공자등과 비슷한 규모의 정보통신서비스 제공자등의 재무제표 등 회계자료와 가입자 수 및 이용요금 등 영업현황 자료에 근거하여 매출액을 추정할 수 있다. 다만, 매출액이 없거나 매출액의 산정이 곤란한 경우로서 대통령령으로 정하는 경우에는 4억 원 이하의 과징금을 부과할 수 있다.

③ 보호위원회는 제1항에 따른 과징금을 부과하려면 다음 각 호의 사항을 고려하여야 한다.

1. 위반행위의 내용 및 정도

2. 위반행위의 기간 및 횟수

3. 위반행위로 인하여 취득한 이익의 규모

④ 제1항에 따른 과징금은 제3항을 고려하여 산정하되, 구체적인 산정기준과 산정절차는 대통령령으로 정한다.

⑤ 보호위원회는 제1항에 따른 과징금을 내야 할 자가 납부기한까지 이를 내지 아니하면 납부기한의 다음 날부터 내지 아니한 과징금의 연 100분의 6에 해당하는 가산금을 징수한다.

⑥ 보호위원회는 제1항에 따른 과징금을 내야 할 자가 납부기한까지 이를 내지 아니한 경우에는 기간을 정하여 독촉을 하고, 그 지정된 기간에 과징금과 제5항에 따른 가산금을 내지 아니하면 국세 체납처분의 예에 따라 징수한다.

⑦ 법원의 판결 등의 사유로 제1항에 따라 부과된 과징금을 환급하는 경우에는 과징금을 낸 날부터 환급하는 날까지의 기간에 대하여 금융회사 등의 예금이자율 등을 고려하여 대통령령으로 정하는 이자율에 따라 계산한 환급가산금을 지급하여야 한다.

⑧ 제7항에도 불구하고 법원의 판결에 의하여 과징금 부과처분이 취소되어 그 판결이유에 따라 새로운 과징금을 부과하는 경우에는 당초 납부한 과징금에서 새로 부과하기로 결정한 과징금을 공제한 나머지 금액에 대해서만 환급가산금을 계산하여 지급한다.

[본조신설 2020. 2. 4.]

제7장 개인정보 분쟁조정위원회
〈개정 2020. 2. 4.〉

제40조【설치 및 구성】 ① 개인정보에 관한 분쟁의 조정(調停)을 위하여 개인정보 분쟁조정위원회(이하 "분쟁조정위원회"라 한다)를 둔다.

② 분쟁조정위원회는 위원장 1명을 포함한 20명 이내의 위원으로 구성하며, 위원은 당연직위원과 위촉위원으로 구성한다. 〈개정 2015. 7. 24.〉

③ 위촉위원은 다음 각 호의 어느 하나에 해당하는 사람 중에서 보호위원회 위원장이 위촉하고, 대통령령으로 정하는 국가기관 소속 공무원은 당연직위원이 된다 〈개정 2013. 3. 23., 2014. 11. 19., 2015. 7. 24.〉

1. 개인정보 보호업무를 관장하는 중앙행정기관의 고위공무원단에 속하는 공무원으로 재직하였던 사람 또는 이에 상당하는 공공부문 및 관련 단체의 직에 재직하고 있거나 재직하였던 사람으로서 개인정보 보호업무의 경험이 있는 사람

2. 대학이나 공인된 연구기관에서 부교수 이상 또는 이에 상당하는 직에 재직하고 있거나 재직하였던 사람

3. 판사·검사 또는 변호사로 재직하고 있거나 재직하였던 사람

4. 개인정보 보호와 관련된 시민사회단체 또는 소비자단체로부터 추천을 받은 사람

5. 개인정보처리자로 구성된 사업자단체의 임원으로 재직하고 있거나 재직하였던 사람

④ 위원장은 위원 중에서 공무원이 아닌 사람으로 보호위원회 위원장이 위촉한다. 〈개정 2013. 3. 23., 2014. 11. 19., 2015. 7. 24.〉

⑤ 위원장과 위촉위원의 임기는 2년으로 하되, 1차에 한하여 연임할 수 있다. 〈개정 2015. 7. 24.〉

⑥ 분쟁조정위원회는 분쟁조정 업무를 효율적으로 수행하기 위하여 필요하면 대통령령으로 정하는 바에 따라 조정사건의 분야별로 5명 이내의 위원으로 구성되는 조정부를 둘 수 있다. 이 경우 조정부가 분쟁조정위원회에서 위임받아 의결한 사항은 분쟁조정위원회에서 의결한 것으로 본다.

⑦ 분쟁조정위원회 또는 조정부는 재적위원 과반수의 출석으로 개의하며 출석위원 과반수의 찬성으로 의결한다.

⑧ 보호위원회는 분쟁조정 접수, 사실 확인 등 분쟁조정에 필요한 사무를 처리할 수 있다. 〈개정 2015. 7. 24.〉

⑨ 이 법에서 정한 사항 외에 분쟁조정위원회 운영에 필요한 사항은 대통령령으로 정한다.

제41조【위원의 신분보장】 위원은 자격정지 이상의 형을 선고받거나 심신상의 장애로 직무를 수행할 수 없는 경우를 제외하고는 그의 의사에 반하여 면직되거나 해촉되지 아니한다.

제42조【위원의 제척·기피·회피】 ① 분쟁조정위원회의 위원은 다음 각 호의 어느 하나에 해당하는 경우에는 제43조 제1항에 따라 분쟁조정위원회에

신청된 분쟁조정사건(이하 이 조에서 "사건"이라 한다)의 심의·의결에서 제척(除斥)된다.

1. 위원 또는 그 배우자나 배우자였던 자가 그 사건의 당사자가 되거나 그 사건에 관하여 공동의 권리자 또는 의무자의 관계에 있는 경우
2. 위원이 그 사건의 당사자와 친족이거나 친족이었던 경우
3. 위원이 그 사건에 관하여 증언, 감정, 법률자문을 한 경우
4. 위원이 그 사건에 관하여 당사자의 대리인으로서 관여하거나 관여하였던 경우

② 당사자는 위원에게 공정한 심의·의결을 기대하기 어려운 사정이 있으면 위원장에게 기피신청을 할 수 있다. 이 경우 위원장은 기피신청에 대하여 분쟁조정위원회의 의결을 거치지 아니하고 결정한다.

③ 위원이 제1항 또는 제2항의 사유에 해당하는 경우에는 스스로 그 사건의 심의·의결에서 회피할 수 있다.

제43조【조정의 신청 등】 ① 개인정보와 관련한 분쟁의 조정을 원하는 자는 분쟁조정위원회에 분쟁조정을 신청할 수 있다.

② 분쟁조정위원회는 당사자 일방으로부터 분쟁조정 신청을 받았을 때에는 그 신청내용을 상대방에게 알려야 한다.

③ 공공기관이 제2항에 따른 분쟁조정의 통지를 받은 경우에는 특별한 사유가 없으면 분쟁조정에 응하여야 한다.

제44조【처리기간】 ① 분쟁조정위원회는 제43조 제1항에 따른 분쟁조정 신청을 받은 날부터 60일 이내에 이를 심사하여 조정안을 작성하여야 한다. 다만, 부득이한 사정이 있는 경우에는 분쟁조정위원회의 의결로 처리기간을 연장할 수 있다.

② 분쟁조정위원회는 제1항 단서에 따라 처리기간을 연장한 경우에는 기간연장의 사유와 그 밖의 기간연장에 관한 사항을 신청인에게 알려야 한다.

제45조【자료의 요청 등】 ① 분쟁조정위원회는 제43조 제1항에 따라 분쟁조정 신청을 받았을 때에는 해당 분쟁의 조정을 위하여 필요한 자료를 분쟁당사자에게 요청할 수 있다. 이 경우 분쟁당사자는 정당한 사유가 없으면 요청에 따라야 한다.

② 분쟁조정위원회는 필요하다고 인정하면 분쟁당사자나 참고인을 위원회에 출석하도록 하여 그 의견을 들을 수 있다.

제46조【조정 전 합의 권고】 분쟁조정위원회는 제43조 제1항에 따라 분쟁조정 신청을 받았을 때에는 당사자에게 그 내용을 제시하고 조정 전 합의를 권고할 수 있다.

제47조【분쟁의 조정】 ① 분쟁조정위원회는 다음 각 호의 어느 하나의 사항을 포함하여 조정안을 작성할 수 있다.

1. 조사 대상 침해행위의 중지
2. 원상회복, 손해배상, 그 밖에 필요한 구제조치
3. 같거나 비슷한 침해의 재발을 방지하기 위하여 필요한 조치

② 분쟁조정위원회는 제1항에 따라 조정안을 작성하면 지체 없이 각 당사자에게 제시하여야 한다.

③ 제1항에 따라 조정안을 제시받은 당사자가 제시받은 날부터 15일 이내에 수락 여부를 알리지 아니하면 조정을 거부한 것으로 본다.

④ 당사자가 조정내용을 수락한 경우 분쟁조정위원회는 조정서를 작성하고, 분쟁조정위원회의 위원장과 각 당사자가 기명날인하여야 한다.

⑤ 제4항에 따른 조정의 내용은 재판상 화해와 동일한 효력을 갖는다.

제48조【조정의 거부 및 중지】 ① 분쟁조정위원회는 분쟁의 성질상 분쟁조정위원회에서 조정하는 것이 적합하지 아니하다고 인정하거나 부정한 목적으로 조정이 신청되었다고 인정하는 경우에는 그 조정을 거부할 수 있다. 이 경우 조정거부의 사유 등을 신청인에게 알려야 한다.

② 분쟁조정위원회는 신청된 조정사건에 대한 처리절차를 진행하던 중에 한 쪽 당사자가 소를 제기하면 그 조정의 처리를 중지하고 이를 당사자에게 알려야 한다.

제49조【집단분쟁조정】 ① 국가 및 지방자치단체, 개인정보 보호단체 및 기관, 정보주체, 개인정보처리자는 정보주체의 피해 또는 권리침해가 다수의 정보주체에게 같거나 비슷한 유형으로 발생하는 경우로서 대통령령으로 정하는 사건에 대하여는

분쟁조정위원회에 일괄적인 분쟁조정(이하 "집단분쟁조정"이라 한다)을 의뢰 또는 신청할 수 있다.

② 제1항에 따라 집단분쟁조정을 의뢰받거나 신청받은 분쟁조정위원회는 그 의결로써 제3항부터 제7항까지의 규정에 따른 집단분쟁조정의 절차를 개시할 수 있다. 이 경우 분쟁조정위원회는 대통령령으로 정하는 기간 동안 그 절차의 개시를 공고하여야 한다.

③ 분쟁조정위원회는 집단분쟁조정의 당사자가 아닌 정보주체 또는 개인정보처리자로부터 그 분쟁조정의 당사자에 추가로 포함될 수 있도록 하는 신청을 받을 수 있다.

④ 분쟁조정위원회는 그 의결로써 제1항 및 제3항에 따른 집단분쟁조정의 당사자 중에서 공동의 이익을 대표하기에 가장 적합한 1인 또는 수인을 대표당사자로 선임할 수 있다.

⑤ 분쟁조정위원회는 개인정보처리자가 분쟁조정위원회의 집단분쟁조정의 내용을 수락한 경우에는 집단분쟁조정의 당사자가 아닌 자로서 피해를 입은 정보주체에 대한 보상계획서를 작성하여 분쟁조정위원회에 제출하도록 권고할 수 있다.

⑥ 제48조 제2항에도 불구하고 분쟁조정위원회는 집단분쟁조정의 당사자인 다수의 정보주체 중 일부의 정보주체가 법원에 소를 제기한 경우에는 그 절차를 중지하지 아니하고, 소를 제기한 일부의 정보주체를 그 절차에서 제외한다.

⑦ 집단분쟁조정의 기간은 제2항에 따른 공고가 종료된 날의 다음 날부터 60일 이내로 한다. 다만, 부득이한 사정이 있는 경우에는 분쟁조정위원회의 의결로 처리기간을 연장할 수 있다.

⑧ 집단분쟁조정의 절차 등에 관하여 필요한 사항은 대통령령으로 정한다.

제50조 【조정절차 등】 ① 제43조부터 제49조까지의 규정에서 정한 것 외에 분쟁의 조정방법, 조정절차 및 조정업무의 처리 등에 필요한 사항은 대통령령으로 정한다.

② 분쟁조정위원회의 운영 및 분쟁조정 절차에 관하여 이 법에서 규정하지 아니한 사항에 대하여는 「민사조정법」을 준용한다.

제8장 개인정보 단체소송
〈개정 2020. 2. 4.〉

제51조 【단체소송의 대상 등】 다음 각 호의 어느 하나에 해당하는 단체는 개인정보처리자가 제49조에 따른 집단분쟁조정을 거부하거나 집단분쟁조정의 결과를 수락하지 아니한 경우에는 법원에 권리침해 행위의 금지·중지를 구하는 소송(이하 "단체소송"이라 한다)을 제기할 수 있다.

1. 「소비자기본법」 제29조에 따라 공정거래위원회에 등록한 소비자단체로서 다음 각 목의 요건을 모두 갖춘 단체
   가. 정관에 따라 상시적으로 정보주체의 권익 증진을 주된 목적으로 하는 단체일 것
   나. 단체의 정회원수가 1천 명 이상일 것
   다. 「소비자기본법」 제29조에 따른 등록 후 3년이 경과하였을 것
2. 「비영리민간단체 지원법」 제2조에 따른 비영리민간단체로서 다음 각 목의 요건을 모두 갖춘 단체
   가. 법률상 또는 사실상 동일한 침해를 입은 100명 이상의 정보주체로부터 단체소송의 제기를 요청받을 것
   나. 정관에 개인정보 보호를 단체의 목적으로 명시한 후 최근 3년 이상 이를 위한 활동실적이 있을 것
   다. 단체의 상시 구성원수가 5천 명 이상일 것
   라. 중앙행정기관에 등록되어 있을 것

제52조 【전속관할】 ① 단체소송의 소는 피고의 주된 사무소 또는 영업소가 있는 곳, 주된 사무소나 영업소가 없는 경우에는 주된 업무담당자의 주소가 있는 곳의 지방법원 본원 합의부의 관할에 전속한다.

② 제1항을 외국사업자에 적용하는 경우 대한민국에 있는 이들의 주된 사무소·영업소 또는 업무담당자의 주소에 따라 정한다.

제53조 【소송대리인의 선임】 단체소송의 원고는 변호사를 소송대리인으로 선임하여야 한다.

제54조 【소송허가신청】 ① 단체소송을 제기하는 단체는 소장과 함께 다음 각 호의 사항을 기재한 소

송허가신청서를 법원에 제출하여야 한다.

1. 원고 및 그 소송대리인
2. 피고
3. 정보주체의 침해된 권리의 내용

② 제1항에 따른 소송허가신청서에는 다음 각 호의 자료를 첨부하여야 한다.

1. 소제기단체가 제51조 각 호의 어느 하나에 해당하는 요건을 갖추고 있음을 소명하는 자료
2. 개인정보처리자가 조정을 거부하였거나 조정결과를 수락하지 아니하였음을 증명하는 서류

제55조【소송허가요건 등】 ① 법원은 다음 각 호의 요건을 모두 갖춘 경우에 한하여 결정으로 단체소송을 허가한다.

1. 개인정보처리자가 분쟁조정위원회의 조정을 거부하거나 조정결과를 수락하지 아니하였을 것
2. 제54조에 따른 소송허가신청서의 기재사항에 흠결이 없을 것

② 단체소송을 허가하거나 불허가하는 결정에 대하여는 즉시항고할 수 있다.

제56조【확정판결의 효력】 원고의 청구를 기각하는 판결이 확정된 경우 이와 동일한 사안에 관하여는 제51조에 따른 다른 단체는 단체소송을 제기할 수 없다. 다만, 다음 각 호의 어느 하나에 해당하는 경우에는 그러하지 아니하다.

1. 판결이 확정된 후 그 사안과 관련하여 국가·지방자치단체 또는 국가·지방자치단체가 설립한 기관에 의하여 새로운 증거가 나타난 경우
2. 기각판결이 원고의 고의로 인한 것임이 밝혀진 경우

제57조【「민사소송법」의 적용 등】 ① 단체소송에 관하여 이 법에 특별한 규정이 없는 경우에는 「민사소송법」을 적용한다.

② 제55조에 따른 단체소송의 허가결정이 있는 경우에는 「민사집행법」 제4편에 따른 보전처분을 할 수 있다.

③ 단체소송의 절차에 관하여 필요한 사항은 대법원규칙으로 정한다.

제9장 보칙 〈개정 2020. 2. 4.〉

제58조【적용의 일부 제외】 ① 다음 각 호의 어느 하나에 해당하는 개인정보에 관하여는 제3장부터 제7장까지를 적용하지 아니한다.

1. 공공기관이 처리하는 개인정보 중 「통계법」에 따라 수집되는 개인정보
2. 국가안전보장과 관련된 정보 분석을 목적으로 수집 또는 제공 요청되는 개인정보
3. 공중위생 등 공공의 안전과 안녕을 위하여 긴급히 필요한 경우로서 일시적으로 처리되는 개인정보
4. 언론, 종교단체, 정당이 각각 취재·보도, 선교, 선거 입후보자 추천 등 고유 목적을 달성하기 위하여 수집·이용하는 개인정보

② 제25조 제1항 각 호에 따라 공개된 장소에 영상정보처리기기를 설치·운영하여 처리되는 개인정보에 대하여는 제15조, 제22조, 제27조 제1항·제2항, 제34조 및 제37조를 적용하지 아니한다.

③ 개인정보처리자가 동창회, 동호회 등 친목 도모를 위한 단체를 운영하기 위하여 개인정보를 처리하는 경우에는 제15조, 제30조 및 제31조를 적용하지 아니한다.

④ 개인정보처리자는 제1항 각 호에 따라 개인정보를 처리하는 경우에도 그 목적을 위하여 필요한 범위에서 최소한의 기간에 최소한의 개인정보만을 처리하여야 하며, 개인정보의 안전한 관리를 위하여 필요한 기술적·관리적 및 물리적 보호조치, 개인정보의 처리에 관한 고충처리, 그 밖에 개인정보의 적절한 처리를 위하여 필요한 조치를 마련하여야 한다.

제58조의2【적용제외】 이 법은 시간·비용·기술 등을 합리적으로 고려할 때 다른 정보를 사용하여도 더 이상 개인을 알아볼 수 없는 정보에는 적용하지 아니한다.

[본조신설 2020. 2. 4.]

제59조【금지행위】 개인정보를 처리하거나 처리하였던 자는 다음 각 호의 어느 하나에 해당하는 행위를 하여서는 아니 된다.

1. 거짓이나 그 밖의 부정한 수단이나 방법으로

개인정보를 취득하거나 처리에 관한 동의를 받는 행위

2. 업무상 알게 된 개인정보를 누설하거나 권한 없이 다른 사람이 이용하도록 제공하는 행위

3. 정당한 권한 없이 또는 허용된 권한을 초과하여 다른 사람의 개인정보를 훼손, 멸실, 변경, 위조 또는 유출하는 행위

제60조【비밀유지 등】 다음 각 호의 업무에 종사하거나 종사하였던 자는 직무상 알게 된 비밀을 다른 사람에게 누설하거나 직무상 목적 외의 용도로 이용하여서는 아니 된다. 다만, 다른 법률에 특별한 규정이 있는 경우에는 그러하지 아니하다. <개정 2020.2.4.>

1. 제7조의8 및 제7조의9에 따른 보호위원회의 업무 1의2. 제32조의2에 따른 개인정보 보호 인증 업무

2. 제33조에 따른 영향평가 업무

3. 제40조에 따른 분쟁조정위원회의 분쟁조정 업무

제61조【의견제시 및 개선권고】 ① 보호위원회는 개인정보 보호에 영향을 미치는 내용이 포함된 법령이나 조례에 대하여 필요하다고 인정하면 심의·의결을 거쳐 관계 기관에 의견을 제시할 수 있다. <개정 2013. 3. 23., 2014. 11. 19., 2017. 7. 26., 2020. 2. 4.>

② 보호위원회는 개인정보 보호를 위하여 필요하다고 인정하면 개인정보처리자에게 개인정보 처리 실태의 개선을 권고할 수 있다. 이 경우 권고를 받은 개인정보처리자는 이를 이행하기 위하여 성실하게 노력하여야 하며, 그 조치 결과를 보호위원회에 알려야 한다. <개정 2013. 3. 23., 2014. 11. 19., 2017. 7. 26., 2020. 2. 4.>

③ 관계 중앙행정기관의 장은 개인정보 보호를 위하여 필요하다고 인정하면 소관 법률에 따라 개인정보처리자에게 개인정보 처리 실태의 개선을 권고할 수 있다. 이 경우 권고를 받은 개인정보처리자는 이를 이행하기 위하여 성실하게 노력하여야 하며, 그 조치 결과를 관계 중앙행정기관의 장에게 알려야 한다.

④ 중앙행정기관, 지방자치단체, 국회, 법원, 헌법재판소, 중앙선거관리위원회는 그 소속 기관 및 소관 공공기관에 대하여 개인정보 보호에 관한 의견을 제시하거나 지도·점검을 할 수 있다.

제62조【침해 사실의 신고 등】 ① 개인정보처리자가 개인정보를 처리할 때 개인정보에 관한 권리 또는 이익을 침해받은 사람은 보호위원회에 그 침해 사실을 신고할 수 있다. <개정 2013. 3. 23., 2014. 11. 19., 2017. 7. 26., 2020. 2. 4.>

② 보호위원회는 제1항에 따른 신고의 접수·처리 등에 관한 업무를 효율적으로 수행하기 위하여 대통령령으로 정하는 바에 따라 전문기관을 지정할 수 있다. 이 경우 전문기관은 개인정보침해 신고센터(이하 "신고센터"라 한다)를 설치·운영하여야 한다. <개정 2013. 3. 23., 2014. 11. 19., 2017. 7. 26., 2020. 2. 4.>

③ 신고센터는 다음 각 호의 업무를 수행한다.

1. 개인정보 처리와 관련한 신고의 접수·상담

2. 사실의 조사·확인 및 관계자의 의견 청취

3. 제1호 및 제2호에 따른 업무에 딸린 업무

④ 보호위원회는 제3항 제2호의 사실 조사·확인 등의 업무를 효율적으로 하기 위하여 필요하면 「국가공무원법」 제32조의4에 따라 소속 공무원을 제2항에 따른 전문기관에 파견할 수 있다. <개정 2013. 3. 23., 2014. 11. 19., 2017. 7. 26., 2020. 2. 4.>

제63조【자료제출 요구 및 검사】 ① 보호위원회는 다음 각 호의 어느 하나에 해당하는 경우에는 개인정보처리자에게 관계 물품·서류 등 자료를 제출하게 할 수 있다. <개정 2013. 3. 23., 2014. 11. 19., 2017. 7. 26., 2020. 2. 4.>

1. 이 법을 위반하는 사항을 발견하거나 혐의가 있음을 알게 된 경우

2. 이 법 위반에 대한 신고를 받거나 민원이 접수된 경우

3. 그 밖에 정보주체의 개인정보 보호를 위하여 필요한 경우로서 대통령령으로 정하는 경우

② 보호위원회는 개인정보처리자가 제1항에 따른 자료를 제출하지 아니하거나 이 법을 위반한 사실이 있다고 인정되면 소속 공무원으로 하여금 개인정보처리자 및 해당 법 위반사실과 관련한 관계인의 사무소나 사업장에 출입하여 업무 상황, 장부 또는 서류 등을 검사하게 할 수 있다. 이 경우 검사를 하는 공무원은 그 권한을 나타내는 증표를 지니고 이를 관계인에게 내보여야 한다. <개정 2013. 3. 23.,

2014. 11. 19., 2015. 7. 24., 2017. 7. 26., 2020. 2. 4.>
③ 관계 중앙행정기관의 장은 소관 법률에 따라 개인정보처리자에게 제1항에 따른 자료제출을 요구하거나 개인정보처리자 및 해당 법 위반사실과 관련한 관계인에 대하여 제2항에 따른 검사를 할 수 있다. <개정 2015. 7. 24.>
④ 보호위원회는 이 법을 위반하는 사항을 발견하거나 혐의가 있음을 알게 된 경우에는 관계 중앙행정기관의 장(해당 중앙행정기관의 장의 지휘·감독을 받아 검사권한을 수행하는 법인이 있는 경우 그 법인을 말한다)에게 구체적인 범위를 정하여 개인정보처리자에 대한 검사를 요구할 수 있으며, 필요 시 보호위원회의 소속 공무원이 해당 검사에 공동으로 참여하도록 요청할 수 있다. 이 경우 그 요구를 받은 관계 중앙행정기관의 장은 특별한 사정이 없으면 이에 따라야 한다. <개정 2020. 2. 4.>
⑤ 보호위원회는 관계 중앙행정기관의 장(해당 중앙행정기관의 장의 지휘·감독을 받아 검사권한을 수행하는 법인이 있는 경우 그 법인을 말한다)에게 제4항에 따른 검사 결과와 관련하여 개인정보처리자에 대한 시정조치를 요청하거나, 처분 등에 대한 의견을 제시할 수 있다. <개정 2020. 2. 4.>
⑥ 제4항 및 제5항에 대한 방법과 절차 등에 관한 사항은 대통령령으로 정한다. <개정 2020. 2. 4.>
⑦ 보호위원회는 개인정보 침해사고의 예방과 효과적인 대응을 위하여 관계 중앙행정기관의 장과 합동으로 개인정보 보호실태를 점검할 수 있다. <신설 2015. 7. 24., 2017. 7. 26., 2020. 2. 4.>
⑧ 보호위원회와 관계 중앙행정기관의 장은 제1항 및 제2항에 따라 제출받거나 수집한 서류·자료 등을 이 법에 따른 경우를 제외하고는 제3자에게 제공하거나 일반에 공개해서는 아니 된다. <신설 2020. 2. 4.>
⑨ 보호위원회와 관계 중앙행정기관의 장은 정보통신망을 통하여 자료의 제출 등을 받은 경우나 수집한 자료 등을 전자화한 경우에는 개인정보·영업비밀 등이 유출되지 아니하도록 제도적·기술적 보완조치를 하여야 한다. <신설 2020. 2. 4.>

제64조【시정조치 등】 ① 보호위원회는 개인정보가 침해되었다고 판단할 상당한 근거가 있고 이를 방

치할 경우 회복하기 어려운 피해가 발생할 우려가 있다고 인정되면 이 법을 위반한 자(중앙행정기관, 지방자치단체, 국회, 법원, 헌법재판소, 중앙선거관리위원회는 제외한다)에 대하여 다음 각 호에 해당하는 조치를 명할 수 있다. <개정 2013. 3. 23., 2014. 11. 19., 2017. 7. 26., 2020. 2. 4.>
1. 개인정보 침해행위의 중지
2. 개인정보 처리의 일시적인 정지
3. 그 밖에 개인정보의 보호 및 침해 방지를 위하여 필요한 조치
② 관계 중앙행정기관의 장은 개인정보가 침해되었다고 판단할 상당한 근거가 있고 이를 방치할 경우 회복하기 어려운 피해가 발생할 우려가 있다고 인정되면 소관 법률에 따라 개인정보처리자에 대하여 제1항 각 호에 해당하는 조치를 명할 수 있다.
③ 지방자치단체, 국회, 법원, 헌법재판소, 중앙선거관리위원회는 그 소속 기관 및 소관 공공기관이 이 법을 위반하였을 때에는 제1항 각 호에 해당하는 조치를 명할 수 있다.
④ 보호위원회는 중앙행정기관, 지방자치단체, 국회, 법원, 헌법재판소, 중앙선거관리위원회가 이 법을 위반하였을 때에는 해당 기관의 장에게 제1항 각 호에 해당하는 조치를 하도록 권고할 수 있다. 이 경우 권고를 받은 기관은 특별한 사유가 없으면 이를 존중하여야 한다.

제65조【고발 및 징계권고】 ① 보호위원회는 개인정보처리자에게 이 법 등 개인정보 보호와 관련된 법규의 위반에 따른 범죄혐의가 있다고 인정될 만한 상당한 이유가 있을 때에는 관할 수사기관에 그 내용을 고발할 수 있다. <개정 2013. 3. 23., 2014. 11. 19., 2017. 7. 26., 2020. 2. 4.>
② 보호위원회는 이 법 등 개인정보 보호와 관련된 법규의 위반행위가 있다고 인정될 만한 상당한 이유가 있을 때에는 책임이 있는 자(대표자 및 책임있는 임원을 포함한다)를 징계할 것을 해당 개인정보처리자에게 권고할 수 있다. 이 경우 권고를 받은 사람은 이를 존중하여야 하며 그 결과를 보호위원회에 통보하여야 한다. <개정 2013. 3. 23., 2013. 8. 6., 2014. 11. 19., 2017. 7. 26., 2020. 2. 4.>
③ 관계 중앙행정기관의 장은 소관 법률에 따라

개인정보처리자에 대하여 제1항에 따른 고발을 하거나 소속 기관·단체 등의 장에게 제2항에 따른 징계권고를 할 수 있다. 이 경우 제2항에 따른 권고를 받은 사람은 이를 존중하여야 하며 그 결과를 관계 중앙행정기관의 장에게 통보하여야 한다.

제66조【결과의 공표】 ① 보호위원회는 제61조에 따른 개선권고, 제64조에 따른 시정조치 명령, 제65조에 따른 고발 또는 징계권고 및 제75조에 따른 과태료 부과의 내용 및 결과에 대하여 공표할 수 있다. <개정 2013. 3. 23., 2014. 11. 19., 2017. 7. 26., 2020. 2. 4.>

② 관계 중앙행정기관의 장은 소관 법률에 따라 제1항에 따른 공표를 할 수 있다.

③ 제1항 및 제2항에 따른 공표의 방법, 기준 및 절차 등은 대통령령으로 정한다.

제67조【연차보고】 ① 보호위원회는 관계 기관 등으로부터 필요한 자료를 제출받아 매년 개인정보 보호시책의 수립 및 시행에 관한 보고서를 작성하여 정기국회 개회 전까지 국회에 제출(정보통신망에 의한 제출을 포함한다)하여야 한다.

② 제1항에 따른 보고서에는 다음 각 호의 내용이 포함되어야 한다. <개정 2016. 3. 29.>

1. 정보주체의 권리침해 및 그 구제현황
2. 개인정보 처리에 관한 실태조사 등의 결과
3. 개인정보 보호시책의 추진현황 및 실적
4. 개인정보 관련 해외의 입법 및 정책 동향
5. 주민등록번호 처리와 관련된 법률·대통령령·국회규칙·대법원규칙·헌법재판소규칙·중앙선거관리위원회규칙 및 감사원규칙의 제정·개정 현황
6. 그 밖에 개인정보 보호시책에 관하여 공개 또는 보고하여야 할 사항

제68조【권한의 위임·위탁】 ① 이 법에 따른 보호위원회 또는 관계 중앙행정기관의 장의 권한은 그 일부를 대통령령으로 정하는 바에 따라 특별시장, 광역시장, 도지사, 특별자치도지사 또는 대통령령으로 정하는 전문기관에 위임하거나 위탁할 수 있다. <개정 2013. 3. 23., 2014.11.19., 2017.7.26., 2020.2.4.>

② 제1항에 따라 보호위원회 또는 관계 중앙행정

기관의 장의 권한을 위임 또는 위탁받은 기관은 위임 또는 위탁받은 업무의 처리 결과를 보호위원회 또는 관계 중앙행정기관의 장에게 통보하여야 한다. <개정 2013. 3. 23., 2014. 11. 19., 2017. 7. 26., 2020. 2. 4.>

③ 보호위원회는 제1항에 따른 전문기관에 권한의 일부를 위임하거나 위탁하는 경우 해당 전문기관의 업무 수행을 위하여 필요한 경비를 출연할 수 있다. <개정 2013. 3. 23., 2014. 11. 19., 2017. 7. 26., 2020. 2. 4.>

제69조【벌칙 적용 시의 공무원 의제】 ① 보호위원회의 위원 중 공무원이 아닌 위원 및 공무원이 아닌 직원은 「형법」이나 그 밖의 법률에 따른 벌칙을 적용할 때에는 공무원으로 본다. <신설 2020. 2. 4.>

② 보호위원회 또는 관계 중앙행정기관의 장의 권한을 위탁한 업무에 종사하는 관계 기관의 임직원은 「형법」 제129조부터 제132조까지의 규정을 적용할 때에는 공무원으로 본다. <신설 2020. 2. 4.>

제10장 벌칙 <개정 2020.2.4.>

제70조【벌칙】 다음 각 호의 어느 하나에 해당하는 자는 10년 이하의 징역 또는 1억 원 이하의 벌금에 처한다. <개정 2015. 7. 24.>

1. 공공기관의 개인정보 처리업무를 방해할 목적으로 공공기관에서 처리하고 있는 개인정보를 변경하거나 말소하여 공공기관의 업무 수행의 중단·마비 등 심각한 지장을 초래한 자
2. 거짓이나 그 밖의 부정한 수단이나 방법으로 다른 사람이 처리하고 있는 개인정보를 취득한 후 이를 영리 또는 부정한 목적으로 제3자에게 제공한 자와 이를 교사·알선한 자

제71조【벌칙】 다음 각 호의 어느 하나에 해당하는 자는 5년 이하의 징역 또는 5천만 원 이하의 벌금에 처한다. <개정 2016. 3. 29., 2020. 2. 4.>

1. 제17조 제1항 제2호에 해당하지 아니함에도 같은 항 제1호를 위반하여 정보주체의 동의를 받지 아니하고 개인정보를 제3자에게 제공한 자 및 그 사정을 알고 개인정보를 제공받은 자
2. 제18조 제1항·제2항(제39조의14에 따라 준용

되는 경우를 포함한다), 제19조, 제26조 제5항, 제27조 제3항 또는 제28조의2를 위반하여 개인 정보를 이용하거나 제3자에게 제공한 자 및 그 사정을 알면서도 영리 또는 부정한 목적으로 개인정보를 제공받은 자

3. 제23조 제1항을 위반하여 민감정보를 처리한 자

4. 제24조 제1항을 위반하여 고유식별정보를 처리 한 자

4의2. 제28조의3을 위반하여 가명정보를 처리하 거나 제3자에게 제공한 자 및 그 사정을 알 면서도 영리 또는 부정한 목적으로 가명정 보를 제공받은 자

4의3. 제28조의5 제1항을 위반하여 특정 개인을 알 아보기 위한 목적으로 가명정보를 처리한 자

4의4. 제36조 제2항(제27조에 따라 정보통신서비 스 제공자등으로부터 개인정보를 이전받은 자와 제39조의14에 따라 준용되는 경우를 포함한다)을 위반하여 정정·삭제 등 필요 한 조치(제38조 제2항에 따른 열람등요구에 따른 필요한 조치를 포함한다)를 하지 아니 하고 개인정보를 이용하거나 이를 제3자에 게 제공한 정보통신서비스 제공자등

4의5. 제39조의3 제1항(제39조의14에 따라 준용되 는 경우를 포함한다)을 위반하여 이용자의 동의를 받지 아니하고 개인정보를 수집한 자

4의6. 제39조의3 제4항(제39조의14에 따라 준용되 는 경우를 포함한다)을 위반하여 법정대리 인의 동의를 받지 아니하거나 법정대리인이 동의하였는지를 확인하지 아니하고 만 14세 미만인 아동의 개인정보를 수집한 자

5. 제59조 제2호를 위반하여 업무상 알게 된 개인 정보를 누설하거나 권한 없이 다른 사람이 이 용하도록 제공한 자 및 그 사정을 알면서도 영리 또는 부정한 목적으로 개인정보를 제공받은 자

6. 제59조 제3호를 위반하여 다른 사람의 개인정 보를 훼손, 멸실, 변경, 위조 또는 유출한 자

제72조【벌칙】 다음 각 호의 어느 하나에 해당하는 자는 3년 이하의 징역 또는 3천만 원 이하의 벌금 에 처한다.

1. 제25조 제5항을 위반하여 영상정보처리기기의

설치 목적과 다른 목적으로 영상정보처리기기 를 임의로 조작하거나 다른 곳을 비추는 자 또 는 녹음기능을 사용한 자

2. 제59조 제1호를 위반하여 거짓이나 그 밖의 부 정한 수단이나 방법으로 개인정보를 취득하거 나 개인정보 처리에 관한 동의를 받는 행위를 한 자 및 그 사정을 알면서도 영리 또는 부정한 목적으로 개인정보를 제공받은 자

3. 제60조를 위반하여 직무상 알게 된 비밀을 누 설하거나 직무상 목적 외에 이용한 자

제73조【벌칙】 다음 각 호의 어느 하나에 해당하는 자는 2년 이하의 징역 또는 2천만 원 이하의 벌금 에 처한다. <개정 2015. 7. 24., 2016. 3. 29., 2020. 2. 4.>

1. 제23조 제2항, 제24조 제3항, 제25조 제6항, 제 28조의4 제1항 또는 제29조를 위반하여 안전성 확보에 필요한 조치를 하지 아니하여 개인정보 를 분실·도난·유출·위조·변조 또는 훼손 당한 자

1의2. 제21조 제1항(제39조의14에 따라 준용되는 경우를 포함한다)을 위반하여 개인정보를 파기하지 아니한 정보통신서비스 제공자등

2. 제36조 제2항을 위반하여 정정·삭제 등 필요 한 조치를 하지 아니하고 개인정보를 계속 이 용하거나 이를 제3자에게 제공한 자

3. 제37조 제2항을 위반하여 개인정보의 처리를 정지하지 아니하고 계속 이용하거나 제3자에게 제공한 자

제74조【양벌규정】 ① 법인의 대표자나 법인 또는 개인의 대리인, 사용인, 그 밖의 종업원이 그 법인 또는 개인의 업무에 관하여 제70조에 해당하는 위 반행위를 하면 그 행위자를 벌하는 외에 그 법인 또는 개인을 7천만 원 이하의 벌금에 처한다. 다만, 법인 또는 개인이 그 위반행위를 방지하기 위하여 해당 업무에 관하여 상당한 주의와 감독을 게을리 하지 아니한 경우에는 그러하지 아니하다.

② 법인의 대표자나 법인 또는 개인의 대리인, 사 용인, 그 밖의 종업원이 그 법인 또는 개인의 업무 에 관하여 제71조부터 제73조까지의 어느 하나에 해당하는 위반행위를 하면 그 행위자를 벌하는 외 에 그 법인 또는 개인에게도 해당 조문의 벌금형

을 과(科)한다. 다만, 법인 또는 개인이 그 위반행위를 방지하기 위하여 해당 업무에 관하여 상당한 주의와 감독을 게을리하지 아니한 경우에는 그러하지 아니하다.

제74조의2【몰수·추징 등】 제70조부터 제73조까지의 어느 하나에 해당하는 죄를 지은 자가 해당 위반행위와 관련하여 취득한 금품이나 그 밖의 이익은 몰수할 수 있으며, 이를 몰수할 수 없을 때에는 그 가액을 추징할 수 있다. 이 경우 몰수 또는 추징은 다른 벌칙에 부가하여 과할 수 있다.
[본조신설 2015. 7. 24.]

제75조【과태료】 ① 다음 각 호의 어느 하나에 해당하는 자에게는 5천만 원 이하의 과태료를 부과한다. <개정 2017. 4. 18.>
1. 제15조 제1항을 위반하여 개인정보를 수집한 자
2. 제22조 제6항을 위반하여 법정대리인의 동의를 받지 아니한 자
3. 제25조 제2항을 위반하여 영상정보처리기기를 설치·운영한 자
② 다음 각 호의 어느 하나에 해당하는 자에게는 3천만 원 이하의 과태료를 부과한다. <개정 2013. 8. 6., 2014. 3. 24., 2015. 7. 24., 2016. 3. 29., 2017. 4. 18., 2020. 2. 4.>
1. 제15조 제2항, 제17조 제2항, 제18조 제3항 또는 제26조 제3항을 위반하여 정보주체에게 알려야 할 사항을 알리지 아니한 자
2. 제16조 제3항 또는 제22조 제5항을 위반하여 재화 또는 서비스의 제공을 거부한 자
3. 제20조 제1항 또는 제2항을 위반하여 정보주체에게 같은 항 각 호의 사실을 알리지 아니한 자
4. 제21조 제1항·제39조의6(제39조의14에 따라 준용되는 경우를 포함한다)을 위반하여 개인정보의 파기 등 필요한 조치를 하지 아니한 자
4의2. 제24조의2 제1항을 위반하여 주민등록번호를 처리한 자
4의3. 제24조의2 제2항을 위반하여 암호화 조치를 하지 아니한 자
5. 제24조의2 제3항을 위반하여 정보주체가 주민등록번호를 사용하지 아니할 수 있는 방법을 제공하지 아니한 자

6. 제23조 제2항, 제24조 제3항, 제25조 제6항, 제28조의4 제1항 또는 제29조를 위반하여 안전성 확보에 필요한 조치를 하지 아니한 자
7. 제25조 제1항을 위반하여 영상정보처리기기를 설치·운영한 자
7의2. 제28조의5 제2항을 위반하여 개인을 알아볼 수 있는 정보가 생성되었음에도 이용을 중지하지 아니하거나 이를 회수·파기하지 아니한 자
7의3. 제32조의2 제6항을 위반하여 인증을 받지 아니하였음에도 거짓으로 인증의 내용을 표시하거나 홍보한 자
8. 제34조 제1항을 위반하여 정보주체에게 같은 항 각 호의 사실을 알리지 아니한 자
9. 제34조 제3항을 위반하여 조치 결과를 신고하지 아니한 자
10. 제35조 제3항을 위반하여 열람을 제한하거나 거절한 자
11. 제36조 제2항을 위반하여 정정·삭제 등 필요한 조치를 하지 아니한 자
12. 제37조 제4항을 위반하여 처리가 정지된 개인정보에 대하여 파기 등 필요한 조치를 하지 아니한 자
12의2. 제39조의3 제3항(제39조의14에 따라 준용되는 경우를 포함한다)을 위반하여 서비스의 제공을 거부한 자
12의3. 제39조의4 제1항(제39조의14에 따라 준용되는 경우를 포함한다)을 위반하여 이용자·보호위원회 및 전문기관에 통지 또는 신고하지 아니하거나 정당한 사유 없이 24시간을 경과하여 통지 또는 신고한 자
12의4. 제39조의4 제3항을 위반하여 소명을 하지 아니하거나 거짓으로 한 자
12의5. 제39조의7 제2항(제39조의14에 따라 준용되는 경우를 포함한다)을 위반하여 개인정보의 동의 철회·열람·정정 방법을 제공하지 아니한 자
12의6. 제39조의7 제3항(제39조의14에 따라 준용되는 경우와 제27조에 따라 정보통신서비스 제공자등으로부터 개인정보를 이전받은

자를 포함한다)을 위반하여 필요한 조치를 하지 아니한 정보통신서비스 제공자등

12의7. 제39조의8 제1항 본문(제39조의14에 따라 준용되는 경우를 포함한다)을 위반하여 개인정보의 이용내역을 통지하지 아니한 자

12의8. 제39조의12 제4항(같은 조 제5항에 따라 준용되는 경우를 포함한다)을 위반하여 보호조치를 하지 아니한 자

13. 제64조 제1항에 따른 시정명령에 따르지 아니한 자

③ 다음 각 호의 어느 하나에 해당하는 자에게는 2천만 원 이하의 과태료를 부과한다. <신설 2020. 2. 4.>

1. 제39조의9 제1항을 위반하여 보험 또는 공제 가입, 준비금 적립 등 필요한 조치를 하지 아니한 자

2. 제39조의11 제1항을 위반하여 국내대리인을 지정하지 아니한 자

3. 제39조의12 제2항 단서를 위반하여 제39조의12 제3항 각 호의 사항 모두를 공개하거나 이용자에게 알리지 아니하고 이용자의 개인정보를 국외에 처리위탁·보관한 자

④ 다음 각 호의 어느 하나에 해당하는 자에게는 1천만 원 이하의 과태료를 부과한다. <개정 2017. 4. 18., 2020. 2. 4.>

1. 제21조 제3항을 위반하여 개인정보를 분리하여 저장·관리하지 아니한 자

2. 제22조 제1항부터 제4항까지의 규정을 위반하여 동의를 받은 자

3. 제25조 제4항을 위반하여 안내판 설치 등 필요한 조치를 하지 아니한 자

4. 제26조 제1항을 위반하여 업무 위탁 시 같은 항 각 호의 내용이 포함된 문서에 의하지 아니한 자

5. 제26조 제2항을 위반하여 위탁하는 업무의 내용과 수탁자를 공개하지 아니한 자

6. 제27조 제1항 또는 제2항을 위반하여 정보주체에게 개인정보의 이전 사실을 알리지 아니한 자

6의2. 제28조의4 제2항을 위반하여 관련 기록을 작성하여 보관하지 아니한 자

7. 제30조 제1항 또는 제2항을 위반하여 개인정보 처리방침을 정하지 아니하거나 이를 공개하지 아니한 자

8. 제31조 제1항을 위반하여 개인정보 보호책임자를 지정하지 아니한 자

9. 제35조 제3항·제4항, 제36조 제2항·제4항 또는 제37조 제3항을 위반하여 정보주체에게 알려야 할 사항을 알리지 아니한 자

10. 제63조 제1항에 따른 관계 물품·서류 등 자료를 제출하지 아니하거나 거짓으로 제출한 자

11. 제63조 제2항에 따른 출입·검사를 거부·방해 또는 기피한 자

⑤ 제1항부터 제4항까지의 규정에 따른 과태료는 대통령령으로 정하는 바에 따라 보호위원회와 관계 중앙행정기관의 장이 부과·징수한다. 이 경우 관계 중앙행정기관의 장은 소관 분야의 개인정보처리자에게 과태료를 부과·징수한다. <개정 2013. 3. 23., 2014. 11. 19., 2017. 7. 26., 2020. 2. 4.>

제76조【과태료에 관한 규정 적용의 특례】 제75조의 과태료에 관한 규정을 적용할 때 제34조의2에 따라 과징금을 부과한 행위에 대하여는 과태료를 부과할 수 없다.

[본조신설 2013. 8. 6.]

부칙 <제16930호, 2020. 2. 4.>

제1조【시행일】 이 법은 공포 후 6개월이 경과한 날부터 시행한다.

제2조【위원 임기에 관한 경과조치】 이 법 시행 당시 종전의 규정에 따라 임명된 보호위원회의 위원의 임기는 이 법 시행 전날 만료된 것으로 본다.

제3조【기능조정에 따른 소관 사무 등에 관한 경과조치】 ① 이 법 시행 당시 「방송통신위원회의 설치 및 운영에 관한 법률」 제11조 제1항의 방송통신위원회의 소관사무 중 개인정보 보호에 해당하는 사무는 보호위원회가 승계한다.

② 이 법 시행 당시 행정안전부장관의 소관 사무 중 제7조의8의 개정규정에 따른 사무는 보호위원회가 승계한다.

③ 이 법 시행 전에 행정안전부장관이 행한 고시·행정처분, 그 밖에 행정안전부장관의 행위와 행정안전부장관에 대한 신청·신고, 그 밖의 행위

중 그 소관이 행정안전부장관으로부터 보호위원회로 이관되는 사항에 관한 행위는 보호위원회의 행위 또는 보호위원회에 대한 행위로 본다.

④ 이 법 시행 전에 방송통신위원회가 행한 고시·행정처분, 그 밖의 행위와 신고 등 방송통신위원회에 대한 행위 중 그 소관이 방송통신위원회에서 보호위원회로 이관되는 사항에 관한 행위는 이 법에 따른 보호위원회의 행위 또는 보호위원회에 대한 행위로 본다.

⑤ 이 법 시행 당시 행정안전부·방송통신위원회 소속 공무원 중 대통령령으로 정하는 공무원은 이 법에 따른 보호위원회 소속 공무원으로 본다.

제4조【보호위원회에 관한 경과조치】 ① 이 법 시행 당시 종전의 규정에 따른 보호위원회의 행위나 보호위원회에 대한 행위는 이 법에 따른 보호위원회의 행위나 보호위원회에 대한 행위로 본다.

제5조【개인정보보호 관리체계 인증기관 등에 관한 경과조치】 ① 이 법 시행 당시 「정보통신망 이용촉진 및 정보보호 등에 관한 법률」(이하 "정보통신망법"이라 한다) 제47조의3에 따라 인증기관 또는 심사기관으로 지정받은 자는 이 법 제32조의2에 따라 전문기관으로 지정받은 것으로 본다.

② 이 법 시행 당시 「정보통신망법」 제47조의3에 따라 개인정보보호 관리체계 인증을 받거나 인증심사원 자격을 부여받은 자는 이 법 제32조의2에 따라 개인정보보호 관리체계 인증을 받거나 인증심사원 자격을 부여받은 것으로 본다.

제6조【권한의 위임·위탁에 관한 경과조치】 이 법 시행 당시 종전의 규정에 따라 행정안전부장관의 권한 일부를 위임 또는 위탁받은 특별시장, 광역시장, 도지사, 특별자치도지사, 특별자치시장 또는 전문기관은 이 법에 따라 보호위원회의 권한 일부를 위임 또는 위탁받은 것으로 본다.

제7조【벌칙 및 과태료에 관한 경과조치】 이 법 시행 전의 행위에 대한 벌칙 및 과태료의 적용은 종전의 규정에 따른다.

제8조【과징금 부과에 관한 경과조치】 이 법 시행 전에 종료된 행위에 대한 과징금의 부과는 종전의 규정에 따른다.

제9조【다른 법률의 개정】 ① 방송통신위원회의 설치 및 운영에 관한 법률 일부를 다음과 같이 개정한다.

제11조 제1항 제2호 중 "개인정보보호윤리"를 "인터넷 윤리, 건전한 인터넷 이용환경 조성"으로 한다.

② 신용정보의 이용 및 보호에 관한 법률 일부를 다음과 같이 개정한다.

제39조의2 제4항 중 "행정안전부장관에게"를 "개인정보 보호위원회에"로 한다.

③ 정부조직법 일부를 다음과 같이 개정한다.

제34조 제1항 중 "전자정부, 개인정보보호"를 "전자정부"로 한다.

④ 주민등록법 일부를 다음과 같이 개정한다.

제7조의5 제6항 제1호 중 "관계 행정기관(「개인정보 보호법」 제7조에 따른 개인정보 보호위원회를 포함한다)"을 "관계 행정기관"으로 한다.

제10조【다른 법령과의 관계】 ① 이 법 시행 당시 다른 법령(이 법 시행 전에 공포되었으나 시행일이 도래하지 아니한 법령을 포함한다)에서 이 법에 따라 보호위원회가 승계하는 방송통신위원회 및 행정안전부의 사무와 관련하여 "방송통신위원회" 또는 "방송통신위원회 위원장"을 인용한 경우에는 그 법령에서 규정한 내용에 따라 "보호위원회" 또는 "보호위원회 위원장"을 인용한 것으로, "방송통신위원회 소속 공무원"을 인용한 경우에는 "보호위원회 소속 공무원"을 인용한 것으로 보며, "행정안전부" 또는 "행정안전부장관"을 인용한 경우에는 그 법령에서 규정한 내용에 따라 "보호위원회" 또는 "보호위원회 위원장"을 인용한 것으로, "행정안전부 소속 공무원"을 인용한 경우에는 "보호위원회 소속 공무원"을 인용한 것으로 본다.

② 이 법 시행 당시 다른 법령에서 종전의 「정보통신망법」 또는 그 규정을 인용하고 있는 경우 이 법에 그에 해당하는 규정이 있는 때에는 이 법 또는 이 법의 해당 규정을 인용한 것으로 본다.

행정조사기본법

[시행 2022.7.5.]
[법률 제18682호, 2022.1.4., 타법개정]

제1장 총칙

제1조【목적】 이 법은 행정조사에 관한 기본원칙·행정조사의 방법 및 절차 등에 관한 공통적인 사항을 규정함으로써 행정의 공정성·투명성 및 효율성을 높이고, 국민의 권익을 보호함을 목적으로 한다.

제2조【정의】 이 법에서 사용하는 용어의 정의는 다음과 같다.

1. "행정조사"란 행정기관이 정책을 결정하거나 직무를 수행하는 데 필요한 정보나 자료를 수집하기 위하여 현장조사·문서열람·시료채취 등을 하거나 조사대상자에게 보고요구·자료제출요구 및 출석·진술요구를 행하는 활동을 말한다.
2. "행정기관"이란 법령 및 조례·규칙(이하 "법령등"이라 한다)에 따라 행정권한이 있는 기관과 그 권한을 위임 또는 위탁받은 법인·단체 또는 그 기관이나 개인을 말한다.
3. "조사원"이란 행정조사업무를 수행하는 행정기관의 공무원·직원 또는 개인을 말한다.
4. "조사대상자"란 행정조사의 대상이 되는 법인·단체 또는 그 기관이나 개인을 말한다.

제3조【적용범위】 ① 행정조사에 관하여 다른 법률에 특별한 규정이 있는 경우를 제외하고는 이 법으로 정하는 바에 따른다.

② 다음 각 호의 어느 하나에 해당하는 사항에 대하여는 이 법을 적용하지 아니한다. <개정 2016. 5. 29., 2022. 1. 4.>

1. 행정조사를 한다는 사실이나 조사내용이 공개될 경우 국가의 존립을 위태롭게 하거나 국가의 중대한 이익을 현저히 해칠 우려가 있는 국가안전보장·통일 및 외교에 관한 사항
2. 국방 및 안전에 관한 사항 중 다음 각 목의 어느 하나에 해당하는 사항
   가. 군사시설·군사기밀보호 또는 방위사업에 관한 사항
   나. 「병역법」·「예비군법」·「민방위기본법」·「비상대비에 관한 법률」에 따른 징집·소집·동원 및 훈련에 관한 사항
3. 「공공기관의 정보공개에 관한 법률」 제4조 제3항의 정보에 관한 사항
4. 「근로기준법」 제101조에 따른 근로감독관의 직무에 관한 사항
5. 조세·형사·행형 및 보안처분에 관한 사항
6. 금융감독기관의 감독·검사·조사 및 감리에 관한 사항
7. 「독점규제 및 공정거래에 관한 법률」, 「표시·광고의 공정화에 관한 법률」, 「하도급거래 공정화에 관한 법률」, 「가맹사업거래의 공정화에 관한 법률」, 「방문판매 등에 관한 법률」, 「전자상거래 등에서의 소비자보호에 관한 법률」, 「약관의 규제에 관한 법률」 및 「할부거래에 관한 법률」에 따른 공정거래위원회의 법률위반행위 조사에 관한 사항

③ 제2항에도 불구하고 제4조(행정조사의 기본원칙), 제5조(행정조사의 근거) 및 제28조(정보통신수단을 통한 행정조사)는 제2항 각 호의 사항에 대하여 적용한다.

제4조【행정조사의 기본원칙】 ① 행정조사는 조사목적을 달성하는데 필요한 최소한의 범위 안에서 실시하여야 하며, 다른 목적 등을 위하여 조사권을 남용하여서는 아니 된다.

② 행정기관은 조사목적에 적합하도록 조사대상자를 선정하여 행정조사를 실시하여야 한다.

③ 행정기관은 유사하거나 동일한 사안에 대하여는 공동조사 등을 실시함으로써 행정조사가 중복되지 아니하도록 하여야 한다.

④ 행정조사는 법령등의 위반에 대한 처벌보다는 법령등을 준수하도록 유도하는 데 중점을 두어야 한다.

⑤ 다른 법률에 따르지 아니하고는 행정조사의 대상자 또는 행정조사의 내용을 공표하거나 직무상 알게 된 비밀을 누설하여서는 아니된다.

⑥ 행정기관은 행정조사를 통하여 알게 된 정보를 다른 법률에 따라 내부에서 이용하거나 다른 기관에 제공하는 경우를 제외하고는 원래의 조사목적 이외의 용도로 이용하거나 타인에게 제공하여서는 아니 된다.

제5조 【행정조사의 근거】 행정기관은 법령등에서 행정조사를 규정하고 있는 경우에 한하여 행정조사를 실시할 수 있다. 다만, 조사대상자의 자발적인 협조를 얻어 실시하는 행정조사의 경우에는 그러하지 아니하다.

제2장 조사계획의 수립 및 조사대상의 선정

제6조 【연도별 행정조사운영계획의 수립 및 제출】 ① 행정기관의 장은 매년 12월 말까지 다음 연도의 행정조사운영계획을 수립하여 국무조정실장에게 제출하여야 한다. 다만, 행정조사운영계획을 제출해야 하는 행정기관의 구체적인 범위는 대통령령으로 정한다. <개정 2008. 2. 29., 2013. 3. 23.>

② 행정기관의 장이 행정조사운영계획을 수립하는 때에는 제4조에 따른 행정조사의 기본원칙에 따라야 한다.

③ 제1항에 따른 행정조사운영계획에는 조사의 종류·조사방법·공동조사 실시계획·중복조사 방지계획, 그 밖에 대통령령으로 정하는 사항이 포함되어야 한다.

④ 국무조정실장은 행정기관의 장이 제출한 행정조사운영계획을 검토한 후 그에 대한 보완을 요청할 수 있다. 이 경우 행정기관의 장은 특별한 사정이 없는 한 이에 응하여야 한다. <개정 2008. 2. 29., 2013. 3. 23.>

제7조 【조사의 주기】 행정조사는 법령등 또는 행정조사운영계획으로 정하는 바에 따라 정기적으로 실시함을 원칙으로 한다. 다만, 다음 각 호 중 어느 하나에 해당하는 경우에는 수시조사를 할 수 있다.

1. 법률에서 수시조사를 규정하고 있는 경우
2. 법령등의 위반에 대하여 혐의가 있는 경우

3. 다른 행정기관으로부터 법령등의 위반에 관한 혐의를 통보 또는 이첩받은 경우
4. 법령등의 위반에 대한 신고를 받거나 민원이 접수된 경우
5. 그 밖에 행정조사의 필요성이 인정되는 사항으로서 대통령령으로 정하는 경우

제8조 【조사대상의 선정】 ① 행정기관의 장은 행정조사의 목적, 법령준수의 실적, 자율적인 준수를 위한 노력, 규모와 업종 등을 고려하여 명백하고 객관적인 기준에 따라 행정조사의 대상을 선정하여야 한다.

② 조사대상자는 조사대상 선정기준에 대한 열람을 행정기관의 장에게 신청할 수 있다.

③ 행정기관의 장이 제2항에 따라 열람신청을 받은 때에는 다음 각 호의 어느 하나에 해당하는 경우를 제외하고 신청인이 조사대상 선정기준을 열람할 수 있도록 하여야 한다.

1. 행정기관이 당해 행정조사업무를 수행할 수 없을 정도로 조사활동에 지장을 초래하는 경우
2. 내부고발자 등 제3자에 대한 보호가 필요한 경우

④ 제2항 및 제3항에 따른 행정조사 대상 선정기준의 열람방법이나 그 밖에 행정조사 대상 선정기준의 열람에 관하여 필요한 사항은 대통령령으로 정한다.

제3장 조사방법

제9조 【출석·진술 요구】 ① 행정기관의 장이 조사대상자의 출석·진술을 요구하는 때에는 다음 각 호의 사항이 기재된 출석요구서를 발송하여야 한다.

1. 일시와 장소
2. 출석요구의 취지
3. 출석하여 진술하여야 하는 내용
4. 제출자료
5. 출석거부에 대한 제재(근거 법령 및 조항 포함)
6. 그 밖에 당해 행정조사와 관련하여 필요한 사항

② 조사대상자는 지정된 출석일시에 출석하는 경우 업무 또는 생활에 지장이 있는 때에는 행정기관의 장에게 출석일시를 변경하여 줄 것을 신청할 수 있으며, 변경신청을 받은 행정기관의 장은 행정

조사의 목적을 달성할 수 있는 범위 안에서 출석일시를 변경할 수 있다.

③ 출석한 조사대상자가 제1항에 따른 출석요구서에 기재된 내용을 이행하지 아니하여 행정조사의 목적을 달성할 수 없는 경우를 제외하고는 조사원은 조사대상자의 1회 출석으로 당해 조사를 종결하여야 한다.

제10조【보고요구와 자료제출의 요구】 ① 행정기관의 장은 조사대상자에게 조사사항에 대하여 보고를 요구하는 때에는 다음 각 호의 사항이 포함된 보고요구서를 발송하여야 한다.

1. 일시와 장소
2. 조사의 목적과 범위
3. 보고하여야 하는 내용
4. 보고거부에 대한 제재(근거법령 및 조항 포함)
5. 그 밖에 당해 행정조사와 관련하여 필요한 사항

② 행정기관의 장은 조사대상자에게 장부·서류나 그 밖의 자료를 제출하도록 요구하는 때에는 다음 각 호의 사항이 기재된 자료제출요구서를 발송하여야 한다.

1. 제출기간
2. 제출요청사유
3. 제출서류
4. 제출서류의 반환 여부
5. 제출거부에 대한 제재(근거 법령 및 조항 포함)
6. 그 밖에 당해 행정조사와 관련하여 필요한 사항

제11조【현장조사】 ① 조사원이 가택·사무실 또는 사업장 등에 출입하여 현장조사를 실시하는 경우에는 행정기관의 장은 다음 각 호의 사항이 기재된 현장출입조사서 또는 법령등에서 현장조사 시 제시하도록 규정하고 있는 문서를 조사대상자에게 발송하여야 한다.

1. 조사목적
2. 조사기간과 장소
3. 조사원의 성명과 직위
4. 조사범위와 내용
5. 제출자료
6. 조사거부에 대한 제재(근거 법령 및 조항 포함)
7. 그 밖에 당해 행정조사와 관련하여 필요한 사항

② 제1항에 따른 현장조사는 해가 뜨기 전이나 해가 진 뒤에는 할 수 없다. 다만, 다음 각 호의 어느 하나에 해당하는 경우에는 그러하지 아니하다.

1. 조사대상자(대리인 및 관리책임이 있는 자를 포함한다)가 동의한 경우
2. 사무실 또는 사업장 등의 업무시간에 행정조사를 실시하는 경우
3. 해가 뜬 후부터 해가 지기 전까지 행정조사를 실시하는 경우에는 조사목적의 달성이 불가능하거나 증거인멸로 인하여 조사대상자의 법령 등의 위반 여부를 확인할 수 없는 경우

③ 제1항 및 제2항에 따라 현장조사를 하는 조사원은 그 권한을 나타내는 증표를 지니고 이를 조사대상자에게 내보여야 한다.

제12조【시료채취】 ① 조사원이 조사목적의 달성을 위하여 시료채취를 하는 경우에는 그 시료의 소유자 및 관리자의 정상적인 경제활동을 방해하지 아니하는 범위 안에서 최소한도로 하여야 한다.

② 행정기관의 장은 제1항에 따른 시료채취로 조사대상자에게 손실을 입힌 때에는 대통령령으로 정하는 절차와 방법에 따라 그 손실을 보상하여야 한다.

제13조【자료등의 영치】 ① 조사원이 현장조사 중에 자료·서류·물건 등(이하 이 조에서 "자료등"이라 한다)을 영치하는 때에는 조사대상자 또는 그 대리인을 입회시켜야 한다.

② 조사원이 제1항에 따라 자료등을 영치하는 경우에 조사대상자의 생활이나 영업이 사실상 불가능하게 될 우려가 있는 때에는 조사원은 자료등을 사진으로 촬영하거나 사본을 작성하는 등의 방법으로 영치에 갈음할 수 있다. 다만, 증거인멸의 우려가 있는 자료등을 영치하는 경우에는 그러하지 아니하다.

③ 조사원이 영치를 완료한 때에는 영치조서 2부를 작성하여 입회인과 함께 서명날인하고 그중 1부를 입회인에게 교부하여야 한다.

④ 행정기관의 장은 영치한 자료등이 다음 각 호의 어느 하나에 해당하는 경우에는 이를 즉시 반환하여야 한다.

1. 영치한 자료등을 검토한 결과 당해 행정조사와 관련이 없다고 인정되는 경우

2. 당해 행정조사의 목적의 달성 등으로 자료등에 대한 영치의 필요성이 없게 된 경우

제14조【공동조사】 ① 행정기관의 장은 다음 각 호의 어느 하나에 해당하는 행정조사를 하는 경우에는 공동조사를 하여야 한다.

1. 당해 행정기관 내의 2 이상의 부서가 동일하거나 유사한 업무분야에 대하여 동일한 조사대상자에게 행정조사를 실시하는 경우
2. 서로 다른 행정기관이 대통령령으로 정하는 분야에 대하여 동일한 조사대상자에게 행정조사를 실시하는 경우

② 제1항 각 호에 따른 사항에 대하여 행정조사의 사전통지를 받은 조사대상자는 관계 행정기관의 장에게 공동조사를 실시하여 줄 것을 신청할 수 있다. 이 경우 조사대상자는 신청인의 성명·조사일시·신청이유 등이 기재된 공동조사신청서를 관계 행정기관의 장에게 제출하여야 한다.

③ 제2항에 따라 공동조사를 요청받은 행정기관의 장은 이에 응하여야 한다.

④ 국무조정실장은 행정기관의 장이 제6조에 따라 제출한 행정조사운영계획의 내용을 검토한 후 관계 부처의 장에게 공동조사의 실시를 요청할 수 있다. <개정 2008. 2. 29., 2013. 3. 23.>

⑤ 그 밖에 공동조사에 관하여 필요한 사항은 대통령령으로 정한다.

제15조【중복조사의 제한】 ① 제7조에 따라 정기조사 또는 수시조사를 실시한 행정기관의 장은 동일한 사안에 대하여 동일한 조사대상자를 재조사 하여서는 아니 된다. 다만, 당해 행정기관이 이미 조사를 받은 조사대상자에 대하여 위법행위가 의심되는 새로운 증거를 확보한 경우에는 그러하지 아니하다.

② 행정조사를 실시할 행정기관의 장은 행정조사를 실시하기 전에 다른 행정기관에서 동일한 조사대상자에게 동일하거나 유사한 사안에 대하여 행정조사를 실시하였는지 여부를 확인할 수 있다.

③ 행정조사를 실시할 행정기관의 장이 제2항에 따른 사실을 확인하기 위하여 행정조사의 결과에 대한 자료를 요청하는 경우 요청받은 행정기관의 장은 특별한 사유가 없는 한 관련 자료를 제공하여야 한다.

제4장 조사실시

제16조【개별조사계획의 수립】 ① 행정조사를 실시하고자 하는 행정기관의 장은 제17조에 따른 사전통지를 하기 전에 개별조사계획을 수립하여야 한다. 다만, 행정조사의 시급성으로 행정조사계획을 수립할 수 없는 경우에는 행정조사에 대한 결과보고서로 개별조사계획을 갈음할 수 있다.

② 제1항에 따른 개별조사계획에는 조사의 목적·종류·대상·방법 및 기간, 그 밖에 대통령령으로 정하는 사항이 포함되어야 한다.

제17조【조사의 사전통지】 ① 행정조사를 실시하고자 하는 행정기관의 장은 제9조에 따른 출석요구서, 제10조에 따른 보고요구서·자료제출요구서 및 제11조에 따른 현장출입조사서(이하 "출석요구서등"이라 한다)를 조사개시 7일 전까지 조사대상자에게 서면으로 통지하여야 한다. 다만, 다음 각 호의 어느 하나에 해당하는 경우에는 행정조사의 개시와 동시에 출석요구서등을 조사대상자에게 제시하거나 행정조사의 목적 등을 조사대상자에게 구두로 통지할 수 있다.

1. 행정조사를 실시하기 전에 관련 사항을 미리 통지하는 때에는 증거인멸 등으로 행정조사의 목적을 달성할 수 없다고 판단되는 경우
2. 「통계법」 제3조 제2호에 따른 지정통계의 작성을 위하여 조사하는 경우
3. 제5조 단서에 따라 조사대상자의 자발적인 협조를 얻어 실시하는 행정조사의 경우

② 행정기관의 장이 출석요구서등을 조사대상자에게 발송하는 경우 출석요구서등의 내용이 외부에 공개되지 아니하도록 필요한 조치를 하여야 한다.

제18조【조사의 연기신청】 ① 출석요구서등을 통지받은 자가 천재지변이나 그 밖에 대통령령으로 정하는 사유로 인하여 행정조사를 받을 수 없는 때에는 당해 행정조사를 연기하여 줄 것을 행정기관의 장에게 요청할 수 있다.

② 제1항에 따라 연기요청을 하고자 하는 자는 연기하고자 하는 기간과 사유가 포함된 연기신청서를 행정기관의 장에게 제출하여야 한다.

③ 행정기관의 장은 제2항에 따라 행정조사의 연기요청을 받은 때에는 연기요청을 받은 날부터 7일 이내에 조사의 연기 여부를 결정하여 조사대상자에게 통지하여야 한다.

제19조【제3자에 대한 보충조사】 ① 행정기관의 장은 조사대상자에 대한 조사만으로는 당해 행정조사의 목적을 달성할 수 없거나 조사대상이 되는 행위에 대한 사실 여부 등을 입증하는 데 과도한 비용 등이 소요되는 경우로서 다음 각 호의 어느 하나에 해당하는 경우에는 제3자에 대하여 보충조사를 할 수 있다.

1. 다른 법률에서 제3자에 대한 조사를 허용하고 있는 경우
2. 제3자의 동의가 있는 경우

② 행정기관의 장은 제1항에 따라 제3자에 대한 보충조사를 실시하는 경우에는 조사개시 7일 전까지 보충조사의 일시·장소 및 보충조사의 취지 등을 제3자에게 서면으로 통지하여야 한다.

③ 행정기관의 장은 제3자에 대한 보충조사를 하기 전에 그 사실을 원래의 조사대상자에게 통지하여야 한다. 다만, 제3자에 대한 보충조사를 사전에 통지하여서는 조사목적을 달성할 수 없거나 조사목적의 달성이 현저히 곤란한 경우에는 제3자에 대한 조사결과를 확정하기 전에 그 사실을 통지하여야 한다.

④ 원래의 조사대상자는 제3항에 따른 통지에 대하여 의견을 제출할 수 있다.

제20조【자발적인 협조에 따라 실시하는 행정조사】
① 행정기관의 장이 제5조 단서에 따라 조사대상자의 자발적인 협조를 얻어 행정조사를 실시하고자 하는 경우 조사대상자는 문서·전화·구두 등의 방법으로 당해 행정조사를 거부할 수 있다.

② 제1항에 따른 행정조사에 대하여 조사대상자가 조사에 응할 것인지에 대한 응답을 하지 아니하는 경우에는 법령등에 특별한 규정이 없는 한 그 조사를 거부한 것으로 본다.

③ 행정기관의 장은 제1항 및 제2항에 따른 조사거부자의 인적 사항 등에 관한 기초자료는 특정 개인을 식별할 수 없는 형태로 통계를 작성하는 경우에 한하여 이를 이용할 수 있다.

제21조【의견제출】 ① 조사대상자는 제17조에 따른 사전통지의 내용에 대하여 행정기관의 장에게 의견을 제출할 수 있다.

② 행정기관의 장은 제1항에 따라 조사대상자가 제출한 의견이 상당한 이유가 있다고 인정하는 경우에는 이를 행정조사에 반영하여야 한다.

제22조【조사원 교체신청】 ① 조사대상자는 조사원에게 공정한 행정조사를 기대하기 어려운 사정이 있다고 판단되는 경우에는 행정기관의 장에게 당해 조사원의 교체를 신청할 수 있다.

② 제1항에 따른 교체신청은 그 이유를 명시한 서면으로 행정기관의 장에게 하여야 한다.

③ 제1항에 따른 교체신청을 받은 행정기관의 장은 즉시 이를 심사하여야 한다.

④ 행정기관의 장은 제1항에 따른 교체신청이 타당하다고 인정되는 경우에는 다른 조사원으로 하여금 행정조사를 하게 하여야 한다.

⑤ 행정기관의 장은 제1항에 따른 교체신청이 조사를 지연할 목적으로 한 것이거나 그 밖에 교체신청에 타당한 이유가 없다고 인정되는 때에는 그 신청을 기각하고 그 취지를 신청인에게 통지하여야 한다.

제23조【조사권 행사의 제한】 ① 조사원은 제9조부터 제11조까지에 따라 사전에 발송된 사항에 한하여 조사대상자를 조사하되, 사전통지한 사항과 관련된 추가적인 행정조사가 필요할 경우에는 조사대상자에게 추가조사의 필요성과 조사내용 등에 관한 사항을 서면이나 구두로 통보한 후 추가조사를 실시할 수 있다.

② 조사대상자는 법률·회계 등에 대하여 전문지식이 있는 관계 전문가로 하여금 행정조사를 받는 과정에 입회하게 하거나 의견을 진술하게 할 수 있다.

③ 조사대상자와 조사원은 조사과정을 방해하지 아니하는 범위 안에서 행정조사의 과정을 녹음하거나 녹화할 수 있다. 이 경우 녹음·녹화의 범위 등은 상호 협의하여 정하여야 한다.

④ 조사대상자와 조사원이 제3항에 따라 녹음이나 녹화를 하는 경우에는 사전에 이를 당해 행정기관의 장에게 통지하여야 한다.

제24조【조사결과의 통지】 행정기관의 장은 법령등에 특별한 규정이 있는 경우를 제외하고는 행정조사의 결과를 확정한 날부터 7일 이내에 그 결과를 조사대상자에게 통지하여야 한다.

제5장 자율관리체제의 구축 등

제25조【자율신고제도】 ① 행정기관의 장은 법령등에서 규정하고 있는 조사사항을 조사대상자로 하여금 스스로 신고하도록 하는 제도를 운영할 수 있다.

② 행정기관의 장은 조사대상자가 제1항에 따라 신고한 내용이 거짓의 신고라고 인정할 만한 근거가 있거나 신고내용을 신뢰할 수 없는 경우를 제외하고는 그 신고내용을 행정조사에 갈음할 수 있다.

제26조【자율관리체제의 구축】 ① 행정기관의 장은 조사대상자가 자율적으로 행정조사사항을 신고·관리하고, 스스로 법령준수사항을 통제하도록 하는 체제(이하 "자율관리체제"라 한다)의 기준을 마련하여 고시할 수 있다.

② 다음 각 호의 어느 하나에 해당하는 자는 제1항에 따른 기준에 따라 자율관리체제를 구축하여 대통령령으로 정하는 절차와 방법에 따라 행정기관의 장에게 신고할 수 있다.

1. 조사대상자
2. 조사대상자가 법령등에 따라 설립하거나 자율적으로 설립한 단체 또는 협회

③ 국가와 지방자치단체는 행정사무의 효율적인 집행과 법령등의 준수를 위하여 조사대상자의 자율관리체제 구축을 지원하여야 한다.

제27조【자율관리에 대한 혜택의 부여】 행정기관의 장은 제25조에 따라 자율신고를 하는 자와 제26조에 따라 자율관리체제를 구축하고 자율관리체제의 기준을 준수한 자에 대하여는 법령등으로 규정한 바에 따라 행정조사의 감면 또는 행정·세제상의 지원을 하는 등 필요한 혜택을 부여할 수 있다.

제6장 보칙

제28조【정보통신수단을 통한 행정조사】 ① 행정기관의 장은 인터넷 등 정보통신망을 통하여 조사대상자로 하여금 자료의 제출 등을 하게 할 수 있다.

② 행정기관의 장은 정보통신망을 통하여 자료의 제출 등을 받은 경우에는 조사대상자의 신상이나 사업비밀 등이 유출되지 아니하도록 제도적·기술적 보안조치를 강구하여야 한다.

제29조【행정조사의 점검과 평가】 ① 국무조정실장은 행정조사의 효율성·투명성 및 예측가능성을 제고하기 위하여 각급 행정기관의 행정조사 실태, 공동조사 실시현황 및 중복조사 실시 여부 등을 확인·점검하여야 한다. <개정 2008. 2. 29., 2013. 3. 23.>

② 국무조정실장은 제1항에 따른 확인·점검결과를 평가하여 대통령령으로 정하는 절차와 방법에 따라 국무회의와 대통령에게 보고하여야 한다. <개정 2008. 2. 29., 2013. 3. 23.>

③ 국무조정실장은 제1항에 따른 확인·점검을 위하여 각급 행정기관의 장에게 행정조사의 결과 및 공동조사의 현황 등에 관한 자료의 제출을 요구할 수 있다. <개정 2008. 2. 29., 2013. 3. 23.>

④ 행정조사의 확인·점검 대상 행정기관과 행정조사의 확인·점검 및 평가절차에 관한 사항은 대통령령으로 정한다.

부칙 〈제18682호, 2022. 1. 4.〉
(비상대비에 관한 법률)

제1조【시행일】 이 법은 공포 후 6개월이 경과한 날부터 시행한다.

제2조【다른 법률의 개정】 ①부터 ⑩까지 생략
⑪ 행정조사기본법 일부를 다음과 같이 개정한다.
제3조 제2항 제2호 나목 중 「비상대비자원 관리법」을 "「비상대비에 관한 법률」"로 한다.

제3조 생략

질서위반행위규제법

[시행 2021.1.1]
[법률 제17758호, 2020.12.29, 타법개정]

제1장 총칙

제1조【목적】 이 법은 법률상 의무의 효율적인 이행을 확보하고 국민의 권리와 이익을 보호하기 위하여 질서위반행위의 성립요건과 과태료의 부과·징수 및 재판 등에 관한 사항을 규정하는 것을 목적으로 한다.

제2조【정의】 이 법에서 사용하는 용어의 뜻은 다음과 같다.

1. "질서위반행위"란 법률(지방자치단체의 조례를 포함한다. 이하 같다)상의 의무를 위반하여 과태료를 부과하는 행위를 말한다. 다만, 다음 각 목의 어느 하나에 해당하는 행위를 제외한다.
   가. 대통령령으로 정하는 사법(私法)상·소송법상 의무를 위반하여 과태료를 부과하는 행위
   나. 대통령령으로 정하는 법률에 따른 징계사유에 해당하여 과태료를 부과하는 행위
2. "행정청"이란 행정에 관한 의사를 결정하여 표시하는 국가 또는 지방자치단체의 기관, 그 밖의 법령 또는 자치법규에 따라 행정권한을 가지고 있거나 위임 또는 위탁받은 공공단체나 그 기관 또는 사인(私人)을 말한다.
3. "당사자"란 질서위반행위를 한 자연인 또는 법인(법인이 아닌 사단 또는 재단으로서 대표자 또는 관리인이 있는 것을 포함한다. 이하 같다)을 말한다.

제3조【법 적용의 시간적 범위】 ① 질서위반행위의 성립과 과태료 처분은 행위 시의 법률에 따른다.
② 질서위반행위 후 법률이 변경되어 그 행위가 질서위반행위에 해당하지 아니하게 되거나 과태료가 변경되기 전의 법률보다 가볍게 된 때에는 법률에 특별한 규정이 없는 한 변경된 법률을 적용한다.
③ 행정청의 과태료 처분이나 법원의 과태료 재판이 확정된 후 법률이 변경되어 그 행위가 질서위반행위에 해당하지 아니하게 된 때에는 변경된 법률에 특별한 규정이 없는 한 과태료의 징수 또는 집행을 면제한다.

제4조【법 적용의 장소적 범위】 ① 이 법은 대한민국 영역 안에서 질서위반행위를 한 자에게 적용한다.
② 이 법은 대한민국 영역 밖에서 질서위반행위를 한 대한민국의 국민에게 적용한다.
③ 이 법은 대한민국 영역 밖에 있는 대한민국의 선박 또는 항공기 안에서 질서위반행위를 한 외국인에게 적용한다.

제5조【다른 법률과의 관계】 과태료의 부과·징수, 재판 및 집행 등의 절차에 관한 다른 법률의 규정 중 이 법의 규정에 저촉되는 것은 이 법으로 정하는 바에 따른다.

제2장 질서위반행위의 성립 등

제6조【질서위반행위 법정주의】 법률에 따르지 아니하고는 어떤 행위도 질서위반행위로 과태료를 부과하지 아니한다.

제7조【고의 또는 과실】 고의 또는 과실이 없는 질서위반행위는 과태료를 부과하지 아니한다.

제8조【위법성의 착오】 자신의 행위가 위법하지 아니한 것으로 오인하고 행한 질서위반행위는 그 오인에 정당한 이유가 있는 때에 한하여 과태료를 부과하지 아니한다.

제9조【책임연령】 14세가 되지 아니한 자의 질서위반행위는 과태료를 부과하지 아니한다. 다만, 다른 법률에 특별한 규정이 있는 경우에는 그러하지 아니하다.

제10조【심신장애】 ① 심신(心神)장애로 인하여 행위의 옳고 그름을 판단할 능력이 없거나 그 판단에 따른 행위를 할 능력이 없는 자의 질서위반행위는 과태료를 부과하지 아니한다.
② 심신장애로 인하여 제1항에 따른 능력이 미약

한 자의 질서위반행위는 과태료를 감경한다.

③ 스스로 심신장애 상태를 일으켜 질서위반행위를 한 자에 대하여는 제1항 및 제2항을 적용하지 아니한다.

제11조【법인의 처리 등】 ① 법인의 대표자, 법인 또는 개인의 대리인·사용인 및 그 밖의 종업원이 업무에 관하여 법인 또는 그 개인에게 부과된 법률상의 의무를 위반한 때에는 법인 또는 그 개인에게 과태료를 부과한다.

② 제7조부터 제10조까지의 규정은 「도로교통법」 제56조 제1항에 따른 고용주등을 같은 법 제160조 제3항에 따라 과태료를 부과하는 경우에는 적용하지 아니한다.

제12조【다수인의 질서위반행위 가담】 ① 2인 이상이 질서위반행위에 가담한 때에는 각자가 질서위반행위를 한 것으로 본다.

② 신분에 의하여 성립하는 질서위반행위에 신분이 없는 자가 가담한 때에는 신분이 없는 자에 대하여도 질서위반행위가 성립한다.

③ 신분에 의하여 과태료를 감경 또는 가중하거나 과태료를 부과하지 아니하는 때에는 그 신분의 효과는 신분이 없는 자에게는 미치지 아니한다.

제13조【수개의 질서위반행위의 처리】 ① 하나의 행위가 2 이상의 질서위반행위에 해당하는 경우에는 각 질서위반행위에 대하여 정한 과태료 중 가장 중한 과태료를 부과한다.

② 제1항의 경우를 제외하고 2 이상의 질서위반행위가 경합하는 경우에는 각 질서위반행위에 대하여 정한 과태료를 각각 부과한다. 다만, 다른 법령(지방자치단체의 조례를 포함한다. 이하 같다)에 특별한 규정이 있는 경우에는 그 법령으로 정하는 바에 따른다.

제14조【과태료의 산정】 행정청 및 법원은 과태료를 정함에 있어서 다음 각 호의 사항을 고려하여야 한다.

1. 질서위반행위의 동기·목적·방법·결과
2. 질서위반행위 이후의 당사자의 태도와 정황
3. 질서위반행위자의 연령·재산상태·환경
4. 그 밖에 과태료의 산정에 필요하다고 인정되는 사유

제15조【과태료의 시효】 ① 과태료는 행정청의 과태료 부과처분이나 법원의 과태료 재판이 확정된 후 5년간 징수하지 아니하거나 집행하지 아니하면 시효로 인하여 소멸한다.

② 제1항에 따른 소멸시효의 중단·정지 등에 관하여는 「국세기본법」 제28조를 준용한다.

제3장 행정청의 과태료 부과 및 징수

제16조【사전통지 및 의견 제출 등】 ① 행정청이 질서위반행위에 대하여 과태료를 부과하고자 하는 때에는 미리 당사자(제11조 제2항에 따른 고용주등을 포함한다. 이하 같다)에게 대통령령으로 정하는 사항을 통지하고, 10일 이상의 기간을 정하여 의견을 제출할 기회를 주어야 한다. 이 경우 지정된 기일까지 의견 제출이 없는 경우에는 의견이 없는 것으로 본다.

② 당사자는 의견 제출 기한 이내에 대통령령으로 정하는 방법에 따라 행정청에 의견을 진술하거나 필요한 자료를 제출할 수 있다.

③ 행정청은 제2항에 따라 당사자가 제출한 의견에 상당한 이유가 있는 경우에는 과태료를 부과하지 아니하거나 통지한 내용을 변경할 수 있다.

제17조【과태료의 부과】 ① 행정청은 제16조의 의견 제출 절차를 마친 후에 서면(당사자가 동의하는 경우에는 전자문서를 포함한다. 이하 이 조에서 같다)으로 과태료를 부과하여야 한다. <개정 2011. 4. 5.>

② 제1항에 따른 서면에는 질서위반행위, 과태료 금액, 그 밖에 대통령령으로 정하는 사항을 명시하여야 한다.

③ 삭제 <2016. 12. 2.>

제17조의2【신용카드 등에 의한 과태료의 납부】 ① 당사자는 과태료, 제24조에 따른 가산금, 중가산금 및 체납처분비를 대통령령으로 정하는 과태료 납부대행기관을 통하여 신용카드, 직불카드 등(이하 "신용카드등"이라 한다)으로 낼 수 있다.

② 제1항에 따라 신용카드등으로 내는 경우에는 과태료 납부대행기관의 승인일을 납부일로 본다.

③ 과태료 납부대행기관은 납부자로부터 신용카드등에 의한 과태료 납부대행 용역의 대가로 납부

대행 수수료를 받을 수 있다.

④ 과태료 납부대행기관의 지정 및 운영, 납부대행 수수료에 관한 사항은 대통령령으로 정한다. [본조신설 2016. 12. 2.]

제18조【자진납부자에 대한 과태료 감경】 ① 행정청은 당사자가 제16조에 따른 의견 제출 기한 이내에 과태료를 자진하여 납부하고자 하는 경우에는 대통령령으로 정하는 바에 따라 과태료를 감경할 수 있다.

② 당사자가 제1항에 따라 감경된 과태료를 납부한 경우에는 해당 질서위반행위에 대한 과태료 부과 및 징수절차는 종료한다.

제19조【과태료 부과의 제척기간】 ① 행정청은 질서위반행위가 종료된 날(다수인이 질서위반행위에 가담한 경우에는 최종행위가 종료된 날을 말한다)부터 5년이 경과한 경우에는 해당 질서위반행위에 대하여 과태료를 부과할 수 없다.

② 제1항에도 불구하고 행정청은 제36조 또는 제44조에 따른 법원의 결정이 있는 경우에는 그 결정이 확정된 날부터 1년이 경과하기 전까지는 과태료를 정정부과 하는 등 해당 결정에 따라 필요한 처분을 할 수 있다.

제20조【이의제기】 ① 행정청의 과태료 부과에 불복하는 당사자는 제17조 제1항에 따른 과태료 부과 통지를 받은 날부터 60일 이내에 해당 행정청에 서면으로 이의제기를 할 수 있다.

② 제1항에 따른 이의제기가 있는 경우에는 행정청의 과태료 부과처분은 그 효력을 상실한다.

③ 당사자는 행정청으로부터 제21조 제3항에 따른 통지를 받기 전까지는 행정청에 대하여 서면으로 이의제기를 철회할 수 있다.

제21조【법원에의 통보】 ① 제20조 제1항에 따른 이의제기를 받은 행정청은 이의제기를 받은 날부터 14일 이내에 이에 대한 의견 및 증빙서류를 첨부하여 관할 법원에 통보하여야 한다. 다만, 다음 각 호의 어느 하나에 해당하는 경우에는 그러하지 아니하다.

1. 당사자가 이의제기를 철회한 경우
2. 당사자의 이의제기에 이유가 있어 과태료를 부과할 필요가 없는 것으로 인정되는 경우

② 행정청은 사실상 또는 법률상 같은 원인으로 말미암아 다수인에게 과태료를 부과할 필요가 있는 경우에는 다수인 가운데 1인에 대한 관할권이 있는 법원에 제1항에 따른 이의제기 사실을 통보할 수 있다.

③ 행정청이 제1항 및 제2항에 따라 관할 법원에 통보를 하거나 통보하지 아니하는 경우에는 그 사실을 즉시 당사자에게 통지하여야 한다.

제22조【질서위반행위의 조사】 ① 행정청은 질서위반행위가 발생하였다는 합리적 의심이 있어 그에 대한 조사가 필요하다고 인정할 때에는 대통령령으로 정하는 바에 따라 다음 각 호의 조치를 할 수 있다.

1. 당사자 또는 참고인의 출석 요구 및 진술의 청취
2. 당사자에 대한 보고 명령 또는 자료 제출의 명령

② 행정청은 질서위반행위가 발생하였다는 합리적 의심이 있어 그에 대한 조사가 필요하다고 인정할 때에는 그 소속 직원으로 하여금 당사자의 사무소 또는 영업소에 출입하여 장부·서류 또는 그 밖의 물건을 검사하게 할 수 있다.

③ 제2항에 따른 검사를 하고자 하는 행정청 소속 직원은 당사자에게 검사 개시 7일 전까지 검사 대상 및 검사 이유, 그 밖에 대통령령으로 정하는 사항을 통지하여야 한다. 다만, 긴급을 요하거나 사전통지의 경우 증거인멸 등으로 검사목적을 달성할 수 없다고 인정되는 때에는 그러하지 아니하다.

④ 제2항에 따라 검사를 하는 직원은 그 권한을 표시하는 증표를 지니고 이를 관계인에게 내보여야 한다.

⑤ 제1항 및 제2항에 따른 조치 또는 검사는 그 목적 달성에 필요한 최소한에 그쳐야 한다.

제23조【자료제공의 요청】 행정청은 과태료의 부과·징수를 위하여 필요한 때에는 관계 행정기관, 지방자치단체, 그 밖에 대통령령으로 정하는 공공기관(이하 "공공기관등"이라 한다)의 장에게 그 필요성을 소명하여 자료 또는 정보의 제공을 요청할 수 있으며, 그 요청을 받은 공공기관등의 장은 특별한 사정이 없는 한 이에 응하여야 한다.

제24조【가산금 징수 및 체납처분 등】 ① 행정청은 당사자가 납부기한까지 과태료를 납부하지 아니

한 때에는 납부기한을 경과한 날부터 체납된 과태료에 대하여 100분의 3에 상당하는 가산금을 징수한다. <개정 2016. 12. 2.>

② 체납된 과태료를 납부하지 아니한 때에는 납부기한이 경과한 날부터 매 1개월이 경과할 때마다 체납된 과태료의 1천분의 12에 상당하는 가산금(이하 이 조에서 "중가산금"이라 한다)을 제1항에 따른 가산금에 가산하여 징수한다. 이 경우 중가산금을 가산하여 징수하는 기간은 60개월을 초과하지 못한다.

③ 행정청은 당사자가 제20조 제1항에 따른 기한 이내에 이의를 제기하지 아니하고 제1항에 따른 가산금을 납부하지 아니한 때에는 국세 또는 지방세 체납처분의 예에 따라 징수한다.

④ 삭제 <2018. 12. 18.>

제24조의2【상속재산 등에 대한 집행】 ① 과태료는 당사자가 과태료 부과처분에 대하여 이의를 제기하지 아니한 채 제20조 제1항에 따른 기한이 종료한 후 사망한 경우에는 그 상속재산에 대하여 집행할 수 있다.

② 법인에 대한 과태료는 법인이 과태료 부과처분에 대하여 이의를 제기하지 아니한 채 제20조 제1항에 따른 기한이 종료한 후 합병에 의하여 소멸한 경우에는 합병 후 존속한 법인 또는 합병에 의하여 설립된 법인에 대하여 집행할 수 있다.

[본조신설 2011. 4. 5.]

제24조의3【과태료의 징수유예 등】 ① 행정청은 당사자가 다음 각 호의 어느 하나에 해당하여 과태료(체납된 과태료와 가산금, 중가산금 및 체납처분비를 포함한다. 이하 이 조에서 같다)를 납부하기가 곤란하다고 인정되면 1년의 범위에서 대통령령으로 정하는 바에 따라 과태료의 분할납부나 납부기일의 연기(이하 "징수유예등"이라 한다)를 결정할 수 있다.

1. 「국민기초생활 보장법」에 따른 수급권자
2. 「국민기초생활 보장법」에 따른 차상위계층 중 다음 각 목의 대상자
   가. 「의료급여법」에 따른 수급권자
   나. 「한부모가족지원법」에 따른 지원대상자
   다. 자활사업 참여자

3. 「장애인복지법」 제2조 제2항에 따른 장애인
4. 본인 외에는 가족을 부양할 사람이 없는 사람
5. 불의의 재난으로 피해를 당한 사람
6. 납부의무자 또는 그 동거 가족이 질병이나 중상해로 1개월 이상의 장기 치료를 받아야 하는 경우
7. 「채무자 회생 및 파산에 관한 법률」에 따른 개인회생절차개시결정자
8. 「고용보험법」에 따른 실업급여수급자
9. 그 밖에 제1호부터 제8호까지에 준하는 것으로서 대통령령으로 정하는 부득이한 사유가 있는 경우

② 제1항에 따라 징수유예등을 받으려는 당사자는 대통령령으로 정하는 바에 따라 이를 행정청에 신청할 수 있다.

③ 행정청은 제1항에 따라 징수유예등을 하는 경우 그 유예하는 금액에 상당하는 담보의 제공이나 제공된 담보의 변경을 요구할 수 있고, 그 밖에 담보보전에 필요한 명령을 할 수 있다.

④ 행정청은 제1항에 따른 징수유예등의 기간 중에는 그 유예한 과태료 징수금에 대하여 가산금, 중가산금의 징수 또는 체납처분(교부청구는 제외한다)을 할 수 없다.

⑤ 행정청은 다음 각 호의 어느 하나에 해당하는 경우 그 징수유예등을 취소하고, 유예된 과태료 징수금을 한꺼번에 징수할 수 있다. 이 경우 그 사실을 당사자에게 통지하여야 한다.

1. 과태료 징수금을 지정된 기한까지 납부하지 아니하였을 때
2. 담보의 제공이나 변경, 그 밖에 담보보전에 필요한 행정청의 명령에 따르지 아니하였을 때
3. 재산상황이나 그 밖의 사정의 변화로 유예할 필요가 없다고 인정될 때
4. 제1호부터 제3호까지에 준하는 대통령령으로 정하는 사유에 해당되어 유예한 기한까지 과태료 징수금의 전액을 징수할 수 없다고 인정될 때

⑥ 과태료 징수유예등의 방식과 절차, 그 밖에 징수유예등에 관하여 필요한 사항은 대통령령으로 정한다.

[본조신설 2016. 12. 2.]

제24조의4【결손처분】 ① 행정청은 당사자에게 다음 각 호의 어느 하나에 해당하는 사유가 있을 경우에는 결손처분을 할 수 있다.

1. 제15조 제1항에 따라 과태료의 소멸시효가 완성된 경우
2. 체납자의 행방이 분명하지 아니하거나 재산이 없는 등 징수할 수 없다고 인정되는 경우로서 대통령령으로 정하는 경우

② 행정청은 제1항 제2호에 따라 결손처분을 한 후 압류할 수 있는 다른 재산을 발견하였을 때에는 지체 없이 그 처분을 취소하고 체납처분을 하여야 한다.

[본조신설 2018. 12. 18.]

제4장 질서위반행위의 재판 및 집행

제25조【관할 법원】 과태료 사건은 다른 법령에 특별한 규정이 있는 경우를 제외하고는 당사자의 주소지의 지방법원 또는 그 지원의 관할로 한다.

제26조【관할의 표준이 되는 시기】 법원의 관할은 행정청이 제21조 제1항 및 제2항에 따라 이의제기 사실을 통보한 때를 표준으로 정한다.

제27조【관할위반에 따른 이송】 ① 법원은 과태료 사건의 전부 또는 일부에 대하여 관할권이 없다고 인정하는 경우에는 결정으로 이를 관할 법원으로 이송한다.

② 당사자 또는 검사는 이송결정에 대하여 즉시항고를 할 수 있다.

제28조【준용규정】 「비송사건절차법」 제2조부터 제4조까지, 제6조, 제7조, 제10조(인증과 감정을 제외한다) 및 제24조부터 제26조까지의 규정은 이 법에 따른 과태료 재판(이하 "과태료 재판"이라 한다)에 준용한다.

제29조【법원직원의 제척 등】 법원직원의 제척·기피 및 회피에 관한 「민사소송법」의 규정은 과태료 재판에 준용한다.

제30조【행정청 통보사실의 통지】 법원은 제21조 제1항 및 제2항에 따른 행정청의 통보가 있는 경우 이를 즉시 검사에게 통지하여야 한다.

제31조【심문 등】 ① 법원은 심문기일을 열어 당사자의 진술을 들어야 한다.

② 법원은 검사의 의견을 구하여야 하고, 검사는 심문에 참여하여 의견을 진술하거나 서면으로 의견을 제출하여야 한다.

③ 법원은 당사자 및 검사에게 제1항에 따른 심문기일을 통지하여야 한다.

제32조【행정청에 대한 출석 요구 등】 ① 법원은 행정청의 참여가 필요하다고 인정하는 때에는 행정청으로 하여금 심문기일에 출석하여 의견을 진술하게 할 수 있다.

② 행정청은 법원의 허가를 받아 소속 공무원으로 하여금 심문기일에 출석하여 의견을 진술하게 할 수 있다.

제33조【직권에 의한 사실탐지와 증거조사】 ① 법원은 직권으로 사실의 탐지와 필요하다고 인정하는 증거의 조사를 하여야 한다.

② 제1항의 증거조사에 관하여는 「민사소송법」에 따른다.

제34조【촉탁할 수 있는 사항】 사실탐지·소환 및 고지에 관한 행위는 촉탁할 수 있다.

제35조【조서의 작성】 법원서기관·법원사무관·법원주사 또는 법원주사보(이하 "법원사무관등"이라 한다)는 증인 또는 감정인의 심문에 관하여는 조서를 작성하고, 그 밖의 심문에 관하여는 필요하다고 인정하는 경우에 한하여 조서를 작성한다.

제36조【재판】 ① 과태료 재판은 이유를 붙인 결정으로써 한다.

② 결정서의 원본에는 판사가 서명날인하여야 한다. 다만, 제20조 제1항에 따른 이의제기서 또는 조서에 재판에 관한 사항을 기재하고 판사가 이에 서명날인함으로써 원본에 갈음할 수 있다.

③ 결정서의 정본과 등본에는 법원사무관등이 기명날인하고, 정본에는 법원인을 찍어야 한다.

④ 제2항의 서명날인은 기명날인으로 갈음할 수 있다.

제37조【결정의 고지】 ① 결정은 당사자와 검사에게 고지함으로써 효력이 생긴다.

② 결정의 고지는 법원이 적당하다고 인정하는 방

법으로 한다. 다만, 공시송달을 하는 경우에는 「민
사소송법」에 따라야 한다.

③ 법원사무관등은 고지의 방법·장소와 연월일을
결정서의 원본에 부기하고 이에 날인하여야 한다.

제38조【항고】 ① 당사자와 검사는 과태료 재판에
대하여 즉시항고를 할 수 있다. 이 경우 항고는 집
행정지의 효력이 있다

② 검사는 필요한 경우에는 제1항에 따른 즉시항
고 여부에 대한 행정청의 의견을 청취할 수 있다.

제39조【항고법원의 재판】 항고법원의 과태료 재판
에는 이유를 적어야 한다.

제40조【항고의 절차】 「민사소송법」의 항고에 관한
규정은 특별한 규정이 있는 경우를 제외하고는 이
법에 따른 항고에 준용한다.

제41조【재판비용】 ① 과태료 재판절차의 비용은
과태료에 처하는 선고가 있는 경우에는 그 선고를
받은 자의 부담으로 하고, 그 외의 경우에는 국고
의 부담으로 한다.

② 항고법원이 당사자의 신청을 인정하는 과태료
재판을 한 때에는 항고절차의 비용과 전심에서 당
사자의 부담이 된 비용은 국고의 부담으로 한다.

제42조【과태료 재판의 집행】 ① 과태료 재판은 검
사의 명령으로써 집행한다. 이 경우 그 명령은 집
행력 있는 집행권원과 동일한 효력이 있다.

② 과태료 재판의 집행절차는 「민사집행법」에 따
르거나 국세 또는 지방세 체납처분의 예에 따른다.
다만, 「민사집행법」에 따를 경우에는 집행을 하기
전에 과태료 재판의 송달은 하지 아니한다.

③ 과태료 재판의 집행에 대하여는 제24조 및 제
24조의2를 준용한다. 이 경우 제24조의2 제1항 및
제2항 중 "과태료 부과처분에 대하여 이의를 제기
하지 아니한 채 제20조 제1항에 따른 기한이 종료
한 후"는 "과태료 재판이 확정된 후"로 본다. <개
정 2011. 4. 5.>

④ 검사는 제1항부터 제3항까지의 규정에 따른 과
태료 재판을 집행한 경우 그 결과를 해당 행정청
에 통보하여야 한다. <신설 2011. 4. 5.>

제43조【과태료 재판 집행의 위탁】 ① 검사는 과태
료를 최초 부과한 행정청에 대하여 과태료 재판의

집행을 위탁할 수 있고, 위탁을 받은 행정청은 국
세 또는 지방세 체납처분의 예에 따라 집행한다.

② 지방자치단체의 장이 제1항에 따라 집행을 위
탁받은 경우에는 그 집행한 금원(金員)은 당해 지
방자치단체의 수입으로 한다.

제44조【약식재판】 법원은 상당하다고 인정하는 때
에는 제31조 제1항에 따른 심문 없이 과태료 재판
을 할 수 있다.

제45조【이의신청】 ① 당사자와 검사는 제44조에
따른 약식재판의 고지를 받은 날부터 7일 이내에
이의신청을 할 수 있다.

② 검사는 필요한 경우에는 제1항에 따른 이의신청
여부에 대하여 행정청의 의견을 청취할 수 있다.

③ 제1항의 기간은 불변기간으로 한다.

④ 당사자와 검사가 책임질 수 없는 사유로 제1항
의 기간을 지킬 수 없었던 경우에는 그 사유가 없
어진 날부터 14일 이내에 이의신청을 할 수 있다.
다만, 그 사유가 없어질 당시 외국에 있던 당사자
에 대하여는 그 기간을 30일로 한다.

제46조【이의신청 방식】 ① 이의신청은 대통령령으
로 정하는 이의신청서를 제44조에 따른 약식재판
을 한 법원에 제출함으로써 한다.

② 법원은 제1항에 따른 이의신청이 있는 때에는
이의신청의 상대방에게 이의신청서 부본을 송달
하여야 한다.

제47조【이의신청 취하】 ① 이의신청을 한 당사자
또는 검사는 정식재판 절차에 따른 결정을 고지받
기 전까지 이의신청을 취하할 수 있다.

② 이의신청의 취하는 대통령령으로 정하는 이의
신청취하서를 제46조 제1항에 따른 법원에 제출함
으로써 한다. 다만, 심문기일에는 말로 할 수 있다.

③ 법원은 제46조 제2항에 따라 이의신청서 부본
을 송달한 뒤에 제1항에 따른 이의신청의 취하가
있는 때에는 그 상대방에게 이의신청취하서 부본
을 송달하여야 한다.

제48조【이의신청 각하】 ① 법원은 이의신청이 법
령상 방식에 어긋나거나 이의신청권이 소멸된 뒤
의 것임이 명백한 경우에는 결정으로 이를 각하하
여야 한다. 다만, 그 흠을 보정할 수 있는 경우에는
그러하지 아니하다.

② 제1항의 결정에 대하여는 즉시항고를 할 수 있다.

제49조【약식재판의 확정】 약식재판은 다음 각 호의 어느 하나에 해당하는 때에 확정된다.

1. 제45조에 따른 기간 이내에 이의신청이 없는 때
2. 이의신청에 대한 각하결정이 확정된 때
3. 당사자 또는 검사가 이의신청을 취하한 때

제50조【이의신청에 따른 정식재판절차로의 이행】
① 법원이 이의신청이 적법하다고 인정하는 때에는 약식재판은 그 효력을 잃는다.
② 제1항의 경우 법원은 제31조 제1항에 따른 심문을 거쳐 다시 재판하여야 한다.

제5장 보칙

제51조【자료제출 요구】 법무부장관은 과태료 징수 관련 통계 작성 등 이 법의 운용과 관련하여 필요한 경우에는 중앙행정기관의 장이나 그 밖의 관계 기관의 장에게 과태료 징수 현황 등에 관한 자료의 제출을 요구할 수 있다.

제52조【관허사업의 제한】 ① 행정청은 허가·인가·면허·등록 및 갱신(이하 "허가등"이라 한다)을 요하는 사업을 경영하는 자로서 다음 각 호의 사유에 모두 해당하는 체납자에 대하여는 사업의 정지 또는 허가등의 취소를 할 수 있다.

1. 해당 사업과 관련된 질서위반행위로 부과받은 과태료를 3회 이상 체납하고 있고, 체납발생일부터 각 1년이 경과하였으며, 체납금액의 합계가 500만 원 이상인 체납자 중 대통령령으로 정하는 횟수와 금액 이상을 체납한 자
2. 천재지변이나 그 밖의 중대한 재난 등 대통령령으로 정하는 특별한 사유 없이 과태료를 체납한 자

② 허가등을 요하는 사업의 주무관청이 따로 있는 경우에는 행정청은 당해 주무관청에 대하여 사업의 정지 또는 허가등의 취소를 요구할 수 있다.
③ 행정청은 제1항 또는 제2항에 따라 사업의 정지 또는 허가등을 취소하거나 주무관청에 대하여 그 요구를 한 후 당해 과태료를 징수한 때에는 지체 없이 사업의 정지 또는 허가등의 취소나 그 요구를 철회하여야 한다.

④ 제2항에 따른 행정청의 요구가 있는 때에는 당해 주무관청은 정당한 사유가 없는 한 이에 응하여야 한다.

제53조【신용정보의 제공 등】 ① 행정청은 과태료 징수 또는 공익목적을 위하여 필요한 경우「국세징수법」제110조를 준용하여「신용정보의 이용 및 보호에 관한 법률」제25조 제2항 제1호에 따른 종합신용정보집중기관의 요청에 따라 체납 또는 결손처분자료를 제공할 수 있다. 이 경우「국세징수법」제110조를 준용할 때 "체납자"는 "체납자 또는 결손처분자"로, "체납자료"는 "체납 또는 결손처분 자료"로 본다. <개정 2009. 4. 1., 2018. 12. 18., 2020. 2. 4., 2020. 12. 29.>
② 행정청은 당사자에게 과태료를 납부하지 아니할 경우에는 체납 또는 결손처분자료를 제1항의 신용정보집중기관에게 제공할 수 있음을 미리 알려야 한다. <개정 2009. 4. 1., 2020. 2. 4.>
③ 행정청은 제1항에 따라 체납 또는 결손처분자료를 제공한 경우에는 대통령령으로 정하는 바에 따라 해당 체납자에게 그 제공사실을 통보하여야 한다.

제54조【고액·상습체납자에 대한 제재】 ① 법원은 검사의 청구에 따라 결정으로 30일의 범위 이내에서 과태료의 납부가 있을 때까지 다음 각 호의 사유에 모두 해당하는 경우 체납자(법인인 경우에는 대표자를 말한다. 이하 이 조에서 같다)를 감치(監置)에 처할 수 있다.

1. 과태료를 3회 이상 체납하고 있고, 체납발생일부터 각 1년이 경과하였으며, 체납금액의 합계가 1천만 원 이상인 체납자 중 대통령령으로 정하는 횟수와 금액 이상을 체납한 경우
2. 과태료 납부능력이 있음에도 불구하고 정당한 사유 없이 체납한 경우

② 행정청은 과태료 체납자가 제1항 각 호의 사유에 모두 해당하는 경우에는 관할 지방검찰청 또는 지청의 검사에게 체납자의 감치를 신청할 수 있다.
③ 제1항의 결정에 대하여는 즉시항고를 할 수 있다.
④ 제1항에 따라 감치에 처하여진 과태료 체납자는 동일한 체납사실로 인하여 재차 감치되지 아니한다.

⑤ 제1항에 따른 감치에 처하는 재판 절차 및 그 집행, 그 밖에 필요한 사항은 대법원규칙으로 정한다.

제55조【자동차 관련 과태료 체납자에 대한 자동차 등록번호판의 영치】 ① 행정청은 「자동차관리법」 제2조 제1호에 따른 자동차의 운행·관리 등에 관한 질서위반행위 중 대통령령으로 정하는 질서위반행위로 부과받은 과태료(이하 "자동차 관련 과태료"라 한다)를 납부하지 아니한 자에 대하여 체납된 자동차 관련 과태료와 관계된 그 소유의 자동차의 등록번호판을 영치할 수 있다.

② 자동차 등록업무를 담당하는 주무관청이 아닌 행정청이 제1항에 따라 등록번호판을 영치한 경우에는 지체 없이 주무관청에 등록번호판을 영치한 사실을 통지하여야 한다.

③ 자동차 관련 과태료를 납부하지 아니한 자가 체납된 자동차 관련 과태료를 납부한 경우 행정청은 영치한 자동차 등록번호판을 즉시 내주어야 한다.

④ 행정청은 제1항에 따라 자동차의 등록번호판이 영치된 당사자가 해당 자동차를 직접적인 생계유지 목적으로 사용하고 있어 자동차 등록번호판을 영치할 경우 생계유지가 곤란하다고 인정되는 경우 자동차 등록번호판을 내주고 영치를 일시 해제할 수 있다. 다만, 그 밖의 다른 과태료를 체납하고 있는 당사자에 대하여는 그러하지 아니하다. <신설 2016. 12. 2.>

⑤ 제1항부터 제4항까지에서 규정한 사항 외에 자동차 등록번호판 영치의 요건·방법·절차, 영치 해제의 요건·방법·절차 및 영치 일시 해제의 기간·요건·방법·절차에 관하여 필요한 사항은 대통령령으로 정한다. <개정 2016. 12. 2.>
[본조신설 2011. 4. 5.]
[종전 제55조는 제57조로 이동 <2011. 4. 5.>]

제56조【자동차 관련 과태료 납부증명서의 제출】 자동차 관련 과태료와 관계된 자동차가 그 자동차 관련 과태료의 체납으로 인하여 압류등록된 경우 그 자동차에 대하여 소유권 이전등록을 하려는 자는 압류등록의 원인이 된 자동차 관련 과태료(제24조에 따른 가산금 및 중가산금을 포함한다)를 납부한 증명서를 제출하여야 한다. 다만, 「전자정부법」 제36조 제1항에 따른 행정정보의 공동이용을 통하여 납부사실을 확인할 수 있는 경우에는 그러하지 아니하다.
[본조신설 2011. 4. 5.]

제57조【과태료】 ① 제22조 제2항에 따른 검사를 거부·방해 또는 기피한 자에게는 500만 원 이하의 과태료를 부과한다.

② 제1항에 따른 과태료는 제22조에 따른 행정청이 부과·징수한다.
[제55조에서 이동 <2011. 4. 5.>]

부칙
〈제17758호, 2020. 12. 29.〉(국세징수법)

제1조【시행일】 이 법은 2021년 1월 1일부터 시행한다.

제2조부터 제23조까지 생략

제24조【다른 법률의 개정】 ①부터 ⑳까지 생략

㉑ 질서위반행위규제법 일부를 다음과 같이 개정한다.
제53조 제1항 전단 및 후단 중 "「국세징수법」 제7조의2"를 각각 "「국세징수법」 제110조"로 한다.
㉒ 생략

제25조 및 제26조 생략

행정규제기본법

[시행 2022.7.5]
[법률 제18682호, 2022.1.4, 타법개정]

제1장 총칙
〈개정 2010. 1. 25.〉

제1조 【목적】 이 법은 행정규제에 관한 기본적인 사항을 규정하여 불필요한 행정규제를 폐지하고 비효율적인 행정규제의 신설을 억제함으로써 사회·경제활동의 자율과 창의를 촉진하여 국민의 삶의 질을 높이고 국가경쟁력이 지속적으로 향상되도록 함을 목적으로 한다.
[전문개정 2010. 1. 25.]

제2조 【정의】 ① 이 법에서 사용하는 용어의 뜻은 다음과 같다.
1. "행정규제"(이하 "규제"라 한다)란 국가나 지방자치단체가 특정한 행정 목적을 실현하기 위하여 국민(국내법을 적용받는 외국인을 포함한다)의 권리를 제한하거나 의무를 부과하는 것으로서 법령등이나 조례·규칙에 규정되는 사항을 말한다.
2. "법령등"이란 법률·대통령령·총리령·부령과 그 위임을 받는 고시(告示) 등을 말한다.
3. "기존규제"란 이 법 시행 당시 다른 법률에 근거하여 규정된 규제와 이 법 시행 후 이 법에서 정한 절차에 따라 규정된 규제를 말한다.
4. "행정기관"이란 법령등 또는 조례·규칙에 따라 행정 권한을 가지는 기관과 그 권한을 위임받거나 위탁받은 법인·단체 또는 그 기관이나 개인을 말한다.
5. "규제영향분석"이란 규제로 인하여 국민의 일상생활과 사회·경제·행정 등에 미치는 여러 가지 영향을 객관적이고 과학적인 방법을 사용하여 미리 예측·분석함으로써 규제의 타당성을 판단하는 기준을 제시하는 것을 말한다.

② 규제의 구체적 범위는 대통령령으로 정한다.
[전문개정 2010. 1. 25.]

제3조 【적용 범위】 ① 규제에 관하여 다른 법률에 특별한 규정이 있는 경우를 제외하고는 이 법에서 정하는 바에 따른다.
② 다음 각 호의 어느 하나에 해당하는 사항에 대하여는 이 법을 적용하지 아니한다. <개정 2016. 5. 29., 2017. 11. 28., 2022. 1. 4.>
1. 국회, 법원, 헌법재판소, 선거관리위원회 및 감사원이 하는 사무
2. 형사(刑事), 행형(行刑) 및 보안처분에 관한 사무
2의2. 과징금, 과태료의 부과 및 징수에 관한 사항
3. 「국가정보원법」에 따른 정보·보안 업무에 관한 사항
4. 「병역법」, 「통합방위법」, 「예비군법」, 「민방위기본법」, 「비상대비에 관한 법률」 및 「재난 및 안전관리기본법」에 규정된 징집·소집·동원·훈련에 관한 사항
5. 군사시설, 군사기밀 보호 및 방위사업에 관한 사항
6. 조세(租稅)의 종목·세율·부과 및 징수에 관한 사항
③ 지방자치단체는 이 법에서 정하는 취지에 따라 조례·규칙에 규정된 규제의 등록 및 공표(公表), 규제의 신설이나 강화에 대한 심사, 기존규제의 정비, 규제심사기구의 설치 등에 필요한 조치를 하여야 한다.
[전문개정 2010. 1. 25.]

제4조 【규제 법정주의】 ① 규제는 법률에 근거하여야 하며, 그 내용은 알기 쉬운 용어로 구체적이고 명확하게 규정되어야 한다.
② 규제는 법률에 직접 규정하되, 규제의 세부적인 내용은 법률 또는 상위법령(上位法令)에서 구체적으로 범위를 정하여 위임한 바에 따라 대통령령·총리령·부령 또는 조례·규칙으로 정할 수 있다. 다만, 법령에서 전문적·기술적 사항이나 경미한 사항으로서 업무의 성질상 위임이 불가피한 사항에 관하여 구체적으로 범위를 정하여 위임한 경우에는 고시 등으로 정할 수 있다.
③ 행정기관은 법률에 근거하지 아니한 규제로 국

민의 권리를 제한하거나 의무를 부과할 수 없다.
[전문개정 2010. 1. 25.]

제5조【규제의 원칙】 ① 국가나 지방자치단체는 국민의 자유와 창의를 존중하여야 하며, 규제를 정하는 경우에도 그 본질적 내용을 침해하지 아니하도록 하여야 한다.

② 국가나 지방자치단체가 규제를 정할 때에는 국민의 생명·인권·보건 및 환경 등의 보호와 식품·의약품의 안전을 위한 실효성이 있는 규제가 되도록 하여야 한다.

③ 규제의 대상과 수단은 규제의 목적 실현에 필요한 최소한의 범위에서 가장 효과적인 방법으로 객관성·투명성 및 공정성이 확보되도록 설정되어야 한다.
[전문개정 2010. 1. 25.]

제5조의2【우선허용·사후규제 원칙】 ① 국가나 지방자치단체가 신기술을 활용한 새로운 서비스 또는 제품(이하 "신기술 서비스·제품"이라 한다)과 관련된 규제를 법령등이나 조례·규칙에 규정할 때에는 다음 각 호의 어느 하나의 규정 방식을 우선적으로 고려하여야 한다.

1. 규제로 인하여 제한되는 권리나 부과되는 의무는 한정적으로 열거하고 그 밖의 사항은 원칙적으로 허용하는 규정 방식
2. 서비스와 제품의 인정 요건·개념 등을 장래의 신기술 발전에 따른 새로운 서비스와 제품도 포섭될 수 있도록 하는 규정 방식
3. 서비스와 제품에 관한 분류기준을 장래의 신기술 발전에 따른 서비스와 제품도 포섭될 수 있도록 유연하게 정하는 규정 방식
4. 그 밖에 신기술 서비스·제품과 관련하여 출시 전에 권리를 제한하거나 의무를 부과하지 아니하고 필요에 따라 출시 후에 권리를 제한하거나 의무를 부과하는 규정 방식

② 국가와 지방자치단체는 신기술 서비스·제품과 관련된 규제를 점검하여 해당 규제를 제1항에 따른 규정 방식으로 개선하는 방안을 강구하여야 한다.
[본조신설 2019. 4. 16.]

제6조【규제의 등록 및 공표】 ① 중앙행정기관의 장은 소관 규제의 명칭·내용·근거·처리기관 등을 제23조에 따른 규제개혁위원회(이하 "위원회"라 한다)에 등록하여야 한다.

② 위원회는 제1항에 따라 등록된 규제사무 목록을 작성하여 공표하고, 매년 6월 말일까지 국회에 제출하여야 한다.

③ 위원회는 직권으로 조사하여 등록되지 아니한 규제가 있는 경우에는 관계 중앙행정기관의 장에게 지체 없이 위원회에 등록하게 하거나 그 규제를 폐지하는 법령등의 정비계획을 제출하도록 요구하여야 하며, 관계 중앙행정기관의 장은 특별한 사유가 없으면 그 요구에 따라야 한다.

④ 제1항부터 제3항까지의 규정에 따른 규제의 등록·공표의 방법과 절차 등에 관하여 필요한 사항은 대통령령으로 정한다.
[전문개정 2010. 1. 25.]

제2장 규제의 신설·강화에 대한 원칙과 심사
〈개정 2010. 1. 25.〉

제7조【규제영향분석 및 자체심사】 ① 중앙행정기관의 장은 규제를 신설하거나 강화(규제의 존속기한 연장을 포함한다. 이하 같다)하려면 다음 각 호의 사항을 종합적으로 고려하여 규제영향분석을 하고 규제영향분석서를 작성하여야 한다. 〈개정 2015. 5. 18.〉

1. 규제의 신설 또는 강화의 필요성
2. 규제 목적의 실현 가능성
3. 규제 외의 대체 수단 존재 여부 및 기존규제와의 중복 여부
4. 규제의 시행에 따라 규제를 받는 집단과 국민이 부담하여야 할 비용과 편익의 비교 분석
5. 규제의 시행이 「중소기업기본법」 제2조에 따른 중소기업에 미치는 영향
6. 경쟁 제한적 요소의 포함 여부
7. 규제 내용의 객관성과 명료성
8. 규제의 신설 또는 강화에 따른 행정기구·인력 및 예산의 소요
9. 관련 민원사무의 구비서류 및 처리절차 등의 적정 여부

② 중앙행정기관의 장은 제1항에 따른 규제영향 분석서를 입법예고 기간 동안 국민에게 공표하여야 하고, 제출된 의견을 검토하여 규제영향분석서를 보완하며, 의견을 제출한 자에게 제출된 의견의 처리 결과를 알려야 한다.

③ 중앙행정기관의 장은 제1항에 따른 규제영향분석의 결과를 기초로 규제의 대상·범위·방법 등을 정하고 그 타당성에 대하여 자체심사를 하여야 한다. 이 경우 관계 전문가 등의 의견을 충분히 수렴하여 심사에 반영하여야 한다.

④ 규제영향분석의 방법·절차와 규제영향분석서의 작성지침 및 공표방법 등에 관하여 필요한 사항은 대통령령으로 정한다.

[전문개정 2010. 1. 25.]

제8조【규제의 존속기한 및 재검토기한 명시】 ① 중앙행정기관의 장은 규제를 신설하거나 강화하려는 경우에 존속시켜야 할 명백한 사유가 없는 규제는 존속기한 또는 재검토기한(일정기간마다 그 규제의 시행상황에 관한 점검결과에 따라 폐지 또는 완화 등의 조치를 할 필요성이 인정되는 규제에 한정하여 적용되는 기한을 말한다. 이하 같다)을 설정하여 그 법령등에 규정하여야 한다. <개정 2013. 7. 16.>

② 규제의 존속기한 또는 재검토기한은 규제의 목적을 달성하기 위하여 필요한 최소한의 기간 내에서 설정되어야 하며, 그 기간은 원칙적으로 5년을 초과할 수 없다. <개정 2013. 7. 16.>

③ 중앙행정기관의 장은 규제의 존속기한 또는 재검토기한을 연장할 필요가 있을 때에는 그 규제의 존속기한 또는 재검토기한의 6개월 전까지 제10조에 따라 위원회에 심사를 요청하여야 한다. <개정 2013. 7. 16.>

④ 위원회는 제12조와 제13조에 따른 심사 시 필요하다고 인정하면 관계 중앙행정기관의 장에게 그 규제의 존속기한 또는 재검토기한을 설정할 것을 권고할 수 있다. <개정 2013. 7. 16.>

⑤ 중앙행정기관의 장은 법률에 규정된 규제의 존속기한 또는 재검토기한을 연장할 필요가 있을 때에는 그 규제의 존속기한 또는 재검토기한의 3개월 전까지 규제의 존속기한 또는 재검토기한 연장

을 내용으로 하는 개정안을 국회에 제출하여야 한다. <개정 2013. 7. 16.>

[전문개정 2010. 1. 25.]

[제목개정 2013. 7. 16.]

제8조의2【소상공인 등에 대한 규제 형평】 ① 중앙행정기관의 장은 규제를 신설하거나 강화하려는 경우 「소상공인기본법」 제2조에 따른 소상공인 및 「중소기업기본법」 제2조 제2항에 따른 소기업에 대하여 해당 규제를 적용하는 것이 적절하지 아니하거나 과도한 부담을 줄 우려가 있다고 판단되면 규제의 전부 또는 일부의 적용을 면제하거나 일정 기간 유예하는 등의 방안을 검토하여야 한다. <개정 2020. 2. 4.>

② 중앙행정기관의 장은 제1항을 적용하는 것이 적절하지 아니하다고 판단될 경우에는 제10조 제1항에 따라 위원회에 심사를 요청할 때에 그 판단의 근거를 제시하여야 한다.

[본조신설 2018. 4. 17.]

제9조【의견 수렴】 중앙행정기관의 장은 규제를 신설하거나 강화하려면 공청회, 행정상 입법예고 등의 방법으로 행정기관·민간단체·이해관계인·연구기관·전문가 등의 의견을 충분히 수렴하여야 한다.

[전문개정 2010. 1. 25.]

제10조【심사 요청】 ① 중앙행정기관의 장은 규제를 신설하거나 강화하려면 위원회에 심사를 요청하여야 한다. 이 경우 법령안(法令案)에 대하여는 법제처장에게 법령안 심사를 요청하기 전에 하여야 한다.

② 중앙행정기관의 장은 제1항에 따라 심사를 요청할 때에는 규제안에 다음 각 호의 사항을 첨부하여 위원회에 제출하여야 한다.

1. 제7조 제1항에 따른 규제영향분석서
2. 제7조 제3항에 따른 자체심사 의견
3. 제9조에 따른 행정기관·이해관계인 등의 제출 의견 요지

③ 위원회는 제1항에 따라 규제심사를 요청받은 경우에는 그 법령에 대한 규제정비 계획을 제출하게 할 수 있다.

[전문개정 2010. 1. 25.]

제11조【예비심사】 ① 위원회는 제10조에 따라 심사를 요청받은 날부터 10일 이내에 그 규제가 국민의 일상생활과 사회·경제활동에 미치는 파급 효과를 고려하여 제12조에 따른 심사를 받아야 할 규제(이하 "중요규제"라 한다)인지를 결정하여야 한다.

② 제1항에 따라 위원회가 중요규제가 아니라고 결정한 규제는 위원회의 심사를 받은 것으로 본다.

③ 위원회는 제1항에 따라 결정을 하였을 때에는 지체 없이 그 결과를 관계 중앙행정기관의 장에게 통보하여야 한다.

[전문개정 2010. 1. 25.]

제12조【심사】 ① 위원회는 제11조 제1항에 따라 중요규제라고 결정한 규제에 대하여는 심사 요청을 받은 날부터 45일 이내에 심사를 끝내야 한다. 다만, 심사기간의 연장이 불가피한 경우에는 위원회의 결정으로 15일을 넘지 아니하는 범위에서 한 차례만 연장할 수 있다.

② 위원회는 관계 중앙행정기관의 자체심사가 신뢰할 수 있는 자료와 근거에 의하여 적절한 절차에 따라 적정하게 이루어졌는지 심사하여야 한다.

③ 위원회는 제10조 제2항 각 호의 첨부서류 중 보완이 필요한 사항에 대하여는 관계 중앙행정기관의 장에게 보완할 것을 요구할 수 있다. 이 경우 보완하는 데에 걸린 기간은 제1항에 따른 심사기간에 포함하지 아니한다.

④ 위원회는 제1항에 따라 심사를 마쳤을 때에는 지체 없이 그 결과를 관계 중앙행정기관의 장에게 통보하여야 한다.

[전문개정 2010. 1. 25.]

제13조【긴급한 규제의 신설·강화 심사】 ① 중앙행정기관의 장은 긴급하게 규제를 신설하거나 강화하여야 할 특별한 사유가 있는 경우에는 제7조, 제8조 제3항, 제9조 및 제10조의 절차를 거치지 아니하고 위원회에 심사를 요청할 수 있다. 이 경우 그 사유를 제시하여야 한다.

② 위원회는 제1항에 따라 심사 요청된 규제의 긴급성이 인정된다고 결정하면 심사를 요청받은 날부터 20일 이내에 규제의 신설 또는 강화의 타당성을 심사하고 그 결과를 관계 중앙행정기관의 장에게 통보하여야 한다. 이 경우 관계 중앙행정기관의 장은 위원회의 심사 결과를 통보받은 날부터 60일 이내에 위원회에 규제영향분석서를 제출하여야 한다.

③ 위원회는 제1항에 따라 심사 요청된 규제의 긴급성이 인정되지 아니한다고 결정하면 심사를 요청받은 날부터 10일 이내에 관계 중앙행정기관의 장에게 제7조부터 제10조까지의 규정에 따른 절차를 거치도록 요구할 수 있다.

[전문개정 2010. 1. 25.]

제14조【개선 권고】 ① 위원회는 제12조와 제13조에 따른 심사 결과 필요하다고 인정하면 관계 중앙행정기관의 장에게 그 규제의 신설 또는 강화를 철회하거나 개선하도록 권고할 수 있다.

② 제1항에 따라 권고를 받은 관계 중앙행정기관의 장은 특별한 사유가 없으면 이에 따라야 하며, 그 처리 결과를 대통령령으로 정하는 바에 따라 위원회에 제출하여야 한다.

[전문개정 2010. 1. 25.]

제15조【재심사】 ① 중앙행정기관의 장은 위원회의 심사 결과에 이의가 있거나 위원회의 권고대로 조치하기가 곤란하다고 판단되는 특별한 사정이 있는 경우에는 대통령령으로 정하는 바에 따라 위원회에 재심사(再審査)를 요청할 수 있다.

② 위원회는 제1항에 따른 재심사 요청을 받으면 그 요청받은 날부터 15일 이내에 재심사를 끝내고 그 결과를 관계 중앙행정기관의 장에게 통보하여야 한다.

③ 제2항에 따른 재심사는 제14조를 준용한다.

[전문개정 2010. 1. 25.]

제16조【심사절차의 준수】 ① 중앙행정기관의 장은 위원회의 심사를 받지 아니하고 규제를 신설하거나 강화하여서는 아니 된다.

② 중앙행정기관의 장은 법제처장에게 신설되거나 강화되는 규제를 포함하는 법령안의 심사를 요청할 때에는 그 규제에 대한 위원회의 심사의견을 첨부하여야 한다. 법령안을 국무회의에 상정(上程)하는 경우에도 또한 같다.

[전문개정 2010. 1. 25.]

제3장 기존규제의 정비 〈개정 2010. 1. 25.〉

제17조【규제 정비의 요청】 ① 누구든지 위원회에 고시(告示) 등 기존규제의 폐지 또는 개선(이하 "정비"라 한다)을 요청할 수 있다.

② 위원회는 제1항에 따라 정비 요청을 받으면 해당 규제의 소관 행정기관의 장에게 지체 없이 통보하여야 하고, 통보를 받은 행정기관의 장은 책임자 실명으로 성실히 답변하여야 한다.

③ 위원회는 제2항의 답변과 관련하여 필요한 경우 해당 행정기관의 장에게 규제 존치의 필요성 등에 대하여 소명할 것을 요청할 수 있다.

④ 제3항에 따라 소명을 요청받은 행정기관의 장은 특별한 사유가 없으면 이에 따라야 한다.

⑤ 제1항부터 제4항까지의 규정에 따른 기존규제의 정비 요청, 답변·소명의 기한 및 절차 등에 필요한 사항은 대통령령으로 정한다.

[전문개정 2018. 4. 17.]

제17조의2【다른 행정기관 소관의 규제에 관한 의견 제출】 중앙행정기관의 장은 규제 개선 또는 소관 정책의 목적을 효과적으로 달성하기 위하여 다른 중앙행정기관의 소관 규제를 개선할 필요가 있다고 판단하는 경우에는 그에 관한 의견을 위원회에 제출할 수 있다.

[본조신설 2018. 4. 17.]

제18조【기존규제의 심사】 ① 위원회는 다음 각 호의 어느 하나에 해당하는 경우 기존규제의 정비에 관하여 심사할 수 있다. 〈개정 2005. 12. 29., 2010. 1. 25., 2018. 4. 17.〉

1. 제17조에 따른 정비 요청 및 제17조의2에 따라 제출된 의견을 위원회에서 심사할 필요가 있다고 인정한 경우

2. 삭제 〈2009. 3. 25.〉

3. 그 밖에 위원회가 이해관계인·전문가 등의 의견을 수렴한 결과 특정한 기존규제에 대한 심사가 필요하다고 인정한 경우

② 제1항의 심사는 제14조와 제15조를 준용한다. 〈개정 2010. 1. 25.〉

[제목개정 2010. 1. 25.]

제19조【기존규제의 자체정비】 ① 중앙행정기관의 장은 매년 소관 기존규제에 대하여 이해관계인·전문가 등의 의견을 수렴하여 정비가 필요한 규제를 선정하여 정비하여야 한다.

② 중앙행정기관의 장은 제1항에 따른 정비 결과를 대통령령으로 정하는 바에 따라 위원회에 제출하여야 한다.

[전문개정 2010. 1. 25.]

제19조의2【기존규제의 존속기한 및 재검토기한 명시】 ① 중앙행정기관의 장은 기존규제에 대한 점검결과 존속시켜야 할 명백한 사유가 없는 규제는 존속기한 또는 재검토기한을 설정하여 그 법령등에 규정하여야 한다.

② 제1항에 따른 기존규제의 존속기한 또는 재검토기한 설정에 관하여는 제8조 제2항부터 제5항까지를 준용한다.

[본조신설 2013. 7. 16.]

제19조의3【신기술 서비스·제품 관련 규제의 정비 및 특례】 ① 중앙행정기관의 장은 신기술 서비스·제품과 관련된 규제와 관련하여 규제의 적용 또는 존재 여부에 대하여 국민이 확인을 요청하는 경우 신기술 서비스·제품에 대한 규제 특례를 부여하는 관계 법률로 정하는 바에 따라 이를 지체 없이 확인하여 통보하여야 한다.

② 중앙행정기관의 장은 신기술 서비스·제품과 관련된 규제와 관련하여 다음 각 호의 어느 하나에 해당하여 신기술 서비스·제품의 육성을 저해하는 경우에는 해당 규제를 신속하게 정비하여야 한다.

1. 기존 규제를 해당 신기술 서비스·제품에 적용하는 것이 곤란하거나 맞지 아니한 경우

2. 해당 신기술 서비스·제품에 대하여 명확히 규정되어 있지 아니한 경우

③ 중앙행정기관의 장은 제2항에 따라 규제를 정비하여야 하는 경우로서 필요한 경우에는 해당 규제가 정비되기 전이라도 신기술 서비스·제품과 관련된 규제 특례를 부여하는 관계 법률로 정하는 바에 따라 해당 규제의 적용을 면제하거나 완화할 수 있다.

④ 중앙행정기관의 장은 신기술 서비스·제품과

관련된 규제 특례를 부여하는 관계 법률에 규제의 적용을 면제하거나 완화하는 규정을 두는 경우에는 다음 각 호의 사항을 종합적으로 고려하여야 한다.

1. 국민의 안전·생명·건강에 위해가 되거나 환경 및 지역균형발전을 저해하는지 여부와 개인정보의 안전한 보호 및 처리 여부
2. 해당 신기술 서비스·제품의 혁신성 및 안전성과 그에 따른 이용자의 편익
3. 규제의 적용 면제 또는 완화로 인하여 발생할 수 있는 부작용에 대한 사후 책임 확보 방안

[본조신설 2019. 4. 16.]

제19조의4【신산업 규제정비 기본계획의 수립 및 시행】 ① 위원회는 신산업을 육성하고 촉진하기 위하여 신산업 분야의 규제정비에 관한 기본계획을 3년마다 수립·시행하여야 한다.

② 제1항에 따른 기본계획에는 다음 각 호의 사항이 포함되어야 한다.

1. 신산업 분야의 규제정비의 목표와 기본방향
2. 신산업 분야 육성을 위한 규제정비에 관한 사항
3. 신산업 분야 규제의 우선허용·사후규제 방식으로의 전환에 관한 사항
4. 신산업 분야의 규제정비와 관련하여 관계 중앙행정기관 간 정책 및 업무 협력에 관한 사항
5. 그 밖에 신산업 분야의 규제정비에 필요한 사항

③ 위원회는 제1항에 따른 기본계획이 수립된 때에는 지체 없이 이를 관계 중앙행정기관의 장에게 통보하여야 한다.

④ 관계 중앙행정기관의 장은 제1항에 따른 기본계획에 따라 연도별 시행계획을 제20조에 따른 규제정비 계획에 반영하여야 한다.

[본조신설 2019. 4. 16.]

제20조【규제정비 종합계획의 수립】 ① 위원회는 매년 중점적으로 추진할 규제분야나 특정한 기존규제를 선정하여 기존규제의 정비지침을 작성하고 위원회의 의결을 거쳐 중앙행정기관의 장에게 통보하여야 한다. 이 경우 위원회는 필요하다고 인정하면 정비지침에 특정한 기존규제에 대한 정비의 기한을 정할 수 있다.

② 중앙행정기관의 장은 제1항에 따른 정비지침에 따라 그 기관의 규제정비 계획을 수립하여 위원회에 제출하여야 한다.

③ 위원회는 제2항에 따른 중앙행정기관별 규제정비 계획을 종합하여 정부의 규제정비 종합계획을 수립하고, 국무회의의 심의를 거쳐 대통령에게 보고한 후 그 내용을 공표하여야 한다.

④ 규제정비 종합계획의 수립·공표의 방법 및 절차는 대통령령으로 정한다.

[전문개정 2010. 1. 25.]

제21조【규제정비 종합계획의 시행】 ① 중앙행정기관의 장은 제20조에 따라 수립·공표된 정부의 규제정비 종합계획에 따라 소관 기존규제를 정비하고 그 결과를 대통령령으로 정하는 바에 따라 위원회에 제출하여야 한다.

② 중앙행정기관의 장은 제20조 제1항 후단에 따라 위원회가 정비의 기한을 정하여 통보한 특정한 기존규제에 대하여는 그 기한까지 정비를 끝내고 그 결과를 위원회에 통보하여야 한다. 다만, 위원회가 정한 기한까지 정비를 끝내지 못한 경우에는 지체 없이 그 사유를 구체적으로 밝혀 위원회에 그 기존규제의 정비 계획을 제출하고, 정비를 끝낸 후 그 결과를 통보하여야 한다.

[전문개정 2010. 1. 25.]

제22조【조직 정비 등】 ① 위원회는 기존규제가 정비된 경우 정부의 조직과 예산을 관장하는 관계 중앙행정기관의 장에게 이를 통보하여야 한다.

② 제1항에 따라 통보를 받은 관계 중앙행정기관의 장은 기존규제의 정비에 따른 정부의 조직 또는 예산의 합리화 방안을 마련하여야 한다.

[전문개정 2010. 1. 25.]

제4장 규제개혁위원회 〈개정 2010. 1. 25.〉

제23조【설치】 정부의 규제정책을 심의·조정하고 규제의 심사·정비 등에 관한 사항을 종합적으로 추진하기 위하여 대통령 소속으로 규제개혁위원회를 둔다.

[전문개정 2010. 1. 25.]

제24조【기능】 ① 위원회는 다음 각 호의 사항을 심의·조정한다. 〈개정 2019. 4. 16.〉

1. 규제정책의 기본방향과 규제제도의 연구·발전에 관한 사항
2. 규제의 신설·강화 등에 대한 심사에 관한 사항
3. 기존규제의 심사, 신산업 규제정비 기본계획 및 규제정비 종합계획의 수립·시행에 관한 사항
4. 규제의 등록·공표에 관한 사항
5. 규제 개선에 관한 의견 수렴 및 처리에 관한 사항
6. 각급 행정기관의 규제 개선 실태에 대한 점검·평가에 관한 사항
7. 그 밖에 위원장이 위원회의 심의·조정이 필요하다고 인정하는 사항

② 위원회는 신기술 서비스·제품 관련 규제특례에 관한 사항을 심의하기 위하여 관계 법률에 따라 설치된 위원회에 의견을 제출하거나, 필요한 경우 권고할 수 있다. 이 경우 권고를 받은 위원회는 권고사항에 대한 처리결과를 위원회에 제출하여야 한다. <신설 2019. 4. 16.>
[전문개정 2010. 1. 25.]

제25조【구성 등】 ① 위원회는 위원장 2명을 포함한 20명 이상 25명 이하의 위원으로 구성한다.
② 위원장은 국무총리와 학식과 경험이 풍부한 사람 중에서 대통령이 위촉하는 사람이 된다.
③ 위원은 학식과 경험이 풍부한 사람 중에서 대통령이 위촉하는 사람과 대통령령으로 정하는 공무원이 된다. 이 경우 공무원이 아닌 위원이 전체 위원의 과반수가 되어야 한다.
④ 위원회에 간사 1명을 두되, 공무원이 아닌 위원 중에서 국무총리가 아닌 위원장이 지명하는 사람이 된다.
⑤ 위원 중 공무원이 아닌 위원의 임기는 2년으로 하되, 한 차례만 연임할 수 있다.
⑥ 위원장 모두가 부득이한 사유로 직무를 수행할 수 없을 때에는 국무총리가 지명한 위원이 그 직무를 대행한다.
[전문개정 2010. 1. 25.]

제26조【의결 정족수】 위원회의 회의는 재적위원 과반수의 찬성으로 의결한다.
[전문개정 2010. 1. 25.]

제26조의2【회의록의 작성·공개】 ① 위원회는 회의 일시, 장소, 참석자, 안건, 토의 내용 및 의결 사항

등을 기록한 회의록을 작성·보존하여야 한다.
② 회의록은 공개한다. 다만, 위원장이 공익보호나 그 밖의 사유로 필요하다고 인정하는 때에는 위원회의 의결로 공개하지 아니할 수 있다.
[본조신설 2018. 4. 17.]

제27조【위원의 신분보장】 위원은 다음 각 호의 어느 하나에 해당하는 경우를 제외하고는 본인의 의사와 관계없이 면직되거나 해촉(解囑)되지 아니한다.
1. 금고 이상의 형을 선고받은 경우
2. 장기간의 심신쇠약으로 직무를 수행할 수 없게 된 경우
[전문개정 2010. 1. 25.]

제28조【분과위원회】 ① 위원회의 업무를 효율적으로 수행하기 위하여 위원회에 분야별로 분과위원회를 둘 수 있다.
② 분과위원회가 위원회로부터 위임받은 사항에 관하여 심의·의결한 것은 위원회가 심의·의결한 것으로 본다.
[전문개정 2010. 1. 25.]

제29조【전문위원 등】 위원회에는 업무에 관한 전문적인 조사·연구 업무를 담당할 전문위원과 조사요원을 둘 수 있다.
[전문개정 2010. 1. 25.]

제30조【조사 및 의견청취 등】 ① 위원회는 제24조에 따른 기능을 수행할 때 필요하다고 인정하면 다음 각 호의 조치를 할 수 있다.
1. 관계 행정기관에 대한 설명 또는 자료·서류 등의 제출 요구
2. 이해관계인·참고인 또는 관계 공무원의 출석 및 의견진술 요구
3. 관계 행정기관 등에 대한 현지조사
② 관계 행정기관의 장은 규제의 심사 등과 관련하여 소속 공무원이나 관계 전문가를 위원회에 출석시켜 의견을 진술하게 하거나 필요한 자료를 제출할 수 있다.
[전문개정 2010. 1. 25.]

제31조【위원회의 사무처리 등】 ① 위원회의 사무처리를 위하여 전문성을 갖춘 사무기구를 둔다.
② 위원회의 전문적인 심사사항을 지원하기 위하

여 전문 연구기관을 지정할 수 있다.
[전문개정 2010. 1. 25.]

제32조【벌칙 적용 시의 공무원 의제】 위원회의 위원 중 공무원이 아닌 위원·전문위원 및 조사요원은 「형법」이나 그 밖의 법률에 따른 벌칙을 적용할 때에는 공무원으로 본다.
[전문개정 2010. 1. 25.]

제33조【조직 및 운영】 이 법에서 정한 것 외에 위원회의 조직·운영 등에 필요한 사항은 대통령령으로 정한다.
[전문개정 2010. 1. 25.]

제5장 보칙 〈개정 2010. 1. 25.〉

제34조【규제 개선 점검·평가】 ① 위원회는 효과적인 규제 개선을 위하여 각급 행정기관의 규제제도의 운영 실태와 개선사항을 확인·점검하여야 한다.
② 위원회는 제1항에 따른 확인·점검 결과를 평가하여 국무회의와 대통령에게 보고하여야 한다.
③ 위원회는 제1항과 제2항에 따른 확인·점검 및 평가를 객관적으로 하기 위하여 관련 전문기관 등에 여론조사를 의뢰할 수 있다.
④ 위원회는 제1항과 제2항에 따른 확인·점검 및 평가 결과 규제 개선에 소극적이거나 이행 상태가 불량하다고 판단되는 경우 대통령에게 그 시정에 필요한 조치를 건의할 수 있다.
[전문개정 2010. 1. 25.]

제35조【규제개혁 백서】 위원회는 매년 정부의 주요 규제개혁 추진상황에 관한 백서(白書)를 발간하여 국민에게 공표하여야 한다.
[전문개정 2010. 1. 25.]

제36조【행정지원 등】 국무조정실장은 규제 관련 제도를 연구하고 위원회의 운영에 필요한 지원을 하여야 한다. 〈개정 2013. 3. 23.〉
[전문개정 2010. 1. 25.]

제37조【공무원의 책임 등】 ① 공무원이 규제 개선 업무를 능동적으로 추진함에 따라 발생한 결과에 대하여 그 공무원의 행위에 고의나 중대한 과실이 없는 경우에는 불리한 처분이나 부당한 대우를 받지 아니한다.

② 중앙행정기관의 장은 규제 개선 업무 추진에 뚜렷한 공로가 있는 공무원은 포상하고, 인사상 우대조치 등을 하여야 한다.
[전문개정 2010. 1. 25.]

부칙

〈제18682호, 2022. 1. 4.〉(비상대비에 관한 법률)

제1조【시행일】 이 법은 공포 후 6개월이 경과한 날부터 시행한다.

제2조【다른 법률의 개정】 ①부터 ⑨까지 생략
⑩ 행정규제기본법 일부를 다음과 같이 개정한다.
제3조 제2항 제4호 중 "「비상대비자원 관리법」"을 "「비상대비에 관한 법률」"로 한다.
⑪ 생략

제3조 생략

가족관계의 등록 등에 관한 법률

[시행 2022.1.1]
[법률 제18651호, 2021.12.28, 일부개정]

제1장 총칙

제1조【목적】 이 법은 국민의 출생·혼인·사망 등 가족관계의 발생 및 변동사항에 관한 등록과 그 증명에 관한 사항을 규정함을 목적으로 한다.

제2조【관장】 가족관계의 발생 및 변동사항에 관한 등록과 그 증명에 관한 사무(이하 "등록사무"라 한다)는 대법원이 관장한다.

제3조【권한의 위임】 ① 대법원장은 등록사무의 처리에 관한 권한을 시·읍·면의 장(도농복합형태의 시에 있어서 동지역에 대하여는 시장, 읍·면지역에 대하여는 읍·면장으로 한다. 이하 같다)에게 위임한다.
② 특별시 및 광역시와 구를 둔 시에 있어서는 이 법 중 시, 시장 또는 시의 사무소라 함은 각각 구, 구청장 또는 구의 사무소를 말한다. 다만, 광역시에 있어서 군지역에 대하여는 읍·면, 읍·면의 장 또는 읍·면의 사무소를 말한다.
③ 대법원장은 등록사무의 감독에 관한 권한을 시·읍·면의 사무소 소재지를 관할하는 가정법원장에게 위임한다. 다만, 가정법원지원장은 가정법원장의 명을 받아 그 관할 구역 내의 등록사무를 감독한다.

제4조【등록사무처리】 제3조에 따른 등록사무는 가족관계의 발생 및 변동사항의 등록(이하 "등록"이라 한다)에 관한 신고 등을 접수하거나 수리한 신고지의 시·읍·면의 장이 처리한다.

제4조의2【재외국민 등록사무처리에 관한 특례】 ① 제3조 및 제4조에도 불구하고, 대법원장은 외국에 거주하거나 체류하는 대한민국 국민(이하 "재외국민"이라 한다)에 관한 등록사무를 법원서기관, 법원사무관, 법원주사 또는 법원주사보(이하 "가족관계등록관"이라 한다)로 하여금 처리하게 할 수 있다.
② 재외국민에 관한 등록사무의 처리 및 지원을 위하여 법원행정처에 재외국민 가족관계등록사무소를 두고, 그 구성, 운영 등 필요한 사항은 대법원규칙으로 정한다.
③ 재외국민 가족관계등록사무소 가족관계등록관의 등록사무처리에 관하여는 시·읍·면의 장의 등록사무처리에 관한 규정 중 제3조 제3항, 제5조, 제11조, 제14조, 제18조, 제22조, 제23조의3, 제29조, 제31조, 제38조부터 제43조까지, 제109조부터 제111조까지, 제114조부터 제116조까지를 준용한다.
[본조신설 2015. 2. 3.]

제5조【직무의 제한】 ① 시·읍·면의 장은 등록에 관한 증명서 발급사무를 제외하고 자기 또는 자기와 4촌 이내의 친족에 관한 등록사건에 관하여는 그 직무를 행할 수 없다.
② 등록사건 처리에 관하여 시·읍·면의 장을 대리하는 사람도 제1항과 같다.

제6조【수수료 등의 귀속】 ① 이 법의 규정에 따라 납부하는 수수료 및 과태료는 등록사무를 처리하는 해당 지방자치단체의 수입으로 한다. 다만, 다음 각 호의 어느 하나에 해당하는 경우에는 그러하지 아니하다. <개정 2015. 2. 3.>
1. 제12조 제2항에 따라 전산정보중앙관리소 소속 공무원이 증명서를 발급하는 경우
1의2. 제4조의2에 따른 재외국민 가족관계등록사무소에 수수료를 납부하는 경우
2. 제120조 및 제123조에 따라 가정법원이 과태료를 부과하는 경우
3. 제124조 제3항에 따라 가정법원이 「비송사건절차법」에 따른 과태료 재판을 하는 경우
② 제1항의 수수료의 금액은 대법원규칙으로 정한다.

제7조【비용의 부담】 제3조에 따라 시·읍·면의 장에게 위임한 등록사무에 드는 비용은 국가가 부담한다.

제8조【대법원규칙】 이 법 시행에 관하여 필요한 사항은 대법원규칙으로 정한다.

제2장 가족관계등록부의 작성과 등록사무의 처리

제9조【가족관계등록부의 작성 및 기록사항】 ① 가족관계등록부(이하 "등록부"라 한다)는 전산정보처리조직에 의하여 입력·처리된 가족관계 등록사항(이하 "등록사항"이라 한다)에 관한 전산정보자료를 제10조의 등록기준지에 따라 개인별로 구분하여 작성한다.

② 등록부에는 다음 사항을 기록하여야 한다. <개정 2010. 5. 4.>

1. 등록기준지
2. 성명·본·성별·출생연월일 및 주민등록번호
3. 출생·혼인·사망 등 가족관계의 발생 및 변동에 관한 사항
4. 가족으로 기록할 자가 대한민국 국민이 아닌 사람(이하 "외국인"이라 한다)인 경우에는 성명·성별·출생연월일·국적 및 외국인등록번호(외국인등록을 하지 아니한 외국인의 경우에는 대법원규칙으로 정하는 바에 따른 국내거소신고번호 등을 말한다. 이하 같다)
5. 그 밖에 가족관계에 관한 사항으로서 대법원규칙으로 정하는 사항

제10조【등록기준지의 결정】 ① 출생 또는 그 밖의 사유로 처음으로 등록을 하는 경우에는 등록기준지를 정하여 신고하여야 한다.

② 등록기준지는 대법원규칙으로 정하는 절차에 따라 변경할 수 있다.

제11조【전산정보처리조직에 의한 등록사무의 처리 등】 ① 시·읍·면의 장은 등록사무를 전산정보처리조직에 의하여 처리하여야 한다.

② 본인이 사망하거나 실종선고·부재선고를 받은 때, 국적을 이탈하거나 상실한 때 또는 그 밖에 대법원규칙으로 정한 사유가 발생한 때에는 등록부를 폐쇄한다.

③ 등록부와 제2항에 따라 폐쇄한 등록부(이하 "폐쇄등록부"라 한다)는 법원행정처장이 보관·관리한다.

④ 법원행정처장은 등록부 또는 폐쇄등록부(이하 "등록부등"이라 한다)에 기록되어 있는 등록사항과 동일한 전산정보자료를 따로 작성하여 관리하여야 한다.

⑤ 등록부등의 전부 또는 일부가 손상되거나 손상될 염려가 있는 때에는 법원행정처장은 대법원규칙으로 정하는 바에 따라 등록부등의 복구 등 필요한 처분을 명할 수 있다.

⑥ 등록부등을 관리하는 사람 또는 등록사무를 처리하는 사람은 이 법이나 그 밖의 법에서 규정하는 사유가 아닌 다른 사유로 등록부등에 기록된 등록사항에 관한 전산정보자료(이하 "등록전산정보자료"라 한다)를 이용하거나 다른 사람(법인을 포함한다)에게 자료를 제공하여서는 아니 된다.

제12조【전산정보중앙관리소의 설치 등】 ① 등록부등의 보관과 관리, 전산정보처리조직에 의한 등록사무처리의 지원 및 등록전산정보자료의 효율적인 활용을 위하여 법원행정처에 전산정보중앙관리소(이하 "중앙관리소"라 한다)를 둔다. 이 경우 국적 관련 통보에 따른 등록사무처리에 관하여는 대법원규칙으로 정하는 바에 따라 법무부와 전산정보처리조직을 연계하여 운영한다.

② 법원행정처장은 필요한 경우 중앙관리소 소속 공무원으로 하여금 제15조에 규정된 증명서의 발급사무를 하게 할 수 있다.

제13조【등록전산정보자료의 이용 등】 ① 등록전산정보자료를 이용 또는 활용하고자 하는 사람은 관계 중앙행정기관의 장의 심사를 거쳐 법원행정처장의 승인을 받아야 한다. 다만, 중앙행정기관의 장이 등록전산정보자료를 이용하거나 활용하고자 하는 경우에는 법원행정처장과 협의하여야 한다.

② 제1항에 따라 등록전산정보자료를 이용 또는 활용하고자 하는 사람은 본래의 목적 외의 용도로 이용하거나 활용하여서는 아니 된다.

③ 제1항에 따른 등록전산정보자료의 이용 또는 활용과 그 사용료 등에 관하여 필요한 사항은 대법원규칙으로 정한다.

제14조【증명서의 교부 등】 ① 본인 또는 배우자, 직계혈족(이하 "본인등"이라 한다)은 제15조에 규정된 등록부등의 기록사항에 관하여 발급할 수 있는 증명서(이하 "등록사항별 증명서"라 한다)의 교부를 청구할 수 있고, 본인등의 대리인이 청구하는

경우에는 본인등의 위임을 받아야 한다. 다만, 다음 각 호의 어느 하나에 해당하는 경우에는 본인등이 아닌 경우에도 교부를 신청할 수 있다. <개정 2017. 10. 31., 2021. 12. 28.>

1. 국가 또는 지방자치단체가 직무상 필요에 따라 문서로 신청하는 경우
2. 소송·비송·민사집행의 각 절차에서 필요한 경우
3. 다른 법령에서 본인등에 관한 증명서를 제출하도록 요구하는 경우
4. 그 밖에 대법원규칙으로 정하는 정당한 이해관계가 있는 사람이 신청하는 경우

② 제15조 제1항 제5호의 친양자입양관계증명서는 다음 각 호의 어느 하나에 해당하는 경우에 한하여 교부를 청구할 수 있다.

1. 친양자가 성년이 되어 신청하는 경우
2. 혼인당사자가 「민법」 제809조의 친족관계를 파악하고자 하는 경우
3. 법원의 사실조회촉탁이 있거나 수사기관이 수사상 필요에 따라 문서로 신청하는 경우
4. 그 밖에 대법원규칙으로 정하는 경우

③ 제1항 및 제2항에 따라 증명서의 교부를 청구하는 사람은 수수료를 납부하여야 하며, 증명서의 송부를 신청하는 경우에는 우송료를 따로 납부하여야 한다.

④ 시·읍·면의 장은 제1항 및 제2항의 청구가 등록부에 기록된 사람에 대한 사생활의 비밀을 침해하는 등 부당한 목적에 의한 것이 분명하다고 인정되는 때에는 증명서의 교부를 거부할 수 있다.

⑤ 등록사항별 증명서를 제출할 것을 요구하는 자는 사용목적에 필요한 최소한의 등록사항이 기록된 일반증명서 또는 특정증명서를 요구하여야 하며, 상세증명서를 요구하는 경우에는 그 이유를 설명하여야 한다. 제출받은 증명서를 사용목적 외의 용도로 사용하여서는 아니 된다. <신설 2009. 12. 29., 2016. 5. 29., 2021. 12. 28.>

⑥ 제1항부터 제5항까지의 규정은 폐쇄등록부에 관한 증명서 교부의 경우에도 준용한다. <개정 2009. 12. 29.>

⑦ 본인 또는 배우자, 부모, 자녀는 대법원규칙으로 정하는 바에 따라 등록부등의 기록사항의 전부 또는 일부에 대하여 전자적 방법에 의한 열람을 청구할 수 있다. 다만, 친양자입양관계증명서의 기록사항에 대하여는 친양자가 성년이 된 이후에만 청구할 수 있다. <신설 2013. 7. 30.>

⑧ 「가정폭력범죄의 처벌 등에 관한 특례법」 제2조 제5호에 따른 피해자(이하 "가정폭력피해자"라 한다) 또는 그 대리인은 가정폭력피해자의 배우자 또는 직계혈족을 지정(이하 "교부제한대상자"라 한다)하여 시·읍·면의 장에게 제1항 및 제2항에 따른 가정폭력피해자 본인의 등록사항별 증명서의 교부를 제한하거나 그 제한을 해지하도록 신청할 수 있다. <신설 2021. 12. 28.>

⑨ 시·읍·면의 장은 제8항에 따른 신청을 받은 때에는 제1항 및 제2항에도 불구하고 교부제한대상자 또는 그 대리인에게 가정폭력피해자 본인의 등록사항별 증명서를 교부하지 아니할 수 있다. <신설 2021. 12. 28.>

⑩ 제9항에 따른 교부제한대상자에게는 제7항에도 불구하고 가정폭력피해자 본인의 등록부등의 기록사항을 열람하게 하지 아니한다. <신설 2021. 12. 28.>

⑪ 제8항 및 제9항에 따른 신청·해지 절차, 제출서류 등에 필요한 구체적인 사항은 대법원규칙으로 정한다. <신설 2021. 12. 28.>

[2017. 10. 31. 법률 제14963호에 의하여 2016. 6. 30. 헌법재판소에서 위헌 결정된 이 조 제1항을 개정함]

[2021. 12. 28. 법률 제18651호에 의하여 2020. 8. 28. 헌법재판소에서 헌법불합치 결정된 이 조 제1항을 개정함]

제14조의2【인터넷에 의한 증명서 발급】 ① 등록사항별 증명서의 발급사무는 인터넷을 이용하여 처리할 수 있다.

② 제1항에 따른 발급은 본인 또는 배우자, 부모, 자녀가 신청할 수 있다.

③ 제1항 및 제2항에도 불구하고 제14조 제9항에 따른 교부제한대상자에게는 가정폭력피해자 본인의 등록사항별 증명서를 발급하지 아니한다. <신설 2021. 12. 28.>

④ 제1항에 따른 발급의 범위, 절차 및 방법 등 필요한 사항은 대법원규칙으로 정한다. <개정 2021. 12. 28.>
[본조신설 2013. 7. 30.]

제14조의3【무인증명서발급기에 의한 증명서 발급】
① 시·읍·면의 장은 신청인 스스로 입력하여 등록사항별 증명서를 발급받을 수 있는 장치를 이용하여 증명서의 발급사무를 처리할 수 있다.
② 제1항에 따른 발급은 본인에게만 할 수 있다.
③ 제1항에 따른 발급의 범위, 절차 및 방법 등 필요한 사항은 대법원규칙으로 정한다.
[본조신설 2013. 7. 30.]

제15조【증명서의 종류 및 기록사항】 ① 등록부등의 기록사항은 다음 각 호의 증명서별로 제2항에 따른 일반증명서와 제3항에 따른 상세증명서로 발급한다. 다만, 외국인의 기록사항에 관하여는 성명·성별·출생연월일·국적 및 외국인등록번호를 기재하여 증명서를 발급하여야 한다. <개정 2009. 12. 29., 2010. 5. 4., 2016. 5. 29.>
1. 가족관계증명서
  가. 삭제 <2016. 5. 29.>
  나. 삭제 <2016. 5. 29.>
  다. 삭제 <2016. 5. 29.>
2. 기본증명서
  가. 삭제 <2016. 5. 29.>
  나. 삭제 <2016. 5. 29.>
3. 혼인관계증명서
  가. 삭제 <2016. 5. 29.>
  나. 삭제 <2016. 5. 29.>
  다. 삭제 <2016. 5. 29.>
4. 입양관계증명서
  가. 삭제 <2016. 5. 29.>
  나. 삭제 <2016. 5. 29.>
  다. 삭제 <2016. 5. 29.>
5. 친양자입양관계증명서
  가. 삭제 <2016. 5. 29.>
  나. 삭제 <2016. 5. 29.>
  다. 삭제 <2016. 5. 29.>
② 제1항 각 호의 증명서에 대한 일반증명서의 기재사항은 다음 각 호와 같다. <개정 2016. 5. 29.>

1. 가족관계증명서
  가. 본인의 등록기준지·성명·성별·본·출생연월일 및 주민등록번호
  나. 부모의 성명·성별·본·출생연월일 및 주민등록번호(입양의 경우 양부모를 부모로 기록한다. 다만, 단독입양한 양부가 친생모와 혼인관계에 있는 때에는 양부와 친생모를, 단독입양한 양모가 친생부와 혼인관계에 있는 때에는 양모와 친생부를 각각 부모로 기록한다)
  다. 배우자, 생존한 현재의 혼인 중의 자녀의 성명·성별·본·출생연월일 및 주민등록번호
2. 기본증명서
  가. 본인의 등록기준지·성명·성별·본·출생연월일 및 주민등록번호
  나. 본인의 출생, 사망, 국적상실에 관한 사항
3. 혼인관계증명서
  가. 본인의 등록기준지·성명·성별·본·출생연월일 및 주민등록번호
  나. 배우자의 성명·성별·본·출생연월일 및 주민등록번호
  다. 현재의 혼인에 관한 사항
4. 입양관계증명서
  가. 본인의 등록기준지·성명·성별·본·출생연월일 및 주민등록번호
  나. 친생부모·양부모 또는 양자의 성명·성별·본·출생연월일 및 주민등록번호
  다. 현재의 입양에 관한 사항
5. 친양자입양관계증명서
  가. 본인의 등록기준지·성명·성별·본·출생연월일 및 주민등록번호
  나. 친생부모·양부모 또는 친양자의 성명·성별·본·출생연월일 및 주민등록번호
  다. 현재의 친양자 입양에 관한 사항
③ 제1항 각 호의 증명서에 대한 상세증명서의 기재사항은 제2항에 따른 일반증명서의 기재사항에 다음 각 호의 사항을 추가한 것으로 한다. <신설 2016. 5. 29.>
1. 가족관계증명서: 모든 자녀의 성명·성별·본·출생연월일 및 주민등록번호

2. 기본증명서 : 국적취득 및 회복 등에 관한 사항

3. 혼인관계증명서 : 혼인 및 이혼에 관한 사항

4. 입양관계증명서 : 입양 및 파양에 관한 사항

5. 친양자입양관계증명서 : 친양자 입양 및 파양에 관한 사항

④ 제1항에도 불구하고 같은 항 각 호의 증명서 중 대법원규칙으로 정하는 증명서에 대해서는 해당 증명서의 상세증명서 기재사항 중 신청인이 대법원규칙으로 정하는 바에 따라 선택한 사항을 기재한 특정증명서를 발급한다. <신설 2016. 5. 29.>

⑤ 제2항부터 제4항까지의 규정에 따른 일반증명서·상세증명서·특정증명서, 가족관계에 관한 그 밖의 증명서 및 가족관계 기록사항에 관하여 필요한 사항은 대법원규칙으로 정한다. <개정 2009. 12. 29., 2016. 5. 29.>

제15조의2【가정폭력피해자에 관한 기록사항의 공시 제한】 ① 가정폭력피해자 또는 그 대리인은 가정폭력피해자의 배우자 또는 직계혈족(배우자 또는 직계혈족이었던 사람을 포함한다)을 지정(이하 "공시제한대상자"라 한다)하여 시·읍·면의 장에게 등록부등 중 가정폭력피해자에 관한 기록사항을 가리도록 제한하거나 그 제한을 해지하도록 신청할 수 있다.

② 시·읍·면의 장은 제1항에 따른 신청을 받은 때에는 다음 각 호의 구분에 따른 사람에게 제14조 제1항 및 제2항에 따른 등록사항별 증명서를 교부하거나 제14조의3에 따른 등록사항별 증명서를 발급할 때 가정폭력피해자에 관한 기록사항을 가리고 교부하거나 발급할 수 있다. 다만, 제14조 제1항 각 호에 해당하여 등록사항별 증명서를 교부할 때에는 해당 사항을 가리지 아니하고 교부할 수 있다.

1. 공시제한대상자의 등록사항별 증명서: 공시제한대상자 본인등 또는 그 대리인

2. 공시제한대상자의 배우자 또는 직계혈족으로서 가정폭력피해자가 아닌 사람의 등록사항별 증명서: 공시제한대상자 또는 그 대리인

③ 제2항 각 호의 구분에 따른 사람에게 제14조 제7항에 따라 등록부등의 기록사항을 열람하게 하거나 제14조의2에 따라 등록사항별 증명서를 발급

하는 경우에는 가정폭력피해자에 관한 기록사항을 가리고 열람하게 하거나 해당 사항을 가리고 발급한다.

④ 제1항부터 제3항까지의 규정에 따른 공시의 제한·해지 신청, 공시 제한 범위·방법 등에 필요한 구체적인 사항은 대법원규칙으로 정한다. [본조신설 2021. 12. 28.]

제3장 등록부의 기록

제16조【등록부의 기록절차】 등록부는 신고, 통보, 신청, 증서의 등본, 항해일지의 등본 또는 재판서에 의하여 기록한다.

제17조【등록부가 없는 사람】 가족관계등록이 되어 있지 아니한 사람에 대하여 등록사항을 기록하여야 할 때에는 새로 등록부를 작성한다.

제18조【등록부의 정정】 ① 등록부의 기록이 법률상 무효인 것이거나 그 기록에 착오 또는 누락이 있음을 안 때에는 시·읍·면의 장은 지체 없이 신고인 또는 신고사건의 본인에게 그 사실을 통지하여야 한다. 다만, 그 착오 또는 누락이 시·읍·면의 장의 잘못으로 인한 것인 때에는 그러하지 아니하다.

② 제1항 본문의 통지를 할 수 없을 때 또는 통지를 하였으나 정정신청을 하는 사람이 없는 때 또는 그 기록의 착오 또는 누락이 시·읍·면의 장의 잘못으로 인한 것인 때에는 시·읍·면의 장은 감독법원의 허가를 받아 직권으로 정정할 수 있다. 다만, 대법원규칙으로 정하는 경미한 사항인 경우에는 시·읍·면의 장이 직권으로 정정하고, 감독법원에 보고하여야 한다. <개정 2013. 7. 30.>

③ 국가 또는 지방자치단체의 공무원이 그 직무상 등록부의 기록에 착오 또는 누락이 있음을 안 때에는 지체 없이 신고사건의 본인의 등록기준지의 시·읍·면의 장에게 통지하여야 한다. 이 경우 통지를 받은 시·읍·면의 장은 제1항 및 제2항에 따라 처리한다.

제19조【등록부의 행정구역, 명칭 등의 변경】 ① 행정구역 또는 토지의 명칭이 변경된 때에는 등록부의 기록은 정정된 것으로 본다. 이 경우 시·읍·면의

장은 그 기록사항을 경정하여야 한다.

② 시·읍·면의 장은 지번의 변경이 있을 때에는 등록부의 기록을 경정하여야 한다.

제4장 신고

제1절 통칙

제20조【신고의 장소】 ① 이 법에 따른 신고는 신고사건 본인의 등록기준지 또는 신고인의 주소지나 현재지에서 할 수 있다. 다만, 재외국민에 관한 신고는 재외국민 가족관계등록사무소에서도 할 수 있다. <개정 2015. 2. 3.>

② 외국인에 관한 신고는 그 거주지 또는 신고인의 주소지나 현재지에서 할 수 있다. <개정 2010. 5. 4.>

제21조【출생·사망의 동 경유 신고 등】 ① 시에 있어서 출생·사망의 신고는 그 신고의 장소가 신고사건 본인의 주민등록지 또는 주민등록을 할 지역과 같은 경우에는 신고사건 본인의 주민등록지 또는 주민등록을 할 지역을 관할하는 동을 거쳐 할 수 있다.

② 제1항의 경우 동장은 소속 시장을 대행하여 신고서를 수리하고, 동이 속하는 시의 장에게 신고서를 송부하며, 그 밖에 대법원규칙으로 정하는 등록사무를 처리한다.

제22조【신고 후 등록되어 있음이 판명된 때 등】 등록되어 있는지가 분명하지 아니한 사람 또는 등록되어 있지 아니하거나 등록할 수 없는 사람에 관한 신고가 수리된 후 그 사람에 관하여 등록되어 있음이 판명된 때 또는 등록할 수 있게 된 때에는 신고인 또는 신고사건의 본인은 그 사실을 안 날부터 1개월 이내에 수리된 신고사건을 표시하여 처음 그 신고를 수리한 시·읍·면의 장에게 그 사실을 신고하여야 한다.

제23조【신고방법】 ① 신고는 서면이나 말로 할 수 있다.

② 신고로 인하여 효력이 발생하는 등록사건에 관하여 신고사건 본인이 시·읍·면에 출석하지 아니하는 경우에는 신고사건 본인의 주민등록증·운전면허증·여권, 그 밖에 대법원규칙으로 정하는 신분증명서(이하 이 항에서 "신분증명서"라 한다)를 제시하거나 신고서에 신고사건 본인의 인감증명서를 첨부하여야 한다. 이 경우 본인의 신분증명서를 제시하지 아니하거나 본인의 인감증명서를 첨부하지 아니한 때에는 신고서를 수리하여서는 아니 된다.

제23조의2【전자문서를 이용한 신고】 ① 제23조에도 불구하고 대법원규칙으로 정하는 등록에 관한 신고는 전산정보처리조직을 이용하여 전자문서로 할 수 있다. <개정 2020. 2. 4.>

② 제1항에 따른 신고는 신고사건 본인의 등록기준지 시·읍·면의 장이 처리한다. 다만, 신고사건 본인의 등록기준지가 없는 경우에는 신고인의 주소지 시·읍·면의 장이 처리하고, 재외국민에 관한 신고인 경우에는 재외국민 가족관계등록사무소의 가족관계등록관이 처리하며, 외국인에 관한 신고인 경우에는 그 거주지 시·읍·면의 장이 처리한다. <개정 2015. 2. 3.>

③ 제2항에도 불구하고 제1항에 따른 신고는 신고 처리의 편의를 위하여 대법원규칙으로 정하는 바에 따라 다른 시·읍·면의 장이 처리할 수 있다. <신설 2020. 2. 4.>

④ 시에 있어서 제2항 및 제3항에 따른 신고 처리는 대법원규칙으로 정하는 바에 따라 동장이 소속 시장을 대행하여 할 수 있다. <신설 2020. 2. 4.>

⑤ 제1항에 따른 신고는 이 법 및 대법원규칙으로 정하는 정보가 전산정보처리조직에 저장된 때에 접수된 것으로 본다. <개정 2020. 2. 4.>

⑥ 제1항에 따른 신고의 불수리 통지는 제43조에도 불구하고 전산정보처리조직을 이용하여 전자문서로 할 수 있다. <개정 2020. 2. 4.>

[본조신설 2013. 7. 30.]

제23조의3【첨부서류의 전자적 확인】 ① 시·읍·면의 장이 등록사무를 처리하는 전산정보처리조직을 통하여 첨부서류에 대한 정보를 확인할 수 있는 경우에는 그 확인으로 해당 서류의 첨부를 갈음한다.

② 제1항에 따라 확인이 가능한 첨부서류의 종류는 대법원규칙으로 정한다.

[본조신설 2013. 7. 30.]

제24조【신고서 양식】 신고서 양식은 대법원예규로 정한다. 이 경우 가족관계에 관한 등록신고가 다른 법령으로 규정한 신고를 갈음하는 경우에 당해 신고서 양식을 정함에 있어서는 미리 관계부처의 장과 협의하여야 한다.

제25조【신고서 기재사항】 ① 신고서에는 다음 사항을 기재하고 신고인이 서명하거나 기명날인하여야 한다.

1. 신고사건
2. 신고연월일
3. 신고인의 출생연월일·주민등록번호·등록기준지 및 주소
4. 신고인과 신고사건의 본인이 다른 때에는 신고사건의 본인의 등록기준지·주소·성명·출생연월일 및 주민등록번호와 신고인의 자격

② 이 법에 따라 신고서류를 작성한 경우 그 신고서류에 주민등록번호를 기재한 때에는 출생연월일의 기재를 생략할 수 있다.

제26조【신고하여야 할 사람이 미성년자 또는 피성년후견인인 경우】 ① 신고하여야 할 사람이 미성년자 또는 피성년후견인인 경우에는 친권자, 미성년후견인 또는 성년후견인을 신고의무자로 한다. 다만, 미성년자 또는 피성년후견인 본인이 신고를 하여도 된다.

② 제1항 본문에 따라 친권자, 미성년후견인 또는 성년후견인이 신고하는 경우에는 신고서에 다음 각 호의 사항을 적어야 한다.

1. 신고하여야 할 미성년자 또는 피성년후견인의 성명·출생연월일·주민등록번호 및 등록기준지
2. 신고하여야 할 사람이 미성년자 또는 피성년후견인이라는 사실
3. 신고인이 친권자, 미성년후견인 또는 성년후견인이라는 사실

[전문개정 2013. 7. 30.]

제27조【동의가 불필요한 미성년자 또는 피성년후견인의 신고】 ① 미성년자 또는 피성년후견인이 그 법정대리인의 동의 없이 할 수 있는 행위에 관하여는 미성년자 또는 피성년후견인이 신고하여야 한다.

② 피성년후견인이 신고하는 경우에는 신고서에 신고사건의 성질 및 효과를 이해할 능력이 있음을

증명할 수 있는 진단서를 첨부하여야 한다.

[전문개정 2013. 7. 30.]

제28조【증인을 필요로 하는 신고】 증인을 필요로 하는 사건의 신고에 있어서는 증인은 신고서에 주민등록번호 및 주소를 기재하고 서명하거나 기명날인하여야 한다.

제29조【부존재 또는 부지의 사항】 신고서에 기재하여야 할 사항으로서 존재하지 아니하거나 알지 못하는 것이 있을 때에는 그 취지를 기재하여야 한다. 다만, 시·읍·면의 장은 법률상 기재하여야 할 사항으로서 특히 중요하다고 인정되는 사항을 기재하지 아니한 신고서는 수리하여서는 아니 된다.

제30조【법령 규정사항 이외의 기재사항】 신고서에는 이 법 또는 다른 법령으로 정하는 사항 외에 등록부에 기록하여야 할 사항을 더욱 분명하게 하기 위하여 필요한 사항이 있으면 이러한 사항도 기재하여야 한다.

제31조【말로 하는 신고 등】 ① 말로 신고하려 할 때에는 신고인은 시·읍·면의 사무소에 출석하여 신고서에 기재하여야 할 사항을 진술하여야 한다.

② 시·읍·면의 장은 신고인의 진술 및 신고연월일을 기록하여 신고인에게 읽어 들려주고 신고인으로 하여금 그 서면에 서명하거나 기명날인하게 하여야 한다.

③ 제1항 및 제2항의 경우에 신고인이 질병 또는 그 밖의 사고로 출석할 수 없는 때에는 대리인으로 하여금 신고하게 할 수 있다. 다만, 제55조, 제56조, 제61조, 제63조, 제71조 및 제74조의 신고는 그러하지 아니하다.

제32조【동의, 승낙 또는 허가를 요하는 사건의 신고】 ① 신고사건에서 부모 또는 다른 사람의 동의나 승낙이 필요한 경우에는 신고서에 그 동의나 승낙을 증명하는 서면을 첨부하여야 한다. 이 경우 동의나 승낙을 한 사람으로 하여금 신고서에 그 사유를 적고 서명 또는 기명날인하게 함으로써 그 서면의 첨부를 갈음할 수 있다. <개정 2013. 7. 30.>

② 신고사건, 신고인 또는 신고사항 등에 있어서 재판 또는 관공서의 허가를 요하는 사항이 있는 경우에는 신고서에 그 재판서 또는 허가서의 등본

을 첨부하여야 한다.

제33조【신고서에 관한 준용규정】 신고서에 관한 규정은 제31조 제2항 및 제32조 제1항의 서면에 준용한다.

제34조【외국에서 하는 신고】 재외국민은 이 법에서 정하는 바에 따라 그 지역을 관할하는 대한민국재외공관(이하 "재외공관"이라 한다)의 장에게 신고하거나 신청을 할 수 있다. <개정 2015. 2. 3.>

제35조【외국의 방식에 따른 증서의 등본】 ① 재외국민이 그 나라의 방식에 따라 신고사건에 관한 증서를 작성한 경우에는 3개월 이내에 그 지역을 관할하는 재외공관의 장에게 그 증서의 등본을 제출하여야 한다. <개정 2015. 2. 3.>

② 대한민국의 국민이 있는 지역이 재외공관의 관할에 속하지 아니하는 경우에는 3개월 이내에 등록기준지의 시·읍·면의 장 또는 재외국민 가족관계등록사무소의 가족관계등록관에게 증서의 등본을 발송하여야 한다. <개정 2015. 2. 3.>

제36조【외국에서 수리한 서류의 송부】 ①재외공관의 장은 제34조 및 제35조에 따라 서류를 수리한 때에는 1개월 이내에 외교부장관을 경유하여 재외국민 가족관계등록사무소의 가족관계등록관에게 송부하여야 한다. <개정 2013. 3. 23., 2015. 2. 3.>

② 제1항에 따른 서류의 송부는 대법원규칙으로 정하는 바에 따라 전산정보처리조직을 이용하여 할 수 있다. 이 경우 해당 서류 원본의 보존, 그 밖에 필요한 사항은 대법원규칙으로 정한다. <신설 2015. 2. 3.>

제37조【신고기간의 기산점】 ① 신고기간은 신고사건 발생일부터 기산한다.

② 재판의 확정일부터 기간을 기산하여야 할 경우에 재판이 송달 또는 교부 전에 확정된 때에는 그 송달 또는 교부된 날부터 기산한다.

제38조【신고의 최고】 ① 시·읍·면의 장은 신고를 게을리 한 사람을 안 때에는 상당한 기간을 정하여 신고의무자에 대하여 그 기간 내에 신고할 것을 최고하여야 한다.

② 신고의무자가 제1항의 기간 내에 신고를 하지 아니한 때에는 시·읍·면의 장은 다시 상당한 기간을 정하여 최고할 수 있다.

③ 제18조 제2항은 제2항의 최고를 할 수 없는 때 및 최고를 하여도 신고를 하지 아니한 때에, 같은 조 제3항은 국가 또는 지방자치단체의 공무원이 신고를 게을리 한 사람이 있음을 안 때에 준용한다.

제39조【신고의 추후 보완】 시·읍·면의 장은 신고를 수리한 경우에 흠이 있어 등록부에 기록을 할 수 없을 때에는 신고인 또는 신고의무자로 하여금 보완하게 하여야 한다. 이 경우 제38조를 준용한다.

제40조【기간경과 후의 신고】 시·읍·면의 장은 신고기간이 경과한 후의 신고라도 수리하여야 한다.

제41조【사망 후에 도달한 신고】 ① 신고인의 생존 중에 우송한 신고서는 그 사망 후라도 시·읍·면의 장은 수리하여야 한다.

② 제1항에 따라 신고서가 수리된 때에는 신고인의 사망 시에 신고한 것으로 본다.

제42조【수리, 불수리증명서와 서류의 열람】 ① 신고인은 신고의 수리 또는 불수리의 증명서를 청구할 수 있다.

② 이해관계인은 시·읍·면의 장에게 신고서나 그 밖에 수리한 서류의 열람 또는 그 서류에 기재한 사항에 관하여 증명서를 청구할 수 있다.

③ 증명서를 청구할 때에는 수수료를 납부하여야 한다.

④ 이해관계인은 법원에 보관되어 있는 신고서류에 대한 열람을 청구할 수 있다.

⑤ 제2항 및 제4항의 이해관계인의 자격과 범위 등에 관하여는 제14조 제1항부터 제4항까지의 규정을 준용한다.

제43조【신고불수리의 통지】 시·읍·면의 장이 신고를 수리하지 아니한 때에는 그 사유를 지체 없이 신고인에게 서면으로 통지하여야 한다.

제2절 출생

제44조【출생신고의 기재사항】 ① 출생의 신고는 출생 후 1개월 이내에 하여야 한다.

② 신고서에는 다음 사항을 기재하여야 한다. <개정 2010. 5. 4.>

1. 자녀의 성명·본·성별 및 등록기준지
2. 자녀의 혼인 중 또는 혼인 외의 출생자의 구별
3. 출생의 연월일시 및 장소
4. 부모의 성명·본·등록기준지 및 주민등록번호(부 또는 모가 외국인인 때에는 그 성명·출생연월일·국적 및 외국인등록번호)
5. 「민법」제781조 제1항 단서에 따른 협의가 있는 경우 그 사실
6. 자녀가 복수국적자(複數國籍者)인 경우 그 사실 및 취득한 외국 국적

③ 자녀의 이름에는 한글 또는 통상 사용되는 한자를 사용하여야 한다. 통상 사용되는 한자의 범위는 대법원규칙으로 정한다.

④ 출생신고서에는 의사나 조산사가 작성한 출생증명서를 첨부하여야 한다. 다만, 다음 각 호의 어느 하나에 해당하는 서면을 첨부하는 경우에는 그러하지 아니하다. <개정 2016. 5. 29.>

1. 분만에 직접 관여한 자가 모의 출산사실을 증명할 수 있는 자료 등을 첨부하여 작성한 출생사실을 증명하는 서면
2. 국내 또는 외국의 권한 있는 기관에서 발행한 출생사실을 증명하는 서면

⑤ 제4항 단서에 따라 첨부하는 서면에 관한 구체적인 사항은 대법원규칙으로 정한다. <신설 2016. 5. 29.>

제44조의2【출생증명서가 없는 경우의 출생신고】 ① 제44조 제4항에 따른 출생증명서 또는 서면을 첨부할 수 없는 경우에는 가정법원의 출생확인을 받고 그 확인서를 받은 날부터 1개월 이내에 출생의 신고를 하여야 한다.

② 가정법원은 제1항의 출생확인을 위하여 필요한 경우에는 직권으로 사실을 조사할 수 있으며, 지방자치단체의 장, 국가경찰관서의 장 등 행정기관이나 그 밖에 상당하다고 인정되는 단체 또는 개인에게 필요한 사항을 보고하게 하거나 자료의 제출을 요청할 수 있다.

③ 가정법원의 출생확인 절차와 신고에 필요한 사항은 대법원규칙으로 정한다.

[본조신설 2016. 5. 29.]

제45조【출생신고의 장소】 ① 출생의 신고는 출생지에서 할 수 있다.

② 기차나 그 밖의 교통기관 안에서 출생한 때에는 모가 교통기관에서 내린 곳, 항해일지가 비치되지 아니한 선박 안에서 출생한 때에는 그 선박이 최초로 입항한 곳에서 신고할 수 있다.

제46조【신고의무자】 ① 혼인 중 출생자의 출생의 신고는 부 또는 모가 하여야 한다.

② 혼인 외 출생자의 신고는 모가 하여야 한다.

③ 제1항 및 제2항에 따라 신고를 하여야 할 사람이 신고를 할 수 없는 경우에는 다음 각 호의 어느 하나에 해당하는 사람이 각 호의 순위에 따라 신고를 하여야 한다.

1. 동거하는 친족
2. 분만에 관여한 의사·조산사 또는 그 밖의 사람

④ 신고의무자가 제44조 제1항에 따른 기간 내에 신고를 하지 아니하여 자녀의 복리가 위태롭게 될 우려가 있는 경우에는 검사 또는 지방자치단체의 장이 출생의 신고를 할 수 있다. <신설 2016. 5. 29.>

제47조【친생부인의 소를 제기한 때】 친생부인의 소를 제기한 때에도 출생신고를 하여야 한다.

제48조【법원이 부를 정하는 때】 ① 「민법」제845조에 따라 법원이 부(父)를 정하여야 할 때에는 출생의 신고는 모가 하여야 한다.

② 제46조 제3항은 제1항의 경우에 준용한다.

제49조【항해 중의 출생】 ① 항해 중에 출생이 있는 때에는 선장은 24시간 이내에 제44조 제2항에서 정한 사항을 항해일지에 기재하고 서명 또는 기명날인하여야 한다.

② 제1항의 절차를 밟은 후 선박이 대한민국의 항구에 도착하였을 때에는 선장은 지체 없이 출생에 관한 항해일지의 등본을 그 곳의 시·읍·면의 장 또는 재외국민 가족관계등록사무소의 가족관계등록관에게 발송하여야 한다. <개정 2015. 2. 3.>

③ 선박이 외국의 항구에 도착하였을 때에는 선장은 지체 없이 제2항의 등본을 그 지역을 관할하는 재외공관의 장에게 발송하고 재외공관의 장은 지체 없이 외교부장관을 경유하여 재외국민 가족관계등록사무소의 가족관계등록관에게 발송하여야 한다. <개정 2013. 3. 23., 2015. 2. 3.>

④ 제3항에 따른 서류의 송부는 대법원규칙으로 정하는 바에 따라 전산정보처리조직을 이용하여 할 수 있다. 이 경우 해당 서류 원본의 보존, 그 밖에 필요한 사항은 대법원규칙으로 정한다. <신설 2015. 2. 3.>

제50조【공공시설에서의 출생】 병원, 교도소, 그 밖의 시설에서 출생이 있었을 경우에 부모가 신고할 수 없는 때에는 당해 시설의 장 또는 관리인이 신고를 하여야 한다.

제51조【출생신고 전에 사망한 때】 출생의 신고 전에 자녀가 사망한 때에는 출생의 신고와 동시에 사망의 신고를 하여야 한다.

제52조【기아】 ① 기아(棄兒)를 발견한 사람 또는 기아발견의 통지를 받은 경찰공무원은 24시간 이내에 그 사실을 시·읍·면의 장에게 통보하여야 한다. <개정 2020. 12. 22.>
② 제1항의 통보를 받은 시·읍·면의 장은 소지품, 발견장소, 발견연월일시, 그 밖의 상황, 성별, 출생의 추정연월일을 조서에 기재하여야 한다. 이 경우 그 조서를 신고서로 본다.
③ 시·읍·면의 장은 「민법」 제781조 제4항에 따라 기아의 성과 본을 창설한 후 이름과 등록기준지를 정하여 등록부에 기록하여야 한다.

제53조【부모가 기아를 찾은 때】 ① 부 또는 모가 기아를 찾은 때에는 1개월 이내에 출생의 신고를 하고 등록부의 정정을 신청하여야 한다.
② 제1항의 경우에는 시·읍·면의 장이 확인하여야 한다.

제54조【기아가 사망한 때】 제52조 제1항 또는 제53조의 절차를 밟기 전에 기아가 사망하였을 때에는 사망의 신고와 동시에 그 절차를 밟아야 한다.

제3절 인지

제55조【인지신고의 기재사항】 ① 인지의 신고서에는 다음 사항을 기재하여야 한다. <개정 2010. 5. 4.>
1. 자녀의 성명·성별·출생연월일·주민등록번호 및 등록기준지(자가 외국인인 때에는 그 성명·성별·출생연월일·국적 및 외국인등록번호)
2. 사망한 자녀를 인지할 때에는 사망연월일, 그

직계비속의 성명·출생연월일·주민등록번호 및 등록기준지
3. 부가 인지할 때에는 모의 성명·등록기준지 및 주민등록번호
4. 인지 전의 자녀의 성과 본을 유지할 경우 그 취지와 내용
5. 「민법」 제909조 제4항 또는 제5항에 따라 친권자가 정하여진 때에는 그 취지와 내용
② 제1항 제4호 및 제5호의 경우에는 신고서에 그 내용을 증명하는 서면을 첨부하여야 한다. 다만, 가정법원의 성·본 계속사용허가심판 또는 친권자를 정하는 재판이 확정된 때에는 제58조를 준용한다.

제56조【태아의 인지】 태내에 있는 자녀를 인지할 때에는 신고서에 그 취지, 모의 성명 및 등록기준지를 기재하여야 한다.

제57조【친생자출생의 신고에 의한 인지】 ① 부가 혼인 외의 자녀에 대하여 친생자출생의 신고를 한 때에는 그 신고는 인지의 효력이 있다. 다만, 모가 특정됨에도 불구하고 부가 본문에 따른 신고를 함에 있어 모의 소재불명 또는 모가 정당한 사유 없이 출생신고에 필요한 서류 제출에 협조하지 아니하는 등의 장애가 있는 경우에는 부의 등록기준지 또는 주소지를 관할하는 가정법원의 확인을 받아 신고를 할 수 있다. <개정 2015. 5. 18., 2021. 3. 16.>
② 모의 성명·등록기준지 및 주민등록번호의 전부 또는 일부를 알 수 없어 모를 특정할 수 없는 경우 또는 모가 공적 서류·증명서·장부 등에 의하여 특정될 수 없는 경우에는 부의 등록기준지 또는 주소지를 관할하는 가정법원의 확인을 받아 제1항에 따른 신고를 할 수 있다. <신설 2015. 5. 18., 2021. 3. 16.>
③ 가정법원은 제1항 단서 및 제2항에 따른 확인을 위하여 필요한 사항을 직권으로 조사할 수 있고, 지방자치단체, 국가경찰관서 및 행정기관이나 그 밖의 단체 또는 개인에게 필요한 사항을 보고하게 하거나 자료의 제출을 요구할 수 있다. <신설 2015. 5. 18., 2021. 3. 16.>
④ 다음 각 호의 어느 하나에 해당하는 경우에는 신고의무자가 1개월 이내에 출생의 신고를 하고

등록부의 정정을 신청하여야 한다. 이 경우 시·읍·면의 장이 확인하여야 한다. <신설 2015. 5. 18.>

1. 출생자가 제3자로부터 「민법」 제844조의 친생자 추정을 받고 있음이 밝혀진 경우
2. 그 밖에 대법원규칙으로 정하는 사유에 해당하는 경우

⑤ 확인절차 및 신고에 필요한 사항은 대법원규칙으로 정한다. <신설 2015. 5. 18.>

제58조 재판에 의한 인지】 ① 인지의 재판이 확정된 경우에 소를 제기한 사람은 재판의 확정일부터 1개월 이내에 재판서의 등본 및 확정증명서를 첨부하여 그 취지를 신고하여야 한다.

② 제1항의 신고서에는 재판확정일을 기재하여야 한다.

③ 제1항의 경우에는 그 소의 상대방도 재판서의 등본 및 확정증명서를 첨부하여 인지의 재판이 확정된 취지를 신고할 수 있다. 이 경우 제2항을 준용한다.

제59조 【유언에 의한 인지】 유언에 의한 인지의 경우에는 유언집행자는 그 취임일부터 1개월 이내에 인지에 관한 유언서등본 또는 유언녹음을 기재한 서면을 첨부하여 제55조 또는 제56조에 따라 신고를 하여야 한다.

제60조 【인지된 태아의 사산】 인지된 태아가 사체로 분만된 경우에 출생의 신고의무자는 그 사실을 안 날부터 1개월 이내에 그 사실을 신고하여야 한다. 다만, 유언집행자가 제59조의 신고를 하였을 경우에는 유언집행자가 그 신고를 하여야 한다.

제4절 입양

제61조 【입양신고의 기재사항】 입양의 신고서에는 다음 사항을 기재하여야 한다. <개정 2010. 5. 4.>

1. 당사자의 성명·본·출생연월일·주민등록번호·등록기준지(당사자가 외국인인 때에는 그 성명·출생연월일·국적 및 외국인등록번호) 및 양자의 성별
2. 양자의 친생부모의 성명·주민등록번호 및 등록기준지

제62조 【입양의 신고】 ① 양자가 13세 미만인 경우에는 「민법」 제869조 제2항에 따라 입양을 승낙한 법정대리인이 신고하여야 한다.

② 「민법」 제867조에 따라 미성년자를 입양하는 경우 또는 같은 법 제873조에 따라 피성년후견인이 입양을 하거나 양자가 되는 경우에는 가정법원의 허가서를 첨부하여야 한다.

③ 「민법」 제871조 제2항에 따라 부모의 동의를 갈음하는 심판이 있는 경우에는 가정법원의 심판서를 첨부하여야 한다.

[전문개정 2013. 7. 30.]

제5절 파양

제63조 【파양신고의 기재사항】 파양의 신고서에는 다음 사항을 기재하여야 한다. <개정 2010. 5. 4.>

1. 당사자의 성명·본·출생연월일·주민등록번호 및 등록기준지(당사자가 외국인인 때에는 그 성명·출생연월일·국적 및 외국인등록번호)
2. 양자의 친생부모의 성명·등록기준지 및 주민등록번호

제64조 삭제 <2013. 7. 30.>

제65조 【준용규정】 ① 제63조는 입양취소의 신고에 준용한다.

② 제58조는 입양취소의 재판이 확정된 경우에 준용한다.

제66조 【준용규정】 제58조는 파양의 재판이 확정된 경우에 준용한다.

제6절 친양자의 입양 및 파양

제67조 【친양자의 입양신고】 ① 「민법」 제908조의2에 따라 친양자를 입양하고자 하는 사람은 친양자 입양재판의 확정일부터 1개월 이내에 재판서의 등본 및 확정증명서를 첨부하여 제61조의 신고를 하여야 한다.

② 제1항의 신고서에는 재판확정일을 기재하여야 한다.

제68조 【준용규정】 제58조는 친양자의 입양신고에 준용한다.

제69조【친양자의 파양신고】 ① 「민법」 제908조의5에 따라 친양자 파양의 재판이 확정된 경우 소를 제기한 사람은 재판의 확정일부터 1개월 이내에 재판서의 등본 및 확정증명서를 첨부하여 제63조의 신고를 하여야 한다.

② 제1항의 신고서에는 재판확정일을 기재하여야 한다.

③ 제1항의 경우에는 그 소의 상대방도 재판서의 등본 및 확정증명서를 첨부하여 친양자 파양의 재판이 확정된 취지를 신고할 수 있다. 이 경우 제2항을 준용한다.

제70조【준용규정】 제69조는 친양자의 입양취소의 재판이 확정된 경우에 준용한다.

제7절 혼인

제71조【혼인신고의 기재사항 등】 혼인의 신고서에는 다음 사항을 기재하여야 한다. 다만, 제3호의 경우에는 혼인당사자의 협의서를 첨부하여야 한다. <개정 2010. 5. 4.>

1. 당사자의 성명·본·출생연월일·주민등록번호 및 등록기준지(당사자가 외국인인 때에는 그 성명·출생연월일·국적 및 외국인등록번호)
2. 당사자의 부모와 양부모의 성명·등록기준지 및 주민등록번호
3. 「민법」 제781조 제1항 단서에 따른 협의가 있는 경우 그 사실
4. 「민법」 제809조 제1항에 따른 근친혼에 해당되지 아니한다는 사실

제72조【재판에 의한 혼인】 사실상 혼인관계 존재확인의 재판이 확정된 경우에는 소를 제기한 사람은 재판의 확정일부터 1개월 이내에 재판서의 등본 및 확정증명서를 첨부하여 제71조의 신고를 하여야 한다.

제73조【준용규정】 제58조는 혼인취소의 재판이 확정된 경우에 준용한다.

제8절 이혼

제74조【이혼신고의 기재사항】 이혼의 신고서에는 다음 사항을 기재하여야 한다. <개정 2010. 5. 4.>

1. 당사자의 성명·본·출생연월일·주민등록번호 및 등록기준지(당사자가 외국인인 때에는 그 성명·국적 및 외국인등록번호)
2. 당사자의 부모와 양부모의 성명·등록기준지 및 주민등록번호
3. 「민법」 제909조 제4항 또는 제5항에 따라 친권자가 정하여진 때에는 그 내용

제75조【협의상 이혼의 확인】 ① 협의상 이혼을 하고자 하는 사람은 등록기준지 또는 주소지를 관할하는 가정법원의 확인을 받아 신고하여야 한다. 다만, 국내에 거주하지 아니하는 경우에 그 확인은 서울가정법원의 관할로 한다.

② 제1항의 신고는 협의상 이혼을 하고자 하는 사람이 가정법원으로부터 확인서등본을 교부 또는 송달받은 날부터 3개월 이내에 그 등본을 첨부하여 행하여야 한다.

③ 제2항의 기간이 경과한 때에는 그 가정법원의 확인은 효력을 상실한다.

④ 가정법원의 확인 절차와 신고에 관하여 필요한 사항은 대법원규칙으로 정한다.

제76조【간주규정】 협의이혼신고서에 가정법원의 이혼의사확인서등본을 첨부한 경우에는 「민법」 제836조 제2항에서 정한 증인 2인의 연서가 있는 것으로 본다.

제77조【준용규정】 제74조는 혼인취소의 신고에 준용한다.

제78조【준용규정】 제58조는 이혼의 재판이 확정된 경우에 준용한다.

제9절 친권 및 미성년후견 <개정 2013. 7. 30.>

제79조【친권자 지정 및 변경 신고 등】 ① 부모가 「민법」 제909조 제4항에 따라 친권자를 정한 때에는 1개월 이내에 그 사실을 신고하여야 한다. 부모 중 일방이 신고하는 경우에는 그 사실을 증명하는 서면을 첨부하여야 한다.

② 다음 각 호의 재판이 확정된 경우에는 그 재판을 청구한 사람이나 그 재판으로 친권자 또는 그 임무를 대행할 사람으로 정하여진 사람이 그 내용을 신고하여야 한다. 이 경우 신고기간, 신고서의 첨부서류 등에 관하여는 제58조를 준용한다. <개정 2013. 7. 30., 2014. 10. 15.>

1. 「민법」제909조 제4항부터 제6항까지의 규정에 따라 친권자를 정하거나 변경하는 재판

2. 「민법」제909조의2(「민법」제927조의2 제1항에 따라 준용되는 경우를 포함한다), 제927조의2 제2항 및 제931조 제2항에 따라 친권자 또는 그 임무를 대행할 사람을 지정하거나 선임하는 재판

3. 「민법」제924조, 제924조의2 및 제926조에 따른 친권의 상실, 일시 정지, 일부 제한 및 그 회복에 관한 재판

4. 「민법」제925조, 제926조 및 제927조에 따른 법률행위의 대리권이나 재산관리권의 상실·사퇴 및 그 회복에 관한 재판

[제목개정 2013. 7. 30.]

제80조【미성년후견 개시신고의 기재사항】 ① 미성년후견 개시의 신고는 미성년후견인이 그 취임일부터 1개월 이내에 하여야 한다.

② 신고서에는 다음 각 호의 사항을 적어야 한다.

1. 미성년자와 미성년후견인의 성명·출생연월일·주민등록번호 및 등록기준지(당사자가 외국인인 때에는 그 성명·출생연월일·국적 및 외국인등록번호)

2. 미성년후견 개시의 원인 및 연월일

3. 미성년후견인이 취임한 연월일

[전문개정 2013. 7. 30.]

제81조【미성년후견인 경질신고 등】 ① 미성년후견인이 경질된 경우에는 후임자는 취임일부터 1개월 이내에 그 취지를 신고하여야 한다. <개정 2013. 7. 30.>

② 제1항의 신고에는 제80조 제2항을 준용한다.

③ 「민법」제939조 또는 제940조에 따라 미성년후견인이 사임하거나 변경된 경우 신고인, 신고기간과 신고서의 첨부서류 등에 관하여는 제79조 제2항을 준용한다. 이 경우 "친권자 또는 그 임무를 대행할 사람으로 정하여진 사람"은 "선임된 미성년후견인"으로 본다. <개정 2013. 7. 30.>

[제목개정 2013. 7. 30.]

제82조【유언 또는 재판에 따른 미성년후견인의 선정】 ① 유언에 의하여 미성년후견인을 지정한 경우에는 지정에 관한 유언서 그 등본 또는 유언녹음을 기재한 서면을 신고서에 첨부하여야 한다. <개정 2013. 7. 30.>

② 미성년후견인 선임의 재판이 있는 경우에는 재판서의 등본을 신고서에 첨부하여야 한다. <개정 2013. 7. 30.>

[제목개정 2013. 7. 30.]

제83조【미성년후견 종료신고】 ① 미성년후견 종료의 신고는 미성년후견인이 1개월 이내에 하여야 한다. 다만, 미성년자가 성년이 되어 미성년후견이 종료된 경우에는 그러하지 아니하다.

② 신고서에는 다음 각 호의 사항을 적어야 한다.

1. 미성년자와 미성년후견인의 성명·등록기준지 및 주민등록번호(당사자가 외국인인 때에는 그 성명·국적 및 외국인등록번호)

2. 미성년후견 종료의 원인 및 연월일

[전문개정 2013. 7. 30.]

제83조의2【미성년후견감독 개시신고】 ① 미성년후견감독 개시의 신고는 미성년후견감독인이 그 취임일부터 1개월 이내에 하여야 한다.

② 신고서에는 다음 각 호의 사항을 적어야 한다.

1. 미성년후견감독인, 미성년후견인 및 미성년자의 성명·출생연월일·주민등록번호 및 등록기준지(당사자가 외국인인 때에는 그 성명·출생연월일·국적 및 외국인등록번호)

2. 미성년후견감독 개시의 원인 및 연월일

3. 미성년후견감독인이 취임한 연월일

[본조신설 2013. 7. 30.]

제83조의3【미성년후견감독인의 경질신고 등】 ① 미성년후견감독인이 경질된 경우에는 후임자는 취임일부터 1개월 이내에 그 취지를 신고하여야 한다.

② 제1항의 신고에 관하여는 제83조의2 제2항을 준용한다.

③ 「민법」제940조의7에 따라 준용되는 같은 법 제939조 또는 제940조에 따라 미성년후견감독인이 사임하거나 변경된 경우 신고인, 신고기간과 신

고서의 첨부서류 등에 관하여는 제79조제2항을 준용한다. 이 경우 "친권자 또는 그 임무를 대행할 사람으로 정하여진 사람"은 "선임된 미성년후견감독인"으로 본다.
[본조신설 2013. 7. 30.]

제83조의4【유언 또는 재판에 따른 미성년후견감독인의 선정】 유언으로 미성년후견감독인을 지정한 경우 또는 미성년후견감독인 선임의 재판이 있는 경우에 신고서의 첨부서류에 관하여는 제82조를 준용한다.
[본조신설 2013. 7. 30.]

제83조의5【미성년후견감독 종료신고】 ① 미성년후견감독 종료의 신고는 미성년후견감독인이 1개월 이내에 하여야 한다. 다만, 미성년자가 성년이 되어 미성년후견감독이 종료된 경우에는 그러하지 아니하다.
② 신고서에는 다음 각 호의 사항을 적어야 한다.
1. 미성년후견감독인, 미성년후견인 및 미성년자의 성명·출생연월일·주민등록번호 및 등록기준지(당사자가 외국인인 경우에는 그 성명·출생연월일·국적 및 외국인등록번호)
2. 미성년후견감독 종료의 원인 및 연월일
[본조신설 2013. 7. 30.]

제10절 사망과 실종

제84조【사망신고와 그 기재사항】 ① 사망의 신고는 제85조에 규정한 사람이 사망의 사실을 안 날부터 1개월 이내에 진단서 또는 검안서를 첨부하여 하여야 한다.
② 신고서에는 다음 사항을 기재하여야 한다.
1. 사망자의 성명, 성별, 등록기준지 및 주민등록번호
2. 사망의 연월일시 및 장소
③ 부득이한 사유로 제2항의 신고서에 제1항의 진단서나 검안서를 첨부할 수 없는 때에는 사망의 사실을 증명할 만한 서면으로서 대법원규칙으로 정하는 서면을 첨부하여야 한다. 이 경우 제2항의 신고서에 진단서 또는 검안서를 첨부할 수 없는 사유를 기재하여야 한다. <개정 2016. 5. 29.>

제85조【사망신고의무자】 ① 사망의 신고는 동거하는 친족이 하여야 한다.
② 친족·동거자 또는 사망장소를 관리하는 사람, 사망장소의 동장 또는 통·이장도 사망의 신고를 할 수 있다.

제86조【사망신고의 장소】 사망의 신고는 사망지·매장지 또는 화장지에서 할 수 있다. 다만, 사망지가 분명하지 아니한 때에는 사체가 처음 발견된 곳에서, 기차나 그 밖의 교통기관 안에서 사망이 있었을 때에는 그 사체를 교통기관에서 내린 곳에서, 항해일지를 비치하지 아니한 선박 안에서 사망한 때에는 그 선박이 최초로 입항한 곳에서 할 수 있다.

제87조【재난 등으로 인한 사망】 수해, 화재나 그 밖의 재난으로 인하여 사망한 사람이 있는 경우에는 이를 조사한 관공서는 지체 없이 사망지의 시·읍·면의 장에게 통보하여야 한다. 다만, 외국에서 사망한 때에는 사망자의 등록기준지의 시·읍·면의 장 또는 재외국민 가족관계등록사무소의 가족관계등록관에게 통보하여야 한다. <개정 2015. 2. 3.>

제88조【사형, 재소 중 사망】 ① 사형의 집행이 있는 때에는 교도소장은 지체 없이 교도소 소재지의 시·읍·면의 장에게 사망의 통보를 하여야 한다.
② 제1항은 재소 중 사망한 사람의 사체를 찾아갈 사람이 없는 경우에 준용한다. 이 경우 통보서에 진단서 또는 검안서를 첨부하여야 한다.

제88조의2【무연고자 등의 사망】 「장사 등에 관한 법률」 제12조에 따라 시장등이 무연고 사망자 등을 처리한 경우에는 지체 없이 사망지·매장지 또는 화장지의 시·읍·면의 장에게 통보하여야 한다.
[본조신설 2014. 12. 30.]

제89조【통보서의 기재사항】 제87조, 제88조 및 제88조의2에서 규정한 통보서에는 제84조 제2항에서 정한 사항을 기재하여야 한다. <개정 2014. 12. 30.>

제90조【등록불명자 등의 사망】 ① 사망자에 대하여 등록이 되어 있는지 여부가 분명하지 아니하거나 사망자를 인식할 수 없는 때에는 경찰공무원은 검시조서를 작성·첨부하여 지체 없이 사망지의 시·읍·면의 장에게 사망의 통보를 하여야 한다.

<개정 2020. 12. 22.>

② 사망자가 등록이 되어 있음이 판명되었거나 사망자의 신원을 알 수 있게 된 때에는 경찰공무원은 지체 없이 사망지의 시·읍·면의 장에게 그 취지를 통보하여야 한다. <개정 2020. 12. 22.>

③ 제1항의 통보가 있은 후에 제85조에서 정한 사람이 사망자의 신원을 안 때에는 그 날부터 10일 이내에 사망의 신고를 하여야 한다.

제91조【준용규정】 제49조 및 제50조는 사망의 신고에 준용한다.

제92조【실종선고의 신고】 ① 실종선고의 신고는 그 선고를 청구한 사람이 재판확정일부터 1개월 이내에 재판서의 등본 및 확정증명서를 첨부하여 하여야 한다.

② 실종선고의 신고서에는 다음 사항을 기재하여야 한다.

1. 실종자의 성명·성별·등록기준지 및 주민등록번호
2. 「민법」 제27조에서 정한 기간의 만료일

③ 제58조는 실종선고취소의 재판이 확정된 경우에 그 재판을 청구한 사람에게 준용한다.

제11절 국적의 취득과 상실

제93조【인지 등에 따른 국적취득의 통보 등】 ① 법무부장관은 「국적법」 제3조 제1항 또는 같은 법 제11조제1항에 따라 대한민국의 국적을 취득한 사람이 있는 경우 지체 없이 국적을 취득한 사람이 정한 등록기준지의 시·읍·면의 장에게 대법원규칙으로 정하는 사항을 통보하여야 한다.

② 제1항의 통보를 받은 시·읍·면의 장은 국적을 취득한 사람의 등록부를 작성한다.

제94조【귀화허가의 통보 등】 ① 법무부장관은 「국적법」 제4조에 따라 외국인을 대한민국 국민으로 귀화허가한 경우 지체 없이 귀화허가를 받은 사람이 정한 등록기준지의 시·읍·면의 장에게 대법원규칙으로 정하는 사항을 통보하여야 한다.

② 제1항의 통보를 받은 시·읍·면의 장은 귀화허가를 받은 사람의 등록부를 작성한다.

제95조【국적회복허가의 통보 등】 ① 법무부장관은 「국적법」 제9조에 따라 대한민국의 국적회복을 허가한 경우 지체 없이 국적회복을 한 사람이 정한 등록기준지의 시·읍·면의 장에게 대법원규칙으로 정하는 사항을 통보하여야 한다.

② 제1항의 통보를 받은 시·읍·면의 장은 국적회복을 한 사람의 등록부를 작성한다. 다만, 국적회복을 한 사람의 등록부등이 있는 경우에는 등록부등에 기재된 등록기준지의 시·읍·면의 장에게 그 사항을 통보하여야 한다.

제96조【국적취득자의 성과 본의 창설 신고】 ① 외국의 성을 쓰는 국적취득자가 그 성을 쓰지 아니하고 새로이 성(姓)·본(本)을 정하고자 하는 경우에는 그 등록기준지·주소지 또는 등록기준지로 하고자 하는 곳을 관할하는 가정법원의 허가를 받고 그 등본을 받은 날부터 1개월 이내에 그 성과 본을 신고하여야 한다.

② 대한민국의 국적을 회복하거나 재취득하는 경우에는 종전에 사용하던 대한민국식 성명으로 국적회복신고 또는 국적재취득신고를 할 수 있다.

③ 제2항의 경우 신고서에는 종전에 사용하던 대한민국식 성명을 소명하여야 한다.

④ 신고서에는 다음 사항을 기재하여야 한다.

1. 종전의 성
2. 창설한 성·본
3. 허가의 연월일

⑤ 제4항의 신고서에는 제1항에 따른 허가의 등본을 첨부하여야 한다.

⑥ 제1항의 경우에 가정법원은 심리(審理)를 위하여 국가경찰관서의 장에게 성·본 창설허가 신청인의 범죄경력 조회를 요청할 수 있고, 그 요청을 받은 국가경찰관서의 장은 지체 없이 그 결과를 회보하여야 한다. <신설 2013. 7. 30.>

제97조【국적상실신고의 기재사항】 ① 국적상실의 신고는 배우자 또는 4촌 이내의 친족이 그 사실을 안 날부터 1개월 이내에 하여야 한다.

② 신고서에는 다음 각 호의 사항을 기재하여야 한다.

1. 국적상실자의 성명·주민등록번호 및 등록기준지
2. 국적상실의 원인 및 연월일

3. 새로 외국국적을 취득한 때에는 그 국적

③ 제2항의 신고서에는 국적상실을 증명하는 서면을 첨부하여야 한다.

④ 국적상실자 본인도 국적상실의 신고를 할 수 있다.

제98조【국적선택 등의 통보】① 법무부장관은 다음 각 호의 어느 하나에 해당하는 사유가 발생한 경우 그 사람의 등록기준지(등록기준지가 없는 경우에는 그 사람이 정한 등록기준지)의 시·읍·면의 장에게 대법원규칙으로 정하는 사항을 통보하여야 한다. <개정 2010. 5. 4.>

1. 「국적법」 제13조에 따라 복수국적자로부터 대한민국의 국적을 선택한다는 신고를 수리한 때

2. 「국적법」 제14조 제1항에 따라 국적이탈신고를 수리한 때

3. 「국적법」 제20조에 따라 대한민국 국민으로 판정한 때

② 대한민국 국민으로 판정받은 사람이 등록되어 있지 아니한 때에는 그 통보를 받은 시·읍·면의 장은 등록부를 작성한다.

제12절 개명 및 성(姓)·본(本) 변경

제99조【개명신고】① 개명하고자 하는 사람은 주소지(재외국민의 경우 등록기준지)를 관할하는 가정법원의 허가를 받고 그 허가서의 등본을 받은 날부터 1개월 이내에 신고를 하여야 한다.

② 신고서에는 다음 사항을 기재하여야 한다.

1. 변경 전의 이름

2. 변경한 이름

3. 허가연월일

③ 제2항의 신고서에는 허가서의 등본을 첨부하여야 한다.

④ 제1항의 경우에 가정법원의 심리에 관하여는 제96조 제6항을 준용한다. <신설 2013. 7. 30.>

제100조【성·본 변경신고】① 「민법」 제781조 제6항에 따라 자녀의 성(姓)·본(本)을 변경하고자 하는 사람은 재판확정일부터 1개월 이내에 재판서의 등본 및 확정증명서를 첨부하여 신고하여야 한다.

② 신고서에는 다음 사항을 기재하여야 한다.

1. 변경 전의 성·본

2. 변경한 성·본

3. 재판확정일

제13절 가족관계 등록 창설

제101조【가족관계 등록 창설신고】① 등록이 되어 있지 아니한 사람은 등록을 하려는 곳을 관할하는 가정법원의 허가를 받고 그 등본을 받은 날부터 1개월 이내에 가족관계 등록 창설(이하 "등록창설"이라 한다)의 신고를 하여야 한다.

② 신고서에는 제9조 제2항에 규정된 사항 외에 등록창설허가의 연월일을 기재하여야 한다.

③ 제2항의 신고서에는 등록창설허가의 등본을 첨부하여야 한다.

④ 제1항의 경우에 가정법원의 심리에 관하여는 제96조 제6항을 준용한다. <신설 2013. 7. 30.>

제102조【직계혈족에 의한 등록창설신고】 등록창설허가의 재판을 얻은 사람이 등록창설의 신고를 하지 아니한 때에는 배우자 또는 직계혈족이 할 수 있다.

제103조【판결에 의한 등록창설의 신고】① 확정판결에 의하여 등록창설의 신고를 하여야 할 경우에는 판결확정일부터 1개월 이내에 하여야 한다.

② 신고서에는 제9조 제2항에 규정된 사항 외에 판결확정일을 기재하여야 한다.

③ 제2항의 신고서에는 판결의 등본 및 확정증명서를 첨부하여야 한다.

제5장 등록부의 정정

제104조【위법한 가족관계 등록기록의 정정】① 등록부의 기록이 법률상 허가될 수 없는 것 또는 그 기재에 착오나 누락이 있다고 인정한 때에는 이해관계인은 사건 본인의 등록기준지를 관할하는 가정법원의 허가를 받아 등록부의 정정을 신청할 수 있다. <개정 2013. 7. 30.>

② 제1항의 경우에 가정법원의 심리에 관하여는 제96조 제6항을 준용한다. <신설 2013. 7. 30.>

제105조【무효인 행위의 가족관계등록기록의 정정】 ① 신고로 인하여 효력이 발생하는 행위에 관하여 등록부에 기록하였으나 그 행위가 무효임이 명백한 때에는 신고인 또는 신고사건의 본인은 사건 본인의 등록기준지를 관할하는 가정법원의 허가를 받아 등록부의 정정을 신청할 수 있다. <개정 2013. 7. 30.>

② 제1항의 경우에 가정법원의 심리에 관하여는 제96조 제6항을 준용한다. <신설 2013. 7. 30.>

제106조【정정신청의 의무】 제104조 및 제105조에 따라 허가의 재판이 있었을 때에는 재판서의 등본을 받은 날부터 1개월 이내에 그 등본을 첨부하여 등록부의 정정을 신청하여야 한다.

제107조【판결에 의한 등록부의 정정】 확정판결로 인하여 등록부를 정정하여야 할 때에는 소를 제기한 사람은 판결확정일부터 1개월 이내에 판결의 등본 및 그 확정증명서를 첨부하여 등록부의 정정을 신청하여야 한다.

제108조【준용규정】 제20조 제1항, 제22조, 제23조 제1항, 제23조의2, 제23조의3, 제25조부터 제27조까지, 제29조부터 제33조까지 및 제37조부터 제42조까지의 규정은 등록부의 정정신청에 준용한다. <개정 2020. 2. 4.>

제6장 불복절차

제109조【불복의 신청】 ① 등록사건에 관하여 이해관계인은 시·읍·면의 장의 위법 또는 부당한 처분에 대하여 관할 가정법원에 불복의 신청을 할 수 있다.

② 제1항의 신청을 받은 가정법원은 신청에 관한 서류를 시·읍·면의 장에게 송부하며 그 의견을 구할 수 있다.

제110조【불복신청에 대한 시·읍·면의 조치】 ① 시·읍·면의 장은 그 신청이 이유 있다고 인정하는 때에는 지체 없이 처분을 변경하고 그 취지를 법원과 신청인에게 통지하여야 한다.

② 신청이 이유 없다고 인정하는 때에는 의견을 붙여 지체 없이 그 서류를 법원에 반환하여야 한다.

제111조【불복신청에 대한 법원의 결정】 ① 가정법원은 신청이 이유 없는 때에는 각하하고 이유 있는 때에는 시·읍·면의 장에게 상당한 처분을 명하여야 한다.

② 신청의 각하 또는 처분을 명하는 재판은 결정으로써 하고, 시·읍·면의 장 및 신청인에게 송달하여야 한다.

제112조【항고】 가정법원의 결정에 대하여는 법령을 위반한 재판이라는 이유로만 「비송사건절차법」에 따라 항고할 수 있다.

제113조【불복신청의 비용】 불복신청의 비용에 관하여는 「비송사건절차법」의 규정을 준용한다.

제7장 신고서류의 송부와 법원의 감독

제114조【신고서류 등의 송부】 시·읍·면의 장은 등록부에 기록할 수 없는 등록사건을 제외하고는 대법원규칙으로 정하는 바에 따라 등록부에 기록을 마친 신고서류 등을 관할 법원에 송부하여야 한다.

제115조【신고서류 등의 조사 및 시정지시】 ① 법원은 시·읍·면의 장으로부터 신고서류 등을 송부받은 때에는 지체 없이 등록부의 기록사항과 대조하고 조사하여야 한다.

② 법원은 제1항의 조사결과 그 신고서류 등에 위법·부당한 사실이 발견된 경우에는 시·읍·면의 장에 대하여 시정지시 등 필요한 처분을 명할 수 있다.

③ 신고서류조사 또는 시정지시 및 신고서류 보관절차에 관하여 필요한 사항은 대법원규칙으로 정한다.

제116조【각종 보고의 명령 등】 법원은 시·읍·면의 장에 대하여 등록사무에 관한 각종 보고를 명하는 등 감독상 필요한 조치를 취할 수 있다.

제8장 벌칙

제117조【벌칙】 다음 각 호의 어느 하나에 해당하는 사람은 3년 이하의 징역 또는 1천만 원 이하의 벌금에 처한다. <개정 2013. 7. 30.>

1. 제11조 제6항을 위반한 사람
2. 제13조 제2항을 위반한 사람
3. 제14조 제1항·제2항·제7항, 제14조의2 및 제14조의3을 위반하여 거짓이나 그 밖의 부정한 방법으로 다른 사람의 등록부등의 기록사항을 열람하거나 증명서를 교부받은 사람
3의2. 제42조를 위반하여 거짓이나 그 밖의 부정한 방법으로 다른 사람의 신고서류를 열람하거나 신고서류에 기재되어 있는 사항에 관한 증명서를 교부받은 사람
4. 이 법에 따른 등록사무처리의 권한에 관한 승인절차 없이 전산정보처리조직에 가족관계 등록정보를 입력·변경하여 정보처리를 하거나 기술적 수단을 이용하여 가족관계 등록정보를 알아낸 사람

제118조【벌칙】 ① 등록부의 기록을 요하지 아니하는 사항에 관하여 거짓의 신고를 한 사람 및 등록의 신고와 관련된 사항에 관하여 거짓으로 보증을 한 사람은 1년 이하의 징역 또는 1천만 원 이하의 벌금에 처한다. <개정 2014. 1. 7.>
② 외국인에 대한 사항에 관하여 거짓의 신고를 한 사람도 제1항과 같다.

제119조【양벌규정】 법인의 대표자나 법인 또는 개인의 대리인, 사용인, 그 밖의 종업원이 그 법인 또는 개인의 업무에 관하여 제117조 또는 제118조의 위반행위를 하면 그 행위자를 벌하는 외에 그 법인 또는 개인에게도 해당 조문의 벌금형을 과(科)한다. 다만, 법인 또는 개인이 그 위반행위를 방지하기 위하여 해당 업무에 관하여 상당한 주의와 감독을 게을리하지 아니한 경우에는 그러하지 아니하다.
[전문개정 2010. 5. 4.]

제120조【과태료】 다음 각 호의 어느 하나에 해당하는 시·읍·면의 장에게는 50만 원 이하의 과태료를 부과한다.
1. 제115조 제2항에 따른 명령을 위반한 때
2. 제116조에 따른 명령을 위반한 때

제121조【과태료】 시·읍·면의 장이 제38조 또는 제108조에 따라 기간을 정하여 신고 또는 신청의 최고를 한 경우에 정당한 사유 없이 그 기간 내에 신고 또는 신청을 하지 아니한 사람에게는 10만 원 이하의 과태료를 부과한다.

제122조【과태료】 이 법에 따른 신고의 의무가 있는 사람이 정당한 사유 없이 기간 내에 하여야 할 신고 또는 신청을 하지 아니한 때에는 5만 원 이하의 과태료를 부과한다.

제123조【과태료 재판】 제120조의 과태료 재판은 과태료를 부과할 시·읍·면의 장의 사무소 소재지를 관할하는 가정법원이「비송사건절차법」에 따라 행한다.

제124조【과태료 부과·징수】 ① 제121조 및 제122조에 따른 과태료는 대법원규칙으로 정하는 바에 따라 시·읍·면의 장(제21조 제2항에 해당하는 때에는 출생·사망의 신고를 받는 동의 관할 시장·구청장을 말한다. 이하 이 조에서 같다)이 부과·징수한다. 다만, 재외국민 가족관계등록사무소의 가족관계등록관이 과태료 부과 대상이 있음을 안 때에는 신고의무자의 등록기준지 시·읍·면의 장에게 그 사실을 통지하고, 통지를 받은 시·읍·면의 장이 과태료를 부과·징수한다. <개정 2015. 2. 3.>
② 제1항에 따른 과태료 처분에 불복하는 사람은 30일 이내에 해당 시·읍·면의 장에게 이의를 제기할 수 있다.
③ 제1항에 따라 시·읍·면의 장으로부터 과태료 처분을 받은 사람이 제2항에 따라 이의를 제기한 때에는 당해 시·읍·면의 장은 지체 없이 과태료 처분을 받은 사람의 주소 또는 거소를 관할하는 가정법원에 그 사실을 통보하여야 하며, 그 통보를 받은 가정법원은「비송사건절차법」에 따른 과태료 재판을 한다.
④ 제2항에 따른 기간 이내에 이의를 제기하지 아니하고 과태료를 납부하지 아니한 때에는 지방세 체납처분의 예에 따라 징수한다.

부칙

〈제18651호, 2021. 12. 28.〉

제1조【시행일】 이 법은 2022년 1월 1일부터 시행한다.

제2조【가정폭력피해자의 등록사항별 증명서 교부 제한 등에 관한 적용례】 제14조 제8항부터 제11항까지, 제14조의2 제3항 및 제15조의2의 개정규정은 이 법 시행 전에 발생한 「가정폭력범죄의 처벌 등에 관한 특례법」 제2조 제3호에 따른 가정폭력범죄로 인하여 피해를 입은 경우에 대하여도 적용한다.

주민등록법

[시행 2023.1.12]

[법률 제18746호, 2022.1.11, 일부개정]

제1조【목적】 이 법은 지방자치단체의 주민을 등록하게 함으로써 주민의 거주관계 등 인구의 동태(動態)를 항상 명확하게 파악하여 주민생활의 편익을 증진시키고 행정사무를 적정하게 처리하도록 하는 것을 목적으로 한다. <개정 2009. 4. 1., 2022. 1. 11.>

제2조【사무의 관장】 ① 주민등록에 관한 사무는 특별자치시장·특별자치도지사·시장·군수 또는 자치구의 구청장(이하 "시장·군수 또는 구청장"이라 한다)이 관장(管掌)한다. <개정 2022. 1. 11.>
② 시장·군수 또는 구청장은 제1항에 따른 해당 권한의 일부를 그 지방자치단체의 조례로 정하는 바에 따라 「제주특별자치도 설치 및 국제자유도시 조성을 위한 특별법」 제11조에 따른 행정시장이나 그 관할구역 내의 자치구가 아닌 구의 구청장·읍·면·동장 또는 출장소장에게 위임할 수 있다. <개정 2022. 1. 11.>

제3조【감독 등】 ① 주민등록에 관한 사무의 지도·감독은 행정안전부장관이 한다. <개정 2008. 2. 29., 2013. 3. 23., 2014. 11. 19., 2017. 7. 26.>
② 행정안전부장관은 대통령령으로 정하는 바에 따라 그 권한의 일부를 특별시장·광역시장·특별자치시장·도지사 또는 특별자치도지사에게 위임할 수 있다. <개정 2008. 2. 29., 2009. 4. 1., 2013. 3. 23., 2014. 11. 19., 2017. 7. 26., 2022. 1. 11.>

제4조【수수료와 과태료 등의 귀속】 이 법의 규정에 따라 수납하는 수수료·사용료 및 과태료는 특별시·광역시·특별자치시·도·특별자치도 또는 시·군·자치구의 수입으로 한다. <개정 2009. 4. 1., 2022. 1. 11.>

제5조【경비의 부담】 ① 주민등록에 관한 사무에 필요한 경비는 해당 특별자치시·특별자치도·시·군·자치구의 부담으로 한다. <개정 2022. 1. 11.>
② 제24조 제1항에 따른 주민등록증의 발급에 드는 경비는 해당 특별자치시·특별자치도·시·군·자치구와 국가가 대통령령으로 정하는 기준에 따라 분담한다. <개정 2022. 1. 11.>

제6조【대상자】 ① 시장·군수 또는 구청장은 30일 이상 거주할 목적으로 그 관할 구역에 주소나 거소(이하 "거주지"라 한다)를 가진 다음 각 호의 사람(이하 "주민"이라 한다)을 이 법의 규정에 따라 등록하여야 한다. 다만, 외국인은 예외로 한다. <개정 2014. 1. 21.>
1. 거주자 : 거주지가 분명한 사람(제3호의 재외국민은 제외한다)
2. 거주불명자 : 제20조 제6항에 따라 거주불명으로 등록된 사람
3. 재외국민 : 「재외동포의 출입국과 법적 지위에 관한 법률」 제2조 제1호에 따른 국민으로서 「해외이주법」 제12조에 따른 영주귀국의 신고를 하지 아니한 사람 중 다음 각 목의 어느 하나의 경우
   가. 주민등록이 말소되었던 사람이 귀국 후 재등록 신고를 하는 경우
   나. 주민등록이 없었던 사람이 귀국 후 최초로 주민등록 신고를 하는 경우
② 제1항의 등록에서 영내(營內)에 기거하는 군인은 그가 속한 세대의 거주지에서 본인이나 세대주의 신고에 따라 등록하여야 한다.
③ 삭제 <2014. 1. 21.>

제7조【주민등록표 등의 작성】 ① 시장·군수 또는 구청장은 주민등록사항을 기록하기 위하여 전자정보시스템(이하 "주민등록정보시스템"이라 한다)으로 개인별 및 세대별 주민등록표(이하 "주민등록표"라 한다)와 세대별 주민등록표 색인부를 작성하고 기록·관리·보존하여야 한다. <개정 2022. 1. 11.>
② 개인별 주민등록표는 개인에 관한 기록을 종합적으로 기록·관리하며 세대별(世帶別) 주민등록표는 그 세대에 관한 기록을 통합하여 기록·관리한다.
③ 삭제 <2016. 5. 29.>
④ 주민등록표와 세대별 주민등록표 색인부의 서식 및 기록·관리·보존방법 등에 필요한 사항은 대통령령으로 정한다. <개정 2016. 5. 29.>
[2016. 5. 29. 법률 제14191호에 의하여 2015. 12. 23. 헌법재판소에서 헌법불합치 결정된 이 조를 개정함]

제7조의2【주민등록번호의 부여】 ① 시장·군수 또는 구청장은 주민에게 개인별로 고유한 등록번호(이하 "주민등록번호"라 한다)를 부여하여야 한다.
② 제1항에 따른 주민등록번호의 부여 방법은 대통령령으로 정한다.
[본조신설 2016. 5. 29.]

제7조의3【주민등록번호의 정정】 ① 주민등록이 되어 있는 거주지(이하 "주민등록지"라 한다)의 시장·군수 또는 구청장은 다음 각 호의 어느 하나에 해당하는 사유가 발생하면 주민등록번호를 부여한 시장·군수 또는 구청장(이하 "번호부여지의 시장·군수 또는 구청장"이라 한다)에게 주민등록번호의 정정을 요구하여야 한다. 다만, 주민등록지의 시장·군수 또는 구청장이 번호부여지의 시장·군수 또는 구청장인 경우에는 직접 주민등록번호를 정정하여야 한다.
1. 제14조 제2항 및 제3항에 따른 등록 사항의 정정으로 인하여 주민등록번호를 정정하여야 하는 경우
2. 주민으로부터 주민등록번호의 오류를 이유로 정정신청을 받은 경우
3. 주민등록번호에 오류가 있음을 발견한 경우
② 번호부여지의 시장·군수 또는 구청장은 제1항에 따른 주민등록번호 정정의 요구를 받으면 지체 없이 이를 정정하고, 그 정정사항을 주민등록지의 시장·군수 또는 구청장에게 알려야 한다. 다만, 주민등록번호에 오류가 있음을 발견하지 못하였거나 주민등록번호 부여사실을 확인하지 못하면 그 사유를 적어 주민등록지의 시장·군수 또는 구청장에게 알려야 한다.
③ 그 밖에 주민등록번호의 정정에 따른 주민등록표의 정정과 주민등록증의 재발급 등에 필요한 사항은 대통령령으로 정한다.
[본조신설 2016. 5. 29.]

제7조의4【주민등록번호의 변경】 ① 다음 각 호의 어느 하나에 해당하는 사람은 대통령령으로 정하는 바에 따라 이를 입증할 수 있는 자료를 갖추어 주민등록지의 시장·군수 또는 구청장에게 주민등록번호의 변경을 신청할 수 있다.

1. 유출된 주민등록번호로 인하여 생명·신체에 위해(危害)를 입거나 입을 우려가 있다고 인정되는 사람

2. 유출된 주민등록번호로 인하여 재산에 피해를 입거나 입을 우려가 있다고 인정되는 사람

3. 다음 각 목의 어느 하나에 해당하는 사람으로서 유출된 주민등록번호로 인하여 피해를 입거나 입을 우려가 있다고 인정되는 사람

　가. 「아동·청소년의 성보호에 관한 법률」 제2조 제6호에 따른 피해아동·청소년

　나. 「성폭력방지 및 피해자보호 등에 관한 법률」 제2조 제3호에 따른 성폭력피해자

　다. 「성매매알선 등 행위의 처벌에 관한 법률」 제2조 제1항 제4호에 따른 성매매피해자

　라. 「가정폭력범죄의 처벌 등에 관한 특례법」 제2조 제5호에 따른 피해자

4. 그 밖에 제1호부터 제3호까지의 규정에 준하는 사람으로서 대통령령으로 정하는 사람

② 제1항 및 제4항에 따른 신청 또는 이의신청을 받은 주민등록지의 시장·군수 또는 구청장은 제7조의5에 따른 주민등록번호변경위원회에 주민등록번호 변경 여부에 관한 결정을 청구하여야 한다.

③ 주민등록지의 시장·군수 또는 구청장은 제7조의5에 따른 주민등록번호변경위원회로부터 주민등록번호의 변경 결정을 통보받은 경우에는 제1항에 따른 신청인의 주민등록번호를 지체 없이 변경하고 이를 신청인에게 통지하여야 한다.

④ 주민등록지의 시장·군수 또는 구청장은 제7조의5에 따른 주민등록번호변경위원회로부터 주민등록번호의 변경 결정 이외의 결정을 통보받은 경우에는 그 사실과 사유를 그 신청인에게 통지하여야 하며, 이의가 있는 신청인은 그 통지를 받은 날부터 30일 이내에 그 주민등록지의 시장·군수 또는 구청장에게 이의신청을 할 수 있다.

⑤ 제1항부터 제4항까지에서 규정한 사항 외에 주민등록번호의 변경 신청, 변경 결정 청구, 변경 통보, 이의신청 등에 필요한 사항은 대통령령으로 정한다.

[본조신설 2016. 5. 29.]

제7조의5【주민등록번호변경위원회】 ① 주민등록번호의 변경에 관한 사항을 심사·의결하기 위하여 행정안전부에 주민등록번호변경위원회(이하 "변경위원회"라 한다)를 둔다. <개정 2017. 7. 26.>

② 변경위원회는 그 권한에 속하는 업무를 독립하여 수행한다.

③ 변경위원회는 제7조의4 제2항에 따른 청구를 받은 날부터 90일 이내에 심사·의결을 완료하고 그 결과(변경 결정 외의 결정을 한 경우에는 그 사유를 포함한다)를 해당 주민등록지의 시장·군수 또는 구청장에게 통보하여야 한다. 다만, 이 기간 안에 심사·의결을 완료하기 어려운 경우에 변경위원회는 그 의결로 30일의 범위에서 그 기간을 연장할 수 있다. <개정 2022. 1. 11.>

④ 변경위원회는 제7조의4 제2항에 따른 청구를 심사한 결과 다음 각 호의 어느 하나에 해당하는 사유가 있는 경우에는 청구를 받아들이지 아니하는 결정 등을 할 수 있다.

1. 범죄경력을 은폐하거나 법령상의 의무를 회피할 목적이 있는 경우

2. 수사나 재판을 방해할 목적이 있는 경우

3. 선량한 풍속 기타 사회질서에 위반되는 경우

4. 그 밖에 대통령령으로 정하는 경우

⑤ 변경위원회는 위원장 1명을 포함하여 11명 이내의 위원으로 구성하며, 그 중 1명은 상임위원으로 한다.

⑥ 위원은 다음 각 호의 어느 하나에 해당하는 사람 중에서 행정안전부장관이 임명하거나 위촉한다. 이 경우 공무원이 아닌 위원의 수는 위원장과 상임위원을 포함한 위원 수의 2분의 1 이상이어야 한다. <개정 2017. 7. 26., 2020. 2. 4.>

1. 행정안전부 및 관계 행정기관 소속 공무원

2. 판사, 검사, 변호사 또는 의사의 직에 5년 이상 재직한 사람

3. 금융 관련 업무에 5년 이상 종사한 사람

4. 개인정보 보호 업무 또는 주민등록 업무에 관하

여 전문적 학식과 경험이 풍부한 사람

⑦ 위원장은 위원 중에서 공무원이 아닌 사람으로 행정안전부장관이 위촉한다. <개정 2017. 7. 26.>

⑧ 위원장과 위원의 임기는 2년으로 하되, 한 차례만 연임할 수 있다. 다만, 제6항 제1호에 따라 임명된 공무원인 위원은 그 직에 재직하는 동안 재임한다.

⑨ 변경위원회는 심사를 위하여 필요하다고 인정하면 다음 각 호의 행위를 의결할 수 있다.

1. 전과조회, 신용정보조회 등 대통령령으로 정하는 방법으로 행하는 사실조사

2. 신청인 또는 관계 공무원 등의 출석 요구

3. 신청인 또는 관계 기관 등에 대한 자료의 제출 요구

⑩ 변경위원회의 회의는 재적위원 과반수의 출석으로 개의(開議)하고, 출석위원 과반수의 찬성으로 의결한다.

⑪ 변경위원회의 사무를 지원하기 위하여 변경위원회에 사무국을 둔다.

⑫ 변경위원회와 제11항에 따른 사무국의 구성 및 운영 등에 필요한 사항은 대통령령으로 정한다.

[본조신설 2016. 5. 29.]

제8조【등록의 신고주의 원칙】 주민의 등록 또는 그 등록사항의 정정 또는 말소는 주민의 신고에 따라 한다. 다만, 이 법에 특별한 규정이 있으면 예외로 한다. <개정 2009. 4. 1., 2019. 12. 3.>

제9조【정리】 개인별 주민등록표는 주민등록번호순으로, 세대별 주민등록표는 세대주의 주민등록번호순으로 각각 정리하며, 이에 관한 구체적인 사항은 행정안전부장관이 정한다. <개정 2008. 2. 29., 2013. 3. 23., 2014. 11. 19., 2017. 7. 26.>

제10조【신고사항】 ① 주민(재외국민은 제외한다)은 다음 각 호의 사항을 해당 거주지를 관할하는 시장·군수 또는 구청장에게 신고하여야 한다. <개정 2007. 5. 17., 2009. 4. 1., 2014. 1. 21.>

1. 성명
2. 성별
3. 생년월일
4. 세대주와의 관계
5. 합숙하는 곳은 관리책임자

6. 「가족관계의 등록 등에 관한 법률」 제10조 제1항에 따른 등록기준지(이하 "등록기준지"라 한다)

7. 주소

8. 가족관계등록이 되어 있지 아니한 자 또는 가족관계등록의 여부가 분명하지 아니한 자는 그 사유

9. 대한민국의 국적을 가지지 아니한 자는 그 국적명이나 국적의 유무

10. 거주지를 이동하는 경우에는 전입 전의 주소 또는 전입지와 해당 연월일

11. 삭제 <2016. 5. 29.>

② 누구든지 제1항의 신고를 이중으로 할 수 없다.

제10조의2【재외국민의 신고】 ① 재외국민이 국내에 30일 이상 거주할 목적으로 입국하는 때에는 다음 각 호의 사항을 해당 거주지를 관할하는 시장·군수 또는 구청장에게 신고하여야 한다.

1. 제10조 제1항 각 호의 사항

2. 영주 또는 거주하는 국가나 지역의 명칭과 체류자격의 종류

② 누구든지 제1항의 신고를 이중으로 할 수 없다.

③ 그 밖에 제1항의 신고에 필요한 사항은 대통령령으로 정한다.

[본조신설 2014. 1. 21.]

제10조의3【해외체류에 관한 신고】 ① 이 법에 따라 주민등록을 한 거주자 또는 제20조 제6항에 따라 거주불명으로 등록된 사람(이하 "거주불명자"라 한다)이 90일 이상 해외에 체류할 목적으로 출국하려는 경우(제19조 제1항에 따라 국외이주신고를 하여야 하는 사람은 제외한다)에는 출국 후에 그가 속할 세대의 거주지를 제10조 제1항 제7호에 따른 주소로 미리 신고할 수 있다. 다만, 출국 후 어느 세대에도 속하지 아니하게 되는 사람은 신고 당시 거주지를 관할하는 읍·면사무소 또는 동 주민센터의 주소를 행정상 관리주소로 신고할 수 있다. <개정 2019. 12. 3.>

② 제1항 본문에 따른 신고는 신고할 주소지를 관할하는 시장·군수 또는 구청장에게 하고, 제1항 단서에 따른 신고는 신고 당시 거주지를 관할하는 시장·군수 또는 구청장에게 한다.

③ 제2항의 시장·군수 또는 구청장은 제1항에 따

른 신고를 하고 출국한 사람(이하 "해외체류자"라 한다)의 주민등록을 구분하여 등록·관리할 수 있다.

④ 제1항부터 제3항까지에 따른 신고의 방법, 첨부서류, 해외체류자의 구분 등록·관리 등에 관한 구체적인 사항은 대통령령으로 정한다.

[본조신설 2016. 12. 2.]

제11조【신고의무자】 ① 제10조에 따른 신고는 세대주가 신고사유가 발생한 날부터 14일 이내에 하여야 한다. 다만, 세대주가 신고할 수 없으면 그를 대신하여 다음 각 호의 어느 하나에 해당하는 자가 할 수 있다. <개정 2009. 4. 1.>

1. 세대를 관리하는 자

2. 본인

3. 세대주의 위임을 받은 자로서 다음 각 목의 어느 하나에 해당하는 자

　가. 세대주의 배우자

　나. 세대주의 직계혈족

　다. 세대주의 배우자의 직계혈족

　라. 세대주의 직계혈족의 배우자

② 제10조의2에 따른 신고는 재외국민 본인이 하여야 한다. 다만, 재외국민 본인이 신고할 수 없으면 그를 대신하여 다음 각 호의 어느 하나에 해당하는 사람이 할 수 있다. <신설 2014. 1. 21.>

1. 재외국민이 거주하는 세대의 세대주

2. 재외국민 본인의 위임을 받은 사람으로서 다음 각 목의 어느 하나에 해당하는 사람

　가. 재외국민 본인의 배우자

　나. 재외국민 본인의 직계혈족

　다. 재외국민 본인의 배우자의 직계혈족

　라. 재외국민 본인의 직계혈족의 배우자

③ 제1항 단서 및 제2항에 따른 신고의 방법 및 신고 내용의 확인 등에 관한 구체적인 사항은 대통령령으로 정한다. <개정 2014. 1. 21., 2020. 6. 9.>

제12조【합숙하는 곳에서의 신고의무자】 ① 기숙사, 「노인복지법」 제34조 제1항 제1호에 따른 노인요양시설, 「노숙인 등의 복지 및 자립지원에 관한 법률」 제16조 제1항 제4호에 따른 노숙인요양시설, 「아동복지법」 제52조 제1항 제1호에 따른 아동양육시설 등 여러 사람이 동거하는 숙소에 거주하는 주민은 신고사유가 발생한 날부터 14일 이내에 그 숙소의 관리자가 신고하여야 한다. 다만, 관리자가 신고할 수 없으면 본인이 하여야 한다. <개정 2016. 5. 29., 2020. 6. 9.>

② 제1항 단서에 따른 본인의 신고 방법 등에 관한 사항은 대통령령으로 정한다. <신설 2020. 6. 9.>

제13조【정정신고】 ① 제11조와 제12조에 따른 신고의무자는 그 신고사항에 변동이 있으면 변동이 있는 날부터 14일 이내에 그 정정신고(訂正申告)를 하여야 한다. <개정 2020. 6. 9.>

② 제1항에 따른 정정신고의 방법 및 정정신고에 따른 정정 방법에 관한 사항은 대통령령으로 정한다. <신설 2020. 6. 9.>

제14조【가족관계등록신고 등에 따른 주민등록의 정리】 ① 이 법에 따른 신고사항과 「가족관계의 등록 등에 관한 법률」에 따른 신고사항이 같으면 「가족관계의 등록 등에 관한 법률」에 따른 신고로써 이 법에 따른 신고를 갈음한다. <개정 2007. 5. 17.>

② 주민등록지의 시장·군수 또는 구청장은 제1항에 따라 이 법에 따른 신고에 갈음되는 「가족관계의 등록 등에 관한 법률」에 따른 신고를 받으면 그에 따라 주민등록을 하거나 등록사항을 정정 또는 말소하여야 한다. <개정 2007. 5. 17., 2019. 12. 3.>

③ 신고대상자의 「가족관계의 등록 등에 관한 법률」 제4조 및 제4조의2에 따른 신고지(이하 "가족관계등록 신고지"라 한다)와 주민등록지가 다를 경우에 가족관계등록 신고지의 시장·구청장 또는 읍·면장(같은 법 제4조의2 제1항에 따른 가족관계등록관을 포함한다. 이하 같다)이 같은 법에 따른 신고를 받아 가족관계등록부의 기록사항을 변경하면 지체 없이 그 신고사항을 주민등록지의 시장·군수 또는 구청장에게 통보하여야 하며, 그 통보를 받은 주민등록지의 시장·군수 또는 구청장은 이에 따라 주민등록을 하거나 등록사항을 정정 또는 말소하여야 한다. <개정 2007. 5. 17., 2009. 4. 1., 2016. 12. 2., 2019. 12. 3.>

④ 제1항에 따라 「가족관계의 등록 등에 관한 법률」에 따른 신고로써 이 법에 따른 신고에 갈음되는 신고사항은 대통령령으로 정한다. <개정 2007. 5. 17.>

[제목개정 2019. 12. 3.]

제15조【주민등록과 가족관계등록과의 관련】① 등록기준지와 주민등록지가 다른 경우에 주민등록지의 시장·군수 또는 구청장이 「가족관계의 등록 등에 관한 법률」 제9조 제2항에 따른 가족관계등록부의 기록사항과 같은 내용의 주민등록을 하였거나 등록사항을 정정 또는 말소하면 그 내용을 대통령령으로 정하는 바에 따라 등록기준지(제14조 제3항에 따른 경우에는 가족관계등록 신고지를 말한다)의 시장·구청장 또는 읍·면장에게 알려야 한다. <개정 2007. 5. 17., 2009. 4. 1.>
② 제1항에 따른 통보를 받은 시장·구청장 또는 읍·면장은 통보받은 사항 중 가족관계등록부의 기록사항과 다른 사항에 대하여는 지체 없이 그 내용을 주민등록지의 시장·군수 또는 구청장에게 알려야 한다. <개정 2007. 5. 17., 2009. 4. 1.>
[제목개정 2007. 5. 17.]

제15조의2【가족관계등록 전산정보의 제공 요청】 시장·군수 또는 구청장은 제14조 제1항에 따라 이 법에 따른 신고를 갈음하는 「가족관계의 등록 등에 관한 법률」에 따른 신고사항의 변경 여부 등을 확인하기 위하여 필요한 경우에는 법원행정처장에게 같은 법 제11조에 따른 등록전산정보자료의 제공을 요청할 수 있다. 이 경우 법원행정처장은 특별한 사유가 없으면 이에 따라야 한다.
[본조신설 2019. 12. 3.]

제16조【거주지의 이동】 ① 하나의 세대에 속하는 자의 전원 또는 그 일부가 거주지를 이동하면 제11조나 제12조에 따른 신고의무자가 신거주지에 전입한 날부터 14일 이내에 신거주지의 시장·군수 또는 구청장에게 전입신고(轉入申告)를 하여야 한다.
② 신거주지의 시장·군수 또는 구청장은 제1항에 따른 전입신고를 받으면 지체 없이 전 거주지의 시장·군수 또는 구청장에게 전입신고 사항을 알리고 주민등록정보시스템을 이용하여 주민등록표와 관련 공부(公簿)의 이송(移送)을 요청하여야 한다. <개정 2022. 1. 11.>
③ 제2항에 따른 이송요청을 받은 전 거주지의 시장·군수 또는 구청장은 전출대상자(轉出對象者)가 세대원 전원이거나 세대주를 포함한 세대의 일부 전출인 경우에는 주민등록표와 관련 공부를, 세대주를 제외한 세대의 일부의 전출인 경우에는 전출자의 개인별 주민등록표와 관련 공부를 지체 없이 정리하여 신거주지의 시장·군수 또는 구청장에게 주민등록정보시스템을 이용하여 이송하여야 한다. <개정 2022. 1. 11.>
④ 신거주지의 시장·군수 또는 구청장은 제3항에 따라 주민등록표와 관련 공부가 이송되어 오면 제1항에 따른 전입신고서와 대조·확인한 후 지체 없이 주민등록표와 관련 공부를 정리 또는 작성하여야 한다.
⑤ 전입신고에 관한 절차와 전입신고사항의 통보 방법 등은 대통령령으로 정한다.

제16조의2【전입신고 사실의 통보】 ① 시장·군수 또는 구청장은 관할 구역에 거주지를 가진 세대주나 거주지에 있는 건물 또는 시설의 소유자 또는 임대인의 신청이 있는 경우에는 제16조 제1항에 따라 그 거주지를 신거주지로 하는 전입신고를 받을 때마다 전입신고가 있었다는 사실을 그 세대주, 소유자 또는 임대인에게 통보할 수 있다.
② 제1항에 따른 전입신고 사실의 통보 신청 및 통보 방법에 필요한 사항은 행정안전부령으로 정한다.
[본조신설 2020. 6. 9.]

제17조【다른 법령에 따른 신고와의 관계】 주민의 거주지 이동에 따른 주민등록의 전입신고가 있으면 「병역법」, 「민방위기본법」, 「인감증명법」, 「국민기초생활 보장법」, 「국민건강보험법」 및 「장애인복지법」에 따른 거주지 이동의 전출신고와 전입신고를 한 것으로 본다.

제18조【신고의 방법 등】 ①이 법에 따른 신고는 구술이나 서면으로 한다.
② 신고에 관한 서류 등의 보존기간은 대통령령으로 정한다. <개정 2019. 12. 3.>
[제목개정 2019. 12. 3.]

제19조【국외이주신고 등】 ① 이 법에 따라 주민등록을 한 거주자 또는 거주불명자가 대한민국 외에 거주지를 정하려는 때에는 그의 현 거주지를 관할하는 시장·군수 또는 구청장에게 미리 신고하여야 한다. 이 경우 「해외이주법」 제6조에 따른 해외이주신고로 전단의 신고를 갈음할 수 있다. <개정 2014. 1. 21.>

② 제10조의2 제1항에 따라 신고한 재외국민이 국외에 30일 이상 거주할 목적으로 출국하려는 때에는 그의 현 거주지를 관할하는 시장·군수 또는 구청장에게 미리 신고하여야 한다. 이 경우 「재외국민등록법」 제2조에 따른 등록으로 전단의 신고를 갈음할 수 있다 <신설 2014. 1. 21.>

③ 시장·군수 또는 구청장은 제1항 및 제2항에 따라 신고한 사람의 거주지를 관할하는 읍·면사무소 또는 동 주민센터의 주소를 행정상 관리주소로 지정하여야 한다. <신설 2014. 1. 21.>

④ 시장·군수 또는 구청장은 주민등록된 거주자 또는 거주불명자가 「해외이주법」 제6조에 따라 해외이주신고를 하고 출국하거나, 같은 법 제4조제3호의 현지이주를 한 경우에는 이 법 제6조 제1항 제3호의 재외국민으로 구분하여 등록·관리하여야 한다. <신설 2014. 1. 21.>

⑤ 제1항부터 제4항까지에 따른 국외이주신고, 재외국민의 출국신고, 행정상 관리주소의 지정, 재외국민 구분 등록·관리 등에 관한 구체적인 사항은 대통령령으로 정한다. <신설 2014. 1. 21.>

[제목개정 2014. 1. 21.]

제19조의2 【출입국자료 등 자료의 제공 요청】 ① 시장·군수 또는 구청장 및 행정안전부장관은 재외국민 및 제10조의3 제1항에 따른 신고자의 거주사실 등을 명확하게 파악하기 위하여 필요한 경우에는 법무부장관에게 출입국자료 및 국내거소신고자료 제공을 요청할 수 있으며, 외교부장관에게 해외이주신고자료 및 재외국민등록자료 제공을 요청할 수 있다. 이 경우 법무부장관 및 외교부장관은 특별한 사유가 없으면 이에 따라야 한다. <개정 2014. 11. 19., 2016. 12. 2., 2017. 7. 26., 2022. 1. 11.>

② 법무부장관 및 외교부장관은 국내거소신고자 관리 또는 재외국민등록 등을 위하여 필요한 경우에는 시장·군수 또는 구청장 및 행정안전부장관에게 재외국민의 주민등록자료 제공을 요청할 수 있다. 이 경우 시장·군수 또는 구청장 및 행정안전부장관은 특별한 사유가 없으면 이에 따라야 한다. <개정 2014. 11. 19., 2017. 7. 26., 2022. 1. 11.>

③ 제1항 및 제2항에 따른 자료의 제공에 대하여는 그 사용료와 수수료 등을 면제한다.

[본조신설 2014. 1. 21.]
[제목개정 2019. 12. 3.]

제20조 【사실조사와 직권조치】 ① 시장·군수 또는 구청장은 신고의무자가 다음 각 호의 어느 하나에 해당하면 그 사실을 조사할 수 있다. <개정 2014. 1. 21.>

1. 제10조 및 제10조의2에 규정된 사항을 이 법에 규정된 기간 내에 신고하지 아니한 때
2. 제10조 및 제10조의2에 규정된 사항을 부실하게 신고한 때
3. 제10조 및 제10조의2에 규정된 사항의 신고된 내용이 사실과 다르다고 인정할 만한 상당한 이유가 있는 때

② 시장·군수 또는 구청장은 제1항에 따른 사실조사 등을 통하여 신고의무자가 신고할 사항을 신고하지 아니하였거나 신고된 내용이 사실과 다른 것을 확인하면 일정한 기간을 정하여 신고의무자에게 사실대로 신고할 것을 최고(催告)하여야 한다. 제15조 제2항에 따라 통보를 받은 때에도 또한 같다.

③ 시장·군수 또는 구청장은 신고의무자에게 최고할 수 없으면 대통령령으로 정하는 바에 따라 일정한 기간을 정하여 신고할 것을 공고하여야 한다.

④ 제2항에 따른 최고 또는 제3항에 따른 공고를 할 때에는 정하여진 기간에 신고하지 아니하면 시장·군수 또는 구청장이 주민등록을 하거나 등록사항을 정정 또는 말소할 수 있다는 내용을 포함하여야 한다. <개정 2009. 4. 1., 2019. 12. 3.>

⑤ 시장·군수 또는 구청장은 신고의무자가 제2항 또는 제3항에 따라 정하여진 기간에 신고하지 아니하면 제1항에 따른 사실조사, 공부상의 근거 또는 통장·이장의 확인에 따라 주민등록을 하거나 등록사항을 정정 또는 말소하여야 한다. <개정 2009. 4. 1., 2019. 12. 3.>

⑥ 시장·군수 또는 구청장은 신고의무자가 제5항에 따른 확인 결과, 거주사실이 불분명하다고 인정되는 경우에는 그 신고의무자가 마지막으로 신고한 주소를 행정상 관리주소로 하여 거주불명 등록을 하여야 한다. 다만, 시장·군수 또는 구청장은 거주불명 등록 후 1년이 지나고 제3항에 따른 공

고를 2회 이상 하여도 거주불명자가 정당한 거주지에 등록하지 아니한 경우에는 읍·면사무소 또는 동 주민센터의 주소를 행정상 관리주소로 할 수 있다. <신설 2009. 4. 1., 2019. 12. 3.>

⑦ 시장·군수 또는 구청장은 제5항 또는 제6항에 따라 공부상의 근거 또는 통장·이장의 확인을 받는 방법으로 직권조치를 한 경우에는 14일 이내에 그 사실을 신고의무자에게 알려야 하고, 알릴 수 없으면 대통령령으로 정하는 바에 따라 공고하여야 한다. <개정 2009. 4. 1., 2019. 12. 3.>

⑧ 관계 공무원은 제1항에 따른 조사를 할 때에, 그 권한을 나타내는 증표를 지니고 이를 관계인에게 내보여야 한다. <개정 2009. 4. 1.>

제20조의2【거주불명자에 대한 사실조사와 직권조치】 ① 시장·군수 또는 구청장은 거주불명자 관리를 위하여 대통령령으로 정하는 바에 따라 거주불명자의 거주사실 등에 대한 사실조사를 실시하여야 한다. 이 경우 거주불명자에 대한 최고 및 공고에 관하여는 제20조 제2항 및 제3항을 준용한다.

② 시장·군수 또는 구청장은 제1항에 따른 사실조사, 공부상의 근거 또는 통장·이장의 확인에 따라 다음 각 호의 어느 하나에 해당하는 조치를 하여야 한다.

1. 거주자 또는 재외국민으로의 등록

2. 등록사항의 말소(사망 사실을 확인한 경우 또는 그 밖에 거주불명자의 주민등록을 유지할 필요가 없다고 인정되는 경우로서 대통령령으로 정하는 경우로 한정한다)

3. 거주불명 등록의 유지

③ 시장·군수 또는 구청장은 제2항 제1호 및 제2호에 따라 직권조치를 한 경우에는 14일 이내에 그 사실을 신고의무자에게 알려야 하고, 알릴 수 없으면 대통령령으로 정하는 바에 따라 공고하여야 한다.

[본조신설 2019. 12. 3.]

제20조의3【사실조사와 직권조치 관련 자료의 제공】 ① 시장·군수 또는 구청장 및 행정안전부장관은 관계 국가기관, 지방자치단체 및 공공기관의 장에게 제20조 및 제20조의2에 따른 사실조사와 직권조치를 위하여 필요한 자료 제공을 요청할 수 있

다. 이 경우 자료 제공을 요청받은 국가기관, 지방자치단체 및 공공기관의 장은 특별한 사유가 없으면 이에 따라야 한다. <개정 2022. 1. 11.>

② 제1항에 따라 시장·군수 또는 구청장 및 행정안전부장관이 자료 제공을 요청할 수 있는 국가기관, 지방자치단체 및 공공기관과 요청 자료의 구체적인 범위는 대통령령으로 정한다. <개정 2022. 1. 11.>

[본조신설 2019. 12. 3.]

제21조【이의신청 등】 ① 시장·군수 또는 구청장으로부터 제20조 제5항·제6항 또는 제20조의2 제2항 제1호·제2호에 따른 주민등록 또는 등록사항의 정정이나 말소 또는 거주불명 등록의 처분을 받은 자가 그 처분에 대하여 이의가 있으면 그 처분일이나 제20조 제7항 또는 제20조의2 제3항에 따른 통지를 받거나 공고된 날부터 30일 이내에 서면으로 해당 시장·군수 또는 구청장에게 이의를 신청할 수 있다. <개정 2009. 4. 1., 2019. 12. 3.>

② 시장·군수 또는 구청장이 제1항에 따른 이의신청을 받으면 그 신청을 받은 날부터 10일 이내에 심사·결정하여 그 결과를 지체 없이 신청인에게 알려야 하며, 그 요구가 정당하다고 결정되면 그에 따라 주민등록을 하거나 등록사항을 정정 또는 말소하여야 한다. <개정 2019. 12. 3.>

③ 시장·군수 또는 구청장이 이의신청을 각하 또는 기각하는 결정을 하면 제2항에 따른 결과통지서에 행정심판이나 행정소송을 제기할 수 있다는 취지를 함께 적어 신청인에게 알려야 한다.

제22조【주민등록표의 재작성】 ① 시장·군수 또는 구청장은 다음 각 호의 어느 하나에 해당하면 종전 주민등록에 관한 여러 신청서 등에 따라 주민등록표를 다시 작성하고 신고의무자의 확인을 받아야 한다. 다만, 주민등록에 관한 여러 신청서 등에 따라 다시 작성할 수 없으면 주민등록표를 다시 작성한다는 뜻을 신고의무자에게 알리거나 공고하고 그 신고의무자의 신고에 따라 이를 작성하여야 하며, 제2호의 경우에는 세대별 주민등록표에 한정하여 작성한다.

1. 재해·재난 등으로 주민등록표가 멸실되거나 손상되어 복구가 불가능한 때

2. 세대주가 변경된 때

② 제1항 제1호의 경우에는 다시 작성한 주민등록표에 그 사유를 기록하여야 하고, 같은 항 제2호에 따라 변경되기 이전의 주민등록표는 보존·관리하여야 하며, 그 보존·관리에 필요한 사항은 대통령령으로 정한다.

제23조【주민등록자의 지위 등】 ① 다른 법률에 특별한 규정이 없으면 이 법에 따른 주민등록지를 공법(公法) 관계에서의 주소로 한다.

② 제1항에 따라 주민등록지를 공법 관계에서의 주소로 하는 경우에 신고의무자가 신거주지에 전입신고를 하면 신거주지에서의 주민등록이 전입신고일에 된 것으로 본다.

제24조【주민등록증의 발급 등】 ① 시장·군수 또는 구청장은 관할 구역에 주민등록이 된 자 중 17세 이상인 자에 대하여 주민등록증을 발급한다. 다만, 「장애인복지법」 제2조 제2항에 따른 장애인 중 시각장애인이 신청하는 경우 시각장애인용 점자 주민등록증을 발급할 수 있다. <개정 2011. 5. 30., 2020. 6. 9.>

② 주민등록증에는 성명, 사진, 주민등록번호, 주소, 지문(指紋), 발행일, 주민등록기관을 수록한다. <개정 2021. 7. 20.>

③ 시장·군수 또는 구청장은 재외국민에게 발급하는 주민등록증에는 재외국민임을 추가로 표시하여야 한다. <신설 2014. 1. 21.>

④ 제1항에 따라 주민등록증을 발급받을 나이가 된 사람(재외국민 및 해외체류자는 제외한다)은 대통령령으로 정하는 바에 따라 시장·군수 또는 구청장에게 주민등록증의 발급을 신청하여야 한다. 이 경우 시장·군수 또는 구청장은 대통령령으로 정하는 기간 내에 발급신청을 하지 아니한 사람(재외국민 및 해외체류자는 제외한다)에게 발급신청을 할 것을 최고할 수 있다. <개정 2014. 1. 21., 2016. 12. 2.>

⑤ 주민등록증을 발급받지 아니한 17세 이상의 재외국민 또는 해외체류자가 국내에 30일 이상 거주할 목적으로 입국하는 때에는 대통령령으로 정하는 바에 따라 시장·군수 또는 구청장에게 주민등록증의 발급을 신청하여야 한다. <신설 2014. 1. 21., 2016. 12. 2.>

⑥ 행정안전부장관은 필요하다고 인정되면 시장·군수 또는 구청장에게 주민등록증을 일제히 갱신하거나 검인(檢印)하게 할 수 있다. <개정 2008. 2. 29., 2013. 3. 23., 2014. 1. 21., 2014. 11. 19., 2017. 7. 26.>

⑦ 주민등록증 및 그 발급신청서의 서식과 발급절차는 대통령령으로 정한다. <개정 2014. 1. 21.>

⑧ 주민등록증을 발급할 때에는 제27조에 따른 경우 외에는 수수료를 징수하지 못하며, 주민등록증의 발급을 이유로 조세나 그 밖의 어떠한 명목의 공과금(公課金)도 징수하여서는 아니 된다. <개정 2014. 1. 21.>

제25조【주민등록증 등의 확인】 ① 국가기관, 지방자치단체, 공공단체, 사회단체, 기업체 등에서 해당 업무를 수행할 때에 다음 각 호의 어느 하나에 해당하는 경우로서 17세 이상의 자에 대하여 성명·사진·주민등록번호 또는 주소를 확인할 필요가 있으면 증빙서류를 붙이지 아니하고 주민등록증으로 확인하여야 한다. 다만, 대통령령으로 정한 경우에는 그러하지 아니하다. <개정 2022. 1. 11.>

1. 민원서류나 그 밖의 서류를 접수할 때
2. 특정인에게 자격을 인정하는 증서를 발급할 때
3. 그 밖에 신분을 확인하기 위하여 필요할 때

② 행정안전부장관은 주민등록정보시스템을 이용하여 주민등록확인서비스(휴대전화 등 정보통신기기로 제1항 본문에 따른 성명·사진·주민등록번호 또는 주소를 확인할 수 있는 서비스를 말한다. 이하 같다)를 제공할 수 있다. <신설 2022. 1. 11.>

③ 주민등록확인서비스를 이용하여 성명·사진·주민등록번호 또는 주소를 확인한 경우 제1항에 따라 주민등록증으로 성명·사진·주민등록번호 또는 주소를 확인한 것으로 본다. <신설 2022. 1. 11.>

④ 주민등록확인서비스의 신청 등에 필요한 사항은 대통령령으로 정한다. <신설 2022. 1. 11.>
[제목개정 2022. 1. 11.]

제26조【주민등록증의 제시요구】 ① 사법경찰관리(司法警察官吏)가 범인을 체포하는 등 그 직무를 수행할 때에 17세 이상인 주민의 신원이나 거주

관계를 확인할 필요가 있으면 주민등록증의 제시를 요구할 수 있다. 이 경우 사법경찰관리는 주민등록증을 제시하지 아니하는 자로서 신원을 증명하는 증표나 그 밖의 방법에 따라 신원이나 거주 관계가 확인되지 아니하는 자에게는 범죄의 혐의가 있다고 인정되는 상당한 이유가 있을 때에 한정하여 인근 관계 관서에서 신원이나 거주 관계를 밝힐 것을 요구할 수 있다.

② 사법경찰관리는 제1항에 따라 신원 등을 확인할 때 친절과 예의를 지켜야 하며, 정복근무 중인 경우 외에는 미리 신원을 표시하는 증표를 지니고 이를 관계인에게 내보여야 한다.

제27조【주민등록증의 재발급】 ① 주민등록증을 발급받은 후 다음 각 호의 어느 하나에 해당하는 사유로 재발급을 받으려는 자는 대통령령으로 정하는 바에 따라 시장·군수 또는 구청장에게 그 사실을 신고하고 재발급을 신청하여야 한다.

1. 주민등록증의 분실이나 훼손
2. 성명, 생년월일 또는 성별의 변경
3. 그 밖에 대통령령으로 정하는 사유

② 주민등록 업무를 수행하는 공무원은 다음 각 호의 어느 하나에 해당하는 사유로 업무수행이 어려우면 대통령령으로 정하는 바에 따라 그 주민등록증을 회수하고, 본인이 시장·군수 또는 구청장에게 재발급신청을 하도록 하여야 한다.

1. 주민등록증이 훼손되거나 그 밖의 사유로 그 내용을 알아보기 어려운 경우
2. 주민등록증의 주요 기재내용이 변경된 경우

③ 시장·군수 또는 구청장은 제1항에 따라 주민등록증을 재발급 신청하는 자에게 행정안전부령으로 정하는 수수료를 징수할 수 있다. 다만, 다음 각 호의 어느 하나에 해당하면 그러하지 아니하다. <개정 2008. 2. 29., 2013. 3. 23., 2014. 11. 19., 2017. 7. 26.>

1. 주민등록증 발급상의 잘못으로 인하여 재발급하는 경우
2. 그 밖에 행정안전부령으로 정하는 경우

제27조의2【중증장애인에 대한 주민등록증의 발급 및 재발급】 ① 시장·군수 또는 구청장은 신체적·정신적 장애정도가 심하여 자립하기가 매우 곤란한 장애인(이하 이 조에서 "중증장애인"이라 한다)으로서 본인이 직접 주민등록증의 발급·재발급을 신청하기가 어렵다고 판단하는 경우에는 해당 중증장애인, 그 법정대리인 또는 대통령령으로 정하는 보호자의 신청에 따라 관계 공무원으로 하여금 해당 중증장애인을 직접 방문하게 하여 주민등록증을 발급·재발급(발급의 경우는 관할구역에 주민등록이 된 중증장애인에 한정한다)할 수 있다.

② 중증장애인을 위한 주민등록증의 발급 및 재발급 신청 기준·방법 및 절차, 관계 공무원의 방문 절차 등에 필요한 사항은 대통령령으로 정한다.
[본조신설 2011. 5. 30.]

제28조【주민등록전산정보센터의 설치 등】 ① 행정안전부장관은 주민등록전산정보의 관리 및 주민등록증의 발급 등을 위하여 주민등록전산정보센터를 설치하고, 주민등록전산정보센터에서 시장·군수 또는 구청장의 요청에 따라 주민등록증을 대행하여 발급하게 할 수 있다. <개정 2008. 2. 29., 2013. 3. 23., 2014. 11. 19., 2017. 7. 26.>

② 행정안전부장관은 재해나 재난 등에 대비하기 위하여 주민등록전산정보 백업시스템을 구축한다. <개정 2008. 2. 29., 2013. 3. 23., 2014. 11. 19., 2017. 7. 26.>

③ 제1항에 따른 주민등록전산정보센터와 제2항에 따른 주민등록전산정보 백업시스템의 운영 등에 관한 사항은 대통령령으로 정한다.

제29조【열람 또는 등·초본의 교부】 ① 주민등록표를 열람하거나 그 등본 또는 초본의 교부를 받으려는 자는 행정안전부령으로 정하는 수수료를 내고 시장·군수 또는 구청장(자치구가 아닌 구의 구청장을 포함한다)이나 읍·면·동장 또는 출장소장(이하 "열람 또는 등·초본교부기관의 장"이라 한다)에게 신청할 수 있다. <개정 2008. 2. 29., 2013. 3. 23., 2014. 11. 19., 2017. 7. 26.>

② 제1항에 따른 주민등록표의 열람이나 등·초본의 교부신청은 본인이나 세대원이 할 수 있다. 다만, 본인이나 세대원의 위임이 있거나 다음 각 호의 어느 하나에 해당하면 그러하지 아니하다. <개정 2007. 5. 17., 2009. 4. 1., 2016. 5. 29.>

1. 국가나 지방자치단체가 공무상 필요로 하는 경우

2. 관계 법령에 따른 소송·비송사건·경매목적 수행상 필요한 경우

3. 다른 법령에 주민등록자료를 요청할 수 있는 근거가 있는 경우

4. 다른 법령에서 본인이나 세대원이 아닌 자에게 등·초본의 제출을 의무화하고 있는 경우

5. 다음 각 목의 어느 하나에 해당하는 자가 신청하는 경우
   가. 세대주의 배우자
   나. 세대주의 직계혈족
   다. 세대주의 배우자의 직계혈족
   라. 세대주의 직계혈족의 배우자
   마. 세대원의 배우자(주민등록표 초본에 한정한다)
   바. 세대원의 직계혈족(주민등록표 초본에 한정한다)

6. 채권·채무관계 등 대통령령으로 정하는 정당한 이해관계가 있는 사람이 신청하는 경우(주민등록표 초본에 한정한다)

7. 그 밖에 공익상 필요하여 대통령령으로 정하는 경우

③ 제1항에 따른 주민등록표의 열람이나 등·초본의 교부는 주민등록정보시스템을 이용하여 열람하게 하거나 교부한다. 다만, 전자문서나 무인민원발급기(無人民願發給機)를 이용하는 경우에는 신청자 본인이나 세대원의 주민등록표 등·초본의 교부에 한정한다. <개정 2022. 1. 11.>

④ 삭제 <2016. 5. 29.>

⑤ 열람 또는 등·초본교부기관의 장은 본인이나 세대원이 아닌 자로부터 주민등록표의 열람 또는 등·초본의 교부신청을 받으면 그 열람 또는 등·초본의 교부가 개인의 사생활을 침해할 우려가 있거나 공익에 반한다고 판단되면 그 열람을 하지 못하게 하거나 등·초본을 발급하지 아니할 수 있다. 이 경우 그 사유를 신청인에게 서면으로 알려야 한다.

⑥ 「가정폭력범죄의 처벌 등에 관한 특례법」 제2조 제5호에 따른 피해자는 같은 법 제2조 제4호에 따른 가정폭력행위자가 본인과 주민등록지를 달리하는 경우 제2항 제5호에 해당하는 사람 중에서 대상자를 지정하여 대통령령으로 정하는 바에 따라 시장·군수 또는 구청장에게 본인과 세대원 및 직계존비속(이하 이 조에서 "가정폭력피해자등"이라 한다)의 주민등록표의 열람 또는 등·초본의 교부를 제한하도록 신청할 수 있다. <신설 2009. 4. 1., 2021. 7. 20.>

⑦ 열람 또는 등·초본교부기관의 장은 제6항의 제한신청이 있는 경우 제한대상자에게 가정폭력피해자등의 주민등록표 열람을 하지 못하게 하거나 등·초본을 발급하지 아니할 수 있다. 이 경우 그 사유를 제한대상자에게 서면으로 알려야 한다. <신설 2009. 4. 1., 2021. 7. 20.>

⑧ 열람 또는 등·초본교부기관의 장은 제2항 제6호에도 불구하고 제7항에 따른 제한대상자가 가정폭력피해자등의 주민등록표 초본의 열람을 하지 못하게 하거나 발급하지 아니할 수 있다. 이 경우 그 사유를 제한대상자에게 서면으로 알려야 한다. <신설 2021. 7. 20.>

⑨ 제2항에도 불구하고 이혼한 자와 같은 세대를 구성하지 아니한 그 직계비속이 이혼한 자의 주민등록표의 열람 또는 등·초본의 교부를 신청한 경우에는 열람 또는 등·초본교부기관의 장은 주민등록표 초본만을 열람하게 하거나 교부할 수 있다. <신설 2009. 4. 1., 2021. 7. 20.>

⑩ 제1항부터 제9항까지의 규정에 따른 주민등록표의 열람 또는 등·초본의 교부, 무인민원발급기에 따른 주민등록표 등·초본의 교부 시의 본인확인방법, 무인민원발급기의 설치·운영 등에 필요한 사항은 대통령령으로 정한다. <개정 2009. 4. 1., 2021. 7. 20.>

제29조의2【전입세대확인서의 열람 또는 교부】 ① 주민등록표 중 해당 건물 또는 시설의 소재지에 주민등록이 되어 있는 세대주와 주민등록표 상의 동거인(말소 또는 거주불명 등록된 사람을 포함한다)의 성명과 전입일자를 확인할 수 있는 서류(이하 "전입세대확인서"라 한다)를 열람하거나 교부받으려는 자는 행정안전부령으로 정하는 수수료를 내고 열람 또는 등·초본교부기관의 장에게 신청할 수 있다.

② 제1항에 따른 전입세대확인서의 열람 또는 교

부 신청을 할 수 있는 자는 다음 각 호와 같다.

1. 해당 건물 또는 시설의 소유자 본인이나 그 세대원, 임차인 본인이나 그 세대원, 매매계약자 또는 임대차계약자 본인

2. 해당 건물 또는 시설의 소유자, 임차인, 매매계약자 또는 임대차계약자 본인의 위임을 받은 자

3. 다음 각 목의 어느 하나에 해당하는 경우로서 열람 또는 교부 신청을 하려는 자

    가. 제29조 제2항 제2호에 따라 경매참가자가 경매에 참가하려는 경우

    나. 「신용정보의 이용 및 보호에 관한 법률」 제2조 제5호 라목에 따른 신용조사회사 또는 「감정평가 및 감정평가사에 관한 법률」 제2조 제4호에 따른 감정평가법인등이 임차인의 실태 등을 확인하려는 경우

    다. 대통령령으로 정하는 금융회사 등이 담보주택의 근저당을 설정하려는 경우

    라. 법원의 현황조사명령서에 따라 집행관이 현황조사를 하려는 경우

    마. 제29조 제2항 제1호에 따라 국가 또는 지방자치단체가 공무상 필요로 하는 경우

③ 제1항에 따른 전입세대확인서의 열람 및 교부는 주민등록정보시스템을 통하여 한다.

④ 제1항에 따른 전입세대확인서의 열람 및 교부에 필요한 사항은 대통령령으로 정한다.

[본조신설 2022. 1. 11.]

제30조【주민등록전산정보자료의 이용 등】 ① 주민등록표에 기록된 주민등록 사항에 관한 주민등록전산정보자료(이하 "전산자료"라 한다)를 이용 또는 활용하려는 자는 관계 중앙행정기관의 장의 심사를 거쳐 행정안전부장관의 승인을 받아야 한다. 다만, 대통령령으로 정하는 경우에는 관계 중앙행정기관의 장의 심사를 필요로 하지 아니한다. <개정 2008. 2. 29., 2013. 3. 23., 2014. 11. 19., 2017. 7. 26.>

② 전산자료를 이용·활용하려는 자의 범위는 제29조 제2항에 따라 주민등록표의 열람 또는 등·초본의 교부를 신청할 수 있는 자로 하되, 전산자료의 형태로 제공하는 것이 적합한 경우에 한정한다.

③ 전산자료의 제공범위는 주민등록표의 자료로 하되, 제29조 제2항 제2호부터 제7호까지의 경우에는 주민등록표 등·초본의 자료에 한정한다.

④ 행정안전부장관은 제3항에 따라 전산자료를 제공하는 경우 자료의 이용·활용 목적을 고려하여 필요 최소한의 자료를 제공하여야 한다. <개정 2008. 2. 29., 2009. 4. 1., 2013. 3. 23., 2014. 11. 19., 2017. 7. 26.>

⑤ 제1항에 따른 전산자료를 이용·활용하는 자는 본래의 목적 외의 용도로 이용·활용하여서는 아니 된다.

⑥ 전산자료의 이용·활용에 필요한 사항은 대통령령으로 정하고, 전산자료의 사용료에 관한 사항은 행정안전부령으로 정한다. <개정 2008. 2. 29., 2013. 3. 23., 2014. 11. 19., 2017. 7. 26.>

제31조【주민등록표 보유기관 등의 의무】 ① 주민등록표 보유기관의 장은 주민등록표를 관리할 때에 주민등록표가 멸실, 도난, 유출 또는 손상되지 아니하도록 필요한 안전조치를 하여야 한다.

② 주민등록표의 관리자는 이 법의 규정에 따른 보유 또는 이용목적 외의 목적을 위하여 주민등록표를 이용한 전산처리를 하여서는 아니 된다.

③ 주민등록업무에 종사하거나 종사하였던 자 또는 그 밖의 자로서 직무상 주민등록사항을 알게 된 자는 다른 사람에게 이를 누설하여서는 아니 된다.

제32조【전산자료를 이용·활용하는 자에 대한 지도·감독】 ① 행정안전부장관은 필요하다고 인정하면 전산자료를 이용·활용하는 자에 대하여 그 보유 또는 관리 등에 관한 사항을 지도·감독할 수 있다. <개정 2008. 2. 29., 2013. 3. 23., 2014. 11. 19., 2017. 7. 26.>

② 제1항에 따른 지도·감독의 대상·절차 등에 필요한 사항은 대통령령으로 정한다.

제33조 삭제 <2009. 4. 1.>

제34조【주민등록 관련 민원신청 등의 전자문서 처리】 ① 주민등록표의 열람 또는 등·초본의 교부 신청과 교부, 제21조 제1항에 따른 이의신청이나 그 밖에 주민등록과 관련된 제반 신고·신청 등은 전자문서로 할 수 있다.

② 제1항에 따른 전자문서를 이용할 경우 인증 방

법(서명자의 실지명의를 확인할 수 있는 것을 말한다) 등에 관하여는 「전자서명법」의 규정을 준용한다. <개정 2020. 6. 9.>

③ 제1항에 따른 주민등록표의 등·초본 교부 시 필요한 사항은 대통령령으로 정한다.

제35조【주민등록사항의 진위확인】 행정안전부장관은 다음 각 호의 어느 하나에 해당하면 주민등록사항의 진위를 확인하여 줄 수 있다. <개정 2008. 2. 29., 2013. 3. 23., 2014. 11. 19., 2017. 7. 26., 2022. 1. 11.>

1. 「공직선거법」에 따라 인터넷 언론사·정당 또는 후보자가 해당 인터넷 사이트의 게시판·대화방 등에 선거에 관한 의견게시를 하려는 자의 성명 및 주민등록번호의 진위 확인을 위하여 필요한 경우
2. 주민등록정보시스템에 따라 주민등록증의 진위 확인이 필요한 경우
3. 제25조 제2항에 따른 주민등록확인서비스를 통하여 제공된 주민등록사항의 진위 확인이 필요한 경우

제36조【보험·공제 등에의 가입】 시장·군수 또는 구청장은 그 지방자치단체의 조례로 정하는 바에 따라 소속 직원의 주민등록사고로 인한 피해발생에 대비하기 위하여 보험(신원보증보험을 포함한다)이나 공제 등에 가입할 수 있다.

제36조의2 삭제 <2020. 6. 9.>

제36조의3【비밀유지 등】 변경위원회의 업무에 종사하거나 종사하였던 사람은 직무상 알게 된 비밀을 다른 사람에게 누설하거나 직무상 목적 외에 이용하여서는 아니 된다. 다만, 다른 법률에 특별한 규정이 있는 경우에는 그러하지 아니하다.
[본조신설 2016. 5. 29.]

제36조의4【벌칙 적용에서 공무원 의제】 변경위원회의 위원 중 공무원이 아닌 위원은 「형법」이나 그 밖의 법률에 따른 벌칙을 적용할 때에는 공무원으로 본다.
[본조신설 2016. 5. 29.]

제37조【벌칙】 ① 다음 각 호의 어느 하나에 해당하는 자는 3년 이하의 징역 또는 3천만 원 이하의 벌금에 처한다. <개정 2009. 4. 1., 2014. 1. 21., 2016. 5. 29., 2016. 12. 2., 2022. 1. 11.>

1. 제7조의2에 따른 주민등록번호 부여방법으로 거짓의 주민등록번호를 만들어 자기 또는 다른 사람의 재물이나 재산상의 이익을 위하여 사용한 자
2. 주민등록증을 채무이행의 확보 등의 수단으로 제공한 자 또는 그 제공을 받은 자
3. 제10조 제2항 또는 제10조의2 제2항을 위반하여 이중으로 신고한 사람
3의2. 주민등록 또는 주민등록증에 관하여 거짓의 사실을 신고 또는 신청한 사람
4. 거짓의 주민등록번호를 만드는 프로그램을 다른 사람에게 전달하거나 유포한 자
4의2. 제25조 제2항에 따른 주민등록확인서비스를 통하여 정보통신기기에 제공된 주민등록사항을 조작하여 사용하거나 부정하게 사용한 자
5. 제29조 제2항 또는 제3항을 위반하여 거짓이나 그 밖의 부정한 방법으로 다른 사람의 주민등록표를 열람하거나 그 등본 또는 초본을 교부받은 자
6. 제30조 제5항을 위반한 자
7. 제31조 제2항 또는 제3항을 위반한 자
7의2. 제36조의3을 위반하여 직무상 알게 된 비밀을 누설하거나 목적 외에 이용한 사람
8. 다른 사람의 주민등록증을 부정하게 사용한 자
9. 법률에 따르지 아니하고 영리의 목적으로 다른 사람의 주민등록번호에 관한 정보를 알려주는 자
10. 다른 사람의 주민등록번호를 부정하게 사용한 자. 다만, 직계혈족·배우자·동거친족 또는 그 배우자 간에는 피해자가 명시한 의사에 반하여 공소를 제기할 수 없다.

② 제29조의2 제2항을 위반하여 거짓이나 그 밖의 부정한 방법으로 전입세대확인서를 열람하거나 교부받은 자는 1년 이하의 징역 또는 1천만 원 이하의 벌금에 처한다. <신설 2022. 1. 11.>

제38조【벌칙】 제26조 제2항에 따른 사법경찰관리

가 그 직무를 수행하면서 직권을 남용하면 「경찰관 직무집행법」 제12조에 따라 처벌한다. <개정 2014. 5. 20.>

제39조 【양벌규정】 법인의 대표자나 법인 또는 개인의 대리인, 사용인, 그 밖의 종업원이 그 법인 또는 개인의 업무에 관하여 제37조 제1항 제2호·제4호의2·제5호·제6호·제8호 또는 같은 조 제2항의 위반행위를 하면 그 행위자를 벌하는 외에 그 법인 또는 개인에게도 해당 조문의 벌금형을 과(科)한다. 다만, 법인 또는 개인이 그 위반행위를 방지하기 위하여 해당 업무에 관하여 상당한 주의와 감독을 게을리하지 아니한 경우에는 그러하지 아니하다. <개정 2022. 1. 11.>

1. 삭제 <2022. 1. 11.>
2. 삭제 <2022. 1. 11.>
3. 삭제 <2022. 1. 11.>

[전문개정 2008. 12. 26.]

[시행일 : 2022. 7. 12.] 제39조 개정부분 중 제37조 제1항 제4호의2에 관한 부분

[시행일 : 2023. 1. 12.] 제39조 개정부분 중 제37조 제2항에 관한 부분

제40조 【과태료】 ① 제7조의4 제1항의 입증자료를 거짓으로 제출한 사람에게는 1천만 원 이하의 과태료를 부과한다. <신설 2016. 5. 29.>

② 정당한 사유 없이 제20조제1항 또는 제20조의2 제1항에 따른 사실조사를 거부 또는 기피한 자에게는 50만 원 이하의 과태료를 부과한다. <개정 2016. 5. 29., 2019. 12. 3.>

③ 정당한 사유 없이 제20조 제2항·제3항(제20조의2 제1항 후단에 따라 준용하는 경우를 포함한다) 및 제24조 제4항 후단에 따른 최고를 받은 자 또는 공고된 자 중 기간 내에 신고 또는 신청을 하지 아니한 자에게는 10만 원 이하의 과태료를 부과한다. <개정 2014. 1. 21., 2016. 5. 29., 2019. 12. 3.>

④ 정당한 사유 없이 제11조부터 제13조까지, 제16조 제1항 또는 제24조 제4항 전단에 따른 신고 또는 신청을 기간 내에 하지 아니한 자에게는 5만 원 이하의 과태료를 부과한다. <개정 2014. 1. 21., 2016. 5. 29.>

⑤ 제1항부터 제4항까지의 과태료는 대통령령으로 정하는 바에 따라 시장·군수 또는 구청장이 부과·징수한다. <개정 2009. 4. 1., 2016. 5. 29., 2022. 1. 11.>

⑥ 삭제 <2009. 4. 1.>

⑦ 삭제 <2009. 4. 1.>

부칙
〈제18746호, 2022. 1. 11.〉

제1조 【시행일】 이 법은 공포한 날부터 시행한다. 다만, 제25조, 제35조 제3호, 제37조 제1항 제4호의2, 제39조(제37조 제1항 제4호의2에 관한 부분으로 한정한다)의 개정규정은 공포 후 6개월이 경과한 날부터 시행하고, 제7조제1항, 제16조 제2항·제3항, 제20조의3 제1항·제2항(국가기관 및 지방자치단체와 관련된 부분으로 한정한다), 제29조 제3항, 제29조의2, 제35조 제2호, 제37조 제2항, 제39조(제37조 제2항에 관한 부분으로 한정한다) 및 제40조 제5항의 개정규정은 공포 후 1년이 경과한 날부터 시행한다.

제2조 【주민등록번호변경위원회 심사·의결 기간 단축에 따른 경과조치】 이 법 시행 전에 주민등록지의 시장·군수 또는 구청장이 주민등록번호변경위원회에 주민등록번호 변경 여부에 관한 결정을 청구한 경우에는 제7조의5 제3항의 개정규정에도 불구하고 종전의 규정에 따른다.

제3조 【시행일에 관한 경과조치】 제25조 제2항의 개정규정 중 "주민등록정보시스템"은 이 법 공포 후 6개월이 경과한 날부터 1년이 경과하기 전까지는 "전산조직"으로 본다.

이정민 교수

저자 약력
- 중앙대학교 경제학과(공인노무사 합격)
- 現 종로박문각 행정절차론 강사
- 前 종로박문각 행정쟁송법 강사
      서울법학원 행정쟁송법 강사
      한성대학교 사회교육원 행정쟁송법 강사
      한국노동경제교육원 행정쟁송법 강사
      세종법학원 행정쟁송법 강사

주요 저서
- 행정사 2차 행정절차론, 박문각, 2022
- 프라미스 행정쟁송법, 희소, 2012

2023 2차

행정사
행정절차론

초 판 인 쇄 : 2022년 11월 11일
초 판 발 행 : 2022년 11월 15일
편 저 자 : 이정민
발 행 인 : 박 용
등   록 : 2015. 4. 29. 제2015-000104호
발 행 처 : (주)박문각출판
주   소 : 06654 서울특별시 서초구 효령로 283 서경빌딩
전   화 : 교재 문의 (02)6466-7202
팩   스 : (02)584-2927

판 권
본 사
소 유

정가 28,000원
ISBN 979-11-6704-955-1
        979-11-6704-951-3(세트)